발해사 자료총서

- 일본사료 편 권1

• 이 책은 2023년도 동북아역사재단 기획연구 수행 결과물임(NAHF-2023-기획연구-16)

동북아역사 자료총서 62

발해사 자료총서
일본사료 편 / 권 1

동북아역사재단
한중연구소　　편

발해사 자료총서 - 일본사료 편 권1

서문

　이 책은 일본사료 가운데 발해사 관련 사료를 번역하고 주석한 자료집이다. 동북아역사재단의 전신인 고구려연구재단은 2004년 발해사 관련 한국·중국·일본사료의 원문을 모아『발해사 자료집(상·하)』을 간행하였고, 2007년 동북아역사재단에서 재간행하였다. 그간 발해사 연구는 사료가 매우 부족하여 양적·질적 성장이 제한되어 있었고, 그마저도 단편적으로 흩어져 있어 신진 연구자와 발해사에 관심이 있는 일반인이 사료를 찾아보는 데 어려움이 컸다.『발해사 자료집』은 한국과 중국, 일본에 흩어져 있는 사료들을 한자리에 모아 좀 더 쉽게 접근할 수 있도록 했다는 점에서 의미가 있다.

　하지만 원문 사료만을 제시하여 한문을 독해하는 데 어려움이 있어 가독성과 활용도가 높은 자료집 제작이 요구되었다. 또 그간의 연구 성과를 반영한 주석 역시 필요하다고 판단되었다. 따라서 재단은 더 효율적이고, 실용적이며, 학술적이면서도 대중적인 발해사 자료집을 만들기 위해 중장기 계획을 수립하여 단계적으로 관련 자료를 총망라한『발해사 자료총서』를 제작하기로 하였다. 그 결과『발해사 자료집(상)』에 수록되었던 한국사료를 역주하여 2021년「한국사료 편」총 2권을,『발해사 자료집(하)』에 수록된 중국사료를 역주한「중국사료 편」권1을 2023년 출판하였으며, 이번에『발해사 자료집(하)』에 수록된 일본사료를 역주한「일본사료 편」권1을 출판하게 되었다.

　이 책에 수록된 일본사료는 모두 26종이다. 사료는 크게 일본 국왕의 칙명 등으로 편찬한 관찬 사료(총 8종)와 개인이 쓰거나 편집한 사찬 사료(총 18종)로 나뉜다. 사료의 성격은 편년체로 이뤄진 정식 사서류 외에도 유서, 법령 사례집, 견문록, 시문집, 전기, 문서집, 군담록 등 과거 일본인들의 발해사 인식을 엿볼 수 있는 자료들을 포함하였다.『발해사 자료집(하)』에 수록된 원문과 원본(저본) 및 비교본을 대조하여, 기존 자료집에 잘못 수록된 사료는 삭제하고, 오기는 수정하였으며, 누락된 사료는 다시 수록하였다. 그리고 원문은 저본을 비교본과 대조하여 교감 주석을 달았고, 번역문에서는 사건과 용어를 설명하는 주석을 달았다. 해제는 기존 자료집에 수록된 것을 참조하여 수정하였다. 이 책에 사용한 저본과 비교본 등의 정보는 각 해제 아랫부분에 제시하였다.

〈일본사료 편 자료 목록〉

	자료명	저자(편찬자)	저술(출판) 시기	성격	집필 담당
1	『속일본기』	스가노노 마미치 외	697년	관찬, 편년체	권은주
2	『일본후기』	후지와라노 오쓰구 외	840년	관찬, 편년체	위가야
3	『속일본후기』	후지와라노 요시후사 외	869년	관찬, 편년체	위가야
4	『일본문덕천황실록』	후지와라노 모토쓰네 외	879년	관찬, 편년체 실록	위가야
5	『일본삼대실록』	스가와라노 미치자네 외	901년	관찬, 편년체 실록	위가야
6	『유취국사』	스가와라노 미치자네	892년	사찬, 유서	김종복
7	『일본기략』	미상	11세기 후반~12세기 초	사찬(?), 편년체	김진한
8	『일본일사』	가모 스케유키	1692년	사찬, 편년체	장미애
9	『부상략기』	고엔	1094년	사찬, 편년체	장미애
10	『정사요략』	고레무네 마사스케	1002	사찬, 법령사례집	장미애
11	『유취삼대격』	미상	11세기 초	사찬, 법령집	장미애
12	『입당구법순례행기』	엔닌	9세기 전반	사찬, 견문록	장미애
13	『도씨문집』	미야코노 요시카	9세기	사찬, 문집	정동준
14	『경국집』	요시미네노 야스요 외	9세기	관찬, 한시집	정동준
15	『편조발휘성령집』	구카이	9세기	사찬, 한시집	정동준
16	『문화수려집』	후지와라노 후유쓰구 외	9세기	관찬, 한시집	정동준
17	『능운집』	오노노 미네모리 외	9세기	관찬, 한시집	정동준
18	『고야잡필집』	구카이	9세기	사찬, 문집	정동준
19	『고야대사광전』	쇼켄	1118년	사찬, 전기	정동준
20	『관가문초』	스가와라노 미치자네	10세기 초	사찬, 한시문집	정동준
21	『부상집』	기노 타다나	10세기 말	사찬, 한시집	정동준
22	『강담초』	오에노 마사후사	12세기 초	사찬, 설화집	정동준
23	『전씨가집』	시마다노 타다오미	891년경	사찬, 한시집	정동준
24	『본조문수』	후지와라노 아키히라	11세기	사찬, 한시문집	정동준
25	『조야군재』	미요시노 다메야스	1116년	사찬, 문서집	정동준
26	『장문기』	미상	11세기경	사찬, 군담록	정동준

이 책에 수록된 일본사료는 한국과 중국사료에서 확인되지 않는 많은 정보를 담고 있을 뿐 아니라 중요한 학술 논쟁의 기점이 되는 정보도 상당하다. 우선 꼽을 수 있는 것은 발해의 국가 성격에 관한 기본 인식이다. 「한국사료 편」과 「중국사료 편」 서문에서 분석하였듯이 한중 사료에 보이는 인식은 현재 한국과 중국이 각기 발해사를 자국사의 체계에서 인식한 것과는 달랐다. 양국의 사료는 기본적으로 대조영을 종족 계통상에서는 속말말갈로 보거나 고구려 별종으로 여겼지만, 정치적인 관계에서는 고구려에 붙거나 그 구성원으로 보았고, 발해의 건국을 고구려의 멸망과 인과관계가 있는 것으로 여겼다. 따라서 고구려가 다종족국가이듯이 발해 역시 다종족국가로 건국자나 건국 집단 일부가 말갈계라고 해서 발해사를 단순히 말갈사나 중국사로 설명하긴 곤란하다.

그렇다면 제3자인 일본은 발해를 어떻게 인식하고 있었는지 궁금하다. 『속일본기』, 『일본기략』 등에는 727년 12월 발해군왕(渤海郡王)의 사신 고제덕(高齊德)의 입경(入京) 기사에서 "발해군은 옛 고려국이다(渤海郡者舊高麗國也)"라고 기록하였다. 728년 정월 기사를 보면, 고제덕이 가져간 국서(國書)에서 무왕은 스스로 "고려의 옛 땅을 회복하고 부여의 유속을 가지고 있다(復高麗之舊居, 有扶餘之遺俗)"고 밝혔다. 이는 양국의 외교가 시작되는 단계에서부터 발해가 스스로 고구려와 부여의 땅과 풍속을 이었음을 밝혔고, 일본도 발해가 옛 고구려임을 인지하고 있었음을 보여준다. 이후에도 일본사료에는 발해를 고려로 부르는 사례가 여러 차례 확인된다. 그 가운데 주목되는 것은 『유취국사』의 기록이다. 796년 4월 발해 사신이 일본의 재당(在唐) 유학승 영충(永忠) 등의 편지를 대신 전해준 기사가 있는데, "발해국은 고려의 옛 땅이다. 천명개별(天命開別)천황 7년(668) 고려왕 고씨(高氏)가 당에게 멸망하였다. 뒤에 천지진종풍조부(天之眞宗豊祖父)천황 2년(698)에 대조영이 비로소 발해국을 세웠다(渤海國者, 高麗之故地也. 天命開別天皇七年, 高麗王高氏爲唐所滅也. 後以天之眞宗豐祖父天皇二年, 大祚榮始建渤海國)."라고 기록하였다. 발해가 고구려의 옛 땅에 세워진 나라이며, 발해의 건국을 고구려의 멸망과 연결 짓고, 또 중국사료에 확인되지 않는 건국 연대를 정확히 알려주고 있다는 점에서 의미가 크다. 물론 발해와 일본이 발해를 고려로 칭한 데에는 서로 다른 목적과 의미를 지녔지만, 공통적으로 두 나라 모두 발해와 고구려의 관계를 인정하고 있었다는 것이 중요하다.

다음으로 일본사료를 활용한 최근 연구에서 주목되는 것은 외교문서이다. 외교문서는 당시 발해와 일본의 외교 관계를 어떻게 설정하고 위계를 조정하려 했는지를 잘 보여준다. 발해와 일본은 국왕 명의로 보낸 국서(國書)와 외교 실무 기관인 발해 중대성(中臺省)과 일본 태정관

(太政官)이 주고받은 첩(牒)식 문서 등의 외교문서를 주고받았다. 기존에 일본 학계를 중심으로 일본사료에 남아 있는 외교문서의 형식을 놓고 일본이 발해보다 상위에 있었다고 보는 인식이 강했다. 그러나 최근 한국 학계에서는 일본사료에 남아 있는 발해의 국서와 중대성첩에는 일부 개변이 있었고, 실제적으로는 수평적인 위계였음을 밝혔다.[1]

〈발해 · 일본 교환 외교문서(「발 · 일 '國書' 분쟁과 '中臺省牒'」, 26~27쪽)〉

연도	발해 → 일본			일본 → 발해		
	발해왕	국서	중대성첩	일본왕	국서	태정관첩
727	무왕	서계1(o/續10)		성무		
728					새서1(o/續10)	
739	문왕	계1(o/續13)		효겸		
752		王言1(o/續19)				
753					새서1(o/續19)	
758		王言1(o/續21)		순인		
759					서1(o/續21)	
759		王言1(o/續22)	첩1(o/續22)			
771		표?(x/續31)		광인		
772					서1(o/續31)	
773		표?(x/續32)				
777					서1 · 조상1(o/續34)	
778		王言1(o/續35)				
779		표?(x/續35)			새서(x/續35)	
795	강왕	계1 · 告喪계1(o/類193)		환무		
796					새서1(o/類193)	
796		계1(o/後5)				
798					새서1(o/類193)	
798		계1(o/類193)				
799					새서1(o/後8)	
799		계1(o/後8)				

---

1) 권은주, 2018, 「발 · 일 '國書' 분쟁과 '中臺省牒'」, 『대구사학』 130; 김종복, 2024, 「발해 〈함화 11년 중대성첩〉의 재검토」, 『고구려발해연구』 79 등.

연도	왕				왕		
809	정왕	계(x/略전14)			차아		
810	정왕				차아	서(x/略전14)	
810	정왕	계1(o/後20)			차아		
811					차아	서1(o/後20)	
815	희왕				차아	서1(o/後24)	
816	희왕				차아	서1(o/類194)	
819	선왕	계1(o/類194)			차아		
820	선왕				차아	서1(o/類194)	
821	선왕	계1(o/類194)			차아		
822	선왕				차아	서1(o/類194)	
826					순화	서1(o/類194)	
828		계1(x/類194)	첩1(x/類194)		순화		
841	대이진	계1·別狀1(o/續後11)	첩1(o/續後11)		인명	서1(o/續後11)	첩1(o/續後11)
842	대이진				인명		
848	대이진	계1(o/續後18)	첩1(o/續後18)		인명		
849					인명	칙서1(o/續後18)	첩1(o/續後18)
858	대건황	계1(o/實,清2)	첩1(o/實,清2)		정화		
859	대건황				정화	칙서1(o/實,清2)	첩1(o/實,清2)
861	대건황	계1(x/實,清5)	첩1(x/實,清5)		정화		첩1(x/實,清5)
871	대현석	계1(o/實,清21)	첩1(o/實,清21)		정화		
872	대현석				정화	칙서1(o/實,清21)	첩1(o/實,清21)
876	대현석	계1(o/實,陽31)	첩1(o/實,陽31)		양성		
877	대현석				양성		첩1(o/都4)
882	대현석	계1(x/實,陽43)			양성		
883					양성	칙서1(x/實,陽43)	첩1(x/實,陽43)
891			첩1(△/本12)		우다		
892					우다	칙서(x/略전20)	첩2(1o/略전20)
908						칙서1(x/扶略23)	첩1(x/扶略23)
919		계1(x/略후1)	첩(x/略후1)				
920	대인선				제호	서1(x/略후1)	첩1(x/略후1)

* 괄호 표시: (내용 有o, 無x, 복원 가능△/출처)
** 王言: 구두 전달, 문서 없음
*** 출처 표시(서명 약칭+권호): 略-『日本紀略』, 續-『續日本紀』, 類-『類聚國史』, 後-『日本後紀』, 續後-『續日本後紀』, 實-『日本三代實錄』(清:『청화천황실록』, 陽:『양성천황실록』), 都-『都氏文集』, 本-『本朝文粹』, 扶略-『扶桑略記』

그 밖에 이 책에 수록된 일본사료를 통해 발해도(渤海道)와 일본도(日本道) 등 교통로, 사신 방문 기한과 관련한 빙기(聘期), 일명 '신라정토계획', 수령(首領)과 말갈 등 발해 주민구성, 사신단의 규모와 성격, 빈례(賓禮)와 하정례(賀正禮) 등 외교 의례, 사신단의 직명을 통한 발해의 관직 제도, 교역과 교역품, 시기별 왕권과 대일 교섭, 발해 사신과 일본 문인들의 문학 교류 등 발해사의 다양한 면모를 살펴볼 수 있다.

「일본사료 편」 권1을 마지막으로 『발해사 자료집(상·하)』에 수록된 한국·중국·일본사료의 역주인 『발해사 자료총서』 편찬 사업이 일차적으로 마무리되었다. 그러나 이 총서에 수록하지 못한 발해사 사료가 아직 많이 남아 있다. 각 편의 권호에 숫자를 붙인 것은 향후에도 발해사 자료의 수집과 역주가 계속되어 발해사 연구의 기본 토대가 더욱 단단해지길 희망하기 때문이다. 덧붙여 『발해사 자료총서』에 수록된 사료의 심화 연구를 통해 한국 학계의 발해사 연구가 더욱 활성화되기를 바란다.

마지막으로 「일본사료 편」 권1이 나오기까지 함께 힘써 주신 공동 집필자 김종복 선생님, 김진한 선생님, 위가야 선생님, 장미애 선생님, 정동준 선생님께 감사드린다. 또 출판 진행을 맡아주신 재단 출판팀에도 감사드린다.

2024년 9월
동북아역사재단 연구위원
권은주

발해사 자료총서 - 일본사료 편 권1

일러두기

1. 이 자료의 구성은 해제, 원문, 번역문 순으로 구성하였다. 참고문헌의 경우 각주에 간략한 서지정보만 소개하고, 참고문헌에 구체적인 내용을 수록하였다.
2. 범례는 한국고전번역원의 것을 준용하였다. 한글 사용을 지향하고, 정확한 의미 전달을 위해 필요한 경우 한자를 병기하였다.
3. 원문은 각 사료의 집필 담당자가 상용되는 판본 가운데 하나를 저본으로 정하고 비교본의 정보와 함께 사료별 해제에 수록하였다. 교감이 필요한 경우 부분적으로 다른 판본 및 원전과 비교하여 각주로 제시하였다. 원전과 비교하여 교감하는 경우, '某'→'某'로 표시하였다. 원전은 『속일본기(續日本紀)』, 『일본후기(日本後紀)』, 『속일본후기(續日本後紀)』 등을 기본으로 하며, 필요시 설명을 부기하였다.
4. 세주는 원문과 번역문 모두 【 】로 표시하였다. 원문에서 괄호 기호 안에 표제어를 표시한 경우, 세주와 별도로 설명문을 덧붙이는 경우 등은 〖 〗로 표시하였다.
5. 번역은 가능한 한 원문의 내용과 단어를 그대로 옮기는 것을 원칙으로 하였지만, 원래의 의미를 벗어나지 않는 범위 내에서 보충하였다. 보충 내용은 [ ]로 표시하였다. 국서(國書) 등 동등한 위계의 외교문서는 문서 형식과 상관없이 높임말로 번역하였다.
6. 번역문에서 역자의 견해를 보충하거나 참고문헌을 제시할 경우 각주 달기를 원칙으로 하였다. 간단한 설명은 번역문에 ( )를 표시하여 달았다.
7. 지명·인명 등 고유명사와 동음이형자 등 필요한 경우에 한자를 병기하였다. 번역문에서는 한글과 한자의 음이 같으면 ( )를 사용하고, 음이 다르면 [ ]를 사용하였다. 일본어의 경우 "제군안남(諸君鞍男, 모로노키미 쿠라오)"과 같이 우리식 한자음을 먼저 표시하고 괄호에 한자와 함께 일본어 음을 한글로 표기하였다. 해제와 주석에서는 한자로 쓰거나 "모로노키미 쿠라오(諸君鞍男)"와 같이 일본어 발음을 먼저 표시하고 괄호에 한자를 표기하였다.
8. 기사의 제목은 한글(한자)를 사용하였다. 참고문헌은 필자, 발행연도, 논문(저서) 제목, 발행자 순으로 적었다.
9. 서기 연도 표시는 기원전은 연도에 각각 표기하였고, 기원후는 생략하였다. 왕력을 먼저 사용하는 경우에는 서기 연도를 ( ) 안에 표기하였다.
10. 맞춤법과 띄어쓰기, 외래어 표기법은 국립국어원 규정에 따랐다. 일본 인명의 경우 '가나'의 어두 발음 표기법은 씨(氏)에만 적용한다.

발해사 자료총서 - 일본사료 편 권1

차례

- 서문 ………………………………………… 5
- 일러두기 ……………………………………… 11

    1. 『속일본기(續日本紀)』 / 15

    2. 『일본후기(日本後紀)』 / 74

    3. 『속일본후기(續日本後紀)』 / 94

    4. 『일본문덕천황실록(日本文德天皇實錄)』 / 112

    5. 『일본삼대실록(日本三代實錄)』 / 116

    6. 『유취국사(類聚國史)』 / 156

    7. 『일본기략(日本紀略)』 / 253

    8. 『일본일사(日本逸史)』 / 338

    9. 『부상략기(扶桑略記)』 / 379

   10. 『정사요략(政事要略)』 / 394

   11. 『유취삼대격(類聚三代格)』 / 396

   12. 『입당구법순례행기(入唐求法巡禮行記)』 / 401

   13. 『도씨문집(都氏文集)』 / 414

   14. 『경국집(經國集)』 / 424

15. 『편조발휘성령집(遍照發揮性靈集)』/ 432
16. 『문화수려집(文華秀麗集)』/ 434
17. 『능운집(凌雲集)』/ 442
18. 『고야잡필집(高野雜筆集)』/ 444
19. 『고야대사광전(高野大師廣傳)』/ 446
20. 『관가문초(菅家文草)』/ 447
21. 『부상집(扶桑集)』/ 466
22. 『강담초(江談抄)』/ 478
23. 『전씨가집(田氏家集)』/ 484
24. 『본조문수(本朝文粹)』/ 491
25. 『조야군재(朝野群載)』/ 501
26. 『장문기(將門記)』/ 503

- 참고문헌 …………………………………… 505
- 찾아보기 …………………………………… 513

발해사 자료총서 - 일본사료 편 권1

1. 『속일본기(續日本紀)』

　『속일본기』는 나라 시대(奈良時代, 710~794)와 헤이안 시대(平安時代, 794~1185)에 국가가 편찬한 편년체(編年體) 정사(正史)인 육국사(六國史) 중 하나로 『일본서기』에 이어 두 번째로 편찬되었다. 몬무천황(文武天皇, 재위 697~707) 원년인 697년부터 간무천황(桓武天皇, 재위 781~806) 재위기인 791년까지의 역사를 기록하고 있다. 797년 간무천황의 명으로 스가노노 마미치(菅野眞道, 741~814), 후지와라노 쓰구타다(藤原継縄, 727~796) 등이 편찬하였다.

　『속일본기』는 한문(漢文)으로 기록되어 있으며, 편년체를 기본 체재로 한다. 일부 인물들의 사망 기사에 '훙전(薨傳)'이라 불리는 짧은 전기(傳記)를 덧붙여 기전체(紀傳體) 요소도 일부 보인다. 이러한 형식은 『일본후기(日本後紀)』, 『속일본후기(續日本後紀)』 등에도 계승되어 '국사체(國史體)'라는 형식으로 확립되었다.

　일본에서 『속일본기』는 율령국가(律令國家) 체제의 정비로 다양한 기록이나 문서들이 체계적으로 수집되면서, 본격적인 실록 편찬이 시작된 사서로 평가받는다. 그러나 요점만을 간략히 기술하여 사건의 자세한 전말(顚末)을 이해하기 어렵고, 중요 사건들 가운데 일부가 빠져 있다는 문제도 지적된다.

　발해와 관련한 내용은 권8, 겐쇼천황(元正天皇) 양로(養老) 4년(720) 봄 정월에 말갈국의 풍속을 살피게 한 기사부터다. 이 말갈이 발해인지, 일본 동북 지역과 홋카이도(北海道)에 살던 소수민족 또는 발해와 일본의 교통로 상에 있던 제3의 세력을 가리키는 것인지는 논란이 있다. 발해와 일본의 교섭 기사는 권10, 간무천황 신귀(神龜) 4년(727) 9월에 발해가 처음 일본에 사신을 파견한 기사다. 흥미로운 점은 첫 교섭에서부터 일본은 발해를 옛 고려국(고구려)으로 보았고, 발해 무왕 역시 국서(國書)에 "고려의 옛 땅을 회복하고, 부여의 남은 풍속을 가지고 있다"고 표현한 것이다. 이는 두 나라 모두 발해와 고구려의 관계를 인정하고 있었던 것을 보여준다. 이후 권39, 간무천황 연력(延曆) 6년(787) 2월 발해 사신 이원태(李元泰)의 귀국 기사까지, 약 60년간의 외교 관계 기사가 수록되어 있다. 이 기사들은 발해 전기(前期)의 대일 외교 교섭 과정뿐만 아니라 일본의 발해에 대한 인식, 대일 교통로, 외교 의례, 교역품 등 다양한 정보를 보여준다는 점에서 학술적으로 의미가 크다.

원문 저본은『신정증보국사대계본(新訂增補國史大系本)』(吉川弘文館)을 활용한『일본 육국사 한국 관계 기사 역주: 속일본기』(최근영 외, 1994, 駕洛國史蹟開發硏究院)로 하였고, 비교본은『신일본고전문학대계(新日本古典文學大系, 이하「신일본고전본」)』권13~16(靑木和夫 외, 1990·1992·1995·1998, 巖波書店)을 활용하였다. 교감주석에서「고송궁본(高宋宮本)」·「겸우본(兼右本)」·「곡삼본(谷森本)」·「동산본(東山本)」등의 판본 정보는「신일본고전본」에 의거하였다.

○ 권8, 원정천황(元正天皇) 양로(養老) 4년(720) 봄 정월

丙子, 遣渡嶋津輕津司[1]從七位上諸君鞍男等六人, 於靺鞨國, 觀其風俗.

병자(23일)에 도도진경진사(渡嶋津輕津司, 와타리노시마쓰가루 쓰노쓰카사)[2] 종7위상 제군안남(諸君鞍男, 모로노키미 쿠라오)[3] 등 6인을 말갈국(靺鞨國)[4]에 보내어 그 풍속을 살피게 하였다.

---

1 「高宋宮本」에는 '渡嶋津輕司'(「신일본고전본」 권2, 66쪽 주3).
2 阿倍比羅夫의 원정으로 개척한 혼슈 최북단과 홋카이도 서남단 연결 항로의 확보를 위해 津輕十三湊 인근에 주재했던 항만 관리자와 같은 것으로 추정된다(小口 雅史, 1992). '渡嶋'는『日本書紀』에 "越의 渡島"라는 표현이 나오는데, 朝廷의 영토 북변을 가리킨다. 개척으로 지역이 북쪽으로 이동했다는 설과 北海道 南部의 渡島 반도 주변을 지칭한다는 설이 있다. '津輕'은 '津刈'로도 쓰는데, 齊明天皇 4년(658)에 渟代·津輕 2郡의 郡領을 정했다고 나와, 奧羽 지방의 바닷가를 가리킨다고 보기도 한다. '津司'는 津(港)을 관리하는 관청으로, 종합하자면 '渡嶋의 津輕의 津의 관청'으로 해석할 수 있다고 한다(佐伯有淸編, 1994: 일본 위키백과).
3 諸君鞍男은 일본 나라 시대의 인물로, 가바네가 君이다. 모로노키미 쿠라오는 원래 奧國 津輕郡의 호족으로 야마토 정권에 신복한 蝦夷 족장으로 추정된다.
4 말갈은 원래 중국 동북지역에 살던 고대 민족으로, 고구려 당시의 말갈7부가 대표적이다. 발해와 관련된 말갈은 이들이 중심이 되며, 그 외 鐵利, 越喜, 虞婁말갈 등이 있다. 말갈 7부의 위치는 대체로 粟末部가 길림시를 중심으로 한 송화강 중류 지역, 伯咄部는 부여현 일대, 安車骨部는 아십하 유역, 拂涅部는 흥개호 일대, 號室部는 우수리강 중류 일대, 黑水部는 중하류 일대, 白山部는 연변지구와 백두산 일대로 본다. 철리는 아십하 유역 또는 동쪽 依

○ 권10, 성무천황(聖武天皇) 신귀(神龜) 4년(727) 9월

庚寅, 渤海郡王使[5]首領高齊德等八人, 來着出羽國. 遣使存問, 兼賜時服.

경인(21일)에 발해군왕[6]의 사신인 수령(首領)[7] 고제덕(高齊德)[8] 등 8인이 출우국(出羽國: 데와노쿠니)[9]에 도착하였다. 사신을 보내 안부를 묻고, 더불어 계절 의복을 내렸다.

○ 권10, 성무천황(聖武天皇) 신귀(神龜) 4년(727) 12월

丁亥 … 渤海郡王使高齊德等八人, 入京.

정해(20일) … 발해군왕의 사신 고제덕(高齊德) 등 8인이 입경(入京)하였다.

蘭 지역으로, 월희는 송하강 하류와 러시아 우수리강 동쪽 또는 발해 서북쪽으로 본다. 우루는 挹婁에서 이어진 것으로 보기도 하며, 발해 동북쪽에 위치한 것으로 본다. 이들 대부분은 발해 건국 이후 발해에 통합 또는 예속되었다(권은주, 2009; 권은주, 2018). 말갈을 말갈국으로 표현한 것은 6세기 후반『北齊書』의 조공기사에서 나온다. 그런데 여기에 보이는 말갈국은 당나라에서 8세기 전반까지 발해를 '말갈', '발해말갈' 등으로 불렀고, 발해와 일본의 공식 외교가 727년부터 이루어지기 때문에, 발해를 가리킨다고 보는 경향이 있다. 그러나 일본이 공식적으로 발해를 말갈로 불렀던 사실이 없어 부정하는 견해도 많다. 일본 동북지역과 北海道에 살던 肅愼으로 불렸던 소수민족이나, 발해와 일본의 교통로 상에 있던 말갈지역을 가리킨다는 견해도 있다.

5 「兼右本」·「谷森本」·「東山本」·「高宋宮本」에는 '渤海郡使'(「신일본고전본」 권2, 182쪽 주6).
6 발해왕을 渤海郡王이라 한 것은 唐이 712년에 大祚榮을 발해군왕으로 봉한 데서 비롯된다. 군왕은 당의 봉작제도에서 종1품에 해당한다. 이때의 渤海郡王은 제2대 武王 大武藝를 가리킨다.
7 首領은 지방세력가나 지방관 또는 이민족의 부족장이나 정치·군사적 리더를 부르던 말이다. 발해에서는 지방 세력 또는 靺鞨 등 복속 세력의 長의 호칭으로 사용하였다. 발해 전기에는 일정 정도 독립적인 성격을 가지면서 발해의 지배층으로 편입되기 시작하였고, 당과 일본의 외교사절로 활동하기도 하였다. 무왕과 문왕대를 거치며 관료층에 흡수되었고, 수령층의 지위는 하락하였다. 발해 후기의 수령은 전기에 중앙관료로 흡수되지 못하여 재지 세력으로만 남았거나 새로 복속된 지역의 수령으로, 그중 일부가 일본과의 교역에 참여하였다(김동우, 2004; 김동우, 2005 참조).
8 727년 일본에 파견되었던 발해 사신이다. 신분은 首領이다. 寧遠將軍 高仁義 등 24인이 발해에서 출발하였는데, 蝦夷의 경계에 도착하여 고인의 이하 16인은 모두 살해되었다. 살아남은 8인 가운데 수령인 고제덕의 신분이 가장 높아 사신단의 대표 역할을 하였다.
9 일본 고대 東山道에 속한 國이다. 현재의 야마가타현과 아키타현에 해당한다. 712년 越後國 出羽郡을 독립시키고 陸奧國 置賜·最上 2郡을 합하여 국을 세웠다. 國府는 山形縣이다.

丙申, 遣使, 賜高齊德等衣服冠履. 渤海郡者舊高麗國也. 淡海朝廷[10]七年冬十月, 唐將李勣, 伐滅高麗, 其後朝貢久絶矣. 至是, 渤海郡王遣寧遠將軍高仁義等廿四人, 朝聘. 而着蝦夷境, 仁義以下十六人並被殺害, 首領齊德等八人僅[11]免死, 而來.

병신(29일)에 사신을 보내어 고제덕 등에게 의복과 관(冠), 신발을 내렸다. 발해군(渤海郡)이란 옛날의 고[구]려국이다. 담해조정(淡海朝廷, 천지천황)[12] 7년(668) 겨울 10월에 당(唐)의 장군 이적(李勣)[13]이 고[구]려를 쳐서 멸망시킨 뒤로 조공이 오랫동안 끊어졌다. 이에 발해군왕이 영원장군(寧遠將軍)[14] 고인의(高仁義) 등 24인을 보내어 조빙(朝聘)하게 했다. 그런데 [도중에] 하이(蝦夷, 에미시)[15]의 경계에 도착하여 [고]인의 이하 16인은 모두 살해되고, 수령 [고]제덕 등 8인만이 겨우 죽음을 면하고 왔다.

○ 권10, 성무천황(聖武天皇) 신귀(神龜) 5년(728) 정월

庚子, 天皇御大極殿, 王臣百寮及渤海使等朝賀.

---

10 『日本紀略』에는 '庭'(「신일본고전본」 권2, 186쪽 주6).
11 「東山本」에는 '隹'(「신일본고전본」 권2, 186쪽 주9).
12 일본 제38대 天智天皇이다. 舒明天皇의 아들로 어머니는 皇極天皇이다. 이름은 中大兄皇子, 葛城皇子, 開別皇子라고도 한다. 645년 中臣鎌足과 함께 蘇我 씨를 무너뜨리고, 천황 중심의 지배체제를 구축하기 위한 개혁인 이른바 '大化改新'을 단행하였다. 668년에 즉위하였다. 670년 전국의 거의 전 계층을 대상으로 한 일본 最古의 호적인 庚午年籍을 작성하였다. 671년에 죽었다.
13 중국 당나라 때의 무장으로, 본래 성과 이름은 徐世勣(594~669)이다. 수나라 말년에 李密의 밑에 있었으나, 무덕 3년(620)에 당나라에 귀순하였다. 당 高祖가 李 氏로 賜姓하였고, 太宗 李世民의 '世' 자를 피휘하여 '李勣'이라 하였다. 정관 3년(629)에 돌궐을 정복하고 정관 19년(645)에는 태종과 함께 고구려를 침공하였으나 안시성전투에서 실패하고 회군하였다. 이후 총장 원년(668)에 신라군과 연합하여 평양성을 함락하고 고구려를 멸망시켰다. 이듬해 12월 76세로 죽었다(『구당서』 권67, 이적열전; 『신당서』 권93 이적열전).
14 발해 武散階의 하나이다. 당나라에서는 정5품하에 해당한다.
15 일본 혼슈의 간토지방, 도호쿠 지방과 홋카이도 지방에 살면서 야마토 조정이 이민족시한 민족 집단을 일컫는 호칭이다. 처음에는 '毛人'으로 표기하고 '에미시'라고 읽었다. 5세기의 왜왕 武가 劉宋에 보낸 상표문에서 "동쪽으로 毛人의 나라 55국을 정벌하였다"라는 구절이 있다. 蝦夷라는 표기를 쓰기 시작한 것은 659년 사이메이천황(齊明天皇)의 견당사 파견 무렵의 일이라고 한다. 고대의 에미시는 혼슈 동부 및 북부에 거주하면서 야마토 조정에 복속을 거부한 집단이었으나, 통일된 정치체를 수립하지 못하고 점차 야마토 조정의 세력권에 포함되었다.

경자(3일)에 천황이 대극전(大極殿)[16]에 나아가 왕신(王臣)과 백료(百寮) 및 발해 사신 등에게 [신년] 축하 조회[朝賀]를 받았다.

> 甲寅, 天皇御中宮, 高齊德等上其王書幷方物. 其詞曰, 武藝啓, 山河異域國土不同, 延聽風猷, 但增傾仰. 伏惟大王, 天朝受命, 日本開基, 奕葉重光, 本枝百世. 武藝忝當列國, 濫惣[17]諸蕃, 復高麗之舊居, 有扶餘之遺俗. 但以天崖路阻, 海漢悠悠, 音耗未通, 吉凶絶問. 親仁結援[18], 庶叶前經, 通使聘隣, 始乎今日. 謹遣寧遠將軍郞將高仁義, 游將軍果毅都尉德周, 別將舍航等廿四人, 齎狀, 幷附貂皮三百張奉送. 土宜雖賤, 用表獻芹之誠, 皮幣非珍, 還慚掩口之誚. 主[19]理有限, 披膽[20]未期. 時嗣音徽, 永敦隣好. 於是, 高齊德等八人竝授正六位上, 賜當色服. 仍宴五位已上及高齊德等, 賜大射及雅樂寮之樂, 宴訖賜祿有差.

갑인(17일)에 천황이 중궁(中宮)에 나아갔는데, 고제덕 등이 그 왕서(王書, 국서)와 방물(方物)을 올렸다. 그 사(詞)에 이르길 "무예(武藝)가 계(啓)합니다. 산하가 다른 곳이고 국토가 같지 않지만 멀리 풍유(風猷)를 듣고 우러르는 마음이 더할 뿐입니다. 삼가 생각건대 대왕(大王)은 천조(天朝)의 명을 받아 일본의 기초를 열고 대대로 영광을 거듭 누리며 자손이 백세(百世)에 이르렀습니다. 무예는 황송스럽게도 열국(列國)을 맡아 외람되게 여러 번(蕃)을 총괄하며, 고[구]려의 옛 땅을 회복하고 부여의 유속(遺俗)을 가지고 있습니다. 그러나 다만 너무 멀어 길이 막히고 바다도 아득히 멀어서 소식이 통하지 않고 길흉을 물음이 끊어졌습니다. 어진 이와 가까이하며 우호를 맺고 옛날의 예에 맞추어 사신을 보내어 이웃을 찾는 것이 오늘에야

---

16 일본 고대 궁궐 전각 가운데 하나인 朝堂院의 정전이다. 大極前殿, 前殿, 大殿이라고도 한다. 元日朝賀, 卽位, 蕃客朝拜 등 국가적인 의식이 행해졌다. 대극전은 藤原宮에서 처음 성립한 것으로 추정된다. 대극전은 처음 朝堂院과 별개로 둘레를 회랑 등으로 두른 大極殿院을 형성하고 있었지만, 平安宮에서는 남면의 회랑과 閤門이 철거되고 龍尾壇上에 한 단 높이 위치한 朝堂院의 정전이 되었다.
17 「高宋宮本」에는 '物'(「신일본고전본」 권2, 188쪽 주6).
18 「신일본고전본」에는 '授'(「신일본고전본」 권2, 188쪽).
19 「신일본고전본」에는 '生'(「신일본고전본」 권2, 188쪽).
20 「신일본고전본」에는 '胆'(「신일본고전본」 권2, 188쪽).

비롯하게 되었습니다. 삼가 영원장군(寧遠將軍) 낭장(郎將)[21] 고인의(高仁義), 유장군(游將軍)[22] 과의도위(果毅都尉)[23] 주덕(德周), 별장(別將)[24] 사항(舍航) 등 24인을 보내어 장(狀)을 가지고 가도록 하였고, 아울러 초피(貂皮, 담비가죽) 300장(張)을 보내어 드립니다. 토산물이 비록 보잘 것 없지만, 조금이라도 드리려는 정성을 나타내고자 하는데, 가죽과 비단이 진귀하지 않아 도리어 손으로 입을 막고 꾸짖는 데에 부끄러울 따름입니다. 이치를 주장함에는 한계가 있으나 마음을 여는 데는 끝이 없을 것입니다. 때때로 아름다운 소리를 이어받아 길이 이웃과의 우호를 돈독히 하고자 합니다"라 하였다. 이에 고제덕 등 8인에게 모두 정6위상을 주고 당색복(當色服)[25]을 내렸다. 5위 이상과 고제덕 등에게 잔치를 베풀고 활쏘기 대회와 아악료(雅樂寮)[26]의 음악을 내렸으며, 잔치가 끝나자 녹(祿)을 주었는데 차등이 있었다.

○ 권10, 신귀(神龜) 5년(728) 2월

二月壬午, 以從六位下引田朝臣虫麻呂, 爲送渤海客使.

2월 임오(16일)에 종6위하 인전조신충마려(引田朝臣虫麻呂, 히케타노아손 무시마로)[27]를

---

21 발해의 무관직 가운데 하나이다. 당나라에서는 12衛와 羽林軍에 속하는 親·勳·翊 3衛에 左右郎將이 있었는데 品秩은 正5品上에 해당한다.

22 발해의 武散階 가운데 하나이다. 당나라에서는 종5품상의 游騎將軍과 종5품하의 游擊將軍이 있다.

23 발해의 무관직 가운데 하나이다. 당나라에서는 지방에 折衝府를 두었고, 장관은 折衝都尉, 차관은 果毅都尉라고 하였다. 品秩은 절충부의 규모에 따라 종5품하에서 종6품하까지이다.

24 발해의 무관직 가운데 하나이다. 唐나라에서는 절충부의 果毅都尉 밑에 두었던 직책으로, 品秩은 정7품하에서 종7품하였다.

25 당색복은 관위에 해당하는 빛깔의 옷이라는 의미이다. 718년에 제정된 衣服令과 710년 大寶令에서 언급한 官位制를 관련시켜 보면(전현실·강순제, 2003), 발해사신 8인은 정6위상을 받았으므로 당색복의 색깔은 深綠色이었을 것이다.

26 일본 고대 治部省 소속으로 8세기 초에 설치되었다. 諸樂舞의 연주와 교습을 담당했던 관청이다. 頭·助·允·屬·史生·使部로 이루어졌으며, 그밖에 歌師·舞師·笛師·唐樂師 등이 있었다. 처음 정원은 438명이었으나 이후 축소되었다. 『延喜式』권제21, 雅樂寮에 따르면, 외국사절[蕃客]을 위한 연향일에는 官人들이 雜樂人을 데리고 임무를 수행하였다(凡賜蕃客宴饗日 官人率雜樂人供事 所須樂色 臨時聽官處分)고 한다. 외국 음악으로는 高麗樂, 百濟樂, 新羅樂, 唐樂 등을 연주하였다.

27 引田虫麻呂는 일본 나라 시대의 관료로, 가바네는 朝臣이다. 727년 일본에 처음으로 온 발해 사신 首領 高齊德 등을 728년 2월 발해로 돌려보내는 송객사로 임명이 되며, 종6위하에서 정6위상이 되었다. 天平 2년(730) 8월에 발

송발해객사(送渤海客使)[28]로 삼았다.

○ 권10, 신귀(神龜) 5년(728) 4월

> 壬午, 齊德等八人, 各賜綵帛綾綿有差. 仍賜其王璽書曰, 天皇敬問渤海郡王. 省啓具知, 恢復舊壤, 聿修曩好, 朕以嘉之. 宜佩義懷仁監撫有境, 滄波雖隔, 不斷往來. 便因首領高齊德等還次, 付書幷信物綵帛一十疋, 綾一十疋, 絁廿疋, 絲一百絇, 綿二百屯. 仍差送使發遣歸鄉, 漸熱, 想平安好.

임오(16일)에 [고]제덕 등 8인에게 각각 채백(綵帛, 빛깔이 고운 비단)과 능(綾, 무늬 비단), 면(綿)을 내렸는데 차등이 있었다. 그 왕에게 새서(璽書)를 내려 말하길 "천황이 발해군왕(渤海郡王)에게 삼가 안부를 묻습니다. 계(啓)를 살펴 두루 알게 되었습니다. 옛 땅을 회복하고 옛날의 우호를 다시 닦으니 짐(朕)이 기쁘게 여깁니다. 마땅히 어질고 의로운 마음으로 경역(境域)을 살피고, 비록 거친 파도가 가로막고 있다 하여도 끊임없이 왕래하여야 할 것입니다. 수령 고제덕 등이 돌아가는 편에 서신과 함께 신물(信物)로 채백 10필(疋)과 능 10필, 시(絁) 20필, 사(絲, 실) 100구(絇)[29], 면 200둔(屯)[30]을 보냅니다. 그리고 전송할 사신을 뽑아 귀국시키도록 하였습니다. 점차 날이 뜨거워집니다. 평안하기를 바랍니다"라고 하였다.

○ 권10, 신귀(神龜) 5년(728) 6월

> 庚午, 送渤海使使等拜辭.

경오(5일)에 발해 사신을 전송하는 사신 등이 [출발] 인사를 드렸다.

해로부터 돌아와, 9월에 쇼무천황(聖武天皇)에게 발해로부터 받아온 선물을 바쳤다. 이후 主殿頭, 斎宮長官 등을 거치고, 天平 18년(746) 종5위하 木工頭에 임명되었다(宇治谷孟, 1995).

28 발해 사신을 호송하는 임무를 맡은 사신이다.
29 실타래를 가리키며, 사리어 뭉쳐 놓은 명주실을 세는 단위이다.
30 짐의 단위로, 고대 일본에서는 1綿≒1斤小≒224g이라 한다.

壬申, 水手[31]已上惣六十二人, 賜位有差.

임신(7일)에 [발해 사신을 전송하는 사신의] 수수(水手) 이상 총 62인에게 위(位)를 차등을 두어 내려주었다.

○ 권10, 성무천황(聖武天皇) 천평(天平) 2년(730) 8월

辛亥, 遣渤海使正六位上引田朝臣虫麻呂等來歸.

신해(29일)에 견발해사(遣渤海使)[32] 정6위상 인전조신충마려 등이 돌아왔다.

○ 권10, 성무천황(聖武天皇) 천평(天平) 2년(730) 9월

癸丑, 天皇御中宮, 蟲麻呂等獻渤海郡王信物.

계축(2일)에 천황이 중궁(中宮)에 나아갔는데, [인전조신]충마려 등이 발해군왕의 신물(信物)을 바쳤다.

丙子, 遣使以渤海郡信物, 令獻山陵六所, 并祭故太政大臣藤原朝臣墓.

병자(25일)에 사신을 보내어 발해군(渤海郡)의 신물을 산릉(山陵) 여섯 곳에 바치게 하고, 아울러 고(故) 태정대신(太政大臣) 등원조신(藤原朝臣, 후지와라노아손)[33]의 무덤에 제사를 지내

---

31 『日本紀略』 원본에는 '子' (「신일본고전본」 권2, 196쪽 주13).
32 일본에서 발해로 파견되던 정식 사신이다.
33 藤原不比等(659~720)을 가리킨다. 일본 아스카 시대부터 나라 초기까지 활동했던 인물로, 公卿의 위치에 있었다. 藤原鎌足의 차남이며, 일부 유사류에는 天智天皇의 사생아라고 나온다. 딸 光明子는 聖武天皇의 황후이다. 草壁皇子와 持統天皇부터 元正天皇까지 4대를 섬겼고, 「大寶律令」과 『日本書紀』를 편찬하는 데 관여하였다. 특히 文武天皇에서 元正天皇까지 3대에 걸쳐 천황을 세우는 데 큰 공을 세웠다. 720년 사망하며 太政大臣으로 추증되었고, 시호는 淡海公으로 近江國에 봉해졌다. 시호가 文忠公이라는 기록도 있다.

게 했다.

○ 권10, 성무천황(聖武天皇) 천평(天平) 2년(730) 10월

庚戌, 遣使奉渤海信物於諸國名神社.

경술(29일)에 사신을 보내어 발해 신물을 여러 국(國)의 이름 있는 신사(神社)에 바쳤다.

○ 권13, 성무천황(聖武天皇) 천평(天平) 11년(739) 7월

癸卯, 渤[34]海使副使雲麾將軍己珎蒙等來朝.

계묘(13일)에 발해 사신 부사(副使) 운휘장군(雲麾將軍)[35] 기진몽(己珎蒙) 등이 내조(來朝)했다.

○ 권13, 성무천황(聖武天皇) 천평(天平) 11년(739) 10월

丙戌, 入唐使判官外從五位下平郡[36]朝臣廣成, 并渤海客等入京.

병술(27일)에 당(唐)에 갔던 사신 판관(判官) 외종5위하 평군조신광성(平郡朝臣廣成, 헤구리노아손 히로나리)[37]이 발해객(渤海客, 발해 사신) 등과 함께 입경(入京)하였다.

---

34 「兼右本」·「谷森本」·「東山本」·「高宋宮本」에는 '勃'(「신일본고전본」권2, 354쪽 주5).
35 발해 武散階의 하나이다. 당나라에서는 종3품에 해당한다.
36 「신일본고전본」에는 '群'(「신일본고전본」권2, 356쪽 주2).
37 平群朝臣廣成(?~?)은 일본 나라 시대의 관리이다. 가바네는 朝臣이다. 732년 遣唐使 判官에 임명되어, 733년 당으로 출발하여 蘇州에 도착하였다. 734년 귀국길에 태풍을 만나 4척이 뿔뿔이 흩어졌고, 히로나리가 탔던 제3선은 崑崙 지방에 도착하였다. 이때 배에 타고 있던 115명 가운데 히로나리 등 3명만 살아남아 738년 등주에서 발해를 통해 739년 일본으로 귀국하였다. 이후 刑部大輔, 東山道巡察使, 式部大輔, 武藏守 등을 역임하였다.

○ 권13, 성무천황(聖武天皇) 천평(天平) 11년(739) 11월

十一月辛卯, 平郡朝臣廣成等拜朝. 初廣成, 天平五年隨大使多治比眞人廣成入唐. 六年十月, 事畢却歸, 四船同發從蘇州入海. 惡風忽起彼此相失. 廣成之船一百一十五人漂着崑崙國, 有賊兵來圍遂被拘執. 船人或被殺或逆散, 自餘九十餘人着瘴死亡. 廣成等四人, 僅免死得見崑崙王, 仍給升糧安置惡處. 至七年, 有唐國欽州熟崑崙到彼, 便被偸載, 出來既歸唐國. 逢本朝學生阿倍仲[38]滿, 便奏得入朝, 請取渤海路歸朝, 天子許之, 給船粮發遣. 十年三月, 從登州入海, 五月到渤海界. 適遇其王大欽茂差使, 欲聘我朝, 即時同發. 及渡沸海, 渤海一船遇浪傾覆. 大使胥要德等冊人沒死, 廣成等率遺衆, 到著出羽國.

11월 신묘(3일)에 평군조신광성 등이 조정에 배알했다. 처음 광성은 천평(天平) 5년(733)에 대사(大使) 다치비진인광성(多治比眞人廣成, 다지히노마히토 히로나리)[39]을 따라 당에 들어갔다. 6년(734) 10월에 일을 마치고 돌아오는데 4척의 배가 함께 소주(蘇州)로부터 출발하여 바다로 나갔다. 심한 바람이 갑자기 불어서 서로를 잃어버렸다. 광성의 배에 탔던 115인은 표류하여 곤륜국(崑崙國)에 닿았는데, 적병(賊兵)이 와서 포위하여 마침내 붙잡히게 되었다. 배에 있던 사람들은 혹은 살해되고 또는 달아나 흩어졌다. 나머지 90여 명은 풍토병에 걸려 죽었다. 광성 등 4인만이 겨우 죽음을 면하여 곤륜왕을 알현하게 되었다. 이로 인하여 한 되[升]의 양식을 지급받고 험한 곳에 안치되었다. [천평] 7년(735)에 이르러 당나라 흠주(欽州)의 숙곤륜(熟崑崙)[40]이 그곳에 도착하였다. 이때 몰래 배를 타고 나와서 당나라에 돌아가게 되었다. 본조(本朝, 일본)의 학생 아배중만(阿倍仲滿, 아베노 츄만)[41]을 만나 곧 [그 사연을] 아뢰고 입조

---

38 '中' → '仲' (「신일본고전본」 권2, 356쪽 주 14).
39 多治比眞人廣成(?~739)은 일본 나라 시대의 관료로, 左大臣 多治比嶋의 아들이다. 和銅 원년(708) 下野守에 임명된 뒤, 越前守와 能登國·越中國·越後國을 관할하는 按察使 등 지방관을 역임하였다. 732년 견당사로 임명되었다. 737년에는 종3위 中納言에 올랐다. 그가 남긴 漢詩 3수가 『懷風藻』에 실려있다.
40 崑崙은 춘추전국시대에 青海 방면에 살던 민족을 부르던 명칭이었으며, 한대 이후에는 南海에서 廣東·交趾에 내항하거나 활동했던 동남아시아 지역의 피부가 까만 사람들과 관련해서 崑崙船·崑崙奴·崑崙藥 등을 사용하였다. 당나라 때에는 당에 예속되었거나 우호적인 이들을 숙곤륜이라고 하였다.
41 阿倍仲麻呂(698~770)의 다른 이름이다. 가바네는 朝臣이다. 靈龜 3년(717)에 遣唐留學生으로 뽑혔고, 당에서 과

할 수 있게 되었다. 발해로(渤海路)⁴²를 통하여 귀국할 것을 청했더니 천자가 허락하고 배와 양식을 주어 출발하게 하였다. [천평] 10년(738) 3월에 등주(登州)에서 바다로 들어가 5월에 발해 경계에 이르렀다. 마침 그 왕 대흠무(大欽茂)⁴³가 사신을 뽑아 우리 조정에 보내려고 하여 곧바로 함께 출발했다. 거세게 일렁거리는 바다를 건너는데 발해의 배 한 척이 파도에 부딪혀 뒤집혔다. 대사(大使) 서요덕(胥要德) 등 40인이 물에 빠져 죽고, 광성 등이 남은 무리를 이끌고 출우국에 도착하였다.

○ 권13, 성무천황(聖武天皇) 천평(天平) 11년(739) 12월

十二月戊辰, 渤海使己珎蒙等拜朝. 上其王啓幷方物. 其詞曰, 欽茂啓, 山河杳絶, 國土夐遙. 佇望風猷, 唯增傾仰. 伏惟, 天皇聖殿, 至德遐暢, 奕葉重光, 澤流萬姓. 欽茂忝繼祖業, 濫惣如始. 義洽情深, 每脩隣好. 今彼國使朝臣廣業等, 風潮失便, 漂落投此. 每加優賞, 欲待來春放廻. 使等貪前, 苦請乃年歸去. 訴詞至重, 隣義非輕. 因備行

거 시험에 합격하여 당 관료가 되었다. 洛陽 左春坊 司經校書, 左拾遺, 左補闕, 儀王友 등을 거치고, 시문이 뛰어나 현종의 총애를 얻으며 祕書監에 임명되었다. 『唐書』에는 朝臣仲滿이 慕華하여 이름을 朝衡으로 고쳤다는 기록이 있다. 753년 고향을 그리워하여, 藤原淸河 등과 함께 귀국길에 올랐으나, 태풍으로 남쪽에 표류하였다가 약탈당하는 등 우여곡절을 겪고 당 장안으로 되돌아갔다. 그 뒤 左散騎常侍, 安南都護, 安南節度使 등을 역임하였고, 사후 정2품을 추증받았다.

42 渤海에서 唐에 갈 때 거쳐 가는 이른바 '朝貢道'로서, 西京鴨綠府를 중심으로 한 길이 아닌가 한다. 즉 上京에서 中京顯德府를 거쳐 임강·통구지방을 통과하여 압록강구에서 해로로 요동반도의 연안을 따라 旅順에 이르러 거기에서 廟島列島를 좇아 渤海灣을 횡단, 山東半島의 登州에 상륙한 뒤, 육로로 당나라의 수도인 長安으로 향하는 길이다. 渤海에서 唐으로 향하는 통로는 이 밖에도 長嶺府를 거쳐 營州를 거쳐 가는 이른바 '營州道'가 있었다. 그러나 이 길은 契丹 등에게 끊임없이 위협을 받고 있었으므로 당시 가장 안전한 入唐路는 해로를 통해 왕래하는 길이었다. 당나라에서 이 길을 거꾸로 거슬러 발해로 가는 길을 '발해도' 또는 '발해로'라고 하였다.

43 발해의 제3대 왕인 文王(재위 737~793)의 이름이다. 무왕 대무예의 아들로, 무왕의 嫡男인 大都利行이 당에서 사망하자 왕위 계승자가 되었다. 연호는 大興과 寶曆을 사용하였고, 존호는 大興寶曆孝感金輪聖法大王이다. 황후는 孝懿皇后이다. 즉위 이듬해부터 당에서 『唐禮』·『三國志』·『晋書』·『三十六國春秋』를 입수하는 등 文治에 힘을 기울였다. 특히, 『당례』는 유학에 입각한 국가 통치 규범과 의례를 담고 있던 『大唐開元禮』로, 문왕 시기의 통치제도와 국가의례 정비에 중요한 참고가 되었을 것으로 본다. 안녹산의 난이 일어나자 中京에서 上京으로 수도를 옮겼고, 5경 15부 체제의 기틀을 마련하였으며, 신라도 등 대외교통로인 5道를 완비하였다. 56년간 장기집권하며 안정적으로 국정을 운영하고, 왕권을 강화하여 황제국 체제를 구축하였다. 皇上·皇后, 詔諧 등 황제와 관련한 용어를 사용하였다. 국력 신장과 황제국으로서의 자신감을 토대로 771년 일본에 보낸 국서에서 天孫임을 자처하고, 양국의 관계를 舅甥 관계로 설정하여 일본의 반발을 사기도 하였다(권은주, 「발해」, 『한국민족문화대백과사전』).

資, 卽爲發遣. 仍差若忽州都督胥要德等充使, 領廣業等令送彼國, 幷附大虫皮·羆皮各七張, 豹皮六張, 人參三十斤, 蜜三斛進上. 至彼, 請撿領.

12월 무진(10일)에 발해 사신 기진몽(己珍蒙) 등이 조정에 배알했다. 그 왕계(王啓)와 방물(方物)을 올렸다. 그 사(詞)에서 말하길 "흠무(欽茂)가 계(啓)합니다. 산하(山河)가 아득히 떨어져 있고 국토 또한 매우 멉니다. 풍속과 공적을 멈춰 서서 바라보니 오직 존경스러움을 더할 따름입니다. 엎드려 생각건대 천황의 성스러운 예지와 지극한 도덕은 더욱 밝으며 여러 대를 이어 영화로움이 거듭 빛나고 은택이 만백성에게 미쳤습니다. 흠무는 황송스럽게도 조업(祖業)을 이어받아 외람되이 총괄하는 것이 처음과 같습니다. 의를 넓히고 정을 돈독히 하여 매양 이웃과의 우호를 닦아 왔는데 이번에 당신 나라의 사신 [평군]조신광업([平郡]朝臣廣業, [헤구리노]아손 히로나리)[44] 등이 풍랑 때문에 의지할 곳을 잃고 떠돌아다니다가 이곳에 이르렀습니다. 넉넉하게 대우하며 오는 봄을 기다렸다가 돌려보내려고 하였지만 사신 등이 먼저 가기를 원하여 애써 올해에 돌아가기를 청하였습니다. 요청하는 말이 매우 정중하고 이웃 사이의 의리도 가볍지 않으므로 이에 필요한 물품을 갖추어서 곧 출발하게 하였습니다. 그래서 약홀주도독(若忽州都督)[45] 서요덕 등을 사신으로 삼아 [평군조신]광업 등을 거느리고 당신 나라에 가게 하였습니다. 아울러 대충피(大蟲皮)[46]와 큰 곰 가죽 각 7장, 표범 가죽 6장, 인삼 30근, 꿀 3곡(斛)을 올리니 그곳에 도착하거든 살펴서 받아주기를 청합니다"라고 하였다.

己卯, 外從五位下平郡朝臣廣成授正五位上, 自餘水手已上, 亦各有級.

---

44 平群朝臣廣成의 이름 끝자인 '成'을 '業'으로 잘못 쓴 것으로 보인다.

45 약홀주의 장관이다. 약홀주는 발해의 지방행정 단위인 州의 하나로, 고구려 당시의 지명에서 유래한 것으로 보인다. 위치는 미상. 발해의 5경 15부 62주가 정비되면서, 이름이 개명되거나 다른 주에 편입된 것으로 보인다.

46 大蟲은 虎의 異稱이다. '虎'는 권력이나 영향력 등과 같이 힘을 상징하는 언어로 사용되었고, '皮'는 시각적으로 神性과 힘을 드러내기 위해 사용되었다(新村衣里子, 2015, 130쪽). 일본에서 虎皮는 豹皮와 貂皮 보다는 아래에, 5位 이상이 사용할 수 있는 羆皮와는 비슷한 가치가 있었다. 또한 富의 축적이 가능했던 사람들은 모피를 조공품이나 교역의 수단으로 하여 입수하였다(岡田凉子 외 편저, 1992, 112쪽, 114쪽; 전현실, 2004, 53쪽). 대충피는 발해 사신이 일본으로 갈 때 가져간 주요 품목 가운데 하나였다. 발해의 대충피 등 모피류는 품질이 우수하여, 일본 귀족들에게 선호의 대상이 되었다.

기묘(21일)에 외종5위하 평군조신광성에게 정5위상을 제수하였다. 나머지 수수 이상에게도 역시 각기 급(級)이 있었다.

○ 권13, 성무천황(聖武天皇) 천평(天平) 12년(740) 봄 정월

十二年春戊子朔, 天皇御大極殿受朝賀. 渤海郡使新羅學語等同亦在列.

12년(740) 봄 정월 무자 초하루에 천황이 대극전(大極殿)에 나아가 [신년] 축하 조회를 받았다. 발해군의 사신과 신라학어(新羅學語)[47] 등이 행렬에 함께 서 있었다.

甲午, 渤海郡副使雲麾將軍己珎蒙等, 授位各有差. 卽賜宴於朝堂, 賜渤海郡王美濃絁卅匹·絹卅匹·糸一百五十絇·調綿三百屯, 己珎蒙美濃絁廿匹·絹十匹·絲五十絇·調綿二百屯, 自餘各有差.

갑오(7일)에 발해군의 부사 운휘장군(雲麾將軍) 기진몽(己珎蒙) 등에게 관위를 주었는데 각각 차등이 있었다. 그리고 조당(朝堂)에서 잔치를 베풀고 발해군왕에게 미농시(美濃絁)[48] 30필, 견 30필, 사 150구, 조면(調綿)[49] 300둔을 내렸다. 기진몽에게는 미농시 20필, 견 10필, 사 50구, 조면 200둔을 내렸으며 나머지는 각각 차등이 있었다.

庚子, 天皇御中宮 … 又以外從五位下大伴宿禰犬養, 爲遣渤海大使.

---

47 新羅學語는 언어 등의 습득을 목적으로 신라에서 일본에 파견된 학생이다. 조이옥은 발해 사절단에 통역관이 파견된 것은 771년(문왕 35)부터 확인됨으로, 이때의 신라학어는 일본조정이 발해사의 통역을 담당하게 한 것으로 추정한다(조이옥, 2003, 186~187쪽).

48 絁는 絹과 함께 고대에 생산된 견직물 중 가장 단순하게 직조된 평직 견직물이다. 미농시는 일본 美濃 지역에서 직조된 특산물로, 조정에 조세[調]의 의미로 바쳤던 것이다. 시는 지역에 따라 등급 차이가 있었는데, 미노는 당시 畿內 부근에 위치하고 있어 상등품의 시를 생산했던 것으로 보인다(布目順郞, 1988, 52쪽). 발해는 740·759·760·772년 일본으로부터 미농시를 받은 바 있다(전현실, 2008, 270쪽).

49 매만져서 넓적하게 편 명주 솜.

경자(13일)에 천황이 중궁에 나아가 … 또 외종5위하 대반숙녜견양(大伴宿禰犬養, 오토모 노스쿠네 이누카이)[50]을 견발해대사(遣渤海大使)로 삼았다.

癸卯, 天皇御南苑宴侍臣, 饗百官及渤海客於朝堂, 五位已上賜褶衣.

계묘(16일)에 천황이 남원(南苑)에서 시신(侍臣)에게 잔치를 베풀고, 백관과 발해객은 조당(朝堂)[51]에서 대접하였다. 5위 이상에게 접의(褶衣)를 내렸다.

甲辰, 天皇御大極殿南門觀大射, 五位已上射了, 乃命渤海使己珎蒙等射焉.

갑진(17일)에 천황이 대극전 남문에 나아가 활쏘기 대회를 관람했는데, 5위 이상이 활쏘기를 마치자 발해 사신 기진몽 등에게 활을 쏘게 했다.

丙辰, 遣使就客館, 贈渤海大使忠武將軍胥要德從二位, 首領无位己閼棄蒙從五位下. 幷賵調布一百十五端, 庸布六十段.

병신(29일)에 사신을 보내어 객관(客館)에 나아가 발해 대사 충무장군(忠武將軍)[52] 서요덕에게 종2위를 주고, 수령(首領) 무위(無位) 기알기몽(己閼棄蒙)에게 종5위하를 주었다. 아울러 조포(調布) 150단(端)과 용포(庸布)[53] 60단(段)을 주었다.

---

50 大伴宿禰犬養는 일본 나라 시대의 관료이다. 播磨少掾, 式部大丞을 역임하고, 740년 견발해사에 임명되었다. 그 뒤 少納言, 山背守, 播磨守, 美濃守, 右衛士督, 右大弁 등을 역임하였고, 762년 사망할 때 종4위하 讚岐守로 마쳤다. 가족관계는 불확실하며, 딸이 藤原仲麻呂의 처[室]로 나온다.
51 일본 고대 궁궐에서 大極殿, 朝集殿과 함께 朝堂院을 구성하는 전각이다. 조당은 천자가 아침에 보는 朝政을 시작으로 조정의 일반 서무, 천황의 즉위 의례, 정월 초하루의 朝賀, 任官, 관위의 수여, 改元의 선포, 초하루의 告祭, 節會, 외국 사신에게 베푸는 향연 등 의례가 집행되는 중요한 관사다. 이 관사는 천자의 조정을 상징하고 또 조정의 관료기구 그 자체를 가리키는 것이기도 하였다.
52 발해의 武散階의 하나이다. 당나라에서는 정4품상에 해당한다.
53 일본 고대 율령제에서의 稅目 가운데 하나이다. 調庸제도는 중앙 정부에서 필요로 하는 물품의 품목, 품질, 수량을 각 지역의 공민에게 할당하고 거두어 들였다. 이중 庸布는 부역 대신 납부된 布(麻布)이다(朝日新聞社, 2003). 正丁(21~60세 남자)은 부역 대신에 포(마포) 2장 6척(약8m)을 내고, 老丁(61~65세)은 正丁의 1/2를 냈다. 少丁

丁巳, 天皇御中宮閤門, 己珎蒙等奏本國樂, 賜帛綿各有差.

정사(30일)에 천황이 중궁(中宮)의 합문(閤門)에 나아갔다. 기진몽 등이 본국악(本國樂, 발해악)을 연주하자 백면(帛綿)을 내려주었는데 각기 차등이 있었다.

○ 권13, 성무천황(聖武天皇) 천평(天平) 12년(740) 2월

二月己未, 己珎蒙等還國.

2월 기미(2일)에 기진몽 등이 본국으로 돌아갔다.

○ 권13, 성무천황(聖武天皇) 천평(天平) 12년(740) 4월

丙子, 遣渤海使等辭見.

병자(20일)에 견발해사 등이 뵙고 [인사를] 아뢰었다.

○ 권13, 성무천황(聖武天皇) 천평(天平) 12년(740) 10월

冬十月戊午, 遣渤海郡使外從五位下大伴宿禰犬養等來歸.

겨울 10월 무오(5일)에 견발해군사 외종5위하 대반숙녜견양 등이 돌아왔다.

○ 권16, 성무천황(聖武天皇) 천평(天平) 18년(746) 이해[是年]

是年, 渤海人及鐵利惣一千一百餘人慕化來朝. 安置出羽國, 給衣粮放還.

(17~20세)은 부역의 의무가 없었으며, 京・畿內는 면제되었다(東京書籍編集部, 2004, 48쪽; 坂本賞三, 福田豊彦 감수, 1993, 23쪽; 朝日新聞社, 2003).

이해에 발해인과 철리(鐵利) 총 1,100여 인이 교화를 사모하여 내조하였다. 출우국에 안치하여 옷과 양식을 주어 돌려보냈다.

○ 권17, 효겸천황(孝謙天皇) 천평승보(天平勝寶) 원년(749) 12월

丁亥, 八幡大神禰宜尼大神朝臣杜女【其輿紫色 一同乘輿】拜東大寺. 天皇, 太上天皇, 皇太后, 同亦行幸. 是日, 百官及諸氏人等, 咸會於寺. 請僧五千, 禮佛讀經. 作大唐渤海吳樂, 五節田儛, 久米儛.

정해(27일)에 팔번대신(八幡大神)[54]의 예의니(禰宜尼, 제사를 맡은 여승) 대신조신두녀(大神朝臣杜女, 오가노아손 모리메)【그 수레는 자색(紫色)으로 하나같이 승여(乘輿)와 같다】가 동대사(東大寺, 도다이지)에 참배했다. 천황과 태상천황, 황태후도 함께 갔다. 이날 백관과 여러 씨인(氏人) 등이 모두 절에 모여 승려 5,000명을 청하여 예불(禮佛)하고 독경(讀經)하게 했다. 대당(大唐)·발해(渤海)·오악(吳樂)을 연주하고 오절전무(五節田儛)[55]와 구미무(久米儛)를 추었다.

○ 권18, 효겸천황(孝謙天皇) 천평승보(天平勝寶) 4년(752) 9월

丁卯, 渤海使輔國大將軍慕施蒙等, 著于越後國佐渡嶋.

정묘(24일)에 발해 사신 보국대장군(輔國大將軍)[56] 모시몽(慕施蒙) 등이 월후국(越後國, 에치고 노쿠니)[57] 좌도도(佐渡嶋, 사도가시마)에 도착하였다.

---

54 일본 九州 동쪽 大分에 위치한 八幡宮에서 제사지내는 神이다. 오진천황(應神天皇)을 주신으로 해서 좌우에 比売神과 神功皇后를 배향하였다.
55 일본 고대 궁정의 의례로 사용되는 樂舞의 하나로 여성이 추는 춤이다. 전설에 따르면 덴무천황(天武天皇)이 요시노궁(吉野宮)에서 금을 연주할 때 天女가 출현하여 소매를 다섯 번 휘두르며 춤을 춘 것이 시작이었다고 한다.
56 발해의 武散階 가운데 하나이다. 당나라에서는 정2품이다. 輔國大將軍으로서 일본에 사신으로 갔던 인물로는 慕施蒙 외에 高南申과 揚承慶이 있다.
57 지금의 일본 중부지방의 니가타(新潟) 지역이다.

○ 권18, 효겸천황(孝謙天皇) 천평승보(天平勝寶) 4년(752) 10월

庚辰, 遣左大史正六位上坂上忌寸老人等於越後國, 問渤海客等消息.

경진(7일)에 좌대사(左大史) 정6위상 판상기촌노인(坂上忌寸老人, 사카노우에노이미키 오키나) 등을 월후국에 보내어 발해객 등의 소식을 물었다.

○ 권19, 효겸천황(孝謙天皇) 천평승보(天平勝寶) 5년(753) 5월

乙丑, 渤海使輔國大將軍慕施蒙等拜朝, 幷貢信物. 奏稱, 渤海王言, 日本照臨聖天皇朝. 不賜使命, 已經十餘歲. 是以, 遣慕施蒙等七十五人, 齎國信物, 奉獻闕庭.

을축(25일)에 발해 사신 보국대장군 모시몽 등이 조정에 배알하고 아울러 신물을 바쳤다. 아뢰기를 "발해왕이 일본을 통치하는 성스러운 천황 조정에게 말합니다. 사신의 명을 내리지 않은 지가 이미 10여 년이 지났습니다. 이 때문에 모시몽 등 75인을 보내어 국신물을 가지고 가서 궁궐 뜰[闕庭, 조정]에 올립니다"라고 하였다.

丁卯, 饗慕施蒙等於朝堂, 授位賜祿各有差.

정묘(27일)에 모시몽 등에게 조당에서 잔치를 베풀었다. 관위를 주고 녹을 내렸는데 각각 차등이 있었다.

○ 권19, 효겸천황(孝謙天皇) 천평승보(天平勝寶) 5년(753) 6월

六月丁丑, 慕施蒙等還[58]國. 賜璽書曰, 天皇敬問渤海國王. 朕以寡德, 虔奉寶圖, 亭毒黎民, 照臨八極. 王僻居海外, 遠使入朝. 丹心至明, 深可嘉尙. 但省來啓, 無稱臣名. 仍尋高麗舊記, 國平之日 上表文云, 族惟兄弟, 義則君臣. 或乞援兵, 或賀踐祚.

---

58 『일본기략』에는 '歸'(「신일본고전본」 권2, 132쪽 주6).

> 修朝聘之恒式, 効忠款之懇誠. 故先朝善其貞節, 待以殊恩. 榮命之隆, 日新無絶, 想所知之. 何仮一二言也. 由是, 先迴之後, 旣賜勅書. 何其今歲之朝, 重無上表. 以禮進退, 彼此共同. 王熟思之. 季夏甚熱. 比無恙也. 使人今還, 指宣往意, 幷賜物如別.

6월 정축(8일)에 모시몽 등이 나라(발해)로 돌아갔다. 새서(璽書)를 내려 말하길 "천황은 발해국왕[59]에게 삼가 안부를 묻습니다. 짐은 덕이 없음에도 삼가 보도(寶圖)를 받들어 백성을 기르고 팔방(八方)을 다스리고 있습니다. 왕은 바다 밖에 치우쳐 있으면서 멀리 사신을 보내어 입조하니 정성스러운 마음이 지극히 밝아 매우 가상하게 여깁니다. 단지 올라온 계(啓)를 살펴보니 신하라 칭하지 않았습니다. 그래서 『고려구기(高麗舊記)』[60]를 살펴보았더니 나라가 태평할 때의 상표문(上表文)에 '족(族)으로는 형제이고 의(義)로는 군신(君臣)이라'고 하며, 혹은 원병(援兵)을 청하기도 하고 또는 등극을 축하하며 조빙하는 항례를 닦아 충성스럽게 간절한 정성을 본받아 왔습니다. 그래서 선조(先朝)에서도 그 정절(貞節)을 착하게 여기고 특별한 은혜로 대우하여 영예로운 명령이 융성하고 날마다 새로움이 끊임이 없었습니다. 생각하는 바를 아는데 어찌 한두 마디 말을 빌리겠습니까. 이런 까닭에 먼저 돌려보낸 뒤에 이미 칙서를 내렸는데 어찌 올해의 조공에 거듭 올리는 표문이 없는 것입니까. 예(禮)로써 나아가고 물러나는 것은 서로 같으니 왕은 깊이 생각하십시오. 늦여름이 매우 더우니 병이 없기를 바랍니다. 사인(使人)이 지금 돌아가니 다녀간 뜻을 펴게 하십시오. 아울러 별도와 같이 물건을 내립니다"라 하였다.

○ 권21, 순인천황(淳仁天皇) 천평보자(天平寶字) 2년(758) 9월

> 丁亥, 小野朝臣田守等至自渤海. 渤海大使輔國大將軍兼將軍行木底州刺史兼兵署

---

[59] 발해왕을 渤海國王이라 한 것은 唐이 발해의 위상을 인정하여 762년에 文王 大欽茂를 발해국왕으로 책봉한 데서 비롯된다. 당의 봉작제도에서 국왕은 정1품에 해당한다. 그런데 여기서는 이와는 별도로 발해국왕으로 칭하고 있어 주목된다. 발해 문왕이 당의 발해국왕으로 책봉되기 전에 '국왕'을 자칭했을 가능성을 보여준다.

[60] 『高麗舊記』는 다른 기록에는 그 존재가 확인되지 않아 실존 여부와 성격에 대해서 논란이 있다. 노태돈은 당시 일본 조정에 전해지고 있던 고구려의 국서와 그 밖의 교섭 관련 기록을 가리킨다고 보았다. 그러나 753년 발해에 보낸 일본 국서에서 발해를 조공국으로 규정하고, 일본에 臣禮를 취해야 된다는 근거로 든 내용은 고구려와 일본의 관계가 아닌 고구려 멸망 이후 안승의 고구려와의 교섭 기록으로 보았다(노태돈, 1989b; 노태돈, 2020, 240·257쪽).

少正開國公楊承慶已下廿三人, 隨田守來朝, 便於越前國安置.

정해(18일)에 소야조신전수(小野朝臣田守, 오노노아손 타모리)[61] 등이 발해로부터 도착하였다. 발해 대사 보국대장군 겸 장군 행목저주자사(行木底州刺史)[62] 겸 병서소정(兵署少正)[63] 개국공(開國公)[64] 양승경(楊承慶) 이하 23인이 [소야조신]전수를 따라 내조하니 편하게 월전국(越前國, 에치젠노쿠니)[65]에 안치하였다.

○ 권21, 순인천황(淳仁天皇) 천평보자(天平寶字) 2년(758) 10월

丁卯, 授遣渤海大使從五位下小野朝臣田守從五位上, 副使正六位下高橋朝臣老麻呂從五位下, 其餘六十六人各有差.

정묘(28일)에 발해에 보냈던 대사 종5위하 소야조신전수에게 종5위상을, 부사 정6위하 고

---

61 小野朝臣田守는 일본 나라 시대의 관료이다. 747년 종5위하에, 749년에는 大宰少貳에 임명되었다. 753년 遣新羅大使로 파견되었는데, 신라에서 결례를 이유로 접견을 불허하여 소임을 다하지 못하고 귀국하였다. 754년에 大宰少貳에 임명되었고, 757년에 刑部少輔로 전임된 후, 이듬해 遣渤海大使에 임명되어 발해에 파견되었다. 그해 9월 발해 대사 양승경 등과 함께 귀국하였다. 귀국 후 당에서 일어난 안사의 난에 대해 보고하자 쥰닌천황(淳仁天皇)은 안녹산의 침공에 대한 대비책을 세울 것을 명하였다. 견발해사의 공로로 종5위상으로 승진하였다(연민수 역주, 『譯註 續日本紀』 中, 2022, 132쪽 각주5).

62 발해 木底州의 刺史이다. 行은 관직이 품계보다 낮을 때 붙는다. 원래 고구려의 국내성과 요동평원을 잇는 교통로인 南道에 있던 목저성이다. 고구려 멸망 이후에 당나라가 이곳에 州를 설치하고, 안동도호부에 예속시켰다. 위치는 蘇子河 연안에 위치한 것으로 추정된다. 新賓縣 木奇鎭 일대의 五龍山城, 櫃子石山 또는 河西村古城, 高儉地山城 등으로 비정하기도 한다(『삼국사기』 권18, 목저성 주석 참조; 국사편찬위원회, 한국고대사료 DB). 발해가 이 지역에 언제 진출하였으며, 실효적인 지배를 했는지에 대해서는 논란이 있다.

63 『新唐書』 渤海傳에 소개된 발해의 관제에는 확인되지 않는다. 다만, 발해 中正臺 소속 관원으로 大中正 1인과 少正 1인이 보인다. 이와 관련해 보면 兵署 소속 少正으로 해석된다.

64 발해의 봉작의 하나인 開國郡公의 약칭으로, 등급은 알 수 없다. 당나라에서는 정2품에 해당한다(『舊唐書』 권42, 직관지). 758년 일본에 파견된 발해 사신 楊承慶과 759년 파견된 高南申이 開國公의 작위를 갖고 있었던 것이 확인된다(『續日本紀』 권21, 廢帝 淳仁天皇).

65 일본 고대의 北陸道에 속한 國이다. 오늘날 福井縣의 北半에 해당한다. 692년에 國名이 처음 확인된다. 뒤에 加賀國과 能登國을 따로 분리하여 두었다. 國府의 소재지는 丹生郡으로 비정된다.

교조신노마려(高橋朝臣老麻呂, 다카하시노아손 오이마로)[66]에게 종5위하를 주었으며, 그 나머지 66인에게도 [준 것이] 각기 차등이 있었다.

○ 권21, 순인천황(淳仁天皇) 천평보자(天平寶字) 2년(758) 12월

戊申, 遣渤海使小野朝臣田守等奏唐國消息曰, 天寶十四載歲次乙未十一月九日, 御史大夫兼范陽節度使安祿山反, 擧兵作亂. 自稱大燕聖武皇帝, 改范陽作靈武郡, 其宅爲潛龍宮, 年號聖武. 留其子安卿緖, 知范陽郡事. 自將精兵廿餘万騎, 啓行南行.[67] 十二月, 直入洛陽, 署置百官. 天子遣安西節度使哥舒翰, 將卅万衆, 守潼津關, 使大將軍封常淸, 將十五万衆, 別圍洛陽. 天寶十五載, 祿山遣將軍孫孝哲等, 帥二万騎攻潼津關. 哥舒翰壞潼津岸, 以墜黃河, 絶其通路而還. 孝哲鑿山開路, 引兵入至于新豊. 六月六日, 天子遜于劒南. 七月甲子, 皇太子璵卽皇帝位于靈武郡都督府, 改元爲至德元載. 己卯, 天子至于益州. 平盧留後事徐歸道, 遣果毅都尉行柳城縣兼四府經略判官張元澗, 來聘渤海. 且徵兵馬曰, 今載十月, 當擊祿山. 王須發騎四万, 來援平賊. 渤海疑其有異心, 且留未歸. 十二月丙午, 徐歸道果鴆劉正臣于北平, 潛通祿山幽州節度使史思明謀擊天子. 安東都護王玄志仍知其謀, 帥精兵六千餘人, 打破柳城斬徐歸道, 自稱權知平盧節度, 進鎭北平.

至德三載四月, 王玄志遣將軍王進義, 來聘渤海. 且通國故曰, 天子歸于西京, 迎太上天皇于蜀, 居于別宮, 殄[68]滅賊徒. 故遣下臣來告命矣. 渤海王爲其事難信, 且留進義遣使詳問. 行人未至, 事未[69]可知. 其唐王賜渤海國王勅書一卷, 亦副狀進. 於是, 勅

---

66 高橋朝臣老麻呂는 일본 나라 시대의 관료로 757년 발해에 사신으로 파견되었다. 다카하시노아손(高橋朝臣) 일족은 아베노아손(阿倍朝臣)과 조상이 같으며, 오이나코시노미코토(大稻輿命)의 후손이다. 게이코천황(景行天皇)이 東國을 巡幸할 때 큰 백합을 바치고, 가시와데노오미(膳臣)라는 성을 받았다. 덴무천황(天武天皇) 12년(640)에 지금의 성을 하사받았다. 다카하시노아손 일족은 가시와데노오미 시절부터 대외관계 및 의전 업무에서 빈번하게 활동하였다. 膳臣斑鳩는 가야 지역에 장군으로 파견되었고, 膳臣巴提便은 백제에 사신으로, 膳臣傾子는 고구려 사신을 접대하는 역할을, 膳臣葉積은 고구려에 사신으로, 高橋朝臣笠間은 遣唐大使로, 高橋朝臣老麻呂는 遣渤海副使가 되었다(연민수 외 역주, 2020: 동북아역사넷 사료라이브러리).

67 일부 판본에는 '往'(「신일본고전본본」 권2, 296쪽 주6).

68 일부 판본에는 '彌'(「신일본고전본본」 권2, 298쪽 주9).

69 「兼右本」·「谷森本」·「東山本」·「高宋宮本」에는 '事未至'(「신일본고전본본」 권2, 298쪽 주13).

大宰府曰, 安祿山者, 是狂胡狡竪也. 違天起逆, 事必不利. 疑是不能計西, 還更掠於海東. 古人曰, 蜂蠆猶毒. 何況人乎. 其府帥船王 及大貳吉備朝臣眞備, 俱是碩學, 名顯當代. 簡在朕心, 委以重任. 宜知此狀, 預設奇謀, 縱使不來, 儲備無悔. 其所謀上策, 及應備雜事, 一一具錄報來.

무신(10일)에 견발해사 소야조신전수 등이 당나라의 소식을 아뢰기를 "천보(天寶) 14년 을미년(755) 11월 9일에 어사대부(御史大夫) 겸 범양절도사(范陽節度使) 안녹산(安祿山)[70]이 모반하여 군대를 동원하여 반란을 일으켜 대연성무황제(大燕聖武皇帝)라고 자칭하였습니다. 범양을 영무군(靈武郡)이라 고쳐 부르고 그 집을 잠룡궁(潛龍宮)으로 삼고 연호를 성무(聖武)라 하였습니다. 그 아들 안경서(安卿緒)를 지범양군사(知范陽郡事)로 남겨 두고, 스스로 정병(精兵) 20여 만기(萬騎)를 거느리고 남쪽으로 출발하였습니다. 12월에 곧바로 낙양(洛陽)에 들어가 백관을 임명해 두었습니다. 천자(天子)[71]는 안서절도사(安西節度使) 가서한(哥舒翰)을 보내어 30만의 무리로 동진관(潼津關)을 지키게 하고, 대장군 봉상청(封常淸)으로 하여금 15만의 무리를 이끌고 따로 낙양을 포위하게 하였습니다. 천보 15년 [안]녹산이 장군 손효철(孫孝哲) 등을 보내어 2만 기(騎)를 거느리고 동진관을 공격하게 하였습니다. 가서하은 동지의 언덕을 무너뜨려서 황하(黃河)에 떨어뜨려 그 통로를 막고 돌아왔습니다 [손]효철은 산을 뚫어서 길을 열어 병사들을 이끌고 들어와 신풍(新豊)에 이르렀습니다. 6월 6일 천

---

70 당나라 營州의 柳城에 살던 소그드족이다. 本姓은 康이다. 무당인 어머니 阿史德이 돌궐에 있을 때 軋犖山에 아들 낳기를 빌어 임신하여 낳았는데 神異한 기운이 있었다고 전한다. 어릴 때 어머니가 安延偃에게 출가하자 따라갔고, 개원 초에 이름을 安祿山으로 고쳤다. 6개 국어에 능통하였다. 742년 平盧節度使가 되었으며 柳城太守 押兩蕃 渤海黑水四府經略使를 겸하였다. 743년 入朝하여 驃騎大將軍이 되었으며, 744년에는 范陽節度河北探訪使를 맡았다. 당시 현종의 총애를 받던 楊貴妃의 양아들이 되었다. 750년 河北道探訪處置使가 되었다. 황태자 등이 안녹산이 반란을 일으킬 것이라며 말했으나 현종은 믿지 않았다. 755년 11월 楊國忠을 토벌한다는 명분으로 15만의 병력을 이끌고 반란을 일으켰다. 756년 정월 雄武皇帝라고 칭하고, 국호를 燕, 연호는 聖武라 하였다. 757년 정월 아들 安慶緒에게 피살되었다.

71 당나라 제6대 황제인 玄宗(재위 712~756)을 가리킨다. 예종의 3남으로, 710년 황태자로 책봉되었다. 710년 숙부 중종이 황후 위씨와 안락공주에게 독살당하자 이들을 숙청하고, 예종의 복위를 주도하였다. 712년 양위를 받아 제위에 올랐다. 713년 태평공주 일파를 숙청한 뒤, 황권을 강화하였다. 이후 開元 연간(713~741) 동안은 당의 경제와 문화 등이 융성한 시기로, '개원의 치'라고 불린다. 그러나 치세 후기에 이임보와 양귀비, 양국충 등을 총애하며, 국정에 소홀하였다. 755년 안녹산의 난이 일어나자, 이듬해 숙종에게 양위하고 태상황제가 되었다.

자는 검남(劍南)으로 달아났습니다. 7월 갑자에 황태자 여(璵)[72]가 영무군도독부(靈武郡都督府)에서 황제에 즉위하여 지덕(至德) 원년이라 개원(改元)하고, 기묘에 천자가 익주(益州)에 이르렀습니다. 평로유후사(平盧留後事) 서귀도(徐歸道)가 과의도위(果毅都尉) 행유성현(行柳城縣) 겸 부경략판관(府經略判官) 장원간(張元澗)을 보내어 발해에 빙문(聘問)하고 군대를 요청하여 '금년 10월 [안]녹산을 치는데 왕은 기병 4만을 징발하여 와서 역적을 토벌하는 것을 도와주십시오'라고 하였습니다. 발해는 [서귀도가] 다른 마음이 있을까 의심하여 [장원간을] 머물게 하고 돌려보내지 않았습니다. 12월 병오에 서귀도가 과연 유정신(劉正臣)을 북평(北平)에서 독살하고[鴆][73] 몰래 녹산과 통하였습니다. 유주절도사(幽州節度使) 사사명(史思明)[74]이 천자를 치려고 모의하였는데 안동도호(安東都護)[75] 왕현지(王玄志)가 그 모의를 알고 정병(精兵) 6천여 인을 거느리고 유성(柳城)을 쳐부수고 서귀도를 목 베어 죽였습니다. 스스로 권지평로절도(權知平盧節度)라 칭하고 나아가서 북평을 진압하였습니다. 지덕 3년(758) 4월 왕현지가 장군 왕진의(王進義)를 보내어 발해에 빙문(聘問)하고 국가의 일을 말하기를 '천자는 서경(西京)으로 돌아갔습니다. 태상천황(당 현종)을 촉(蜀)으로 맞아들여 별궁(別宮)

---

72 당나라 제7대 황제인 肅宗(재위 756~762)을 가리킨다. 현종의 아들로, 738년 황태자로 책봉되었다. 756년 7월 안사의 난 때 금군의 추대로 황제에 올랐으며, 촉으로 피난 간 현종의 양위를 받았다. 762년 5월 3일 태상황제가 된 이융기가 사망하고, 숙종 역시 동월 18일에 사망하였다.

73 鴆은 전설상의 새로, 온몸에 치명적인 독을 지니고 있다고 전한다. 따라서 '짐'은 죽음, 독살, 살해의 뜻으로도 사용되었다. 『舊唐書』와 『新唐書』에는 劉正臣이 王玄志에게 '毒死'되었다고 나온다.

74 당나라 寧夷州(오늘날 요령성 조양시) 사람으로 돌궐족이다. 初名은 窣于로, 당 玄宗이 史思明이란 이름을 내렸다. 安祿山과 고향 친구이다. 처음 6개 국어에 능통하여 互市郎이 되었고, 天寶 초에 將軍이 되었다가 大將軍 北平太守가 되었다. 안녹산이 반란을 일으키자, 사사명은 河北을 공략하였다. 757년 安慶緒가 안녹산을 죽이고 황제가 된 뒤, 사사명은 13郡과 8만 명의 군사를 거느리고 당에 투항하였다. 肅宗이 歸義郡王 范陽長史 河北節度使로 삼았으나, 사사명은 다시 배반하였다. 759년 應天이라는 연호를 세우고 大聖周王이라 하였다. 안경서를 죽인 뒤, 국호를 大燕으로 고치고, 연호를 順天이라 했으며, 應天皇帝라고 하였다. 761년 아들 史朝義에게 살해되었다(『신당서』 권225상, 史思明).

75 안동도호부 또는 안동도호부의 장관을 이른다. 668년 당나라는 고구려를 멸망시킨 뒤 평양에 안동도호부를 설치하고, 薛仁貴를 도호부사로 삼아 고구려 땅을 통치하도록 하였다. 고구려부흥운동이 일어나고 신라가 고구려·백제 유민과 함께 당에 항쟁을 펼치자, 당은 한반도에서 물러나 676년 도호부를 遼東의 遼陽 지역으로 옮겼고, 677년에 다시 新城으로 옮겼다. 696년에는 요서지역인 營州에서 거란 李盡忠의 난이 일어나며, 요동지역 역시 전란에 휩싸였다. 대조영이 이끄는 고구려유민과 말갈인들이 天門嶺 전투에서 승리하며, 발해건국에 성공한 이후 요동에서 당의 세력은 크게 약화되었다. 당은 699년에 안동도호부를 안동도독부로 낮추고 幽州(지금의 北京)에 移屬시켰다. 이후 다시 도호부로 복귀되었다가 714년 平州로, 743년 遼西故郡城으로 府治를 옮겼으나, 安祿山의 난을 계기로 758년 완전히 폐지되었다(日野開三郎, 1984, 26~36쪽; 권은주, 2010).

에 머무르고 있습니다. 적도(賊徒)를 완전히 멸하려고 하신(下臣)을 보내어 명을 알리도록 하였습니다'라 하였습니다. 발해왕은 그 일을 믿기 어렵다고 여겨 [왕]진의를 머물게 하고 사신을 보내어 자세히 물었습니다. 간 사람이 아직 이르지 않아 일을 알 수 없었는데 당나라 왕이 발해국왕에게 칙서(勅書) 1권을 내렸고 또 덧붙여서 장(狀)을 올렸습니다"라고 하였다. 이에 대재부(大宰府)[76]에 칙을 내려 "안녹산은 미친 오랑캐로 교활한 놈이다. 하늘을 어기고 역모를 일으켰으니 일이 반드시 불리하게 될 것이다. 아마도 서쪽으로 도모할 수 없게 되면 도리어 다시 해동(海東)을 칠 것이다. 옛사람이 이르기를 벌과 전갈도 오히려 독이 있는데 하물며 인간이랴고 했다. 그 부(府)의 장수 선왕(船王, 후네노오키미)과 대이(大貳) 길비조신진비(吉備朝臣眞備, 기비노아손 마키비)[77]는 모두 석학(碩學)으로 이름이 당대에 드러났다. 짐의 마음에 뽑혀서 중임을 맡긴다. 마땅히 이러한 상황을 알아서 미리 기이한 모책을 세우라. 비록 설사 오지 않더라도 미리 대비하여 후회가 없도록 하라. 도모하는 바의 좋은 책략과 대비하는 잡다한 일들은 하나하나 갖추어서 보고하도록 하라"고 하였다.

壬戌, 渤海使楊[78]承慶等入京.

---

[76] 7세기 후반 일본 규슈 지방의 筑前國에 설치되었던 지방 행정 기관이다. 군사와 외교가 주업무였으며, 규슈 지방의 내정도 담당하였다. 설치 당시에는 '오미코토모치노쓰카사(大宰寮)'라고 불렸다. 관할하는 영역은 현재의 福岡県 太宰府市와 筑紫野市 일대이다. 군사적인 면에서는 그 아래에 防人를 총괄하여 일본 서부 국경의 방어를 담당하였으며, 외교적인 면에서는 鴻臚館에서 외국 사절을 접대하는 역할을 맡았다.

[77] 吉備朝臣眞備(695~775)는 일본 나라 시대의 학자이자 관료이다. 下道郡 출신으로, 右衛士少尉를 지낸 시모쓰미치노 구니카쓰(下道圀勝)의 아들이다. 원래 이름은 시모쓰미치노 마키비(下道眞備)이며, 747년 吉備朝臣을 하사받아 성을 고쳤다. 靈龜 2년(716) 견당유학생(견당사)으로 파견되었다가, 天平 7년(735)에 귀국하며 『東觀漢記』, 『唐禮』, 『大衍易經』, 『大衍易立成』, 『樂書要錄』 등의 서적과 해시계인 測影鉄尺과 악기, 활, 화살 등을 조정에 바쳤다. 이후 右衛士督, 동궁학사, 춘궁대부 겸 황태자학사 등을 거치고, 751년 견당부사가 되었다. 754년 大宰少弐가 되었고, 756년에는 신라를 대비하여 筑前國에 怡土城 성을 쌓았다. 당에서 안녹산의 난이 일어나자 758년에 다자이후에서 대비하라는 칙명을 받았다. 759년 大宰大弐이 되었고, 764년에는 東大寺의 축조 감독관이 되어 70세의 나이로 수도로 돌아왔다. 765년 惠美押勝의 반란이 진압되며 훈2등을 하사받았고, 中納言, 大納言을 거쳐 정2위인 右大臣까지 올랐다.

[78] 「兼右本」·「谷森本」·「東山本」·「高宋宮本」에는 '楊', 『日本紀略』에는 '揚'('신일본고전본」 권2, 300쪽 주 1). 이하 동일하다.

임술(24일)에 발해 사신 양승경(楊承慶)[79] 등이 입경(入京)하였다.

○ 권22, 순인천황(淳仁天皇) 천평보자(天平寶字) 3년(759) 정월

三年春正月戊辰朔, 御大極殿受朝, 文武百官及高麗蕃客等, 各依儀拜賀.

3년(759) 봄 정월 무진 초하루에 대극전(大極殿)에 나아가 신년 축하 조회를 받았는데, 문무백관과 고려번객(高麗蕃客, 발해 사신) 등이 의례에 따라 절하고 축하하였다.

庚午, 帝臨軒, 高麗使楊承慶等貢方物. 奏曰, 高麗國王大欽茂言, 承聞. 在於日本照臨八方聖明皇帝, 登遐天宮, 攀號感慕, 不能黙止. 是以, 差輔國將軍楊承慶, 歸德將軍楊泰師等, 令齎表文幷常貢物入朝. 詔曰, 高麗國王遙聞先朝登遐天宮, 不能黙止, 使楊承慶等來慰. 聞之感痛, 永慕益深. 但歲月旣改海內從吉, 故不以其禮相待也. 又不忘舊心, 遣使來貢, 勤誠之至, 深有嘉尙.

경오(3일)에 천황이 임석하였는데 고려 사신 양승경 등이 방물을 바치고 아뢰기를 "고려국왕 대흠무(大欽茂)가 말합니다. 일본에서 팔방(八方)을 비추던 성명황제(聖明皇帝)께서 천궁(天宮)으로 승하하셨다는 소식을 듣고 슬프고 추모하는 마음에 가만히 있을 수 없었습니다. 이 때문에 보국장군 양승경과 귀덕장군(歸德將軍) 양태사(楊泰師) 등을 뽑아 표문(表文)과 상공(常貢)의 물품을 갖고 가서 입조하게 합니다"라 하였다. 조를 내려 말하길 "고려국왕이 멀리서 선조(先朝)께서 천궁으로 승하하였다는 소식을 듣고 가만히 있을 수 없어서 양승경 등으로 와서 위문하게 하였습니다. 듣고 나니 마음이 아프고 추모하는 마음이 더욱 깊어집니다. 다만 해가 이미 바뀌었고 나라가 길(吉)함을 따르므로 그 예로써 대접하지는 않습니다. 또 옛정을 잃지 않고 사신을 보내어 공물을 바치니 정성이 지극하여 매우 가상하게 여깁니다"라고 하였다.

乙酉, 帝臨軒, 授高麗大使楊承慶正三位, 副使楊泰師從三位, 判官馮方禮從五位下,

---

[79] 楊承慶은 淳仁天皇 天平寶字 2년(758) 9월에 來朝하였다가 3년 2월 癸丑에 본국으로 돌아갔다.

> 錄事已下十九人各有差. 賜國王及大使已下祿有差. 饗五位已上及蕃客, 幷主典已上
> 於朝堂. 作女樂於儛[80]臺, 奏內敎坊蹋[81]歌於庭, 客主典已上次之[82], 事畢賜綿各有差.

을유(18일)에 천황이 임석하여 고려대사 양승경에게 정3위를, 부사 양태사에게 종3위를, 판관 풍방례(馮方禮)에게 종5위하를 주었다. 녹사 이하 19인에게도 각각 차등이 있었다. 국왕과 대사 이하에게 녹을 내렸는데 차등이 있었다. 5위 이상과 번객(蕃客, 발해 사신) 및 주전(主典) 이상에게 조당에서 잔치를 베풀었다. 여악(女樂)을 무대에서 연주하고 내교방(內敎坊)[83]의 답가(蹋歌)[84]를 뜰에서 연주하였다. 객의 주전 이상에게는 다음 일(연회)이 끝나자 면(綿)을 내렸는데 각기 차등이 있었다.

> 丙戌, 內射, 喚客, 亦令同射.

병술(19일)에 [궁] 안에서 활쏘기를 하였는데 객(客)을 불러 함께 쏘게 했다.

> 甲午, 大保藤原惠美朝臣押勝宴蕃客於田村第. 勅賜內裏女樂幷綿一万屯. 當代文士賦詩送別, 副使揚泰師作詩和之.

갑오(27일)에 대보(大保) 등원혜미조신압승(藤原惠美朝臣押勝, 후지와라노에미노아손 오시카쓰)[85]이 전촌(田村, 다무라)의 집에서 번객들에게 연회를 베풀었다. [천황이] 칙(勅)으로

---

80 일부 판본과 『日本紀略』에는 '舞'(「신일본고전본」 권2, 304쪽 주 15).
81 『日本紀略』에는 '踏'(「신일본고전본」 권2, 304쪽 주 17).
82 '客主典已上次之'는 보충된 것이다(「신일본고전본」 권2, 304쪽 주 16).
83 당나라의 '敎坊'을 본뜬 것으로, 일본의 宮中에 설치하여 女樂과 踏歌 등 주로 俗樂을 교육하고 관리하던 기관이다.
84 발로 땅을 구르며 장단을 맞추어 노래하는 歌舞이다. 일본 궁중에서 새해를 축하하는 연회 등에서 의례의 하나로 행해졌다.
85 藤原惠美朝臣押勝(706~764)은 일본 나라 시대의 公卿으로, 藤原武智麻呂의 2男이다. 원래 이름은 仲麻呂이다. 藤原廣嗣의 난 뒤에, 光明皇后의 신임을 얻어 정계에 진출하였다. 749년 고켄천황(孝謙天皇) 즉위 뒤, 大納言으로 中衛大將을 겸임하였다. 758년 쥰닌천황(淳仁天皇)이 즉위하자 大保(右大臣)가 되어 전권을 잡았다. 같은 해 惠美押勝으로 개명하였다. 760년 大師(太政大臣)로 승진하였지만, 쥰닌천황과 고켄상황의 불화를 계기로 권력이 약화되었다. 764년 살해되었다.

궁중의 여악(女樂)과 면(綿) 1만 둔(屯)을 내렸다. 당대(當代)의 문사들이 부(賦)와 시를 지어 송별하였는데 부사 양태사 등이 시를 지어 화답하였다.[86]

○ 권22, 순인천황(淳仁天皇) 천평보자(天平寶字) 3년(759) 2월

二月戊戌朔, 賜高麗王書曰, 天皇敬問高麗國王. 使揚承慶等遠涉滄海, 來弔國憂. 誠表慇懃, 深增酷痛. 但隨時變禮, 聖哲通規. 從吉履新, 更无餘事. 兼復所貽信物, 依數領之. 卽因還使, 相酬土毛絹卌疋, 美濃絁卅疋, 絲二百絇, 綿三百屯, 殊嘉爾忠, 更加優, 賜錦四疋, 兩面二疋纈羅四疋, 白羅十疋, 彩帛卌疋, 白綿一百帖. 物雖輕尟, 寄思良深. 至宜竝納. 國使附來, 无船駕去. 仍差單使送還本蕃. 便從彼鄕達於大唐, 欲迎前年入唐大使藤原朝臣河淸. 宜知相資, 餘寒未退, 想王如常. 遣書指不多及.

2월 무술 초하루에 고려왕(발해왕)에게 내리는 서(書)에 말하길 "천황이 고려국왕에게 삼가 안부를 묻습니다. 양승경 등으로 하여금 멀리 바다를 건너 와서 국상(國喪)을 조문하고 정성을 은근하게 표시하니 아픈 마음이 더해집니다. 다만 때에 따라 예를 바꾸는 것이 성현들의 통규(通規)이니 신년의 길함을 따르는 것이지 다시 다른 일은 없습니다. 아울러 다시 보내준 신물은 숫자대로 받았습니다. 그리고 돌아가는 사신 편에 토모(土毛, 토산품) 견(絹) 40필(疋), 미농시(美濃絁) 30필, 사(絲) 200구[絇], 면(綿) 300둔(屯)을 보내니 충성스러움을 특별히 가상히 여기는 것입니다. 또 넉넉히 더하여 면 4필, 양면(兩面) 2필, 힐라(纈羅, 무늬 비단) 4필, 백라(白羅, 흰 비단) 10필, 채면(彩帛) 40필, 백면(白綿) 100첩(帖)을 내리니 물건은 비록 보잘 것 없으나 깊이 생각한 것이므로 받아주시기 바랍니다. 국사(國使)가 왔으나 태워 보낼 배가 없어 한 사람의 사신을 뽑아 번(蕃, 발해)으로 돌려보내도록 합니다. 또 그곳으로부터 대당(大唐)에 도달하여 전년에 입당했던 대사 등원조신하청(藤原朝臣河淸, 후지와라노아손 가세이)[87]을 맞아들이고자 하니 알아서 서로 돕도록 해 주십시오. 추위가 물러가지 않았습니다. 왕

---

86 현재 발해인이 지은 시는 일본의 『經國集』·『文華秀麗集』·『入唐求法巡禮行記』 등에 9수가 남아 있는데 揚泰師가 지은 것으로는 '밤에 다듬이질 소리를 듣고 지은 시(夜聽擣衣詩)'와 '朝臣 紀公에 화답하여 눈을 읊은 시(奉和紀朝臣公咏雪詩)'가 남아 있다.
87 藤原朝臣河淸은 일본 나라 시대의 귀족이며, 藤原房前의 4男이다. 749년에 參議가 되었다. 750년 遣唐大使가 되어

께서 항상하기를 빕니다. 글을 보내니 다 언급하지는 않겠습니다"라고 하였다.

> 癸丑, 揚承慶等歸蕃. 高元度等亦相隨而去.

계축(16일)에 양승경 등이 번(발해)으로 돌아갔다. 고원도(高元度) 등도 서로 따라서 갔다.

○ 권22, 순인천황(淳仁天皇) 천평보자(天平寶字) 3년(759) 10월

> 辛亥, 迎藤原河清使判官內藏忌寸全成, 自渤海却廻, 海中遭風, 漂着對馬. 渤海使輔國大將軍兼將軍玄菟州刺[88]史兼押衛官開國公高南申相隨來朝. 其中臺牒曰, 迎藤原河清使惣九十九人, 大唐祿山先爲逆命, 思明後作亂常. 內外騷荒, 未有平殄. 卽欲放還[89], 恐被害殘. 又欲勒[90]還, 慮違隣意. 仍放頭首高元度等十一人, 往大唐迎河清, 卽差此使, 同爲發遣. 其判官全成等竝放歸卿, 亦差此使隨往, 通報委曲.

신해(18일)에 등원하청을 맞이하러간 사신 판관 내장기촌전성(內藏忌寸全成, 구라노이미키 마타나리)이 발해로부터 돌아오다가 바다에서 풍랑을 만나 대마(對馬, 쓰시마)에 표착하였다. 발해 사신 보국대장군 겸 장군 현토주자사(玄菟州刺史)[91] 겸 압아관(押衛官) 개국공(開國公) 고남신(高南申)이 따라와서 내조(來朝)하였다. 그 중대[성]첩(中臺[省]牒)에서 이르길 "등원하청을 맞이하러 간 사신이 모두 99인이었습니다. 대당의 [안]녹산이 먼저 명을 거역하고 [사]사명이 뒤에 난을 일으켜서 안팎이 소란하고 거칠어 평정되지 않았습니다. 곧 [당으로]

752년 唐에 들어갔으며, 이름을 淸河에서 河淸으로 고쳤다. 753년 阿倍仲麻呂를 데리고 일본으로 돌아오던 중 沖繩 부근에서 逆風을 만나 安南에 漂着하였다가, 겨우 長安으로 되돌아갔다. 759년 일본에서 藤原河淸을 맞이하기 위해 견당사를 파견하였지만, 안사의 난을 이유로 귀국을 허락지 않았다. 당의 관인으로 일생을 마쳤다.

88 「谷森本」에는 '判'("신일본고전본」 권2, 330쪽 주 29).
89 「兼右本」·「東山本」·「高宋宮本」에는 '過'("신일본고전본」 권2, 332쪽 주 36).
90 「兼右本」·「谷森本」·「東山本」에는 '勤'("신일본고전본」 권2, 332쪽 주 1).
91 발해 玄菟州의 刺史이다. 원래 한나라가 설치한 현도군의 군치인 현도성을 가리키며, 광개토왕 때 고구려의 영토가 되었다. 위치는 현재 중국의 遼寧省 撫順市 勞動公園古城 또는 瀋陽市 上柏官屯古城으로 보기도 한다(여호규·강현숙·백종오·김종은·이경미·정동민, 2020, 175-176쪽). 발해가 이 지역에 언제 진출하였으며, 실효적인 지배를 했는지에 대해서는 논란이 있다.

놓아 보내려니 피해를 입을까 두렵고, 또 [일본으로] 강제로 돌려보내려니 이웃의 의리를 저버릴까 염려되었습니다. 이에 우두머리[頭首] 고원도 등 11인을 놓아주어 대당에 가서 [등원]하청을 맞이하게 하고, 곧 우리(발해) 사신을 뽑아서 함께 출발하게 하였습니다. 판관 [내장기촌]전성 등도 아울러 놓아 돌아가게 하였습니다. 역시 우리 사신을 뽑아 따라가게 하였으니, 곡절을 자세하게 통보합니다"라고 하였다.

> 丙辰, 徵高麗使於大宰.

병진(23일)에 고려 사신을 대재[부]로 불렀다.

○ 권22, 순인천황(淳仁天皇) 천평보자(天平寶字) 3년(759) 12월

> 辛亥, 高麗使高南申, 我判官內藏忌寸全成等到着難波江口.

신해(19일)에 고려(발해) 사신 고남신과 우리(일본) 판관 내장기촌전성 등이 난파강(難波江, 나니와에)[92] 입구에 도착했다.

> 丙辰, 高南申入京.

병진(24일)에 고남신이 입경하였다.

○ 권22, 순인천황(淳仁天皇) 천평보자(天平寶字) 4년(760) 정월

> 四年春正月癸亥朔, 御大極殿受朝. 文武百官及渤海蕃客, 各依儀拜賀. 是日, 宴五位己上於內裏, 賜祿有差.

4년(760) 봄 정월 계해 초하루에 [순인천황이] 대극전(大極殿)에 나아가 조회를 받았다. 문

---

92 현재 일본의 오사카시(大阪市)를 가로질러 오사카만으로 흐르는 요도가와(淀川)강의 옛날 지명이다.

무백관과 발해 번객이 의식에 따라 절하고 축하하였다. 이날 내리(內裏, 궁중)에서 5위 이상에게 잔치를 베풀고 녹을 내렸는데 차등이 있었다.

丁卯, 帝臨軒, 渤海國使高南申等貢方物. 奏曰, 國王大欽茂言, 爲獻日本朝, 遣唐大使特進兼秘書監藤原朝臣河清上表幷恒貢物, 差輔國大將軍高南申等, 充使入朝. 詔曰, 遣唐大使藤原河清久不來歸, 所鬱念也. 而高麗王差南申令齎河清表文入朝, 王之款誠, 實有嘉焉.

정묘(4일)에 제[93]가 임석하였는데 발해국사 고남신 등이 방물(方物)을 바쳤다. 아뢰기를 "[발해]국왕 대흠무가 말합니다. 일본 조정에서 당에 보낸 대사 특진 겸 비서감 등원조신하청이 올리는 표와 평소의 공물을 드리기 위해 보국대장군 고남신 등을 뽑아 사신으로 삼아 입조하게 합니다"라고 하였다. [황제가] 조를 내리기를 "당에 보냈던 대사 등원하청이 오랫동안 돌아오지 않아서 답답하였는데 고려왕이 [고]남신을 보내어 [등원조신]하청의 표문을 가지고 입조하였습니다. 왕의 지극한 정성이 실로 가상합니다"라고 하였다.

己巳, 高野天皇及帝御閤門. 五位已上及高麗使依儀陳列, 詔授高麗國大使高南申正三位, 副使高興[94]福正四位下, 判官李能本, 解臂鷹, 安貴寶[95]竝從五位下, 錄事已下各有差. 賜國王絁卅疋, 美濃絁卅疋, 絲二百絇, 調綿三百屯. 大使已下各有差. 賜宴於五位已上及蕃客, 賜祿有差.

기사(5일)에 고야천황(高野天皇)[96]과 제가 합문에 나아갔다. 5위 이상과 고려(발해) 사신

---

[93] 일본 제47대 淳仁天皇(재위 758~764)이다. 이름은 大炊王이고, 天武天皇이 손자이며, 아버지는 舍人親王이다. 藤原仲麻呂가 옹립하였으며, 758년 고켄천황(孝謙天皇)의 양위를 받아 즉위하였다. 762년 道鏡을 총애한 고켄태상천황과 사이가 좋지 않았다. 764년 藤原仲麻呂의 난이 일어난 뒤 폐위되어 淡路로 보내져 다음해 유배소에서 도망을 꾀하다 죽었다. 淡路廢帝라고도 부른다.
[94] 『日本紀略』원본에는 '與'(「신일본고전본」권2, 344쪽 주 11).
[95] 「兼右本」・「谷森本」・「東山本」・「高宋宮本」에는 '寶', 「東山本」・「高宋宮本」의 傍에는 '琮'(「신일본고전본」권2, 344, 주 13).
[96] 일본 제46대 孝謙천황(재위 749~758)으로 高野天皇이라고도 한다. 이름은 阿陪이다. 聖武天皇의 皇女이다. 어머

이 의식에 따라 줄지어 섰다. 조로써 고려국 대사 고남신에게 정3위를 주고 부사 고흥복(高興福)에게 정4위하를, 판관(判官) 이능본(李能本)과 해비응(解臂鷹)⁹⁷ 안귀보에게 모두 종5위하를 주었다. 녹사(錄事) 이하에게도 각기 차등이 있었다. [발해]국왕에게 시(絁) 30필, 미농시 30필, 사 200구, 조면(調綿) 300둔을 내렸다. 대사 이하에게도 각각 차등이 있었다. 5위 이상과 번객들에게 잔치를 베풀고 녹을 내렸는데 차등이 있었다.

己卯, 饗文武百官主典已上於朝堂. 是日, 內射, 因召蕃客令觀射禮.

기묘(7일)에 문무백관과 주전(主典) 이상에게 조당(朝堂)에서 향연을 베풀었다. 이날에 [궁] 안에서 활쏘기를 함으로 번객을 불러 활쏘기 의례를 보도록 명했다.

○ 권22, 순인천황(淳仁天皇) 천평보자(天平寶字) 4년(760) 2월

辛亥 … 是日, 渤海使高南申等歸蕃.

신해(20일) … 이날에 발해 사신 고남신 등이 번으로 돌아갔다.

○ 권23, 순인천황(淳仁天皇) 천평보자(天平寶字) 4년(760) 11월

丁酉, 送高南申使外從五位下陽侯史玲⁹⁸璆至自渤海, 授從五位下, 餘各有差.

정유(11일)에 고남신을 보내러 간 사신 외종5위하 양후사령구(陽侯史玲璆, 야코노후비토레이큐)⁹⁹가 발해로부터 돌아왔다. 종5위하를 주고 나머지에게도 각각 차등을 두어 주었다.

니는 光明皇后이다. 738년 황태자가 되었으며 749년 양위를 받아 즉위하였다. 光明皇太后의 신뢰를 받던 藤原仲麻呂를 중용하였다. 758년 淳仁에게 양위하였지만 황태후가 죽고, 나카마로와 쥰닌천황과 대립하였다. 나카마로가 난을 일으키자, 764년 이를 진압하고 쥰닌을 폐위시킨 뒤 제48대 稱德天皇(재위 764~770)으로 重祚하였다.

97 매를 관리하는 관직으로 보기도 하며, 사람 이름으로 보기도 한다.
98 『日本紀略』에는 '令'(「신일본고전본」 권2, 366쪽 주19).
99 陽侯史玲璆(?~?)는 일본 나라 시대의 관리로, 但馬守 陽侯真身의 아들이다. 가바네는 史이며, 이름은 令璆로 적기

○ 권23, 순인천황(淳仁天皇) 천평보자(天平寶字) 5년(761) 8월

甲子, 迎藤原河清使高元度[100]等至自唐國. 初元度奉使之日, 取渤海道, 隨賀正使揚方慶[101]等, 往於唐國. 事畢欲歸, 兵仗樣甲冑一具・伐刀一口・槍一竿・矢二隻, 分付元度. 又有內使, 宣勅曰, 特進秘書監藤原河清, 今依使奏, 欲遣歸朝. 唯恐殘賊未平, 道路多難. 元度宜取南路, 先歸復命. 卽令中謁者謝時和押領元度等, 向蘇州, 與刺史李岵平章, 造船一隻, 長八丈. 幷差押水手官越州浦陽府折衝賞紫金魚袋沈惟岳等九人水手, 越州浦陽府別將賜綠陸張什等卅人, 送元度等歸朝. 於大宰府安置.

갑자(12일)에 등원하청을 맞이하러 간 사신 고원도 등이 당나라에서 돌아왔다. 처음에 [고]원도가 사신의 임무를 받들던 날에 발해도(渤海道)를 취하여 하정사(賀正使) 양방경(揚方慶) 등을 따라 당나라에 갔다.[102] 일을 마치고 귀국하고자 하니, [당에서] 병기로 갑옷 1구(具), 대도(代刀) 1구(口), 창 1간(竿), 화살 2척(隻)을 원도에게 나누어 주었다. 또 내사(內使)가 칙(勅)을 선포하여, "특진(特進) 비서감(秘書監) 등원하청은 이제 사신이 아뢴 바에 따라 본국으로 돌려보내고자 한다. 다만 남아 있는 도적들[103]이 아직 평정되지 않아 가는 길에 어려움이 많을까 걱정된다. 원도는 마땅히 남로(南路)를 취하여 먼저 돌아가 복명하라"고 하였다. 그리고는 곧 중알자(中謁者)[104] 사시화(謝時和)에게 명하여 원도 등을 데리고 소주(蘇州)로 향하

도 한다. 749년 東大寺의 大佛을 건립할 때 레이큐 형제들이 千貫을 비용으로 공양하였다. 759년 越後守에 임명되었고, 이듬해 발해 사신 高南申을 호송하여 발해에 다녀온 뒤 外位에서 內位의 종5위하로 승진하게 된다. 768년 일족 64명의 가바네가 忌寸으로 개성되는데, 이 무렵 레이큐는 정쟁에 휘말렸던 것으로 보인다. 778년 외종5위하로 복직되었으며, 이후 尾張介, 尾張守, 豊後介 등 지방관을 역임한 것이 확인된다.

100 「蓬左文庫本」에는 '慶'(「신일본고전본」 권2, 386쪽 주15).
101 「東山本」・「高宋宮本」에는 '度'(「신일본고전본」 권2, 386쪽 주18).
102 『續日本紀』 淳仁天皇 天平寶字 3년 2월 癸丑條의 내용으로 미루어, 高元度는 日本에 왔던 渤海 사신 揚承慶을 따라 발해에 갔다가 다시 入唐하는 발해 사신 揚方慶을 따라 당에 갔던 것으로 짐작된다. 天平寶字 3년 2월 癸丑條에 보이는 양승경과 이 기록에 보이는 양방경은 동일인물로 생각된다.
103 이해(760) 당나라는 반란을 일으킨 安祿山이 757년 죽고, 그의 部將이었던 史思明과 史朝義 부자에 의한 반란이 지속되고 있었다(安史의 亂). 따라서 '남아 있는 도적들'이란 안녹산을 이은 사사명 등의 세력을 가리키는 것으로 보여진다. 天平寶字 7년 정월 庚申條에도 관련 기사가 보인다.
104 謁者는 궁중에서 빈객을 안내하는 일을 맡아보거나 君命을 받아서 사방에 사신으로 가던 관리를 말한다. 中謁者는 中宮謁者 곧 內謁者를 가리키는 것으로 보여진다.

게 하였다. 자사(刺史) 이점(李岾)과 의논하여 길이 8장(丈)의 배 한 척을 만들고, 또한 수수관(水手官) 월주(越州) 포양부(浦陽府) 절충(折衝) 상자금어대(賞紫金魚袋) 심유악(沈惟岳) 등 9명의 수수(水手)와 월주 포양부 별장(別將) 사록(賜綠) 육장십(陸張什) 등 30인을 뽑아 원도 등을 보내고 귀국하게 하였다. [이들이 도착하자] 대재부에 안치하였다.

○ 권23, 순인천황(淳仁天皇) 천평보자(天平寶字) 5년(761) 11월

癸酉, 以右虎賁衛督從四位下仲眞人石伴爲遣唐大使, 上總守從五位上石上朝臣宅嗣爲副使. 以武藏介從五位下高麗朝臣大山爲遣高麗使.

계유(17일)에 우호분위독(右虎賁衛督) 종4위하 중진인석반(仲眞人石伴, 나카노마히토 이와토모)을 견당대사(遣唐大使)로 삼고, 상총수(上總守) 종5위상 석상조신택사(石上朝臣宅嗣, 이소노카미노아손 야카쓰구)를 부사로 삼았다. 무장개(武藏介) 종5위하 고려조신대산(高麗朝臣大山, 고마노아손 오야마)[105]을 견고려사(遣高麗使, 견발해사)로 삼았다.

○ 권24, 순인천황(淳仁天皇) 천평보자(天平寶字) 6년(762) 10월

冬十月丙午朔, 正六位上伊吉連益麻呂等, 至自渤海. 其國使紫綬[106]大夫行政堂左允開國男王新福已下卅三人, 相隨來朝[107]. 於越前國加賀郡安置供給. 我大使從五位下高麗朝臣大山, 去日船上臥病, 到佐利翼津卒.

겨울 10월 병오 초하루에 정6위상 이길련익마려(伊吉連益麻呂, 이키노무라지 마스마로) 등

---

105 고구려계 도래씨족의 후예이다. 『新撰姓氏錄』에 따르면, 高麗朝臣은 고구려왕 好台(광개토왕)의 7세손 延典王으로부터 나왔다고 전한다(『新撰姓氏錄』 제21권 左京 諸蕃 高麗 "高麗朝臣, 出自高句麗王好台七世孫延典王也."). 고마노아손 오야마는 背奈福德의 손자이고, 大學助 背奈行文의 아들이다. 750년 일족과 함께 高麗朝臣으로 개성하고, 752년 遣唐使 判官으로 파견되었다가 754년 귀국하여 종5위하로 승진되었다(연민수 역주, 2022). 761년 10월 22일에는 遣高麗使로 임명되었다. 762년 발해에서 돌아오던 가운데 배 위에서 병이 나서 佐利翼津에 이르러 죽었다. 762년 11월 11일 정5위하를 추증하였다.
106 「東山本」·「高宋宮本」에는 '綬'(「신일본고전본」 권2, 414쪽 주1).
107 「兼右本」과 「谷森本」 원전에는 '朝'가 없음(「신일본고전본」 권2, 414쪽 주3).

이 발해로부터 이르렀다. 그 나라의 사신 자수대부(紫綬大夫)[108] 행정당좌윤(行政堂左允) 개국남(開國男) 왕신복(王新福) 이하 23인이 서로 따라서 내조하였다. 월전국(越前國, 에치젠노쿠니)의 가하군(加賀郡, 가가군)에 안치하고 [물건을] 공급하였다. 우리(일본) 대사 종5위하 고려조신대산은 떠나던 날 배 위에서 병으로 눕게 되었는데, 좌리익진(佐利翼津)에 이르러 죽었다.

○ 권24, 순인천황(淳仁天皇) 천평보자(天平寶字) 6년(762) 11월

十一月乙亥朔, 以正六位上借緋多治比眞人小耳, 爲送高麗人使.

11월 을해 초하루에 정6위상 차비(借緋)[109] 다치비진인소이(多治比眞人小耳, 다지히노마히토 코미미)를 송고려인사(送高麗人使, 송발해인사)로 삼았다.[110]

○ 권24, 순인천황(淳仁天皇) 천평보자(天平寶字) 6년(762) 12월

乙卯, 遣高麗大使從五位下高麗朝臣大山贈正五位下, 授副使正六位上. 伊吉連益麻呂外從五位下, 判官已下水手已上各有差.

을묘(11일)에 견고려대사 종5위하 고려조신대산에게 정5위하를 추증하였다. 부사 정6위상 이길련익마려에게 외종5위하를 주고, 판관 이하 수수 이상에게도 각각 차등을 두어 주었다.

---

108 발해의 문산계의 하나이다. 당나라의 문산계는 開府儀同三司에서 將仕郞까지 29계가 있었고, 무산계는 驃騎大將軍에서 陪戎付位까지의 45계가 있었다. 발해의 紫綬大夫는 당의 金紫光祿大夫와 비교된다(王承禮, 1984; 최무장 편역, 2002, 202~203쪽).

109 緋色의 관복은 4·5품이 입었는데, 借緋는 5품 이하인 자로서 緋色의 관복을 빌려 입는 것을 말한다. 비색 관직의 직무를 맡거나 그에 준한 대우가 필요할 때에 이렇게 한다.

110 같은 달 16일 신라를 정벌하기 위한 군사 훈련에 돌입하여, "庚寅(16일) 參議 從3位 武部卿 藤原朝臣巨勢麻呂와 散位 外從5位下 土師宿禰犬養을 보내어 香椎廟에 재물을 바쳤다"(『續日本紀』 권24, 淳仁天皇 天平寶字 6년 11월 경인조). 이른바 '新羅征討' 준비를 위한 것이었다.

○ 권24, 순인천황(淳仁天皇) 천평보자(天平寶字) 6년(762) 윤(閏) 12월

癸巳, 高麗使王新福等入京.

계사(19일)에 고려 사신 왕신복 등이 입경하였다.

○ 권24, 순인천황(淳仁天皇) 천평보자(天平寶字) 7년(763) 정월

七年春正月甲辰朔, 御大極殿受朝. 文武百寮 及高麗蕃客, 各依儀拜賀. 事畢, 授命婦正四位下氷上眞人陽侯, 正四位上.

7년(763) 봄 정월 갑진 초하루에 [천황이] 대극전에 나아가 조회를 받았다. 문무백관 및 고려번객은 각각 의식에 따라 [새해를] 축하하였다. 일이 끝나자 명부(命婦) 정4위하 빙상진인양후(氷上眞人陽侯, 히가미노마히토 야코)에게 정4위상을 주었다.

丙午, 高麗使王新福貢方物.

병오(3일)에 고려 사신 왕신복이 방물을 바쳤다.

庚戌, 帝御閤門, 授高麗大使王新福正三位, 副使李[111]能本正四位上, 判官楊懷珍正五位上, 品官著緋達能信從五位下, 餘各有差. 賜國王及使傔人已上祿, 亦有差. 宴五位已上及蕃客, 奏唐樂於庭. 賜客主五位已上祿, 各有差.

경술(7일)에 제가 합문(閤門)에 나아가 고려대사 왕신복에게 정3위, 부사 이능본(李能本)[112]에게 정4위상, 판관 양회진(楊懷珍)에게 정5위상, 품관(品官) 착비(着緋) 달능신(達能信)에게 종5위하를 주고, 나머지에게도 각각 차등을 두어 주었다. 국왕 및 사신의 종자(從者)

---

111 「兼右本」・「谷森本」・「東山本」・「高宋宮本」에는 '季'(「신일본고전본」 권2, 416쪽 주32).
112 759년 발해국사 고남신이 이끄는 사신단의 판관으로 일본에 파견되었다가 760년 귀국한바 있다.

이상에게 녹(祿)을 주었는데 역시 차등이 있었다. 5위 이상 및 번객(蕃客, 발해 사신)에게 잔치를 베풀고 뜰에서 당악(唐樂)을 연주하였다. 객주(客主) 5위 이상에게 녹을 내렸는데 각각 차등이 있었다.

> 庚申, 帝御閤門, 饗五位已上及蕃客. 文武百官主典已上於朝堂, 作唐·吐羅·林邑·東國·隼人等樂, 奏內敎坊踏歌. 客主主典已上次之, 賜供奉踏[113]歌百官人及高麗蕃客綿有差. 高麗大使王新福言, 李家太上皇少帝竝崩. 廣平王攝政. 年穀不登, 人民相食. 史家朝議, 稱聖武皇帝. 性有仁恕, 人物多附. 兵鋒甚强, 無敢當者. 鄧州襄陽已屬史家, 李家獨有蘇州. 朝聘之路, 固未易通. 於是, 勅大宰府曰, 唐國荒亂, 兩家爭雄. 平殄未期, 使命難通. 其沈惟岳等, 宜往往安置, 優厚供給. 其時服者, 竝以府庫物給. 如懷土情深, 猶願歸鄉者, 宜給駕船水手, 量事發遣.

경신(17일)에 제가 합문에 나아가 5위 이상 및 번객에게 향연을 베풀고, 문무백관의 주전(主典) 이상에게는 조당에서 잔치를 베풀었다. 당(唐)·토라(吐羅)[114]·임읍(林邑)[115]·동국(東國, 아즈마노쿠니)[116]·준인(隼人, 하야토)[117] 등의 음악을 연주하고, 내교방(內敎坊)의 답가(踏歌)를 연주하였다 객주(客主)·주전 이상이 그 뒤를 이었다. 답가를 바친 백관인 및 고려번객에게 면(綿)을 내려주었는데 차등이 있었다. 고려대사 왕신복이 "이가(李家, 당 황실) 태상황(太

---

113 「兼右本」에는 '蹈'(「신일본고전본」 권2, 424쪽 주20).

114 지금의 아프가니스탄 지역의 옛 이름이다. 吐火羅, 土豁羅, 覩貨邏, 吐呼羅라고도 쓴다.

115 인도차이나 남동 연안에 참족이 세운 참파국을 중국에서 부르던 이름이다. 임읍이란 명칭은 이 나라가 後漢 때 日南郡 象林縣(象林邑)에서 독립했기 때문이다. 林邑은 중국에서 2세기 말에서 8세기 중반(197~757)까지 사용되었고, 8세기 중반에서 9세기 후반까지는 環王國, 9세기 후반에서 17세기까지는 占城國으로 불렸다(동북아역사재단, 2009).

116 일본 고대의 지역 구분으로, 넓게는 東海·東山·北陸道의 諸國을, 좁게는 關東 혹은 坂東을 가리킨다. 畿內보다 東方의 國들을 막연히 총칭하는 경우도 있다. 關東은 三關의 동쪽, 즉 伊勢·美濃·越前 이동의 諸國을 가리키지만, 三關이 쇠퇴한 헤이안 시대에는 오히려 坂東 및 여기서 점차 확대한 지역으로서 쓰이는 일이 많았다. 그리고 東國은 옛날부터 변방의 땅으로 東人은 武勇에 뛰어난 사람이라는 관념이 있었다. 그러나 나라 말기에서 헤이안 초기의 東國은 蝦夷 征討의 기지로 황폐해졌다.

117 일본 고대 남부 九州의 주민으로 夷人·雜類 등과 함께 멸시를 받았다. 하야토의 일부는 畿內와 그 주변부로 이주하여 隼人司에 속하여 朝儀 등에 참가하거나 竹製品을 만들었다. 현지의 하야토들은 정기적인 조공의 의무가 있었는데, 800년에 大隅·薩摩 양국에 班田制가 채용되면서 이듬해 조공이 정지되고 公民이 되었다.

上皇, 당 현종)과 소제(少帝, 당 숙종)가 모두 죽고 광평왕(廣平王)[118]이 섭정하고 있습니다. 해마다 곡식이 익지 않아 백성들이 서로 잡아먹는 실정입니다. 사조의(史朝義)[119]는 성무황제(聖武皇帝)라 칭하였는데 성품이 인자하고 자애로워 뛰어난 사람들이 많이 와서 붙고 군대가 매우 강하여 감히 당할 자가 없습니다. 등주(鄧州) 양양(襄陽)은 이미 사가(史家, 사조의)에 속하였고, 이가는 오직 소주(蘇州)만을 보유하고 있어서 조빙(朝聘)의 길이 진실로 통하기 어렵습니다"라고 말하였다. 이에 대재부(大宰府)에 칙(勅)을 내려, "당나라가 크게 어지럽고 양가(兩家)가 자웅(雌雄)을 다투어 평정을 아직 기약할 수 없으니, 사신이 통하기 어렵다. 심유악(沈惟岳) 등은 마땅히 데리고 가서 안치시키고 후하게 물건을 공급해 주어라. 계절에 맞는 의복은 모두 부고(府庫)의 물건으로 공급하라. 만약 고향을 생각하는 마음이 깊어 고향으로 돌아가기를 원하는 자는 마땅히 탈 배와 수수(水手)들을 주어 일을 헤아려 떠나보내라"고 하였다.

甲子, 內射, 蕃客堪射者, 亦預於列.

갑자에 [궁] 안에서 활쏘기를 하였다. 번객(발해 사신)으로 활을 쏠 수 있는 자 역시 대열에 참여하도록 하였다.

○ 권24, 순인천황(淳仁天皇) 천평보자(天平寶字) 7년(763) 2월

二月丁丑, 太師藤原惠美朝臣押勝設宴於高麗客. 詔遣使賜以雜色袷[120]衣卅襲.

2월 정축(4일)에 태사 등원혜미조신압승이 고려 사신에게 잔치를 베풀었다. 조서로 사신을

---

118 당나라 제8대 황제인 代宗(재위 762~779)을 가리킨다. 당 숙종의 장남으로, 756년 조부인 현종이 안녹산의 난으로 서쪽으로 도망가면서 당시 황태자였던 이형에게 양위하자 황태자에 책봉되었다. 762년 숙종이 사망하면서 보위에 올랐다. 763년 안사의 난이 완전하게 진압되지 못한 채 곳곳에서 반란이 일어났고, 토번에 의해 장안이 점령당하는 등 대종의 치세 동안 정국이 계속 불안정하였다.
119 唐나라 安史의 난을 이끈 史思明의 큰아들(?~763)이다. 759년 사사명이 스스로 황제임을 선포하고 史朝義를 懷王에 봉하였다. 그러나 사사명이 陝州 공격에서 패배한 뒤에 그를 죽이려 하자, 部長인 駱悅 등의 도움으로 사사명을 죽이고 즉위하였다. 연호를 顯聖이라고 하였다. 763년 당의 雍王 李適이 이끄는 토벌군과의 전투에서 연달아 패배하면서, 목을 매어 자살하였다.
120 「高宋宮本」에는 '袷'('신일본고전본」 권2, 426쪽, 주17).

보내어 여러 종류의 겹옷 30궤(櫃)를 주었다.

> 癸巳, 高麗使王新福等歸蕃.

계사(20일)에 고려 사신 왕신복 등이 번으로 돌아갔다.

○ 권24, 순인천황(淳仁天皇) 천평보자(天平寶字) 7년(763) 8월

> 壬午, 初遣高麗國船, 名曰能登. 歸朝之日, 風波暴急, 漂蕩海中. 祈曰, 幸賴船靈, 平安到國, 必請朝庭, 酬以錦冠. 至是緣於宿禱, 授從五位下, 其冠製錦表絁裏, 以紫組爲纓.

임오(12일)에 앞서 고려국(발해국)에 배를 보냈는데 능등(能登)이라 이름하였다. 본국으로 돌아오는 날에 바람과 파도가 사납게 일어 바다 가운데에서 표류하였다. 기도하며 말하기를, "다행히 배를 지키는 영(靈)의 힘으로 평안히 나라에 도착할 수 있게 된다면 반드시 조정에 청하여 비단으로 만든 관(冠)으로 보답하겠습니다"라고 하였다. 이때 이르러 지난번의 기도로 말미암아 종5위하를 주고 그 관을 제작하는데, 겉은 비단[綿]으로 속은 명주[絁]로 하고 자주색 실로 끈을 만들었다.

○ 권24, 순인천황(淳仁天皇) 천평보자(天平寶字) 7년(763) 10월

> 乙亥, 左兵衛正七位下板振鎌束至自渤海, 以擲人於海, 勘當下獄. 八年之亂, 獄囚充滿, 因其居住移於近江. 初王新福之歸本蕃也, 駕船爛脆. 送使判官平群[121]虫麻呂等慮其不完, 申官求留. 於是, 史生已上皆停其行, 以修理船使鎌束便爲船師, 送新福等發遣. 事畢歸日, 我學生高內弓, 其妻高氏 及男廣成, 綠兒一人, 乳母一人, 幷入唐學問僧戒融, 優婆塞一人, 轉自渤海相隨歸朝. 海中遭風所向迷方, 柂師水手爲波所沒. 于時鎌束議曰, 異方婦女今在船上. 又此優婆塞異於衆人, 一食數粒 經日不飢. 風漂

---

121 「東山本」에는 '郡'(「신일본고전본」 권2, 438쪽, 주21).

> 之災, 未必不由此也. 乃使水手撮內弓妻幷綠兒乳母優婆塞四人, 擧而擲海. 風勢猶猛, 漂流十餘日, 着隱岐國.

　　을해(6일)에 좌병위(左兵衛) 정7위하 판진겸속(板振鎌束, 이타후리노 카마쓰카)[122]이 발해로부터 돌아왔는데 사람을 바다에 던졌으므로 옥에 갇혔다. 8년의 난[123]으로 옥에 죄수들이 가득 차게 되자 그 거주를 근강(近江, 오미)으로 옮겼다. 처음에 왕신복이 본번(本蕃, 발해)으로 돌아가는데 타고 갈 배가 낡고 약하여, 송사(送使)인 판관(判官) 평군충마려(平群蟲麻呂, 헤구리노 무시마로)[124] 등이 그 불완전함을 걱정해서 관(官)에 아뢰고 머무르기를 청했다. 이에 사생(史生) 이상이 모두 가기를 멈추었다. 배를 수리하고 [판진]겸속을 곧 선사(船師)로 삼아 [왕]신복 등을 보내려고 출발하였다. 일을 마치고 돌아오는 날에 우리(일본) 학생 고내궁(高內弓, 고노 우치유미)과 그 처 고씨(高氏) 및 아들 광성(廣成, 히로나리), 갓난아이 한 사람과 유모 한 사람, 그리고 입당학문승(入唐學問僧)인 계융(戒融, 가이유)[125]과 우바새(優婆塞)[126] 한 사람이 발해를 거쳐 함께 본국으로 돌아오는데, 바다 가운데에서 폭풍을 만나 방향을 잃었다. 키잡이와 수수는 바다에 빠져 죽었다. 이때 [판진]겸속이 의논하여 "다른 나라[異方]의 부녀자들이 지금 배 위에 있다. 또한 저 우바새는 다른 사람들과 달리 한 끼에 몇 알의 곡식만 먹는데 며칠이 지나도록 허기를 느끼지 않는다. 폭풍의 재앙은 틀림없이 이로 말미암을 것이다"라 말

122　板振鎌束(?~?)은 일본 나라 시대의 관리이다. 氏는 板持 또는 板時라고도 하며, 이름은 鎌末로 기록되기도 하였다. 板持 일족은 당나라 사람인 楊雍의 후예로, 719년 가바네가 史에서 連으로 고쳐졌다. 카마쓰카는 762년 遣渤海使가 되어 발해 대사 王新福 등의 귀국을 호송하였다. 763년 귀국길에 태풍으로 표류하자 이국의 婦女와 優婆塞 등을 바다에 던져 죽인 죄로 옥에 갇혔다.

123　天平寶字 8년(756) 9월에 일어난 에미노 오시카쓰(惠美押勝)의 亂을 가리킨다. 개명하기 이전 이름을 사용하여 후지와라노 나카마로(藤原仲麻呂)의 난이라고도 한다. 756년 板振鎌束의 거주지를 옮긴 사실을 앞서 옥에 갇힌 755년 시점의 기록에 삽입한 것으로 보인다(靑木和夫 등 역주, 1990, 429쪽 주 二一).

124　平群蟲麻呂(?~?)는 일본 나라 시대의 관리이다. 가바네는 朝臣이다. 762년 발해 대사 王新福 등의 귀국에 送高麗人使의 判官이 되었다. 무시마로가 遣使의 배가 썩어 도중에 부서질 것을 두려워하여, 일본에 머물 것을 관에 요청하면서 도항이 중지되었다. 배를 수리한 이후에는 板振鎌束이 船師가 되어 출항하였다. 764년 藤原仲麻呂의 반란이 일어난 뒤 종5위하가 되었고, 能登守에 임명되었다.

125　일본 나라 시대의 승려이다. 入唐學問僧으로 763년 당에서 돌아오는 길에 발해를 거쳐 귀국하였다. 이때 발해까지 唐의 勅使 韓朝彩가 그를 호송하였다. 한조채는 764년 발해에서 신라로 간 뒤 당으로 귀국하기 전에, 신라 사신 金才伯 등을 통해 계융이 일본에 무사히 도착했는지 확인하였다. 이후 계융의 사적은 확인되지 않는다.

126　出家하지 않고 佛弟子가 된 남자 신도를 가리키는 말이다.

하고, 곧 수수로 하여금 [고]내궁의 처와 갓난아이·유모·우바새 네 사람을 잡아다가 바다에 던지게 하였다. 그러나 바람의 기세는 오히려 더 강해져 십여 일을 표류하다가 은기국(隱岐國, 오키노쿠니)[127]에 도착하였다.

○ 권25, 순인천황(淳仁天皇) 천평보자(天平寶字) 8년(764) 7월

甲寅, 新羅使大奈麻金才伯等九十一人, 到着大宰博多津. 遣右少辯從五位下紀朝臣牛養, 授刀大尉外從五位下粟田朝臣道麻呂等, 問其由緖. 金才伯等言曰, 唐國勅使韓朝彩, 自渤海來云, 送日本國僧戒融, 令達本鄕已畢. 若平安歸鄕者, 當有報信. 而至于今日, 寂無來音. 宜差此使其消息, 欲奏天子. 仍齎執事牒, 參大宰府. 其朝彩者, 上道在於新羅西津. 本國謝恩使蘇判金容, 爲取大宰報牒, 寄附朝彩, 在京未發. 問曰, 比來彼國投化百姓言, 本國發兵警備. 是疑, 日本國之來問罪也. 其事虛實如何. 對曰, 唐國擾亂, 海賊寔繁. 是以徵發甲兵, 防守緣邊. 乃是國家之設, 事旣不虛. 及其歸日, 大宰府報牒新羅執事曰, 檢案內, 被乾政官符稱, 得大宰府解稱, 得新羅國牒稱依韓內常侍請欲知僧戒融達不. 府具狀申上者, 以去年十月, 從高麗國, 還歸聖朝, 府宜承知卽令報知.

갑인(19일)에 신라 사신 대나마(大奈麻)[128] 김재백(金才伯) 등 91인이 대재[부]의 박다진(博多津, 하카타노쓰)에 도착하였다. 우소변(右少弁) 종5위하 기조신우양(紀朝臣牛養, 기노아손 우시카이)과 수도대위(授刀大尉) 외종5위하 속전조신도마려(粟田朝臣道麻呂, 아와타노아손 미치마로) 등을 보내어 오게 된 까닭을 물었다. 김재백 등은 "당나라의 칙사 한조채(韓朝彩)가 발해로부터 와서 '일본국 승려 계융을 호송해서 본국으로 돌아가게 하는 일을 이미 마쳤다. 만약 평안히 귀향하였으면 당연히 회답이 있을 텐데 오늘에 이르도록 전혀 소식이 없다.'고 이르므로, 마땅히 사신을 보내어 그 소식을 천자에게 알리고자 하여 이에 집사[부][129]의 첩(牒)

---

127 일본 고대의 山陰道에 속한 國이다. 오늘날 島根縣의 隱岐郡이다. 은기국의 설치 시점은 분명하지 않지만 대체로 7세기 말로 추정된다. 國內는 知夫·海部·周吉·穩地의 4郡으로 나뉘어 있다. 國府의 소재지는 분명치 않다.
128 신라 17관등 가운데 제10등으로, 大奈末·韓奈麻라고도 하였다. 5두품이 받을 수 있는 최고의 관등이다.
129 신라의 최고 행정 관서이다. 진덕왕 5년(651)에 稟主를 개편하며 설치하였고, 왕명을 받아 행정을 분장하는 여

을 가지고 대재부에 왔습니다. [한]조채는 길을 떠나 신라의 서쪽 포구에 있습니다. 그러나 본국의 사은사 판관(蘇判) 김용(金容)은 대재부의 보첩(報牒)을 받아서 조채에게 넘겨주기 위하여 아직 서울에서 출발하지 않고 있습니다"라 말하였다. "근래에 너희 나라에서 투화하여 온 백성들이 '본국에서는 군대를 내어 경비를 하고 있는데, 이것은 혹 일본국이 쳐들어와 죄를 물을까 해서다'라고 말하는데, 그 일의 허와 실이 어떠한가."라고 물으니, "당나라가 난리로 어지럽고 해적이 참으로 빈번합니다. 이 때문에 군대를 징발하여 변방을 지키고 있습니다. 이는 국가의 대비책으로 일이 거짓은 아닙니다"라고 대답하였다. 그들이 돌아가는 날에 대재부에서 신라의 집사[부]에 첩을 보내어, "문서를 잘 살펴보았습니다. 건정관(乾政官)의 부첩(符牒)을 받았는데 이르기를 '대재부에서 이르기를 신라국의 첩문에서 한[조채] 내상시(內常侍)의 청에 따라 승려 계융이 도착했는지 아닌지를 알고자 한다고 하므로 [대재]부는 그 서장을 갖추어 아룁니다.'라고 하였는데 '[그는] 지난해 10월 고려국(발해)으로부터 본국에 돌아왔습니다. [대재]부는 마땅히 그것을 받들어 알고 곧 알리도록 하라'고 하였습니다"라고 하였다.

○ 권27, 칭덕천황(稱德天皇) 천평신호(天平神護) 2년(766) 3월

丁卯, 大納言正三位藤原朝臣眞楯薨. 平城朝贈正一位太政大臣房前之第三子也. … 勝寶初授從四位上, 拜參議, 累遷信部卿兼大宰帥. 于時, 渤海使楊承慶朝禮云畢, 欲歸本蕃, 眞楯設宴錢焉. 承慶甚稱歎之.

정묘(12일)에 대납언(大納言)[130] 정3위 등원조신진순(藤原朝臣眞楯, 후지와라노아손 마타테)[131]이 죽었다. [그는] 평성조(平城朝)에서 정1위 태정대신(太政大臣)[132]에 추증된 방전(房

러 관부를 거느렸다. 장관은 中侍이며, 경덕왕 때 侍中으로 고쳤다. 정원은 1인이고, 진골 출신이 임명되었다. 그 외 典大等(侍郎), 大舍(郎中), 舍知(員外郎), 史(郎) 등이 있었다(『三國史記』 권 제38, 「職官上」).

130 일본 고대 율령시대의 太政官에 설치된 관직으로 4等官 중 차관에 해당한다. 관위는 3품·4품 또는 정3위이다. 덴지천황(天智天皇) 시기에 설치된 '御史大夫'나 덴무천황(天武天皇) 대에 설치된 '納言'을 전신으로 보기도 하지만 분명하지 않다. '대납언' 명칭이 처음 보이는 것은 飛鳥浄御原令에서이지만, 大寶律令과 養老律令에 보이는 대납언과 동일한 것인가는 명확하지 않다. 양노율령의 직원령에서는 그 담당 직무를 '庶事를 參議하고, 敷奏·宣旨·侍從·獻替를 관장한다'라고 정하고 있다.

131 藤原朝臣眞楯는 일본 나라 시대의 公卿이다. 후지와라노 北家의 시조인 藤原房前의 아들이며, 初名은 八束이다. 문학과 시문으로 인정받았다. 聖武천황의 총애를 받으며, 上奏나 勅旨의 전달 역할을 맡았고, 孝謙천황 때에도

前, 후사사키)의 셋째 아들이다. … [천평]승보([天平]勝寶, 749~757) 초에 종4위상을 제수받고 참의(參議)에 임명되었다가 여러 관직을 역임하고 신부경(信部卿) 겸 대재수(大宰帥)가 되었다. 이때 발해 사신 양승경(楊承慶)[133]이 조례(朝禮)하여 일을 마치고 본국으로 돌아갈 즈음에, [등원조신]진순이 잔치를 베풀었는데, [양]승경이 매우 감탄하며 그를 칭찬하였다.

○ 권31, 광인천황(光仁天皇) 보귀(寶龜) 2년(771) 6월

壬午, 渤海國使靑綬大夫壹萬福等三百廿五人, 駕船十七隻, 着出羽國賊地野代湊. 於常陸國安置供給.

임오(27일)에 발해국사 청수대부(靑綬大夫) 일만복(壹萬福) 등 325인이 배 17척을 타고 출우국의 적지(賊地) 야대주(野代湊, 노시로미나토)에 도착하였다. 상륙국(常陸國, 히타치노쿠니)[134]에 안치하고 [물건을] 공급하였다.

○ 권31, 광인천황(光仁天皇) 보귀(寶龜) 2년(771) 10월

丙寅, 徵渤海國使[135]靑綬[136]大夫壹萬福已下冊人, 令會賀正.

병인(14일)에 발해국사 청수대부 일만복 이하 40인을 불러 새해를 축하하는 조회에 참석하

중용되어 中納言이 되었다. 天平寶字 2년(758)에 관명을 唐風으로 고칠 때 眞楯이란 이름을 받았다. 759년에는 발해 사신 楊承慶의 귀국 전별 연회를 개최하여 양승경이 칭찬하였다. 764년 藤原仲麻呂의 난을 진압한 공으로 정3위 授刀大将과 勲2등을 받았다. 766년 정월 大納言이 되었고, 3월에 사망하며, 太政大臣을 추증받았다.

132 일본 太政官의 장관이다. 758년 唐名으로 관명을 고칠 때 乾政官이라고 하였다. 태정관은 일본 율령제에서 사법, 행정, 입법을 총괄하는 최고국가기관이다. 太政大臣은 상설직이 아니어서, 일반적으로 左大臣(당명 大傅)과 右大臣(당명 大保)이 태정관 장관의 역할을 맡았다.

133 楊承慶은 淳仁天皇 天平寶字 2년(758) 9월에 일본에 도착하였고, 3년(759) 2월 癸丑에 발해로 돌아갔다.

134 일본 고대 東海道에 속한 國이다. 오늘날 茨城縣의 대부분에 해당한다. 처음 常道國이라고 하였으나 뒤에 常陸國이 되었다. 國府는 茨城郡에 두었다.

135 「谷森本」원전과 「蓬左文庫本」원전에는 '使'가 없음(「신일본고전본」권2, 350쪽, 주25).

136 「東山本」・「高宋宮本」에는 '綏'(「신일본고전본」권2, 351쪽, 주1).

게 하였다.

○ 권31, 광인천황(光仁天皇) 보귀(寶龜) 2년(771) 12월

癸酉, 渤海使壹萬福等入京.

계유(21일)에 발해 사신 일만복 등이 입경(入京)하였다.

○ 권32, 광인천황(光仁天皇) 보귀(寶龜) 3년(772) 정월

三年春正月壬午朔, 天皇御大極殿, 受朝. 文武百官, 渤海蕃客, 陸奧・出羽・蝦夷, 各依儀拜賀. 宴次侍從已上於內裏, 賜物有差.

3년(772) 봄 정월 임오 초하루에 천황이 대극전(大極殿)에 나아가 조회(朝會)를 받았다. 문무백관과 발해의 번객(蕃客), 육오(陸奧, 미치노쿠)・출우・하이(蝦夷, 에미시)가 각각 의례에 따라 절하고 [새해를] 축하하였다. 내전에서 차시종(次侍從) 이상에게 잔치를 베풀고 물건을 내려주었는데, 각각 차등이 있었다.

甲申, 天皇臨軒, 渤海國使青綬[137]大夫壹萬福等貢方物.

갑신(3일)에 천황이 임석하자 발해국사 청수대부 일만복 등이 방물을 바쳤다.

丁酉, 先是, 責問渤海王表無禮於壹萬福. 是日, 告壹萬福等曰, 萬福等, 實是渤海王使者, 所上之表, 豈違例无禮乎, 由玆不收其表. 萬福等言, 夫爲臣之道, 不違君命. 是以不誤封函, 輒用奉進. 今爲違例, 返却表函, 萬福等實深憂慄[138]. 仍再拜據地而泣更

---

[137] 「東山本」에는 '授'(「신일본고전본」 권2, 362쪽, 주1).
[138] 「兼右本」・「谷森本」・「東山本」・「高宋宮本」에는 '慄'(「신일본고전본」 권2, 364쪽, 주19).

申, 君者彼此一也. 臣等歸國, 必應有罪. 今已參[139]渡在於聖朝, 罪之輕重无敢所避.

정유(16일)에 앞서 일만복에게 발해왕의 표(表)가 무례함을 문책하였다. 이날 일만복 등에게 고하여 말하길 "만복 등은 진실로 발해왕의 사자인데, 올린 표는 어찌 그렇게 례(例)에 어긋나고 무례한가. 이 때문에 그 표를 거둘 수 없다"고 하였다. 만복 등이 말하길 "대저 신하된 사람의 도리는 임금의 명령을 어기지 않는 것입니다. 이 때문에 봉함(封函)을 의심하지 않고 바로 올렸습니다. 그런데 이제 예에 어긋난다고 하여 봉함을 물리치시니 만복 등은 실로 매우 두려워 떱니다. 이에 땅에 엎드려 다시 절하고 울면서 거듭 아룁니다. 임금은 모두 같습니다. 신들은 본국에 돌아가면 반드시 죄를 받게 될 것입니다. 지금 이미 멀리 바다를 건너 성조(聖朝)에 와 있으니 가볍거나 무겁거나 죄를 감히 피할 수는 없을 것입니다"라고 말하였다.

庚子, 却付渤海國信物於壹萬福.

경자(19일)에 발해국의 신물(信物)을 일만복에게 되돌려 주었다.

丙午 … 渤海使壹萬福等改修表文, 代王申謝.

병오(25일) … 발해 사신 일만복 등이 표문을 고쳐 짓고 왕을 대신하여 사죄하였다.

○ 권32, 광인천황(光仁天皇) 보귀(寶龜) 3년(772) 2월

癸丑 … 是日, 饗五位已上及渤海蕃客於朝堂, 賜三種之樂. 萬福等入欲就座言上曰, 所上表文緣乖常例, 返却表函幷信物訖. 而聖朝厚恩垂矜, 萬福等預於客例, 加賜爵祿. 不勝慶躍, 謹奉拜闕庭. 授大使壹萬福從三位, 副使正四位下, 大判官正五位上, 少判官正五位下, 錄事幷譯語竝從五位下, 着綠品官已下各有差. 賜國王美濃絁卅疋, 絹卅疋, 絲二百絇, 調綿三百屯. 大使壹萬福已下亦各有差.

---

[139] 「兼右本」・「谷森本」・「東山本」・「高宋宮本」에는 '叅'(「신일본고전본」 권2, 364쪽, 주20).

계축(2일) … 이날 조당(朝堂)에서 5위 이상 및 발해의 번객(蕃客)에게 잔치를 베풀고 세 종류의 음악을 연주하였다. [일]만복 등이 들어와 자리에 나아가서, "올린 바의 표문이 상례(常例)에 어긋났기 때문에 표함(表函)과 신물을 물리치셨습니다. 그런데 성조(聖朝)께서는 은혜를 두터이 하고 긍휼을 내려서 만복 등을 손님의 례(例)에 참여케 하시고 작록(爵祿)도 더하여 주셨습니다. 뛸 듯이 기쁜 마음을 이기지 못하고 삼가 받들어 대궐의 뜰에서 절합니다"라고 아뢰었다. 대사 일만복에게 종3위를 주고, 부사에게 정4위하, 대판관(大判官)에게 정5위상, 소판관(少判官)에게 정5위하, 녹사(錄事)와 역어(譯語)에게 모두 종5위하를 주었다. 녹색 관복을 입은 품관(品官) 이하에게도 차등을 두어 주었다. [발해]국왕에게 미농시(美濃絁) 30필(疋), 견(絹) 30필, 사(絲) 200구(絢), 조면(調綿) 300둔(屯)을 내려주고 대사 일만복 이하에게도 역시 각각 차등을 두어 주었다.

> 己卯, 賜渤海王書云, 天皇敬問高麗國王. 朕繼體承基, 臨馭區宇, 思覃德澤, 寧濟蒼生. 然則率土之濱, 化有輯於同軌, 普天之下, 恩無隔於殊隣. 昔高麗全盛時, 其王高武[140], 祖宗奕世, 介居瀛表, 親如兄弟, 義若君臣. 帆海梯山, 朝貢相續. 逮乎季歲, 高氏淪亡. 自爾以來, 音問寂絶. 爰洎神龜四年, 王之先考左金吾衛大將軍渤海郡王遣使來朝, 始修職貢. 先朝嘉其丹款, 寵待優隆. 王襲遺風, 纂修前業. 獻誠述職, 不墜家聲. 今省來書, 頓改父道, 日下不注官品姓名, 書尾虛陳天孫僭號. 遠度王意豈有是乎. 近慮事勢疑似錯誤, 故仰有司, 停其賓禮. 但使人萬福等, 深悔前咎, 代王申謝. 朕矜遠來, 聽其悛改, 王悉此意, 永念良圖. 又高氏之世, 兵亂無休, 爲假朝威, 彼稱兄弟. 方今, 大氏曾無事, 故妄稱舅甥, 於禮失矣. 後歲之使, 不可更然. 若能改往自新, 寔乃繼好無窮耳. 春景漸和, 想王佳也. 今因廻使, 指此示懷, 幷贈物如別.

기묘(28일)에 발해왕에게 칙서를 내려, "천황은 고려국왕에게 삼가 안부를 묻습니다. 짐이 선대의 뒤를 이어 왕위에 올라 천하를 다스림에 은혜가 다른 사람에게 두루 미치기를 생각하고 백성을 편안하게 하였으니, 온 천하가 화합하여 한자리에 모이고 온 천하가 은혜로워 특별

---

[140] 「兼右本」·「谷森本」·「東山本」·「高宋宮本」에는 '武', 「蓬左文庫本」 원전에는 '氏'(「신일본고전본」 권2, 370쪽 주10).

한 이웃으로 격의가 없게 되었습니다. 옛날 고[구]려의 전성기 때 그 왕 고무(高武)[141]는 조상 대대로 바다 밖에 있으면서 형제와 같이 친하고 군신과 같이 의로워, 바다를 건너고 산을 넘어 조공을 계속하였습니다. [그런데] 말기가 되어 고씨가 망한 이래로 소식이 끊어졌습니다. 그러다가 신귀(神龜) 4년(727, 성무천황 4년, 발해 무왕 9년)에 이르러 왕의 선고(先考)[142]인 좌금오위대장군(左金吾衛大將軍) 발해군왕(渤海郡王)이 사신을 보내어 내조(來朝)하여 비로소 직공(職貢)을 닦았습니다. 선조(성무천황)께서는 그 참된 마음을 가상히 여겨 총애하여 대우함이 더욱 두터웠습니다. 왕은 유풍(遺風)을 계승하고 전왕의 유업(遺業)을 이어 정성스럽게 직공을 닦아 집안의 명성을 떨어뜨리지 않았습니다. 그런데 이제 보내온 글을 살펴보니 갑자기 부친이 행하던 법식을 고쳐, 날짜 아래에 관품(官品)과 성명(姓名)을 쓰지 않고 글의 말미에 거짓되게 천손(天孫)임을 참칭하는 칭호를 써놓았습니다. 멀리 왕의 뜻을 헤아려 보면 어찌 이럴 수 있을까 싶으며, 가깝게는 일의 형편을 생각건대 착오일 듯 의심됩니다. 그러므로 담당 관리에게 명하여 손님에 대한 예우를 멈추도록 하였습니다. 다만 사신 [일]만복 등은 전의 허물을 깊이 뉘우치고 왕을 대신하여 사죄하므로 짐(朕)이 멀리서 온 것을 불쌍히 여겨 그 뉘우치고 고침을 들어주었습니다. 왕은 이 뜻을 모두 알아서 길이 좋은 계획을 생각하십시오. 고씨의 때에는 병란이 그치지 않아 [우리] 조정의 위엄을 빌리기 위하여 그쪽에서 형제를 칭하였습니다. 바야흐로 이제 대씨(大氏)는 일찍이 아무 일 없이 편안한 연고로 함부로 외숙과 생질이라 칭하는데 [그것은] 예(禮)를 잃은 것입니다. 뒷날의 사신은 다시는 그래서는 안 됩니다. 만약 지난날을 뉘우치고 스스로 새로워진다면 진실로 우호를 이음이 끝이 없을 것입니다. 봄날의 날씨가 점점 따뜻해지고 있습니다. 왕은 즐겁게 지내기를 바랍니다. 이제 돌아가는 사신 편에 이러한 마음을 표하고 아울러 별도와 같이 물건을 보냅니다"라고 하였다.

庚辰, 渤海蕃客歸鄉.

---

141 고구려 제27대 榮留王(재위 618~642)의 이름인 '高建武'로 본다. 단, 영류왕대 일본과의 관계에 대해서는 논란이 있다. 한국 학계에서는 772년 일본 국서에서 고구려를 '君臣', '朝貢' 관계로 본 것은 양국의 외교 실상과 맞지 않다고 본다. 노태돈의 경우, 8세기 일본이 안승의 고구려와 원고구려를 동일시하며 나타난 현상으로 보았다(노태돈, 1989b; 노태돈, 2020, 262쪽).

142 渤海의 武王을 가리킨다.

경진(29일)에 발해의 번객이 고향으로 돌아갔다.

○ 권32, 광인천황(光仁天皇) 보귀(寶龜) 3년(772) 9월

戊戌 … 送渤海客使武生鳥守等解纜入海, 忽遭暴風漂著能登國. 客主僅得免死, 便於福良津安置.

무술(21일) … 송발해객사(送渤海客使)인 무생조수(武生鳥守, 다케후노 토리모리) 등이 밧줄을 풀고 바다로 나아갔는데 갑자기 폭풍을 만나 능등국(能登國, 노토노쿠니)[143]에 표착하였다. 객주(客主)[144]는 간신히 죽음을 면하여 곧 복량진(福良津, 후쿠라노쓰)에 안치되었다.

○ 권32, 광인천황(光仁天皇) 보귀(寶龜) 4년(773) 2월

乙丑, 渤海副使正四位下[145]慕昌祿[146]卒. 遣使弔之, 贈從三位, 賻物如令.

을축(20일)에 발해의 부사(副使) 정4위하 모창록(慕昌祿)이 죽었다. 사신을 보내어 조문하였다. 종3위를 추증하고 부의(賻儀)를 법령대로 하였다.

○ 권32, 광인천황(光仁天皇) 보귀(寶龜) 4년(773) 6월

丙辰, 能登國言, 渤海國使烏須弗等, 乘船一艘來著部下. 差使勘問, 烏須弗報書曰, 渤海日本久來好隣, 往來朝聘, 如兄如弟. 近年日本使內雄等, 住渤海國, 學問音聲, 却返本國. 今經十年, 未報安否. 由是, 差大使壹萬福等遣向日本國擬於朝參. 稍經四年, 未返本國, 更差大使烏須弗等卌人, 面奉詔旨. 更無餘事. 所附進物及表書, 並在船內.

---

143 일본 고대 北陸道에 속한 國이다. 현재의 石川縣 북부에 위치하였다.
144 손님이나 외국 사신의 우두머리를 이른다. 여기서는 발해 사신의 우두머리인 壹萬福을 가리킨다.
145 「谷森本」·「東山本」·「高宋宮本」에는 '上'(「신일본고전본」 권2, 400쪽 주26).
146 「東山本」·「高宋宮本」에는 '拝'(「신일본고전본」 권2, 400쪽 주27).

병진(12일)에 능등국에서 "발해국사(渤海國使) 오수불(烏須弗) 등이 한 척의 배를 타고 부하(部下)에 도착하였습니다. 사인(使人)을 보내어 조사하니 오수불 등이 글로 보고하기를 '발해와 일본은 오랫동안 사이좋은 이웃으로 왕래하고 조빙(朝聘)하며 형과 아우같이 지냈습니다. 근래에 일본의 사신 내웅(內雄, 우치오) 등이 발해국에 머물러 음성(音聲)을 배우고 본국으로 돌아갔는데 이제 10년이 지나도록 안부를 알리지 않아, 이로 말미암아 대사 일만복 등을 뽑아 일본국으로 보내어 조정에 나아가 의논하게 하였습니다. 그런데 4년이 지나도록 본국으로 돌아오지 않으므로 대사 오수불 등 40명을 보내어 직접 조서를 받들게 하였습니다. 다시 다른 일은 없습니다. 부쳐 올린 바의 물건과 표서(表書)는 모두 배 안에 있습니다'라고 하였습니다"라고 하였다.

> 戊辰, 遣使宣告渤海使烏須弗曰, 太政官處分, 前使壹萬福等所進表詞驕慢, 故告知其狀罷去已畢. 而今能登國司言, 渤海國使烏須弗等所進表函違例无禮者. 由是不召朝廷, 返却本鄉. 但表函違例者, 非使等之過也. 涉海遠來, 事須憐矜, 仍賜祿幷路粮放還. 又渤海使取此道來朝者, 承前禁斷. 自今以後, 宜依舊例從筑紫道來朝.

　무진(24일)에 사신을 보내어 발해 대사 오수불에게 말하길 "태정관(太政官)[147]이 처분하여 지난번의 사신 일만복 등이 올린 표(表)의 말이 교만하였기 때문에 그 정황을 알리고 물러가게 한 일이 있었다. 그런데 지금 능등국에서 말하기를 발해 대사 오수불 등이 올린 표함(表函)도 례(例)에 어긋나고 무례하다고 한다. 이 때문에 조정에 부르지 않고 바로 본국으로 돌려보내려 한다. 다만 표함이 례에 어긋나는 것은 사신들의 잘못이 아니고, 바다를 건너 멀리까지 온 일이 가상하므로 이에 녹(祿)과 길가는 동안의 양식을 내려 돌아가도록 하겠다. 또한 발해의 사신이 이 길[148]을 취하여 내조(來朝)하는 것은 전부터 금한 일이다. 지금 이후로도 마땅히 옛날의 례에 따라 축자도(筑紫道, 쓰쿠시미치)[149]를 따라 내조하도록 하라"고 하였다.

147　일본 율령제상의 최고 행정기관으로 전체 행정을 총괄한다. 장관은 1위 太政大臣이지만 공석인 경우가 많았다. 그에 따라 대체로 2위인 左大臣·右大臣이 장관 역할을 하였다. 唐名은 尙書省·都省 등이다.
148　越前—能登—加賀일대로 도착하는 북쪽 길을 말한다.
149　일본정부의 대외교섭 관장기구인 筑紫 博多津의 大宰府를 경유하는 길이다.

○ 권32, 광인천황(光仁天皇) 보귀(寶龜) 4년(773) 10월

乙卯, 送壹萬福使正六位上武生連鳥守至自高麗.

을묘(13일)에 일만복을 보내러 간 사신 정6위상 무생련오수가 고려(발해)로부터 돌아왔다.

○ 권34, 광인천황(光仁天皇) 보귀(寶龜) 7년(776) 12월

乙巳, 渤海國遣獻可大夫司賓少令開國男史都蒙等一百八十七人, 賀我卽位, 幷赴彼國王妃之喪. 比着我岸, 忽遭惡風, 柂折帆落, 漂沒者多. 計其全存, 僅有卌六人. 便於越前國加賀郡安置供給.

을사(22일)에 발해국이 헌가대부(獻可大夫) 사빈소령(司賓少令)[150] 개국남(開國男) 사도몽(史都蒙) 등 187인을 보내어 우리 [천황의] 즉위를 축하하고 아울러 그 나라 왕비의 죽음을 알렸다.[151] 우리 해안에 막 도착하려는데 갑자기 사나운 바람을 만나 키가 부러지고 돛이 떨어져 표류하다 죽은 자가 많았다. 살아남은 자는 겨우 46인뿐이었다. 곧 월전국(越前國)의 가하군(加賀郡)에 안치하고 물건을 공급하였다.

○ 권34, 광인천황(光仁天皇) 보귀(寶龜) 8년(777) 정월

癸酉, 遣使問渤海使史都蒙等曰, 去寶龜四年, 烏須弗歸本蕃日, 太政官處分, 渤海入朝使, 自今以後, 宜依古例向大宰府, 不得取北路來. 而今違此約束, 其事如何. 對曰, 烏須弗來歸之日, 寶承此旨. 由是, 都蒙等發自弊邑南海府吐號浦, 西指對馬嶋竹室之津. 而海中遭風, 著此禁境. 失約之罪, 更無所避.

---

150 발해 司賓寺의 차관이다. 司賓寺는 외국 사신들의 접대와 외교 업무를 담당한 기관으로 여겨진다. 『신당서』 발해전에는 장관으로 卿을 두었다고 나온다. 寺의 장관 아래에는 대개 少를 두었기 때문에, 사빈시의 차관은 少卿으로 이해된다. 다만 이 기록에는 少令으로 되어 있어 한때 令, 小令으로 불렸거나 卿과 令을 혼용하였던 것으로 추정된다.
151 문왕의 황후인 孝懿皇后 韓氏의 喪을 이르며, 효의황후는 보력 2년(775)에 사망하였다(권은주, 2024, 21~22쪽).

계유(20일)에 사신을 보내어 발해 사신 사도몽 등에게 말하길 "지난 보귀(寶龜) 4년(773) 오수불이 본국으로 돌아가던 날에 태정관의 처분으로 발해에서 입조하는 사신은 이제 이후로는 마땅히 옛날의 례(例)에 따라 대재부로 향하고 북로를 취하여 오지 못하도록 하였다.[152] 그런데 지금 이 약속을 어겼으니 어찌된 일인가" 하고 물었다. 대답하길 "오수불이 돌아오던 날 진실로 이 뜻을 받들었습니다. 이로 말미암아 [사]도몽 등은 우리나라 남해부(南海府)[153] 토호포(吐號浦)[154]로부터 출발하여 서쪽으로 대마도(對馬島, 쓰시마노시마)의 죽실진(竹室津, 다케무로쓰)으로 향하였는데, 바다 가운데에서 폭풍을 만나 금지된 이 구역에 도착하게 되었습니다. 약속을 어긴 죄는 다시 피할 수 없을 것입니다"라고 하였다.

○ 권34, 광인천황(光仁天皇) 보귀(寶龜) 8년(777) 2월

壬寅, 召渤海使史都蒙等卅人入朝. 時都蒙言曰, 都蒙等一百六十餘人, 遠賀皇祚, 航海來朝. 忽被風漂, 致死一百廿, 幸得存活, 纔卅六人. 旣是險浪之下, 万死一生. 自非聖朝至德, 何以獨得存生. 況復殊蒙進入, 將拜天闕. 天下幸民, 何處亦有. 然死餘都蒙等卅餘人, 心同骨完, 期共苦樂. 今承十六人別被處置, 分留海岸. 譬猶割一身而分背, 失四體而匍匐. 仰望, 宸輝曲照, 聽同入朝. 許之.

임인(20일)에 발해 사신 사도몽 등 30인을 불러 입조하게 하였다. 이때 [사]도몽이 말하길 "도몽 등 160여 인은 멀리서 천황의 즉위를 축하하고자 바다를 건너 내조하였습니다. 홀연히

---

152 寶龜 4년 6월 戊辰條 기사에 보인다.

153 渤海 15府의 하나인 南京南海府를 가리킨다. 그 위치에 대해서는 韓鎭書의 『續海東繹史』「渤海」에서 北靑설을, 丁若鏞의 『我邦疆域考』「渤海考」에서 咸興설을 내세운 이래로, 鏡城설(內藤虎次郎, 1907; 松井等, 1913), 북청설(鳥山喜一, 1935; 채태형, 1998), 함흥설(池內宏, 1937; 白鳥庫吉, 1935; 和田淸, 1955), 鍾城설 등의 견해가 있다. 남경과 남해부의 치소는 동일 지역에 있었던 것으로 보이나, 관청이 하나였는지 분리되어 있었는지는 불분명하다. 남해부의 위치 비정에는, 776년 남해부 '吐號浦'에서 발해 사신단이 일본으로 출발했다는 기록(『續日本紀』)에 부합하는 항구와 남해부의 특산물인 곤포, 즉 다시마가 생산되는 지역이라는 조건이 붙는다. 정약용이 곤포의 주요 산지인 함흥을 남해부로 본 이후로 함흥설은 많은 지지를 받았고, '토호포'를 함흥 서남쪽으로 약 15km 떨어진 '連浦(고려·조선시대 都連浦)'로 추정하였다. 그러나 북한에서 발굴 성과를 토대로 북청군의 청해토성(북청토성)을 남해부로 비정한 이후 북청설이 유력시되고 있다.

154 위치는 미상이다. 정약용은 '토호포'를 함흥 서남쪽으로 약 15km 떨어진 '連浦(고려·조선시대 都連浦)'로 추정한 바 있다.

폭풍을 만나 표류하다가 죽은 사람이 120인이며, 요행히 살아남은 사람은 겨우 46인뿐입니다. 이미 험한 물결 속에서 구사일생으로 살아났으니, 성조(聖朝)의 지극한 덕이 아니었으면 무엇으로 어찌 살아남을 수 있었겠습니까. 하물며 다시 들어와 문득 천황의 궁궐에 절할 수 있는 특별한 은혜를 입었으니 천하에 (이같이) 행복한 백성이 어디에 또 있겠습니까. 그러나 죽지 않고 남은 도몽 등 40여 인은 몸과 마음을 하나로 하고 즐거움과 고통을 함께할 것을 기약하였습니다. 이제 명을 받건대 16인은 따로 안치하고 나누어 해안에 머무르게 하셨으니, 비유하면 한 몸을 갈라 등을 나누며, 사지를 잃고 기어가는 것과 같습니다. 우러러 바라건대 천황의 빛을 두루 비추어 함께 입조하도록 하여 주십시오"라고 하니, 허락하였다.

○ 권34, 광인천황(光仁天皇) 보귀(寶龜) 8년(777) 4월

庚寅, 渤海使史都蒙等入京.

경인(9일)에 발해 사신 사도몽 등이 입경하였다.

辛卯, 太政官遣使慰問史都蒙等.

신묘(10일)에 태정관이 사신을 보내어 사도몽 등을 위문하였다.

癸卯, 渤海使史都蒙等貢方物. 奏曰, 渤海國王, 始自遠世供奉不絶. 又國使壹萬福歸來, 承聞, 聖皇新臨天下, 不勝歡慶. 登時, 遣獻可大夫司賓少令開國男史都蒙入朝, 幷戴荷國信, 拜奉天闕.

계묘(22일)에 발해 사신 사도몽 등이 방물을 바치고, 아뢰길 "발해국왕은 먼 조상 때부터 공봉(供奉)을 시작하여 그치지 않았습니다. 또한 국사 일만복이 돌아와 전하는 말을 들으니 성황(聖皇)이 천하에 새로 군림하셨다 하기에 기쁨을 이기지 못하고 곧바로 헌가대부(獻可大夫) 사빈소령(司賓少令) 개국남(開國男) 사도몽을 보내어 입조하게 하고 아울러 나라의 신물을 가지고 천황의 궁궐에 삼가 절하게 하였습니다"라고 하였다.

戊申, 天皇臨軒, 授渤海大使獻可大夫司賓少令開國男史都蒙正三位, 大判官高祿思, 少判官高鬱琳並正五位上, 大錄事史道仙正五位下, 少錄事高珪宣從五位下, 餘皆有差. 賜國王祿, 具載勅書. 史都蒙已下亦各有差.

무신(27일)에 천황이 임석하여 발해 대사 헌가대부 사빈소령 개국남 사도몽에게 정3위를 주고, 대판관(大判官) 고록사(高祿思)와 소판관(少判官) 고울림(高鬱琳)에게는 모두 정5위상, 대록사(大錄事) 사주선(史遒仙)에게 정5위하, 소록사(少錄事) 고규선(高珪宣)에게 종5위하를 주고, 나머지에게도 모두 차등을 두어 주었다. [발해]국왕에게 녹(祿)을 내려주었는데 칙서를 갖추어 적었다. 사도몽 이하에게도 역시 차등을 두어 주었다.

○ 권34, 광인천황(光仁天皇) 보귀(寶龜) 8년(777) 5월

丁巳, 天皇御重閣門, 觀射騎. 召渤海使史都蒙等, 亦會射場. 令五位已上進裝馬及走馬, 作田儛於舞臺. 蕃客亦奏本國之樂. 事畢賜大使都蒙已下綵帛各有差.

정사(7일)에 천황이 중각문(重閣門)에 나아가 활쏘기와 말타기를 관람하였다. 발해 사신 사도몽 등을 불러 [그들] 역시 활쏘는 장소에 모였다. 5위 이상으로 하여금 장식한 말을 타고 달려 나아가 무대에서 전무(田儛)[155]를 추게 하였다. 번객(蕃客) 역시 본국(本國)의 음악을 연주하였다. 일이 끝나자 대사 [사]도몽 이하에게 채백(綵帛)을 내려주었는데 각각 차등이 있었다.

庚申, 先是渤海判官高淑源及少錄事一人, 比着我岸, 船漂溺死. 至是贈淑源正五位上, 少錄事從五位下, 並賻物如令.

경신(10일)에 앞서 발해 판관(判官) 고숙원(高淑源) 및 소록사 한 사람이 우리(일본) 해안에 도착하였는데 배가 표류하여 익사하였다. 이때 이르러 숙원에게 정5위상, 소록사에게 종5위하를 추증하고, 아울러 부의(賻儀)를 법령대로 하였다.

---

155 밭갈이할 때 노래 부르며 추던 춤으로, 일본 고대 조정에서 의례의 일부로 행하여졌다.

癸酉, 渤海使史都蒙等歸蕃. 以大學少允正六位上高麗朝臣殿繼爲送使. 賜渤海王書曰, 天皇敬問渤海國王. 使史都蒙等, 遠渡滄溟, 來賀踐祚. 顧慙寡德叨嗣洪基. 若涉大川, 罔知攸濟. 王修朝聘於典故, 慶寶曆於惟新. 懇懇之誠, 實有嘉尙. 但都蒙等比及此岸, 忽遇惡風, 有損人物. 無船駕去, 想彼聞此, 復以傷懷. 言念越鄕, 倍加軫悼. 故造舟差使, 送至本鄕. 幷附絹五十疋, 絁五十疋, 絲二百絇, 綿三百屯. 又緣都蒙請, 加附黃金小一百兩, 水銀大一百兩, 金漆一罐, 漆一罐, 海石榴油一罐, 水精念珠四貫, 檳榔扇十枝, 至宜領之. 夏景炎熱, 想平安和. 又弔彼國王后喪曰, 禍故無常, 賢室殞逝. 聞以惻怛, 不淑如何. 雖松檟未茂, 而居諸稍改. 吉凶有制, 存之而已. 今因還使, 贈絹二十疋, 絁二十疋, 綿二百屯, 宜領之.

계유(23일)에 발해 사신 사도몽 등이 본국으로 돌아갔다. 대학소윤(大學少允) 정6위상 고려조신전계(高麗朝臣殿繼, 고마노아손 토노쓰구)[156]를 송사(送使)로 삼고, 고려국왕(발해국왕)에게 서(書)를 내리며 말하길, "천황은 발해국왕에게 삼가 안부를 묻습니다. 사신 사도몽 등이 멀리서 바다를 건너와서 즉위를 경하하니, 돌이켜 보건대 덕이 부족함이 부끄럽고 외람되게 왕위를 이어 마치 큰 강을 건너는 데 건널 방법을 알지 못하는 것과 같습니다. 왕은 전례(前例)에 따라 조빙을 하고 더욱 새롭게 천자의 즉위를 경하하니 간절한 정성이 참으로 아름답습니다. 다만 도몽 등이 우리 해안에 거의 닿을 즈음에 갑자기 사나운 바람을 만나 사람과 물건들을 잃고 타고 갈 배가 없게 되었으니, 그들을 생각하고 이 말을 들으매 더욱 마음이 아픕니다. 고향으로 돌아가기를 생각하는 마음이 슬픔보다 배나 더하므로 배를 만들어 사신을 본국으로 돌려보냅니다. 아울러 견 50필, 시 50필, 사 200구, 면 300둔을 부칩니다. 또한 [사]도몽 등의 청에 따라 황금 소(小) 100량(兩), 수은(水銀) 대(大) 100량, 금칠(金漆) 1부(缶), 칠(漆) 1부, 해

---

156 고구려계 도래씨족의 후예이다. 『新撰姓氏錄』에 따르면, 高麗朝臣은 고구려왕 好台(광개토왕)의 7세손 延典王으로부터 나왔다고 전한다(『新撰姓氏錄』 제21권 左京 諸蕃 高麗 "高麗朝臣, 出自高句麗王好台七世孫延典王也."). 고마노아손의 옛 성은 背奈公 또는 肯奈公이다. '背奈'는 고구려 5부의 消奴部에서 유래된 것으로 보기도 한다. 『속일본기』 천평 19년(747) 6월조에 背奈公福信 등이 背奈王의 씨성을 받았고, 天平勝寶 2년(750) 정월조에 다시 고마노아손으로 개성하였다. 이들 일족은 도래계 씨족으로 대외 업무에 종사하는 사람이 많았다. 『속일본기』에 보면 高麗朝臣大山은 754년 견당사 판관으로, 761년에는 견고려사(즉, 견발해사)로, 高麗朝臣廣山은 762년 견당부사로 파견되었다. 高麗朝臣殿繼는 777년과 778년 2차에 걸쳐 견발해사로 임명되었다(연민수 외 역주, 2020: 동북아역사넷 사료라이브러리).

석류유(海石榴油) 1부, 수정염주(水精念珠) 4관(貫), 빈랑선(檳榔扇) 10지(枝)를 보내니, 도착하면 받으십시요. 여름 햇볕이 뜨겁습니다. 편안하기를 바랍니다"고 하였다. 또한 그 나라 왕후(王后)의 상(喪)을 조문하여, "죽음의 재앙이 무상합니다. 어진 왕후께서 돌아가셨다는 말을 들으니 슬프고 놀라운데 이를 당한 사람이야 어떻겠습니까. 묘 주위의 소나무와 오동나무는 아직 무성하지도 않은데 여러 조각 사이(무덤)에 거하게 되었습니다. 길흉에 법도가 있으니 그것을 지킬 따름입니다. 이제 돌아가는 사신 편에 견 20필, 시 20필, 면 200둔을 보내니 받으십시요"라고 하였다.

○ 권35, 광인천황(光仁天皇) 보귀(寶龜) 9년(778) 4월

丙午, 先是, 寶龜七年, 高麗使輩卅人, 溺死漂着越前國江沼加賀二郡. 至是, 仰當國令加葬埋焉.

병오(30일), 앞서 보귀 7년(776)에 고려(발해) 사신의 무리 30인이 물에 빠져 죽은 채 표류하다가 월전국의 강소(江沼, 에누)·가하(加賀) 2군(郡)에 도착하였는데, 이때 이르러 당국(當國)에 명하여 매장하게 하였다.

○ 권35, 광인천황(光仁天皇) 보귀(寶龜) 9년(778) 9월

癸亥, 送高麗使正六位上高麗朝臣殿嗣等來着越前國坂井郡三國湊, 勅越前國. 遣高麗使幷彼國送使, 宜安置便處, 依例供給之. 但殿嗣一人早令入京.

계해(21일)에 송고려사(送高麗使) 정6위상 고려조신전사(高麗朝臣殿嗣)[157] 등이 월전국 판정군(坂井郡, 사카이군) 삼국주(三國湊, 미쿠니미나토)에 도착하였다. 월전국에 칙(勅)을 내려 견고려사(遣高麗使)와 그 나라(발해)의 송사(送使)를 편안한 곳에 안치시키고 례(例)에 따라 물건을 공급하도록 하였다. 다만 [고려조신]전사 한 사람만은 일찍 입경하게 하였다.

---

157 777년 5월 계유조에는 이름이 殿繼로 되어 있다.

○ 권35, 광인천황(光仁天皇) 보귀(寶龜) 9년(778) 12월

己丑, 以從五位下布勢朝臣淸直爲送唐客使, 正六位上甘南備眞人淸野, 從六位下多治比眞人濱成爲判官, 正六位上大網公廣道, 爲送高麗客使.

기축(17일)에 종5위하 포세조신청직(布勢朝臣淸直, 후세노아손 키요나오)을 송당객사(送唐客使)로 삼고, 정6위상 감남비진인청야(甘南備眞人淸野, 간나비노마히토 키요노)와 종6위하 다치비진인빈성(多治比眞人濱成, 다지히노마히토 하마나리)을 판관(判官)으로, 그리고 정6위상 대망공광도(大網公廣道, 오요사미노키미 히로미치)를 송고려객사(送高麗客使)로 삼았다.

○ 권35, 광인천황(光仁天皇) 보귀(寶龜) 10년(779) 정월

十年春正月壬寅朔, 天皇御大極殿受朝. 渤海國遣獻可大夫司賓少令張仙壽等朝賀, 其儀如常.

10년(779) 봄 정월 임인 초하루에 천황이 대극전에 나아가 조회를 받았다. 발해국이 헌가대부(獻可大夫) 사빈소령(司賓少令) 장선수(張仙壽) 등을 보내어 조회하고 하례하였다. 그 의례는 상례(常例)와 같았다.

丙午, 渤海使張仙壽等獻方物. 奏曰, 渤海國王言, 聖朝之使高麗朝臣殿嗣等失路, 漂着遠夷之境. 乘船破損, 歸去無由. 是以, 造船二艘, 差仙壽等, 隨殿嗣令入朝. 幷載荷獻物, 拜奉天朝.

병오(5일)에 발해 사신 장선수 등이 방물을 바치고 아뢰길 "발해국왕이 말씀하길, '성조(聖朝)의 사신 고려조신전사 등이 길을 잃고 표류하다가 먼 오랑캐의 땅에 도착하였습니다. 타고 있던 배가 파손되어 돌아갈 방도가 없으므로 배 2척을 만들고 [장]선수 등을 보내어 [고려조신]전사 등을 따라 입조하게 하고, 아울러 바칠 물건을 실어 보내어 천조(天朝)에 올립니다'라고 하셨습니다"라고 하였다.

戊申, 宴五位以上及渤海使仙壽等於朝堂, 賜祿有差. 詔渤海國使曰, 渤海王使仙壽等來朝拜覲, 朕有嘉焉. 所以加授位階, 兼賜祿物.

무신(7일)에 5위 이상 및 발해 사신 [장]선수 등에게 조당에서 잔치를 베풀고 녹을 내려주었는데 차등이 있었다. 발해국 사신에게 조(詔)를 내려 말하길, "발해왕의 사신 [장]선수 등이 내조하여 절하고 알현하니 짐은 매우 기쁘다. 이에 위계(位階)를 더하여 주고 아울러 녹과 물건을 준다"라고 하였다.

丁巳, 宴五位已上及渤海使於朝堂賜祿.

정사(16일)에 5위 이상 및 발해 사신에게 조당에서 잔치를 베풀고 녹을 내려주었다.

己未, 內射. 渤海使亦在射列.

기미(18일)에 [궁] 안에서 활쏘기를 하였다. 발해 사신 역시 활 쏘는 대열에 있었다.

○ 권35, 광인천황(光仁天皇) 보귀(寶龜) 10년(779) 2월

二月癸酉 … 渤海使還國. 賜其王璽書, 幷附信物.

2월 계유(2일) … 발해 사신이 나라(발해)로 돌아갔다. 그 왕에게 새서(璽書)를 내리고 아울러 신물을 보냈다.

○ 권35, 광인천황(光仁天皇) 보귀(寶龜) 10년(779) 4월

辛卯, 領唐客使等奏言 … 又奏曰, 往時, 遣唐使粟田朝臣眞人等發從楚州,[158] 到長樂驛, 五品舍人宣勅勞問. 此時, 未見拜謝之禮. 又新羅朝貢使王子泰廉入京之日, 官

---

[158] '刕' → '州'.

> 使宣命, 賜以迎馬. 客徒斂轡, 馬上答謝. 但渤海國使, 皆悉下馬, 再拜舞踏. 今領唐客, 准據何例者. 進退之禮, 行列之次, 具載別式. 今下使所, 宜據此式勿以違失.

신묘(21일)에 영당객사(領唐客使) 등이 … 또 아뢰어 말하길 "지난번 견당사(遣唐使) 속전조신진인(粟田朝臣眞人, 아와타노아손 마히토) 등이 초주(楚州)로부터 출발하여 장락역(長樂驛)에 이르자 5품 사인(舍人)이 칙(勅)을 전하여 위로하였는데, 이때 절하며 사례하는 예는 보지 못하였습니다. 또한 신라 조공사(朝貢使) 왕자(王子) [김]태렴([金]泰廉)이 서울로 들어오던 날[159] 관(官)의 사신이 명(命)을 선포하고 환영하는 말[迎馬]을 내려주었는데, 사신의 무리가 고삐를 거두고 말 위에서 답례하였습니다. 다만 발해국의 사신만이 모두 말에서 내려 두 번 절하고 무도(舞蹈)[160]를 하였습니다. 이제 당객(唐客)을 인솔하는데 어떤 례(例)에 준거하여야 하겠습니까. 나아가고 물러가는 예절과 행렬의 차례는 모두 별도의 양식에 기록하였습니다. 사신이 머무르고 있는 곳에 명령을 내려서 이 법식에 의거하여 실수가 없도록 하여야 할 것입니다"라고 하였다.

○ 권35, 광인천황(光仁天皇) 보귀(寶龜) 10년(779) 9월

> 庚辰, 勅, 渤海及鐵利三百五十九人, 慕化入朝, 在出羽國, 宜依例供給之. 但來使輕微, 不足爲賓. 今欲遣使給饗, 自彼放還. 其駕來船, 若有損壞, 亦宜修造. 歸蕃之日, 勿令留滯.

경진(14일)에 칙(勅)을 내려 "발해 및 철리(鐵利)[161]의 359인이 교화를 사모하여 입조해서

---

159 天平寶字 4년(752, 경덕왕 11년) 6월 己丑의 일이다.

160 춤을 추며 앞으로 나아가는 동작으로, 손을 휘두르고 발을 구른다. 일본 궁중에서 새해를 축하하는 연회 등에서 의례의 하나로 행해졌다.

161 鐵利는 말갈 7部 중에는 그 명칭이 없으나 발해 건국 초기부터 고구려와 관계가 깊었던 불열, 월희 말갈과 함께 활동하는 것으로 보아 고구려 당시부터 있었고 고구려와 밀접한 관련이 있었던 것으로 보인다. 위치에 대해서는 논란이 있는데 圖們江北·興凱湖의 南說(丁若鏞, 「渤海考」), 黑龍·烏蘇里江下流 地域說(松井等, 1913; 鳥山喜一, 1915), 木丹江流域說(津田左右吉, 1916), 阿什河流域說(池內宏, 1916), 松花江下流域의 依蘭地域說(小川裕人, 1937) 등이 있다.

출우국에 있으니 례에 따라 물건을 공급하라. 다만 온 사신은 미천하여 손님[賓]으로 삼기에는 족하지 않으므로, 이제 사신을 보내어 잔치를 베풀고 그 길로 돌려보내고자 한다. 그들이 타고 온 배가 만약 파손되었으면 또한 마땅히 수리하여 번(발해)으로 돌려보내는 날을 지체하지 말도록 하라"고 하였다.

> 癸巳, 勅陸奧出羽等國, 用常陸調絁, 相摸庸綿, 陸奧稅布, 充渤海鐵利等祿. 又勅, 在出羽國蕃人三百五十九人, 今屬嚴寒, 海路艱險, 若情願今年留滯者, 宜恣聽之.

계사(27일)에 육오(陸奧)와 출우 등의 국(國)에 칙을 내려 상륙(常陸, 히타치)에서 조(調)로 바친 시(絁)와 상모(相摸, 사가미)에서 용(庸)으로 바친 면(綿), 육오에서 세(稅)로 바친 포(布)로 발해와 철리 등의 녹(祿)에 충당하게 하였다. 또 칙을 내려 "출우국에 있는 번인(蕃人) 359인은 지금 엄동설한이고 해로(海路)도 험난하니 만약 금년 동안 머물러 있기를 원한다면 뜻대로 그것을 들어주도록 하라"고 하였다.

○ 권35, 광인천황(光仁天皇) 보귀(寶龜) 10년(779) 10월

> 冬十月乙巳, 勅大宰府, 新羅使金蘭孫等, 遠涉滄波, 賀正貢調. 其諸蕃入朝, 國有恒例. 雖有通狀, 更宜反復, 府宜承知硏問來朝之由, 幷責表函. 如有表者, 准渤海蕃例, 寫案進上, 其本者却付使人. 凡所有消息, 驛傳奏上.

겨울 10월 을사(9일)에 대재부(大宰府)에 칙(勅)을 내려 "신라 사신 김란손(金蘭孫) 등이 멀리서 바다를 건너와 새해를 축하하고 조(調)를 바쳤다. 여러 번국(蕃國)이 입조하는 데에는 나라의 항례(恒例)가 있다. 비록 통장(通狀)이 있더라도 다시 반복하는 것이 마땅하니, [대재]부에서는 마땅히 받들어 알아서 내조한 이유를 묻고 표함(表函)을 요구하도록 하라. 만약 표가 있으면 발해국의 예에 준거하여 내용을 베껴서 올리고, 그 원본은 사신에게 돌려주도록 하라. 무릇 알고 있는 소식은 역마(驛馬)로 전하여 아뢰도록 하라"고 하였다.

○ 권35, 광인천황(光仁天皇) 보귀(寶龜) 10년(779) 11월

乙亥, 勅撿挍渤海人使, 押領高洋粥等, 進表無禮, 宜勿令進. 又不就筑紫, 巧言求便宜, 加勘當勿令更然.

을해(9일)에 검교발해인사(檢校渤海人使)에게 칙을 내려 "압령(押領) 고양죽(高洋粥) 등이 올린 표(表)가 무례하니 마땅히 [표를] 올리지 못하게 하고, 아울러 축자(筑紫, 쓰쿠시)에도 나가지 못하게 하라. 간사한 말로 편의를 구하니 더욱 죄를 조사하여 다시는 그렇게 하지 못하도록 하라"고 하였다.

丙子, 撿挍渤海人使言, 鐵利官人爭坐說昌之上, 恒有凌侮之氣者, 太政官處分. 渤海通事從五位下高說昌, 遠涉滄波數廻入朝, 言思忠勤. 授以高班, 次彼鐵利之下, 殊非優寵之意. 宜異其例位, 以顯品秩.

병자(10일)에 검교발해인사가 말하길 "철리의 관인(官人)이 [고]설창([高]說昌)의 윗자리에 앉기를 다투며 항상 오만하여 남을 업신여기는 기운이 있으니 태정관(太政官)이 처분해 주십시오. 발해의 통사(通事)인 종5위하 고설창은 멀리서 험한 파도를 건너 수차례나 입조하였고 말과 생각이 충성스럽고 근실합니다. [그러므로] 높은 자리를 제수하여야지 저 철리의 아랫자리에 있게 하는 것은 특별히 총애하는 뜻이라고 할 수 없습니다. 마땅히 그 자리의 서열을 달리하여 관품의 높고 낮음을 드러내십시오"라고 하였다.

○ 권35, 광인천황(光仁天皇) 보귀(寶龜) 10년(779) 12월

戊午, 撿挍渤海人使言, 渤海使押領, 高洋粥等苦請云, 乘船損壞, 歸計無由. 伏望, 朝恩賜船九隻, 令達本蕃者, 許之.

무오(22일)에 검교발해인사가 말하길 "발해의 사신 압령 고양죽 등이 청하길 '타고 온 배가 파손되어 돌아갈 계책이 막연하니, 조정에서 은혜로 배 9척을 내려주어 본국에 이를 수 있도록 해달라'고 하였습니다"라고 하니, 그것을 허락하였다.

○ 권39, 환무천황(桓武天皇) 연력(延曆) 5년(786) 9월

九月甲辰, 出羽國言, 渤海國使大使李[162]元泰已下六十五人, 乘船一隻漂着部下. 被蝦夷略十二人, 見存卌一人.

9월 갑진(18일)에 출우국에서 말하길 "발해국사 대사 이원태(李元泰) 이하 65인이 배 한 척을 타고 표류하다가 부하(部下)에 도착해서, 하이(蝦夷, 에미시)에게 12명은 노략질당하고 41인이 살아남았습니다"라고 하였다.

○ 권39, 환무천황(桓武天皇) 연력(延曆) 6년(787) 2월

甲戌, 渤海使李元泰等言, 元泰等入朝時, 柁師及挾杪等逢賊之日, 竝被劫殺, 還國無由. 於是, 仰越後國, 給船一艘柁師挾杪水手, 而發遣焉.

갑술(19일)에 발해 사신 이원태 등이 말하길 "원태 등이 입조할 때, 타사(柁師)[163]와 협초(挾杪)[164] 등이 도적을 만난 날에 함께 피살되어, 본국으로 돌아갈 방도가 없어졌습니다"라고 하였다. 이에 월후국에 명하여 배 1척과 타사·협초·수수(水手, 선원) 등을 주어 떠나보내게 하였다.

---

162 「東山本」·「高宋宮本」에는 '季'(「신일본고전본」, 권2, 374쪽, 주2).
163 배의 키를 조종하는 선원으로, 舵師, 操舵手라고도 한다. 협초의 위에 있었던 것으로 보인다.
164 挾抄라고도 쓴다. 배의 키를 조종하는 선원으로, 梢工이라고도 한다.

발해사 자료총서 - 일본사료 편 권1

2. 『일본후기(日本後紀)』

　『일본후기』는 헤이안 시대(平安時代, 794~1185)에 칙명(勅命)으로 편찬된 편년체(編年體) 사서(史書)로 육국사(六國史) 중 하나이다. 『일본서기』와 『속일본기』에 이어 세 번째로 편찬되었다. 간무천황(桓武天皇)의 치세 도중인 연력(延曆) 11년(792)부터 쥰나천황(淳和天皇) 치세인 천장(天長) 10년(833)까지 42년간의 역사를 기록했다. 홍인(弘仁) 10년(819)에 사가천황(嵯峨天皇)이 후지와라노 후유쓰구(藤原冬嗣), 후지와라노 오쓰구(藤原緒嗣), 후지와라노 사다쓰구(藤原貞嗣), 요시미네노 야스요(良岑安世)에게 편찬을 명하였고, 3차에 걸친 편찬 과정을 거쳐 21년이 지난 승화(承和) 7년(840)에 완성하였다. 편찬을 실질적으로 주도한 것은 후지와라노 오쓰구였고 나머지 3인은 편찬 도중에 사망하였다.

　『일본후기』는 한문(漢文)으로 기록되었으며 기본 체제는 편년체이다. 전체 40권이었으며 15세기 초엽까지는 모두 전해지다가 이후 소실되어 현재는 5·8·12·13권(간무천황 시대), 14·17권(헤이제이천황 시대), 20·21·22·24권(사가천황 시대)을 합친 10권만이 남아 있다. 다만 『일본기략(日本紀略)』과 『유취국사(類聚國史)』에 인용된 내용을 토대로 산실(散失)된 본문을 어느 정도 복원할 수 있다. 소실되고 부분적으로 남아 있는 내용을 수집한 책이 『일본일사(日本逸史)』와 『일본후기일문(日本後紀逸文)』이다.

　『일본후기』에서 확인되는 한반도 관련 기사는 발해와의 공적 교류 기사가 대부분을 차지하여, 당시 발해와 일본 관계를 복원하는 데 중요한 자료로 평가받고 있다. 신라 상인의 왕래와 신라인의 표류기사 또한 빈번하게 확인된다.

　원문 저본은 『신정증보국사대계본(新訂增補國史大系本)』(吉川弘文館)을 활용한 『일본 육국사 한국 관계 기사 역주: 일본후기』(최근영 외, 1994, 駕洛國史蹟開發硏究院)로 하였고, 비교본은 『일본후기(日本後紀, 이하 「역주본」)』(訳注日本史料)(黒板伸夫·森田悌 편, 2003, 集英社)를 활용하였다.

○ 권5, 연력(延曆) 15년(796) 겨울 10월

> 冬十月己未, 正六位上御長眞人廣岳等歸自渤海國. 其王啓曰, 嵩璘啓. 差使奔波, 貴申情禮, 佇承休眷, 瞻望徒勞. 天皇頓降敦私, 貺之使命, 佳問盈耳, 珍奇溢目. 俯仰自欣, 伏增慰悅. 其定琳等, 不料邊虞, 被陷賊場, 俯垂恤存, 生還本國. 奉惟天造, 去留同賴. 嵩璘猥以寡德, 幸屬時來, 官承先爵, 土統舊封. 制命策書, 冬中錫及, 金印紫綬, 遼外光輝. 思欲修禮勝方, 結交貴國, 歲時朝覲, 桅帆相望. 而巨木檢材, 土之難長, 小船汎海, 不沒卽危. 亦或引海不諧, 遭罹夷害, 雖慕盛化, 如艱阻何. 儻長尋舊好, 幸許來往, 則送使數不過廿, 以玆爲限, 式作永規. 其隔年多少, 任聽彼裁. 裁定之使, 望於來秋. 許以往期, 則德隣常在. 事與望異, 則足表不依. 其所寄絹廿匹・絁廿匹・絲一百絢・綿二百屯, 依數領足. 今廣岳等, 使事略畢, 情求迨時, 便欲差人, 送使奉謝, 新命之恩. 使等辭以未奉本朝之旨. 故不敢淹滯, 隨意依心. 謹因廻次, 奉付土物, 具在別狀, 自知鄙薄, 不勝羞愧.

겨울 10월 기미(2일)에 정6위상 어장진인광악(御長眞人廣岳, 미나가노마히토 히로오카)[1] 등이 발해국으로부터 돌아왔다. 그 왕계(王啓)에 말하기를 "[대]숭린이 계(啓)합니다. 세찬 파도에도 사신을 보내 인정과 예의를 펼쳐주시니, 가만히 따뜻한 보살핌을 받고 우러러 뵙기만 할 뿐입니다. 천황께서 갑자기 도타운 애정을 내려 사신을 보내주시니, 아름다운 말씀이 귀에 가득 차고 진기한 선물이 눈에 흘러넘칩니다. 고개를 숙이거나 들 때마다 스스로 즐거워하니, 위안이 되어 기쁘기가 더할 뿐입니다. 저 여정림[2] 등은 변방의 오랑캐를 헤아리지 못하여 도적 지역에 떨어지게 되었는데, 천황께서 굽어살펴 구제해 주시어 본국으로 살아 돌아왔습니다. 받들어 생각건대 천황께 일의 성패가 모두 의지하고 있었던 것입니다. 숭린은 외람되이 덕이 부

---

1 御長眞人廣岳은 일본 헤이안 시대 초기의 귀족이다. 763년에 御長真人의 가바네를 하사받은 것으로 여겨진다. 796년 5월에 送渤海客使가 되어 발해에 파견되었다가, 같은 해 10월 발해왕의 啓를 가지고 귀국하였다.
2 발해 제6대 康王대에 일본에 사신으로 파견된 관리이다. 795년 발해를 출발하여, 11월에 蝦夷가 살고 있던 지역에 표착하였다. 796년 4월 일본의 수도에 들어가 강왕의 즉위를 알리는 국서와 함께 이보다 앞서 문왕이 사망한 사실을 알리는 국서 및 선물을 일본에 전달하였다. 이때 당나라에서 공부하고 있던 일본 승려 에이츄(永忠)의 편지를 대신 전달해 주기도 하였다. 796년 5월 御長眞人廣岳 등과 함께 일본에서 발해에 보내는 국서와 물품을 가지고 귀국하였다.

족하지만 다행히 시운을 만나, 관직이 선왕의 작위를 잇고 영토도 옛 강역을 다스리게 되었습니다. 황제의 책봉 조서가 한겨울에 내려와서, 황금 도장과 자줏빛 도장 끈이 요하 바깥까지 빛나고 있습니다. 생각 같아서는 훌륭한 나라와 예의를 닦고 고귀한 나라와 교분을 맺어, 철마다 찾아뵈러 가는 배들의 돛이 서로 이어지기를 바랍니다. 그러나 큰 배를 만들 녹나무[3]가 저희 땅에서는 자라기 어렵고, 작은 배로 바다에 띄우면 침몰하지 않더라도 위험합니다. 또한 때로는 바닷길에 잘못 올라 오랑캐에게 박해를 받기도 하니, 비록 성대한 교화를 사모하더라도 이러한 난관을 어찌하겠습니까? 혹시라도 옛 우호를 영원히 유지하도록 다행히 왕래를 허락해 주신다면, 보내는 사신의 숫자는 20명을 넘지 않도록 이를 한도로 삼아 영구 규정으로 삼겠습니다. 사신을 파견하는 햇수의 간격은 그쪽의 재가에 따르겠으니, 결정을 알리는 사신을 내년 가을까지 기다리겠습니다. 사신이 가는 기한을 허락하시면 유덕자의 이웃이 항상 있을 것입니다.[4] 일이 바라는 바와 다르면 따르지 않는다는 뜻을 표명해도 좋습니다. 보내주신 견(絹) 20필(疋)[5], 시(絁)[6] 20필, 사(絲)[7] 100구(絇)[8], 면(綿)[9] 200둔(屯)[10] 등은 수량대로 받았습니다. 지금 광악(廣岳, 히로오카) 등의 사신 업무가 대략 끝나 그 마음이 돌아갈 때를 구하고 있어서, 곧 사람을 뽑아 사신을 환송하고 새로 하명하실 은혜에 감사드리고자 하였으나, 사신들이 본국 조정의 뜻을 받들지 못하였다고 사양하였습니다. 그러므로 감히 지체시킬 수 없어서 그들의 뜻과 마음에 따르기로 하였습니다. 삼가 사신들이 돌아가는 편에 토산물을 받들어 부칩니다. 그 내역을 별장(別狀)[11]에 갖추어 놓았지만, 스스로 비루하고 천박한 줄 알기에 부끄러움을 이길 수 없습니다"라고 하였다.

---

3   녹나뭇과의 상록 활엽 교목으로 건축과 가구의 자재로 사용된다.
4   『論語』「里仁」의 "덕 있는 사람은 외롭지 않으니, 반드시 이웃이 있다(德不孤 必有隣)"를 인용하여, 일본은 덕 있는 나라이니 이웃인 발해의 제안을 받아들이라고 완곡하게 요청하는 표현이다.
5   1필은 너비가 1척 8촌(≒54cm), 길이가 4장(≒12m)이다.
6   굵고 거친 명주실로 성기게 짠 무늬 없는 비단이다.
7   누에고치에서 뽑은 가늘고 고운 실이다.
8   실타래를 가리키며, 사리어 뭉쳐 놓은 명주실을 세는 단위이다.
9   실을 켤 수 없는 허드레 고치를 삶아서 늘여 만든 명주 솜이다. 풀솜이라고도 한다. 빛깔이 하얗고 광택이 나며 가볍고 따뜻하다.
10 짐의 단위로, 고대 일본에서는 1綿≒1斤小≒224g이라 한다.
11 별지 또는 별도의 편지를 의미한다.

> 壬申, 先是, 渤海國王所上書疏, 體無定例, 詞多不遜, 今所上之啓, 首尾不失禮, 誠款見乎詞. 群臣上表奉賀曰, 臣神等言, 臣聞, 大人馭時, 以德爲本, 明王應世, 懷遠是崇, 故有殷代則四海歸仁, 周日則九夷順軌. 伏惟, 天皇陛下, 仰天作憲, 握地成規, 窮日域而慕聲, 布風區而鄕化, 誠可以孕育千帝, 卷懷百王者矣. 近者, 送渤海客使御長廣岳等迴來, 伏見彼國所上啓, 辭義溫恭, 情禮可觀, 悔中間之迷圖, 復先祖之遺跡. 況復緣山浮海, 不願往還之路難, 克己改過, 始請朝貢之年限, 與夫白環西貢, 楛矢東來, 豈可同日而道哉. 臣等幸忝周行, 得逢殊慶, 不任龜藻之至, 謹詣闕奉表以聞.

임신 (15일)에 이에 앞서 발해국왕이 올린 [국]서가 체재는 관례를 따르지 않고 언사는 불손함이 많았는데, 이번에 올린 왕계(王啓)는 [체재상] 앞뒤가 [관례를 따라] 예법에 어긋나지 않고 정성이 문구에 잘 드러났다. [그래서] 신하들이 [천황에게] 표문을 올려 축하하며 말하기를 "신하인 신왕(神王, 미와오)[12] 등이 아룁니다. 신이 듣기에 '덕이 뛰어난 사람이 시대를 다스릴 때는 덕을 근본으로 삼고 어진 임금이 세상에 대응할 때는 먼 지방 [이민족]까지 품는 것을 숭상하기 때문에 은(殷)나라 때에는 사방 바닷가 안의 모든 사람이 [은나라의] 덕에 귀의하고, 주(周)나라 때에는 [열에] 아홉[이나 되는 많은] 오랑캐[13]들이 [주나라의] 법도에 따랐다.'라고 합니다. 엎드려 생각건대, 천황폐하는 하늘을 우러러 법도를 제정하고 땅에 의거하여 규칙을 완성하니, 해가 비치는 곳 끝까지 [천황의] 명성을 사모하고 바람 부는 곳이 계속 퍼져 [천황의] 교화를 따르니, 참으로 천대(千代)의 황제를 기르고 백대(百代)의 군왕(君王)을 품을 수 있을 정도입니다. 근래에 발해객사(渤海客使)를 호송한 어장광악(御長廣岳, 미나가노 히로오카) 등이 돌아왔는데, 엎드려 저 나라가 바친 왕계(王啓)를 보니 문장과 내용이 온화하고 공손하여 인정과 예의가 볼 만하니, [발해가] 중간에 잘못된 생각을 뉘우치고 조상의 자취를 회복한 것이라 하겠습니다. 하물며 다시 산을 넘고 바다 건너 왕복하는 길의 어려움을 돌아보지 않고, 자신의 사욕을 억누르고 잘못을 고쳐 비로소 조공(朝貢)의 연한을 요청하였으니, [이것이]

---

12 미와오(神王)는 시키노미코(志貴皇子)의 손자이며 에노이오(榎井王)의 아들이다. 右大臣이 되어 간무천황(桓武天皇)의 근친으로, 간무조 후반의 치세를 지탱하였다.

13 중국 중원 주변의 이민족 가운데 東夷의 아홉 종족을 가리킨다.『後漢書』東夷傳에 구이의 명칭으로 畎夷·于夷·方夷·黃夷·白夷·赤夷·玄夷·風夷·陽夷가 나오며,『論語正義』등에는 玄菟·樂浪·高麗·滿飾·鳧臾·素家·東屠·倭人·天鄙 등으로 나온다.

[서왕모(西王母)가] 백옥환(白玉環)을 서쪽에서 바치고 [숙신의] 호시(楛矢)[14]가 동쪽에서 오는 것과 어찌 똑같다고 말할 수 있겠습니까? 신하들이 다행히도 조정에 벼슬할 수 있게 되어 [이런] 특별한 경사를 만나게 되었으니, 물오리가 수초에서 즐겁게 노니는 기쁨이 나오는 것을 견디지 못하여 삼가 대궐에 이르러 표문을 올려 아룁니다"라고 하였다.

○ 권5, 연력(延曆) 16년(797) 2월

己巳, 先是, 重勅從四位下行民部大輔兼左兵衛督皇太子學士菅野朝臣眞道・從五位上守左少辨兼行右兵衛佐丹波守秋篠朝臣安人・外從五位下行大外記兼常陸少掾中科宿禰巨都雄等, 撰續日本紀, 至是而成. 上表曰, 臣聞, 三墳五典, 上代之風存焉, 左言右事, 中葉之迹著焉. 自茲厥後, 世有史官, 善雖小而必書, 惡縱微而无隱, 咸能徵烈絢緗, 垂百王之龜鏡炳戒昭簡, 作千祀之指南. 伏惟天皇陛下, 德光四乳, 道契八眉. 握明鏡以惣萬機, 懷神珠以臨九域, 遂使仁被渤海之北, 貊種歸心, 威振日河之東, 毛狄屛息. 化前代之未化, 臣往帝之不臣, 自非巍巍盛德, 孰能與於此也.

기사 (13일)에 이에 앞서 종4위하 행(行)민부대보(民部大輔) 겸(兼) 좌병위독(左兵衛督) 황태자학사(皇太子學士) 관야조신진도(菅野朝臣眞道, 스가노노아손 마미치)・종5위상 수좌수변(守左少辨) 겸(兼) 행(行)우병위좌(右兵衛佐) 단파수(丹波守) 추소조신안인(秋篠朝臣安人, 아키시노노아손 야스히토)・외종5위하 행(行)대외기(大外記) 겸 상륙소연(常陸少掾) 중과숙녜거도웅(中科宿禰巨都雄, 나카시나노스쿠네 코쓰오) 등에게 거듭 칙명을 내려 『속일본기(續日本紀)』를 편찬하게 하였는데 이때에 이르러 완성하였다. 표(表)를 올려 말하기를, "신이 듣건대 삼분오전(三墳五典)[15]은 상대(上代)의 풍속을 지니고 있고 좌언우사(左言右

---

14 周 武王 때에 동방에 사는 肅愼이 싸리나무[楛]로 만든 화살을 바친 고사가 있다. 먼 나라가 조공을 바칠 정도로 왕조가 번영한 상태를 표현할 때 상징으로 사용하였다. 숙신, 읍루, 말갈, 여진 등을 상징하기도 하였다.

15 중국의 고대 문화와 관련한 전적을 가리킨다. 『左傳』昭公 12년조에 따르면, 춘추시대 楚 靈王과 그의 大臣 子革이 대화를 나누고 있는데, 초나라 사관 倚相이 지나갔다. 초왕이 그를 가리켜, 뛰어난 사관임을 강조하며 『三墳』과 『五典』 등을 읽어 알고 있다고 하였다. 오전은 五帝의 글로 알려져 있다. 『釋名』에는 삼분은 天地人 3才의 구분을 논한 것이고, 오전은 5등의 법이라고 하였다. 여기서 오전은 『書經』의 「堯典」・「舜典」・「大禹謨」・「皐陶謨」・「益稷」의 5편인데, 「요전」만 전해진다.

事)¹⁶는 중대(中代)의 자취를 기록해 놓았습니다. 그 이후로 세상에는 사관(史官)이 있어 착한 일은 비록 조그만 것이라도 반드시 기록하였고 나쁜 일은 미미(微微)하더라도 숨기지 않아 모두 능히 서책에 밝게 드러내어, 백왕(百王)에게 본보기를 드리워 경계할 것과 본받을 것을 밝혀 천년의 지침(指針)이 되었습니다. 엎드려 생각건대 천황폐하의 덕(德)은 사유(四乳, 주문왕)보다도 빛나고 도(道)는 팔미(八眉, 요임금)에 합치하였습니다. 밝은 거울을 쥐고서 모든 정사(政事)를 총괄하고 신령스러운 구슬을 품고서 천하에 임하시어 마침내 어짐이 발해(渤海)의 북쪽까지 덮어 맥(貊)¹⁷의 종족으로 하여금 귀복(歸服)할 마음을 갖게 하였고 위엄은 일하(日河)의 동쪽에까지 떨쳐 짐승 같은 오랑캐로 하여금 두려움을 느끼게 하였습니다. 전대(前代)에 교화하지 못한 것을 교화하고 선대 황제께서 신하로 삼지 못한 것을 신하로 삼았으니 높고 높은 덕(德)이 성하지 않으면 누가 이보다 능하겠습니까"라고 하였다.

○ 권8, 연력(延曆) 18년(799) 정월

> 春正月丙午朔, 皇帝御大極殿受朝, 文武官九品以上蕃客等各陪位. 減四拜爲再, 不拍手, 以有渤海國使也. 諸衛人等, 竝擧賀聲, 禮訖. 宴侍臣於前殿, 賜被.

봄 정월 병오 초하루에 황제가 대극전(大極殿)¹⁸에 거둥하여 조회를 받는데, 9품 이상 문무 관료들과 번객들이 판위(版位)에서 배석하였다. [이때] 4배(拜)를 재배(再拜)로 줄이고 박수를 치지 않았으니, 발해국 사신이 있었기 때문이다. 제위(諸衛)¹⁹의 호위병들이 모두 축하하는 소리를 내는 것으로 의식을 마쳤다. 측근 신하들에게 전전(前殿)에서 연회를 베풀고 이불을 내려주었다.

---

16 上代에는 천자의 좌우에는 左史와 右史가 있어, 좌사는 천자의 행동을 기록하고 우사는 천자의 말을 기록하였다고 한다. 『周禮』春官의 太史는 좌사에 해당한다. 한편 『漢書』藝文志에는 좌사는 말을, 우사는 행동을 기록한다고 하였다. 따라서 좌언우사는 史官 또는 사관의 기록을 뜻한다.

17 주로 중국 동북부에서 한반도 북부 및 동부에 살았던 고대 종족의 명칭이다. 고구려의 종족 계통인 濊貊의 일부로 보기도 하며, 여기에서는 靺鞨을 가리키는 것으로 보기도 한다.

18 일본 고대 궁궐 전각 가운데 하나인 朝堂院의 정전이다. 大極前殿, 前殿, 大殿이라고도 한다. 元日朝賀, 卽位, 蕃客朝拜 등 국가적인 의식이 행해졌다. 대극전은 藤原宮에서 처음 성립한 것으로 추정된다. 대극전은 처음 朝堂院과 별개로 둘레를 회랑 등으로 두른 大極殿院을 형성하고 있었지만, 平安宮에서는 남면의 회랑과 閣門이 철거되고 龍尾壇上에 한 단 높이 위치한 朝堂院의 정전이 되었다.

19 일본 헤이안 시대 이후 左右近衛府·左右兵衛府·左右衛門府의 총칭으로 모두 궁중의 경호 임무를 맡았다.

> 壬子, 豊樂院未成功, 大極殿前龍尾道上, 構作借殿, 葺以彩帛. 天皇臨御, 蕃客仰望, 以爲壯麗. 命五位已上宴樂, 渤海國使大昌泰等預焉, 賚祿有差.

임자(7일)에 풍락원(豊樂院)[20]이 아직 완공되지 않아, 대극전 앞 용미도(龍尾道)[21] 위에 임시 전각을 지어 채색 비단으로 지붕을 덮었다. 천황이 거둥하니 번객이 우러러보면서 장엄하고 아름답다고 말했다. 칙명으로 [관위가] 5위 이상의 연회에 발해국 사신 대창태(大昌泰)[22] 등이 참석하도록 하고, 차등을 두고 녹을 내려주었다.

> 辛酉, 御大極殿, 宴群臣幷渤海客. 奏樂, 賜蕃客以上蓁揩衣, 竝列庭踏歌.

신유(16일)에 [황제가] 대극전에 거둥하여 신하들과 발해 사신에게 연회를 베풀었다. 음악을 연주하고, 번객(蕃客) 이상에게 진개의(蓁揩衣)[23]를 하사하니, 모두 뜰에 늘어서서 답가(踏歌)[24]하였다.

> 癸亥, 於朝堂院觀射. 五位已上射畢, 次蕃客射焉.

---

20 일본 헤이안쿄(平安京) 大内裏의 院 가운데 하나이다. 조정에서 향연을 베풀던 시설이다. 豊樂는 "도요노아카리"라 하여 연회를 의미하는 말이었다. 豊樂院은 헤이안쿄 천도 직후 正廳인 朝堂院의 서쪽에 인접하여 조영되었다. 사방에 토담을 두르고 남쪽에 정문인 豊樂門을 내었다. 정전은 豊樂殿이다.
21 일본 헤이안쿄(平安京) 大極殿의 龍尾壇 위에 있던 동서 두 갈래의 통로를 말한다.
22 발해의 장군(?~?)으로, 대씨 성을 사용한 것으로 보아 왕족으로 추정된다. 798년 慰軍大將軍 左熊衛都將 上柱國 開國子의 신분으로 일본에 사신으로 파견되었다.
23 '蓁'은 '榛'과 통용되며 '榛'은 개암나무나 오리나무를 말한다. 나무의 열매나 樹皮가 염료로 사용된다. 오리나무의 수꽃은 黑褐紫色, 암꽃 紅紫色, 樹皮는 紫褐色을 띠고 있어(西田尙道, 2000, 105쪽), 염색은 茶 계통(增田美子, 1995, 277쪽)의 갈색, 흑색(渡辺素舟, 1973, 53쪽), 자색의 다양한 색상을 띠었을 것으로 보인다. '蓁揩衣'와 관련된 기록을 보면, 701년 정월 大極殿 연회석에서 천황의 질문에 정답을 맞춘 高市天子에게 내리는 하사품으로 나온다(『類聚國史』 卷71 歲時2 元日朝賀 條). 蓁揩衣는 榛에서 추출한 염료로 염색한 옷이며, 천황의 주요 하사품이나 祭服으로 사용되는 가치가 높은 의복으로 볼 수 있다(전현실·강순제, 2003, 55쪽).
24 발로 땅을 구르며 장단을 맞추어 노래하는 歌舞이다. 일본 궁중에서 새해를 축하하는 연회 등에서 의례의 하나로 행해졌다.

계해(18일)에 조당원(朝堂院)[25]에서 대사(大射)를 관람하였다. 5위 이상이 활쏘기를 마치고 다음에는 번객(蕃客)이 활쏘기를 하였다.

○ 권8, 연력(延曆) 18년(799) 4월

己丑, 是日, 渤海國使大昌泰等還蕃, 遣式部少錄正六位上滋野宿禰船白等, 押送. 賜其王璽書曰, 天皇敬問渤海國王. 使昌泰等隨賀萬至, 得啓具之. 王遙慕風化, 重請聘期, 占雲之譯交肩, 驟水之貢繼踵, 每念美志, 嘉尚無已. 故遣專使, 告以年期, 而猶嫌其遲, 更事覆請. 夫制以六載, 本爲路難, 彼如此不辭, 豈論遲促. 宜其修聘之使, 勿勞年限. 今因昌泰等還, 差式部省少錄正六位上滋野宿禰船白, 充使領送. 幷附信物, 色目如別. 夏首正熱, 惟王平安, 略此代懷, 指不繁及.

기축(15일), 이날 발해국 사신 대창태(大昌泰) 등이 본국으로 돌아갈 때, 식부소록(式部少錄)[26] 정6위상(正六位上) 자야숙녜선백(滋野宿禰船白, 시게노노스쿠네 후나시로)[27] 등을 파견하여 [발해 사신을] 호송하도록 하였다. 아울러 그 왕에게 새서(璽書)[28]를 내려 말하기를, "천황(天皇)은 발해국왕(渤海國王)에게 삼가 안부를 묻습니다. 사신 [대]창태 등이 하만[29] 등

---

25 일본 고대 궁궐에서 大極殿, 朝集殿과 함께 朝堂院을 구성하는 전각이다. 조당은 천자가 아침에 보는 朝政을 시작으로 조정의 일반 서무, 천황의 즉위 의례, 정월 초하루의 朝賀, 任官, 관위의 수여, 改元의 선포, 초하루의 告祭, 節會, 외국 사신에게 베푸는 향연 등 의례가 집행되는 중요한 관사다. 이 관사는 천자의 조정을 상징하고 또 조정의 관료기구 그 자체를 가리키는 것이기도 하였다.

26 식부성(式部省)은 율령제(律令制)에서 태정관(太政官) 8성(省)의 하나로, 조정의 예식 및 문관의 고과(考課), 선발, 포상 등을 담당했다. 대학료(大學寮)·산위료(散位寮)를 소관부처로 두었으며, 경(卿), 대소보(大少輔), 대소승(大少丞), 대소록(大少錄) 등으로 구성되었다. 최고 관리인 식부경(式部卿)에는 천황의 일족이 임명되었고 그 아래의 식부대보(式部大輔)에는 주로 유학자들이 임명되었다.

27 일본 헤이안 시대의 관리로 滋野宿禰船代와 동일인이다. 시게노노스쿠네(滋野宿禰)는 紀國造의 일족으로 伊蘇志臣을 칭하였으나 延曆 연간에 시게노노스쿠네의 氏姓을 하사받았다. 발해와 관련해서는 연력 18년(799) 滋野宿禰船白이 일본에서 送使로 발해에 간 기록이 있으며, 弘仁 5년(814)에는 滋野宿禰貞主와 坂上今繼가 出雲에 도착한 발해사의 存問 겸 領渤海客使로서 파견되기도 하였다. 이후 홍인 14년 朝臣으로 가바네를 하사받았다(太田亮, 1934, 2739쪽).

28 천자의 옥새가 찍혀 있는 문서이다.

29 일본 헤이안 시대 초기의 관리이다. 延曆 17년(798)에 발해 강왕의 啓書에 대한 화답으로 발해에 파견되었다. 기록에는 內藏宿禰賀萬, 內藏宿禰賀茂, 內藏宿禰賀茂麻呂, 內藏賀萬 등으로 나온다.

을 따라와서 [바친] 계(啓)를 보고 [그 내용을] 잘 알았습니다. [발해]왕이 멀리서 [일본의] 풍속과 교화를 사모하여 거듭 빙기(聘期)를 요청하여, 구름을 점치며 나아가는 통역들이 서로 어깨를 맞대어 오고 바다를 건너는 공물들이 계속 이어지니, 매번 그 아름다운 뜻을 생각하면 가상하기 그지없습니다. 그래서 전사(專使)[30]를 파견하여 연기(年期)를 알렸는데도 오히려 그 늦음을 싫어하여 다시 요청을 일삼고 있습니다. 무릇 6년으로 제정한 것은 본래 [바닷]길이 험난하기 때문인데, 그쪽이 이처럼 사양하지 않으니 어찌 [사신 파견 기간의] 늦고 빠름을 논하겠습니까? 마땅히 빙례(聘禮)를 수행하는 사신은 [사신 파견] 기간에 근심하지 마십시오. 지금 [대]창태 등이 돌아갈 때, 식부성소록 정6위상 자야숙녜선백을 사신에 임명하여 [대창태 등을] 배웅합니다. 아울러 신물(信物)도 부치니 그 품목은 별지와 같습니다. 초여름이라 한창 더우니, 바라건대 왕은 평안하십시오. 대략 이로써 마음을 대신하니 그 뜻을 자세히 전하지 못합니다"라고 하였다.

○ 권8, 연력(延曆) 18년(799) 5월

> 丙辰, 前遣渤海使外從五位下內藏宿禰賀茂麻呂等言, 歸鄕之日, 海中夜闇, 東西掣曳, 不識所着. 于時遠有火光, 尋逐其光, 忽到嶋濱, 訪之, 是隱岐國智夫郡, 其處無有人居. 或云, 比奈麻治比賣神, 常有靈驗, 商賈之輩, 漂宕海中, 必揚火光, 賴之得全者, 不可勝數. 神之祐助, 良可嘉報, 伏望奉預幣例. 許之.

5월 병진(13일)에 전 견발해사(遣渤海使)[31] 외종5위하 내장숙녜하무마려(內藏宿禰賀茂麻呂, 구라노스쿠네 카모마로)[32] 등이 말하기를 "귀국하는 날에 한밤중 바닷속에서 동서로 끌려다니다 도착한 곳도 몰랐습니다. 그때 멀리서 불빛이 있어 그 빛을 따라 쫓아가니 홀연 섬에 도

---

30 專使는 특별히 보내는 사신을 일컫는 말이다. 特使와 같다.
31 일본에서 발해로 파견되던 정식 사신이다.
32 內藏宿禰賀茂麻呂는 일본 나라 시대부터 헤이안 시대 초기에 걸쳐 활동한 관인이다. 가바네는 宿禰이다. 798년 4월에 견발해사에 임명되었다. 796년에 발해가 사신 파견의 간격을 정해달라고 요구하였는데, 이때 그 간격을 6년으로 하는 璽書를 가지고 발해로 갔다. 귀국한 기록은 따로 없지만, 798년 12월 발해의 사신이 일본에 파견될 때 함께 왔을 것으로 추정된다. 발해에서 귀국할 때 표류하게 되었는데, 比奈麻治比賣神의 영험으로 구원받았다고 하여, 그 신에게 제사지낼 것을 건의하였다.

착하여 찾아가니 바로 은기국(隱岐國, 오키노쿠니)[33] 지부군(智夫郡, 치후군)[34]이었는데, 그곳에는 거주하는 사람이 없었습니다. 어떤 이가 말하기를 '비나마치비매신(比奈麻治比賣神, 히마나치히메노카미)[35]에게는 항상 영험이 있어 장사하는 무리가 바다에서 표류하면 [신이] 반드시 불빛을 드러내니 그에 의지하여 온전할 수 있는 자가 이루 헤아릴 수 없다.'라고 합니다. 신의 도움을 참으로 가상히 여겨 보답할만합니다. 엎드려 바라건대 폐백을 바치는 전례에 참여시켜 주십시오"라고 하니, 허락하였다.

○ 권8, 연력(延曆) 18년(799) 9월

辛酉, 正六位上式部少錄滋野宿禰船代等, 到自渤海國. 國王啓曰, 嵩璘啓. 使船代等至, 枉辱休問, 兼信物絁絹各卅匹, 絲二百絇, 綿三百屯, 準數領足. 懷愧實深, 嘉貺厚情, 伏知稠疊. 前年附啓, 請許量載往還, 去歲承書, 遂以半紀爲限. 嵩璘情勤馳係, 求縮程期, 天皇舍己從人, 便依所請. 筐篚攸行, 雖無珍奇, 特見允依, 荷欣何極. 比者, 天書降渙, 制使苻朝, 嘉命優加, 寵章惣畢. 班霑螢理, 列等端揆, 惟念寡菲, 殊蒙庇蔭. 其使昌泰等, 才慙專對, 將命非能, 而承眖優容, 倍增喜慰. 而今秋暉欲暮, 序維凉風, 遠客思歸, 情勞望日. 崇迫時節. 無滯廻帆. 旣許隨心, 正宜相送, 未及期限, 不敢同行. 謹因廻使, 奉附輕尠, 具如別狀.

9월 신유(20일)에 정6위상 식부소록 자야숙녜선백 등이 발해국에서 돌아왔다. 그 나라의 왕계(王啓)에서 말하기를, "[대]숭린이 계(啓)합니다. 사신 [자야숙녜]선백 등이 도착하여 황공하게도 좋은 소식을 내려주시고 아울러 신물(信物)로 견(絹)[36]과 시(絁) 각 30필·사(絲) 200구·솜 300둔도 수량대로 받았습니다. 부끄러운 마음이 진실로 깊고 아름다운 선물이 정을 두텁게 하는 줄을 거듭 알게 되었습니다. 연전에 편지를 부치며 햇수를 헤아려 사신 왕래를 허락하도록

---

33 일본 고대의 山陰道에 속한 國이다. 오늘날 島根縣의 隱岐郡이다. 오키노쿠니의 설치 시점은 분명하지 않지만 대체로 7세기 말로 추정된다. 國內는 知夫·海部·周吉·穩地의 4郡으로 나뉘어 있다. 國府의 소재지는 분명치 않다.
34 일본 고대의 오키노쿠니에 속한 4군 중의 하나이다.
35 일본 島根県 隱岐郡에 있는 比奈麻治比賣命神社에 모셔진 神이다.
36 누에고치에서 뽑은 실[生絲]로 짠 비단으로, 정련한 명주보다 상급이다. 견·명주·시는 능과 달리 날실과 씨실을 한 올씩 엇바꾸어 짠 평직물(平織物)이다.

요청하였는데, 작년에 국서를 받아보니 드디어 6년을 기한으로 하셨습니다. [대]숭린이 멀리서 그리워하는 마음을 정성껏 품으며 정해진 기한의 단축을 구하니, 천황께서 자신의 생각을 버리고 남의 의견을 따라서 곧 요청한 대로 하도록 하셨습니다. 광주리에 담아 가는 것이 비록 진기함은 없지만, 특별히 윤허를 받으니 은혜받은 기쁨이 어찌 다할 수 있겠습니까? 근래 천황의 국서가 환하게 내려오고 이를 전하는 칙사가 조정에 임하시니, 아름다운 명령이 더욱 넉넉하고 은총으로 내려주신 징표가 모두 빛나고 있습니다. 반열이 정승에 오르고 서열이 재상과 같도록 하셨으니, 재주와 덕행이 부족하지만 각별한 보살핌을 받고 있음에 유념하겠습니다. 사신 대창태 등은 일을 홀로 처리하기에 재주가 부끄러울 정도이고 말을 전하는 데도 능력이 없습니다만, 너그러이 받아주셨으니 기쁨과 위안이 배로 늘었습니다. 이제 가을 햇살이 잦아들며 계절에 찬바람이 섞이니, 멀리서 온 손님은 돌아갈 생각에 애타게 그날만 바라보고 있었습니다. 적당한 때가 되어 지체 없이 돛단배를 돌려보냅니다. 마음대로 하도록 허락한 이상 바로 배웅해야 마땅하지만, 기한이 되지 않아 우리 사신을 감히 동행하지 못하겠습니다. 삼가 돌아가는 사신 편에 사소한 물품을 받들어 부칩니다. 그 내역은 별장(別狀)에 갖추어 놓았습니다"라고 하였다.

○ 권12, 연력(延曆) 23년(804) 6월

庚午, 勅, 比年渤海國使來着, 多在能登國. 停宿之處, 不可踈陋, 宜早造客院.

경오(27일)에 칙명을 내려 "근래 발해국 사신들이 도착하는 곳이 대부분 능등국(能登國, 노토노쿠니)[37]이다. 머물고 자는 곳이 누추해서는 안 되니, 마땅히 조속히 객원(客院)을 짓도록 하라"라고 하였다.

○ 권20, 홍인(弘仁) 원년(810) 9월

丙寅, 渤海國遣使獻方物. 其王啓云, 南容等廻, 遠辱書問, 悲切三考, 慰及煢孤. 捧讀

---

[37] 일본 고대 北陸道에 속한 國이다. 현재의 石川縣 북부에 위치하였다. 『속일본기』 寶龜 3년(772) 9월 무술조에 "송발해객사 武生鳥守 등이 닻줄을 풀어 바다로 향하였다. 돌연 폭풍을 만나 노토노쿠니에 표착하였다. 발해국 대사가 겨우 목숨을 건졌는데, 이에 福良津에 안치하였다"라는 내용이 있다.

> 之時, 無任哀感, 伏承先帝, 仙馭昇遐. 太上天皇, 怡神閑館, 萬機之重, 早識所歸. 孟秋尙熱. 伏惟天皇, 起居萬福. 卽此元瑜蒙免, 天皇繼登寶位, 置命惟新, 歡洽兆民之心, 賴及一方之外. 在於文好, 休感攸同, 事貴及時, 不可淹滯, 重差和部少卿兼和幹苑使開國子高南容等奉啓, 用申慶賀之禮, 兼上土物. 具在別錄. 況南容等, 再駕窮船, 旋涉大水, 放還之路, 恐動不虞. 伏望遠降彼使, 押領同來. 實謂當仁. 伏惟照諒, 封域遙隔, 拜賀未由.

병인(29일)에 발해국이 사신을 보내어 방물(方物)을 바쳤다. 그 왕계(王啓)에 말하기를 "[고(高)]남용(南容) 등이 돌아옴에 멀리서 방문하시어 서신으로 안부를 물어주시니 자비는 세 차례의 시험[三考]에 들어맞고 위로는 연약한 고아에게까지 미칩니다. 두 손으로 받쳐 들고 읽을 때 저는 삼가 선제(先帝)께서 선인(仙人)이 학을 타듯 세상을 떠나셨음을 알게되었으니 슬픈 감정을 이겨낼 수가 없습니다. 태상천황(太上天皇)께서는 화락(和樂)한 정신으로 폐관하시어 만기(萬機)의 무거움을 일찍 알고 돌아가신 바입니다. 초가을 날씨가 아직 덥습니다. 천황의 일상에 만복이 있기를 바랍니다. 이 [고(高)]원유(元瑜)는 죄를 면제받는 은혜를 입었는데, 천황께서는 보위에 올라 칙명을 새롭게 하시니 기쁨이 모든 백성의 마음을 적시며 이득이 한 나라의 밖에까지 미쳤습니다. 글을 좋아함에 있어 함께 기뻐하고 근심하는데, 일의 귀함이 때가 이르니 지체할 수가 없어 거듭 화부소경(和部少卿) 겸 화간원사(和幹苑使)[38] 개국자(開國子)[39] 고남용 등을 보내어 왕계를 받들어 경축하는 예(禮)를 표시하고 아울러 토산물을 바칩니다. 그것은 따로 별지(別紙)에 자세히 적었습니다. [고]남용 등은 재차 허술한 배를 타고 큰 물을 건너가니 돌아오는 길에 예기치 않은 재난이 일어날까 두렵습니다. 삼가 바라건대 원방(遠方)에서 사신을 내려주시어 인솔하여 함께 오게 해 주십시오. (이는) 참으로 어진 일이 될 것입니다. 삼가 널리 밝게 살펴 주시길 바라는 것은 봉(封)해진 땅이 멀리 떨어져 있어 절하며 축하드릴 뿐 직접 찾아뵙지는 못하는 것입니다"라고 하였다.

---

38 다른 곳에는 보이지 않는다. '和'는 '조정하다'는 뜻, '幹'은 '담당하다'는 뜻이고, '苑'이라는 글자를 볼 때 園地 등을 관장하는 관리로 추정된다.
39 발해의 봉작호의 하나이다. 당나라에서는 9등작의 제8위의 작호이다. 발해에서 일본에 파견한 사신 가운데 開國公, 開國男의 작호를 지닌 사례가 확인된다.

○ 권20, 홍인(弘仁) 원년(810) 12월

十二月庚午, 從六位上林宿禰東人爲送渤海客使, 大初位下上毛野公繼益爲錄事.

경오(4일)에 종6위상 임숙네동인(林宿禰東人, 하야시노스쿠네 아즈마히토)[40]을 송발해객사(送渤海客使)[41]로 삼고, 대초위하(大初位下) 상모야공계익(上毛野公繼益, 가미쓰케누노키미 쓰구마스)[42]을 녹사(錄事)로 삼았다.

○ 권21, 홍인(弘仁) 2년(811) 정월

春正月丙申朔, 皇帝御大極殿, 臨軒. 皇太弟文武百官藩客朝賀, 如常儀.

봄 정월 병신 초하루에 황제가 대극전(大極殿)에 나아가 헌(軒)에 거둥하였다. 황제의 아우와 문무백관, 번객(藩客)들이 조정에 나아가 하례하였는데 상례(常例)의 의식과 같았다.

壬寅, 宴五位已上幷藩客, 賜祿有差.

임인(7일)에 [관위] 5위 이상과 번객(藩客)에게 연회를 베풀고 녹(祿)을 하사하는데 차등을 두고 내렸다.

壬子, 御豊樂院, 觀射, 藩客賜角弓射焉.

임자(17일)에 풍락원(豊樂院)에 거둥하여 대사(大射)를 관람하였다. 번객(藩客)에게 각궁

---

40 일본 헤이안 시대의 관리이다. 弘仁 2년(810) 발해사신을 돌려보내기 위한 送使로 임명되었고, 811년 발해로부터 돌아온 것이 확인된다. 811년 귀국 시 발해왕의 국서인 啓가 상례에 맞지 않았다는 이유로 가져오지 않았다.
41 발해 사신을 호송하는 임무를 맡은 사신이다.
42 가미쓰케누(上毛野)씨는 스진천황(崇神天皇)의 아들인 豊城入彦命를 선조로 하는 皇別氏族이다. '上毛野君(公)'을 거쳐 上毛野朝臣을 가바네로 하였다.

(角弓)⁴³을 하사하여 쏘게 하였다.

乙卯, 遣大納言正三位坂上大宿禰田村麻呂, 中納言正三位藤原朝臣葛野麻呂, 參議從三位菅野朝臣眞道等, 饗渤海使於朝集院, 賜祿有差.

을묘(20일)에 대납언(大納言)⁴⁴·정3위 판상대숙녜전촌마려(坂上大宿禰田村麻呂, 사카노우에노오스쿠네 타무라마로)와 중납언(中納言)·정3위 등원조신갈야마려(藤原朝臣葛野麻呂, 후지와라노아손 카도노마로)와 참의(參議) 종3위 관야조신진도 등을 보내어 조집원(朝集院)⁴⁵에서 발해 사신에게 향회(饗會)를 베풀어 주고, 녹을 하사하는데 차등을 두어 내렸다.

丁巳, 渤海國使高南容歸蕃, 賜其王書曰, 天皇敬問渤海國王. 南容入賀省啓具之. 惟王資質宏茂, 性度弘深. 敦惠輯中, 盡恭奉外, 代居北涯, 與國脩好. 波日滄溟, 企乃到矣, 接天波浪, 蕐能亂之. 責深効精, 慶賀具禮. 眷彼情款, 嘉賞何止. 朕嗣膺景命, 虔承督圖, 剋己以臨寰區, 丕顯以撫兆庶, 德未懷邇, 化曷覃遐. 王念潛善隣, 心切事大, 弗難劬勞, 丰脩先業. 況南容荐至, 使命不墮, 船舶窮危, 寒志增勵, 雖靡來請, 豈能忍之. 仍換駕船, 副使押送, 同附少物, 至宜領之. 春寒, 惟王平安. 指此遣書, 旨不多及.

정사(22일)에 발해국사(渤海國使) 고남용(高南容)이 귀국하는 편에 그 왕에게 국서를 내려 말하기를 "천황은 발해국왕에게 삼가 안부를 묻습니다. [고]남용이 하정하러 입국하여 [올린]

---

43 나무와 힘줄, 쇠뿔 등을 조합해서 만든 활로 전쟁이나 사냥에 쓰이는 것과 운동이나 오락에 쓰이는 두 가지 종류로 나누어졌다.
44 일본 고대 율령시대의 太政官에 설치된 관직으로 4等官 중 차관에 해당한다. 관위는 3품·4품 또는 정3위이다. 덴지천황(天智天皇) 시기에 설치된 '御史大夫'나 덴무천황(天武天皇) 대에 설치된 '納言'을 전신으로 보기도 하지만 분명하지 않다. '대납언' 명칭이 처음 보이는 것은 飛鳥淨御原令에서이지만, 大寶律令과 養老律令에 보이는 대납언과 동일한 것인가는 명확하지 않다. 양노율령의 職員令에서는 그 담당 직무를 '庶事를 參議하고, 敷奏·宣旨·侍從·獻替를 관장한다'고 정하고 있다.
45 일본 고대 궁궐의 大極殿·朝堂과 함께 朝堂院을 구성하는 전각으로 朝集殿, 朝集堂, 朝集堂 등으로 불린다. 조정의 신하나 관인이 出仕할 때 대기하는 건물이다. 조당의 남쪽에 위치하고 조회에 참석할 때 모인 조정의 신하가 문이 열릴 때까지 대기하였다. 조집전의 유구로 확인되는 가장 오래된 것은 難波長柄豊碕宮의 조집전이다. 이후 조집전은 藤原宮, 平城宮, 長岡宮, 平安宮에도 설치되었다.

계(啓)를 보고 [그 내용을] 잘 알았습니다. 생각건대 왕의 자질은 크고도 무성하며 [왕의] 성품과 도량은 넓고도 깊습니다. 은혜를 두터히 하여 국내를 안정시키고 공손을 다해 외국을 받들었으며, 대대로 북쪽 바닷가에 거주하면서 우방국으로서 우호를 닦았습니다. 해를 적실 정도로 파도가 이는 푸른 바다를 [건너오려고] 계획한 끝에 도착했으니 하늘에 닿는 파도도 갈대 [같은 작은 배]로 건널 수 있었습니다. 가져온 공물에는 정성이 잘 드러나 있고 [하정을] 축하하는 데는 예를 갖추었습니다. 그쪽의 두터운 마음을 살펴보니 칭찬을 어찌 그치겠습니까? 짐은 천명을 [선왕을] 이어 가슴에 품고 제왕의 통치술을 삼가 이어받아, 사욕을 억누름으로써 천하에 군림하며 영명(英明)함으로써 뭇 백성을 어루만지지만, 덕이 먼 곳을 아직 품지 못하니 교화가 어찌 멀리까지 미치겠습니까? 왕은 생각하기를 선린(善隣)을 깊이 하고 마음먹기를 사대(事大)를 간절히 하여 수고로움을 어려워하지 말고 선조의 사업을 수행하십시오. 하물며 [고]남용이 거듭 이르러 사신의 임무를 저버리지 않고, 선박이 몹시 위태로워도 [사신의 임무를 완수하려는] 올바른 뜻을 더욱 분발하였으니, 비록 [발해로 사신이] 와 주기를 요청하지 않았더라도 어찌 차마 그럴 수 있겠습니까? 그래서 타고 갈 배를 교체해 주고, 사신을 부쳐 [발해 사신을] 호송하고 함께 약소한 신물(信物)을 부치니, 도착하거든 수령하십시오. 봄이 추운데, 바라건대 왕은 평안하십시오. 이런 사정 등을 가리켜 국서를 보내는데, 뜻이 [제대로] 미치지 못하는 곳이 많았습니다"라고 하였다.

○ 권21, 홍인(弘仁) 2년(811) 4월

庚寅, … 是日, 遣渤海國使正六位上林宿禰東人等辭見, 賜衣被.

경인(27일) … 발해국에 파견하는 사신 정6위상(正六位上) 임숙녜동인 등이 하직 인사를 하니, 의피(衣被)를 하사하였다.

○ 권21, 홍인(弘仁) 2년(811) 10월

冬十月癸亥, 正六位上林宿禰東人等, 至自渤海. 奏曰, 國王之啓, 不據常例. 是以去而不取. 其錄事大初位下上毛野公嗣益等所乘第二船, 發去之日, 相失不見, 未知何在.

겨울 10월 계해(2일)에 정6위상 임숙네동인 등이 발해로부터 돌아왔다. [그가] 아뢰기를 "[발해]국왕의 왕계(王啓)가 상례(常例)에 의거하지 않았습니다. 그래서 버리고 가져오지 않았습니다. 녹사(錄事) 대초위하(大初位下) 상모야공사익(上毛野公嗣益, 가미쓰케누노키미 쓰구마스) 등이 탄 제2선은 출발하여 떠나는 날 서로 놓쳐 보지 못하여서 어디 있는지 모르겠습니다"라고 하였다.

○ 권21, 홍인(弘仁) 2년(811) 12월

乙亥, 故遣渤海錄事 大初位下上毛野公嗣益, 追贈從六位下. 以身死王事也.

을해(14일)에 죽은 발해 파견 녹사 대초위하 상모야공사익을 종6위하로 추증하였다. 왕의 명령을 수행하다가 사망했기 때문이다.

壬辰, 渤海國人高多佛, 賜姓名高庭高雄.

임진(8일)에 발해국(渤海國) 사람 고다불(高多佛)에게 고정고웅(高庭高雄, 다카니와노 타카오)이라는 성명을 수었다.

○ 권24, 홍인(弘仁) 5년(814) 9월

癸卯, 渤海國遣使獻方物.

계묘(30일)에 발해국이 사신을 보내어 방물(方物)을 바쳤다.

○ 권24, 홍인(弘仁) 5년(814) 11월

辛巳, 免出雲國田租. 緣有賊亂, 及供蕃客也.

신사(9일)에 출운국(出雲國, 이즈모노쿠니)⁴⁶의 전조(田租)를 면제해 주었다. 도적의 난리가 있었고, 번객을 접대해야 하기 때문이었다.

○ 권24, 홍인(弘仁) 6년(815) 정월

春正月癸酉朔, 皇帝御大極殿, 受朝. 蕃客陪位, 宴侍臣於前殿, 賜御被.

봄 정월 계유일 초하루에 황제가 대극전(大極殿)에 나아가 조회를 받았다. 번객(蕃客)에게 관위를 더해 주고, 시종하는 신하들에게 전전(前殿)에서 연회를 베풀어 주었으며, 제왕의 의복을 하사하였다.

己卯, 宴五位以上幷渤海使, 奏女樂. 是日, … 渤海國大使王孝廉從三位, 副使高景秀正四位下, 判官高英善, 王昇基正五位下, 錄事釋仁眞, 烏賢偲譯語李俊雄從五位下, 賜祿有差.

기묘(7일)에 [관위] 5위 이상과 발해 사신에게 연회를 베풀고 여악(女樂)을 연주하였다. 이날 … 발해국 대사(大使) 왕효렴(王孝廉)⁴⁷에게 종3위, 부사(副使) 고경수(高景秀)에게 정4위하, 판관(判官) 고영선(高英善)과 왕승기(王昇基)에게 모두 정5위하, 녹사(錄事)인 승려 인정(仁貞)⁴⁸과 오현시(烏賢偲) 및 역어(譯語) 이준웅(李俊雄)에게 종5위하를 수여하고, 녹을 하사하는데 차등을 두어 내렸다.

---

46 일본 고대 島根縣 東部의 옛 국명이다. 山陰道의 上國이다. 고대 出雲神話의 무대이다. 율령제 아래에서도 國司와는 별개로 出雲臣氏가 出雲國造에 임명되었다. 國府는 島根郡으로 오늘날 松江市 大草町이다.
47 王孝廉(?~815)은 814년 9월 30일에 일본에 도착한 발해 사절단의 大使이다. 815년 1월 7일에 연회에 참석하여 종3위를 제수받고, 20일에 송별연에 참석하였으며, 22일에 귀국길에 올랐다. 그러나 5월 18일에 역풍을 만나 에치젠노쿠니(越前國)에 표착하였다가 6월 14일에 병으로 죽었다(『日本後紀』·『類聚國史』).
48 814년 9월 30일에 일본에 도착한 발해 사절단의 錄事이다. 815년 1월 7일에 종5위하를 제수받았고, 22일에 귀국길에 올랐다. 그러나 5월 18일에 역풍을 만나 에치젠노쿠니에 표착하였다. 6월 14일에 대사 왕효렴이 병으로 죽고 나서(『日本後紀』·『類聚國史』) 그해에 죽었다고 한다(『類聚國史』).

戊子, 御豊樂院, 宴五位已上及蕃客, 奏蹈歌, 賜祿有差.

무자(16일)에 풍락원(豊樂院)에 거둥하여 [관위]5위 이상 및 번객(藩客)에게 연회를 베풀고, 답가(蹈歌)를 연주하게 하였으며, 녹(祿)을 하사하였는데 차등을 두어 내렸다.

壬辰, 於朝集堂, 饗王孝廉等, 賜樂及祿.

임진(20일)에 조집당(朝集堂)에서 왕효렴 등에 향회(饗會)를 베풀고, 음악과 녹을 하사하였다.

甲午, 渤海國使王孝廉等歸蕃. 賜書曰, 天皇敬問渤海王. 孝廉等至, 省啓具懷. 先王不終遐壽, 奄然殂背. 乍聞惻怛, 情不能已. 王祚流累葉, 慶溢連枝. 遠發使臣, 聿修舊業. 占風北海, 指蟠木而問津, 望日南朝, 凌鯨波以修聘, 永念誠款, 歎慰攸深. 前年附南容等啓云, 南容再駕窮船, 旋涉大水, 伏望辱降彼使, 押領同來者, 朕矜其遠來, 聽許所請. 因差林東仁充使, 分配兩船押送. 東仁來歸不齎啓, 因言曰, 改啓作狀, 不遵舊例, 由是發日, 棄而不取者, 彼國修聘, 由來久矣. 書疏往來, 皆有故實, 專輒違乖, 斯則長傲. 夫劫己復禮, 聖人明訓, 失之者亡, 典籍垂規. 苟禮義之或虧, 何須貴於來往. 今問孝廉等, 對云, 世移主易, 不知前事, 今之上啓, 不敢違常, 然不遵舊例, 愆在本國不謝之罪, 唯命是聽者. 朕不咎已往, 容其自新. 所以勅於有司, 待以恒禮, 宜悉此懷. 間以雲海, 相見無由, 良用爲念也. 春首餘寒, 王及首領百姓, 竝平安好, 有少信物, 色目如別. 略此還報, 一二無悉.

갑오(22일)에 발해국사 왕효렴 등이 귀국하였다. [그편에] 국서를 내려 말하기를 "천황은 발해국왕에게 삼가 안부를 묻습니다. [왕]효렴 등이 도착하여 [바친] 계(啓)를 보고 생각을 잘 알았습니다. 선왕이 천수를 마치지 못하고 갑자기 세상을 떠났습니다. 듣자마자 슬퍼하여 그 마음을 그칠 수 없습니다. 왕의 천복(天福)은 대를 이어 흐르고 경사는 같은 형제에게 넘치게 되었습니다. 멀리 사신을 보내 선왕의 사업을 닦고 있습니다. 북쪽 바다에서 풍향을 살펴 반목(蟠木)을 향하여 나루터를 물으며, 남쪽 조정에 떠 있는 해를 바라보고 큰 파도를 넘으며 빙례(聘禮)를 수행하였으니 그 지극한 정성을 오래 생각할수록 칭찬하고 위로하는 [짐의] 마음이 깊어집니다. 지난해에 [고]남용 등에 부친 왕계(王啓)에서 이르기를 '[고]남용이 다시 파손된 배를 타고 큰 바다를 건너오는데, 엎드려 바라건대 욕되게도 그쪽 사신을 내려주어 호송하여 함께 왔다'라고 한 것은 짐이 그가 멀리서 온 것을 불쌍히 여겨 그 요청을 들어주었기 때문입니다. 그래서 임동인(林東仁, 하야시노 아즈마히토)을 선발하여 사신에 임명하여 두 척의 배에 나누어 호송하였습니다. [그런데 임]동인이 돌아올 때 왕계를 가지고 오지 않았는데, 그 이유를 말하기를 '계(啓)를 고쳐 장(狀)으로 하고 오랜 전례를 따르지 않아서 그로 인해 떠나는 날 버리고 가져오지 않았습니다'라고 한 것입니다. 그쪽 나라가 빙례를 수행한 것은 유래가 오래 되었습니다. 국서가 왕래하는 데에는 모두 [따라야 할] 전고(典故)가 있는데, 멋대로 어긴다면 이것은 오만함을 키우는 것입니다. 자신의 사욕을 억누르고 예를 회복하는 것[克己復禮]은 성인(聖人)의 밝은 가르침이니 이를 상실하면 망한다는 것은 역대 전적(典籍)에서 규범으로서 전해 주고 있습니다. 진실로 예의에 조금이라도 어그러짐이 있다면 어찌 [서로 간에]왕래하는 것에 대해 귀하게 여길 필요가 있겠습니까? 지금 [왕]효렴 등에게 물으니 대답하기를 '세대가 옮기고 군주가 바뀌어 예전의 일은 몰랐습니다. 지금 올린 왕계가 어찌 감히 평소의 의례를 어긴 것이겠습니까? 그러나 오랜 전례를 따르지 않은 것은 허물이 본국에 있습니다. 사죄할 수 없는 죄에 대해서는 오직 처분만 기다리겠습니다'라고 하였습니다. 짐은 기왕의 잘못을 탓하지 않으며 스스로 [자신의 잘못을 고쳐] 새로워짐을 받아들입니다. 그래서 담당 관리에게 칙명을 내려 평소대로의 의례로 대접하라고 하였으니, 이러한 [짐의] 소회를 잘 알도록 하라. 구름과 바다가 사이에 있어 서로 볼 길이 없지만 진실로 유념하십시요. 초봄이라 남은 추위에 왕과 수령 백성들은 모두 평안히 잘 지내십시요. 약소한 신물(信物)이 있는데 그 품목은 별지와 같습니다. 대략 이런 뜻으로 회답하니 조금은 자세하지 못합니다"라고 하였다.

○ 권24, 홍인(弘仁) 6년(815) 5월

> 戊子, 渤海國使王孝廉等, 於海中値逆風漂廻. 舟檝裂折, 不可更用.

무자(18일)에 발해국사 왕효렴(王孝廉) 등이 바다 한가운데서 역풍을 만나 표류하여 돌아왔다. 배와 노가 쪼개지고 꺾여 다시 사용할 수 없을 정도였다.

癸巳, 令越前國擇大船, 駕蕃客也.

계사(23일)에 월전국(越前國, 에치젠노쿠니)[49]에게 큰 배를 골라서 번객(蕃客)을 태우도록 하였다.

○ 권24, 홍인(弘仁) 6년(815) 6월

癸丑, 渤海大使從三位王孝廉薨. 詔曰, 悼往飾終, 事茂舊範, 褒忠錄績, 義存先彜. 故渤海國使從三位王孝廉, 闕庭修聘, 滄溟廻艫, 復命未申, 昊蒼不愸. 定雖有命在天, 薤露難駐, 而恨銜使命, 不得更歸. 朕慟于懷, 加贈榮爵, 死而有靈, 應照泉扃. 宜可正三位, 更賜信物幷使等祿, 以先所賜濕損也.

계축(14일)에 발해 대사(大使) 종3위 왕효렴(王孝廉)이 죽었다. 조서를 내리기를 "[저세상에] 간 사람을 애도하고 그 죽음을 꾸며주는 것은[50] 그 일이 예로부터의 규범에 무성했고, 충성을 표창하고 공적을 기록하는 것은 그 뜻이 선대로부터의 법도에 있었다. 죽은 발해국사 종3위 왕효렴은 [우리 일본] 조정에서 빙례를 수행하고 푸른 바다로 뱃머리를 돌려 갔지만, 사신의 임무를 마쳤다는 보고도 못 하였는데 하늘이 그를 세상에 남겨 두기를 바라지 않았다. 실로 사람의 목숨은 하늘에 달려있어 염교 잎에 맺힌 이슬처럼 계속 [이 세상에] 머물기 어렵지만, 사신의 임무를 품고 다시 돌아가지 못함을 한스럽게 여긴다. 짐은 마음속으로 통곡하여 영예로운 작위(爵位)를 더해 주니, 죽은 혼령을 저승에서 비추어 줄 것이다. 마땅히 정3위로 올리고, 다시 신물(信物)과 사신의 녹(祿)을 하사하는 것은 앞서 하사한 바가 [바닷속에] 잠겨 손상되었기 때문이다"라고 하였다.

---

49 일본 고대의 北陸道에 속한 國이다. 오늘날 福井縣의 北半에 해당한다. 692년에 國名이 처음 확인된다. 뒤에 加賀國과 能登國을 따로 분리하여 두었다. 國府의 소재지는 丹生郡으로 비정된다.
50 飾終은 죽은 사람의 공적을 기리어 영화롭게 한다는 뜻이다.

3. 『속일본후기(續日本後紀)』

『속일본후기』는 헤이안 시대(平安時代, 794~1185)에 칙명(勅命)으로 편찬된 편년체(編年體) 사서(史書)로 육국사(六國史) 중 하나이다. 『일본서기』, 『속일본기』, 『일본후기』에 이어 네 번째로 편찬되었다. 닌묘천황(仁明天皇)의 시대인 천장(天長) 10년(833)부터 가승(嘉承) 3년(850)까지 18년간의 역사를 기록했다. 제형(齊衡) 2년(855)에 몬토쿠천황(文德天皇)이 후지와라노 요시후사(藤原良房), 도모노 요시오(伴善男), 하루스미노 요시타다(春澄善繩), 야스노노 토요미치(安野豊道)에게 편찬을 명하였다. 이후 후지와라노 요시미(藤原良相)가 참여하였으나 완성 전에 사망하였다. 최종적으로는 후지와라노 요시후사와 하루스미노 요시타다 두 사람만이 편찬자로 남았고, 정관(貞觀) 11년(869)에 완성되었다.

『속일본후기』는 한문(漢文)으로 기록되었으며 기본 체제는 편년체이다. 전체 12권으로 되어 있다. 육국사 중에서는 처음으로 개별 천황의 치세만을 대상으로 한 것이 특징이다. 천황의 동정에 대한 기록을 상술하여 천황 친정부터 셋칸(攝關) 정치 시기를 연구하는 데 기본사료로 평가받고 있다.

『속일본후기』에서 확인되는 한반도 관련 기사는 발해 사절의 왕래 기사가 대부분이다. 발해와 관련한 직접적인 기사는 아니지만, 신라인 장보고의 교역 기사는 당시 발해와 일본, 신라의 해상 교역을 이해하는 데 중요한 정보를 제공하고 있다.

원문 저본은 『신정증보국사대계본(新訂增補國史大系本)』(吉川弘文館)을 활용한 『일본 육국사 한국 관계 기사 역주: 속일본후기』(최근영 외, 1994, 駕洛國史蹟開發研究院)로 하였다.

○ 권10, 승화(承和) 8년(841) 12월

丁亥, 長門國言, 渤海客徒賀福延等一百五人來着.

정해(22일)에 장문국(長門國, 나가토노쿠니)¹이 말하기를 "발해 객도(客徒) 하복연(賀福延) 등 105인이 도착하였다"라고 하였다.

庚寅, 以式部大丞正六位上小野朝臣恒柯, 少外記正六位上山代宿禰氏益, 爲存問渤海客使.

경인(25일)에 식부대승(式部大丞)² 정6위상 소야조신항가(小野朝臣恒柯, 오노노아손 쓰네에다)와 소외기(少外記)³ 정6위상 산대숙녜씨익(山代宿禰氏益, 야마시로노스쿠네 우지마스)을 존문발해객사(存問渤海客使)⁴로 삼았다.

○ 권11, 승화(承和) 9년(842) 2월

乙酉, 令渤海客徒入京.

을유(20일)에 발해 객도(客徒)에게 입경하라고 명하였다.

---

1 일본 고대 山陽道에 속한 國이다. 지금의 야마구치(山口)현 서부이다. 나가토노쿠니로 개칭되기 이전에는 아나토(穴門)로 불렸다. 『일본서기』 스이닌천황(垂仁天皇) 2년조에 意富加羅國의 왕자 도노아아라사등(都怒我阿羅斯等)이 아나토에 표착했다는 기사에서 처음으로 보인다. 『일본서기』에는 덴지천황(天智天皇) 4년(665)조에 성을 나가토노쿠니에 쌓았다는 기사가 처음으로 보이는데, 이즈음 개칭된 것으로 여겨진다.
2 일본 고대 관서인 式部省의 관직으로, 대승은 정6위하에 해당하며, 2인을 두었다. 丞은 당나라의 吏部郎中, 司勳郎中, 吏部少卿, 大常丞 등과 같다. 식부성의 判官인 式部大丞 및 式部少丞은 顯官으로 여겨지며, 매년 정월 敍位에서는 4명이 있는 식부승 중 上﨟者(재직연수가 긴 자) 1명이 종5위하에 서위하는 것이 관례였다.
3 일본 고대 율령제에서 太政官에 속한 外記 가운데 하위의 직명이다. 문서 사무를 담당하였다.
4 일본 현지에 도착한 발해 사신을 위문하기 위해 조정에서 파견한 사자이다.

○ 권11, 승화(承和) 9년(842) 3월

辛丑, 存問兼領渤海客使式部大丞正六位上小野朝臣恒柯, 少內記從六位上豊階公安人等上奏, 勘問客徒等文幷渤海王所上啓案, 幷中臺省牒案等文. 其啓狀曰, 渤海國王大彝震啓. 季秋漸冷. 伏惟天皇起居萬福. 卽此彝震蒙恩. 前者王文矩等入覲, 初到貴界, 文矩等卽從界末却廻. 到國之日, 勘問不得入覲逗留, 文矩口傳天皇之旨, 年滿一紀, 後許入覲. 彝震仰計, 天皇裦旨, 不要頻煩. 謹依口傳, 仍守前約. 今者天星轉運, 臚次過紀, 覲覲之禮, 爰恐愆期, 差使奉啓, 任約令覲. 彝震限以溟闊, 不獲拜覲, 下情無任馳戀, 謹遣政堂省左允賀福延奉啓. 又別狀曰, 彝震祖父王在日, 差高承祖, 入覲之時, 天皇注送在唐住五臺山僧靈仙黃金百兩, 寄附承祖, 承祖領將, 到國之日, 具陳天皇附金之旨. 祖父王欽承睿意, 轉附朝唐賀正之使, 令尋靈仙所在, 將送其金. 待使復佇付金否, 而隔海程途, 過期不返. 後年朝唐使人, 却廻之日, 方知前年使等, 從海却歸, 到塗里浦, 疾風暴起, 皆悉陷沒. 亦悉往五臺覓靈仙, 送金之時, 靈仙遷化, 不得付與, 其金同陷沒. 以此其後文矩入覲, 啓中縷陳事由, 冀達天皇. 文矩不遂覲禮, 將啓却歸. 今再述失金事由, 故遣賀福延輸申誠志. 伏望體悉. 又中臺省牒曰, 渤海國中臺省牒日本國太政官. 應差入覲貴國使政堂省左允賀福延, 幷行從一百五人, 牒, 奉處分, 日域東遙, 遼陽西阻, 兩邦相去, 萬里有餘, 溟漲滔天, 風雲雖可難測, 扶光出地, 程途亦或易標. 所以展親舊意, 拜覲須申. 每航海以占風, 長候時而入覲. 年紀雖限, 星尙通. 齎書遣使, 爰至于今. 宜遵舊章欽修覲禮, 謹差政堂省左允賀福延, 令覲貴國者. 准狀牒上日本國太政官者, 謹錄牒上, 云云.

신축(6일)에 존문겸영발해객사(存問兼領渤海客使)[5] 식부대승 정6위상 소야조신항가와 소내기(少內記)[6] 종6위상 풍계공안인(豊階公安人, 도요시나노키미 야스히토) 등이 아뢰기를 "[발해] 객도(客徒) 등의 문서와 발해왕이 올린 계(啓) 및 중대성첩(中臺省牒)[7] 등의 사본을

---

5 발해 사신을 위문하고 아울러 이들의 입경을 관할하는 사신이다.
6 일본 고대 율령제에서 中務省의 관인으로 大内記의 다음 지위이다. 詔勅·기록을 초안하고 位記를 썼다. 정8위상에 상당한다.
7 中臺省은 발해 3省의 하나이며, 唐의 中書省에 해당하는 관서이다. 詔令의 초안을 작성하고, 정책을 결정하는 업

조사해 보니 다음과 같습니다"라고 하였다.

그 왕계(王啓)에서 말하기를 "발해국왕 대이진(大彝震)[8]이 계(啓)합니다. 늦가을이라 점점 추워집니다. 엎드려 생각건대 천황의 일상은 다복하소서. 여기 [대]이진은 은혜를 입어 [잘 지내고] 있습니다. 지난번 왕문구(王文矩)[9] 등이 입근(入覲)하려고 처음 귀국의 경계에 도착했는데, [왕]문구 등은 곧바로 경계 끝에서 되돌아왔습니다. [우리]나라에 도착한 날에 [귀국에] 입조하여 체류하지 못한 이유를 조사하니, [왕]문구가 천황의 뜻을 구두로 전하기를 '[방문] 연한이 1기(紀, 12년)[10]가 차야 입근를 허락한다.'라고 하였습니다. [대]이진이 우러러 헤아려 보니, 천황의 뜻은 자주 번잡한 것을 필요치 않다는 것이니, 삼가 구두로 전한 뜻에 의거하여 예전의 약속을 지키겠습니다. 이번에 하늘의 별자리가 운행하여 그 위치가 1기를 지났으니 찾아 뵙는 예가 기한을 어길까 두려워 사신을 보내 왕계(王啓)를 바쳐 약속대로 뵙게 합니다. [대]이진은 넓은 바다로 가로막혀 직접 조회할 수 없으나 저로서는 사모하는 마음을 견디기 어려워 삼가 정당성(政堂省)[11] 좌윤(左允)[12] 하복연(賀福延)을 보내 왕계를 올립니다"라고 하였다.

또 별장(別狀)에서 말하기를 "[대]이진의 조부왕(祖父王)이 재위시에 고승조(高承祖)를 파견하여 입조할 때 천황께서 당나라에 있으면서 오대산(五臺山)에 머무르는 중 영선(靈仙, 료

무를 담당하였다. 관원으로는 右相·右平章事·內史·詔誥舍人 등이 있다(『新唐書』 渤海傳). 중대성첩은 발해 中臺省에서 작성한 牒式 문서이다. 외교문서로 보내진 중대성첩은 政堂省 春部에서 작성하여, 春部卿과 中臺省 장관의 서명과 날인으로 발급되는 것으로 보인다. 일본과의 외교에서 중대성첩이 처음 확인되는 것은 759년이다. 한동안 기록에 보이지 않다가 828년부터는 국서와 함께 일본 太政官에 발송되는 중대성첩이 외교문서의 조합을 이루었다. 주로 사신단의 명단과 용건, 선물 등의 실무적인 사항을 알리는 내용이다(권은주, 2018).

8 발해 제11대 왕(재위 830~858)으로, 宣王 大仁秀의 손자이다. 선왕의 아들 新德이 일찍 죽자, 손자인 대이진이 왕위에 올랐다고 전한다. 아버지가 신덕인지 여부는 확실치 않다. 연호로 咸和를 사용하였다. 831년 당으로부터 檢校秘書監 忽汗州都督 渤海國王으로 책봉을 받았다.

9 발해 제10대 선왕에서 제11대 大彝震 시대에 활동한 인물이다. 821·827·848년 세 차례에 걸쳐 일본에 사신으로 파견되었다. 사람의 관상을 잘 보아서 일본에 가 있을 때 본 여러 親王 가운데 장차 천황에 즉위할 사람을 예견하였다는 일화가 전해진다.

10 원문의 '1紀'는 歲星 즉 목성이 지구를 한 바퀴 도는 데 12년이 걸리는 시간을 가리킨다.

11 中臺省·宣詔省과 더불어 발해 시대 3성의 하나이다. 행정 집행 관청으로 당나라의 尙書省과 대응한다. 장관은 大內相이며 그 아래에 左司政과 右司政이 각 1인씩 있다. 좌사정 아래에 忠部·仁部·義部가 있고, 우사정 아래에 智部·禮部·信部가 있다.

12 정당성좌윤은 발해 政堂省의 관직이다. 정당성의 판관에 해당하는 관직으로, 차관인 左司政을 보좌하여 6부 중 忠部(이부에 해당)·仁部(호부에 해당)·義部(예부에 해당)를 관장한다.

젠)¹³에게 황금 100량을 보내려고 [고]승조에게 부쳤습니다. [고]승조가 받아서 가지고 [우리] 나라에 도착한 날에 천황께서 황금을 부친 뜻을 자세히 말했습니다. 조부왕은 삼가 천황의 뜻을 받들어 당나라에 입조하여 하정하는 사신에게 전달하여 영선이 있는 곳을 찾아 황금을 보내주도록 하였습니다. 사신의 복명(復命)을 기다려 금을 부쳤는지 아닌지[의 소식]를 기다렸는데, 바다로 가로막힌 노정(路程)으로 기한이 지나도 돌아오지 않았습니다. 다음 해 당나라에 입조하는 사신이 돌아오는 날에 비로소 전년의 사신들이 바다에서 돌아올 때 도리포(塗里浦)에 도착해서는 질풍이 갑자기 일어나 모두 빠져 죽었음을 알았습니다. 또한 오대산에 가서 영선을 찾아 황금을 보낼 때 영선이 이미 죽어서 줄 수 없었고, 그 황금도 함께 바다에 빠져 버렸음을 알게 되었습니다. 이 때문에 그 후 [왕]문구가 [귀국에] 입근(入覲)케 하였으니, [이는 그가] 올린 왕계(王啓)에서 이러한 사유를 자세히 진술하여 천황에게 전달하기를 기대하였던 것입니다. [그러나] [왕]문구가 입근하는 의례를 완수하지 못하고 왕계를 가지고 되돌아왔습니다. 이제 황금을 상실한 사유를 다시 진술하려고 하복연(賀福延)을 파견하여 정성스러운 뜻을 알립니다. 엎드려 바라건대 헤아려 주십시오"라고 하였다.

또 중대성첩(中臺省牒)에서 말하기를 "발해국 중대성이 일본국 태정관(太政官)에 첩(牒)을 보냅니다. 파견되는 [임무를] 받아 귀국에 입근(入覲)하는 사신인 정당성좌윤(政堂省左允) 하복연(賀福延) 및 수행원 105인. 첩을 보냄에 [우리 임금의] 처분을 받드니 [그것은] '일역(日域)은 동쪽으로 멀리 있고 요양(遼陽)은 서쪽으로 막혀 있으니, 양국이 서로 떨어져 있는 거리가 만 리나 되고도 남는다. [이쪽 북녘] 바다의 물결은 하늘까지 넘쳐서 바람과 구름을 비록 헤아리기 어렵겠지만, [그쪽] 부상(扶桑) 나무의 빛은 땅에서 나와서 [사신] 가는 길에 또한 아마도 표지판이 되기 쉬울 것이다. 그래서 오랫동안 [친하게 지낸] 뜻을 중시하여 찾아뵙는 것을 알려야 한다. [이제까지] 항해할 때마다 풍향을 살피고, 오랫동안 시기를 기다려 입근하였다. [사신 파견의] 연수(年數)에 비록 제한이 있지만 사신의 행차는 여전히 소통하였다. [그래서] 국서를 가지고 사신을 파견하는 것이 지금까지 이어졌다. 마땅히 오랜 법도를 준수하여 삼가 입근하는 의례를 수행해야 하니, 삼가 정당성좌윤 하복연을 보내 귀국에 입근하도록 하라'는 것입니다. [이제

---

13 일본 헤이안 전기의 法相宗 승려이다. 興福寺에서 배우고, 804년 遣唐使를 동행하여 당에 들어갔다. 810년 長安 醴泉寺에서 『大乘本生心地觀經』의 번역사업에 참여하였다. 五臺山으로 옮겨, 825년과 828년에 일본 조정으로부터 황금을 하사받았다. 누군가에게 독살되어 죽었다.

우리 임금의 처분] 내용에 준하여 일본국 태정관에 첩을 보냅니다. 삼가 적어 첩을 올립니다"라고 하였다.

○ 권11, 승화(承和) 9년(842) 3월

壬戌, 渤海客徒賀福延等發自河陽, 入于京師, 遣式部少輔從五位下藤原朝臣諸成爲郊勞使. 是夕於鴻臚館安置供給.

임술(27일)에 발해 객도(客徒) 하복연(賀福延) 등이 하양(河陽, 가야)에서 출발하여 도성으로 들어오니, 식부소보(式部少輔) 종5위하 등원조신제성(藤原朝臣諸成, 후지와라노아손 모로나리)을 보내 교로사(郊勞使)[14]에 임명하였다. 이날 저녁 [발해 사신을] 홍려관(鴻臚館)[15]에 안치하고 [음식을] 공급하였다.

癸亥, 太政官遣右大史正六位上蕃良朝臣豊持於鴻臚館, 爲慰勞焉. 是日, 渤海使賀福延等上中臺省牒.

계해(28일)에 태정관(太政官)에서 우대사(右大史) 정6위상 번량조신풍지(蕃良朝臣豊持, 하라노아손 토요모치)를 홍려관에 보내었으니, [발해 사신을] 위로해 주기 위함이었다. 이날 발해 사신 하복연 등이 중대성첩(中臺省牒)을 바쳤다.

甲子, 遣侍從正五位下藤原朝臣春津於鴻臚館, 宣勅曰, 天皇詔旨【良麻止】宣【久】. 有司奏【久】, 彼國王【乃】上啓外【乃】別狀等事【乎】, 存問使詰問【爾】, 引過伏理【奴】. 是故【爾】彼國使等【遠波】待【爾】, 不可以常禮【止】奏. 然【止毛】守年紀【氏】, 自遠參來【留遠】念行【氏奈毛】, 殊矜免賜【布止】宣. 又詔【久】, 客【伊】自遠參來【禮理】, 平安

---

14 외국 사절이나 外臣의 迎送 의례를 담당하는 관직의 하나이다. 교로사 외에 存問使, 通事, 慰勞使, 送使 등이 있다. 교로사는 수도 근교에 나가 손님을 맞이하며, 오는 길의 수고를 위로하는 역할을 하였다.
15 일본에 온 외국 사신이 숙박하는 관립 숙박시설이다. 迎賓館이라고도 한다. 수도 이외에 사신이 출입하도록 지정된 지역인 다자이후(大宰府)·나니와(難波)·쓰루가에도 설립되어 있었다.

以不, 又長門以來路間【波】, 如何爲【都都加】參來【志】, 宜相見日【爾】至【萬弖波】, 此【爾】, 侍【天】休息【止】宣布.

갑자(29일)에 시종(侍從) 종5위하 등원조신춘진(藤原朝臣春津, 후지와라노아손 하루쓰)을 홍려관(鴻臚館)에 보내 [천황의] 칙명을 구두로 전하기를 "천황이 조지(詔旨)로 말씀하셨다. 담당 관리가 아뢰기를 '저 나라 왕이 올린 왕계(王啓)와 그 밖의 별장(別狀) 등의 일을 존문사(存問使)가 힐문함에 잘못을 인정하고 도리에 굴복하였습니다. 이런 까닭에 저 나라 사신들을 접대함에 평소의 예법대로 할 수 없습니다.'라고 아뢰었다. 그러나 [사신 파견의] 연수(年數)를 지켜 멀리서 [천황을] 뵈러 왔다고 생각하셨으므로, 특별히 불쌍히 여겨 [그 잘못을] 면해 준다라고 말씀하셨다. 또 조지(詔旨)로 말씀하셨다. 객도가 멀리서 뵈러 왔는데 평안한지 어떤지? 또 장문(長門, 나가토)으로부터 오는 길 사이에는 어떻게 잘 왔는지? 마땅히 서로 접견하는 날에 이르기까지 이곳 홍려관에 있으면서 휴식하라고 말씀하셨다"라고 하였다.

○ 권11, 승화(承和) 9년 4월

夏四月乙丑朔, 使右大史正六位上山田宿禰文雄, 賜客徒等時服.

여름 4월 을축 초하루에 우대사(右大史) 정6위상 산전숙녜문웅(山田宿禰文雄, 야마다노스쿠네 후미오)을 보내어 [발해] 객도들에게 시복(時服)[16]을 하사하였다.

丙寅, 渤海國使賀福延等, 於八省院, 獻啓函信物等.

병인(2일)에 발해국사 하복연(賀福延) 등이 팔성원(八省院)에서 계(啓)를 담은 상자와 신물(信物)을 바쳤다.

己巳, 天皇御豊樂殿, 饗渤海使等. 詔授大使賀福延正三位, 副使王寶璋正四位下, 判

---

16 時服은 철에 맞는 의복을 말한다.

> 官高文暄烏孝愼二人竝正五位下, 錄事高文宣高平信安歡喜三人竝從五位下. 自外譯語已下首領已上十三人隨色加階焉. 使右少辨兼右近衛少將從五位下藤原朝臣氏宗共食, 日暮賜祿各有差.

기사(5일)에 천황(天皇)이 풍락전(豊樂殿)[17]에 거둥하여 발해 사신 등에게 향회(饗會)를 베풀었다. 조서를 내려 대사(大使) 하복연(賀福延)에게 정3위, 부사(副使) 왕보장(王寶璋)에게 정4위하, 판관(判官) 고문선(高文暄)·오효신(烏孝愼) 2인에게 모두 정5위하, 녹사(錄事) 고문선(高文宣)·고평신(高平信)·안환희(安歡喜) 3인에게 모두 종5위하를 제수하였다. 이 밖에 역어(譯語) 이하 수령(首領)[18] 이상 13인에게 [업무의] 종류에 따라 관위를 더해 주었다. 우소변(右少辨) 겸 우근위소장(右近衛少將) 종5위하 등원조신씨종(藤原朝臣氏宗, 후지와라노아손 우지무네)을 보내 식사를 제공하고, 저녁에 차등을 두고 녹을 각각 하사하였다.

> 辛未, 大使賀福延私獻方物.

신미(7일)에 대사(大使) 하복연(賀福延)이 사사로이 방물(方物)을 바쳤다.

> 癸酉, 饗客徒等於朝集堂. 遣從五位下惟良宿禰春道共食. 宣勅曰, 天皇【我】御命【良萬止】詔勅命【乎】客人【伊】聞食【止】宣【久】, 國【爾】還退【倍支】日近【久】在【爾】依【氏奈毛】, 國王【爾】祿賜【比】, 幷【氏】福延等【爾毛】御手【都】物賜【比】饗賜【波久止】宣【布】.

계유(9일)에 [발해] 객도들에게 조집당(朝集堂)에서 향회(饗會)를 베풀었다. 종5위하 유량

---

17 일본 헤이안쿄(平安京) 내의 豊樂院의 正殿이다.
18 首領은 지방세력가나 지방관 또는 이민족의 부족장이나 정치·군사적 리더를 부르던 말이다. 발해에서는 지방 세력 또는 靺鞨 등 복속세력의 長의 호칭으로 사용하였다. 발해 전기에는 일정 정도 독립적인 성격을 가지면서 발해의 지배층으로 편입되기 시작하였고, 당과 일본의 외교사절로 활동하기도 하였다. 무왕과 문왕대를 거치며 관료층에 흡수되었고, 수령층의 지위는 하락하였다. 발해 후기의 수령은 전기에 중앙관료로 흡수되지 못하여 재지세력으로만 남았거나 새로 복속된 지역의 수령으로, 그중 일부가 일본과의 교역에 참여하였다(김동우, 2004; 김동우, 2005 참조).

숙녜춘도(惟良宿禰春道, 고레요시노스쿠네 하루미치)를 보내 식사를 제공하였다. 칙어(勅語)를 전달하여 말하기를, "천황(天皇)이 어명(御命)으로서 조칙을 내리는 명령을 [발해] 객도들에게 들으라고 말씀하시기를, '[너희] 나라로 되돌아갈 날이 가까이 있으므로, 국왕에게 녹을 내리고 아울러 [하]복연 등에게도 친히 물품을 내리고 향회(饗會)를 내려준다'라고 말씀하셨다"라고 하였다.

丙子, 遣勅使於鴻臚館, 宣詔. 賜渤海王書曰, 天皇敬問渤海國王. 福延等至得啓具之. 惟王奉遵明約, 沿酌舊章. 一紀星廻, 朝覲之期不爽, 萬里溟闊貢之款仍通. 言念乃誠, 無忘鑒寐. 前年聘唐使人却廻, 詳知苾蒭靈仙化去. 今省別狀, 事自合符. 亦悉付遣黃金陷沒綠浦. 雖人逝賫失, 元圖不諧, 而思夫轉送之勞, 遙感應接之義. 悠悠天際, 足非可跂予相見, 無由焉不已耳. 附少國信, 色目如別. 夏景初蒸, 比平安好. 略此還答, 指不多及. 太政官賜中臺省牒曰, 日本國太政官牒渤海國中臺省. 入覲使政堂省左允賀福延等壹佰伍人牒. 得中臺省牒稱, 奉處分, 日域東遙, 遼陽西阻, 兩邦相去, 萬里有餘. 溟漲滔天, 風雲雖可難測, 扶光出地, 程途亦或易標. 所以每航海以占風, 長候時而入覲. 宜遵舊章, 欽修覲禮, 謹差政堂省左允賀福延, 令覲貴國者. 福延等, 來修聘禮, 守一紀之龍信, 凌千里之鼇波. 乘風便以企心, 仰日光而追影. 事有成規, 准例奏請, 被勅報曰, 隣好相尋, 匪曁今日. 靜言純至, 嘉尚于懷. 宜加優矜, 得復命者. 今使還之次, 附璽書幷信物, 至宜領之. 但啓函修飾, 不依舊例. 官儀棄瑕不擧, 自後奉以悛之. 准勅牒送, 牒到准狀, 故牒. 勘解由判官正六位上藤原朝臣粟作文章生從六位上大中臣朝臣清世等爲領客使. 是日, 使賀福延等歸鄕.

병자(12일)에 칙사(勅使)를 홍려관에 보내어 [천황의] 조서를 펼쳐 읽었다. 발해왕에게 국서를 내려 말하기를 "천황은 발해국왕에게 삼가 안부를 묻습니다. [하]복연 등이 이르러 [바친] 계(啓)를 보고 [그 내용을] 잘 알았습니다. 생각건대 왕은 분명한 약속을 받들어 지키고 오랜 법도를 계속 참작하고 있었습니다. [그래서] 1기(紀, 12년) 만에 세성(歲星)이 돌아오니 조근(朝覲)의 시기를 어기지 않고, 만 리나 떨어진 북쪽 바다에서 공물을 바치는 정성을 계속 이어왔습니다. 그 정성을 생각하니 오니, 선잠을 잘 때도 잊을 수 없습니다. 지난해에 당(唐)나라를 빙문(聘問)한 사신이 되돌아와서 전년에 중 영선(靈仙)이 죽었음을 자세히 알았습니다. 지금 별장(別狀)을 살펴보니 사안이 자연히 부합합니다. 또한 부쳐 보낸 황금도 푸른 포구(浦口)에 함몰되었음도 잘 알았습니다. 비록 사람이 죽고 보낸 물건도 잃어버려 원래의 계획을 해내지 못했지만 [다른 사람을] 통해 보내는 수고를 생각하니 멀리서도 [발해 사신이 일본의 부탁에] 호응해 준 의리에 감동하였습니다. [그대가 있는 곳은] 발로 갈 수 있는 곳이 아니어서 내가 볼 수 있는 길이 없어 그치지 않을 뿐입니다. 약소한 신물(信物)을 부치니 그 품목은 별지와 같습니다. 여름 햇살이 막 더워지는데 이때 평안하십시오. 대략 이로써 회답하지만 뜻이 미치지 못하는 데가 많습니다"라고 하였다. .

태정관(太政官)이 중대성(中臺省)에 내리는 첩(牒)에서 말하기를 "일본국 태정관은 발해국 중대성에 첩을 보냅니다. 입근사(入覲使)인 정당성좌윤(政堂省左允) 하복연(賀福延) 등 105인이 [다음과 같은] 첩을 보냈습니다. 중대성[이 보낸] 첩을 수취했는데 [거기에서] 이르기를 '[우리 임금의] 처분을 받드니 [그것은]「일역(日域)은 동쪽으로 멀리 있고 요양(遼陽)은 서쪽으로 막혀 있으니, 양국이 서로 떨어져 있는 거리가 만 리나 되고도 남는다. [이쪽 북녘] 바다의 물결은 하늘까지 넘쳐서 바람과 구름을 비록 헤아리기 어렵겠지만, [그쪽] 부상(扶桑) 나무의 빛은 땅에서 나와서 [사신] 가는 길에 또한 아마도 표지판이 되기 쉬울 것이다. 그래서 [이제까지] 항해할 때마다 풍향을 살피고, 오랫동안 시기를 기다려 입근(入覲)하였다. 마땅히 오랜 법도를 준수하여 삼가 입근하는 의례를 수행해야 하니, 삼가 정당성좌윤 하복연을 보내 귀국에 입근하도록 하라'라는 것입니다. [하]복연 등이 와서 빙례(聘禮)를 수행하는 것은 1기마다 돌아오는 세성(歲星)의 약속을 지키고, 천 리나 되는 큰 파도를 넘어 오는 [오래만의 일이며 어려운] 일입니다. [그런데도] 순풍을 타서 [빨리 가고자] 마음속으로 바라며, [일본에서 비치는] 햇빛을 우러러보며 그림자를 뒤쫓듯이 빨리 왔습니다. 일에는 정해진 규범이 있어서, 전례(前例)에 준하여 [천황께] 주청(奏請)하니 다음과 같이 칙서의 하명을 받았으니 [그것은] '이웃과 우호하여 서로 방문하는 것은 오늘만이 아니다. [발해 사신의] 지극히 순수함을 가만히 생각하니 가상한 마음이 든다. 마땅히 [사행의 어려움을] 안타깝게 여기어 더욱 우대하여 [그대들이] 복명(復命)할 수 있도록 하라'는 것입니다. 이제 사신이 돌아가는 편에 [천황의] 새서(璽書)와 신물(信物)을 부치니, 도착하거든 잘 받으십시오. 다만 왕계를 담은 상자의 장식이 오랜 전례에 의거하지 않았습니다. 태정관에서 의논하기를 그 잘못을 버리고 거론하지 않기로 했으니, 앞으로는 받들어 고치십시오. 칙서에 준하여 첩을 보냅니다. 첩이 도착하거든 그 내용에 준하여 처리하십시오. 그러므로 첩을 보냅니다"라고 하였다.

감해유판관(勘解由判官) 정6위상 등원조신속작(藤原朝臣粟作, 후지와라노아손 아와사쿠)과 문장생(文章生)[19] 종6위상 대중신조신청세(大中臣朝臣淸世, 오나카토미노아손 키요요) 등을 영객사(領客使)[20]로 삼았다.

이날 [발해] 사신 하복연(賀福延) 등이 본국으로 떠났다.

○ 권18, 가상(嘉祥) 원년(848) 12월

> 乙卯, … 是日, 能登國馳驛奏, 渤海國入覲使王文矩等一百人來著矣.

을묘(30일) … 이날 능등국(能登國, 노토노쿠니)에서 역마(驛馬)로 급히 아뢰기를 "발해국 입근사(入覲使) 왕문구(王文矩) 등 100인이 도착하였다"라고 하였다.

○ 권19, 가상(嘉祥) 2년(849) 2월

> 二月丙戌朔, 以少內記正七位上縣犬養大宿禰貞守, 直講正六位上山口忌寸西成等, 爲存問渤海客使, 發遣於能登國.

2월 병술 초하루에 소내기(少內記) 정7위상 현견양대숙녜정수(縣犬養大宿禰貞守, 아가타이누카이노오스쿠네 사다모리)와 직강(直講)[21] 정6위상 산구기촌서성(山口忌寸西成, 야마구치노이미키 니시나리) 등을 존문발해객사(存問渤海客使)로 삼아 능등국으로 파견하였다.

---

19 일본 고대·중세의 大學寮에서 紀傳道를 전공한 학생을 가리킨다. 文人 또는 進士라고도 한다. 정원은 20명으로 天平 2년 3월 文章得業生과 함께 설치되었다. 입학자격을 白丁·雜任으로 하고, 庶人에까지 문호를 개방하였으나, 기전도의 지위가 상승함에 따라 귀족화되어 폐쇄적 지위가 되었다. 문장득업생이 되어 對策에 급제하여 임관하는 것이 본래의 형식이었으나, 문장생이 되어 즉시 대책을 받는 경우나 혹은 문장생이 된 후 年數에 따라 임관하는 경우가 대부분이었다.

20 외국사절이 내조하여 入京할 때, 도착지로부터 수도까지 인솔하는 임무를 맡았다. 일본 헤이안 시대의 領客使 사례는 발해 사신과 관련하여 많이 확인된다. 발해사가 일본에 오면 存問使가 파견되어 來朝한 이유 등을 묻고, 조정에 보고한다. 入京이 허가되면 존문사가 영객사를 겸임하여 수도까지 향한다. 이 사이 영객사는 사절의 접대를 맡는 한편 노정에 있는 國마다 필요한 물자와 인부를 수배하는 직무를 맡았다. 詩文에 능한 인물이 많았던 발해사를 상대하기 위해 한문에 소양있는 外記·內記·直講 등이 선임되었다.

21 일본 고대 大學寮의 박사나 조교를 도와 경서의 교육을 담당한 明経道教官이다.

○ 권19, 가상(嘉祥) 2년(849) 3월

> 戊辰, … 是日, 遣能登國存問渤海客使少內記縣犬養大宿禰貞守等, 馳驛奏上客徒等將來啓牒案. 彼國王啓曰, 彝震啓. 季秋漸冷, 伏惟天皇, 起居萬福. 卽此彝震蒙恩. 修聘使還, 算年未紀. 今更遣使, 誠非守期. 雖然, 自古隣好, 憑禮相交, 曠時一歲, 猶恐情疎. 況茲星律轉廻, 風霜八變, 東南向風, 瞻慕有地, 寧能恬寂, 罕續音塵. 謹備土物, 隨使奉附, 色目在於後紙. 伏惟體鑒, 溟漲阻遙, 未由拜覲, 下情無任馳係. 謹差永寧縣丞王文矩奉啓. 不宣. 謹啓. 復中臺省牒稱, 渤海國中臺省牒日本國太政官. 應差入覲貴國使永寧縣丞王文矩幷行從一百人. 牒, 奉處分, 邈矣兩邦, 阻茲漲海, 契和好於永代, 寄音書於使程. 一葉飄空, 泛積水之遐際, 雙旌擁節, 達隣情之至誠. 往復雖遙, 音耗稀傳, 戀懷空積. 所以勿待紀盈, 申憑舊准, 謹差永寧縣丞王文矩令覲貴國者, 准狀, 牒上日本國太政官者. 謹錄牒上, 謹牒.

무진(14일) … 이날 능등국(能登國)에 파견했던 존문발해객사(存問渤海客使) 소내기(少內記) 현견양대숙네정수(縣犬養大宿禰貞守) 등이 역마(驛馬)로 급히 [발해] 객도(客徒) 등이 가지고 온 왕계와 첩문의 사본을 바쳤다.

저 나라 왕계에서 말하기를 "[대]이진(彝震)이 계(啓)합니다. 늦가을이라 점차 추워집니다. 엎드려 생각건대 천황의 일상은 다복하소서. 여기 [대]이진은 은혜를 입어 [잘 지내고] 있습니다. 빙례(聘禮)를 수행했던 사신이 돌아와서 햇수를 헤아리면 아직 1기(12년)이 되지 않았습니다. [그런데도] 지금 다시 사신을 보내니 [이는] 진실로 빙기(聘期)를 지킨 것이 아닙니다. 그렇지만 예로부터 이웃과 우호를 맺고 예법에 의지하여 서로 교류하는 데 1년이라도 시간을 끌면 오히려 정이 소원해질까 두렵습니다. 하물며 별자리가 운행하여 세월도 8년이나 지나서 동남쪽으로 [그쪽을 향하여] 바람이 불어 흠모할 마음이 생겼으니, 어떻게 편안히 지내면서 가끔 소식을 전하겠습니까? [그래서] 삼가 토산물을 갖추어 사신편에 따라 받들어 부치니, 그 품목은 뒷장에 있으니 몸소 살펴보십시오. [이쪽 북녘] 바다의 물결이 멀리까지 가로막아 찾아뵐 수 없으나, 제 마음이 멀리서 그리워하는 것은 견디기 어렵습니다. 삼가 영녕현[22]승(永寧縣丞)

---

22 발해의 龍州에 속한 縣이다. 永寧縣은 지금의 중국 黑龍江省 寧安市 지역에 있었던 것으로 보인다.

왕문구(王文矩)를 보내 왕계를 바칩니다. [뜻을] 다 펴지 못합니다. 삼가 계(啓)합니다"라고 하였다.

다시 중대성첩(中臺省牒)에서 일컫기를 "발해국 중대성이 일본국 태정관(太政官)에 첩을 보냅니다. 파견되는 [임무를] 받아 귀국에 입근(入覲)하는 사신인 영녕현승(永寧縣丞) 왕문구(王文矩) 및 수행원 100인. 첩을 보냄에 [우리 임금의] 처분을 받드니 [그것은] '멀리 떨어진 두 나라는 남쪽 큰 바다에 가로막혀 있지만, 대대로 우호를 약속하고 사신 가는 길에 소식을 보냈다. [그래서] 잎새만 한 작은 배로 하늘을 날아가 깊은 바다의 먼 끝까지 다니고, [사신의 징표인] 한 쌍의 깃발이 절부(節符)를 에워싸서 이웃 간의 정의(情誼)에서 [나오는] 지극한 정성을 전달하였다. 왕복하는 길이 비록 멀다고 해도 소식을 가끔 전하면 사모하는 마음이 헛되기만 하다. 그러니 1기가 차기를 기다리지 말고 예전에 비준한 대로 삼가 영녕현승 왕문구를 귀국에 입근하도록 하라'는 것이니, [이제 우리 임금의 처분] 내용에 준하여 일본국 태정관에 첩을 보냅니다. 삼가 적어 첩을 올립니다"라고 하였다.

乙亥, … 是日, 存問使等馳驛, 奏詰問客徒等違例入覲之由問答文等.

을해(21일) … 이날 존문사(存問使) 등이 역마(驛馬)로 급히 보고하여, [발해] 객도들이 전례를 어기고 입근(入覲)한 연유를 힐문한 문답의 문건을 아뢰었다.

壬午, 以存問使少內記正七位下縣犬養大宿禰貞守直講從六位下山口忌寸西成, 爲兼領渤海客使.

임오(28일)에 존문사인 소내기 정7위하 현견양대숙녜정수와 직강(直講) 종6위하 산구기촌서성(山口忌寸西成)을 겸령발해객사(兼領渤海客使)로 삼았다.

○ 권19, 가상(嘉祥) 2년(849) 4월

辛亥, 領客使等引渤海國使王文矩等入京. 遣勅使左近衛少將從五位下良岑朝臣宗貞, 慰勞安置鴻臚館. 宣命曰, 天皇【我】詔旨【良萬止】宣【久】, 有司奏【久】, 彼國【乃】

王, 一紀【乎】爲期【天】, 朝拜【乃】使進度【須倍志】, 然【乎】此度【乃】使等違期【天】參來【禮利】, 如常【爾波】不遇【之天】, 自境還遣【天牟止】奏【利】. 然【禮止毛】, 遠涉荒波【天】惡處【爾】漂著【天】, 人【毛】物【毛】損傷【禮】, 艱苦【女利止】聞食【天】, 矜賜【比】免給【布止】宣. 又宣【久】, 熱時【爾】遠來【弖】平安【爾】侍【也】. 相見【無】日【爾】至【萬弖波】, 此【爾】侍【天】休息【止】宣.

신해(28일)에 영객사(領客使) 등이 발해국 사신 왕문구(王文矩) 등을 인솔하여 입경하였다. 칙사(勅使) 좌근위소장(左近衛少將) 종5위하 양잠조신종정(良岑朝臣宗貞, 요시미네노아손 무네사다)을 보내어 [이들을] 위로하고 홍려관(鴻臚館)에 안치하였다. 조서를 펼쳐 읽기를 "천황이 조지(詔旨)로 말씀하시니, 담당 관리가 아뢰기를 '그쪽 나라의 왕이 1기(紀, 12년)를 기한으로 삼아 조배(朝拜)하는 사신을 올려보내야 하는데, 이번의 사신은 기한을 어겨 뵈러 왔으니, 평소와 같이 만나지 않고 변경에서 돌려보내자.'고 아뢰었다. 그러나 멀리서 거친 파도를 건너 떠돌다가 나쁜 곳에 도착하여, 사람도 물건도 손상을 입고 힘들게 고생했다고 들었다. 불쌍히 여겨 [돌려보내는 것을] 면해준다 말씀하셨다." 또 [천황의 명령을] 전하여 말하기를 "더울 때 멀리서 왔으니 평안히 쉬라. 서로 볼 날까지 여기에 있으면서 휴식하라고 말씀하셨다"라고 하였다.

癸丑, 賜渤海客徒時服.

계축(30일)에 발해 객도에게 시복(時服)을 하사하였다.

○ 권19, 가상(嘉祥) 2년(849) 5월

乙卯, 渤海國入覲使大使王文矩等, 詣八省院, 獻國王啓函幷信物等.

을묘(2일)에 발해국에서 [천황을] 입근(入覲)하러 온 사신의 대사(大使) 왕문구(王文矩) 등이 팔성원(八省院)에 도착하여, 국왕의 계(啓)를 넣은 상자와 신물(信物) 등을 바쳤다.

丙辰, 天皇御豊樂殿, 宴客徒等. 宣詔曰, 天皇【我】詔旨【良萬止】宣【不】勅命【乎】使人等聞給【倍與止】宣【久】, 國【乃】王差王文矩等進度【之】, 天皇【我】朝庭【乎】拜奉【留】事【乎】矜賜【比】慈賜【比旦奈毛】, 冠位上賜【比】治賜【波久止】宣【布】天皇【我】勅命【乎】聞食【倍與止】宣. 大使已下首領, 相共拜舞. 訖, 授大使王文矩從二位【文矩去弘仁十三年叙正三位, 故今增位叙從二位】副使烏孝愼從四位上, 大判官馬福山少判官高應順, 竝正五位下, 大錄事高文信中錄事多安壽少錄事李英眞竝從五位下, 自餘品官, 并首領等, 授位有階.

병진(3일)에 천황(天皇)이 풍락전(豊樂殿)에 거둥하여 [발해] 객도들에게 연회를 베풀었다. 조서를 펼쳐 읽기를 "천황이 조지(詔旨)로 말씀하시는 칙명을 사신들은 들으라고 하시기를 '나라의 왕이 왕문구 등을 파견하여 올려보내어 천황의 조정을 배알하는 일을 어여삐 여겨 자비를 베푸시기로 하여서, 관위(冠位)를 올려주라고 말씀하시는 천황의 칙명을 들으라'고 말씀하셨다"라고 하였다. 대사(大使) 이하로 수령(首領)까지 다 함께 배무(拜舞)하였다. 마치고 나서 대사 왕문구(王文矩)에게 종2위【왕문구는 지난 홍인 13년(822)에 정3위를 제수받았다. 그래서 이번에는 종2위로 올려 제수하였다】 부사(副使) 오효신(烏孝愼)에게 종4위상, 대판관(大判官) 마복산(馬福山)과 소판관(小判官) 고응순(高應順)에게 모두 정5위하, 대녹사(大錄事) 고문신(高文信)과 중녹사(中錄事) 다안수(多安壽)와 소녹사(小錄事) 이영진(李英眞)에게 모두 종5위하를 제수하였다. 나머지 품관(品官) 및 수령 등에게도 관위(官位)를 제수하고 품계(品階)를 주었다.

戊午, 天皇御武德殿, 覽馬射. 六軍擁節, 百寮侍座. 有勅, 令文矩等陪宴. 宣詔曰, 天皇【我】詔旨【良萬止】宣【布】勅命【乎】使人等聞給【止】宣【久】, 五月五日【爾】藥玉【乎】佩天飮酒人【波】命長【久】福在【止奈毛】聞食【須】. 故是以藥玉賜【比】, 御酒賜【波久止】宣. 日暮, 乘輿還宮.

무오(5일)에 천황이 무덕전(武德殿)[23]에 거둥하여 말 타고, 활 쏘는 것을 관람하였다. 6군

---

23 일본 헤이안 시대의 궁궐 大內裏에 있던 전각이다. 궁중에서 말타기를 하거나 활쏘기 등을 하는 것을 관람할 때

(軍)이 의장(儀仗)을 들고 백관(百寮)들이 각자 자리에서 대기하였다. 칙서를 내려 [왕]문구 등에게 연회에 배석하게 하였다. 조서를 펼쳐 읽기를 "천황이 조지(朝旨)로 말씀하시는 칙명을 사신들은 들으라고 하시기를, '5월 5일에 약옥(藥玉)을 차고 음주하는 사람은 수명이 길어지고 복이 있다고 들었다. 그러므로 이 약옥을 하사하고 친히 술을 하사한다.'고 말씀하셨다"라고 하였다. 날이 저물자 [천황이] 수레를 타고 환궁하였다.

癸亥, 遣公卿於朝堂, 饗客徒. 宣詔曰, 天皇【我】詔旨【良萬止】宣【布】勅命【乎】使人等聞給【與止】宣【波久】, 皇朝【乎】拜仕奉【天】國爾還退【倍支】時近在【爾】依【天奈毛】, 國王【爾】祿賜【比】文矩等【爾毛】御手【都】物賜【比】饗賜【波久止】宣.

계해(10일)에 공경(公卿)을 조당(朝堂)에 보내 [발해] 객도에게 향회(饗會)를 베풀었다. 조서를 펼쳐 읽기를 "천황이 조지로 말씀하시는 칙명을 사신들은 들으라고 하시기를, '황조(皇朝)를 배알하고 [너희] 나라로 돌아갈 때가 가까워졌으므로, 국왕에게 녹을 내리고 [왕]문구 등에게도 친히 물품을 내려주고 향회도 내려주라'고 말씀하셨다"라고 하였다.

乙丑, 遣參議從四位上小野朝臣篁, 右馬頭從四位下藤原朝臣春津, 少納言從五位下藤原朝臣春岡, 右少辯從五位上橘朝臣海雄, 左少史正六位上大窪□益門, 少內記從七位下安野宿禰豊道等於鴻臚館, 賜勅書幷太政官牒. 此日客徒歸却. 勅書曰, 天皇敬問渤海國王. 入貢使文矩等至, 省啓具之. 惟王敦志欽仁, 宅心懷憶. 飛飆不斷, 望日域而忘返. 貢篚相尋, 想遼陽而如近. 眷其勤苦, 良嘉乃誠. 但脩聘之期, 一紀爲限, 先皇明制, 國憲已成. 故有司固請責文矩等, 以背彝規, 自邊還却. 朕閔其匪躬之故, 遠踏重溟, 船破物亡, 人命纔活, 使得入奉朝覲, 拜首軒墀. 祿賜榮班, 准憑恒典, 斯乃一切之恩, 難可再恃. 王宣守舊章而不失, 昭明德以有垣. 唯存信順之心, 誰嫌情禮之薄. 夏熱, 比淸適也. 文矩今還, 略申往意. 幷寄王信物, 如別. 太政官牒曰, 日本國太政官牒渤海國中臺省. 入覲使永寧縣丞王文矩等壹佰人牒. 得中臺省牒稱, 邈矣兩邦, 阻茲漲海, 契和好於永代, 寄音書於使程. 頃者兩邦通使, 一紀爲期. 音耗

에 사용되었다.

> 稀傳, 戀懷空積. 所以勿待紀盈, 申憑舊准, 謹差永寧縣丞王文矩, 令覲貴國者. 少之事大, 理難自由, 盈縮期程, 那得在彼. 事須在所却還, 戒其愆違, 官具狀奏聞. 奉勅, 文矩等孤舟已破, 百口纔存. 眷其艱辛, 義深合宥. 宣特賜恩隱, 聽奉入觀, 爵賜匹段, 准據舊章. 但權時之制, 不可通行, 詳告所司, 莫令重違者. 准處分, 觀禮傳畢, 仍造舟船, 及時發遣. 附勅璽書幷國信. 今以狀牒, 牒至准狀. 故牒.

을축(12일)에 참의(參議) 종4위상 소야조신황(小野朝臣篁, 오노노아손 타카무라), 우마두(右馬頭) 종4위하 등원조신춘진(藤原朝臣春津, 후지와라노아손 하루쓰), 소납언(少納言)[24] 종5위하 등원조신춘강(藤原朝臣春岡, 후지와라노아손 하루오카), 우소변(右少辯) 종5위상 귤조신해웅(橘朝臣海雄, 다치바나노아손 아마오), 좌소사(左少史) 정6위상 대와□[25]익문(大窪□益門, 오쿠보노후히토 마스카도), 소내기(少內記) 종7위하 안야숙녜풍도(安野宿禰豊道, 야스노노스쿠네 토요미치) 등을 홍려관(鴻臚館)에 보내어 칙서(勅書)와 태정관첩(太政官牒)을 하사하였다. 이날 [발해] 객도가 떠났다.

칙서에서 말하기를 "천황은 발해국왕에게 삼가 안부를 묻습니다. 입공사(入貢使) [왕]문구 등이 이르러 [바친] 계(啓)를 보고 [그 내용을] 잘 알았습니다. 생각건대 왕은 인덕(仁德)을 흠모하는 데 뜻을 두고 은혜를 [잊지 않고] 품고 있는 데 마음을 두고 있습니다. [그래서] 돛을 올려 쉬지 않고 일역(日域)을 바라보며 먼 곳임을 잊고 [달려오니] 공물 상자가 계속 이어져 요양(遼陽)을 생각하면 마치 가까운 것 같습니다. 그 온갖 고생을 돌아보면 참으로 그 정성이 가상합니다. 다만 빙례(聘禮)를 수행하는 기간은 1기(紀, 12년)를 한도로 삼은 것은 선대의 천황 때부터의 분명한 제도로서 나라의 법도로 이미 되어 있습니다. 그러므로 담당 관리가 [왕]문구 등을 질책하고 [그가] 상규(常規)를 위배했으니 변경에서 되돌려 보내라고 강하게 요청하였습니다. [그러나] 짐은 그가 자기 일신의 [사적인] 목적 때문이 아닌데도 멀고도 먼 북명(北溟)

---

24 일본 고대 최고기관인 太政官의 관직이다. 당나라의 관직으로는 給事中에 해당한다. 44等官 중 3등급인 判官에 해당하며, 위계는 종5위하이다. 정원은 3인이나, 정원 외의 權少納言 등이 설치되었다. 주요 직무는 칙령의 하달과 그에 필요한 御璽·태정관 인장·駅鈴의 관리 등이 있다. 大寶律令에서는 侍從을 겸임하며 일본 천황을 근처에서 모시는 비서관급으로 정하고 있으나, 시종의 업무가 번잡하였기 때문에 점차 하급관리인 外記에게 직무가 넘어가게 되었다. 더욱이 영외관으로 천황의 비서관에 해당하는 藏人이 설치되자 천황의 근시라는 지위가 크게 약화되어, 단지 인장을 관리하는 직이 되었다.

25 □는 史로 추정된다.

바다를 건너올 때 배가 파손되고 물건도 망실되어 인명만 겨우 살아남았음을 불쌍히 여겨, 입경하여 조근(朝覲)하고 궁전의 계단 앞에서 머리를 조아릴 수 있게 하였습니다. 녹을 내려 높은 반열에 올려준 것은 지위를 항상 지켜온 법전에 의거하였지만 이러한 일체의 은혜를 다시 기대하기는 어렵습니다. [그러니] 왕은 마땅히 오랜 법도를 지켜 [다시는] 어기지 말고, [자신의] 밝은 덕을 분명히 하여 항심(恒心)을 지키십시오. 오직 [법도를] 믿고 따르는 마음을 둔다면 누가 [이웃 간의] 정의(情誼)[에 부합하는] 예법이 천박하다고 싫어하겠습니까? 여름이라 더우니 이때 편안히 지내십시오. [왕]문구가 이제 돌아가니 대략 그동안의 생각을 알립니다. 아울러 왕에게 부치는 신물(信物)은 별지와 같습니다"라고 하였다.

 태정관첩에서 말하기를 "일본국 태정관이 발해 중대성(中臺省)에 첩을 보냅니다. 입근사(入覲使) 영녕현승(永寧縣丞) 왕문구(王文矩) 등 100명이 [중대성]첩을 보냈습니다. 중대성첩을 수취한 바, [그것은] '멀리 떨어진 두 나라는 남쪽 큰 바다에 가로막혀 있지만, 대대로 우호를 약속하고 사신 가는 길에 소식을 보냈다. 근래 양국이 사신을 보내는 것은 1기(紀)를 기한으로 삼았다.[26] 소식을 드물게 전하면 사모하는 마음이 헛되기만 하다. 그러니 연기(年紀)가 차기를 기다리지 말고 예전에 비준한 대로 삼가 영녕현승 왕문구를 귀국에 입근(入覲)하도록 하라.'는 것입니다. 소국이 대국을 섬기는 데에는 이치상 자기 마음대로 하기 어려우니 [빙례의] 기한을 늘리고 줄이는 것이 어찌 그쪽에 있겠습니까? 반드시 [사신이 도착해] 있는 곳에서 돌려보내어 그 잘못을 경계해야 한다고 [태정]관은 그런 실정을 갖추어 [천황께] 아뢰었습니다. [그런데 천황으로부터] 칙서를 받은 바, [그것은] '[왕]문구 등의 고단한 배가 이미 파손되어 1백 명만 간신히 살아남았다. 그 온갖 고난을 돌아보니 의리상 [잘못을] 용서해줌에 깊이 부합된다. 특별히 은혜를 내려 입근(入覲)하도록 허락해 주고, 관작(官爵)의 하사와 [그에 따라 하사하는] 비단은 오랜 [동안 지켜온] 법도에 근거하도록 하라. 다만 [이러한 조치는] 임시의 제도이니 계속 행할 수는 없으니, 담당 관리에 상세히 알려 다시는 위반하지 말라'는 것입니다. 이러한 처분에 준하여 입근의 예를 마쳤으니 배를 건조하여 때가 되면 출발하십시오. 옥새를 찍은 칙서와 신물(信物)을 부칩니다. 지금 [이러한 문서의] 내용으로 첩을 보내니, 첩이 도착하거든 그 내용에 준하여 처리하십시오. 그러므로 첩을 보냅니다"라고 하였다.

---

26 앞의 중대성첩에는 이 구절이 없다.

발해사 자료총서 - 일본사료 편 권1

4. 『일본문덕천황실록(日本文德天皇實錄)』

『일본문덕천황실록』은 헤이안 시대(平安時代, 794~1185)에 칙명(勅命)으로 편찬된 편년체(編年體) 사서(史書)로 육국사(六國史) 중 하나이다. 『일본서기』, 『속일본기』, 『일본후기』, 『속일본후기』에 이어 다섯 번째로 편찬되었다. 몬토쿠천황(文德天皇) 당대의 실록으로 가승(嘉承) 3년(850) 3월부터 천안(天安) 2년(858) 8월까지 9개년간의 역사를 기록했다. 정관(貞觀) 13년(871)에 세이와천황(淸和天皇)이 우대신(右大臣) 후지와라노 모토쓰네(藤原基經), 중납언(中納言) 미나부치노 토시나(南淵年名) 등에게 편찬을 명하였는데 세이와 천황의 양위와 편자 일부의 사망으로 중단되었다. 원경(元慶) 2년(878)에 요제이천황(陽成天皇)이 후지와라노 모토쓰네에게 편찬 재개를 명하였고 스가와라노 코레요시(菅原是善)에게 집필에 새로이 참여할 것을 명하여 원경 3년(879) 12월에 완성하였다.

『일본문덕천황실록』은 한문(漢文)으로 기록되었으며 기본 체제는 편년체이다. 전체 10권으로 되어 있다. 이전의 일본 정사는 모두 '기(紀)'라고 명명하였으나 『일본문덕천황실록』부터 처음으로 '실록(實錄)'이라고 명명하였다. 이는 몬토쿠천황 1대의 사적을 정리하면서, 일본의 역사서가 이때부터 중국의 실록 찬록 방식을 따랐기 때문이다.

『일본문덕천황실록』에서 확인되는 한반도 관계 기사는 발해 사신의 왕래와 신라인의 표착 기록이다.

원문 저본은 『신정증보국사대계본(新訂增補國史大系本)』(吉川弘文館)을 활용한 『일본 육국사 한국 관계 기사 역주: 일본문덕천황실록』(최근영 외, 1994, 駕洛國史蹟開發硏究院)로 하였다.

○ 권1, 문덕천황(文德天皇)[1] 가상(嘉祥) 3년(850) 5월

壬午, 葬太皇大后于深谷山. … 太皇大后, 姓橘氏, 諱嘉智子. 父淸友, 少而沉厚, 涉獵書記. 身長六尺二寸, 眉目如畵, 擧止甚都. 寶龜八年高麗國遣使修聘, 淸友年在弱冠, 以良家姿儀魁偉, 接對遣客. 高麗大使獻可大夫史都蒙見之而器之, 問通事舍人山於野上云, 彼一少年, 爲何人乎. 野上對, 是京洛一白面耳. 都蒙明於相法, 語野上云, 此人毛骨非常, 子孫大貴. 野上云, 淸問命之長短. 都蒙云, 卅二有厄, 過此無恙. 其後淸友聚田口氏女, 生后延曆五年, 爲內舍人. 八年病終於家, 時年卅二, 驗之果如都蒙之言. 后爲人寬和, 風容絶異, 手過於膝, 髮委於地, 觀者皆驚. 嵯峨太上天皇, 初爲親王納后, 寵遇日隆, 天皇登祚, 弘仁之始, 拜爲夫人.

임오(5일)에 태황태후(太皇大后)를 심곡산(深谷山, 후카타니야마)에 장사지냈다. … 태황대후의 성은 귤(橘, 다치바나) 씨이고, 휘(諱)는 가지자(嘉智子, 가치코)이다. 아버지는 청우(淸友, 기요토모)인데, 어려서부터 순박하고 진중하였으며 각종 서적을 섭렵하였다. 키가 6척 2촌이었으며, 눈썹과 눈이 그린 것 같았고 행동거지가 매우 우아하였다. 보귀(寶龜) 8년(777) 고려국에서 사신을 보내어 우호를 다질 때 청우의 나이가 스물이었는데, 좋은 집안의 자제로서 자태와 의용이 걸출하였으므로 사신을 접대하였다. 고려의 대사(大使) 헌가대부(獻可大夫)[2] 사도몽(史都蒙)이 그를 보고 인재로 여겨 통사사인(通事舍人) 산어야상(山於野上, 야마오노우에)에게 "저 소년은 어떤 사람인가"라고 물었다. 야상이 "우리 경사(京師)의 백면서생(白面書生)일 뿐입니다"라고 대답하였다. [사]도몽은 관상을 잘 보았는데, 야상에게 말하길 "이 사람의 골상과 용모가 보통 사람이 아니니 자손 가운데 크게 귀한 사람이 있을 것이오"라고 하였

---

1 일본 제55대 천황(재위 850~858)이다. 닌묘천황(仁明天皇)의 제1황자이며 이름은 道康이다. 承和의 변(842)으로 황태자인 恒貞親王이 폐위되고 황태자가 되었다. 순행과 유람을 즐기지 않고 정치에 힘썼으며 『속일본후기』의 편찬을 개시하였다. 그러나 질병으로 국정을 돌볼 수 없을 때가 많아, 정치의 실권은 후지와라노 요시후사(藤原良房)에게 위임하였다. 32세의 나이로 죽었다. 이 몬토쿠천황대의 역사를 편년체로 기록한 『일본문덕천황실록』 10권(879년 완성)이 있다.
2 발해 문산계의 하나이다. 발해의 문산계는 762년부터 기록에 보이는데, 당나라 명칭과 달라서 독자성을 보인다. 무산계는 8세기 전반까지는 당과 동일하고, 798년의 위군대장군부터 달라지고 있는 것이 확인된다. 따라서 발해의 산관제도가 8세기 중엽 이후 고유 명칭으로 변경되었던 것으로 추정된다(중앙문화재연구원 엮음, 2021, 53~54쪽).

다. 야상이 "그의 수명이 길지 짧을지 청하여 묻습니다"라고 하니, [사]도몽이 "32세에 액운이 있는데 이를 지나면 괜찮을 것입니다"라고 말하였다. 그 후에 청우는 전구(田口, 다구치) 씨의 딸에게 장가들어 태후(太后)를 낳았고, 연력(延曆) 5년(786)에 내사인(內舍人)이 되었다. (연력)8년(789)에 병들어 집에서 죽었는데, 그때 나이가 32세로 [사]도몽의 말이 과연 징험을 보인 것이었다. 태후는 사람됨이 관대하고 온화하였으며 기품과 용모가 [다른 사람들과] 매우 달랐고, 손이 무릎 아래까지 내려왔으며 머리카락이 땅에까지 닿았으므로, 보는 사람들이 모두 경탄하였다. 차아태상천황(嵯峨太上天皇)[3]이 처음에 친왕(親王)이 되어 왕후(王后)로 맞아들였는데 총애가 날로 더하여 천황(天皇)에 오른 홍인(弘仁) 초에 부인(夫人)으로 삼았다.

○ 권5, 문덕천황(文德天皇) 인수(仁壽) 3년(853) 3월

戊午, 越中權守從五位上紀朝臣椿守卒. … 卒時年七十八. 椿守工於隸書, 尤得其筋. 答渤海書, 特簡好手. 椿守前後再書, 皆盡其善, 朝庭美之.

무오(28일)에 월중권수(越中權守) 종5위상 기조신춘수(紀朝臣椿守, 기노아손 쓰바키모리)[4]가 죽었다. … 죽을 때 나이가 78이었다. 춘수는 예서(隸書)를 업으로 하였는데 서법이 [남들보다] 짜임새가 있었다. 발해의 국서에 답하기 위한 명필로 특별히 간택되었다. 춘수는 전후로 두 번 [국서를] 썼는데, 모두 최선을 다하였으므로 조정에서 아름답게 여겼다.

○ 권9, 문덕천황(文德天皇) 천안(天安) 원년(857) 11월

戊戌, 右京大夫兼加賀守正四位下藤原朝臣衛卒. … 嘉祥二年春, 渤海客入朝. 五月

---

3 일본 제52대 사가천황(嵯峨天皇, 786~842)으로, 간무천황(桓武天皇)의 차남(제5황자라는 설도 있다)이자 헤이제이천황(平城天皇)의 친동생이다. 이름은 가미노(神野)이다. 809년 병을 이유로 퇴위한 헤이제이천황의 뒤를 이어 즉위하였다. 810년에 헤이제이의 복위를 시도한 藥子의 變이 일어났으나 제압에 성공하였다. 이후 사형을 폐지하였다. 823년 양위하여 상황이 되었지만, 퇴위 후에도 권력을 행사하여 궁성을 축조하는 등 국가 재정에 부담을 주어 정치적 갈등을 초래하였다. 한시 및 서예에 조예가 깊어 헤이안 시대 3대 명필 중 한 사람으로 알려져 있다.

4 紀朝臣椿守는 일본 헤이안 시대 초기의 귀족이다. 隸書에 능통한 인물로 유명했으며, 글씨가 빼어나다고 하여 발해에 보내는 답서를 두 차례 담당하였다.

五日, 皇帝幸武德殿, 賜宴於賓客. 有勅, 擇侍臣之善辭令者, 以爲應對之中使. 其日賜長命縷佩之, 使者賓客歎其儀範.

무술(4일)에 우경대부(右京大夫) 겸 가하수(加賀守) 정4위하 등원조신위(藤原朝臣衛)가 죽었다. … 가상(嘉祥) 2년(849) 봄에 발해의 사자가 입조하였다. 5월 5일에 황제가 무덕전(武德殿)에 행차하여 빈객에게 연회를 베풀었다. 칙명을 내려 모시는 신하 가운데 말을 잘 하는 자를 택하라고 하니 (등원조신위가) 사신을 응대하는 중사(中使)가 되었다. 그날 내려받은 장수를 기원하는 실을 패용하니, 사자와 빈객들이 그 예의범절의 모범됨을 찬탄하였다.

발해사 자료총서-일본사료 편 권1

5. 『일본삼대실록(日本三代實錄)』

　『일본삼대실록』은 헤이안 시대(平安時代, 794~1185)에 칙명(勅命)으로 편찬된 편년체(編年體) 사서(史書)로 육국사(六國史) 중 마지막으로 편찬된 사서이다. 『일본서기』, 『속일본기』, 『일본후기』, 『속일본후기』, 『일본문덕천황실록』에 이어 여섯 번째로 편찬되었다.

　세이와천황(清和天皇), 요제이천황(陽成天皇), 고코천황(光孝天皇) 3대의 실록으로 천안(天安) 2년(858) 8월에서 인화(仁和) 3년(887) 8월까지 29년간의 역사를 기록했다. 관평(寛平) 4년(892)에 우다천황(宇多天皇)이 미나모토노 요시아리(源能有), 후지와라노 토키히라(藤原時平), 스가와라노 미치자네(菅原道眞) 등에게 편찬을 명하였는데, 미나모토노 요시아리가 사망하고 우다천황이 양위하면서 편찬이 중단되었다. 이후 다이고천황(醍醐天皇)이 칙명을 내려 편찬을 재개하였고, 후지와라노 토키히라가 연희(延喜) 원년(901)에 완성하였다.

　『일본삼대실록』은 한문(漢文)으로 기록되었으며 기본 체제는 편년체이다. 전체 50권으로 되어 있었다고 한다. 현존하는 사본은 완본(完本)은 없고 『유취국사』, 『일본기략』, 『부상략기(扶桑略記)』 등에 의해 보완된 것이다. 육국사 가운데 가장 정교한 기술로 후대 사서의 규범이 되었다고 평가받는다.

　『일본문덕천황실록』에서 확인되는 한반도 관계 기사는 발해 사신의 왕래와 신라인의 일본 연안 출몰에 따른 일본 조정의 대응을 알려주는 기록이다.

　원문 저본은 『신정증보국사대계본(新訂增補國史大系本)』(吉川弘文館)을 활용한 『일본 육국사 한국 관계 기사 역주: 일본삼대실록』(최근영 외, 1994, 駕洛國史蹟開發研究院)으로 하였다.

○ 권2, 청화천황(淸和天皇)[1] 정관(貞觀) 원년(859) 정월

廿二日己卯, 能登國馳驛言, 渤海國入覲使烏孝愼等一百四人來着珠洲郡.

22일 기묘에 능등국(能登國, 노토노쿠니)에서 역마(驛馬)로 급히 보고하기를, "발해국 입근사(入覲使) 오효신(烏孝愼) 등 104인이 와서 주주군(珠洲郡, 스즈군)[2]에 도착하였다"라고 하였다.

廿八日乙酉, … 正六位上行少外記廣宗宿禰安人, 大內記正六位上安倍朝臣淸行爲領渤海國客使.

28일 을유에 … 정6위상 행소외기(行少外記) 광종숙녜안인(廣宗宿禰安人; 히로무네노스쿠네 야스히토)과 대내기(大內記)[3] 정6위상 안배조신청행(安倍朝臣淸行, 아베노아손 키요유키)을 영발해국객사(領渤海國客使)로 삼았다.

○ 권2, 청화천황(淸和天皇) 정관(貞觀) 원년(859) 2월

四日庚寅, … 渤海國客着能登國. 是日, 詔遷於加賀國安置便處.

4일 경인에 … 발해국 객이 능등국(能登國)에 도착하였다. 이날 조서를 내려 가하국(加賀國,

---

1 일본의 제56대 천황(재위 858~876)이다. 이름은 惟仁이며, 水尾天皇이라고도 한다. 文德天皇의 넷째 아들이다. 태어난 지 8개월 만에 황태자가 되었다. 9세에 즉위하였으나 어린 나이 탓에 외조부인 태정대신 藤原良房이 攝行하였다. 이때부터 후지와라노씨의 攝關 독점의 단서를 열었다. 요시후사의 조카인 藤原高子가 女御가 되어 貞明親王을 낳았다. 877년 사다아키라친왕에게 양위하고 태상천황이 되었다. 880년 12월 4일에 죽었다.
2 일본 고대 能登國에 위치한 郡으로, 현재의 이시카와(石川)현에 있었다. 원래는 越前國의 군이었지만, 718년에 노토노쿠니에 속하게 되었다. 742년~757년까지는 越中國에 속하였다.
3 일본 고대 中務省의 관직이다. 대·중·소내기의 6인 가운데 상위로 2명을 두었다. 내기는 詔勅·宣命·位記의 기초 및 천황의 행동을 기록하는 일을 담당하였다. 그래서 학문에 뛰어난 관인이나 학자를 우선적으로 임명하였고, 대내기는 기전도(紀傳道; 文章道) 시험 합격자에 한정되었다. 헤이안 시대 이후 그 역할이 점차 쇠퇴하였다.

가가노쿠니)⁴으로 옮겨 편한 곳에 안치하도록 하였다.

七日癸巳, … 從六位下行直講刈田首安雄爲領渤海客使. 以廣宗安人辭退也.

7일 계사에 … 종6위하 행직강(行直講) 예전수안웅(刈田首安雄, 가리타노오비토 야스오)을 영발해객사(領渤海客使)로 삼았다. 광종안인(廣宗安人, 히로무네노 야스히토)이 사퇴하였기 때문이다.

九日乙未, 大初位下春日朝臣宅成爲渤海通使.

9일 을미에 대초위하(大初位下) 춘일조신택성(春日朝臣宅成, 가스가노아손 야카나리)을 발해통사(渤海通事)로 삼았다.

○ 권2, 청화천황(淸和天皇) 정관(貞觀) 원년(859) 3월

十三日己巳, 領渤海客使大內記正六位上安倍朝臣淸行直講從七位下刈田首安雄, 儌裝進發, 告宣云, 使等宜稱存問兼領渤海客使, 當船不任存問使故也. 渤海國副使周元伯頗閑文章, 詔越前權少掾從七位下嶋田朝臣忠臣, 假爲加賀權掾, 向彼與元伯唱和, 以忠臣能屬文也.

13일 기사에 영발해객사(領渤海客使) 대내기(大內記) 정6위상 안배조신청행(安倍朝臣淸行)과 직강(直講) 종7위하 예전수안웅(刈田首安雄)이 행장을 꾸리고 출발하는데, 천황의 말씀을 전하기를, "사신 등은 의당 존문겸영발해객사(存問兼領渤海客使)라 칭할 것이니, 이번 파견에는 존문사(存問使)를 임명하지 않기 때문이다"라고 하였다. 발해국 부사(副使) 주원백(周元伯)이 자못 문장에 능숙하여, 조서를 내려 월전권소연(越前權少掾) 종7위하 도전조신충

---

4 과거 일본의 지방 행정 구분이었던 令制國의 하나로 北陸道에 속했다. 823년 3월에 설치되었으며, 지금의 이시카와(石川)현 남부이다.

신(嶋田朝臣忠臣, 시마다노아손 타다오미)을 임시로 가하권연(加賀權掾)으로 삼아 그쪽으로 가게 해서 [주]원백과 시를 주고받도록 하였으니, 충신(忠臣, 다다오미)이 글을 잘 지었기 때문이다.

○ 권2, 청화천황(清和天皇) 정관(貞觀) 원년(859) 5월

十日乙丑, … 存問兼領渤海客使大內記安倍朝臣淸行加賀國司等, 奉進渤海國啓牒信物. 王啓曰, 虔晃啓. 孟冬漸寒, 伏惟天皇, 起居萬福. 卽此虔晃蒙恩. 當國間年, 使命永展先親之, 禮將累代之情, 忱續任風之影, 恒無隔紀, 以至于今. 虔晃幸承先緒, 撫守一邦, 古典攸憑, 合重禮意. 敢依舊貫, 着付使程, 紀近盈年, 允增結戀. 期海津於挂席, 表翰信於傳心. 仍發雲檣, 迥凌波浪, 凝萬里之遐想, 係寸心以難窮. 往復之間, 伏望矜恤. 限以巨溟, 未由拜覲, 下情無任馳戀, 謹差政堂省左允烏孝愼奉啓. 不宣. 謹啓. 中臺省牒曰, 牒. 奉處分, 扶桑崇浪, 日或遐邦. 欲占風絓席, 期阻歲而寄音. 泛泛輕舟, 罕過沃雲之水, 拳拳方寸, 彌增披霧之情. 所以隔年度日, 天轉律移, 想尋修之舊貫, 近周廻之星紀. 酌展親於古典, 遵繼好於前章, 憑事表情, 善隣實禮. 戀懷轉切, 不待前期, 謹差政堂省左允烏孝愼, 令謹貴國者. 准狀牒上.

10일 을축에 … 존문(存問) 겸 영발해객사(兼領渤海客使) 대내기(大內記) 안배조신청행(安倍朝臣淸行)과 가하국사(加賀國司)[5] 등이 발해국의 왕계(王啓)와 [중대성]첩 그리고 신물(信物)을 진상하였다. 왕계에서 말하기를 "[대]건황(虔晃)이 계(啓)합니다. 첫 겨울이라 점차 추위지는데, 엎드려 바라건대 천황의 일상은 다복하소서. 여기 [대]건황은 은혜를 입어 [잘 지내고] 있습니다. 나라를 다스리게 되어 해를 지나 사신을 보내 선대(先代)의 친선(親善)을 길이 펼치게 되니, 예법은 대대로 쌓아온 정의(情誼)를 받들고 마음은 바람이 부는 대로 [따르는] 그림자[처럼] 이어져서, 항상 1기(紀, 12년)을 거른 적이 없이 오늘에 이르렀습니다. [대]건황은 다행히 선대의 유업을 계승하여 일국을 지키게 되었으니, 오랜 법전에 의거하는 바대로

---

5 국사는 일본 고대의 지방행정 단위인 國를 지배하는 행정관으로 중앙에서 파견된 관리이다. 장관은 守이며, 그 아래에 介, 掾, 目이 있고, 율령제 하에서 호적의 작성, 전지의 배급, 조용조의 수취 등을 맡았다.

마땅히 예법의 의미를 소중히 하겠습니다. 감히 예전의 관행에 의지하여 사신을 부치니, 1기에 해가 거의 다 차서 그리워하는 마음이 늘어날 뿐입니다. 돛을 달아 [출발함에] [무사히] 항구[에 도착하기를] 기약하며 마음을 전함에 편지에 표현해 놓았습니다. [이제] 구름같이 높은 돛대를 단 배를 출발시켜 멀리 파도를 건너가니, [여기에] 만 리나 떨어진 먼 곳에서의 생각을 응축시켜, 작은 마음에 간직하기를 무궁토록 하겠습니다. [사신이] 오고 가는 사이에 엎드려 바라건대 가엾게 여겨 보살펴 주십시오. 큰 북쪽 바다에 가로막혀 직접 찾아뵐 수 없으나, 저로서는 사모하는 마음을 견디기 어려워 삼가 정당성좌윤(政堂省左允) 오효신(烏孝愼)을 보내 왕계를 바칩니다. [뜻을] 다 펴지 못합니다. 삼가 계(啓)합니다"라고 하였다. 중대성첩(中臺省牒)에서 말하기를 "첩을 보냅니다. [우리 임금의] 처분을 받드니 [그것은] '[해가 떠오르는] 부상(扶桑) 나무 아래는 풍랑이 가득하니 해 뜨는 지역은 먼 나라이다. 풍향을 살펴서 돛을 달아 출발하고자 하며, 해가 가로막혀도 소식을 전하기를 기필해야 한다. [물에] 떠 있는 작은 배로는 구름까지 적시는 큰 바다를 건너기가 어렵지만, 정성스러운 작은 마음속에서는 안개를 헤치고 [나아가려는] 심정이 더욱 증가할 뿐이다. 그래서 해가 가고 날이 지나며 하늘이 움직이고 별자리가 옮겨서, [이웃 나라와] 수교하는 오랜 관례를 생각하게 되고 [또] 별자리의 운행도 거의 한 바퀴 돌았다. [이제] 오랜 법전에서 [이웃과의] 친교를 중시한 것을 참작하고 예전 장정(章程)에서 우호를 지속한 것을 준수하여, 일에 의거하여 정을 표현하고 이웃과의 친선에는 예법을 다한다. 사모하는 마음이 점점 간절하게 바뀌니 예전의 기약을 기다리지 말고, 삼가 정당성좌윤 오효신을 파견하여 귀국을 찾아뵙도록 하라.'는 것입니다. [이제 우리 임금의 처분] 내용에 준하여 첩을 올립니다"라고 하였다.

○ 권3, 청화천황(淸和天皇) 정관(貞觀) 원년(859) 6월

廿三日丁未, 賜渤海國王勅書曰, 天皇敬問渤海國王. 書獻悉至, 披覽具之. 維王文武兼體, 忠孝由衷, 襲當國之徽猷, 敦親仁之舊好. 傾心久契, 無疎就日之誠, 利涉長期, 不廢飛雲之嶮. 乃顧深款, 何靡增懷. 先皇以去年八月昇遐, 遺詔不許奔赴, 朕以寡德, 荷託鴻圖. 奉先訓而聿脩, 撫舊吨以自怵. 雖則會同之禮, 大喪無廢, 延正之朝, 春秋所美. 然以闕庭過密, 事須隔於殷頻. 邦國頻灾, 人有艱於郵傳. 緣此慰藉使者, 迨期放還. 間紀如賒, 通情猶通. 今因孝愼, 付送信物, 仍舊辨裝, 色目如別. 熟劇, 王及所部平安好. 略此遣書, 指無一二. 太政官送中臺省牒曰, 得中臺省牒稱, 奉處分, 扶桑崇浪, 日或遐邦. 欲占風絓席, 期阻歲而寄音. 泛泛輕舟, 罕過沃雲之水, 拳拳方寸, 彌增披霧之情. 所以隔年度日, 天轉律移, 想尋修之舊貫, 近周廻之星紀. 酌展親於古典, 遵繼好於前章, 憑事表情, 善隣實禮. 戀懷轉切, 不待前期, 謹差政堂省左允烏孝愼, 令謹貴國者. 准狀牒上日本國太政官者. 謹錄牒上. 謹牒者. 滄瀛不測, 義在含弘, 江漢可宗, 禮存朝會. 駿奔惟遽, 來不及期, 有司執平, 弗肯容待. 奉勅, 孝愼等, 遙慕聲敎, 凌厲闕而頻來, 尋懷順歸, 辭龍鄕以荐至, 忠節之効, 矜恤可量. 況魯侯再朝, 春秋無貶. 唯國有兇喪, 季屬荒侵, 將全舊儀, 何苦黎庶. 宜殊加迎接, 權停入都, 在所安存, 支賜准例. 復吉凶相問, 往迹可憑, 若有意於弔來, 事須拘於遺制. 徒煩舟檝, 將背時規, 更待紀盈, 當表隣好者. 今因綸旨, 撿挍如常, 脩船畢功. 風潮可駕. 璽書信物, 同附使廻, 留彼篤誠, 放其歸去. 今以狀牒, 牒至准狀. 故牒. 束絁五十疋綿四百屯, 賜大使烏孝愼. 孝愼別貢土宜, 仍有此錫賚焉.

23일 정미에 발해국왕에게 내리는 칙서에서 말하기를 "천황은 발해국왕에게 삼가 안부를 묻습니다. 문서와 헌상품이 모두 도착하니 열어 보고 [그 내용을] 잘 알았습니다. 생각건대 왕은 문무(文武)를 모두 체득하고 충효(忠孝)도 마음속에 간직하고 있어서, 나라를 다스리는 훌륭한 방도를 이어받고 어진 [이웃과] 친하게 지내는 오랜 우호 관계를 돈독히 하고 있습니다. [그래서] 오랜 약속에 마음을 쏟아 해를 향해 나아가는 정성을 소홀히 하지 않고, 장기간에도 바다를 잘 건너 구름에 떠내려가는 위험에도 굴하지 않습니다. 이에 그 깊은 정성을 돌아보니 어찌 감회가 늘어나지 않겠습니까? 선황(先皇)이 작년 8월 승하하면서 유조(遺詔)로서 외국의 조문을 불허하였으며, 짐은 덕이 부족한데도 대궐을 맡게 되었습니다. 선황의 가르침을 받들어 닦으며 옛 백성을 위무함으로써 자신을 돌보았습니다. 비록 [외국 사신과] 회동하는 의례는 제왕의 상중에도 빠트리지 않는 것이며 [더구나] 정월에 맞이하는 조회는 『춘추(春秋)』에서도 찬미하는 바입니다. 그러나 [상중이라] 대궐에 음악이 그쳤으니 일이 모름지기 사신을 알현하는 데 적합하지 않습니다. [또] 나라에 재앙이 빈번해서 사람들이 우역(郵驛)을 통해 [사신을] 호송하는 데 고생스럽습니다. 이로 인해 사자(使者)를 위로하고 기한이 되어 되돌려 보냅니다. 1기(紀)와의 간격이 좀 더 남았지만, 정을 통하기에는 오히려 가깝습니다. 지금 [오]효신을 통해 신물(信物)을 보내는데 예전대로 포장했으며, 그 품목은 별지와 같습니다. 더위가 심해지니 왕 및 신하들도 평안하게 잘 있으십시요. 대략 이런 뜻으로 편지를 보내지만 일일이 적지 못했습니다"라고 하였다.

태정관(太政官)이 중대성(中臺省)에 보내는 첩(牒)에서 말하기를 "중대성첩을 받았는데 [거기에서] 이르기를 '[우리 임금의] 처분을 받드니 [그것은]「[해가 떠오르는] 부상(扶桑) 나무 아래는 풍랑이 가득하니 해 뜨는 지역은 먼 나라이다. 풍향을 살펴서 돛을 달아 출발하고자 하며, 해가 가로막혀도 소식을 전하기를 기필해야 한다. [물에] 떠 있는 작은 배로는 구름까지 적시는 큰 바다를 건너기가 어렵지만, 정성스러운 작은 마음속에서는 안개를 헤지고 [나아가려는] 심정이 더욱 증가할 뿐이다. 그래서 해가 가고 날이 지나며 하늘이 움직이고 별자리가 옮겨서, [이웃 나라와] 수교하는 오랜 관례를 생각하게 되고 [또] 별자리의 운행도 거의 한 바퀴 돌았다. [이제] 오랜 법전에서 [이웃과의] 친교를 중시한 것을 참작하고 예전 장정(章程)에서 우호를 지속한 것을 준수하여, 일에 의거하여 정을 표현하고 이웃과의 친선에는 예법대로 행한다. 사모하는 마음이 점점 간절하게 바뀌니 예전의 기약을 기다리지 말고, 삼가 정당성좌윤(政堂省左允) 오효신(烏孝愼)을 파견하여 귀국을 찾아뵙도록 하라」는 것입니다. [이제 우리 임금의 처분] 내용에 준하여 일본국 태정관에 첩을 올립니다. 삼가 옮겨 적어 첩을 올립니다. 삼가 첩을 보냅니다'라는 것입니다. 창해(滄海)[와 같은 큰 바다]는 [넓어] 헤아릴 수 없으니 그 의리는 널리 포용함에 있고, 장강(長江)과 한수(漢水)[와 같은 강들]은 [결국 바다로] 향해야 하니, 그 예의는 조회(朝會)함에 있습니다. [그런데 이번 사신은] 바쁘게 달려옴이 너무 급작스럽고 내방함이 적기(適期)에 미치지 않아서 담당 관리는 공평함에 의거하여 받아들여 대접하려고 하지 않았습니다. [그러나] 칙서를 받은 바 '[오]효신 등이 멀리서 덕스러운 교화를 사모하여 신기루(蜃氣樓)를 넘어 자주 와서 귀순[의 마음]을 품고 [북쪽의] 변방 고향을 떠나 거듭 찾아오니, 충성스러운 절개의 공적에 대해서는 긍휼히 여겨 헤아릴 만하다. 하물며 노(魯)나라 제후가 두 번이나 조회한 것을『춘추(春秋)』에서도 폄하하지 않았던가? 오직 나라가 상장(喪葬)을 치르고 있고 계절은 연이어 흉년에 침탈당하니 오랜 의례를 온전히 하려고 어찌 백성들을 고달프게 하겠는가? 마땅히 웅숭하게 영접하되 [이번에는] 형편상 입경(入京)은 중지하고, [지금 있는 곳에서 편안히 지내며 [물품의] 하사는 전례대로 하라. 길흉에 대해 서로 문안하는 것은 [선왕들의] 지난 자취에서도 증명이 되니, 만약 [저들이] 조문하러 오는 데 뜻이 있다면 [그런] 일은 모름지기 [선황이] 남긴 유조(遺詔)를 어기는 것이 된다. 다만 배를 번거롭게 [왕래만]하면 장차 시기에 대한 법규를 위배하게 되니, 다시 1기(紀)가 되기를 기다려 이웃과의 우호를 표명해야 할 것이다.'라는 것입니다. 지금 천황의 말씀에 따라 평소처럼 조사해 보니, 배 수리는 끝났고 바람과 조류도 배를 부릴 만합니다. 새서(璽書)와 신물(信物)을 사신이 돌아가는 편에 부치니, 그쪽의 돈독한 정성은 [여기에] 남겨두고 돌아가게 보냅니다. 지금 [이러한 문서의] 내용으로 첩을 보내니, 첩이 도착하거든 그 내용에 준하여 처리하십시오. 그러므로 첩을 보냅니다"라고 하였다. 동시(東絁) 50필과 면(綿) 400둔을 대사(大使) 오효신(烏孝愼)에게 하사하였다. [오]효신이 별공(別貢)으로 특산품을 바쳤기 때문에 이렇게 하사한 것이다.

○ 권3, 청화천황(清和天皇) 정관(貞觀) 원년(859) 가을 7월

廿一日甲戌, 存問兼領渤海客使直講刈田□安雄復命奏言, 客徒, 今月六日, 解纜返蕃. 大內記安倍清行, 去四月丁父憂去職, 故安雄獨歸奏事. 依諒闇不喚客徒, 自加賀國還蕃焉.

21일 갑술에 존문겸영발해객사(存問兼領渤海客使)인 직강(直講) 예전□안웅(刈田□安雄)이 [사신의 임무를 마치고] 보고하며 아뢰기를 "[발해] 객도(客徒)가 이번 달 6일에 닻줄을 풀고 자기 나라로 돌아갔습니다"라고 하였다. 대내기(大內記) 안배청행(安倍清行, 아베노 키요유키)이 지난 4월에 부친상을 당해 휴직했으므로 안웅(安雄, 야스오)만 돌아와 일에 대해 아뢰었던 것이다. 천황이 상중이라 객도를 부르지 않고 가하국(加賀國)에서 귀국시켰던 것이다.

○ 권5, 청화천황(清和天皇) 정관(貞觀) 3년(861) 봄 정월

廿日乙未, 出雲國上言, 渤海國使李居正等一百五人, 自隱岐國來着嶋根郡.

20일 을미에 출운국(出雲國, 이즈모노쿠니)에서 아뢰기를 "발해국사 이거정(李居正) 등 105인이 은기국(隱岐國, 오키노쿠니)에서 와서 도근군(嶋根郡, 시마네군)[6]에 도착하였습니다"라고 하였다.

---

6 일본 고대의 이즈모노쿠니(出雲國)에 소속된 郡이다. 出雲國의 북동부에 위치하며, 현재의 島根縣 松江市와 八束郡의 대부분이 이에 해당한다. 서쪽은 秋鹿郡, 북쪽과 동쪽은 동해, 남쪽은 中海와 宍道湖에 접한다.

廿一日丙申, … 下知出雲國司云, 渤海客徒, 依例供給, 但舊用稻, 今度特以穀舂充.

21일 병신에 … 지출운국사(知出雲國司)에게 하명(下命)하기를 "발해 객도에게 전례에 따라 [물자를] 공급해 주되, 예전에는 도(稻)를 사용했지만 이번에는 특별히 도정(搗精)한 곡식으로 충당하라"라고 하였다.

廿八日癸卯, 散位正六位上藤原朝臣春景兵部少錄正七位下葛井連善宗爲領渤海客使, 播磨少目大初位上春日朝臣宅成爲通事. 勅, 竟使事之間, 藤原春景宜稱但馬權介, 葛井連善宗稱因幡權掾.

28일 계묘에 산위(散位)[7] 정6위상 등원조신춘경(藤原朝臣春景, 후지와라노아손 하루카게)과 병부소록(兵部少錄) 정7위하 갈정련선종(葛井連善宗, 후지이노무라지 요시무네)을 영발해객사(領渤海客使)로 삼고, 파마소목(播磨少目) 대초위상(大初位上) 춘일조신택성(春日朝臣宅成)을 통사(通事)로 삼았다. 칙명을 내려 "사명(使命)을 마칠 때까지 등원춘경(藤原春景, 후지와라노 하루카게)은 마땅히 단마권개(但馬權介)로 칭하고 갈정련선종은 인번권연(因幡權掾)에 칭하라"라고 하였다.

○ 권5, 청화천황(淸和天皇) 정관(貞觀) 3년(861) 5월

廿一日甲午, … 宣告存問兼領渤海客使但馬權介正六位上藤原朝臣春景幷出雲國司等云, 渤海國使李居正違先皇制, 輒以弔來. 亦令看啓案, 違例多端, 事須責其輕慢, 自彼却還. 然而如聞, 居正位在公卿, 齡過懸車, 才綺交新, 猶有可愛. 因欲特加憂恤, 以聽入京, 而頃者, 炎旱連日, 有妨農時, 慮夫路次, 更以停止. 又王啓幷信物等, 不可更收, 須進上中臺牒. 以出雲國絹一百卌五疋綿一千二百卅五屯, 便頌賜渤海客徒一百五人.

---

7   일본 고대 율령제에서 內外의 관사에서 執掌을 두지 않고 位階만을 가진 자이다. 散官이라고 불리기도 한다. 당에도 산관 제도가 있으며, 문관에는 光祿大夫 등의 문산계, 무관에는 鎭軍大將軍 등의 무산계가 주어졌다. 품계를 가진 모든 관인에게 주어지는 성격의 것으로, 일본의 위계에 가까운 것이다. 다른 별칭으로는 女孺·采女 등의 하급 女官이나 지방의 國衙에 임명된 雜任 등을 가리키는 散事나 같은 지방의 雜任을 지칭하는 散仕가 있다.

21일 갑오에 … 존문겸영발해객사(存問兼領渤海客使) 단마권개 정6위상 등원조신춘경(藤原朝臣春景, 후지와라노아손 하루카게) 및 출운국사(出雲國司) 등에게 [천황의] 말씀을 고하기를 "발해국 사신 이거정(李居正)이 선대 천황의 제도를 어기고 멋대로 조문하러 왔다. 또한 왕계(王啓)의 문안(文案)을 살펴보게 하였더니 전례를 어긴 것이 많으니, 반드시 그 경솔하고 오만함을 질책하여 [도착한] 그곳에서 돌려보내야 한다. 그러나 들건대 [이]거정은 공경(公卿)의 [높은] 지위에 있고, 나이도 70세인데도 빛나는 재주가 다시 새로우니 오히려 아낄 만하다. 그래서 특별히 우대하여 입경을 허락하고 싶지만 근래 폭염이 연일 이어져 농사에 방해가 되고 [만약 사신이 올 때는] 오는 길이 염려가 되어 다시 정지한다. 또 왕계 및 신물(信物) 등은 다시 접수해서는 안 되고 중대성첩(中臺省牒)은 진상하라. 출운국(出雲國)의 견(絹) 145필과 면(綿) 1,225둔(屯)을 적당한 기회에 발해 객도(渤海客徒) 105인에게 나누어 하사하라"고 하였다.

廿六日己亥, 太政官送渤海國中臺省牒, 下存問使幷出雲國司, 絁一十疋綿四十屯, 別賜大使李居正.

26일 기해에 태정관(太政官)이 발해국 중대성(中臺省)에 첩(牒)을 보내고, 존문사(存問使) 및 출운국사에게 지시하여 시(絁) 11필과 면(綿) 30둔을 내려, 별도로 [발해] 대사(大使) 이거정(李居正)에게 하사하도록 하였다.

○ 권5, 청화천황(清和天皇) 정관(貞觀) 3년(861) 6월

十六日己未, … 貞觀元年, 渤海國大使烏孝愼, 新貢長慶宣明歷經云, 是大唐新用經也.

16일 기미에 … 정관(貞觀) 원년(859)에 발해국(渤海國) 대사(大使) 오효신(烏孝愼)이 새로 장경선명력경(長慶宣明曆經)[8]을 바치며 말하기를, "이는 대당(大唐)에서 새로 쓰는 역법입

---

8 『宣明曆』이라고도 하며, 唐의 徐昂이 편찬하였다. 당 中宗(705~710) 長慶 2년(822)에 시행되어, 『長慶宣明曆』이라고도 한다. 景福 원년(892)에 『崇玄曆』으로 대체되었다. 일본에는 貞觀 원년(859) 渤海에서 파견된 大使 烏孝愼이 『長慶宣明曆經』이란 이름으로 전달하였다. 이 사실을 정관 3년 6월에 언급한 것으로 보아, 이때 『선명력』에

니다"라고 했다.

○ 권8, 청화천황(淸和天皇) 정관 6년(864) 정월

十七日甲辰, … 散位從五位下山口伊美吉西成卒. 西成者, 右京人也. … 嘉祥二年, 渤海國王遣使入覲, 以西成權稱大學大允, 爲存問兼領客使, 向加賀國, 引客入京.

17일 갑신에 … 산위(散位) 종5위하 산구이미길서성(山口伊美吉西成, 야마구치노이미키니시나리)이 죽었다. 서성(西成, 니시나리)은 우경인(右京人)이다. … 가상(嘉祥) 2년(849) 발해국왕(渤海國王)이 사신을 보내어 입근(入覲)할 때 서성을 임시로 대학대윤(大學大允)으로 칭하고 존문겸영객사(存問兼領客使)로 삼아, 가하국(加賀國)에 가서 사신들을 맞이하여 경사(京師)로 들어오게 하였다.

○ 권20, 청화천황(淸和天皇) 정관(貞觀) 13년(871) 12월

十一日壬子, … 渤海國入覲使楊成規等百五人着加賀國岸.

11일 임자에 … 발해국 입근사(入覲使) 양성규(楊成規) 등 105인이 가하국 해안에 도착하였다.

○ 권21, 청화천황(淸和天皇) 정관(貞觀) 14년(872) 봄 정월

六日丁丑, 以正六位上行少內記菅原朝臣道眞從六位下行直講美努連淸名爲存問渤海客使, 園池正正六位上春日朝臣宅成爲通事.

6일 정축에 정6위상 행소내기(行少內記) 관원조신도진(菅原朝臣道眞, 스가와라노아손 미치자네)과 종6위하 행직강(行直講) 미노련청명(美努連淸名, 미노노무라지 키요나)을 존문발

대한 검토가 이루어진 것으로 보이는데, 이듬해 일본이 『선명력』을 도입하였기 때문이다.

해객사(存問渤海客使)로 삼고, 원지정(園池正) 정6위상 춘일조신택성(春日朝臣宅成)을 통사(通事)로 삼았다.

廿日辛卯, 是月, 京邑咳逆病發, 死亡者衆. 人間言, 渤海客來, 異土毒氣之令然焉. 是日, 大祓於建禮門前以厭之.

20일 신묘에 이달에 서울에 기침병이 발생하여 죽은 자가 많았다. 사람들이 말하길 "발해의 객(客)이 오니 다른 땅의 독기가 이렇게 만들었다"고 하였다. 이날 건례문(建禮門)[9] 앞에서 크게 굿을 해서 병을 막았다.

廿六日丁酉, 以正六位下行少外記大春日朝臣安守爲存問渤海客使. 以少內記菅原朝臣道眞丁母憂去職也.

26일 정유에 정6위하 행소외기(行少外記) 대춘일조신안수(大春日朝臣安守, 오카스가노아손 야스모리)를 존문발해객사로 삼았다. 소내기 관원조신도진(菅原朝臣道眞)이 모친상으로 휴직했기 때문이다.

○ 권21, 청화천황(清和天皇) 정관(貞觀) 14년(872) 3월

十四日甲申, 詔存問渤海客使大春日朝臣安守美努連清名並兼領客使.

14일 갑신에 조서를 내려 존문발해객사(存問渤海客使) 대춘일조신안수(大春日朝臣安守)와 미노련청명(美努連清名)을 모두 겸 영객사(兼領客使)로 삼았다.

廿三日癸巳, 今春以後, 內外頻見怪異. 由是, 分遣使者, 諸神社奉幣, 便於近社道場,

---

9 일본 헤이안궁(平安宮) 內裏 외곽의 南門이다. 북쪽 承明門과 함께 紫宸殿의 정문 남쪽에 위치하며 규모는 5칸이다. 건례문 앞에서 白馬節會가 행해져 白馬陳이라고 한다. 그 밖에 射禮·荷前·相撲 등의 행사가 이 문 앞에서 이뤄졌다.

> 每社轉讀金剛般若經. … 石清水社告文曰【云云】, 又辭別【天】神, 去年, 陰陽寮占申【久】, 就蕃客來【天】不詳之事可在【止】占申【世利】, 今渤海客, 隨盈紀例【天】來朝【世利】. 事不獲已, 國憲【止之天】可召. 大菩薩, 此狀【乎毛】聞食【天】, 遠客參近【止毛】神獲之故【爾】, 無事【久】矜賜【倍止】恐【美】恐【美毛】申賜【波久止】申. 自餘社文, 一准此例.

23일 계사에 올봄 이후로 [도성] 내외에서 괴이한 일들이 자주 발생하였다. 이로 인해 사자(使者)를 나누어 보내어 여러 신사(神社)에서 폐백(幣帛)을 봉납(奉納)케 하고, 신사에 가까운 도량(道場)에서는 적당한 때에 신사마다 금강반야경(金剛般若經)을 독송(讀誦)하도록 하였다. … 석청수사에서 [신에게] 고한 글은 이러저러하였다. 또 별도의 말씀으로 아뢰기를 "작년 음양료(陰陽寮)[10]가 점을 쳐 말하기를 '번객(蕃客)이 옴에 따라 상서롭지 못한 일이 있을 것이다.'라고 하였습니다. 지금 발해객(渤海客)이 1기(紀)가 되어서 [방문하는] 전례에 따라 내조하였습니다. 일이 부득이하여 국가의 헌장(憲章)으로서 불러야 합니다. 대보살(大菩薩)은 이러한 상황을 들으시고 원객(遠客)이 가까이 오더라도 신이 보호해 주는 연고로 [국내가] 무사하도록 살펴주시라고 조심하고 조심하여 말씀드립니다"라고 아뢰었다. 나머지 신사들에 바치는 글들도 모두 이 예에 준하였다.

○ 권21, 청화천황(淸和天皇) 정관(貞觀) 14년(872) 여름 4월

> 十三日壬子, 存問渤海客少外記大春日朝臣安守等, 開大使楊成規所齎啓牒函, 詰問違例之由問答狀, 及記錄安守等向加賀國途中消息, 馳驛奏上.

13일 임자에 존문발해객(存問渤海客) 소외기(少外記) 대춘일조신안수(大春日朝臣安守) 등이 [발해] 대사(大使) 양성규(楊成規)가 가져온 왕계(王啓)와 [중대성]첩(牒)을 담은 상자를 열어보고, 전례를 위배한 이유를 힐문한 문답을 적은 보고서 및 [대춘일조신]안수 등이 가

---

10 일본 고대 율령제에서 中務省에 속한 기관으로 점복·천문·역법을 담당하는 부서이다. 7세기 후반 덴무천황(天武天皇)에 의해 설치되었다. 당나라에서 천문·역법·漏刻을 담당하던 太史局을 본떠 설치된 것으로 여겨진다. 그러나 당나라에서 점복과 方術을 관할하고 있던 太卜署와 같은 기관이 일본에 설치되지 않고, 음양료의 직무에 포함되어 있었던 것이 특징이다.

하국으로 향하는 도중의 소식에 대한 기록을 역마(驛馬)로 급히 아뢰었다.

> 十六日乙卯, 以正六位上行少內記都宿禰言道正六位上行式部少丞平朝臣季長爲掌渤海客使, 常陸少掾從七位上多治眞人守善文章生從八位下菅野朝臣惟肖爲領歸鄕渤海客使.

16일 을묘에 정6위상 행소내기(行少內記) 도숙녜언도(都宿禰言道, 미야코노스쿠네 코토미치)와 정6위상 행식부소승(行式部少丞) 평조신계장(平朝臣季長, 다이라노아손 스에나가)을 장발해객사(掌渤海客使)로 삼고, 상륙소연(常陸少掾) 종7위상 다치진인수선(多治眞人守善, 다지노마히토 슈젠)과 문장생(文章生) 종8위하 관야조신유초(菅野朝臣惟肖, 스가노노아손 코레유키)를 영귀향발해객사(領歸鄕渤海客使)[11]로 삼았다.

○ 권21, 청화천황(淸和天皇) 정관(貞觀) 14년(872) 5월

> 七日丙子, 掌渤海客使少內記都宿禰言道自修解文, 請官裁稱, 姓名相配, 其義乃美, 若非佳令. 何示遠人. 望請改名良香. 以逐穩便. 依請許之.

7일 병자에 장발해객사(掌渤海客使) 소내기(少內記) 도숙녜언도(都宿禰言道)가 풀이하는 글을 스스로 지어 관의 결재를 청하며 이르길 "성명(姓名)이 서로 짝을 이루면 그 뜻이 곧 아름다우니, 만일 [천황의] 아름다운 명령이 없었다면 어찌 먼 곳에서 온 사람에게 보이겠습니까. 바라건대 이름을 양향(良香, 요시카)으로 고쳐 편안한 편을 쫓기를 청합니다"라고 하였다. 청에 따라 허락하였다.

> 十五日甲申, 勅遣從五位上守右近衛少將藤原朝臣山陰, 到山城國宇治郡山科村, 郊迎勞渤海客. 領客使大春日朝臣安守等, 与郊勞使, 共引渤海國入觀大使政堂省左允正四品慰軍□上鎭將軍賜紫金魚袋楊成規副使右猛賁衛少將正五品賜紫金魚

---

11 발해 사신이 일본 도성을 떠나 귀국길에 오를 때까지 안내하는 업무를 맡았다.

袋李興晟卄人, 入京, 安置鴻臚館. 右京人左官掌從八位上狛人氏守賜姓直道宿禰.
氏守, 爲人長大, 容儀可觀, 權爲玄蕃屬, 向鴻臚館, 共讌饗送迎之事. 故隨氏守申請,
聽改姓. 其先高麗國人也.

15일 갑신에 칙명으로 종5위상 수우근위소장(守右近衛少將) 등원조신산음(藤原朝臣山陰, 후지와라노아손 야마카게)을 산성국(山城國, 야마시로노쿠니) 우치군(宇治郡, 우지군) 산과촌(山科村, 야마시나무라)에 보내어 교외에서 발해객(渤海客)을 맞이하고 위로하게 하였다. 영객사(領客使) 대춘일조신안수(大春日朝臣安守) 등이 교로사(郊勞使)와 함께 발해국 입근대사(入覲大使) 정당성좌윤(政堂省左允) 정4품 위군□상진장군(慰軍□上鎭將軍) 사자금어대(賜紫金魚袋) 양성규(楊成規)와 부사(副使) 우맹분위소장(右猛賁衛少將) 정5품 사자금어대(賜紫金魚袋) 이흥성(李興晟) 등 20인을 인도하여 입경하고, 홍려관에 안치하였다. 우경인(右京人) 좌관장(左官掌) 종8위상 박인씨수(狛人氏守, 고마노히토 우지모리)에게 직도숙녜(直道宿禰, 나오미치노스쿠네)의 성을 하사하였다. 씨수는 사람됨이 장대하고 겉모습이 볼만하여 임시로 현번속(玄蕃屬)을 삼았고, 홍려관(鴻臚館)에 가서 연회와 사신의 송별과 환영에 관한 일을 함께 맡았다. 그러므로 씨수의 청에 따라 성을 고쳐준 것이다. 그 선조는 고려국 사람이다.

十七日丙戌, 勅遣正五位下行右馬頭在原朝臣業平向鴻臚館, 勞問渤海客. 是日賜
客徒時服.

17일 병술에 칙명으로 정5위하 행우마두(行右馬頭) 재원조신업평(在原朝臣業平, 아리와라노아손 나리히라)을 홍려관으로 보내어 발해객을 위문하였다. 이날 [발해]객에게 시복(時服)을 하사하였다.

十八日丁亥, 勅遣左近衛中將從四位下兼行備中權守源朝臣舒, 向鴻臚館, 撿領楊
成規等所齎渤海國王啓及信物. 啓云, 玄錫啓. 季秋極冷. 伏惟天皇, 起居万福. 卽此
玄錫蒙恩. 肇自建邦, 常与貴國, 通使傳命, 阻年寄音, 久要之情, 至今彌厚. 玄錫繼先
祖之遺烈, 修舊典之餘風. 盈紀感心, 善隣顧義, 爰授使節, 仍令聘覲. 伏冀天皇, 俯矜

遠客, 准例入都, 幸甚幸甚. 限以滄波, 不獲拜伏, 下情無任惶懼. 觀差政堂省左允楊成規, 奉啓起居. 不宣, 觀啓. 中臺省牒曰, 牒. 奉處分, 天涯路阻, 日域程遙. 常限紀以修和, 亦期年而繼好. 隣交有節, 使命無愆, 音耗相通, 歲月長久. 今者, 星霜易變, 雲物屢移, 一紀已盈, 實當聘覲. 所以仰據前典, 迥斟舊規, 向日寄情, 發星軺之一使, 占風泛葉, 踰渤海之潤波. 万里途程, 寸心所指. 往復雖邈, 欽慕良深, 謹差政堂省左允楊成規, 令赴貴國, 尋修前好. 宜准狀, 牒上日本國太政官者. 謹錄牒上, 謹牒. 其信物大虫皮七張豹皮六張熊皮七張蜜五斛.

18일 정해(丁亥)에 칙명으로 좌근위중장(左近衛中將) 종4위하 겸행비중권수(兼行備中權守) 원조신서(源朝臣舒, 미나모토노아손 노부루)를 홍려관으로 보내 양성규(楊成規) 등이 가져온 발해국 왕계(王啓) 및 신물(信物)을 검수하였다. 계(啓)에서 말하기를 "[대]현석(玄錫)이 계(啓)합니다. 늦가을이라 몹시 차갑습니다. 엎드려 생각건대 천황의 일상은 다복하소서. 여기 [대]현석은 은혜를 입어 [잘 지내고] 있습니다. 건국한 이래로 항상 귀국과 사신을 보내고 왕명을 전하였지만, 해를 걸러 소식을 전하니 오랜 친교가 지금 더욱 두텁습니다. [대]현석은 선조가 남긴 업적을 계승하고 오랜 법전에 전해오는 가르침을 수행하고 있습니다. [그래서] 1기(紀, 12년)의 기한이 찬 데에 마음이 움직이고 이웃과 친하게 지내는 데에 주의하여, 이에 사신에게 부절(符節)을 주어 [천황을] 빙근(聘覲)토록 하였습니다. 엎드려 바라건대 천황께서는 원객(遠客)을 가엾게 굽어살피어 전례에 준하여 입경하도록 하신다면, 매우 다행이고 매우 다행이겠습니다. 창해(滄海)의 파도로 가로막혀 [직접 가서] 엎드려 절할 수 없으니, 제 마음이 황송하여 두려움을 견디기 어렵습니다. 삼가 정당성좌윤(政堂省左允) 양성규(楊成規)을 보내어 [천황이] 계신 곳에 삼가 계(啓)를 올립니다. [뜻을] 다 펴지 못합니다. 삼가 계(啓)합니다"라고 하였다. 중대성첩(中臺省牒)에서 말하기를 "첩을 보냅니다. [우리 임금의 다음과 같은] 처분을 받드니 [그것은] '하늘 끝[에 있는 이곳]은 길이 막혀 있고 해 뜨는 지역은 거리가 멀다. [그래서] 항상 1기로 한정하여 우호 관계를 닦았고, 또한 연한을 기약하여 우호 관계를 계속하였다. 이웃 나라와의 교섭에는 절도가 있고 사신의 파견에는 허물이 없이, 소식을 서로 전하였는데 세월이 오래 흘렀다. 이제 세월도 바뀌고 구름의 빛깔도 [계절에 따라] 자주 변하여, 1기가 이미 찼으니 실로 빙근(聘覲)할 때가 되었다. 그래서 우러러 전대의 법전에 의거하고 멀리 오랜 법규를 헤아려, 해를 향해 심정을 부치려고 수레에 탄 사신을 출발시켜 풍향을 살펴

잎새만한 [작은] 배를 띄어 발해(渤海)의 넓은 파도를 넘도록 하라. 만리나 되는 여정도 [내] 작은 마음이 가리키는 바이다. 왕복하는 길이 비록 멀다고 하더라도 흠모하는 마음은 참으로 깊으니, 삼가 정당성좌윤 양성규를 귀국으로 보내어 선대의 우호를 계속 닦도록 하라」는 것입니다. [중대성 우상의 지시는] 마땅히 [이러한 처분] 내용에 준하여 [작성한] 첩을 일본국 태정관(太政官)에 올려 보내라.'는 것입니다. 삼가 [이러한 지시 사항들을] 옮겨 적어 첩을 올립니다. 삼가 첩을 보냅니다"라고 하였다. 그 신물(信物)은 대충피(大虫皮)[12] 7장, 표피(豹皮) 6장, 웅피(熊皮) 7장, 꿀 5곡(斛)이었다.

十九日戊子, 勅遣左參議正四位下行左大允兼勘解由長官近江權守大江朝臣音人, 向鴻臚館, 賜渤海國使, 授位階告身. 詔命曰, 天皇詔旨【良万止】勅命【乎】客【倍】衆聞食【止】宣. 國【乃】王, 楊成規等【乎】差【天】進度【志天】天皇【我】朝廷【乎】拜奉留事【乎】矜賜【比】慈賜【比天】冠位上賜【比】治賜【布】. 然常【都】例【波】大宮【乃】內【介】召【天】治賜【介理】, 比廻思【女須】大心大坐【麻須介】依【天奈毛】, 使【乎】遣【天】治賜【波久止】勅天皇【我】大命【乎】聞食【止】宣【布】. 大使已下相共拜舞, 訖. 授大使楊成規從三位, 副使李興晨從四位下, 判官李周慶賀王眞並正五位下, 錄使高福成高觀李孝信並從五位上, 品官以下幷首領等授位, 各有等級. 及天文生以上, 隨位階各賜朝服. 去年, 陰陽寮占曰, 就蕃客來朝, 可有不祥之徵. 由是不引見, 自鴻臚館放還焉.

19일 무자에 칙명으로 좌참의(左參議) 정4위하 행좌대윤(行左大允) 겸 감해유장관(勘解由長官) 근강권수(近江權守) 대강조신음인(大江朝臣音人, 오에노아손 오톤도)을 홍려관으로 보내 발해국사에게 위계(位階)를 수여하는 고신(告身)을 하사하였다. [아울러] 천황의 말씀을 내리기를 "천황이 조지(詔旨)로 [말씀하시는] 칙명을 [발해] 객에게 모두 들으라고 말씀하셨

---

12 大蟲은 虎의 異稱이다. '虎'는 권력이나 영향력 등과 같이 힘을 상징하는 언어로 사용되었고, '虎皮'는 시각적으로 神性과 힘을 드러내기 위해 사용되었다(新村衣里子, 2015, 130쪽). 일본에서 虎皮는 豹皮와 貂皮 보다는 아래에, 5位 이상이 사용할 수 있는 羆皮와는 비슷한 가치가 있었다. 또한 富의 축적이 가능했던 사람들은 모피를 조공품이나 교역의 수단으로 하여 입수하였다(岡田涼子 외 편저, 1992, 112쪽, 114쪽; 전현실, 2004, 53쪽). 대충피는 발해 사신이 일본으로 갈 때 가져간 주요 품목 가운데 하나였다. 발해의 대충피 등 모피류는 품질이 우수하여, 일본 귀족들에게 선호의 대상이 되었다.

다. [발해]국왕이 양성규(楊成規) 등을 보내 올려보내어 천황의 조정을 배알하는 일을 어여삐 여겨 자비를 베풀어 관위(冠位)를 올려주어라. 그러나 상례(常例)는 궁궐 안으로 불러 관위를 수여하는 것이었다. [그러나 내가] 이번은 대보리심(大菩提心)을 일으키고 있으므로 사자를 보내 관위를 수여하라고 칙을 내리는 천황의 대명(大命)을 들으라"고 말씀하셨다. 대사(大使) 이하가 모두 함께 절하고 춤춘 후 마쳤다. 대사 양성규에게 종3위, 부사(副使) 이흥신(李興晨)에게 종4위하, 판관(判官) 이주경(李周慶)과 하왕진(賀王眞)에게 모두 정5위하, 녹사(錄使) 고복성(高福成)과 고관(高觀)과 이효신(李孝信)에게 모두 종5위상을 수여하였다. 품관(品官) 이하 및 수령(首領) 등에게 관위를 수여하는 데 각각 등급대로 하였다. 천문생(天文生)[13] 이상으로는 위계에 따라 각각 조정에서 입는 예복(禮服)을 하사하였다. 작년 음양료(陰陽寮)가 점 치어 말하기를 "번객(蕃客)이 내조함에 따라 상서롭지 못한 징조가 있을 수 있다"라고 하였다. 이로 인해 접견하지 않고 홍려관에서 돌려보냈다.

> 廿日己丑, 內藏寮与渤海客, 廻易貨物.

20일 기축에 내장료(內藏寮)와 발해객(渤海客)이 물품을 교역하였다.

> 廿一日庚寅, 聽京師人與渤海客使交開.

21일 경인에 도성의 사람들이 발해객사(渤海客使)와 교역하는 것을 허락하였다.

> 廿二日辛卯, 聽諸市人与客徒私相市易. 是日官錢卌万賜渤海國使等, 乃喚集市廛人, 賣与客徒此間土物. 以前筑後少目從七位上伊勢朝臣興房爲領歸鄉□客使通事.

22일 신묘에 여러 시장 상인이 [발해] 객도(客徒)와 사사로이 장사하는 것을 허락하였다. 이 날 관전(官錢) 40만을 발해국 사신들에게 하사하고 시장 상인들을 불러 모아 [발해] 객도들과

---

13 천체를 監視하고 異變이 있으면 그 길흉을 점쳐 密封하여 奏聞하는 일을 天文道라고 한다(古代學協會·古代學硏究所 編, 1994). 이러한 천문도의 교관이 天文博士이며 천문박사의 지도를 받는 직원이 天文生이다.

이곳의 토산품을 매매하도록 하였다. 전(前) 축후소목(筑後少目) 종7위상 이세조신흥방(伊勢朝臣興房, 이세노아손 오키후사)을 영귀향□객사통사(領歸鄕□客使通事)로 삼았다.

> 廿三日壬辰, 勅遣大學頭從五位上兼行文章博士阿波介巨勢朝臣文雄文章得業生越前大掾從七位下藤原朝臣佐世, 於鴻臚館, 饗讌渤海國使. 宣詔曰, 客人【倍波】常【都】例【波】大宮【乃】內【介】召【天】饗賜【比】音樂賜【比介利】. 而【乎】思【女須】大心大坐【介】依【天奈毛】使【乎】遣【天】大物賜【布】. 客人【倍】此狀【乎】悟【天】安【良可介】侍食【余止】勅大命【乎】聞食【止】宣. 觴行數周, 客主淵醉. 賜客徒祿各有差.

23일 임진에 칙명으로 대학두(大學頭) 종5위상 겸 행문장박사(兼行文章博士) 아파개(阿波介) 거세조신문웅(巨勢朝臣文雄, 고세노아손 후미오)과 문장득업생(文章得業生)[14] 월전대연(越前大掾) 종7위하 등원조신좌세(藤原朝臣佐世, 후지와라노아손 스케요)를 홍려관에 보내 발해국 사신에게 향회(饗會)를 베풀었다. [이때] 천황의 조서를 펼쳐 읽기를 "객인(客人)에게는 상례(常例)가 궁궐 안으로 불러 향회와 음악을 내려주는 것이었다. 그러나 [내가] 대보리심(大菩提心)을 일으키려고 생각하고 있으므로 사자(使者)를 보내 크게 물품을 내린다. 객인에게 이 상황을 알게 하고 편안히 대접받으라고 칙을 내리는 대명(大命)을 받으라고 말씀하셨다"라고 하였다. 술잔이 몇 번 돌아 주객이 깊이 취하였다. [발해] 객도(客徒)에게 차등을 두고 녹을 하사하였다.

> 廿四日癸巳, 大使楊成規從掌客使, 請私以壞奠, 將奉獻天皇及皇太子. 掌客使奉狀, 有詔許之. 內裏東京賚物有數. 是日勅, 遣民部少輔兼東宮學士從五位下橘朝臣廣相, 賜客徒曲宴. 遣兵部少輔從五位下兼行下野權介高階眞人領範賜御衣. 客主具

---

14 일본 고대의 學制에서 文章生 가운데 선발된 特待生 신분을 말한다. 성적 우수자 2명이 선발되어 관인 등용 시험의 최고 단계인 秀才試·進士試 시험 응시후보자가 되었다. 天平 2년(730) 3월 太政官의 奏上에 의해 대학에 재적한 학생 가운데 설치된 것이다. 정원은 2명으로 문장생 또는 給料學生 가운데서 선발되며 省試 급제자 1명을 충당하는 경우도 있었다. 헤이안 시대 중기까지는 對策을 받지 않은 채 관료가 되는 경우도 있었다. 弘仁 11년(820)에는 문장생은 良家의 자제를 채용하는 것으로 되었고, 문장득업생 2명 대신 俊士 5명, 秀才生 2명을 두는 것으로 하였으나, 天長 4년(827)에는 원래의 제도가 부활하였다. 이에 따라 문장생의 시험을 시행하는 주체가 大學寮에서 式部省으로 변경되어 문장생의 지위가 향상되었다.

醉, 興成賦詩.

24일 계사에 대사(大使) 양성규(楊成規)가 장객사(掌客使)를 따라와서 사적으로 [발해에서 가져온] 공물로 천황 및 황태자에게 봉헌(奉獻)하고자 요청하였다. 장객사가 문서로 보고하니 조서를 내려 허락하였다. 내리(內裏)[15]와 동경(東京)에 바친 물품이 얼마 되지 않았다. 이날 칙명으로 민부소보(民部少輔) 겸 동궁학사(兼東宮學士) 종5위하 귤조신광상(橘朝臣廣相, 다치바나노아손 히로미)을 보내 [발해] 객도(客徒)에게 곡연(曲宴)을 내렸다. 병부소보(兵部少輔) 종5위하 겸 행하야권개(兼行下野權介) 고계진인영범(高階眞人令範, 다카시나노마히토 요시노리)을 보내 어의(御衣)를 하사하였다. 주객이 모두 취하고 흥이 나서 시를 읊었다.

廿五日甲午, 勅遣參儀右大弁從四位上兼行讚岐守藤原朝臣家宗從四位上行右近衛中將兼行阿波守原朝臣興從六位下守大內記大江朝臣公幹於鴻臚館, 賜勅書. 從五位上行少納言兼侍從和氣朝臣彝範正五位下守右中弁藤原朝臣良近左大史正六位上大春日朝臣安守, 付太政官牒. 大使已下, 再拜舞踏. 大使楊成規, 膝行而進, 北向, 跪受勅書太政官牒函. 勅書曰, 天皇敬問渤海國王. 成規等至, 省啓昭然. 惟王家之急, 繡粉澤施治, 坤性之貞, 凝丹青守信. 風猷不墜, 景式猶全. 相襲舊基於居城, 靡欺先紀於行桿. 言其篤義, 來觀旣脩, 贈以翔仁, 放歸如速. 數千里之波浪, 雖有邊涯, 十二廻之寒暄, 豈促圭瑞. 苟謂拘禮, 誰爲隔疎. 德也不孤, 夢想君子而已. 國信附廻, 到宜撿校受. 梅熟, 王及境局, 小大無恙. 略懷遣此, 何必煩多. 太政官牒曰, 日本國太政官牒渤海國中臺省. 得中臺省牒稱, 奉處分, 天涯路阻, 日域程遙. 常限紀以修和, 亦期年而繼好. 隣交有節, 使命無愆, 音耗相通, 歲月長久. 今者, 星霜易變, 雲物屢移, 一紀已盈, 實當聘覲. 謹差政堂省左允楊成規, 令赴貴國者. 官具狀奏請, 奉勅曰, 成規等, 翹情紫□, 織路滄溟, 守我朝章, 修其國禮. 善隣之款, 允屬寢興. 宜准前成規, 使申舊好者. 准勅處分. 及其却廻, 附璽書幷國信, 至宜領之. 今以狀牒送, 牒到准狀. 故牒. 是日, 領歸鄉客使多治眞人守善等引客徒出館. 大使楊成規跪言, 成規等,

---

15 천황이 사는 궁전을 가리킨다. 內, 大內, 大宮, 禁中, 禁裏라고도 한다. 또 삼중 구조를 가진 궁성의 가장 안쪽에 위치한 까닭에 內重(內隔)으로도 부른다.

觀聘禮畢, 歸本土去. 今差天使, 令其領送. 成規等, 瞻望丹闕, 涕泗盈衿, 仰戀之誠, 中心無限. 臨別, 掌客使都良香, 相遮館門, 擧觴而進.

25일 갑오에 칙명으로 참의(參議) 우대변(右大弁) 종4위상 겸 행찬기수(兼行讚岐守) 등원조신가종(藤原朝臣家宗, 후지와라노아손 이에무네)과 종4위상 행우근위중장(行右近衛中將) 겸 행아파수(兼行阿波守) 원조신흥(原(源)朝臣興, 미나모토노아손 오코루)과 종6위하 수대내기(守大內記) 대강조신공간(大江朝臣公幹, 오에노아손 키미미키)을 홍려관(鴻臚館)에 보내 칙서를 하사하였다. 종5위상 행소납언(行少納言) 겸 시종(兼侍從) 화기조신이범(和氣朝臣彝範, 와케노아손 쓰네노리)과 정5위하 수우중변(守右中弁) 등원조신량근(藤原朝臣良近, 후지와라노아손 요시치카)과 좌대사(左大史)[16] 정6위상 대춘일조신안수(大春日朝臣安守)를 보내 태정관첩(太政官牒)을 전달하였다. 대사(大使) 이하가 두 번 절하고 손을 흔들고 발을 구르며 기뻐하였다. 대사 양성규(楊成規)가 무릎으로 기어 나와 북쪽으로 무릎을 꿇고 칙서와 태정관첩을 담은 함을 받았다.

칙서에서 말하기를 "천황은 발해국왕에게 삼가 안부를 묻습니다. [양]성규 등이 이르러 [바친] 계(啓)를 보니 [그 내용을] 명백히 알았습니다. 생각건대 왕가(王家)의 급선무는 [문물제도를 잘] 정비하여 다스림을 베풀고 [천자에 대해 지상의 제후가 지켜야 할] 곤성(坤性)의 정조는 [변치않는] 붉고 푸른 마음을 응집하여 신의를 지키는 것입니다. [그러면] 풍속을 교화하는 공로는 추락하지 않고 빛나는 법식도 온전히 할 것입니다. [발해국왕이] 거처하는 도성(都城)에서 오랜 기틀을 계승하고 노저어 올 때 앞의 1기(紀, 12년)를 속이지 않았습니다. 언사(言辭)에는 의리가 돈독하고 내조(來朝)도 이미 마쳤으니, 저 높은 [천황의] 인자한 [선물을] 주어서 속히 되돌아가게 합니다. 수천 리나 되는 파도에 비록 끝이 있더라도 12년 만의 안부 인사에 어찌 시간[의 단축]을 재촉하겠습니까? 진실로 예법에 구애된다고 한다면 누구라도 소원해질 것입니다. 유덕(有德)한 사람은 외롭지 않으니 꿈속에서라도 군자(君子)를 생각할 뿐입니다. 국신(國信)을 돌아가는 편에 부치니, 도착하거든 검교하여 받으십시오. 매실이 익는 초여름이라 왕 및 경내(境內)의 부서[의 관리]는 모두 편안하십시오. 대략 [이런] 소회를 이 편지에

---

16 일본 고대 태정관의 하부조직인 변관국의 정6위상 관직이다. 직무는 변관국 내의 문서를 작성하고, 접수된 문서를 검토하는 것이었다. 당명은 尚書都事·尚書主事·大都事 등이다.

담아 보내니, 어찌 꼭 번다할 필요가 있겠습니까?"라고 하였다.

태정관첩에서 말하기를 "일본국 태정관이 발해국 중대성(中臺省)에 첩을 보냅니다. 중대성 첩을 받았는데 [거기서] 이르기를 '[우리 임금의] 처분을 받드니 [그것은] 「하늘 끝[에 있는 이 곳]은 길이 막혀 있고 해 뜨는 지역은 거리가 멀다. [그래서] 항상 1기(紀)로 한정하여 우호 관계를 닦았고, 또한 연한을 기약하여 우호 관계를 계속하였다. 이웃 나라와의 교섭에는 절도가 있고 사신의 파견에는 허물이 없이, 소식을 서로 전하였는데 세월이 오래 흘렀다. 이제 세월도 바뀌고 구름의 빛깔도 [계절에 따라] 자주 변하여, 1기가 이미 찼으니 실로 빙근(聘覲)할 때가 되었다. 삼가 정당성좌윤(政堂省左允) 양성규(楊成規)를 귀국으로 보내라」라는 것입니다.' [태정]관이 문서로 갖추어 아뢰었더니, 칙명을 받은 바 [그것은] '[양]성규 등이 천황의 궁궐을 우러러 사모하여 푸른 바다를 바쁘게 건너와서, 우리 조정의 법을 지키며 그 나라의 [빙문의] 예를 수행하였다. 선린(善隣)의 정성이 참으로 밤낮으로 이어졌다. 마땅히 예전의 규정에 준하여 오랜 우호를 펼치도록 하라.'는 것입니다. 칙명에 준하여 [다음과 같이] 처리합니다. 되돌아갈 때 새서(璽書) 및 국신(國信)을 부치니, 도착하면 수령하십시오. 지금 [이러한] 내용으로 첩을 보내니, 첩이 도착하거든 [이러한 서면의] 내용에 준하시기를 바랍니다. 그러므로 첩을 보냅니다"라고 하였다.

이날 영귀향객사(領歸鄕客使) 다치진인수선(多治眞人守善) 등이 [발해] 객도(客徒)를 이끌고 [홍려]관을 나섰다. 대사 양성규가 무릎 꿇고 말하기를 "[양]성규 등이 근빙(覲聘)의 의례를 마치고 본토로 돌아갑니다. 지금 천황의 칙사를 보내 [저희를] 호송해 주십니다. 성규 등은 [천황이 계시는] 붉은 대궐을 우러러보며 흘리는 눈물이 옷깃을 적시니, 우러러 사모하는 정성이 마음속에 무한합니다"라고 하였다. 작별에 이르러 장객사(掌客使) 도량향(都良香, 미야코노 요시카)이 서로 [홍려]관 문을 닫고 술잔을 권하며 나아갔다.

○ 권23, 청화천황(清和天皇) 정관(貞觀) 15년(873) 5월

廿七日庚寅, 先是, 大宰府言, 去三月十一日, 不知何許人, 舶二艘載六十人漂着薩摩國甑嶋郡. 言語難通, 問答何用, 其首崔宗佐大陳潤等自書曰, 宗佐等, 渤海國人, 彼國王差入大唐, 賀平徐州, 海路浪險, 漂蕩至此. 國司推驗事意, 不齎公驗, 所書年紀, 亦復相違. 疑是新羅人, 僞稱渤海人, 來竊窺邊境歟. 領將二舶, 向府之間, 一舶得風,

> 飛帆逃遁. 是日, 勅, 渤海遠蕃歸順於我. 新羅叢爾久挾禍心, 宜令府國官司, 審加推勘. 實是渤海人者, 須加慰勞充粮發歸, 若新羅凶黨者, 全禁其身言上. 兼令管內諸國, 重愼警守.

27일 경인에, 이에 앞서 대재부(大宰府)[17]에서 말하길 "지난 3월 11일 어느 곳 사람인지 알지 못하는 사람들 60명이 배 두 척에 타고 살마국(薩摩國, 사쓰마노쿠니)[18] 증도군(甑嶋郡, 고시키지마군)[19]에 표착하였습니다. 말이 통하기 어려워 어떻게 해서 문답을 할까 하였는데, 그 우두머리인 최종좌(崔宗佐)와 대진윤(大陳潤) 등이 스스로 글을 써서 '[최]종좌 등은 발해국 사람으로, 저 나라의 왕이 대당(大唐)에 들어가 서주(徐州)를 평정한 일을 축하하도록 보냈는데, 바닷길의 풍랑이 험하여 표류하다가 이에 이르렀다'고 하였습니다. 국사(國司)가 사실과 뜻을 살펴보니 공험(公驗)을 가지지 않았고, 적은 바의 기년도 서로 어긋났습니다. 아마도 이것은 신라인이 거짓으로 발해인이라 일컫고는 [우리에게] 와서 몰래 변경을 살피려는 것 같습니다. 두 척의 배를 이끌고 부(府)를 향하는 사이에 한 척은 [적당한] 바람을 만나 돛을 올리고는 도망쳤습니다"라고 하였다. 이날 칙을 내려 "발해의 먼 번국(蕃國)이 우리에게 귀순하였다. 신라는 작은 나라인데 오랫동안 나쁜 마음을 품고 있으니 부(府)와 국(國)의 관사로 하여금 면밀히 살피도록 함이 마땅할 것이다. [그들이] 진실로 발해인이라면 위로하고 식량을 주어 돌려보내야 할 것이고, 만약 신라의 흉칙한 무리라면 그들을 모두 가두고 아뢰도록 하라. 겸하여 관내의 여러 나라로 하여금 거듭 삼가하고 경계하여 지키도록 하라"고 하였다.

○ 권24, 청화천황(淸和天皇) 정관(貞觀) 15년(873) 가을 7월

> 八日庚午, … 先是, 大宰府馳驛言. 渤海國人崔宗佐門孫宰等, 漂着肥後國天草郡.

---

17 7세기 후반 일본 규슈 지방의 筑前國에 설치되었던 지방 행정 기관이다. 군사와 외교가 주업무였으며, 규슈 지방의 내정도 담당하였다. 설치 당시에는 '오미코토모치노쓰카사(大宰寮)'라고 불렸다. 관할하는 영역은 현재의 福岡県 太宰府市와 筑紫野市 일대이다. 군사적인 면에서는 그 아래에 防人를 총괄하여 일본 서부 국경의 방어를 담당하였으며, 외교적인 면에서는 鴻臚館에서 외국 사절을 접대하는 역할을 맡았다.

18 일본 鹿児島縣 서부의 옛 國名이다. 702년 日向國에서 분리되었다. 國府는 高城郡이다.

19 일본 고대 薩摩國에 속해 조정의 관할을 받은 13개 郡의 하나이다. 현재의 사쓰마센다이시(薩摩川内市)의 일부에 해당한다.

遣大唐通事張建忠覆問事由, 審實情狀, 是渤海國入唐之使. 去三月着薩摩國, 逃去之一艦也. 仍奉進宗佐等日記, 幷所齎蠟封函子, 雜封書弓劒等. 是日, 勅, 討覈宗佐等申狀, 知是渤海人. 亦其表函牒書印封官銜等, 雠校先來入覲在此間者, 符合如一. 崔宗佐等, 旣非伺隙之奸寇, 可謂善隣之使臣. 其飄泊艱澁, 誠當矜恤. 宜令在所, 支濟衣粮, 所土蠟封函子雜封書等, 全其印封, 莫煩披閱. 亦其隨身雜物, 秋毫不犯, 皆悉還與. 其所乘二舶, 說有破損, 勤加繕修, 足以凌波, 早得好去. 但宗佐等, 彼國名宦之人, 盡知我朝之相善. 然則飄着之日, 早得好去, 須露情實, 以望恩濟, 而飛帆逃亡, 還似奸賊. 非我仁恕, 何免重誅. 宜責以過契, 俾悔其非.

8일 경오에 … 앞서 대재부(大宰府)에서 역마(驛馬)로 급히 아뢰기를 "발해국 사람 최종좌(崔宗佐)와 문손재(門孫宰) 등이 비후국(肥後國, 히고노쿠니) 천초군(天草郡, 아마쿠사군)에 표류하여 도착하였습니다. 대당 통사(大唐通事) 장건충(張建忠)을 보내 사유를 조사하여 실정을 확인해 보니, 이는 발해국에서 당으로 가는 사신입니다. 지난 3월에 살마국(薩摩國)에 도착했다가 도망가 버린 배 한 척이었습니다. 이에 [최]종좌 등의 일기 및 소지한 밀랍으로 봉한 상자와 섞어서 봉한 서신과 활과 칼 등을 진상합니다"라고 하였다.

이날 칙명을 내려 "[최]종좌 등에 대한 보고 문건을 엄밀히 살펴보니 [이들이] 발해인임을 알겠다. 또 그 표함(表函)과 첩서(牒書)에 인장을 찍어 밀봉한 관원의 직함 등을 앞서 [발해에서] 입근(入覲)할 때 여기에 바친 것과 대조하니 똑같이 부합한다. 최종좌 등은 틈을 노리는 간악한 도적이 아니니 선린(善隣)의 사신이라고 말할 수 있다. 표류하여 도착하는 동안의 고생에 대해서는 참으로 가엾게 여겨 도와주어야 한다. 마땅히 [이들이] 있는 곳에서는 의복과 식량을 지급해 주고, [보고차] 진상한 밀랍으로 봉한 상자와 섞어서 봉한 서신 등은 그 봉인을 온전히 복구하여 번잡하게 열어 보지 않도록 하라. 또 몸에 지닌 물건들도 추호도 범하지 말고 모두 돌려주어라. [이들이] 타고 온 배 두 척에 만약 파손된 부분이 있으면 수선하도록 힘써 도와주어 파도를 건널 수 있도록 하여 조속히 떠나게 하라. 다만 [최]종좌 등은 저 나라의 고관이니 어찌 우리 조정이 [저희와] 서로 친선 관계임을 모르겠는가? 그렇다면 표류하여 도착한 날에[20] 모름지기 실정을 알리고 은혜로운 구제를 바라야 하는데도 돛을 날려

---

20 원문의 "早得好去(조속히 떠나게 하라)"는 문맥상 衍文으로 생각되어 해석하지 않았다.

도망가 버렸으니, 오히려 간사한 도적과 같다. 우리의 인자한 용서가 아니라면 어찌 중죄를 면할 수 있겠는가? 마땅히 [친선에 대한] 잘못된 이해에 대해 질책하여 그 잘못을 뉘우치게 하라"라고 하였다.

○ 권25, 청화천황(淸和天皇) 정관(貞觀) 16년(874) 6월

四日庚申, 先是, 渤海人宗佐等五十六人漂着石見國, 充給資粮, 放還本鄕.

4일 경신에 이에 앞서 발해인 [최]종좌 등 56인이 표류하다가 석견국(石見國, 이와미노쿠니)[21]에 도착하니, 물품과 식량을 공급해 주고 고향으로 돌려보냈다.

○ 권30, 후태상천황(後太上天皇)[22] 원경(元慶) 원년(877) 정월

十六日戊子, … 是日, 出雲國言, 渤海國大使政堂省孔目官楊中遠等一百五人, 去年十二月卄六日着岸. 中遠申云, 爲謝恩請使, 差遣中遠等, 兼獻方物, 於嶋根郡安置供給.

16일 무자 … 이날 출운국(出雲國)에서 말하기를 "발해국 대사(大使) 정당성(政堂省) 공목관(孔目官) 양중원(楊中遠) 등 105인이 작년 12월 26일에 해안에 도착하였습니다. [양]중원이 보고하기를 '사은청사(謝恩請使)로 삼아 [양]중원 등을 파견하여 아울러 특산물을 바칩니다.'라고 하니, 도근군(嶋根郡)에 안치하여 [물품을] 공급하였습니다"라고 하였다.

---

21 일본의 옛 지방행정구분이었던 令制國의 하나로 山陰道에 속했다. 지금의 시마네(島根)현 서부이다. 고훈(古墳)시대 야마토(大和)왕권에 의한 이즈모노쿠니(出雲國) 공략과 동시에 이와미노쿠니노미야쓰코(石見國造)가 설치되었으며, 그 지배영역은 7세기의 율령제 이와미노쿠니로 이어졌다.

22 일본의 제56대 세이와천황(淸和天皇)이 876년에 제1황자인 요제이천황(陽成天皇)에게 양위하고 太上天皇이 되었으므로, 여기서의 後太上天皇은 세이와천황을 가리킨다.

○ 권30, 후태상천황(後太上天皇) 원경(元慶) 원년(877) 2월

二月癸卯朔三日乙巳, 以少外記正六位上大春日朝臣安名前讚岐掾正八位下占部連月雄 爲存問渤海客使, 園池正正六位上春日朝臣宅成爲通事.

2월 계묘일이 초하루인 3일 을사에 소외기(少外記) 정6위상 대춘일조신아명(大春日朝臣安名, 오카스가노아손 야스나)과 전 찬기연(前讚岐掾) 정8위하 점부련월웅(占部連月熊, 우라베노무라지 쓰키쿠마)을 존문발해객사(存問渤海客使)로 삼고, 원지정(園池正) 정6위상 춘일조신택성(春日朝臣宅成)을 통사(通事)로 삼았다.

○ 권30, 후태상천황(後太上天皇) 원경(元慶) 원년(877) 3월

十一日壬子, 以存問渤海客使正六位上行少外記大春日朝臣安名前讚岐掾正八位下占部連月雄.

11일 임자에 존문발해객사(存問渤海客使) 정6위상 행소외기(行少外記) 대춘일조신안명(大春日朝臣安名)과 전 찬기연(前讚岐掾) 정8위하 점부련월웅(占部連月熊)을 겸 영객사(兼領客使)로 삼았다.

○ 권31, 양성천황(陽成天皇)[23] 원경(元慶) 원년(877) 4월

十八日己丑, 存問兼領渤海客使少外記大春日朝臣安名等, 寫渤海國王啓幷中臺省牒, 馳驛上奏. 王啓曰, 玄錫啓. 季秋極凉. 伏惟天皇, 起居万福. 卽此玄錫蒙恩. 邇者, 使楊成規被差, 入觀貴國, 得達微誠, 禮畢却返. 璽書國信, 無徵頓臻, 捧受喜歡, 感激

---

[23] 일본 제57대 천황(재위 876~884)이다. 세이와천황(淸和天皇)의 제1황자이며, 이름은 사다아키라(貞明)이다. 9세에 세이와천황의 양위를 받아 즉위했는데, 후지와라노 모토쓰네(藤原基経)가 전대에 이어 섭정을 계속하였다. 수년이 지나 천황의 亂行을 이유로 모토쓰네와 알력이 생겼고, 884년 병을 이유로 17세의 나이에 양위하게 되었다. 폭군이었다는 설이 있지만, 천황을 폐위한 모토쓰네의 죄를 은폐하기 위한 작위적인 평가라는 견해도 있다. 和歌에 재능이 있었던 것으로 알려져 있다.

之深. 後年, 本國往唐國相般撿校官門孫宰等, 所乘船一隻, 從風漂流, 着貴國岸. 天皇待垂恩念, 仍与生成, 別賜粮料, 優賞並蒙, □□生命, 全還本國. 實是善隣之救接, 敦於當時, 久要之情親, 逢於今日. 延領南望, 伏深抃躍, 何乃得不木石緘黙. 陳謝深恩, 亦察舊記, 久與貴國, 交使往來, 舟車織路, 今乃使乎惣絶, 已多歲年. 伏以禮尙往來, 聖人所貴, 聞義則從, 君子斯宗. 如何先祖規摸, 常欲奉於是日, 後嗣堂搆, 必庶繼於前脩. 不勝懇誠, 不遑待紀, 謹差政堂省孔目官楊中遠, 令謝深恩, 幷請嘉客. 伏冀天皇, 宣弘前制, 仍依故實, 遠垂皇恩, 廻復舊路. 冀不閉大道, 恩憐遠客, 准例入都, 提斯此事, 幸甚幸甚. 限以滄浪, 未由拜觀, 謹奉啓起居. 不宣. 謹啓. 中臺省牒曰, 渤海國中臺省牒日本國太政官. 應差入貴國申謝幷請客使, 政堂省孔目官楊中遠等惣一百五人. 牒. 奉處分, 雲嶺万里, 海波千重, 我有善隣, 誰謂路阻. 早結和好, 无愆使期. 崇先規而此朝頻修, 廢故親而彼國惣絶. 近者專使楊成規入貴國, 後年本國往唐國, 相般撿按官門孫宰等着海岸, 天皇特賜矜念, 並蒙大恩. 況乎已受恤憐之敦, 何无申謝之喜. 亦奉尋前文, 仰得古記, 兩國交使, 本有來由. 今只路絶, 年歲彌久, 聿修先例, 不思其復. 遠感往來之蹤, 常多懇望之懷. 堂搆之念, 不敢墜失. 不勝感激瞻仰之至, 謹差政堂省孔目官楊中遠, 令入貴國, 申謝恩造, 幷請嘉客. 宜准狀, 牒上日本國太政官者. 謹錄牒上. 謹牒.

4월 18일 기축에 존문겸영발해객사(存問兼領渤海客使) 소외기(少外記) 대춘일조신안명(大春日朝臣安名) 등이 발해국 왕계(王啓) 및 중대성첩(中臺省牒)을 베껴서 [그 사본을] 역마(驛馬)로 급히 아뢰었다. 왕계에서 말하기를 "[대]현석(玄錫)이 계(啓)합니다. 늦가을이라 매우 차갑습니다. 엎드려 생각건대 천황의 일상은 다복하소서. 여기 [대]현석은 은혜를 입어 [잘 지내고] 있습니다. 지난번 사신 양성규(楊成規)가 파견 임무를 받아 귀국에 입근(入覲)하여 미약한 정성이나마 전달하고 의례를 마치고 돌아왔습니다. 새서(璽書)와 국신(國信)은 요구하지도 않았는데 갑자기 도착하여, 삼가 받들 때 매우 기뻐서 깊이 감격하였습니다. 다음 해 본국에서 당(唐)나라로 가는 상반검교관(相般檢校官) 문손재(門孫宰) 등이 승선한 한 척이 바람을 따라 표류하여 귀국의 해안에 도착하였습니다. [그런데] 천황께서 특별히 은덕을 내려주시어 살아날 수 있었는데, 별도로 식량을 내려주시고 후한 상가지도 모두 받아서, 생명을 [보전하여] 온전히 본국으로 돌아왔습니다. 실로 좋은 이웃이 구제하고 접대한 것이 당시에 돈독했고, 오랜 친교(親交)로 깊어진 인정은 오늘에야 마주치게 되었던 것입니다. 고개를 돌려 남쪽으로 바라보면서 엎드려 몹시 기뻐서 박수 치고 춤추며, 어찌 목석처럼 침묵하여 깊은 은혜에 감사하지 않을 수 있겠습니까? 또한 옛 기록을 살펴보니 오랫동안 귀국과 더불어 서로 간에 사신이 왕래하고 배와 수레도 [베틀의 북처럼] 바삐 오고 갔지만, 지금은 사신 길이 모두 단절된 지 여러 해가 되었습니다. 엎드려 생각건대 예(禮)로써 [서로 간에] 왕래하는 것은 성인(聖人)이 귀중하게 여기는 바이고 의(義)를 들으면 바로 따르는 것은 군자(君子)가 으뜸으로 삼는 바입니다. 선조(先祖)[가 제정한] 설계를 항상 이날에 받들고자 하여 후사(後嗣)가 집을 지을 때는 반드시 선대의 수행을 계승해야 한다는 [자명한] 사실을 어떻게 하겠습니까? [그래서] 간절한 정성을 이기지 못하여 1기(紀, 12년)를 기다릴 겨를이 없어 삼가 정당성(政堂省) 공목관(孔目官) 양중원(楊中遠)을 파견하여 깊은 은혜에 감사드리고 아울러 [귀국의] 훌륭한 사신을 요청하는 것입니다. 엎드려 바라건대 천황께서는 선대의 제도를 널리 펴고 참고되는 실례(實例)에 의거하여, 멀리 천황의 은혜를 내려주시어 예전[처럼 왕래하는] 도로를 회복시켜 주십시오. 바라건대 대도(大道)를 닫지 말고, 멀리서 온 사신에게 은혜와 연민을 내려주어 전례에 준하여 입경하도록 하여 이 일을 [잘 수행하도록] 이끌어 주신다면 매우 다행입니다. 창해(滄海)의 파도로 가로막혀 [직접] 찾아뵙고 인사할 수 없습니다. 삼가 계(啓)를 올려 문안을 드립니다. [그렇지만 뜻을] 다 펴지 못합니다. 삼가 계(啓) 합니다"라고 하였다.

중대성첩에서 말하기를 "발해국 중대성이 일본국 태정관(太政官)에 첩을 보냅니다. [우리 국왕의] 명령을 받아 파견해서 귀국에 들어가서 사례(謝禮)를 표하고 아울러 [귀국] 사신을 요청하는 사신은 정당성 공목관 양중원 등 105인[입니다]. 첩을 보냅니다. '[우리 임금의 다음과 같은] 처분을 받드니 [그것은] 하늘의 구름까지 닿는 산봉우리[처럼 먼 일본과의 거리]는 만 리나 되고 바다의 파도는 천 겹이나 되지만, 우리에게 좋은 이웃이 있으니 누가 길이 막혔다고 하겠는가? 조속히 우호를 맺고 사신의 파견 기간에 허물이 없도록 하라. 선대의 규범을 숭상하여 이쪽 조정에서 자주 [빙례(聘禮)를] 수행하였는데, 옛 친분을 폐지하고 저 나라가 모두 단절시켰다. 근래 전사(專使) 양성규(楊成規)가 귀국에 입국하였고, 다음 해에는 우리나라에서 당나라로 본국에서 당(唐)나라로 가는 상반검교관(相般檢校官) 문손재(門孫宰) 등이 해안에 표류하였는데, 천황이 특별히 가엾게 여겨 주어 모두 큰 은혜를 입었다. 하물며 이미 가엾게 여겨 보살펴 준 은혜를 두터이 받았는데 어찌 고마움을 표시하는 기쁨이 없을 수 있겠는가? 또한 전대의 기록을 찾아보고 옛 기록을 얻어보니 양국 간에 사신을 서로 파견하는 일이 본래 유래가 있었다. 지금 도로가 단절된 지 세월이 오래되었는데 선례(先例)대로 [빙례를] 수행하라고 할 뿐 [사신 단절을] 복구할 것을 생각하지 않고 있다. [사신이] 왕래한 자취에 대해 멀리서 감격하여, [사신 단절의 복구를] 간절히 바라는 소회를 항상 많이 품었다. [후손이 선대의 설계를 계승하여] 집을 지으려는 생각을 감히 실추시키지 않아야 한다. [일본 (천황)에 대해] 감격하고 사모하는 지극한 정성을 이기지 못하니 삼가 정당성 공목관 양중원을 보내어 귀국에 입조시켜 [천황의] 은혜에 대해 감사를 표하고 아울러 [귀국의] 훌륭한 사신을 요청하라.'는 것입니다. [중대성 우상의 지시는] 마땅히 [이러한 처분] 내용에 준하여 [작성한] 첩을 일본국 태정관(太政官)에 올려 보내라.'는 것입니다. 삼가 [이러한 지시 사항들을] 옮겨 적어 첩을 올립니다. 삼가 첩을 보냅니다"라고 하였다.

○ 권31, 양성천황(陽成天皇) 원경(元慶) 원년(877) 6월

廿五日甲午, 渤海國使楊中遠等, 自出雲國還於本蕃. 王啓幷信物, 不受而還之. 大使中遠欲以珍翫玳瑁酒盃等, 奉獻天子, 皆不受之. 通事園池正春日朝臣宅成言, 昔往大唐, 多觀珍寶, 未有若此之奇恠. 太政官宣【久】, 先皇【乃】制【止之天】一紀【乎】以【天】來朝【乃】期【止】爲【利】. 而彼國王此制【介】違【天】使【乎】奉出【世利】. 凡厥謝恩及請使等【乃】事【波】, 存問之日【介】屈伏旣訖【太利】. 仍【天】齋參來【留】所【乃】啓幷信物等, 不更奏聞. 客人【部】此狀【乎】知【天】, 平【介久】治賜【布】所【止之天】, 本國【介】退還【止】爲【天奈毛】御手【都】物道粮賜【比】饗給【波久止】宣.

25일 갑오에 발해국 사신 양중원(楊中遠) 등이 출운국(出雲國)에서 본번(本蕃)으로 돌아갔다. 왕계(王啓)와 신물(信物)을 받지 않고 돌려보냈다. 대사 [양]중원이 진귀한 완상품과 대모(玳瑁)로 만든 술잔을 천자(天子)에게 바치고자 했으나, 모두 받지 않았다. 통사(通事) 원지정(園池正) 춘일조신택성(春日朝臣宅成)이 말하기를 "옛날 대당(大唐)에 가서 진귀한 보물을 많이 보았지만 이처럼 기괴한 것은 없었다"라고 하였다. 태정관에서 말하기를, "선황의 제도로써 1기를 내조의 기한으로 삼았다. 그런데 저 나라 왕이 이 제도를 어기고 사신을 받들어 보냈다. 무릇 은혜에 감사한다거나 사신을 요청하는 등의 일은 존문하는 날에 [안 하도록] 굴복시켰다. 이에 가지고 온 바의 왕계 및 신물 등은 다시 아뢰지 않는다. 객인에게 이 상황을 [문서로] 알려, 평온하게 내리신 바는 본국에 되돌아간다고 하므로 친히 물품과 양식을 내려주고 향회(饗會)도 베풀어 주라"고 하였다.

○ 권42, 양성천황(陽成天皇) 원경(元慶) 6년(882) 10월

廿九日壬戌, 勅令能登國禁伐損羽咋福良泊山木. 渤海客着北陸岸之時, 必迷歸舶於此山. 住民伐採, 或煩无材, 故豫禁伐大木, 妨民業.

29일 임술에 칙령으로 능등국(能登國)에서 우사군(羽咋郡, 하쿠이군) 복량박산(福良泊山, 후쿠라토마리야마)의 나무를 벌채하는 것을 금하였다. 발해의 사신이 북륙도(北陸道, 구누가노미치) 해안에 도착하였을 때 반드시 돌아갈 배를 이 산에서 만들었다. 그곳에 사는 백성들에게 벌채를 시켰는데 혹자는 재목이 없음을 민망히 여겼으므로, 미리 큰 나무를 벌채하는 것을 금해 백성들의 생업을 방해하지 못하게 한 것이다.

○ 권42, 양성천황(陽成天皇) 원경(元慶) 6년(882) 11월

廿七日乙未, 加賀國馳驛言, 今月十四日渤海國入覲使裴頲等一百五人着岸.

27일 을미에 가하국(加賀國)에서 역마(驛馬)로 급히 알리기를 "이달 14일에 발해국 입근사(入覲使) 배정(裴頲)[24] 등 105인이 해안에 도착하였다"라고 하였다.

廿八日丙申, … 是日, 下符加賀國, 安置渤海客於便處, 依例供給, 勤加優遇. 又禁制

---

24 元慶 6년(882) 12월 14일 文籍院 少監이었던 裴頲이 大使로서 105인의 발해사신단을 이끌고 加賀國에 도착하였다. 기록에 따르면 배정은 이때 처음 일본에 방문한 것으로 알려져 있다. 그러나 그의 文名이 일본 조정에 잘 알려져 있었기 때문에 더욱 환대를 받았다. 실제로 배정의 체재 기간이 짧았음에도 불구하고 嶋田忠臣, 管原道眞, 紀長谷雄 등 당시 일본의 문인 관료들과 詩筵, 酒席 등을 통해 깊은 관계를 맺었던 것으로 보인다. 이와 같은 일본에서의 활동이 발해에서도 높이 평가되어, 寬平 6년(895)에 다시 대사로 일본에 파견되었다. 그 후 그의 재능을 이어받은 아들 裴璆도 세 차례 일본에 대사로 파견되어 아버지와 같이 일본 문인들과 우정을 나누는 등 발해와 일본과의 文運 교류에 큰 족적을 남겼다(上田雄, 2001, 540~541쪽).

> 私廻易客徒所齎貨物.

28일 병신에 … 가하국에 부문(符文)을 내리기를 "발해객(渤海客)을 편안한 곳에 안치하고 전례에 의거하여 [음식 등을] 공급하되 우대하도록 힘쓰라. 또 [민간에서] 발해 객도(客徒)가 가져온 물품들을 사사로이 교역하는 것을 금지한다"라고 하였다.

○ 권43, 양성천황(陽成天皇) 원경(元慶) 7년(883) 봄 정월

> 戊辰朔, … 是日, 以正六位上行少外記大藏伊美吉善行式部少丞高階眞人茂範爲存問渤海客使前筑後少目從八位上伊勢朝臣興房爲通事.

무진 초하루에 … 이날, 정6위상 행소외기(行少外記) 대장이미길선행(大藏伊美吉善行, 오쿠라노이미키 요시유키)과 식부소승(式部少丞)[25] 고계진인무범(高階眞人茂範, 다카시나노마히토 시게노리)을 존문발해객사(存問渤海客使)로 삼고, 전(前) 축후소목(筑後少目) 종8위상 이세조신흥방(伊勢朝臣興房, 이세노아손 오키후사)을 통사(通事)로 삼았다.

> 廿六日癸巳, 令山城近江越前加賀等國, 修理官舍道橋, 埋瘞路邊死骸, 以渤海客可入京也. 下知越前能登越中國, 送酒肉魚鳥等物於加賀國, 爲饗渤海客也.

26일 계사에 산성(山城, 야마시로)·근강(近江, 오미)·월전(越前, 에치젠)·가하(加賀, 가가)국(國)들에게 관사(官舍)와 다리를 수리하고 길가에 시체를 매장하도록 명령하니, [이는] 발해객(渤海客)이 입경할 수 있도록 한 것이다. [또] 월전·능등(能登, 노토)·월중(越中, 엣츄) 국들에게 술·고기·생선·새·마늘 등의 물품을 가하국에게 보내도록 분부하니, 발해객을 대접하기 위함이었다.

---

25 일본 고대 율령제 하의 8省 가운데 軍政을 담당하던 兵部省의 관직이다. 兵部少丞을 이르며, 官位는 종6위상으로, 2인을 두었다.

○ 권43, 양성천황(陽成天皇) 원경(元慶) 7년(883) 2월

廿一日戊午, … 林邑樂人百七人於大安寺令調習. 以大和國正稅充給其食欲令渤海客徒觀彼樂也. … 是日, 存問渤海客使大藏善行高階茂範, 並爲兼領客使.

21일 무오에 … 임읍[26]악(林邑樂) 연주단원 107인을 대안사(大安寺, 다이안지)[27]에서 연습하도록 명령하였다. 대화국(大和國, 야마토노쿠니)[28]의 정세(正稅)로 그 식비를 충당한 것은 발해 객도(客徒)가 그 음악을 관람하도록 하였기 때문이다. … 이날, 존문발해객사(存問渤海客使) 대장선행(大藏善行, 오쿠라노 요시유키)과 고계무범(高階茂範, 다카시나노 시게노리)을 모두 겸 영객사(兼領客使)로 삼았다.

廿五日壬戌, 賜渤海客徒冬時服, 遣弁官史生一人, 押送加賀國, 令領客使等頒賜焉.

25일 임술에 발해 객도(客徒)에게 겨울철 의복을 하사하고, 변관(辨官)의 사생(史生)[29] 1인을 보내어 가하국까지 호송하여, 영객사(領客使) 등에게 나누어 주도록 하였다.

---

26 인도차이나 남동 연안에 참족이 세운 참파국을 중국에서 부르던 이름이다. 임읍이란 명칭은 이 나라가 後漢 때 日南郡 象林縣(象林邑)에서 독립했기 때문이다. 林邑은 중국에서 2세기 말에서 8세기 중반(197~757)까지 사용되었고, 8세기 중반에서 9세기 후반까지는 環王國, 9세기 후반에서 17세기까지는 占城國으로 불렸다(동북아역사재단, 2009).
27 일본 나라 시대의 불교 사원으로, 南都 7大寺의 하나이다. 현재 奈良市 大安寺町에 있다. 전신은 百濟川 부근에 있던 百濟大寺이다. 平城京으로 천도한 뒤에 경내로 옮겨져서 대안사라는 이름이 붙었다. 東大寺·西大寺에 대비해 南大寺라고도 불렸으며, 三論宗의 학문을 닦는 절로 번영했지만 헤이안 시대 후기 이후 쇠퇴하였다.
28 일본 고대 畿內에 속한 國으로, 현재의 奈良縣이다. 처음 율령이 제정될 때에는 倭國이었는데, 그 후 738년에 大養德으로 개칭했고, 747년에 원래의 大倭로 고쳤다. 757년경부터는 大和로 확정되고, 헤이안 시대 이후에는 大和가 일반화되었다.
29 일본 고대 율령제에서 官司의 4等官 아래 두어진 직원이다. 관사의 書記官에 해당하며, 공문서를 작성하여 4등관의 서명을 받는 것을 담당 업무로 하였다. 고대의 史의 성격을 계승한 것으로 추정되며, 書算이나 法令에 통달한 자부터 雜任으로서 式部省에 보임되어 내외의 관사에 돌렸다. 교대근무를 하는 內分番과 같은 방법으로 승진해 8년(후에는 6년)마다 평가를 받고 그에 따라 叙位를 받았다. 사생은 관사마다 정원이 정해져 庸·調·雜徭가 면제되었다. 大宰府나 諸國의 사생은 公廨田(뒤에 職分田) 6段과 그것을 경작하는 事力 2명이 지급되었다. 처음에는 太政官·八省·大宰府·國府 이외의 관사에는 거의 설치되지 않았으나 8세기에 들어서면서 사무 처리량이 증가함에 따라 설치하지 않았던 관사에도 사생이 설치되었으며, 9세기 전기에는 거의 모든 관사에 사생이 두어졌다.

○ 권43, 양성천황(陽成天皇) 원경(元慶) 7년(883) 3월

八日甲戌, 存問兼領渤海客使少外記大藏善行式部少丞高階茂範等進發, 奉參內裏辭見, 賜御衣袴各一襲.

8일 갑술에 존문(存問) 겸 영발해객사(領渤海客使) 소외기(少外記) 대장선행(大藏善行)과 식부소승(式部少丞) 고계무범(高階茂範)이 출발하려고 내리(內裏)에 가서 [천황에게] 하직 인사를 하니, [천황이] 웃옷과 바지 각 한 벌을 하사하였다.

○ 권43, 양성천황(陽成天皇) 원경(元慶) 7년(883) 4월

二日戊戌, 以右衛門大尉正六位上坂上大宿禰茂樹文章得業生從八位上紀朝臣長谷雄爲掌渤海客使, 民部大丞正六位上淸原眞人常岑文章生從八位下多治比眞人有友爲領歸鄕渤海客使.

2일 무술에 우위문대위(右衛門大尉) 정6위상 판상대숙녜무수(坂上大宿禰茂樹, 사카노우에노오스쿠네 시게키)와 문장 득업생(文章得業生) 종8위상 기조신장곡웅(紀朝臣長谷雄, 기노아손 하세오)을 장발해객사(掌渤海客使)로 삼고, 민부 대승(民部大丞) 정6위상 청원진인상잠(淸原眞人常岑, 기요하라노마히토 쓰네미네)과 문장생(文章生) 종8위하 다치비진인유우(多治比眞人有友, 다지히노마히토 아리토모)를 영귀향발해객사(領歸鄕渤海客使)로 삼았다.

廿一日丁巳, 緣饗渤海客, 諸司官人雜色人等, 客徒在京之間, 聽帶禁物. 以從五位上行式部少輔兼文章博士加賀權守菅原朝臣道眞, 權行治部大輔事, 從五位上行美濃介嶋田朝臣忠臣, 權行玄蕃頭事, 爲對渤海大使斐頲, 故爲之矣.

21일 정사에 발해객(渤海客)에게 향회(饗會)를 베푸는 것으로 인해 여러 관사의 관리나 하급 실무자들이 [발해] 객도(客徒)가 도성에 있을 때에 금지 품목을 휴대하는 것을 허락하였다. 종5위상 행(行) 식부소보(式部少輔) 겸 문장박사(文章博士) 가하권수(加賀權守) 관원조신 도진(菅原朝臣道眞, 스가와라노아손 미치자네)을 임시로 행치부대보사(行治部大輔事)로, 종

5위상 행미농개(行美濃介) 도전조신충신(嶋田朝臣忠臣, 시마다노아손 타다오미)을 임시로 행현번두사(行玄蕃頭事)로 삼았으니, 발해 대사(渤海大使) 배정(裴頲)을 접대하기 위해 일부러 그렇게 [임명]한 것이다.

> 廿八日甲子, 勅遣右近衛少將正五位下平朝臣正範, 到山城國宇治郡山階野邊, 郊勞渤海客, 領客使少外記大藏善行等, 引客徒, 入鴻臚館.

28일 갑자에 칙명으로 우근위소장(右近衛少將) 정5위하 평조신정범(平朝臣正範, 다이라노아손 마사노리)을 산성국(山城國) 우치군(宇治郡) 산계야(山階野, 야마시나노) 주변에 보내 발해객(渤海客)을 교외에서 맞이하여 위로하도록 하고, 영객사(領客使) 소외기(少外記) 대장선행(大藏善行) 등이 [발해] 객도(客徒)를 인솔하여 홍려관에 들어가게 하였다.

> 廿九日乙丑, 遣右大史正六位上家原朝臣高鄕, 向鴻臚館, 慰勞客徒.

29일 을축 그믐에 우대사(右大史) 정6위상 가원조신고향(家原朝臣高鄕, 이에하라노아손 타카사토)을 홍려관에 보내 [발해] 객도(客徒)를 위로하였다.

○ 권43, 양성천황(陽成天皇) 원경(元慶) 7년(883) 5월

> 五月丙寅朔, 遣從五位上行右兵衛佐源朝臣元, 向鴻臚館, 勞問客徒.

5월 병인 초하루에 종5위상 행우병위좌(行右兵衛佐) 원조신원(源朝臣元, 미나모토노아손 겐)을 홍려관에 보내 [발해] 객도를 위문하였다.

> 二日丁卯, 大使裴頲等於朝堂, 奉進王啓及信物. 親王已下五位已上及百寮初位已上, 皆會. 四位已下未得解由者, 亦預焉. 所司受啓信物, 奉進內裏.

2일 정묘에 [발해] 대사 배정 등이 조당(朝堂)에서 왕계(王啓) 및 신물(信物)을 받들어 진상하였다. 친왕(親王) 이하 [관위] 5위 이상 및 백관 이상이 모두 모였다. 4위 이하로 아직 해유(解由)되지 않은 자도 참여하였다. 담당 관리가 왕계와 신물을 받아 내리(內裏)에 받들어 진상하였다.

> 三日戊辰, 天皇御豊樂殿, 賜宴渤海客徒. 親王已下參議已上侍殿上, 五位已上侍顯陽堂, 大使已下卄人侍承歡堂, 百官六位已下相分, 侍觀德明義兩堂. 授大使文籍院少監正四品賜紫金魚袋斐頲從三位, 副使正五品賜緋銀魚袋高周封正四位下, 判官錄事授五位, 其次叙六位, 已下各有等級. 隨其位階, 賜朝衣, 客徒拜舞退出. 更衣而入, 拜舞昇堂就食. 雅樂寮陳鼓鍾, 內敎坊奏女樂. 妓女百卌八人, 遞出舞. 酒及數杯, 別賜御餘枇杷子一銀鋺, 大使已下, 起座拜受. 日暮, 賜客徒祿各有差.

3일 무진에 천황이 풍락전(豊樂殿)에 거둥하여 발해 객도에게 연회를 하사하였다. 친왕 이하 참의(參議) 이상이 [풍락]전에서 [천황을] 시립(侍立)하고, 5위 이상은 현양당(顯陽堂)에서 시립하고, [발해] 대사 이하 20인은 승환당(承歡堂)에서 시립하고, 백관으로 6위 이하는 서로 나누어 관덕당(觀德堂)과 명의당(明義堂)에 시립하였다. 대사 문적원소감(文籍院少監)[30] 정4품 사자금어대(賜紫金魚袋) 배정에게 종3위를 수여하고, 부사 정5품 사비은어대(賜緋銀魚袋) 고주봉(高周封)에게 정4위하, 판관(判官)과 녹사(錄事)에게 5위를 수여하고, 그다음에는 6위에 서용(敍用)하고, 그 아래는 각각 등급에 [차이를] 두었다. [이들에게] 위계에 따라 조정의 의복을 하사하니, 객도들이 배무(拜舞)하며 물러났다. 옷을 갈아입고 다시 들어와 인사하고 춤추며 [승환]당에 올라 식사하였다. 아악료(雅樂寮)[31]에서 북과 종을 진열하고 내교방(內敎

30　발해의 중앙 관서의 하나로, 經籍과 도서, 찬술 등의 일을 담당하였다. 『新唐書』 渤海傳에 따르면, 官員으로 監과 少監이 있었다. 사례로는 발해 선왕이 일본에 보낸 국서에 문적원 소속의 述作郞 李承英이 확인된다. 문적원 소속의 裵頲이나 裵璆, 李承英 모두 대일 외교사절로 활약하는 것으로 보아, 외교문서의 작성 등에 관여하고 있음을 유추할 수 있다.

31　일본 고대 治部省 소속으로 8세기 초에 설치되었다. 諸樂舞의 연주와 교습을 담당했던 관청이다. 頭·助·允·屬·史生·使部로 이루어졌으며, 그밖에 歌師·舞師·笛師·唐樂師 등이 있었다. 처음 정원은 438명이었으나 이후 축소되었다. 『延喜式』 권제21, 雅樂寮에 따르면, 외국사절[蕃客]을 위한 연향일에는 官人들이 雜樂人을 데리고 임무를 수행하였다(凡賜蕃客宴饗日 官人率雜樂人供事 所須樂色 臨時聽官處分)고 한다. 외국 음악으로는 高麗樂, 百濟樂, 新羅樂, 唐樂 등을 연주하였다.

坊)³²에서 여악(女樂)을 연주하였다. 기녀(妓女) 148인이 번갈아 나와 춤추었다. 술이 여러 잔 돌자 별도로 [천황이 먹던] 비파(枇杷)나무 열매가 담긴 은사발을 하사하니, 대사 이하가 모두 자리에서 일어나 절하고 받았다. 날이 저물자 객도에게 차등을 두고 녹(祿)을 하사하였다.

> 五日庚午, 天皇御武德殿, 覽四府騎射及五位已上貢馬, 喚渤海客徒觀之. 賜親王公卿續命縷. 伊勢守從五位上安倍朝臣興行, 引客就座供食. 別勅賜大使已下錄事已上續命縷, 品官已下菖蒲鬘. 是日大雨. 先是, 豫勅所司, 若遇雨殺, 須停節會, 勿喚客徒, 改日行事. 而掌客使等, 速引客徒, 入於宮城. 故雨中成禮焉.

5일 경오에 천황이 무덕전(武德殿)에 거둥하여 [좌근위부(左近衛府), 우근위부(右近衛府), 좌병위부(左兵衛府), 우병위부(右兵衛府)]의 4부(府)[의 시위부대]의 기마술과 활쏘기 및 [관위] 5위 이상이 바친 말을 보고, 발해 객도를 불러 보도록 하였다. 친왕(親王)과 공경(公卿)에게 속명루(續命縷)³³를 하사하였다. 이세수(伊勢守) 종5위상 안배조신흥행(安倍朝臣興行, 아베노아손 오키유키)이 객도를 좌석으로 인솔해 가서 식사를 제공하였다. 별도로 칙명을 내려 대사 이하 녹사 이상에게 속명루를, 품관(品官) 이하에게는 창포만(菖蒲鬘)을 하사하였다. 이 날 큰비가 내렸다. 이에 앞서 미리 칙명을 내려 담당 관리에게 "만약 쓰산한 비를 만나면 명절의 연회를 중지하고 객도를 부르지 말고 다른 날 행사하라"고 하였는데, 장객사(掌客使) 등이 속히 객도를 인도하여 궁성으로 들어갔다. 그러므로 우중에도 의례를 마칠 수 있었다.

> 七日壬申, 大使斐頲別貢方物. 是日, 內藏頭和氣朝臣彛範, 率僚下, 向鴻臚館, 交關.

7일 임신에 대사 배정이 별도로 특산물을 바쳤다. 이날 내장두(內藏頭)³⁴ 화기조신이범(和

---

32 당나라의 '敎坊'을 본뜬 것으로, 일본의 宮中에 설치하여 女樂과 踏歌 등 주로 俗樂을 교육하고 관리하던 기관이다.
33 음력 5월 5일 端午에 어깨나 팔뚝에 묶는 색실로, 재앙을 물리치고 장수를 기원하는 의미를 가진다. 『太平御覽』 布綿部 絲條에는 "風俗通云 色續命絲 俗說益人命"라는 기록이, 『東國歲時記』 端午조에는 "內醫院, 造醍醐湯進供, 又製玉樞丹, 塗金箔以進, 穿五色絲佩之禳災, 頒賜近侍. 按風俗通, 五月五日 以五綵絲繫臂者, 辟鬼及兵, 名長命縷, 一名續命縷, 一名辟兵繒, 今俗之佩丹, 盖此類也."라는 기록이 있다.
34 일본 고대 율령시대의 관서인 內藏寮의 장관이다.

氣朝臣彝範, 와케노아손 츠네노리)이 휘하 속료를 데리고 홍려관으로 가서 [물품을] 교역하였다.

> 八日癸酉, 內藏寮交關如昨.

8일 계유에 내장료(內藏寮)[35]에서 어제와 같이 [물품을] 교역하였다.

> 十日乙亥, 於朝集堂, 賜饗渤海客徒. 大臣已下就東堂座, 擇五位已上有容儀者卅人, 侍堂上座. 從五位下守左衛門權佐藤原朝臣良積, 引客, 就西堂座供食. 元所定供食者, 謝障不出, 良積依有儀貌, 俄當此選. 大使斐頲欲題送詩章, 忽索筆硯, 良積不閑屬文, 起座而出, 頲隨止矣. 勅, 遣中使從五位下行右馬助藤原朝臣恒興, 賜御衣一襲大使斐頲. 掌斐頲高才有風儀也.

10일 을해에 조집당(朝集堂)에서 발해 객도(客徒)에게 향연(饗宴)을 내렸다. 대신 이하는 동당(東堂) 자리에 갔는데 5위 이상으로 용모와 풍채가 좋은 30인을 선발하여 당상의 자리에서 시립(侍立)하였다. 종5위하 수좌위문권좌(守左衛門權佐) 등원조신양적(藤原朝臣良積, 후지와라노아손 요시즈미)이 객도를 서당(西堂) 자리로 인솔해 가서 식사를 제공하였다. 원래 식사 제공의 임무를 담당한 자는 업장(業障)으로 사양하고 나오지 않았는데, 양적이 의연히 풍채가 있어 마침 이 임무에 선발되었던 것이다. 대사 배정이 작별의 시문을 지으려고 갑자기 붓과 벼루를 찾았는데, 양적이 문장 짓기에 익숙하지 않아 자리에서 일어나 나가니, [배]정도 따라서 그만두었다. 칙명을 내려 중사(中使) 종5위하 행우마조(行右馬助) 등원조신항흥(藤原朝臣恒興, 후지와라노아손 쓰네오키)를 보내 어의(御衣) 한 벌을 대사 배정에게 하사하였으니, 배정이 뛰어난 재주와 [그에 걸맞는] 풍모를 갖춘 데 대해 상을 내린 것이었다.

---

35 일본 고대 中務省의 아래에 있던 관청이다. 『職員令』에 따르면 金銀珠玉・寶器・錦綾・雜綵・氈褥・諸蕃貢獻奇瑋物・年料供進御服 및 別勅 用物의 出納・調進의 일을 맡았다. 직원은 頭・助・允・大少屬・大少主鑰, 藏部 40인, 價長 2인과 典履 2인 아래 百濟手部를 두었다.

十二日丁丑, 渤海使歸蕃. 是日, 遣參議正四位下行右衛門督兼近江權守藤原朝臣諸葛從四位下行左近衛少將兼近江權介藤原朝臣遠經正六位上行少內記多治比眞人彥輔, 向鴻臚館, 付勅書. 正五位下太皇大后宮權亮平朝臣惟範從五位上行少納言兼侍從藤原朝臣諸房從六位上守右少史秦宿禰安兄, 付太政官牒. 禮畢, 領客使民部大丞正六位上淸原眞人常岑文章生從八位下多治比眞人有友等, 引客徒, 出館, 就路焉.

12일 정축에 발해 사신이 귀국 길에 올랐다. 이날, 참의(參議) 정4위하 행우위문독(行右衛門督) 겸 근강권수(兼近江權守) 등원조신제갈(藤原朝臣諸葛, 후지와라노아손 모로쿠즈)과 종4위하 행좌근위소장(行左近衛少將) 겸 근강권개(兼近江權介) 등원조신원경(藤原朝臣遠經, 후지와라노아손 토쓰네)과 정6위상 행소내기(行少內記) 다치비진인언보(多治比眞人彥輔, 다지히노마히토 히코스케)를 홍려관(鴻臚館)으로 보내어 칙서를 부쳤다. 정5위하 태황대후궁권량(太皇大后宮權亮) 평조신유범(平朝臣惟範, 다이라노아손 코레노리)과 종5위상 행소납언(行少納言) 겸 시종(兼侍從) 등원조신제방(藤原朝臣諸房, 후지와라노아손 모로후사)과 종6위상 수우소사(守右少史) 진숙녜안형(秦宿禰安兄, 하타노스쿠네 야스에)은 태정관첩(太政官牒)을 부쳤다. 의례를 마친 뒤, 영객사(領客使) 민부대승(民部大丞) 정6위상 청원진인상잠(淸原眞人常岑)과 문장생(文章生) 종8위하 다치비진인유우(多治比眞人有友) 등이 [발해] 개도를 인솔하여 [홍려]관을 나가 길에 올랐다.

十四日己卯, 今月三日豊樂院宴渤海客, 樂人舞妓等, 以大藏省商布一千一百五段, 賜之, 依承和九年例也.

14일 기묘에 이번 달 3일 풍락원(豊樂院)에서 발해객에게 연회를 베풀 때 [동원된] 악인(樂人)과 무기(舞妓) 등에게 대장성(大藏省)의 상포(商布) 1,105단(段)을 하사해 주니, 승화 9년(842) 때 전례에 의거한 것이었다.

廿六日辛卯, … 神泉苑裏舊有放鹿, 是日, 生白鹿. 遠客來朝, 得此禎祥, 豈不懿歟.

26일 신묘에 … 신천원(神泉苑)³⁶ 안에 옛적에 방목한 사슴이 있었는데 이날 흰사슴을 낳았다. 멀리서 사신이 조알하러 왔는데 이러한 상서로움이 있으니 어찌 아름답지 않은가.

○ 권44, 양성천황(陽成天皇) 원경(元慶) 7년(883) 10월

廿九日壬戌, … 勅, 令能登國, 禁伐損羽咋郡福良泊山木. 渤海客着北陸道岸之時, 必造還舶於此山, 任民伐採, 或煩無材. 故豫禁伐大木, 勿妨民業.

29일 임술 … 칙명을 내려 "능등국(能登國)에게 명을 내려 우색군(羽咋郡) 복량박산(福良泊山)의 나무를 베는 것을 금지하라. 발해객이 북륙도(北陸道) 해안에 도착할 때, 반드시 돌아갈 배를 이 산에서 건조하였으니, 백성들이 마음대로 벌채하다가 혹시 목재가 없을까 걱정된다. 그러므로 미리 큰 나무를 베는 것을 금지하여 백성의 생업을 방해하지 말도록 하라"고 하였다.

○ 권45, 광효천황(光孝天皇) 즉위전기(卽位前期)

嘉祥二年, 渤海國入覲大使王文矩望見, 天皇在諸親王中拜起之儀, 謂所親曰, 此公子有至貴之相, 其登天位必矣.

가상(嘉祥) 2년(849)에 발해국에서 사신을 보내와 (천황을) 알현하였는데 대사(大使) 왕문구(王文矩)가 천황이 여러 친왕(親王) 가운데 있으면서 인사하고 일어나는 모습을 멀리 보고 가까이 있는 사람에게 "이 공자(公子)는 지극히 귀한 관상을 가졌다. 천위(天位)에 오를 것임에 틀림 없다"라고 하였다.

○ 권49, 광효천황(光孝天皇) 인화(仁和) 2년(886) 5월

廿八日丙午, 前周防守從五位上紀朝臣安雄卒. 安雄者左京人, 助教從五位下種繼

---

36 일본 헤이안쿄(平安京) 大內裏의 남동쪽에 있었던 園池이다. 헤이안 초기에 禁苑으로서 자주 천황이 遊幸하였다. 『일본기략』 800년 7월 19일조 기사에 처음 보이며, 헤이안쿄 창설 당시에 부속된 園池로 건설된 것으로 보인다.

之子也. … 安雄父本姓苅田首, 讚岐國人, 至于安雄, 賜姓紀朝臣, 爲京兆人. 安雄幼以學行見稱, 性寬綽, 柔順訓物. 始輔得業生, 天安二年爲大學直講. 貞觀初, 渤海國王遣使朝聘, 以安雄爲存問兼領客使. … 安雄專精經業, 頗閑詞華, 重陽之節, 徵接文人. 卒時年六十五.

28일 병오에 전주방수(前周防守) 종5위상 기조신안웅(紀朝臣安雄, 기노아손 야스오)이 죽었다. 안웅이라는 사람은 좌경인(左京人)으로 조교(助敎) 종5위하 종계(種繼)의 아들이다. … 안웅의 아버지는 본래 성이 예전수(苅田首)이며 찬기국(讚岐國, 사누키노쿠니) 사람이었는데, 안웅에 이르러 기조신(紀朝臣)의 성을 받아 서울 사람이 되었다. 안웅은 어릴적에 학행(學行)으로 본성을 드러내었고 성품이 너그러웠으며 부드럽고 순하게 남을 가르쳤다. 처음에 득업생(得業生)으로 보좌하다가 천안(天安) 2년(858)에 대학직강(大學直講)이 되었다. 정관(貞觀, 859~877) 초에 발해국왕이 사신을 보내어 조빙하였는데 안웅이 존문겸영객사(存問兼領客使)가 되었다. … 안웅은 오로지 경전 연구에 전념하면서도 아름다운 문장을 지을 정도의 여유가 있어 중양절(重陽節)에는 문인(文人)들을 불러 만났다. 죽을 때의 나이 65세였다.

6. 『유취국사(類聚國史)』

『유취국사』는 고대 일본의 율령국가에서 편년체로 편찬한 6종의 정사(正史), 즉 『일본서기(日本書紀)』・『속일본기(續日本紀)』・『일본후기(日本後紀)』・『속일본후기(續日本後紀)』・『일본문덕천황실록(日本文德天皇實錄)』・『일본삼대실록(日本三代實錄)』 등 육국사(六國史)의 기사를 검색하기 편하도록 중국의 유서(遺書) 형식에 따라 신기(神祇)・제왕(帝王)・세시(歲時)・음악(音樂)・수속(殊俗) 등 18개의 주제별로 분류하고[類聚] 연대순으로 편집한, 헤이안(平安) 전기의 역사서다. 스가와라노 미치자네(菅原道眞, 845~903)가 892년에 200권으로 완성하였지만 현재는 61권만 남아 있다. 육국사의 문장을 원문 그대로 수록하였기 때문에 육국사 중 일부만 남아 있는 『일본후기』의 내용을 복원하는 데 중요한 자료이기도 하다. 다만 『일본삼대실록』 부분은 후대에 가필되었다.

발해에 관한 기사는 권71 세시(歲時), 권77 음악(音樂), 권99 관직(官職), 권173 화재(火災), 권193 수속(殊俗) 등에 수록되어 있다. 권71 세시에서 권173 화재까지는 해당 주제와 관련되어 발해 사신의 행적들이 단편적으로 언급되었다. 반면 권193 수속에는 발해와 관련된 모든 기록이 망라되어 있다. 특히 9세기 전반의 발해와 일본 간의 국서들은 현전하는 『일본후기』에 누락된 일문(逸文)으로 그 가치는 매우 높다.

『유취국사』는 일찍이 센고쿠 마사카즈(仙石政和, 1766~1824)가 1816년에 교정본(校訂本)을 출판하였다. 이를 토대로 1916년에 구로이타 카쓰미(黒板勝美, 1874~1946)가 『유취국사』 1책을 『국사대계(國史大系)』 총서의 하나로 경제잡지사(經濟雜誌社)에서 간행하였다. 그 후 『신정증보(新訂增補) 국사대계』(이하 「신정증보」)의 보급판으로 『유취국사』 전5책이 1986년에 길천홍문관(吉川弘文館)에서 간행되어, 현재 널리 이용되고 있다. 여기서도 「신정증보」 보급판 『유취국사』를 대본으로 하되, 『일본후기』(黒板伸夫・三田悌 編, 2003, 集英社)를 비교본으로 참조하였다.

○ 권71, 세시(歲時) 2, 원일 조하(元日朝賀) 정월

神龜五年, 春正月庚子, 天皇御大極殿, 王臣百寮及渤海使等朝賀.

신귀(神龜) 5년(728) 봄 정월 경자(3일)에 [성무]천황(天皇)이 대극전에 거둥하니, 왕신(王臣)과 백료(百寮) 및 발해 사신 등이 조하(朝賀)하였다.

天平十二年, 春正月戊子朔, 天皇御大極殿受朝賀. 渤海郡使·新羅學語等, 同亦在列.

천평(天平) 12년(740) 봄 정월 무자 초하루에 [성무]천황이 대극전에 거둥하여 조하를 받았다. 발해군(渤海郡) 사신과 신라에서 [일본어를] 배우러 온 학생 등이 함께 대열에 있었다.

廢帝天平寶字三年, 春正月戊辰朔, 御大極殿受朝, 文武百官及高麗蕃客等, 各依儀拜賀.

폐위된 천황 천평보자 3년(759) 봄 정월 무진 초하루에 [순인천황(淳仁天皇)이] 대극전에 거둥하여 조회를 받았다. 문무백관 및 고려번객(高麗蕃客) 등이 각각 의례에 따라 배하(拜賀)하며 축하하였다.

天平寶字四年, 春正月癸亥朔, 御大極殿受朝. 文武百官及渤海蕃客, 各依儀拜賀. 是日, 宴五位已上, 於內裏, 賜祿有差.

천평보자 4년(760) 봄 정월 계해 초하루에 [순인천황이] 대극전에 거둥하여 조회를 받았다. 문무백관 및 발해 번객(渤海蕃客)이 각각 의례에 따라 배하하였다. 이날 [관위가] 5위 이상인 자들에게 연회를 내리(內裏)[1]에서 베풀고 차등을 두고 녹을 하사하였다.

---

1 천황이 사는 궁전을 가리킨다. 內, 大內, 大宮, 禁中, 禁裏라고도 한다. 또 삼중 구조를 가진 궁성의 가장 안쪽에 위치한 까닭에 內重(內隔)으로도 부른다.

天平寶字七年, 春正月甲辰朔, 御大極殿受朝. 文武百寮及高麗蕃客, 各依儀拜賀.

천평보자 7년(763) 봄 정월 갑진 초하루에 [순인 천황이] 대극전에 거둥하여 조회를 받았다. 문무백관 및 고려번객(高麗蕃客)이 각각 의례에 따라 배하하였다.

寶龜三年, 春正月壬午朔, 天皇御大極殿, 受朝. 文武百官, 渤海蕃客, 陸奧·出羽蝦夷, 各依儀拜賀. 宴次侍從已上於內裏, 賜物有差.

보귀(寶龜) 3년(772) 봄 정월 임오 초하루에 [광인(光仁)] 천황이 대극전에 거둥하여 조회를 받았다. 문무백관과 발해번객과 육오(陸奧, 미치노쿠)·출우(出羽, 데와)의 하이(蝦夷, 에미시)[2]가 각각 의례에 따라 배하하였다. 차시종(次侍從)[3] 이상에게 연회를 내리에서 베풀고 차등을 두고 물품을 하사하였다.

延曆十八年, 春正月丙午朔, 皇帝御大極殿受朝. 文武官九品以上·蕃客等各陪位. 減四拜爲再拜, 不拍手, 以有渤海國使也. 諸衛人等. 並擧賀聲. 禮訖, 宴侍臣於前殿, 賜被.

연력 18년(799) 봄 정월 병오 초하루에 [환무(桓武)] 황제가 대극전에 거둥하여 조회를 받았다. 문무 관료 9품 이상과 번객(蕃客) 등이 각각 판위(版位)[4]에서 배석하였다. [이때] 4배(拜)를 재배(再拜)로 줄이고 박수를 치지 않으니, 발해국 사신이 있었기 때문이다. 제위(諸

---

2 일본 혼슈의 간토지방, 도호쿠 지방과 홋카이도 지방에 살면서 야마토 조정에 의해 이민족시 되었던 민족집단을 일컫는 호칭이다. 처음에는 '毛人'으로 표기하고 '에미시'라고 읽었다. 5세기의 왜왕 武가 劉宋에 보낸 상표문에서 "동쪽으로 毛人의 나라 55국을 정벌하였다"라는 구절이 있다. 蝦夷라는 표기를 쓰기 시작한 것은 659년 사이메이 천황(齊明天皇)의 견당사 파견 무렵의 일이라고 한다. 고대의 에미시는 혼슈 동부 및 북부에 거주하면서 야마토 조정에 복속을 거부한 집단이었으나, 통일된 정치체를 수립하지 못하고 점차 야마토 조정의 세력권에 포함되었다.
3 正員의 侍從 외에 8省 등 기타 관부에서 4위·5위 중 年功이 있는 자를 선발하여, 侍從과 같이 천황을 모시고 심부름를 맡았다.
4 조정의 공식 행사에 참가하는 관료들의 위계의 서열을 표시해 놓은 나무 조각이다.

衛)⁵의 호위병들이 모두 축하하는 소리를 내는 것으로 의식을 마쳤다. 측근 신하들에게 전전(前殿)⁶에서 연회를 베풀고 어피(御被)를 내려주었다.

> 弘仁二年, 正月丙申朔, 皇帝御大極殿, 臨軒. 皇太弟文武百官蕃客朝賀, 如常儀.

홍인(弘仁) 2년(811) 정월 병신 초하루에 [차아(嵯峨)] 황제가 대극전에 거둥하여 앞으로 난간에 나아갔다. 황태제(皇太弟)와 문무백관과 번객(蕃客)들이 조하하는데, 평소의 의례대로 하였다.

> 弘仁六年, 春正月癸酉朔, 皇帝御大極殿, 受朝, 蕃客陪位. 宴侍臣於前殿 賜御被

홍인 6년(815) 봄 정월 계유 초하루에 [차아] 황제가 대극전에 거둥하여 조회를 받았다. 번객도 판위(版位)에서 배석하였다. 전전에서 측근 신하들에게 연회를 베풀며 어피를 내려주었다.

> 弘仁十一年, 春正月戊戌朔, 皇帝御大極殿受朝, 文武王公及蕃客, 朝賀如儀. 宴侍臣於豐樂殿, 賜御被.

홍인 11년(820) 봄 정월 무술 초하루에 [차아] 황제가 대극전에 거둥하여 조회를 받았다. 문무백관과 왕공 및 번객이 조하를 의례대로 하였다. 풍락전(豐樂殿)에서 측근 신하들에게 연회를 베풀며 어피를 내려주었다.

> 弘仁十三年, 春正月癸巳朔, 皇帝御大極殿, 受朝. 京官文武王公以下及蕃客朝集使等, 陪位如儀. 是日, 御豐樂殿, 宴侍臣, 賜祿有差.

홍인 13년(822) 봄 정월 계사 초하루에 황제가 대극전에 거둥하여 조회를 받았다. 도성의

---

5 헤이안 시대(平安時代) 이후 左右近衛府·左右兵衛府·左右衛門府의 총칭으로 모두 궁중의 경호 임무를 맡았다.
6 앞뒤로 두 채의 건물로 이루어진 대극전에서 앞의 건물을 가리킨다.

문무백관과 왕공(王公) 이하 및 번객과 조집사(朝集使)[7] 등이 판위(版位)에서 배석하여 의례대로 하였다. 이날 풍락전에 거둥하여 측근 신하들에게 연회를 베풀며 차등을 두고 녹을 내려주었다.

○ 권71, 세시(歲時) 2, 칠일 절회(七日節會) 정월

> 延曆十八年, 正月壬子, 豊樂院未成功, 大極殿前龍尾道上搆作借殿, 茸以彩帛. 天皇臨御, 蕃客仰望, 以爲壯麗. 命五位已上宴樂, 渤海國使大昌泰等預焉, 賚祿有差.

연력 18년(799) 정월 임자(7일)에 풍락원(豊樂院)이 아직 완공되지 않아, 대극전 앞 용미도(龍尾道)[8] 위에 임시 전각을 지어 채색 비단으로 지붕을 덮었다. 천황이 거둥하니 번객이 우러러보면서 장엄하고 아름답다고 말했다. 칙명으로 [관위가] 5위 이상의 연회에 발해국 사신 대창태(大昌泰) 등이 참석하도록 하고, 차등을 두고 녹을 내려주었다.

> 嵯峨天皇弘仁二年, 正月壬寅, 宴五位已上幷蕃客, 賜祿有差.

차아천황(嵯峨天皇) 홍인 2년(811) 정월 임인(7일)에 [관위] 5위 이상인 자와 번객에게 연회를 베풀며 차등을 두고 녹을 내려주었다.

> 弘仁六年, 春正月己卯, 宴五位以上幷渤海使, 奏女樂.

홍인 6년(815) 봄 정월 기묘(7일)에 [관위가] 5위 이상인 자와 발해 사신에게 연회를 베풀며, 여악(女樂)을 연주하였다.

> 弘仁十一年, 正月庚辰, 宴五位已上幷蕃客於豊樂殿.

---

7 고대 일본 율령제에서 大宰府와 지방의 諸國에서 考課에 필요한 자료 등 행정 문서를 제출하고 행정 보고를 위해 매년 중앙 조정에 파견되는 사자이다.
8 일본 헤이안쿄(平安京) 大極殿의 龍尾壇 위에 있던 동서 2갈래의 통로를 말한다.

홍인 11년(820) 정월 경진(7일)에 [관위가] 5위 이상인 자와 번객에게 풍락전에서 연회를 베풀었다.

> 弘仁十三年, 正月己亥, 御豊樂殿, 宴群臣及蕃客.

홍인 13년(822) 정월 기해(7일)에 풍락전에 거둥하여 신하들과 번객(蕃客)에게 연회를 베풀었다.

○ 권72, 세시(歲時) 3, 십육일 답가(十六日踏歌) 정월

> 天平十二年, 正月癸卯 天皇御南苑宴侍臣, 饗百官及渤海客於朝堂, 五位已上賜摺衣.

천평 12년(740) 정월 계묘(16일)에 천황이 남원(南苑)에 거둥하여 측근 신하들과 연회를 베풀고, 백관과 발해객(渤海客)에게 조당(朝堂)에서 향회(饗會)를 베풀고, [관위가] 5위 이상에게 접의(摺衣)[9]를 내려주었다.

> 寶龜十年, 正月丁巳, 宴五位已上及渤海使於朝堂, 賜祿.

보귀 10년(779) 정월 정사(16일)에 [광인천황(光仁天皇)이] 관위가 5위 이상인 자와 발해 사신에게 조당(朝堂)에서 연회를 베풀고 녹을 내려주었다.

> 延曆十八年, 正月辛酉, 御大極殿, 宴群臣幷渤海客. 奏樂, 賜蕃客以上蓁揩衣, 竝列庭踏歌.

연력 18년(799) 정월 신유(16일)에 [환무천황(桓武天皇)이] 대극전에 거둥하여 신하들과 발해객(渤海客)에게 연회를 베풀었다. 음악을 연주하며, 번객(蕃客) 이상에게 진개의(蓁揩衣)

---

9 草木과 花鳥 등 다양한 무늬를 염색해서 만들어 낸 옷이다.

를 하사하니, 모두 [대극전 앞의] 뜰에 열 지어서 답가(踏歌)¹⁰하였다.

> 弘仁六年, 正月戊子, 御豊樂院, 宴五位以上及蕃客. 奏踏歌, 賜祿有差.

홍인 6년(815) 봄 정월 무자(16일)에 [차아천황(嵯峨天皇)이] 풍락원에 거둥하여 [관위가] 5위 이상인 자와 번객에게 연회를 베풀었다. 답가를 연주하니, 차등을 두고 녹을 내려주었다.

> 弘仁十一年, 正月己丑, 御豊樂殿. 奏踏歌, 宴群臣及蕃客, 賜祿有差.

홍인 11년(820) 정월 기축(16일)에 [차아천황이] 풍락전에 거둥하였다. 답가를 연주하니, 신하들과 번객에게 연회를 베풀고, 차등을 두고 녹을 내려주었다.

> 弘仁十三年, 正月戊申, 御豊樂殿, 宴五位已上及蕃客. 奏踏歌. 渤海國使王文矩等打毬, 賜綿二百屯爲賭. 所司奏樂, 蕃客率舞. 賜祿有差.

홍인 13년(822) 정월 무신(16일)에 [차아천황이] 풍락전에 거둥하여 관위가 5위 이상인 자와 번객에게 연회를 베풀었다. 답가를 연주하였다. 발해국 사신 왕문구(王文矩) 등이 타구(打毬)하니, 면(綿)¹¹ 200둔(屯)¹²을 하사하여 내기 [시합의] 상금으로 삼았다. 담당 관리가 음악을 연주하니 번객이 인솔하여 춤을 추었다. 차등을 두고 녹을 내려주었다.

○ 권72, 세시(歲時) 3, 십칠일 사례(十七日 射禮) 정월

> 聖武皇帝神龜五年, 正月甲寅, 云云. 於是, 高齊德等八人並授正六位上, 賜當色服.

---

10 발로 땅을 구르며 장단을 맞추어 노래하는 歌舞이다. 일본 궁중에서 새해를 축하하는 연회 등에서 의례의 하나로 행해졌다.
11 실을 켤 수 없는 허드레 고치를 삶아서 늘여 만든 명주 솜이다. 풀솜이라고도 한다. 빛깔이 하얗고 광택이 나며 가볍고 따뜻하다.
12 짐의 단위. 고대 일본에서는 1면(綿)≒1근소(斤小)≒224g이라 한다.

仍宴五位已上及高齊德等, 賜大射及雅樂寮之樂. 宴訖, 賜祿有差.

성무황제(聖武皇帝) 신귀 5년(728) 정월 갑인(17일)에 운운하였다.[13] 이에 고제덕(高齊德) 등 8인에게 모두 정6위상을 제수하고, 그에 해당하는 색깔의 조복(朝服)을 하사하였다. 이어서 [관위] 5위 이상 및 고제덕 등에게 연회를 베풀고, 대사(大射) 및 아악료(雅樂寮)의 음악을 하사하였다. 연회를 마치고 차등을 두고 녹을 내려주었다.

天平十二年, 正月甲辰, 天皇御大極殿南門, 觀大射. 五位已上射了, 乃命渤海使己珎蒙等射焉.

천평 12년(740) 정월 갑진(17일)에 [성무(聖武)] 천황이 대극전 남문에 거둥하여 대사(大射)를 관람하였다. [관위] 5위 이상이 활쏘기를 마치자 발해 사신 기진몽(己珎蒙) 등에게 활쏘기를 명하였다.

廢帝天平寶字四年, 正月己卯, 饗文武百官主典已上於朝堂. 是日內射, 因召蕃客令觀射禮.

폐제(廢帝) 천평보자 4년(760) 정월 기묘(17일)에 문무백관의 주전(主典) 이상에게 조당(朝堂)에서 향회(饗會)를 베풀었다. 이날 내사(內射)를 실시했는데, 이로 인해 번객(蕃客)을 불러 사례(射禮)를 관람토록 하였다.

天平寶字七年, 正月甲子, 內射, 客堪射者, 亦預於列.

천평보자 7년(763) 정월 갑자(21일)에 내사(內射)를 실시했는데, 번객으로서 활쏘기를 감당할 수 있는 자도 대열에 참여하였다.

---

13 원문의 云云은 생략의 표시이다.

光仁天皇寶龜十年, 正月己未, 內射, 渤海使亦在射列.

광인천황 보귀 10년(779) 정월 기미(18일)에 내사(內射)를 실시하니, 발해 사신도 대열에 있었다.

延曆十八年, 正月癸亥, 於朝堂院觀射. 五位已上射畢, 次蕃客射焉.

연력 18년(799) 정월 계해(18일)에 조당원(朝堂院)에서 대사(大射)를 관람하였다. 5위 이상이 활쏘기를 마치고 다음에는 번객이 활쏘기를 하였다.

弘仁二年, 正月壬子, 御豊樂院, 觀射, 蕃客賜角弓射焉.

홍인 2년 정월 임자(17일)에 [차아천황(嵯峨天皇)이] 풍락원(豊樂院)에 거둥하여 대사를 관람하니, 번객이 하사받은 각궁(角弓)[14]으로 쏘았다.

○ 권73, 세시(歲時) 4, 오월 오일(五月五日)

光[15]仁天皇寶龜八年, 五月丁巳, 天皇御重閣門, 觀射騎. 召渤海使史都蒙等, 亦會射場. 令五位已上, 進裝馬及走馬. 作田儛於儛臺, 蕃客亦奏本國之樂. 事畢, 賜大使都蒙已下, 綵帛各有差.

광인천황 보귀 8년(777) 5월 정사(7일)에 천황이 중합문(重閣門)에 거둥하여 활쏘기와 기마술을 관람하였다. 발해 사신 사도몽(史都蒙) 등을 불러 [이들도] 활쏘기 장소에 참석하도록 하였다. [관위] 5위 이상에게 장마(裝馬)와 경주마를 진상케 하였다. 무대에서 전무(田儛)를 추니 번객도 본국의 음악을 연주하였다. 행사를 마치고 대사 [사]도몽 이하에게 채색 비단을

---

14 나무와 힘줄, 쇠뿔 등을 조합해서 만든 활로 전쟁이나 사냥에 쓰이는 것과 운동이나 오락에 쓰이는 두 가지 종류로 나누어졌다.
15 '廣'→'光'.

차등을 두고 내려주었다.

> 元慶七年, 五月五日庚午, 天皇御武德殿, 覽四府騎射及五位已上貢馬, 喚渤海客徒觀之. 賜親王公卿續命縷. 伊勢守從五位上安倍朝臣興行, 引客就座供食. 別勅賜大使已下錄事已上續命縷, 品官已下菖蒲鬘. 是日, 大雨. 先是, 豫勅所司, 若遇雨殺, 須停節會, 勿喚客徒, 改日行事. 而掌客使等速引客徒, 入於宮城. 故雨中成禮焉.

원경 7년(883) 5월 5일 경오에 [양성(陽成)] 천황이 무덕전(武德殿)에 거동하여 [좌근위부(左近衛府), 우근위부(右近衛府), 좌병위부(左兵衛府), 우병위부(右兵衛府)의] 4부(府)[의 시위부대]가 기마술과 활쏘기 및 5위 이상이 바친 말을 관람하고, 발해 객도(客徒)를 불러 보도록 하였다. 친왕(親王)과 공경(公卿)에게 속명루(續命縷)[16]를 하사하였다. 이세수(伊勢守) 종5위상 안배조신홍행(安倍朝臣興行, 아베노아손 오키유키)이 객도를 좌석으로 인솔해 가서 식사를 제공하였다. 별도로 칙명을 내려 대사 이하 녹사 이상에게 속명루를, 품관(品官) 이하에게는 창포만(菖蒲鬘)을 하사하였다. 이날 큰비가 내렸다. 이에 앞서 미리 칙명을 내려 담당 관리에게 "만약 스산한 비를 만나면 명절의 연회를 중지하고 객도를 부르지 말고 다른 날 행사하라"라고 하였는데, 장객사(掌客使) 등이 속히 객도를 인도하여 궁성으로 들어갔다 그러므로 우중에도 의례를 마칠 수 있었다.

○ 권77, 음악(音樂), 오절무(五節舞)

> 孝謙皇帝天平勝寶元年, 十二月丁亥, 八幡大神禰宜尼大神朝臣杜女【其輿紫色, 一同乘輿】, 拜東大寺, 太上天皇·太后, 同亦行幸. 是日, 百官及諸氏人等, 咸會於寺. 請僧五千, 禮佛讀經. 作大唐渤海吳樂, 五節田舞·久米儛.

천평승보 원년(749) 12월 정해(27일)에 팔번대신(八幡大神, 야와타노오카미)[17]의 여승 차

---

16 단오날에 팔에 매는 채색실. 재앙을 피하고 수명을 길게 한다고 한다.
17 일본 규슈(九州) 동쪽 오이타(大分)에 위치한 八幡宮에서 제사지내는 神이다. 오진천황(應神天皇)을 主神으로 해서 좌우에 히메(比売)神과 진구(神功) 황후를 배향했다.

림의 예의(禰宜) 대신조신사녀(大神朝臣社女, 오가노아손 모리메)가 【그 수레는 자색(紫色)이며 한결같이 천황의 승여(乘輿)와 같다】 동대사(東大寺, 도다이지)에 예배하러 가니, 태상천황(太上天皇)과 태후(太后)도 함께 거둥하였다. 이날 백관 및 여러 씨(氏)의 사람들도 함께 [동대]사에 모였다. 5천 명의 승려에게 예불과 독경을 요청하였다. 대당(大唐)과 발해와 오(吳)나라의 음악을 연주하고, 오절전무(五節田舞)[18]와 구미무(久米儛)를 추었다.

○ 권99, 관직(官職) 4

弘仁六年, 正月己卯, 宴五位以上幷渤海使.

홍인 6년(815) 정월 기묘(7일)에 관위가 5위 이상인 자와 발해 사신에게 연회를 베풀었다.

弘仁十一年, 正月庚辰, 宴五位已上幷蕃客於豐樂殿.

홍인 11년(820) 정월 경진(7일)에 [관위가] 5위 이상인 자와 번객에게 풍락전에서 연회를 베풀었다.

弘仁十三年, 正月己亥, 御豐樂殿, 宴群臣及蕃客.

홍인 13년(822) 정월 기해(7일)에 [차아천황이] 풍락전에 거둥하여 신하들과 번객에게 연회를 베풀었다.

○ 권173, 화재(火災) 7, 질병(疾病)

貞觀十四年, 正月卄日辛卯, 京邑咳逆病發, 死亡者衆. 人間言, 渤海客來, 異土毒氣之令然焉. 是日 大祓於建禮門前, 以厭之.

---

18 궁정의 의례로 사용되는 樂舞의 하나로 여성이 추는 춤이다. 전설에 따르면 덴무천황(天武天皇)이 요시노궁(吉野宮)에서 琴을 연주할 때 天女가 출현하여 소매를 다섯 번 휘두르며 춤을 춘 것이 시작이었다고 한다.

정관 14년(872) 정월 20일 신묘에 도성에 해역(咳逆)이 발병하여 사망한 자가 많았다. 사람 사이에 발해객이 와서 다른 지역의 독기가 그렇게 했다는 말이 떠돌았다. 이날 건례문(建禮門) 앞에서 크게 푸닥거리를 해서 진정시켰다.

○ 권193, 수속부(殊俗部)□, 발해(渤海) 상(上), 성무황제(聖武皇帝) 신귀(神龜) 4년(727)

聖武皇帝, 神龜四年, 九月庚寅【卄一】, 十二月丁亥【卄】.

성무황제(聖武皇帝)[19] 신귀(神龜) 4년(727) 9월 경인【21일】, 12월 정해【20일】.

○ 권193, 수속부(殊俗部)□, 발해(渤海) 상(上), 성무황제(聖武皇帝) 신귀 5년(728)

五年, 正月庚子【三】·甲寅【十七】, 二月壬午【十六】, 四月壬午【十六】, 六月庚午【五】·壬申【七】.

5년(728) 정월 경자【3일】 및 갑인【17일】, 2월 임오【6일】, 4월 임오【16일】, 6월 경오【5일】 및 임신【7일】.

○ 권193, 수속부(殊俗部)□, 발해(渤海) 상(上), 성무황제(聖武皇帝) 천평 2년(730)

天平二年, 八月辛亥【卄九】, 九月癸丑【二】·丙子【卄五】, 十月庚戌【卄九】.

천평 2년(730) 8월 신해【29일】, 9월 계축【2일】 및 병자【25일】, 10월 경술【29일】.

---

[19] 일본의 제45대 천황(재위 724~749). 몬무천황(文武天皇)의 제1황자이며, 이름은 오비토(首)이다. 724년 즉위한 후 적극적으로 唐의 문물과 제도를 도입하였다. 또한 불교를 깊이 믿어 國마다 國分僧尼寺를 건립하고 직접 필사한 경문을 봉납하였다. 東大寺를 건립하고 나라(奈良) 大佛을 주조하여 天平文化를 이루었다. 그러나 이것이 원인이 되어 국가 재정에 문제가 생기기도 했다. 고켄천황(孝謙天皇)에게 양위한 후 출가하였다. 유품의 대부분은 쇼소인(正倉院)에 안치되어 있다.

○ 권193, 수속부(殊俗部)□, 발해(渤海) 상(上), 성무황제(聖武皇帝) 천평 11년(739)

十一年, 七月癸卯【十三】, 十月丙戌【十七】, 十二月戊辰【十】.

11년(739) 7월 계묘【13일】, 10월 병술【17일】, 12월 무진【10일】.

○ 권193, 수속부(殊俗部)□, 발해(渤海) 상(上), 성무황제(聖武皇帝) 천평 12년(740)

十二年, 正月甲午【七】·庚子【十三】·癸卯【十六】·甲辰【十七】·丙辰【卄九】·丁巳【三十】, 二月己未【二】, 四月丙子【卄】, 十月戊午【五】.

12년(740) 정월 갑오【7일】·경자【13일】·계묘【16일】·갑진【17일】·병진【29일】·정사【30일】, 2월 기미【2일】, 4월 병자【20일】, 10월 무오【5일】.

○ 권193, 수속부(殊俗部)□, 발해(渤海) 상(上), 성무황제(聖武皇帝) 천평 18년(746)

十八年, 十二月丁巳【十】.

18년(746) 12월 정사【10일】.

○ 권193, 수속부(殊俗部)□, 발해(渤海) 상(上), 효겸황제(孝謙皇帝) 천평승보 4년(752)

孝謙皇帝天平勝寶四年, 九月丁卯【十二】·十月庚辰【七】.

효겸황제(孝謙皇帝) 천평승보 4년(752) 9월 정묘【12일】[20]·10월 경진【7일】.

---

20 『속일본기』 역주본에는 24일로 되어 있다.

○ 권193, 수속부(殊俗部)□, 발해(渤海) 상(上), 효겸황제(孝謙皇帝) 천평승보 5년(753)

五年, 五月乙丑【卄五】, 六月丁丑【八】.

5년(753) 5월 을축【25일】, 6월 정축【8일】.

○ 권193, 수속부(殊俗部)□, 발해(渤海) 상(上), 폐제(廢帝) 천평보자 2년(758)

廢帝天平勝寶字二年, 九月丁亥【十八】, 十月丁卯【卄八】, 十二月壬戌【卄四】.

폐제(廢帝) 천평보자 2년(758) 9월 정해【18일】, 10월 정묘【28일】, 12월 임술【24일】.

○ 권193, 수속부(殊俗部)□, 발해(渤海) 상(上), 폐제(廢帝) 천평보자 3년(759)

三年, 正月庚午【三】·乙酉【十八】·丙戌【十九】·甲午【卄七】, 二月戊戌朔·癸丑【十六】, 十月辛亥【十八】·丙辰【卄二】, 十二月辛亥【十九】·丙辰【卄四】.

3년(759) 정월 경오【3일】·을유【18일】·병술【19일】·갑오【27일】, 2월 무술 초하루·계축【16일】, 10월 신해【18일】·병진【22일】, 12월 신해【19일】·병진【24일】.

○ 권193, 수속부(殊俗部)□, 발해(渤海) 상(上), 폐제(廢帝) 천평보자 4년(760)

四年, 正月癸亥朔·丁卯【五】·己巳【七】·己卯【十七】, 二月辛亥【二十】, 十一月丁酉【十一】.

4년(760) 정월 계해 초하루·정묘【5일】·기사【7일】·기묘【17일】, 2월 신해【20일】, 11월 정유【11일】.

○ 권193, 수속부(殊俗部)□, 발해(渤海) 상(上), 폐제(廢帝) 천평보자 5년(761)

五年, 十月癸酉【廿二】.

5년(761) 10월 계유【22일】.

○ 권193, 수속부(殊俗部)□, 발해(渤海) 상(上), 폐제(廢帝) 천평보자 6년(762)

六年, 十月丙午朔, 十一月乙亥朔, 十二月乙卯【十一】, 閏十二月癸巳【十九】.

6년(762) 10월 병오 초하루, 11월 을해 초하루, 12월 을묘【11일】, 윤12월 계사【19일】.

○ 권193, 수속부(殊俗部)□, 발해(渤海) 상(上), 폐제(廢帝) 천평보자 7년(763)

七年, 正月甲辰朔·丙午【三】·庚戌【七】·庚申【十七】, 二月丁丑【四】·癸巳【二十】, 八月壬午【十二】, 十月乙亥【六】.

7년(763) 정월 갑진 초하루·병오【3일】·경술【7일】·경신【17일】, 2월 정축【4일】·계사【20일】, 8월 임오【12일】, 10월 을해【6일】.

○ 권193, 수속부(殊俗部)□, 발해(渤海) 상(上), 광인천황(光仁天皇) 보귀 2년(771)

光[21]仁天皇寶龜二年, 六月壬午【廿七】, 十月丙寅【十四】, 十二月癸酉【廿一】.

광인천황(光仁天皇) 보귀 2년(771) 6월 임오【27일】, 10월 병인【14일】, 12월 계유【21일】.

---

21 '廣'→'光'.

○ 권193, 수속부(殊俗部)□, 발해(渤海) 상(上), 광인천황(光仁天皇) 보귀 3년(772)

三年, 正月甲申【三】·丁酉【十六】·庚子【十九】·丙午【廿五】, 二月癸丑【二】·己卯【廿八】·庚辰【廿九】, 九月戊戌【廿一】.

3년(772) 정월 갑신【3일】·정유【16일】·경자【19일】·병오【25일】, 2월 계축【2일】·기묘【28일】·경진【29일】, 9월 무술【21일】[22].

○ 권193, 수속부(殊俗部)□, 발해(渤海) 상(上), 광인천황(光仁天皇) 보귀 4년(773)

四年, 二月乙丑【廿】, 六月丙辰【十二】·戊辰【廿四】, 十月乙卯【十三】.

4년(773) 2월 을축【20일】, 6월 병진【12일】·무진【24일】, 10월 을묘【13일】.

○ 권193, 수속부(殊俗部)□, 발해(渤海) 상(上), 광인천황(光仁天皇) 보귀 7년(776)

七年, 十二月乙巳【十三】.

7년(776) 12월 을사【13일】[23].

○ 권193, 수속부(殊俗部)□, 발해(渤海) 상(上), 광인천황(光仁天皇) 보귀 8년(777)

八年, 正月癸酉【廿】, 二月壬寅,[24] 四月庚寅【九】·辛卯【十】·癸卯【廿二】·戊申【廿七】, 五月丁巳【七】·庚申【十】·癸酉【廿三】.

8년(777) 정월 계유【20일】, 2월 임인(20일), 4월 경인【9일】·신묘【10일】·계묘【22일】·무신【27일】, 5월 정사【7일】·경신【10일】·계유【23일】.

---

[22] 『속일본기』에는 20일로 되어 있다.
[23] 『속일본기』에는 22일로 되어 있다.
[24] 『속일본기』에는 20일이 병기되어 있다.

○ 권193, 수속부(殊俗部)□, 발해(渤海) 상(上), 광인천황(光仁天皇) 보귀 9년(778)

九年, 四月丙午【三十】, 九月癸亥【卄一】, 十二月己丑【十七】.

9년(778) 4월 병오【30일】, 9월 계해【21일】, 12월 기축(17일】.

○ 권193, 수속부(殊俗部)□, 발해(渤海) 상(上), 광인천황(光仁天皇) 보귀 10년(779)

十年, 正月壬寅朔·丙午【五】·丁巳【十六】·己未【十八】, 二月癸酉【二】, 九月庚辰【十四】·癸巳【卄七】, 十一月乙亥【九】·丙子【十】, 十二月戊午【卄二】.

10년(779) 정월 임인 초하루·병오【5일】·정사【16일】·기미【18일】, 2월 계유【2일】, 9월 경진【14일】·계사【27일】, 11월 을해【9일】·병자【10일】, 12월 무오【22일】.

○ 권193, 수속부(殊俗部)□, 발해(渤海) 상(上), 환무천황(桓武天皇) 연력 5년(786)

桓武天皇延曆五年, 九月甲辰【十八】.

환무천황(桓武天皇) 연력 5년(786) 9월 갑진【18일】.

○ 권193, 수속부(殊俗部)□, 발해(渤海) 상(上), 환무천황(桓武天皇) 연력 6년(787)

六年, 二月甲戌【十九】.

6년(787) 2월 갑술【19일】.

○ 권193, 수속부(殊俗部)□, 발해(渤海) 상(上), 환무천황(桓武天皇) 연력(延曆) 14년(795)

十一月丙申【三】, 出羽國言, 渤海國使呂定琳等六十八人, 漂着夷地志理波村, 因被刦畧, 人物散亡. 勅, 宜還越後國, 依例供給.

11월 병신(3일)에 출우국(出羽國, 데와노쿠니)에서 보고하기를 "발해국 사신 여정림(呂定琳) 등 68인이 하이 지역 지리파촌(志理波村, 시리파무라)[25]에 표류하여 도착하였는데, 그로 인해 [하이들에게] 약탈당하여 사람과 물건이 흩어져 버렸습니다"라고 하였다. 칙명을 내려 "마땅히 월후국(越後國, 에치고노쿠니)[26]으로 돌려보내어, 전례에 따라 [음식과 복식을] 공급해 주어라"라고 하였다.

○ 권193, 수속부(殊俗部)□, 발해(渤海) 상(上), 환무천황(桓武天皇) 연력(延曆) 15년(796)

四月戊子【廿七】, 渤海國遣使, 獻方物. 其王啓曰, 哀緒已具別啓, 伏惟天皇陛下, 動止萬福, 寢膳勝常. 嵩璘視息苟延, 奄及祥制. 官僚感義, 奪志抑情. 起續洪基, 祗統先烈, 朝維依舊, 封域如初. 顧自思維, 寶荷殊眷, 而滄溟括地, 波浪湧天, 奉膳無由, 徒增傾仰. 謹差庭諫大夫·工部郞中呂定琳等, 濟海起居, 兼修舊好. 其少土物, 具在別狀, 荒迷不次.

又告喪啓曰, 上天降禍, 祖大行大王, 以大興五十七年三月四日薨背. 善隣之義, 必聞吉凶, 限以滄溟, 所以緩告. 嵩璘無狀招禍, 不自滅亡, 不孝罪咎,[27] 酷罰罪苦. 謹狀另奉啓, 荒迷不次. 孤孫大嵩璘頓首.

又傳奉在唐學問僧永忠等所附書. 渤海國者, 高麗之故地也. 天命開別天皇七年, 高麗王高氏爲唐所滅也. 後以天之眞宗豊祖父天皇二年, 大祚榮始建渤海國, 和銅六年, 受唐冊立. 其國, 延裒二千里, 無州縣館驛. 處處有村里, 皆靺鞨部落. 其百姓者, 靺鞨多, 土人少, 皆以土人爲村長. 大村曰郡督, 次曰刺史, 其下百姓皆曰首領. 土地極寒, 不宜水田, 俗頗知書. 自高氏以來, 朝貢不絶.

4월 무자【27일】에 발해국이 사신을 보내 특산물을 바쳤다. 그 왕계(王啓)에서 말하기를 "애통한 소식에 대해서는 별도의 계(啓)에 자세합니다. 엎드려 생각건대, 천황폐하는 하시는 모든

---

25 일본 北海道 북서부 積丹半島에서 東海를 마주하고 있는 余市町에 있던 마을로 추정된다. 아이누어로 '시리파'는 곶[岬]을 의미한다.
26 지금의 일본 중부지방의 니가타(新潟) 지역이다.
27 「신정증보」본에는 '苦'로 되어 있지만, 『日本後紀』에 따라 '咎'로 교감하였다.

일에 다복하고 먹고 자는 일상 생활도 항상 편안하신지요. [대]숭린은 상중에 구차하게 연명하며 어느덧 대상(大祥)28에 이르렀습니다. 관료들이 새 임금이 즉위해야 한다는 의리에 감응하여, 제가 계속 상복을 입으려는 뜻을 빼앗고 마음을 억눌렀습니다. 그래서 상복을 벗고 일어나 국가의 대업을 잇고 삼가 조상의 위업을 따르게 되었으니, 조정의 기강은 예전대로 되고 강역은 처음과 같게 되었습니다. 스스로 생각건대, 천황의 보살핌을 받았지만 푸른 바다가 땅을 가로막고 파도가 하늘까지 넘쳐서, 선물을 올리고자 해도 어찌할 방법이 없어 정성을 다해 우러러보는 마음만 더할 뿐입니다. 삼가 광간대부·공부낭중 여정림 등을 파견하여 바다 건너 문안을 드리고 아울러 예전의 우호를 맺고자 합니다. 약소한 토산물은 별장(別狀)에 갖추었으니, 여기서는 복잡하게 다 적지 않고 이만 줄입니다"라고 하였다.

또 부고를 알리는 계(啓)에서 말하기를 "하늘에서 재앙을 내려 할아버지 대행대왕(大行大王)29께서 대흥(大興)30 57년(793) 3월 4일 돌아가셨습니다. 선린관계에 있는 나라 사이에는 반드시 좋은 일과 나쁜 일에 대해 아뢰어야 하는데, 푸른 바다에 가로막혀 뒤늦게 알리게 되었습니다. [대]숭린은 못나서31 재앙을 초래하고도 스스로 죽지도 못했으니, 불효한 죄에 대해서는 혹독한 벌로 고난을 겪게 될 것입니다. 삼가 별도로 계(啓)를 올리니, 여기서는 복잡하게 다 적지 않고 이만 줄입니다. 고손(孤孫)32 대숭린(大嵩璘)33은 머리를 조아려 인사드립니다"라고 하였다.

또 당에 유학 간 승려 영충(永忠) 등이 부친 편지도 전하였다. 발해국은 옛 고구려 지역에 있는 나라다. 천명개별(天命開別)천황 7년(668) 고구려왕 고씨(高氏)가 당에게 멸망하였다. 나중에 천지진종풍조부(天之眞宗豊祖父)천황 2년(698)에 대조영이 비로소 발해를 세웠고, 화동(和銅) 6년(713) 당으로부터 책봉 받았다. 그 나라는 사방 2천 리나 되지만 주현(州縣)과 관역

---

28 사람이 죽은 지 두 돌 만에 지내는 제사를 말한다.
29 선왕이 죽은 뒤 아직 諡號를 올리기 전에 높여 부르는 말이다.
30 발해 제3대 문왕의 연호이다.
31 원문의 '無狀'은 잘못한 일이 많아 말로 형언할 수 없음을 가리키는 겸사이다. 여기서는 자신의 잘못으로 할아버지 문왕이 돌아가셨다는 의미로 쓰였다.
32 孤孫은 할아버지를 잃은 喪主가 자신의 외로운[孤] 처지를 이르는 표현이다.
33 발해의 제6대 康王(재위 794~808)이다. 조카인 成王 大華璵(?~794)가 죽은 뒤에 왕위를 계승하였다. 794년에 즉위하였고 연호는 正曆이다. 처음 당은 강왕을 渤海國王의 하위인 渤海郡王에 책봉하였으나, 797년 발해측에서 발해국왕을 요구하자 銀青光祿大夫 檢校司空 渤海國王에 책봉하였다. 재위 중 당에 사신을 자주 파견해 교류하였고 일본과도 적극적으로 교류하였다. 大元義(?~794)가 1년 만에 폐위되고, 성왕이 일찍 세상을 떠나는 일이 반복되어 일어난 국내의 혼란을 잘 수습하여 안정을 회복하고 국력의 발전을 도모하였다.

(館驛)이 없다. 곳곳에 마을이 있는데 다 말갈(靺鞨) 부락이다. 그곳의 백성들은 말갈이 많고 토인(土人)은 적다. 다 토인으로 촌장(村長)을 삼았는데, 대촌(大村)[의 촌장]은 도독(都督)이라 하고, 그다음 [촌락의 촌장]은 자사(刺史)라고 한다. 그 밑[의 촌락의 촌장]은 백성들이 다 수령(首領)이라고 한다.[34] 토지는 [날씨가] 매우 추워 논농사에는 적합하지 않다. 세간에는 자못 글을 알았다. 고구려 이래로 [일본에 대해] 조공이 끊이지 않았다.

五月丁未【十七】, 渤海國使呂定琳等還蕃, 遣正六位上行上野介御長眞人廣岳·正六位上行式部大錄桑原公秋成等押送. 仍賜其王璽書曰, 天皇敬問渤海國王. 朕運承下武, 業膺守天. 德澤攸覃, 旣有洽於同軌, 風聲所暢, 庶無隔於殊方. 王新纉先基, 肇臨舊服, 慕徽猷於上國, 輸禮信於闕廷, 眷言款誠, 載深慶慰. 而有司執奏, 勝寶以前, 數度之啓, 頗存體制, 詞義可觀, 今撿定琳所上之啓, 首尾不愜, 旣違舊儀者. 朕以脩聘之道, 禮敬爲先, 苟乖於斯, 何須來往. 但定琳等漂着邊夷, 悉被刦掠, 僅存性命. 言念艱苦, 有憫于懷, 仍加優賞, 存撫發遣. 又先王不慭, 無終遐壽, 聞之惻然, 情不能止. 今依定琳等歸次, 特寄絹卄疋·絁卄疋·糸一百絇·綿二百屯, 以充遠信, 至宜領之. 夏熱, 王及首領·百姓平安好. 略此遺書, 一二無委.
又附定琳, 賜太政官書於在唐僧永忠等曰, 云云.

5월 정미【17일】에 발해국 사신 여정림(呂定琳) 등이 [자기네] 번국(蕃國)으로 돌아갈 때, 정6위상 행상야개(行上野介) 어장진인광악(御長眞人廣岳, 미나가노마히토 히로오카)과 정6위

---

34 이 사료에서 종래 가장 해석상 논란이 많은 부분은 '大村曰都督 次曰刺史 其下百姓皆曰首領'이다. 이 부분은 百姓이 지배층인가 피지배층인가에 따라 首領의 해석도 크게 다음의 네 가지 견해로 구분된다.
① 도독·자사 이하의 백성(=지배층)은 수령이라고 한다(金毓黻, 李龍範, 大隅晁弘).
② 도독·자사 이하는 백성(=피지배층)이 수령이라고 부른다(박시형).
③ 도독·자사를 그 아래 있는 백성(=피지배층)은 다 수령이라고 부른다(鈴木靖民a, 김동우).
④ 도독·자사 아래는[를] 백성(=피지배층)이 수령이라 부른다(金鍾圓, 宋基豪).
②와 ③의 차이는 도독·자사 '이하'가 수령을 포함하는지의 여부에 따른 것이다. 즉 ②에서는 수령은 도독·자사를 포함하지만 그 아래 위치한다고 보는 반면, ③에서는 도독·자사=수령으로 본다. 단 鈴木靖民a는 도독·자사 밑의 하급 지방지배를 수령이 담당하였다고 보지만, 이 사료에서는 알 수 없다고 단서를 달았다. 최근에는 百姓을 지배층으로 보고, 수령은 재지수장층이 아니라 중앙과 지방을 불문한 하급관인층의 범칭으로 보는 견해(石井正敏, 鈴木靖民b)도 제기되었다(이상의 내용은 김종복, 2009, 162~163쪽 참조).

상 행식부대록(行式部大錄) 상원공추성(桑原公秋成, 구와하라노키미 아키나리) 등을 파견하여 [이들을] 호송하도록 하였다. 아울러 그 왕에게 새서(璽書)[35]를 내려 말하기를 "천황(天皇)은 발해국왕(渤海國王)에게 삼가 안부를 묻습니다. 짐의 운세는 뒷사람으로 [선왕의 업적을] 계승하는 것을 잇고, [짐의] 왕업은 천명을 지키는 것을 맡았습니다. [짐의] 은택이 미치는 바는 이미 국내를 적셨고, [짐의] 명성이 통하는 바는 거의 외국에도 차이가 없습니다. [발해] 왕은 새로 선왕(先王)의 기틀을 계승하여 비로소 예로부터의 터전에 군림하게 되어서, 상국(上國)의 좋은 계책을 사모하여 [일본] 조정에 예물(禮物)을 바치니, [발해왕의] 정성을 돌아보고 깊이 축하하고 위로합니다. 그런데 담당 관리가 아뢰기를 '승보(勝寶) 연간 이전에 여러 차례 [발해왕이] 올린 글은 자못 형식을 갖추고 용어도 볼 만 했는데, 지금 [여]정림이 바친 글을 살펴보니 처음과 끝이 [형식상] 불일치하여 예전 의식(儀式)과 어긋났습니다'라고 하였습니다. 짐은 [이웃 나라에] 사신 보내는 도리는 예의(禮儀)에 맞는 공경스러움[이 드러나는 것]을 우선으로 삼는데, 여기에 어긋난다면 어찌 왕래할 필요가 있겠습니까? 다만 [여]정림 등이 변방 오랑캐 지역에 표류하여 도착하여 모두 약탈당하여 겨우 목숨만을 부지하였습니다. 그 힘든 고생을 생각하면 불쌍한 마음이 드니, 이에 넉넉한 보상을 더해 주어 위문하고 떠나보냈습니다. 또 [발해왕의] 선왕(先王)을 [하늘이 이승에] 남겨두지 않아 장수를 누리지 못하였으니 이를 듣고 애통하여 그 마음을 그칠 수 없습니다. 지금 [여]정림 등이 귀국하는 편에 특별히 견(絹)[36] 20필(疋),[37] 시(絁)[38] 20필, 사(絲)[39] 100구(絇),[40] 면(綿)[41] 200둔(屯)[42]을 부쳐 먼 나라에 [보내는] 국신(國信)으로 삼으니, 도착하거든 잘 받으십시오. 여름이 더운데 [발해]왕 및 수령(首領)과 백성들은 평안하십시오. 대략 이런 뜻으로 국서를 보내는데, 일일이 자세하지 못합니다"라고 하였다.

---

35 천자의 옥새가 찍혀 있는 문서이다.
36 누에고치에서 바로 뽑은 실[生絲]로 짠 비단으로, 정련한 명주보다 상급이다. 견·명주·시는 능과 달리 날실과 씨실을 한 올씩 엇바꾸어 짠 平織物이다.
37 1필은 너비가 1척 8촌(≒54cm), 길이가 4장(≒12m)이다.
38 굵고 거친 명주실로 성기게 짠 무늬 없는 비단이다.
39 누에고치에서 뽑은 가늘고 고운 실이다.
40 실타래를 가리키며, 사리어 뭉쳐 놓은 명주실을 세는 단위이다.
41 실을 켤 수 없는 허드레 고치를 삶아서 늘여 만든 솜. 빛깔이 하얗고 광택이 나며 가볍고 따뜻하다. 풀솜.
42 둔(屯)은 짐의 단위이다. 고대 일본에서는 1면(綿)≒1근소(斤小)≒224g이라 한다.

또 [여]정림 편에 태정관(太政官)이 당에 있는 승려 영충(永忠)에게 내리는 편지를 부쳤는데, [그 내용은] 운운하였다.[43]

冬十月己未【二】. 正六位上御長眞人廣岳等, 歸自渤海國. 其王啓曰, 嵩璘啓. 差使奔波, 貴申情禮, 佇承休眷, 瞻望徒勞. 天皇頓降敦私, 眖之使命, 佳聞盈耳, 珍奇溢目. 俯仰自欣, 伏增慰悅. 其定琳等, 不料邊虞, 被陷賊場, 俯垂恤存, 生還本國. 奉惟天造, 去留同賴. 嵩璘, 猥以寡德, 幸屬時來, 官承先爵, 土統舊封. 制命策書, 冬中錫及, 金印紫綬, 遼外光耀. 思欲修禮勝邦, 結交貴國, 歲時朝覲, 桅帆相望. 而巨木[44]材, 土之難長, 小船汎海, 不沒則危. 或亦[45]引海不諧, 遭罹夷害, 雖慕盛化, 如艱阻何. 儻長尋舊好, 幸許來往, 則送使數不過廿, 以玆爲限, 式作永規. 其隔年多少, 任聽彼裁, 裁定之使, 望於來秋. 許以往期, 則德隣常在. 事與望異, 則足表不依. 其所寄絹二十疋·絁二十疋·絲一百絇·綿二百屯, 依數領之.[46] 今廣岳等使事略畢, 情求迫時, 便欲差人送使奉謝新命之恩, 使等辭以未奉本朝之旨. 故不敢淹滯, 隨意依心. 謹因廻次, 奉附土物. 具在別狀, 自知鄙薄, 不勝羞愧.

겨울 10월 기미【2일】에 정6위상 어장진인광악(御長眞人廣岳) 등이 발해국에서 돌아왔다. 그 왕계(王啓)에서 말하기를 "[대]숭린이 계(啓)합니다. 세찬 파도에도 사신을 보내 인정과 예의를 펼쳐주시니, 가만히 따뜻한 보살핌을 받고 우러러 뵙기만 할 뿐입니다. 천황께서 갑자기 도타운 애정을 내려 사신을 보내주시니, 아름다운 말씀이 귀에 가득 차고 진기한 선물이 눈에 흘러넘칩니다. 고개를 숙이거나 들 때마다 스스로 즐거워하니, 위안이 되어 기쁘기가 더할 뿐입니다. 저 여정림 등은 변방의 오랑캐를 헤아리지 못하여 도적 지역에 떨어지게 되었는데, 천황께서 굽어살펴 구제해 주시어 본국으로 살아 돌아왔습니다. 받들어 생각건대 천황께 일의 성패가 모두 의지하고 있었던 것입니다. 숭린은 외람되이 덕이 부족하지만 다행히 시운을 만나,

---

43 원문의 云云은 생략의 표시이다. 『日本紀略』 全篇13에는 이 다음에 "今因定琳等還 賜沙金少三百兩 以充永忠等"이 추가되어 있다.
44 「신정증보」본에는 '掄'로 되어 있지만, 『日本後紀』에 따라 '楡'으로 교감하였다.
45 '或亦'은 『日本後紀』에 '亦或'으로 되어 있다.
46 '之'는 『日本後紀』에 '足'으로 되어 있는데, 문맥상 '之'가 맞다.

관직이 선왕의 작위를 잇고 영토도 옛 강역을 다스리게 되었습니다. 황제의 책봉 조서가 한겨울에 내려와서,[47] 황금 도장과 자줏빛 도장 끈이 요하 바깥까지 빛나고 있습니다. 생각 같아서는 훌륭한 나라와 예의를 닦고 고귀한 나라와 교분을 맺어, 철마다 찾아뵈러 가는 배들의 돛이 서로 이어지기를 바랍니다. 그러나 큰 배를 만들 녹나무[48]가 저희 땅에서는 자라기 어렵고, 작은 배로 바다에 띄우면 침몰하지 않더라도 위험합니다. 또한 때로는 바닷길에 잘못 올라 오랑캐에게 박해를 당하기도 하니, 비록 성대한 교화를 사모하더라도 이러한 난관을 어찌 하겠습니까? 혹시라도 옛 우호를 영원히 유지하도록 다행히 왕래를 허락해 주신다면, 보내는 사신의 숫자는 20명을 넘지 않도록 이를 한도로 삼아 영구 규정으로 삼겠습니다. 사신을 파견하는 햇수의 간격은 그쪽의 재가에 따르겠으니, 결정을 알리는 사신을 내년 가을까지 기다리겠습니다. 사신이 가는 기한을 허락하시면 유덕자의 이웃이 항상 있을 것입니다.[49] 일이 바라는 바와 다르면 따르지 않는다는 뜻을 표명해도 좋습니다. 보내주신 견(絹) 20필(疋), 시(絁) 20필, 사(絲) 100구(絢), 면(綿) 200둔(屯) 등은 수량대로 받았습니다. 지금 광악(廣岳) 등의 사신 업무가 대략 끝나 그 마음이 돌아갈 때를 구하고 있어서, 곧 사람을 뽑아 사신을 환송하고 새로 하명하실 은혜에 감사드리고자 하였으나, 사신들이 본국 조정의 뜻을 받들지 못하였다고 사양하였습니다. 그러므로 감히 지체시킬 수 없어서 그들의 뜻과 마음에 따르기로 하였습니다. 삼가 사신들이 돌아가는 편에 토산물을 받들어 부칩니다. 그 내역을 별장(別狀)[50]에 갖추어 놓았지만, 스스로 비루하고 천박한 줄 알기에 부끄러움을 이길 수 없습니다"라고 하였다.

> 辛酉【四】. 正六位上御長眞人廣岳授從五位下, 正六位上桑原公秋成外從五位下. 並以奉使稱旨也.

신유【4일】에 정6위상 어장진인광악(御長眞人廣岳)에게 종5위하를 제수하고, 정6위상 상원

---

47 당나라 德宗이 795년(貞元 11) 2월에 內常侍 殷志贍을 파견하여 강왕 대숭린을 渤海郡王에 책봉한 사실을 가리킨다.
48 녹나뭇과의 상록 활엽 교목으로 건축과 가구의 자재로 사용된다.
49 『論語』「里仁」의 "덕 있는 사람은 외롭지 않으니, 반드시 이웃이 있다[德不孤 必有隣]"를 인용하여, 일본은 덕 있는 나라이니 이웃인 발해의 제안을 받아들이라고 완곡하게 요청하는 표현이다.
50 별지 또는 별도의 편지를 의미한다.

공추성(桑原公秋成)에게 외종5위하를 제수하였다. 모두 [천황의 명을] 받들어 [발해에] 사신으로 가서 [천황의] 뜻에 부합되게 하였기 때문이다.

> 壬申【十五】. 先是, 渤海國王所上書疏, 體無定例, 詞多不遜, 今所上之啓首尾不失禮, 誠款見乎詞. 羣臣上表奉賀曰, 臣神等言. 臣聞, 大人馭時, 以德爲本, 明王應世, 懷遠是崇, 故有殷代則四海歸仁, 周日則九夷順軌. 伏惟天皇陛下, 仰天作憲, 握地成規, 窮日域而慕聲, 布風區而向化, 誠可以孕育千帝, 卷懷百王者矣. 近者, 送渤海客使御長廣岳等廻來, 伏見彼國所上啓, 辭義溫恭, 情禮可觀, 悔中間之迷圖, 復先祖之遺跡. 況復緣山浮海, 不顧往還之路難, 克己改過, 始請朝貢之年限, 與夫白環西貢, 楛矢東來, 豈可同日而道哉. 臣等幸忝周行, 得逢殊慶, 不任鳧藻之至, 謹詣闕奉表以聞. 詔曰, 獻表【波】見行【都】. 然卿等【乃】勤【之久】供奉【介】依【弖之】, 水表【乃】國【毛】順仕【良之止奈毛】所思行【之】, 嘉【備】悅【備】御左【止】詔, 天皇詔旨【乎】衆聞食宣.

임신【15일】에 이에 앞서 발해국왕이 올린 국서가 체재는 관례를 따르지 않고 언사는 불손함이 많았는데, 이번에 올린 왕계(王啓)는 [체재상] 앞뒤가 [관례를 따라] 예법에 어긋나지 않고 정성이 문구에 잘 드러났다. [그래서] 신하들이 [천황에게] 표문을 올려 축하하며 말하기를 "신하인 신왕(神王, 미와오)[51] 등이 아룁니다. 신이 듣기에 '덕이 뛰어난 사람이 시대를 다스릴 때는 덕을 근본으로 삼고 어진 임금이 세상에 대응할 때는 먼 지방 [이민족]까지 품는 것을 숭상하기 때문에 은(殷)나라 때는 사방 바닷가 안의 모든 사람이 [은나라의] 덕에 귀의하고, 주(周)나라 때는 [열에] 아홉[이나 되는 많은] 오랑캐들이 [주나라의] 법도에 따랐다'라고 합니다. 엎드려 생각건대, 천황폐하는 하늘을 우러러 법도를 제정하고 땅에 의거하여 규칙을 완성하니, 해가 비치는 곳 끝까지 [천황의] 명성을 사모하고 바람 부는 곳이 계속 퍼져 [천황의] 교화를 따르니, 참으로 천대(千代)의 황제를 기르고 백대(百代)의 군왕(君王)을 품을 수 있을 정도입니다. 근래에 발해객사(渤海客使)를 호송한 어장광악(御長廣岳, 미나가노 히로오카) 등이 돌아왔는데, 엎드려 저 나라가 바친 왕계(王啓)를 보니 문장과 내용이 온화하고 공손하여

---

51 미와오(神王)는 시키노미코(志貴皇子)의 손자이며 에노이오(榎井王)의 아들이다. 右大臣이 되어 간무천황(桓武天皇)의 근친으로서 간무조 후반의 치세를 지탱했다.

인정과 예의가 볼 만하니, [발해가] 중간에 잘못된 생각을 뉘우치고 조상의 자취를 회복한 것이라 하겠습니다. 하물며 다시 산을 넘고 바다 건너 왕복하는 길의 어려움을 돌아보지 않고, 자신의 사욕을 억누르고 잘못을 고쳐 비로소 조공(朝貢)의 연한을 요청하였으니, [이것이] [서왕모(西王母)가] 백옥환(白玉環)을 서쪽에서 바치고 [숙신의] 호시(楛矢)가 동쪽에서 오는 것과 어찌 똑같다고 말할 수 있겠습니까? 신하들이 다행히도 조정에 벼슬할 수 있게 되어 [이런] 특별한 경사를 만나게 되었으니, 물오리가 수초에서 즐겁게 노니는 기쁨이 나오는 것을 견디지 못하여 삼가 대궐에 이르러 표문을 올려 아룁니다"라고 하였다.

[이날] 조서를 내려 "바친 표문은 잘 보았다. 그런데 경들이 애써 보좌했기 때문에 해외에 있는 나라도 순종하려고 한다고 생각하시고, 매우 기뻐하고 계신다고 말씀하시는 천황의 뜻을 모두가 들도록 알려라"라고 하였다.

○ 권193, 수속부(殊俗部)□, 발해(渤海) 상(上), 환무천황(桓武天皇) 연력(延曆) 17년(798)

四月甲戌【廿四】, 以外從五位下內藏宿禰賀茂麻呂爲遣渤海使, 正六位上御使宿禰今嗣爲判官.

4월 갑술【24일】에 외종5위하 내장숙녜하무마려(內藏宿禰賀茂麻呂, 구라노스쿠네 카모마로)를 [발해로 파견하는] 견발해사(遣渤海使)[52]로 삼고, 정6위상 어사숙녜금사(御使宿禰今嗣, 미쓰카이노스쿠네 이마쓰구)를 판관(判官)으로 삼았다.

五月戊戌【十九】, 遣渤海國使內藏宿禰賀茂等辭見, 因賜其王璽書曰, 天皇敬問渤海國王, 前年廣岳等還, 省啓具之, 益用慰意. 彼渤海之國, 隔以滄溟, 世脩聘禮, 有自來矣. 往者, 高氏繼緒, 每慕化而相尋, 大家復基, 亦占風而靡絶. 中間書疏傲慢, 有乖舊儀. 爲此待彼行人, 不以常禮. 王追蹤曩烈, 脩聘于今, 因請隔年之裁, 庶作永歲之則前, 丹款所著, 深有嘉焉. 朕祗膺睿圖, 嗣奉神器, 聲敎傍洎, 旣無偏於朔南. 區寓雖殊, 豈有隔于懷抱. 所以依彼所請, 許其往來, 使人之數, 勿限多少. 但顧巨海之無際,

---

52 일본에서 발해로 파견되던 정식 사신이다.

> 非一葦之可航. 驚風踊浪, 動罹患害, 若以每年爲期, 艱虞叵測, 間以六歲, 遠近合宜. 故差從五位下行河內國介內藏宿禰賀萬等, 充使發遣. 宣告朕懷, 幷附信物, 其數如別. 夏中已熱, 惟王淸好. 官吏百姓, 幷存問之. 略此遣書, 言無所悉.
> 又賜在唐留學僧永忠等書曰, 云云.

5월 무술【19일】에 발해국으로 파견하는 사신[遣渤海國使] 내장숙녜하무 등이 하직 인사를 하니, 그편에 [천황이] 그 나라 왕에게 [다음과 같은] 새서(璽書)를 하사하여 말하기를 "천황(天皇)은 발해국왕(渤海國王)에게 삼가 안부를 묻습니다. 지난해에 광악(廣岳, 히로오카) 등이 돌아와 [바친 발해의] 계(啓)를 보고 [그 내용을] 잘 알았으니 더욱 위안이 됩니다. 그쪽 발해국은 푸른 바다에 가로막혀서도 대대로 [이웃 나라에 대해] 빙례(聘禮)를 수행한 것이 유래가 있었습니다. 옛날 고씨(高氏)가 [조상의] 왕업을 계승해서는 매양 [천황의] 교화를 사모하여 서로 방문하였는데, [지금 발해의] 대가(大家)가 그 기반을 회복해서는 또한 풍향을 살펴 [오는 것이] 끊이지 않았습니다. 그런데 중간에 국서가 오만하여 오랜 예법에 어긋남이 있었습니다. 이 때문에 그쪽의 사신을 접대하는 데 상례(常禮)대로 할 수 없었습니다. [발해]왕이 예전 [조상의] 공렬(功烈)을 좇아 지금 빙례를 수행하며, 인하여 [사신을 파견하는] 간격의 햇수를 요청하여 오랜 세월의 법도로 삼고자 하니 변치 않는 정성이 드러나는 바라 깊이 가상합니다. 짐은 [하늘이 내린] 제왕의 통치술을 삼가 가슴에 품고 [나라를 다스리는] 신이한 기물(器物)를 이어 받들었으니, 덕스러운 교화가 사방에 미쳐 남북으로 치우침이 없었습니다. [각자 다스리는] 구역이 서로 다르지만 어찌 [서로 생각하는] 마음이야 막힘이 있겠습니까? 그래서 그쪽이 요청한 대로 [사신] 왕래[의 파견 간격의 횟수]를 허락하니 사신의 숫자는 많고 적음을 제한하지 말아 주십시오. 다만 끝없이 거대한 바다를 보면 한 줄기 갈대[와 같은 배]로 항해할 수 있는 것이 아닙니다. 거센 바람이 물결을 일으키니 걸핏하면 재난을 당하기 쉽습니다. 만약 매년을 기한으로 삼으면 우환을 헤아리기 어려우니, 6년으로 간격을 두면 그 기간이 적합합니다. 그래서 종5위하 행하내국개(行河內國介) 내장숙녜하만(內藏宿禰賀萬, 구라노스쿠네 카모마로)[53] 등을 보내 사신에 임명하여 파견합니다. 짐의 뜻을 알리며 아울러 신물(信物)도 부치

---

53 일본 헤이안 시대 초기의 관리이다. 延曆 17년(798)에 발해 강왕의 啓書에 대한 화답으로 발해에 파견되었다. 기록에는 內藏宿禰賀萬, 內藏宿禰賀茂, 內藏宿禰賀茂麻呂, 內藏賀萬 등으로 나온다.

니 그 숫자는 별지(別紙)와 같습니다. 한여름이라 너무 더운데 바라건대 왕은 시원하게 잘 지내십시오. 관리와 백성 모두에게 안부를 묻습니다. 대략 이와 같이 편지를 보내는데, 자세하지 다 말하지 못합니다"라고 하였다.

또 당나라에 유학간 승려 영충(永忠, 에이츄) 등에게도 편지를 내렸는데, "운운"하였다.

十二月壬寅【卄七】渤海國遣使, 獻方物. 其啓曰, 嵩璘啓. 使賀萬等至, 所貺之書, 及信物絹絁各卅疋·絲二百絇·綿三百屯, 依數領之, 慰悅實深. 雖復巨海漫天, 滄波浴日 路無倪限, 望斷雲霞. 而巽氣送帆, 指期舊浦, 乾涯斥候, 無闕糇糧. 豈非彼此契齊, 暗符人道, 南北義感, 特叶天心者哉. 嵩璘茌有舊封, 纘承先業, 遠蒙善獎, 聿修如常. 天皇遙降德音, 重貺使命, 恩重懷抱, 慰喩慇勤. 況復俯記片書, 眷依前請. 不遺信物, 許以年期, 書疏之間, 嘉免瘕纇, 庇廕之顧, 識異他時. 而一葦難航, 奉知審喩, 六年爲限, 竊憚其遲. 請更貺嘉圖, 幷廻通鑑, 促其期限, 傍合素懷. 然則向風之趣, 自不倦於寡情, 慕化之勤, 可尋蹤於高氏. 又書中所許, 雖不限少多, 聊依使者之情, 省約行人之數. 謹差慰軍大將軍·左熊衛都將·上柱國·開國子大昌泰等, 充使送國, 兼奉附信物. 具如別狀, 土無奇異, 自知羞惡.

12월 임인【27일】에 발해국이 사신을 보내 특산물을 바쳤다. 그 왕계(王啓)에서 말하기를, "[대]숭린이 계(啓)합니다. 사신 하만(賀萬, 카모마로) 등이 도착하여 내려주신 편지와 신물(信物)로 견(絹)과 시(絁) 각 30필, 사(絲) 200구, 솜 300둔을 수량대로 받았으니, 위안이 되어 기쁘기가 실로 그지없습니다. 비록 다시 큰 바다가 하늘까지 닿을 정도로 넓고 푸른 파도만 햇볕에 비치더라도, 갈 길은 끝이 없어 구름과 노을이 보이지 않을 때까지 바라만 볼 뿐이었습니다. 그러다가 동남쪽에서 부는 바람 기운에 돛단배를 띄워 보내며 옛 포구에 도착할 것을 기약하고, 서북쪽 끝의 형편을 살펴 식량에 모자람이 없게 사신을 보내셨습니다. 어찌 그쪽과 이쪽이 서로 뜻이 통하여 가만히 사람의 도리에 합치되고, 남쪽과 북쪽이 서로 만날 의리를 느껴 특히 하늘의 뜻에 부합한 것이 아니겠습니까? [대]숭린은 옛 영토를 다스리고 선왕의 위업을 계승하였으며, 멀리서 좋은 격려를 받아 항상 조상의 덕업을 닦고 있습니다. 천황께서 멀리서 좋은 말씀을 내리고 거듭 사신을 보내시니, 그 은혜가 마음속에 무겁고 위로와 깨우침이 간절합니다. 하물며 다시 간단한 편지를 기억하여 지난 요청대로 하도록 보살펴 주시기까지 하였습니다. 신물(信物)도 빠뜨리지 않고 사신 파견 기간도 허락해 주시니, 편지 내용에 허물을 면할 수 있어 기쁘고 감싸 안아주시는 보살핌이 예전과 다름을 알겠습니다. 그런데 갈대처럼 작은 배로 항해하기 어려움에 대해서는 살펴 깨우쳐주심을 받들어 알겠지만, 6년을 기한으로 삼으신 것은 사신 파견이 너무 늦어 은근히 꺼려집니다.[54] 청컨대 다시 좋은 계책을 내리고 아울러 뛰어난 식견을 돌려보내 주시어, 그 기한을 단축하여 원래의 뜻에 두루 부합되게 해 주십시오. 그렇다면 천황의 풍모를 향하는 뜻을 저 자신에게 게을리하지 않고, 천황의 교화를 사모하는 근면함을 고구려에서 그 자취를 찾을 수 있을 것입니다. 또 편지에서 허락하신바 비록 사신 숫자는 제한하지 않으셨지만, 사신 가는 일의 실정에 의거하여 사신 숫자를 줄이겠습니다. 삼가 위군대장군(慰軍大將軍)·좌웅위도장(左熊衛都將)·상주국(上柱國)·개국자(開國子) 대창태(大昌泰) 등을 사신에 임명하여 귀국에 보내며, 아울러 신물(信物)을 받들어 부칩니다. 그 내역을 별장(別狀)에 갖추어 놓았지만, 토산물에 진귀한 것이 없어 스스로 부끄러운 줄 알고 있습니다"라고 하였다.

○ 권193, 수속부(殊俗部)□, 발해(渤海) 상(上), 환무천황(桓武天皇) 연력(延曆) 18년(799)

> 春正月丙午朔, 皇帝御大極殿, 受朝, 文武官九品以上蕃客等各陪位. 減四拜爲再, 不拍手, 以有渤海國使也. 諸衛人等竝擧賀聲. 禮訖. 宴侍臣於前殿, 賜被.

봄 정월 병오 초하루에 황제가 대극전(大極殿)에 거둥하여 조회를 받는데, 9품 이상의 문무 관료들과 번객들이 판위(版位)에서 배석하였다. [이때] 4배(拜)를 재배(再拜)로 줄이고 박수를 치지 않았으니, 발해국 사신이 있었기 때문이다. 제위(諸衛)의 호위병들이 모두 축하하는 소리를 내는 것으로 의식을 마쳤다. 측근 신하들에게 전전(前殿)에서 연회를 베풀고 어피(御被)를 내려주었다.

---

54 일본 桓武天皇이 內藏宿禰賀茂麻呂를 통해 보낸 국서에 "그쪽(=발해)이 요청한 대로 왕래를 허락하여 사신의 숫자는 제한하지 않는다. 다만 끝없이 큰 바다를 돌아보면 갈대처럼 작은 배로 항해할 수 있는 것이 아니니, 거친 풍랑에 오다가 재해를 당한다. 만약 매년 오기로 기약한다면, 어려움을 헤아리기 어렵다. 6년을 간격으로 두면 기간이 적당하다(所以依彼所請, 許其往來, 使人之數, 勿限多少. 但顧巨海之無際, 非一葦之可航, 驚風踊浪, 動罹患害. 若以每年爲期, 艱虞叵測. 間以六歲, 遠近合宜.)"에 대한 발해의 반대 의견이다.

辛酉【十六】. 御大極殿, 宴群臣幷渤海客. 奏樂, 賜蕃客以上蓁摺衣, 竝列庭踏哥[55].

신유【16일】에 [황제가] 대극전에 거둥하여 신하들과 발해 사신에게 연회를 베풀었다. 음악을 연주하고 번객(蕃客) 이상에게 진접의(蓁摺衣)를 하사하니, 모두 뜰에 늘어서서 답가(踏歌)하였다.

四月己丑【十五】. 渤海國使大昌泰等還蕃, 遣式部少錄正六位上滋野宿禰船白等押送. 賜其王璽書曰, 天皇敬問渤海國王. 使昌泰等, 隨賀萬至, 得啓具之. 王邈慕風化, 重請聘期, 占雲之譯交肩, 驟水之貢繼踵. 每念美志, 嘉尙無已. 故遣專使, 告以年期, 而猶嫌其遲, 更事覆請. 夫制以六載, 本爲路難, 彼如此不辭, 豈論遲促. 宜其脩聘之使, 勿勞年限. 今因昌泰等還, 差式部省少錄正六位上滋野宿禰船白, 充使領送. 幷附信物, 色目如別. 夏首正熱, 惟王平安. 略此代懷, 指不繁及.

4월 기축【15일】에 발해국 사신 대창태(大昌泰) 등이 본국으로 돌아갈 때, 식부소록(式部少錄) 정6위상(正六位上) 자야숙녜선백(滋野宿禰船白, 시게노노스쿠네 후나시로) 등을 파견하여 [발해 사신을] 호송하도록 하였다. 아울러 그 왕에게 새서(璽書)를 내려 말하기를 "천황(天皇)은 발해국왕(渤海國王)에게 삼가 안부를 묻습니다. 사신 [대]창태 등이 하만 등을 따라와서 [바친] 계(啓)를 보고 [그 내용을] 잘 알았습니다. [발해]왕이 멀리서 [일본의] 풍속과 교화를 사모하여 거듭 빙기(聘期)를 요청하여, 구름을 점치며 나아가는 통역들이 서로 어깨를 맞대어 오고 바다를 건너는 공물들이 계속 이어졌습니다. [그러니] 매번 그 아름다운 뜻을 생각하면 가상하기 그지없습니다. 그래서 전사(專使)[56]를 파견하여 연기(年期)를 알렸는데도 오히려 그 늦음을 싫어하여 다시 요청을 일삼고 있습니다. 무릇 6년으로 제정한 것은 본래 [바닷]길이 험난하기 때문인데, 그쪽이 이처럼 사양하지 않으니 어찌 [사신 파견 기간의] 늦고 빠름을 논하겠습니까? 마땅히 빙례(聘禮)를 수행하는 사신은 [사신 파견] 기간에 [대해] 근심하지 마십시요. 지금 [대]창태 등이 돌아갈 때, 식부성소록(式部省少錄) 정6위상(正六位上) 자야숙녜선

---

55 '哥'→'歌'.
56 특별한 임무를 위해 보내는 사신을 일컫는 말로, 特使와 같다.

백(滋野宿禰船白)을 사신에 임명하여 [대창태 등을] 배웅합니다. 아울러 신물(信物)도 부치니 그 품목은 별지와 같습니다. 초여름이라 한창 더우니, 바라건대 왕은 평안하십시오. 대략 이로써 마음을 대신하니 그 뜻을 자세히 전하지 못합니다"라고 하였다.

> 五月丙辰【十三】. 前遣渤海使外從五位下內藏宿禰賀茂麻呂等言, 歸鄕之日, 海中夜闇, 東西掣曳, 不識所着. 于時遠有火光, 尋逐其光, 忽到嶋濱, 訪之, 是隱岐國智夫郡, 其處無有人居. 或云, 比奈麻治比賣神, 常有靈驗, 商賈之輩, 漂宕海中, 必揚火光, 賴之得全者, 不可勝數. 神之祐助, 良可嘉報, 伏望奉預幣例. 許之.

5월 병진【13일】에 전 견발해사(遣渤海使) 외종5위하 내장숙녜하무마려(內藏宿禰賀茂麻呂) 등이 말하기를 "귀국하는 날에 한밤중 바닷속에서 동서로 끌려다니다 도착한 곳도 몰랐습니다. 그때 멀리서 불빛이 있어 그 빛을 따라 쫓아가니 홀연 섬에 도착하여 찾아가니 바로 은기국(隱岐國, 오키노쿠니) 지부군(智夫郡, 치부군)이었는데, 그곳에는 거주하는 사람이 없었습니다. 어떤 이가 말하기를 '비나마치비매신(比奈麻治比賣神, 히나마치히메노카미)에게는 항상 영험이 있어 장사하는 무리가 바다에서 표류하면 [신이] 반드시 불빛을 드러내니 그에 의지하여 온전할 수 있는 자가 이루 헤아릴 수 없다'라고 합니다. 신의 도움을 참으로 가상히 여겨 보답할만합니다. 엎드려 바라건대 폐백을 바치는 전례에 참여시켜 주십시오"라고 하니, 허락하였다.

> 九月辛酉【二十】. 正六位·上式部少錄滋野宿禰船白[57]等, 到自渤海國. 國王啓曰, 嵩璘啓. 使船白等至, 枉辱休問, 兼信物絹絁各卅疋·絲二百絇·綿三百屯, 依[58]數領之.[59] 懷愧實深, 嘉貺厚情, 伏知稠疊. 前年附啓, 請許量載往還, 去歲承書, 遂以半紀爲限. 嵩璘情勤馳係, 求縮程期, 天皇舍己從人, 便依所請. 筐筐攸行, 雖無珍奇, 特見允依, 荷欣何極. 比者天書降渙, 制使荏朝, 嘉命優加, 寵章緫華. 班霑變理, 列等端

---

57 國史大系本에는 '白'으로 되어 있지만, 『日本後紀』에 '代'로 되어 있다.
58 '依'는 『日本後紀』에 '准'으로 되어 있지만, 뜻은 같다.
59 '之'는 『日本後紀』에 '足'으로 되어 있는데, 문맥상 '之'가 맞다.

> 揆, 惟念寡菲, 殊蒙庇廕. 其使昌泰等, 才憨專對, 將命非能, 而承貺優容, 倍增喜慰.
> 而今秋暉欲暮, 序雜涼風, 遠客思歸, 情勞望日. 崇迫時節, 無滯迴帆. 旣許隨心, 正宜
> 相送, 未及期限, 不敢同行. 謹因迴使, 奉附輕尟, 具如別狀.

9월 신유【20일】에 정6위상 식부소록(式部少錄) 자야숙녜선백(滋野宿禰船白) 등이 발해국에서 돌아왔다. 그 나라의 왕계(王啓)에서 말하기를, "[대]숭린이 계(啓)합니다. 사신 [자야숙녜]선백 등이 도착하여 황공하게도 좋은 소식을 내려주시고, 아울러 신물(信物)로 견(絹)과 시(絁) 각 30필·사(絲) 200구·솜 300둔도 수량대로 받았습니다. 부끄러운 마음이 진실로 깊고 아름다운 선물이 정을 두텁게 하는 줄을 거듭 알게 되었습니다. 연전에 편지를 부치며 햇수를 헤아려 사신 왕래를 허락하도록 요청하였는데, 작년에 국서를 받아보니 드디어 6년[60]을 기한으로 하셨습니다. [대]숭린이 멀리서 그리워하는 마음을 정성껏 품으며 정해진 기한의 단축을 구하니, 천황께서 자신의 생각을 버리고 남의 의견을 따라서 곧 요청한 대로 하도록 하셨습니다. 광주리에 담아 가는 것이 비록 진기함은 없지만, 특별히 윤허를 받으니 은혜받은 기쁨이 어찌 다할 수 있겠습니까? 근래 천황의 국서가 환하게 내려오고 이를 전하는 칙사가 조정에 임하시니, 아름다운 명령이 더욱 넉넉하고 은총으로 내려주신 징표가 모두 빛나고 있습니다. 반열이 정승에 오르고 서열이 재상과 같도록 하셨으니, 재주와 덕행이 부족하지만 각별한 보살핌을 받고 있음에 유념하겠습니다. 사신 대창태 등은 일을 홀로 처리하기에 재주가 부끄러울 정도이고 말을 전하는 데도 능력이 없습니다만, 너그러이 받아주셨으니 기쁨과 위안이 배로 늘었습니다. 이제 가을 햇살이 잦아들며 계절에 찬바람이 섞이니, 멀리서 온 손님은 돌아갈 생각에 애타게 그날만 바라보고 있었습니다. 적당한 때가 되어 지체 없이 돛단배를 돌려보냅니다. 마음대로 하도록 허락한 이상 바로 배웅해야 마땅하지만, 기한이 되지 않아 우리 사신을 감히 동행하지 못하겠습니다. 삼가 돌아가는 사신 편에 사소한 물품을 받들어 부칩니다. 그 내역은 별장(別狀)에 갖추어 놓았습니다"라고 하였다.

---

60 원문의 '1紀'는 歲星 즉 목성이 지구를 한바퀴 도는 데 12년이 걸리는 시간을 가리키므로, 半紀는 6년이다.

○ 권193, 수속부(殊俗部)□, 발해(渤海) 상(上), 환무천황(桓武天皇) 연력(延曆) 23년(804)

六月庚午【卄七】. 勅, 比年, 渤海國使來着, 多在能登國. 停宿之處. 不可踈陋, 宜早造客院.

6월 경오【27일】에 칙명을 내려 "근래 발해국 사신들이 도착하는 곳이 대부분 능등국(能登國, 노토노쿠니)이다. 머물고 자는 곳이 누추해서는 안 되니, 마땅히 조속히 객원(客院)을 짓도록 하라"라고 하였다.

○ 권194, 수속부(殊俗部)□, 발해(渤海) 하(下), 차아천황(嵯峨天皇) 홍인(弘仁) 원년(810)

十二月庚午【四】. 從六位上林宿禰東人爲送渤海客使, 大初位下上毛野公繼益爲錄事.

12월 경오【4일】에 종6위상 임숙녜동인(林宿禰東人, 하야시노스쿠네 아즈마히토)을 송발해객사(送渤海客使)[61]로 삼고, 대초위하(大初位下) 상모야공계익(上毛野公繼益, 가미쓰케누노키미 쓰구마스)을 녹사(錄事)로 삼았다.

○ 권194, 수속부(殊俗部)□, 발해(渤海) 하(下), 차아천황(嵯峨天皇) 홍인(弘仁) 2년(811)

正月乙卯【二十】. 遣大納言正三位坂上大宿禰田村麻呂·中納言正三位藤原朝臣葛野麻呂·參議從三位菅野朝臣眞道等, 饗渤海使於朝集院, 賜祿有差.

정월 을묘【20일】에 대납언(大納言)·정3위 판상대숙녜전촌마려(坂上大宿禰田村麻呂, 사카노우에노오스쿠네 타무라마로)와 중납언(中納言)·정3위 등원조신갈야마려(藤原朝臣葛野麻呂, 후지와라노아손 카도노마로)와 참의(參議) 종3위 관야조신진도(菅野朝臣眞道, 스가노노아손 마미치) 등을 보내어 조집원(朝集院)에서 발해 사신에게 향회(饗會)를 베풀어 주고, 녹을

---

61 渤海客, 즉 발해 사신을 호송하는 임무를 맡은 사신이다.

하사하는 데 차등을 두어 내렸다.

> 丁巳【卄二】, 渤海國使高南容歸蕃, 賜其王書曰, 天皇敬問渤海國王. 南容入賀, 省啓具之. 惟王資質宏茂, 性度弘深. 敦惠輯中, 盡恭奉外, 代居北涯, 與國脩好. 沃日滄溟, 企乃到矣, 接天波浪, 葦能亂之. 貴琛効精, 慶賀具禮. 眷彼情款, 嘉賞何止. 朕嗣膺景命, 虔承睿圖, 克己以臨寰區, 丕顯以撫兆庶, 德未懷通, 化曷覃遐. 王念濬善隣, 心切事大, 弗難劬勞, 聿脩先業. 况南容荐至, 使命不墮, 船舶窮危, 騫志增勵, 雖靡來請, 豈能忍之. 仍換駕船, 副使押送, 同附少物, 至宜領之. 春寒, 惟王平安. 指此遺書, 旨不多及.

정사【22일】에 발해국 사신 고남용(高南容)이 귀국하는 편에 그 왕에게 국서를 내려 말하기를 "천황은 발해국왕에게 삼가 안부를 묻습니다. [고]남용이 하정하러 입국하여 [바친] 계(啓)를 보고 [그 내용을] 잘 알았습니다. 생각건대 왕의 자질은 크고도 무성하며 [왕의] 성품과 도량은 넓고도 깊습니다. 은혜를 두터히 하여 국내를 안정시키고 공손을 다해 외국을 받들었으며, 대대로 북쪽 바닷가에 거주하면서 우방국으로서 우호를 닦았습니다. 해를 적실 정도로 [높게] 파도가 이는 푸른 바다를 [건너오려고] 계획한 끝에 도착했으니 하늘에 닿는 파도라도 갈대 [같은 작은 배]로 건널 수 있었습니다. 가져온 공물에는 정성이 잘 드러나 있고 [하정을] 축하하는 데는 예를 갖추었습니다. 그쪽의 두터운 마음을 살펴보니 칭찬을 어찌 그치겠습니까? 짐은 천명을 [선왕을] 이어 가슴에 품고 제왕의 통치술을 삼가 이어받아, 사욕을 억누름으로써 천하에 군림하며 영명(英明)함으로써 뭇 백성을 어루만지지만, 덕이 먼 곳을 아직 품지 못하니 교화가 어찌 멀리까지 미치겠습니까? 왕은 선린(善隣)을 깊이 생각하고 사대(事大)를 간절히 마음에 품어서, 수고로움을 어려워하지 말고 선조의 사업을 수행하십시요. 하물며 [고]남용이 거듭 이르러 사신의 임무를 저버리지 않고, 선박이 몹시 위태로워도 [사신의 임무를 완수하려는] 올바른 뜻을 더욱 분발하였으니, 비록 [발해로 사신이] 와 주기를 요청하지 않았더라도 어찌 차마 그럴 수 있겠습니까? 그래서 타고 갈 배를 교체해 주고, 사신을 부쳐 [발해 사신을] 호송하고 함께 약소한 신물(信物)을 부치니, 도착하거든 수령하십시요. 봄이 추운데, 바라건대 왕은 평안하십시요. 이런 사정 등을 가리켜 국서를 보내는데, 뜻이 [제대로] 미치지 못하는 곳이 많습니다"라고 하였다.

四月庚寅【卄七】, 遣渤海國使正六位上林宿禰東人等辭見, 賜衣被.

4월 경인【27일】에 발해국에 파견하는 사신 정6위상 임숙녜동인(林宿禰東人) 등이 하직 인사를 하니, 의피(衣被)를 하사하였다.

十月癸亥【二】, 正六位上林宿禰東人等, 至自渤海. 奏曰, 國王之啓, 不據常例. 是以去而不取. 其錄事大初位下上毛野公嗣益等所乘第二船, 發去之日, 相失不見, 未知何在.

10월 계해【2일】에 정6위상 임숙녜동인 등이 발해로부터 돌아왔다. [그가] 아뢰기를 "[발해] 국왕의 왕계(王啓)가 상례(常例)에 의거하지 않았습니다. 그래서 버리고 가져오지 않았습니다. 녹사(錄事) 대초위하(大初位下) 상모야공사익(上毛野公嗣益, 가미쓰케누노키미 쓰구마스) 등이 탄 제2선은 출발하여 떠나는 날 서로 놓쳐 보지 못하여서 어디 있는지 모르겠습니다"라고 하였다.

十二月乙亥【十四】,[62] 故遣渤海錄事大初位下上毛野公嗣益追贈從六位下, 以身死王事也.

12월 을해【14일】에 죽은 발해에 파견한 녹사[로서 관위는] 대초위하 상모야공사익을 종6위하로 추증하였다. 왕의 명령을 수행하다가 사망했기 때문이다.

○ 권194, 수속부(殊俗部)□, 발해(渤海) 하(下), 차아천황(嵯峨天皇) 홍인(弘仁) 5년(814)

九月癸卯【三十】, 渤海國遣使獻方物.

9월 계묘【30일】에 발해국이 사신을 보내어 특산물을 바쳤다.

---

[62] 「신정증보」본에는 '五'로 되어 있지만, 『日本後紀』에 따라 '四'로 교감하였다.

十一月辛巳【九】, 免出雲國田租, 緣有賊亂及供蕃客也.

11월 신사【9일】에 출운국(出雲國, 이즈모노쿠니)의 전조(田租)를 면제해 주었다. 도적의 난리가 있었고 번객을 접대해야 하기 때문이었다.

○ 권194, 수속부(殊俗部)□, 발해(渤海) 하(下), 차아천황(嵯峨天皇) 홍인(弘仁) 6년(815)

正月己卯【七】, 授渤海國大使王孝廉從三位, 副使高景秀正四位下, 判官高英善·王昇基並正五位下, 錄事釋仁貞·鳥賢偲·譯語李俊雄從五位下, 賜祿有差.

정월 기묘【7일】에 발해국 대사(大使) 왕효렴(王孝廉)에게 종3위, 부사(副使) 고경수(高景秀)에게 정4위하, 판관(判官) 고영선(高英善)과 왕승기(王昇基)에게 모두 정5위하, 녹사(錄事)인 승려 인정(仁貞)과 오현시(烏賢偲) 및 역어(譯語) 이준웅(李俊雄)에게 종5위하를 수여하고, 녹을 하사하는 데 차등을 두었다.

壬辰【二十】, 於朝集堂饗王孝廉等, 賜樂及祿.

임진【20일】에 조집당(朝集堂)에서 왕효렴 등에 향회(饗會)를 베풀고, 음악과 녹을 하사하였다.

甲午【卄二】, 渤海國使王孝廉等歸蕃. 賜書曰, 天皇敬問渤海王. 孝廉等至, 省啓具懷. 先王不終遐壽, 奄然徂背, 乍聞惻怛, 情不能已. 王祚流累葉, 慶溢連枝. 遠發使臣, 聿脩舊業, 占風北海, 指蟠木而問津, 望日南朝, 凌鯨波以修聘, 永念誠款, 歎慰攸深. 前年附南容等啓云, 南容再駕窮船, 旋渉大水, 伏望辱降彼使, 押領同來者, 朕矜其遠來, 聽許所請. 因差林東仁充使, 分配兩船押送. 東仁來歸, 不齎啓, 因言曰, 改啓作狀, 不遵舊例, 由是發日, 棄而不取者. 彼國修聘, 由來久矣. 書疏往來, 皆有故實, 專輒違乖, 斯則長傲. 夫克己復禮, 聖人明訓, 失之者亡, 典籍垂規. 苟禮義之或虧, 何須貴於來往. 今問孝廉等, 對云, 世移主易, 不知前事. 今之上啓, 不敢違常. 然不遵舊例, 慙在本國. 不謝之罪, 唯命是聽'者. 朕不咎已往, 容其自新. 所以勅於有司, 待以恒禮, 宜悉此懷. 間以雲海, 相見無由, 良用爲念也. 春首餘寒, 王及首領百姓, 竝平安好. 有少信物, 色目如別. 略此還報, 一二無悉.

갑오【22일】에 발해국 사신 왕효렴 등이 귀국하였다. [그편에] 국서를 내려 말하기를 "천황은 발해국왕에게 삼가 안부를 묻습니다. [왕]효렴 등이 도착하여 [바친] 계(啓)를 보고 생각을 잘 알았습니다. 선왕이 천수를 마치지 못하고 갑자기 세상을 떠났다는 소식을 듣자마자 슬퍼하여 그 마음을 그칠 수 없었습니다. 왕의 천복(天福)은 대를 이어 흐르고 경사로움은 같은 형제에게 넘치게 되어, 멀리 사신을 보내 선왕의 사업을 [이어서] 닦고 있습니다. 북쪽 바다에서 풍향을 살펴 반목(蟠木)을 향하여 나루터를 물으며, 남쪽 조정에 떠 있는 해를 바라보고 큰 파도를 넘으며 빙례(聘禮)를 수행하였으니 그 지극한 정성을 오래 생각할수록 칭찬하고 위로하는 [짐의] 마음이 깊어집니다. 지난해에 [고]남용 등에 부친 왕계(王啓)에서 이르기를 '[고]남용이 다시 파손된 배를 타고 큰 바다를 건너오는데, 엎드려 바라건대 욕되게도 그쪽 사신을 내려주어 호송하여 함께 왔습니다'라고 한 것은 짐이 그가 멀리서 온 것을 불쌍히 여겨 그 요청을 들어주었기 때문입니다. 그래서 임동인(林東仁)을 선발하여 사신에 임명하여 두 척의 배에 나누어 호송하였습니다. [그런데 임]동인이 돌아올 때 왕계를 가지고 오지 않았는데, 그 이유를 말하기를 '계(啓)를 고쳐 장(狀)으로 하고 오랜 전례를 따르지 않아서 그로 인해 떠나는 날 버리고 가져오지 않았습니다'라고 하였습니다. 그쪽 나라가 빙례를 수행한 것은 유래가 오래되었습니다. [그러니] 국서가 왕래하는 데에는 모두 [따라야 할] 전고(典故)가 있는데, 멋대로 어긴다면 이것은 오만함을 키우는 것입니다. 자신의 사욕을 억누르고 예를 회복하는 것[克己復禮]은 성인(聖人)의 밝은 가르침이니 이를 상실하면 망한다는 것은 역대 전적(典籍)에서 규범으로 전해 주고 있습니다. 진실로 예의에 조금이라도 어그러짐이 있다면 어찌 [서로 간에]왕래하는 것에 대해 귀하게 여길 필요가 있겠습니까? 지금 [왕]효렴 등에게 물으니 대답하기를 '세대가 옮기고 군주가 바뀌어 예전의 일은 몰랐습니다. 지금 올린 왕계가 어찌 감히 평소의 의례를 어긴 것이겠습니까? 그러나 오랜 전례를 따르지 않은 것은 허물이 본국에 있습니다. 사죄할 수 없는 죄에 대해서는 오직 처분만 기다리겠습니다'라고 하였습니다. 짐은 기왕의 잘못을 탓하지 않으며 스스로 [자신의 잘못을 고쳐] 새로워짐을 받아들입니다. 그래서 담당 관리에게 칙명을 내려 평소대로의 의례로 대접하라고 하였으니, 이러한 [짐의] 소회를 잘 알도록 하십시요. 구름과 바다가 사이에 있어 서로 볼 길이 없지만 진실로 그리워합니다. 초봄이라 남은 추위에 왕과 수령 백성들은 모두 평안히 잘 지내십시오. 약소한 신물(信物)이 있는데 그 품목은 별지와 같습니다. 대략 이런 뜻으로 회답하니 조금은 자세하지 못합니다"라고 하였다.

五月戊子【十八】, 渤海國使王孝廉等, 於海中值逆風漂廻. 舟檝裂折, 不可更用.

5월 무자【18일】에 발해국 사신 왕효렴(王孝廉) 등이 바다 한가운데서 역풍을 만나 표류하여 돌아왔다. 배와 노가 쪼개지고 꺾여 다시 사용할 수 없을 정도였다.

癸巳【卄三】, 命越前國擇大船, 駕蕃客也.

계사(23일)에 월전국(越前國)에게 큰 배를 골라서 번객(蕃客)을 태우도록 하였다.

六月癸丑【十四】, 渤海大使從三位王孝廉薨. 詔曰, 悼往飾終, 事茂舊範, 褒忠錄績, 義存先彝. 故渤海國使從三位王孝廉, 闕庭修聘, 滄溟廻艫, 復命未申, 昊蒼不憖. 寔雖有命在天, 薤露難駐, 而恨銜使命, 不得更歸. 朕慟于懷, 加贈榮爵, 死而有靈, 應照泉扃. 宜可正三位, 更賜信物幷使等祿, 以先所賜濕損也.

6월 계축【14일】에 발해 대사(大使) 종3위 왕효렴(王孝廉)이 죽었다. 조서를 내리기를 "[저 세상에] 간 사람을 애도하고 그 죽음을 꾸며주는 것은 그 일이 예로부터의 규범에 무성했고, 충성을 표창하고 공적을 기록하는 것은 그 뜻이 선대로부터의 법도에 있었다. 죽은 발해국 사신 종3위 왕효렴은 [우리 일본] 조정에서 빙례를 수행하고 푸른 바다로 뱃머리를 돌려 갔지만, 사신의 임무를 마쳤다는 보고도 못 하였는데 하늘이 그를 세상에 남겨 두기를 바라지 않았다. 실로 사람의 목숨은 하늘에 달려있어 염교 잎에 맺힌 이슬처럼 계속 [이 세상에] 머물기 어렵지만, 사신의 임무를 품고 다시 돌아가지 못함을 한스럽게 여긴다. 짐은 마음속으로 통곡하여 영예로운 작위(爵位)를 더해 주니, 죽은 혼령을 저승에서 비추어 줄 것이다. 마땅히 정3위로 올리고, 다시 신물(信物)과 사신의 녹(祿)을 하사하는 것은 앞서 하사한 바가 [바닷속에] 잠겨 손상되었기 때문이다"라고 하였다.

○ 권194, 수속부(殊俗部)□, 발해(渤海) 하(下), 차아천황(嵯峨天皇) 홍인(弘仁) 7년(816)

五月丁卯【二】, 遣使, 賜渤海副使高景秀已下大通事已上夏衣. 是日, 賜渤海王書曰, 天皇敬問渤海王. 孝廉等至, 省啓具懷. 先王不終遐壽, 奄然殂背, 乍聞惻怛, 情不能已. 王祚流累葉, 慶溢連枝, 遠發使臣, 聿脩舊業. 占風北海, 指蟠木而問津, 望日南朝, 凌鯨波以修聘, 永念誠款, 歎慰攸深. 間以雲海, 相見無由, 良用爲念也. 去年, 孝廉等却廻, 忽遭惡風, 漂蕩還着. 本船破壞, 不勝過海, 更造一船, 未得風便, 孝廉患瘡, 卒然殞逝, 王昇基·釋仁貞等, 續物故, 甚以愴然. 今寄高景秀, 且有信物. 仲夏炎熱, 王及首領百姓, 幷平安好. 略此呈報, 指不一二.

5월 정묘【2일】에 사신을 보내 발해 부사(副使) 고경수(高景秀) 이하와 대통사(大通事) 이상에게 여름옷을 하사하였다. 이날 발해 왕에게 국서를 내려 말하기를 "천황은 발해국왕에게 삼가 안부를 묻습니다. [왕]효렴 등이 도착하여 [바친] 계(啓)를 보고 생각을 잘 알았습니다. 선왕이 천수를 마치지 못하고 갑자기 세상을 떠났다는 소식을 듣자마자 슬퍼하여 그 마음을 그칠 수 없습니다. 왕의 천복(天福)은 대를 이어 흐르고 경사로움은 같은 형제에게 넘치게 되어, 멀리 사신을 보내 선왕의 사업을 [이어서] 닦고 있습니다. 북쪽 바다에서 풍향을 살펴 반목(蟠木)을 향하여 나루터를 물으며, 남쪽 조정에 떠 있는 해를 바라보고 큰 파도를 넘으며 빙례(聘禮)를 수행하였으니 그 지극한 정성을 오래 생각할수록 칭찬하고 위로하는 [짐의] 마음이 깊어집니다. 구름과 바다가 사이에 있어 서로 볼 길이 없지만 진실로 그리워합니다.[63] 지난해 [왕]효렴 등이 되돌아 갈 때 갑자기 악풍(惡風)을 만나 표류하다가 되돌아왔습니다. 본래 선박이 파괴되어 바다를 건너는 임무를 감당할 수 없어 다시 배 한 척을 건조(建造)하였습니다. 아직 풍향의 좋은 형편을 얻지 못했는데 [왕]효렴이 피부병을 앓다가 갑자기 세상을 떠났고, 왕승기(王昇基)와 중 인정(仁貞) 등도 계속 사망하여 매우 애달픕니다. 이제야 고경수에 [이 국서를] 부치고 또 신물(信物)도 보냅니다. 한여름이라 매우 더운데 왕과 수령, 백성은 모두 평안히 잘 지내십시오. 대략 이와 같이 회답하는데 그 뜻이 일일이 다 하지 못합니다"라고 하였다.

---

63 앞선 국서의 내용 중에서 왕효렴을 질책한 내용은 생략되어 있다.

○ 권194, 수속부(殊俗部)□, 발해(渤海) 하(下), 차아천황(嵯峨天皇) 홍인(弘仁) 10년(819)

十一月甲午【二十】渤海國遣使獻方物, 上啓曰, 仁秀啓. 仲秋已凉, 伏惟天皇, 起居萬福. 卽此仁秀蒙免,[64] 慕感德等廻到, 伏奉書問, 慰沃寸誠, 欣幸之情, 言無以諭. 此使去日, 海路遭風, 船舶摧殘, 幾漂波浪. 天皇時垂惠領, 風義攸敦. 嘉貺頻繁, 供億珍重, 實賴船舶歸國. 下情每蒙感荷, 厚幸厚幸. 伏以兩邦繼好, 今古是常, 萬里尋修, 始終不替. 謹遣文籍院述作郎李承英, 齋啓入覲, 兼令申謝. 有少土物, 謹錄別狀, 伏垂昭亮幸甚. 雲海路遙, 未期拜展, 謹奉啓.

問承英等曰, 慕感德等, 還去之日, 無賜勅書, 今檢所上之啓云, 伏奉書問, 言非其實, 理宜返却. 但啓調不失恭敬, 仍宥其過, 特加優遇. 承英等頓首言, 臣小國賤臣, 唯罪是待. 而日月迴光, 雲雨施澤, 寒木逢春, 涸鱗得水. 戴荷之至, 不知舞踏.

11월 갑오【20일】에 발해국이 사신을 보내 특산물을 바치고, 왕계(王啓)를 올려 말하기를 "[대]인수가 계(啓)합니다. 가을 중턱이라 벌써 쌀쌀한데, 엎드려 바라건대 천황의 일상은 다복하소서. 여기 [대]인수는 [나쁜 일로부터] 면함을 입어 [잘 지내고] 있습니다. 모감덕(慕感德) 등이 돌아오니 [보내주신] 국서를 엎드려 받들게 되었는데, 제 마음을 위로해 주시니 기뻐해 주시는 정에 보답할 길이 없습니다. 이쪽 사신이 떠나는 날 바닷길에서 악풍을 만나 선박이 파손되어 파도에 표류할 뻔하였습니다. 천황께서 은혜롭게 거두어 주시니 그 따뜻한 마음이 돈독한 바입니다. 좋은 선물은 자주 주시고 공급해준 물품은 진귀하였으니, 실로 [내려주신] 선박에 의지하여 귀국할 수 있었습니다. 저로서는 고마운 은혜를 받을 때마다 다행이고 다행입니다. 엎드려 생각건대 양국이 우호를 계속한 것은 예나 지금이나 항상이어서, [서로] 만 리나 떨어져 있어도 찾아서 [우호를] 닦는 것이 시종일관하여 바꾸지 않았습니다. 삼가 문적원(文籍院) 술작랑(述作郎) 이승영(李承英)을 보내 왕계를 지니고 들어가 천황을 뵙고 아울러 감사의 뜻을 아뢰도록 합니다. 약소한 특산물도 있는데 삼가 별도의 편지에 적었으니, 살펴주시면 매우 다행입니다. 구름과 바다로 [가로막혀] 길이 멀어 직접 뵙고 알리기를 기약할 수 없어 삼가

---

64 「신정증보」본에는 '蒙无'로 되어 있지만, 『日本後紀』에 따라 '蒙免'으로 교감하였다. 『日本後紀』 권20 弘仁 원년(810) 9월 丙寅(29)에 '卽此元瑜蒙免', 권29 弘仁 12년(821) 11월 乙巳(13)에 '卽仁秀蒙免'으로 나오므로, '蒙无'는 '蒙免'의 오기임이 분명하다.

계(啓)를 올립니다"라고 하였다.

[천황이] [이]승영 등에게 묻기를 "모감덕 등이 돌아가는 날 칙서를 내린 적이 없었는데, 지금 올린 왕계를 살펴보니 '[보내주신] 국서를 엎드려 받들게 되었는데'라고 하니, 그 말이 실제가 아니니 이치상 되돌려 보내야 할 것이다. 다만 왕계의 어조가 공경을 잃지 않으니 그 허물을 용서하고 특별히 우대를 더해준다"라고 하였다.

[이]승영 등이 머리를 조아리며 말하기를 "신은 소국(小國)의 미천한 신하라서 오직 죄만 기다릴 뿐입니다. 그러나 해와 달이 다시 비추고 구름과 비가 연못에 내리니, 추위를 견딘 나무가 봄을 만나고 말라버린 연못에 있는 물고기가 물을 얻은 것과 같습니다. 감사한 마음이 지극하여 손발이 절로 춤추는 것도 모를 정도입니다"라고 하였다.

○ 권194, 수속부(殊俗部)□, 발해(渤海) 하(下), 차아천황(嵯峨天皇) 홍인(弘仁) 11년(820)

正月庚辰【七】又渤海國入覲大使李承英等, 敍位有差.

정월 경진【7일】에 또 발해국에서 [천황을] 뵈러 들어온 대사(大使) 이승영 등에게 관위(官位)를 내려주는 데 차등을 두었다.

甲午【廿一】, 賜渤海王書曰, 天皇敬問渤海國王. 承英等至, 省啓具之. 王信義成性, 禮儀立身, 嗣守蕃緒, 踐修舊好. 候雲呂而聳望, 俟風律以馳誠, 行李無曠於歲時, 琛贄不盡於天府. 況前使感德等, 駕船漂破, 利涉無由, 朕特遣賜一舟還. 其依風之恩, 王受施勿忘, 追迪前良, 虔發使臣, 遠令報謝, 言念丹款, 深有嘉焉. 悠悠絶域, 煙水間之, 迺瞻北領, 遐不謂矣. 因還寄物, 色目如別. 春首餘寒, 比無恙也. 境局之內, 當並平安. 略遣此, 不多及.

갑오【21일】에 발해왕에게 국서를 내려 말하기를 "천황은 발해국왕에게 삼가 안부를 묻습니다. [이]승영 등이 이르러 [바친] 계(啓)를 보고 잘 알았습니다. 왕은 신의로써 천성을 완성하고 예의로써 처신해서, [선왕을] 이어서 번국의 왕통을 지키고 [일본과의] 오랜 우호를 수행하고 있습니다. 구름 속에서 음려(陰呂)를 살펴서 높이 솟아 바라보고, 바람 속에서 양률(陽律)

을 향해 가며 멀리 정성을 보내니, 사신이 어느 해고 빠진 적이 없고 선물도 천황의 창고에 비어있은 적이 없었습니다. 하물며 이전의 사신 [모]감덕 등은 탄 배가 표류하여 파손되어 바다를 건너 돌아갈 방법이 없어 짐이 특별히 배 한 척을 내려주었습니다. 그가 고향 바람에 의지하도록 [돌아가게] 한 은혜에 대해 왕은 그 시혜를 받고 잊지 않고, 훌륭한 선대를 좇아서 경건히 사신을 파견하여 멀리 감사하다고 보답하게 하였습니다. 그 변치 않는 정성을 생각하면 매우 가상합니다. 아득히 먼 지역에 흐릿한 바다가 사이에 끼어 있으니, [발해왕이] 북쪽에서 다스리는 곳을 돌아보니 먼 곳임은 말할 것도 없습니다. 그래서 돌아가는 편에 신물(信物)을 부치니, 그 품목은 별지와 같습니다. 초봄이라 아직 추우니 이 무렵에 무탈하십시오. 영역 내의 모두들 평안하십시오. 대략 이런 뜻으로 보내는데 많이 언급하지 못합니다"라고 하였다.

○ 권194, 수속부(殊俗部)□, 발해(渤海) 하(下), 차아천황(嵯峨天皇) 홍인(弘仁) 12년(821)

十一月乙巳【十三】. 渤海國遣使獻方物. 國王上啓曰, 仁秀啓. 孟秋尙熱. 伏惟天皇, 起居萬福. 旣此仁秀蒙免. 承英等至, 伏奉書問, 用院勤佇, 俯存嘉貺, 悚戰伏增. 但以貴國弊邦, 天海雖阻, 飛封轉幣, 風義是敦. 音符每嗣於歲時, 惠貺幸承於珍異. 眷念之分, 一何厚焉. 仁秀不才, 幸修先業, 交好庶保於終始, 延誠冀踵於尋修. 伏惟照鑒幸甚. 謹遣政堂省左允王文矩等, 賷啓入覲. 遠修國禮, 以固勤情. 奉少土毛, 謹錄別紙, 惟垂檢到. 青山極地, 碧海連天, 拜謁未由, 伏增鴻□[65]. 謹奉啓.

11월 을사【13일】에 발해국이 사신을 보내어 특산물을 바쳤다. 국왕이 계(啓)를 올려 말하기를 "[대]인수가 계(啓)합니다. 초가을이라 아직 덥습니다. 엎드려 바라건대 천황의 일상은 다복하소서. 여기 [대]인수는 [나쁜 일로부터] 면함을 입어 [잘 지내고] 있습니다. [이]승영 등이 이르러 [보내주신] 서문(書問)을 엎드려 받들게 되니 [뵙고 싶은] 마음이 간절한데, 굽어살펴 좋은 선물을 내려주시니 황송한 마음이 더 할 뿐입니다. 다만 귀국(貴國)과 폐방(弊邦)[66]은 하늘과 같은 큰 바다로 가로막혀 있지만 봉투에 담은 편지를 날리고 폐백을 실어 나르니 그 따뜻한

---

65 '□'는 원본에 결자이다. 국사대계본에는 涯로 보충하였으나, 뜻이 통하지 않으므로 결자로 둔다.
66 피폐한 나라라는 뜻으로 자국에 대한 겸사이다.

마음이 돈독한 바입니다. 소식을 보내는 문서는 일정한 시기에 항상 이어받으며, 은혜로운 선물은 진기함에 대해 다행으로 여겨 받들겠습니다. 그리워하는 교분이 한결같이 얼마나 두터운지요. [대]인수는 재주가 없지만 다행히 선대의 왕업을 수행하게 되어 이웃 나라와의 수교는 시종 지키려고 하며 정성을 다하는 것은 빙례를 수행하는 데에서도 계속하려고 합니다. 엎드려 바라건대 밝게 살펴주시면 매우 다행입니다. 삼가 정당성좌윤(政堂省左允) 왕문구(王文矩) 등을 보내어 왕계(王啓)를 지참하고 들어가 뵙도록 합니다. 멀리서 국가로서의 예의를 수행하니 [천황을 위해] 애쓰는 심정이 견고할 뿐입니다. 약소한 토산품을 받들어 삼가 별지에 기록했으니, 도착하면 검수하십시오. 푸른 산은 땅끝까지 있고 짙푸른 바다는 하늘까지 이어져 있어 직접 인사하고 뵐 수가 없으니 … 하는 마음만 늘어납니다. 삼가 계(啓)를 올립니다"라고 하였다.

○ 권194, 수속부(殊俗部)□, 발해(渤海) 하(下), 차아천황(嵯峨天皇) 홍인(弘仁) 13년(822)

正月己亥【七】, 御豊樂殿, 宴群臣及蕃客.

정월 기해【7일】에 [천황이] 풍락전(豊樂殿)에 거둥하여 신하들 및 번객(蕃客)에게 연회를 베풀었다.

戊申【十六】, 御豊樂殿, 宴五位已上及蕃客, 奏踏歌. 渤海國使王文矩等打毬, 賜綿二百屯爲賭. 所司奏樂, 蕃客率舞. 賜祿有差.

무신【16일】에 [천황이] 풍락전에 거둥하여 [관위] 5위 이상 및 번객에게 연회를 베풀고, 답가(踏歌)를 연주하였다. 발해국 사신 왕문구(王文矩) 등이 타구(打毬)를 하니, 면 200둔을 상금으로 걸었다. 담당 관리가 음악을 연주하고 번객이 서로 나와 춤을 추었다. 녹을 하사하는 데 차등을 두었다.

壬子【二十】, 饗王文矩等於朝集殿,

임자【20일】에 왕문구 등에게 조집전(朝集殿)에서 향회(饗會)를 베풀었다.

癸丑【卄一】, 文矩等歸蕃. 賜國王書曰, 天皇敬問渤海國王. 使至省啓, 深具雅懷. 朕以菲昧, 虔守先基, 情存善隣, 慮切來遠. 王俗傳禮樂, 門襲衣冠, 器範淹通, 襟靈勁擧. 其儀不忒, 執德有恒, 靡憚艱究, 頻令朝聘. 絶鯤溟而掛帆, 駿奔滄波, 隨雁序而輸琛, 磬制絳闕, 不有君子, 其能國乎. 言念血誠, 無忘興寢. 風馬異壤, 斗牛同天, 道之云遙, 愛而不見. 附少國信, 至宜領受. 春初尙寒, 比平安好. 今日還次, 略此不悉.

계축【21일】에 [왕]문구 등이 번국(蕃國)으로 돌아갔다. [그편에] [발해] 국왕에게 국서를 내려 말하기를 "천황은 발해국왕에게 삼가 안부를 묻습니다. 사신이 이르러서 [바친] 계(啓)를 살펴보니, 깊이 우아한 소회를 갖추었습니다. 짐은 얕고 어둡지만 경건히 선왕의 기틀을 지키며, 심정은 이웃과 잘 지내는 데 두고 있고 생각은 [이웃이] 멀리서 오기를 간절히 바라고 있습니다. [발해]왕은 세속에 예악을 전수하고 집마다 의관을 세습하도록 하니, 그 기량과 법도는 널리 통하고 그 품은 재주와 지혜는 잘 드러났습니다. 그 거동은 변하지 않고 도덕을 항상 준수하고 있어, 온갖 어려움을 꺼리지 않고 자주 조빙(朝聘)하고 있습니다. 곤어(鯤漁)가 사는 큰 바다를 끊고 돛을 달고 푸른 파도를 준마처럼 내달리며, 질서정연한 기러기 떼를 따라 선물을 수송하여 와서 진홍색 대궐 문에 허리 굽혀 절하니, 군자를 두지 않았다면 어찌 나라를 다스리겠습니까? 그 참된 정성을 생각하면 자나 깨나 잊지 못합니다. 바람난 말들은 [서로 떨어져] 다른 땅에 있지만 두수(斗宿)와 우수(牛宿)[67]은 같은 하늘에 있으니, [서로 간에] 길이 멀기도 하니 그리워도 볼 수가 없습니다. 약소한 신물(信物)을 부치니 도착하거든 잘 수령하십시오. 초봄이라 아직 추우니 이 무렵에 평안히 잘 지내십시오. 오늘 [사신이] 돌아가는 편에 대략 이런 뜻으로 [편지를 보내지만] 자세하지는 않습니다"라고 하였다.

○ 권194, 수속부(殊俗部)□, 발해(渤海) 하(下), 순화천황(淳和天皇) 홍인(弘仁) 14년(823)

十一月壬申【卄二】, 加賀國言上渤海國入覲使一百一人到着狀.

---

67 하늘의 별자리인 28수의 하나들이다. 頭宿는 북방칠수(北方七宿 斗, 牛, 女, 虛, 危, 室, 壁)의 첫 번째 별자리이며 여섯 개의 별로 구성되어 있다. 牛宿는 북방칠수의 두 번째 별자리이며 여섯 개의 별로 구성되어 있다.

11월 임신【22일】에 가하국(加賀國, 가가노쿠니)에서 발해국 입근사(入覲使) 101인이 도착했다는 보고 문서를 올렸다.

十二月戊子【八】. 停止存問渤海客使. 今年雪深, 往還不通. 勅便令守從四位下紀朝臣末成·掾正六位上秦宿禰嶋主等, 准例存問.

12월 무자【8일】에 존문발해객사(存問渤海客使)[68]를 정지하였다. 올해 눈이 많이 내려서 왕래하는 길이 두절되었다. 칙명을 내려 수(守) 종4위하 기조신말성(紀朝臣末成, 기노아손 스에나리)과 연(掾)[69] 정6위상 진숙녜도주(秦宿禰嶋主, 하타노스쿠네 시마누시) 등에게 전례에 준하여 위문하도록 하였다.

○ 권194, 수속부(殊俗部)□, 발해(渤海) 하(下), 순화천황(淳和天皇) 천장(天長) 원년(824)

正月乙卯【五】. 賜渤海客徒大使已下錄事已下陸人冬衣服料.

정월 을묘【5일】에 발해객도(渤海客徒)의 대사(大使) 이하 녹사(錄事) 이상 6인에게 겨울 의복의 옷감을 하사하였다.

二月壬午【三】. 天皇【我】詔【良萬止】宣大命【乎】, 渤海國【乃】使等衆聞食【止】宣【不】, 其國王國禮【止之弖】差使【天】奉渡【世利】. 使等凌鸇波【岐】, 忘寒風【天】參來【氣利】. 隨例【爾】召治賜【無止】爲【禮止毛】, 國國比年不稔【之天】, 百姓【良毛】弊【多利】, 又疫病【毛】發【禮利】. 時【之】農時【爾】臨【三】送迎【流爾毛】, 百姓【乃】苦【美】有【爾】依【弖奈毛】, 此般【波】召賜【比】治不賜【奴】. 平久靜【爾】治賜【布】所【爾】傳【弖】, 便風【乎】待【天】, 本國【爾】退還【止】爲【弖奈毛】, 大物賜【久止】. 宣天皇【我】大命【乎】, 衆聞食【止】宣.

---

68 일본 현지에 도착한 발해 사신을 위문하기 위해 조정에서 파견한 사자이다.
69 일본 고대 율령제에서 지방에 파견하던 지방관인 國司의 제3등관에 해당한다.

2월 임오【3일】에 천황이 조서로 말씀하시는 대명(大命)을 발해국의 사신들은 들으라고 [다음과 같이] 말씀하셨다. "그 나라가 국례(國禮)로써 사신을 파견하여 [바다를] 건너왔다. 사신들은 거친 파도를 타고 찬 바람을 잊고 보러 왔다. 전례에 따라 불러서 (位階를 주려고) 들이려고 해도, 나라들마다 매년 흉년이 들어 백성들도 피폐하고 또 역병(疫病)도 발생하였다. 시절이 농사철을 만나 [사신을] 맞이하고 보내는 데 백성의 고통이 있을 것이므로, 이번에는 불러들이지 않는다. 평온하고 안정되면 위계를 줄 것임을 전하니, [항해하기에] 편한 바람을 기다려 본국으로 되돌아갈 것이므로 큰 선물을 내린다"라고 말씀하신 천황의 대명을 모두 들으라고 말씀하셨다.

四月丙申【十七】, 覽越前國所進渤海國信物, 幷大使貞泰等別貢物. 又契丹大狗二口·矮子二口, 在前進之.

4월 병신【17일】에 [천황이] 월전국(越前國)이 바친 발해국의 신물(信物)과 대사(大使) 고정태(高貞泰) 등의 별도의 공물을 어람하였다. 또 거란(契丹)의 큰 개 2마리와 작은 개 2마리를 [천황] 앞에 진상하였다.

庚子【廿一】, 返却渤海副使璋璿別貢物.

경자【21일】에 발해 부사(副使) 장선(璋璿)이 바친 별도의 공물을 되돌려 주었다.

辛丑【廿二】, 幸神泉苑, 試令渤海狗逐苑中鹿, 中途而休焉.

신축【22일】에 [천황이] 신천원(神泉苑)에 거둥하여 시험 삼아 발해 개가 후원에 있는 사슴을 쫓게 하였는데, 중간에 그만두었다.

五月癸亥【十五】, 印遣渤海勅書, 日月上一踏. 先是十餘日, 依進御藥, 不御紫宸殿.

5월 계해【15일】에 발해에 보내는 칙서에 도장을 찍는데, 날짜 위에 한 번만 찍었다. 이보다 십여 일 앞서 [천황이 병들어] 어약(御藥)을 진상함에 따라 자신전(紫宸殿)에 거둥하지 않았다.

戊辰【二十】, 詔曰, 天皇【我】御命【良萬止】詔命【乎】客人【倍】聞食【止】詔布【布】. 客人【倍乃】國【爾】還退【倍支】時近在【爾】依【弖】, 國王【爾】賜祿【比】, 幷貞泰【爾】御手【都】物賜【比】饗賜【波久止】宣.

무진【20일】에 조서를 내려 말하기를, "천황이 어명(御命)으로 말씀하시는 명(命)을 객인(客人)에게 들으라. 객인의 나라로 되돌아갈 때 가까워짐에 따라 [발해] 국왕에게 녹을 내리고 아울러 [고]정태에게 하사품을 내리고 향회(饗會)를 내려준다"라고 하였다.

○ 권194, 수속부(殊俗部)□, 발해(渤海) 하(下), 순화천황(淳和天皇) 천장(天長) 2년(825)

十二月辛丑【三】, 隱岐國馳驛奏上, 渤海國使高承祖等百三人到來.

12월 신축【3일】에 은기국(隱岐國)에서 역마(驛馬)로 급히 아뢰기를 "발해국 사신 고승조(高承祖) 등 103인이 도래하였다"라고 하였다.

乙巳【七】, 大內記正六位上布瑠宿禰高庭定領客使, 借出雲國介, 不稱領客使.

을사【7일】에 대내기(大內記)[70] 정6위상 포류숙녜고정(布瑠宿禰高庭)을 영객사(領客使)로 정하였는데, 출운국개(出雲國介)로 임시로 임명하고 영객사라 칭하지 않았다.

○ 권194, 수속부(殊俗部)□, 발해(渤海) 하(下), 순화천황(淳和天皇) 천장(天長) 3년(826)

三月戊辰朔, 右大臣從二位兼行皇太子傅臣藤原朝臣緖嗣言, 依臣去天長元年正月廿四日上表, 渤海入朝, 定以一紀. 而今寄言靈仙, 巧敗契期, 仍可還却狀, 以去年

---

[70] 일본 고대 율령제에서 中務省에 속해 조칙을 만들고, 御所의 기록을 담당한 대·중·소내기의 6인 가운데 상위 2명의 직명이다.

十二月七日言上. 而或人論曰, 今有兩君絶世之讓, 已越堯舜, 私而不告, 大仁芳聲, 緣, 何通于海外. 臣案日本書紀云. 譽田天皇崩時, 太子菟道稚郎子讓位于大鷦鷯尊, 固辭曰, 豈違先帝之命, 輒從弟王之言, 兄弟相讓, 不敢當之. 太子興宮室於菟道而居, 皇位空之, 旣經三歲, 太子曰, 我久生, 煩天下哉, 遂於菟道宮自薨. 大鷦鷯尊, 悲慟越禮, 卽天皇位, 都難波高津官. 季曲在書紀, 不能以具盡. 於時讓國之美, 無赴海外, 此則先哲智慮, 深慮國家. 然則先王之舊典, 萬代之不朽者也. 又傳聞禮記云, 夫禮者, 所以定親疏, 決嫌疑, 別同異, 明是非也, 禮不辭費, 禮不逾節, 而渤海客徒, 旣違詔旨, 濫以入朝, 偏容拙信, 恐損舊典. 實是商旅, 不足隣客. 以彼商旅, 爲客損國, 未見治體. 加以比日, 雜務行事, 贈皇后改葬【一】, 御齋會【二】, 掘加勢山溝並飛鳥堰溝【三】, 七道畿內途察使【四】, 可召渤海客徒【五】, 經營重疊, 騷動不遑. 又頃年, 旱疫相仍, 人物共盡, 一度賑給, 正稅欠少. 況復時臨農要, 弊多遞送, 人疲差役, 稅損供給. 夫君無爭臣, 安存天下. 民憂未息, 天災難滅. 非一人天下, 是萬人天下. 縱今損民焉, 德有慙後賢. 伏請停止客徒入京, 卽自著國還却, 且示朝威, 且除民苦. 唯依期入朝, 須服古例. 臣緒嗣, 雖久臥疾枕, 心神旣迷, 而恩主之至, 半死無忘. 愚臣中誠, 不獲不陳, 謹重奉表以聞, 不許.

3월 무진 초하루에 우대신(右大臣) 종2위 겸 행황태자부신(行皇太子傅臣) 등원조신서사(藤原朝臣緒嗣, 후지와라노아손 오쓰구)가 말하기를 "신이 지난 천장 원년(824) 정월 24일에 올린 상표문에 의하면 발해가 입조하는 기간은 1기(12년)으로 정해져 있습니다. [그런데 발해 사신이] 지금 영선(靈仙, 료젠)의 소식을 전한다고 핑계를 대면서 교묘하게 약속한 기간을 어겼으니 돌려보내야 한다는 보고서를 작년 12월 7일에 아뢰었습니다. 그런데 어떤 사람들이 논하기를 '지금 두 임금이 세상에 드물게 양위를 한 것이 이미 요순(堯舜) 간의 그것을 뛰어넘었으니, 비밀로 하고 알리지 않는다면 그 큰 인덕과 아름다운 명성이 어떻게 해외에 알려지겠는 가.'라고 합니다. 신이 『일본서기(日本書紀)』를 살펴보니 다음과 같은 일이 있었습니다. 예전 천황(譽田天皇)이 붕어하였을 때 태자(太子) 토도치낭자(菟道稚郎子, 우지노와키이라쓰코)가 제위(帝位)를 [형] 대초료존(大鷦鷯尊, 오사자키노미코토)에게 양보하니, [대초료존이] 굳이 사양하며 '어찌 선제(先帝)의 명령을 어기고 곧바로 아우 왕의 말을 따르리오.'라고 하였습니다. 형제간에 서로 양보하며 감히 제위를 맡지 않았습니다. 태자가 토도(菟道, 우지)에 궁실을 짓고 살았는데, 황위(皇位)가 빈 채로 벌써 3년이 지나자 태자가 '내가 오래 살아 천하를 번거롭게 하는구나.'라고 하고 마침내 토도궁(菟道宮, 우지노미야)에서 자살하였습니다. 대초료존이 예에 어긋날 정도로 몹시 비통에 빠졌다가 천황의 자리에 올라 난파(難波, 나니와) 고진궁(高津宮, 다카쓰노미야)에 도읍하였습니다. 자세한 사정은 『일본서기』에 있는데 모두 자세히 아뢸 수 없습니다. 이때 나라를 양보한 아름다운 일은 해외에 알리지 않았으니, 이는 선대의 뛰어난 임금의 슬기로운 생각으로서 깊이 국가를 염려한 것입니다. 그러한즉 선왕부터 오랫동안 지켜온 법전이며 만대에 걸쳐 변할 수 없는 것입니다. 또 『예기(禮記)』에서 전해 듣기에 '예(禮)란 [관계의] 친소(親疏)를 확정하며, 의심스러운 것을 판결하며, 같고 다른 것을 분별하며, 옳고 그른 것을 밝히는 것이며, 예는 말을 헤프게 하지 않고, 예는 절도를 넘지 않는다'라고 합니다. 그런데 발해 객도(客徒)는 이미 천황의 명령을 어긴 데다가 함부로 입조했는데도, 졸렬한 서신(書信)을 편애하여 받아들인다면 아마도 오랫동안 지켜온 법전을 손상케 될 것입니다. [저들은] 실로 상인 무리이니 이웃 손님[隣客]일 수 없습니다. 저 상인 무리를 손님으로 여겨 나라에 손해를 끼치면 치국(治國)의 본체(本體)를 보지 못할 것입니다. 더구나 최근 여러 가지 일들과 행사들이 있으니, 추증한 황후의 무덤을 옮겨 다시 장례를 치르는 일【첫째】, 궁중에서 재회(齋會)를 여는 일【둘째】, 가세산(加勢山, 가세야마)의 도랑과 비조(飛鳥, 아스카)의 제방을 파내는 일【셋째】, 7도(七道)와 기내(畿內)의 순찰사(巡察使)에 대한 일【넷째】, 발해 객도를 [궁중으로] 부르는 일【다섯째】 등 해야 할 일들이 중첩되어 너무 소란스러워 여유가 없습니다. 또 근년에 가뭄과 역병이 계속 이어져 사람과 물건이 모두 소진되어 한 차례 진휼하는 데 정세(正稅)로도 부족합니다. 하물며 다시 시절이 농사의 긴요함에 해당하는데 폐단의 대부분은 [발해 객도를] 전송하는 데 있고, 사람들은 [전송에 관련된] 노역(勞役)에 징발되어 피곤하며 [부족한] 세금은 [저들에게 필요한 물품을] 공급하는 것도 줄여야 하기까지 합니다. 무릇 임금에서 간쟁하는 신하가 없으면 어떻게 천하를 보존하겠습니까? 백성의 근심은 아직 그치지 않았고 하늘의 재난은 없애기 어렵습니다. 한 사람의 천하가 아니라 만인의 천하입니다. 만약 지금 백성을 손상한다면 그 행위는 후대의 현인들에게 부끄러울 것입니다. 엎드려 바라건대 [발해] 객도의 입경을 그만두고 곧바로 도착한 지역에서 되돌아가게 하시어 한편으로 조정의 위엄을 보이시고 한편으로 백성의 고통을 없애십시오. [저들은] 오직 방문 기간에 의거하여 입조하고 오랜 전례에 복종해야 합니다. 신 [등원]서사는 비록 오랫동안 병상에 누워있어 심신이 여전히 흐릿하지만 은혜로운 군주의 지극함을 반죽음 상태에서도 잊지 않고 있습니다. 어리석은 신하의 마음속 충성을 말하지 않을 수 없어서 삼가 거듭 표를 올려 아룁니다"라고 하였으나, 허락하지 않았다.

> 五月甲戌【八】. 渤海客徒大使高承祖等入京, 安置鴻臚.

5월 갑술【8일】에 발해 객도(客徒) 대사(大使) 고승조(高承祖) 등이 입경하니, 홍려관에 안치하였다.

> 戊寅【十二】. 渤海國使政堂信少卿高承祖授正三位. 副使高如岳正四位上, 判官王文信·高孝英二人正五位上, 錄事高成仲·陳崇彦二人從五位上, 譯語李隆郎·李承宗二人從五位下, 六位已下十一人, 亦有叙位.

무인【12일】에 발해국 사신 정당성(政堂省) 신부소경(信部少卿) 고승조(高承祖)에게 정3위를 수여하였다. 부사(副使) 고여악(高如岳)에게 정4위상, 판관(判官) 왕문신(王文信)과 고효영(高孝英) 2인에게 정5위상, 녹사(錄事) 고성중(高成仲)과 진숭언(陳崇彦) 2인에 종5위상, 역어(譯語) 이융랑(李隆郎)과 이승종(李承宗) 2인에게 종5위하, 그리고 6위 이하 11인에게도 관위를 수여하였다.

> 庚辰【十四】. 渤海客徒歸加賀國.

경진【14일】에 발해 객도(客徒)가 [귀국하기 위해] 가하국(加賀國)으로 돌아갔다.

> 辛巳【十五】. 天皇敬問渤海國王. 使承祖等, 轉送在唐學問僧靈仙表物來, 省啓悉之. 載深嘉慰. 王信確金石, 操貞松筠, 襃國名於西秦, 五臺之嶺非邈, 敦隣好於南夏, 萬里之航自通. 煙波雖邈, 義誠密通. 有斐君子, 秉心塞淵, 感激之懷, 不可導說. 土宜見贈, 深領遠情. 答信輕毛, 別附檢到. 其釋貞素, 操行所缺者, 承祖周悉. 風景正熱, 王無恙也. 略此寄懷, 不復煩云.

신사【15일】에 [발해 사신에게 다음과 같은 국서를 내렸다] "천황은 발해국왕에게 삼가 안부를 묻습니다. 사신 [고]승조 등이 당에 공부하러간 중 영선(靈仙)의 표문과 진상물(進上物)을 전송(轉送)하러 왔으니, [바친] 계(啓)를 보고 잘 알았습니다. 이에 더욱 깊이 기쁘고 위안이 됩니다. 왕의 신의는 황금과 돌처럼 확고하고 지조는 소나무와 대나무처럼 곧습니다. [그래서] 나라의 명령을 서진(西秦)에서 펼치니 [이는] 오대산의 준령도 아득하지 않고, 이웃과의 우호를 남하(南夏)에서 두터히 하니 만 리 길의 항해도 저절로 통합니다. 안개 긴 물길이 비록 멀다고 해도 의리와 정성은 매우 가깝습니다. 빛나는 군자의 마음가짐이 성실하고 깊어 [짐의] 감격스러운 소회는 말할 수 없습니다. 토산품을 선물로 받으니 멀리서 생각하는 정까지도 잘 거두었습니다. 답신의 가벼운 선물을 별도로 부치니 검수하십시오. 중 정소(貞素, 데이소)의 행실에 부족한 바는 [고]승조도 두루 알고 있습니다. 날씨가 한창 더우니 왕은 무탈하십시오. 대략 이런 뜻으로 소회를 부치니 더 이상 번거롭게 말하지 않습니다"라고 하였다.

○ 권194, 수속부(殊俗部)□, 발해(渤海) 하(下), 순화천황(淳和天皇) 천장(天長) 5년(828)

正月甲戌【十七】, 但馬國馳驛言上, 渤海人百餘人來着.

정월 갑술【17일】에 단마국(但馬國, 다지마노쿠니)에서 역마(驛馬)로 급히 아뢰기를 "발해인 100여 인이 도착하였다"라고 하였다.

二月己丑【二】, 但馬國司寫渤海王啓·中臺省牒案進上.

2월 기축【2일】에 단마[국] 국사(國司)가 발해 왕계(王啓)와 중대성첩(中臺省牒)을 필사한 문서를 진상하였다.

四月癸未【廿九】, 渤海客大使已下梢工已上, 賜絹綿有差.

4월 계미【29일】에 발해객(渤海客) 대사(大使) 이하 초공(梢工) 이상에게 견(絹)과 면(綿)을 차등을 두어 하사하였다.

○ 권194, 수속부(殊俗部)□, 발해(渤海) 하(下), 인명천황(仁明天皇) 승화(承和) 8년(841)

十二月丁亥【卄二】, 長門國言, 渤海客徒賀福延等一百五人來着.

12월 정해【22일】에 장문국(長門國, 나가토노쿠니)이 말하기를 "발해 객도(客徒) 하복연(賀福延) 등 105인이 도착하였다"라고 하였다.

庚寅【卄五】, 以式部大丞正六位上小野朝臣恒柯·少外記正六位上山代宿禰氏益, 爲存問渤海客使.

경인【25일】에 식부대승(式部大丞) 정6위상 소야조신항가(小野朝臣恒柯, 오노노아손 쓰네에다)와 소외기(少外記)[71] 정6위상 산대숙녜씨익(山代宿禰氏益, 야마시로노스쿠네 우지마스)을 존문발해객사(存問渤海客使)로 삼았다.

○ 권194, 수속부(殊俗部)□, 발해(渤海) 하(下), 인명천황(仁明天皇) 승화(承和) 9년(842)

二月乙酉【二十】, 令渤海客徒入京.

2월 을유【20일】에 발해 객도(客徒)에게 입경하라고 명하였다.

三月辛丑【六】, 存問兼領渤海客使式部大丞正六位上小野朝臣恒柯·少內記從六位上豊階公安人等上奏, 勘問客徒等文, 幷渤海王所上啓案, 幷中臺省牒案等文. 其啓狀曰, 渤海國王大彛震啓. 季秋漸冷, 伏惟天皇, 起居萬福. 卽此彛震蒙恩. 前者王文矩等入覲, 初到貴界, 文矩等卽從界末却廻. 到國之日, 勘問不得入覲逗留, 文矩口傳, 天皇之旨, 年滿一紀, 後許入覲. 彛震仰計, 天皇裏旨, 不要頻煩, 謹依口傳, 仍守前約. 今者天星轉運, 躔次過紀, 覲覿之禮, 爰恐愆期, 差使奉啓, 任約令覲. 彛震限以溟闊, 不獲拜覲, 下情無任馳戀, 謹遣政堂省左允賀福延奉啓.

---

[71] 일본 고대 율령제에서 太政官에 속한 外記 가운데 하위의 직명이다. 문서 사무를 담당하였다.

又別狀曰, 彝震祖父王在日, 差高承祖, 入覲之時, 天皇須送在唐住五臺山僧靈仙黃金百兩, 寄附承祖. 承祖領將, 到國之日, 具陳天皇附金之旨. 祖父王欽承睿意, 轉附朝唐賀正之使, 令尋靈仙所在, 將送其金. 待使復佇付金否, 而隔海程途, 過期不返. 後年, 朝唐使人却廻之日, 方知前年使等, 從海却歸, 到塗里浦, 疾風暴起, 皆悉陷沒. 亦悉往五臺覓靈仙, 送金之時, 靈仙遷化, 不得付與, 其金同陷沒. 以此其後文矩入覲, 啓中縷陳事由, 冀達天皇. 文矩不遂覲禮, 將啓却歸, 再述失金事由, 故遣賀福延, 輸申誠志. 伏望體悉.

又中臺省牒曰, 渤海國中臺省牒日本國太政官. 應差入覲貴國使政堂省左允賀福延幷行從一百五人. 牒, 奉處分, 日域東遙, 遼陽西阻, 兩邦相去, 萬里有餘. 溟漲滔天, 風雲雖可難測, 扶光出地, 程途亦或易標. 所以展親舊意, 拜覲須申. 每航海以占風, 長候時而入覲. 年紀雖限, 星軺尙通, 齎書遣使, 爰至于今. 宜遵舊章, 欽修覲禮, 謹差政堂省左允賀福延, 令覲貴國者. 准狀牒上日本國太政官者 謹錄牒上.[72]

3월 신축【6일】에 존문겸영발해객사(存問兼領渤海客使)[73] 식부대승(式部大丞) 정6위상 소야조신항가(小野朝臣恒柯)와 소내기(少內記)[74] 종6위상 풍계공안인(豊階公安人, 도요시나노키미 야스히토) 등이 아뢰기를 "[발해] 객도(客徒)를 조사한 문서와 발해 왕이 올린 계(啓) 및 중대성첩(中臺省牒) 등의 사본은 다음과 같습니다"라고 하였다.

그 계(啓)에서 말하기를 "발해국왕 대이진(大彝震)이 계합니다. 늦가을이라 점점 추워집니다. 엎드려 생각건대 천황의 일상은 다복하소서. 여기 [대]이진은 은혜를 입어 [잘 지내고] 있습니다. 지난번 왕문구(王文矩) 등이 입근(入覲)하려고 처음 귀국의 경계에 도착했는데, [왕]문구 등은 곧바로 경계 끝에서 되돌아왔습니다. [우리]나라에 도착한 날에 [귀국에] 입조하여 체류하지 못한 이유를 조사하니, [왕]문구가 천황의 뜻을 구두로 전하기를 '[방문] 연한이 1기

---

72 『續日本後紀』에는 말미에 '云云'이 있다. 한편 일본 宮內廳 書陵部에 소장된 『壬生家文書』의 「壬生家 古往來消息雜雜」 중 '1679호 문서'는 중대성첩의 전문이 寫本인데, 여기에는 『유취국사』와 『속일본후기』 등에 누락된 발해 사신단의 내역과 발급 일자 및 발급자의 이름 등이 기재되어 있다. (이상의 내용은 김종복, 2024 참조).
73 일본 현지에 도착한 발해 사신을 맞아 위문하고 아울러 이들의 입경을 관할하기 위해 중앙에서 파견된 사자이다.
74 律令制에서 中務省의 관인으로 大內記의 다음 지위이다. 詔勅·기록을 초안하고 位記를 썼다. 정8위상에 상당한다.

(紀, 12년)를 채워야 입근를 허락한다'라고 하였습니다. [대]이진이 우러러 헤아려 보니, 천황의 뜻은 자주 번잡한 것을 필요치 않다는 것이니, 삼가 구두로 전한 뜻에 의거하여 예전의 약속을 지키겠습니다. 이번에 하늘의 별자리가 운행하여 그 위치가 1기를 지났으니 찾아뵙는 예가 기한을 어길까 두려워 사신을 보내 계(啓)를 올려 약속대로 뵙게 합니다. [대]이진은 넓은 바다로 가로막혀 직접 조회할 수 없으나 저로서는 사모하는 마음을 견디기 어려워 삼가 정당성좌윤(政堂省左允) 하복연(賀福延)을 보내 계(啓)를 올립니다"라고 하였습니다.

또 별장(別狀)에서 말하기를 "[대]이진의 조부왕(祖父王)이 재위 시에 고승조(高承祖)를 파견하여 입조할 때에 천황께서 당나라에 있으면서 오대산(五臺山)에 머무르는 중 영선(靈仙)에게 황금 100량을 보내려고 [고]승조에게 부쳤습니다. [고]승조가 받아서 가지고 [우리]나라에 도착한 날에 천황께서 황금을 부친 뜻을 자세히 말했습니다. 조부왕은 삼가 천황의 뜻을 받들어 당나라에 입조하여 하정하는 사신에게 전달하여 영선이 있는 곳을 찾아 황금을 보내주도록 하였습니다. 사신의 복명(復命)을 기다려 금을 부쳤는지 아닌지[의 소식]를 기다렸는데, 바다로 가로막힌 노정(路程)으로 기한이 지나도 돌아오지 않았습니다. 다음 해 당나라에 입조하는 사신이 돌아오는 날에 비로소 전 년의 사신들이 바다에서 돌아올 때 도리포(塗里浦)에 도착해서는 질풍이 갑자기 일어나 모두 빠져 죽었음을 알았습니다. 또한 오대산에 가서 영선을 찾아 황금을 보낼 때 영선이 이미 죽어서 줄 수 없었고 그 황금도 함께 바다에 빠져 버렸음을 알게 되었습니다. 이 때문에 그 후 [왕]문구가 [귀국에] 입근(入覲)케 하였으니, [이는 그가] 올린 왕계(王啓)에서 이러한 사유를 자세히 진술하여 천황에게 전달하기를 기대하였던 것입니다. [그러나] [왕]문구가 입근하는 의례를 완수하지 못하고 계(啓)를 가지고 되돌아왔습니다. 이제 황금을 상실한 사유를 다시 진술하려고 하복연(賀福延)을 보내어 정성스러운 뜻을 알립니다. 엎드려 바라건대 헤아려 주십시오"라고 하였습니다.

또 중대성첩(中臺省牒)에서 말하기를 "발해국 중대성이 일본국 태정관(太政官)에 첩(牒)을 보냅니다. [우리 국왕의] 명령을 받아 파견해서 귀국에 입근(入覲)시키는 사신은 정당성좌윤(政堂省左允) 하복연(賀福延) 및 수행원 105인[입니다]. 첩을 보냅니다. '[우리 임금의 다음과 같은] 처분을 받드니 [그것은] 「일역(日域)은 동쪽으로 멀리 있고 요양(遼陽)은 서쪽으로 막혀 있으니, 양국 간의 거리가 만 리나 되고도 남는다. [이쪽 북녘에서 건너야 하는] 남쪽 대해(大海)의 물결이 [높이 솟구쳐] 하늘을 가려서 바람과 구름을 비록 헤아리[며 길을 찾아가]기 어렵겠지만, [저쪽 남녘] 부상(扶桑) 나무의 빛은 땅에서 나와 비추니 [사신] 가는 길에 또한 아마도 표지판이 되기 쉬울 것이다. 그래서 오랫동안 [친하게 지낸] 뜻을 중시하여 찾아뵙겠다고 [다음과 같이] 아뢰어라. 항해할 때마다 풍향을 살피고 오랫동안 시기를 기다려 입근(入覲)하였다. [사신 파견의] 햇수가 12년으로 비록 제한이 있더라도 사신의 행차는 여전히 소통하였으니, 국서를 가지고 사신을 파견하는 것이 지금까지 이어졌다. 마땅히 오랜 법도를 준수하여 친히 조근(朝覲)하는 의례를 수행하고자, 삼가 정당성좌윤 하복연을 파견해서 귀국에 입근하도록 하라.」는 것입니다. [중대친공의 지시는 이러한 처분] 내용에 준하여 [작성한] 첩을 일본국 태정관에 올려 보내라.'라는 것입니다. 삼가 [이러한 지시 사항들을] 옮겨 적어 첩을 올립니다"라고 하였다.

壬戌【廿七】, 渤海客徒賀福延等, 發自河陽, 入于京師, 遣式部少輔從五位下藤原朝臣諸成爲郊勞使. 是夕, 於鴻臚館安置, 供給.

임술【27일】에 발해 객도(客徒) 하복연(賀福延) 등이 하양(河陽, 가야)에서 출발하여 도성으로 들어오니, 식부소보(式部少輔) 종5위하 등원조신제성(藤原朝臣諸成, 후지와라노아손 모로나리)을 교로사(郊勞使)에 임명하였다. 이날 저녁 [발해 사신을] 홍려관(鴻臚館)에 안치하고 [음식을] 공급하였다.

癸亥【廿八】, 太政官遣右大史正六位上蕃良朝臣豊持於鴻臚館, 爲慰勞焉. 是日, 渤海使賀福延等上中臺省牒.

계해【28일】에 태정관(太政官)에서 우대사(右大史) 정6위상 번량조신풍지(蕃良朝臣豊持, 하라노아손 토요모치)를 홍려관에 보내었으니, [발해 사신을] 위로해 주기 위함이었다. 이날 발해 사신 하복연 등이 중대성첩(中臺省牒)을 바쳤다.

甲子【廿九】, 遣侍從正五位下藤原朝臣春津, 於鴻臚館, 宣勅曰, 天皇詔旨【良麻止】宣【久】. 有司奏【久】, 彼國王【乃】上啓外【乃】別狀等事【乎】存問使詰問【介】引過伏理【奴】, 是故【介】彼國使等【乎波】[75]待【介】, 不可以常禮【止】奏. 然【止毛】守年紀

---

75 '乎波'는 『續日本後紀』에 '遠波'로 되어 있다.

【ㄹ[76]】自遠參來【留乎[77]】念行【天奈毛[78]】殊矜免賜【布止】宣. 又詔【久】. 客【伊】自遠參來【禮理】, 平安以不. 又長門以來路間【波】如何爲【都都加】參來【志】. 宜相見日【介】至【萬弖波】, 此【介】侍【天】休息【止】宣【布】.

갑자【29일】에 시종(侍從) 종5위하 등원조신춘진(藤原朝臣春津, 후지와라노아손 하루쓰)을 홍려관(鴻臚館)에 보내 [천황의] 칙명을 구두로 전하기를 "천황이 조지(詔旨)로 말씀하셨습니다. 담당 관리가 아뢰기를 '저 나라 왕이 올린 계(啓)와 그 밖의 별장(別狀) 등의 일에 대해 존문사(存問使)가 힐문하니 잘못을 인정하고 도리에 굴복하였습니다. 이런 까닭에 저 나라 사신들을 접대함에 평소의 의례대로 할 수 없습니다'라고 아뢰었습니다. 그러나 [사신 파견의] 연수(年數)를 지켜 멀리서 [천황을] 뵈러 왔다고 생각하셨으므로, 특별히 불쌍히 여겨 [그 잘못을] 면해줍니다라고 말씀하셨습니다. 또 조지(詔旨)로 말씀하셨습니다. 객도가 멀리서 뵈러 왔는데 평안한지 어떤지? 또 장문(長門, 나가토)으로부터 오는 길 사이에는 어떻게 잘 왔는지? 마땅히 서로 접견하는 날에 이르기까지 이곳 홍려관에 있으면서 휴식하라고 말씀하셨습니다"라고 하였다.

四月乙丑朔, 使右大史正六位上山田宿禰文雄, 賜客徒等時服.

4월 을축 초하루에 우대사(右大史) 정6위상 산전숙녜문웅(山田宿禰文雄, 야마다노스쿠네 후미오)을 보내어 [발해] 객도들에게 시복(時服)[79]을 하사하였다.

丙寅【二】. 渤海國使賀福延等, 於八省院, 獻啓函·信物等.

병인【2일】에 발해국 사신 하복연(賀福延) 등이 팔성원(八省院)에서 계(啓)를 담은 상자와

---

76 'ㄹ'는 『續日本後紀』에 '氐'로 되어 있다.
77 '留乎'는 『續日本後紀』에 '留遠'로 되어 있다.
78 '天奈毛'는 『續日本後紀』에 '氐奈毛'로 되어 있다.
79 철에 맞는 의복으로 여기서는 여름 의복을 가리킨다.

신물(信物)을 바쳤다.

> 己巳【五】, 天皇御豊樂殿, 饗渤海使等. 詔授大使賀福延正三位, 副使王寶璋正四位下, 判官高文暄·烏孝愼二人竝正五位下, 錄事高文宣·高平信·安歡喜三人竝從五位下. 自外譯語已下首領已上十三人, 隨色加階焉. 使右少辨兼右近衛少將從五位下藤原朝臣氏宗共食, 日暮賜祿, 各有差.

기사【5일】에 천황(天皇) 풍락전(豊樂殿)에 거둥하여 발해 사신 등에게 향회(饗會)를 베풀었다. 조서를 내려 대사(大使) 하복연(賀福延)에게 정3위, 부사(副使) 왕보장(王寶璋)에게 정4위하, 판관(判官) 고문선(高文暄)·오효신(烏孝愼) 2인에게 모두 정5위하, 녹사(錄事) 고문선(高文宣)·고평신(高平信)·안환희(安歡喜) 3인에게 모두 종5위하를 수여하였다. 이밖에 역어(譯語) 이하 수령(首領) 이상 13인에게 [업무의] 종류에 따라 관위를 더해 주었다. 우소변(右少辨) 겸 우근위소장(右近衛少將) 종5위하 등원조신씨종(藤原朝臣氏宗, 후지와라노아손 우지무네)을 보내 식사를 제공하고, 저녁에 녹을 각각 차등을 두어 하사하였다.

> 辛未【七】, 大使賀福延, 私獻方物.

신미【7일】에 대사(大使) 하복연(賀福延)이 사사로이 특산물을 바쳤다.

> 癸酉【九】, 饗客徒等於朝集堂. 遣從五位下惟良宿禰春道共食. 宣勅曰, 天皇【我】御命【良萬止】詔勅命【乎】客人【伊】聞食【止】宣【久】, 國【介】還退【倍支】日近【久】在【介】依【弖⁸⁰奈毛】, 國王【介】祿賜【比】, 幷【弖⁸¹】福延等【介毛】御手【都】物賜【比】饗賜【波久止】宣【布】.

계유【9일】에 [발해] 객도들에게 조집당(朝集堂)에서 향회(饗會)를 베풀었다. 종5위하 유량

---

80 '弖'는 『續日本後紀』에 '氐'로 되어 있다.
81 '弖'는 『續日本後紀』에 '氐'로 되어 있다.

숙녜춘도(惟良宿禰春道, 고레요시노스쿠네 하루미치)를 보내 식사를 제공하였다. 칙어(勅語)를 전달하여 말하기를, "천황(天皇)이 어명(御命)으로 조칙을 내리는 명령을 [발해] 객도들에게 들으라고 말씀하시기를, [너희] 나라로 되돌아갈 날이 가까이 있으므로, 국왕에게 녹을 내리고, 아울러 [하]복연 등에게도 친히 물품을 내리고, 향회(饗會)를 내려줍니다라고 말씀하셨습니다"라고 하였다.

丙子【十二】, 遣勅使於鴻臚館, 宣詔. 賜渤海王書曰, 天皇敬問渤海國王. 福延等至, 得啓具之. 惟王奉遵明約, 沿酌舊章. 一紀星廻, 朝觀之期不爽, 萬里溟闊, 睬貢之款仍通. 言念乃誠, 無忘鑒寐. 前年聘唐使人却廻, 詳知苾蒭靈仙化去. 今省別狀, 事自合符. 亦悉付遣黃金陷沒綠浦. 雖人逝賚失, 元圖不諧, 而思夫轉送之勞, 遙感應接之義. 悠悠天際, 足非可政吊 相見, 無由[82]悢焉不已耳. 附少國信, 色目如別. 夏景初蒸, 比平安好, 略此還答, 指不多及.
太政官賜中臺省牒曰, 日本國太政官牒渤海國中臺省, 入觀使政堂省左允賀福延等壹佰伍人, 牒. 得中臺省牒稱, 奉處分, 日域東遙, 遼陽西阻, 兩邦相去, 萬里有餘. 溟漲滔天, 風雲雖可難測, 扶光出地, 程途亦或易標. 所以每航海以占風, 長候時而入觀. 宜遵舊章, 欽修觀禮, 謹差政堂省左允賀福延, 令觀貴國者. 福延等, 來修聘禮, 守一紀之龍信, 凌千里之鼇波. 乘風便以企心, 仰日光而追影. 事有成規, 准例奏請, 被勅報曰, 隣好相尋, 匪遑今日. 靜言純至, 嘉尙于懷. 宜加優矜, 得復命者. 今使還之次, 附璽書幷信物, 至宜領之. 但啓函修飾, 不依舊例, 官議棄瑕不擧, 自後奉以悛之. 准勅牒送, 牒到准狀, 故牒.
勘解由判官正六位上藤原朝臣粟作·文章生從六位上大中臣朝臣淸世等爲領客使.
是日, 使賀福延等歸鄕.

병자【12일】에 칙사(勅使)를 홍려관(鴻臚館)에 보내어 [천황의] 조서를 펼쳐 읽었다. 발해왕에게 국서를 내려 말하기를 "천황은 발해국왕에게 삼가 안부를 묻습니다. [하]복연 등이 이

---

82 '足非可政吊 相見, 無由'는 『續日本後紀』에 '足非可政 予相見無由(발로 갈 수 있는 곳이 아니어서 내가 볼 수 있는 길이 없다)'로 되어 있다.

르러 [바친] 계(啓)를 보고 [그 내용을] 잘 알았습니다. 생각건대 왕은 분명한 약속을 받들어 지키고 오랜 법도를 계속 참작하였습니다. [그래서] 1기(紀, 12년) 만에 세성(歲星)이 돌아오니 조근(朝覲)의 시기를 어기지 않고, 만 리나 떨어진 북쪽 바다에서 공물을 바치는 정성을 계속 이어왔습니다. 그 정성을 생각하니 오니, 선잠을 잘 때도 잊을 수 없습니다. 지난해에 당(唐)나라를 빙문(聘問)한 사신이 되돌아와서 전년에 중 영선(靈仙)이 죽었음을 자세히 알았습니다. 지금 별장(別狀)을 살펴보니 사안이 자연히 부합합니다. 또한 부쳐 보낸 황금도 푸른 포구(浦口)에 함몰되었음도 잘 알았습니다. 비록 사람이 죽고 보낸 물건도 잃어버려 원래의 계획을 해내지 못했지만 [다른 사람을] 통해 보내는 수고를 생각하니 멀리서도 [발해 사신이 일본의 부탁에] 호응해 준 의리에 감동합니다. [그대가 있는 곳은] 아득한 하늘 끝이어서 발돋움해도 갈 수 있는 곳이 아니니, 내가 볼 수 있는 길이 없어 그리워함이 그치지 않을 뿐입니다. 약소한 신물(信物)을 부치니 그 품목은 별지와 같습니다. 여름 햇살이 막 더워지는데 이때 평안하십시요. 대략 이로써 회답하지만 뜻이 미치지 못하는 데가 많습니다"라고 하였다.

태정관(太政官)이 중대성(中臺省)에 내리는 첩(牒)에서 말하기를 "일본국 태정관은 발해국 중대성에 첩을 보냅니다. 입근사(入覲使)인 정당성좌윤(政堂省左允) 하복연(賀福延) 등 105인이 [다음과 같은] 첩을 보냈습니다. 중대성[이 보낸] 첩을 수취했는데 [거기에서] 이르기를 '[우리 임금의] 처분을 받드니 [그것은] 「일역(日域)은 동쪽으로 멀리 있고 요양(遼陽)은 서쪽으로 막혀 있으니, 양국이 서로 떨어져 있는 거리가 만 리나 되고도 남는다. [이쪽 북녘] 바다의 물결은 하늘까지 넘쳐서 바람과 구름을 비록 헤아리기 어렵겠지만, [그쪽] 부상(扶桑) 나무의 빛은 땅에서 나와서 [사신] 가는 길에 또한 아마도 표지판이 되기 쉬울 것이다. 그래서 오랫동안 [친하게 지낸] 뜻을 중시하여 찾아뵙는 것을 알려야 한다. [이제까지] 항해할 때마다 풍향을 살피고, 오랫동안 시기를 기다려 입근(入覲)하였다. 마땅히 오랜 법도를 준수하여 삼가 입근하는 의례를 수행해야 하니, 삼가 정당성좌윤 하복연을 보내 귀국에 입근하도록 하라.」'라는 것입니다. [하]복연 등이 와서 빙례(聘禮)를 수행하는 것은 1기마다 돌아오는 세성(歲星)의 약속을 지키고, 천 리나 되는 큰 파도를 넘어 오는 [오래만의 일이며 어려운] 일입니다. [그런데도] 순풍을 타서 [빨리 가고자] 마음속으로 바라며, [일본에서 비치는] 햇빛을 우러러보며 그림자를 뒤쫓듯이 빨리 왔습니다. 일에는 정해진 규범이 있어서, 전례(前例)에 준하여 [천황께] 주청(奏請)하니 다음과 같이 칙서의 하명을 받았으니 [그것은] '이웃과 우호하여 서로 방문하는 것은 오늘만이 아니다. [발해 사신의] 지극히 순수함을 가만히 생각하니 가상한 마음이 든다. 마땅히 [사행의 어려움을] 안타깝게 여기어 더욱 우대하여 [그대들이] 복명(復命)할 수 있도록 하라'는 것입니다. 이제 사신이 돌아가는 편에 [천황의] 새서(璽書)와 신물(信物)을 부치니, 도착하거든 잘 받으십시오. 다만 왕계를 담은 상자의 장식이 오랜 전례에 의거하지 않았습니다. 태정관에서 의논하기를 그 잘못을 버리고 거론하지 않기로 했으니, 앞으로는 받들어 고치십시오. 칙서에 준하여 첩을 보냅니다. 첩이 도착하거든 그 내용에 준하여 처리하십시오. 그러므로 첩을 보냅니다"라고 하였다.

감해유판관(勘解由判官) 정6위상 등원조신속작(藤原朝臣粟作, 후지와라노아손 아와쓰쿠)과 문장생(文章生) 종6위상 대중조신청세(大中臣朝臣清世, 오나카토미노아손 키요요) 등을 영객사(領客使)로 삼았다.

이날 [발해] 사신 하복연(賀福延) 등이 본국으로 떠났다.

○ 권194, 수속부(殊俗部)□, 발해(渤海) 하(下), 인명천황(仁明天皇) 가상(嘉祥) 원년(848)

十二月乙卯【三十】, 能登國馳驛奏, 渤海國入覲使王文矩等一百人來着矣.

12월 을묘【30일】에 능등국(能登國)에서 역마(驛馬)로 급히 아뢰기를 "발해국 입근사(入覲使) 왕문구(王文矩) 등 100인이 도착하였다"라고 하였다.

○ 권194, 수속부(殊俗部)□, 발해(渤海) 하(下), 인명천황(仁明天皇) 가상(嘉祥) 2년(849)

二月丙戌朔, 以少內記正七位上縣犬養大宿禰貞守・直講正六位上山口忌寸西成等, 爲存問渤海客使, 發遣於能登國.

2월 병술 초하루에 소내기(少內記) 정7위상 현견양대숙녜정수(縣犬養大宿禰貞守, 아가타이누카이노오스쿠네 사다모리)와 직강(直講)[83] 정6위상 산구기촌서성(山口忌寸西成, 야마구치노이미키 니시나리) 등을 존문발해객사(存問渤海客使)로 삼아 능등국으로 파견하였다.

---

83 일본 고대 大學寮에서 박사나 조교를 도와 경서의 교육을 담당한 明経道의 教官이다.

三月戊辰【十四】遣能登國存問渤海客使少內記縣犬養大宿禰貞守等, 馳驛奏上客
徒等將來啓牒案.
彼國王啓曰, 彝震啓. 季秋漸冷. 伏惟天皇, 起居萬福. 卽此彝震蒙恩. 修聘使還, 算年
未紀. 今更遣使, 誠非守期. 雖然, 自古隣好, 憑禮相交, 曠時一歲, 猶恐情疏. 況茲星
律轉廻, 風霜八變, 東南向風, 瞻慕有地, 寧能恬寂, 罕續音塵. 謹備土物, 隨使奉附,
色目在於後紙. 伏惟體監, 溟漲阻遙, 未由拜覿, 下情無任馳係. 謹差永寧縣丞王文矩
奉啓. 不宣, 謹啓.
復中臺省牒稱, 渤海國中臺省牒日本國太政官. 應差入覲貴國使永寧縣丞王文矩幷
行從一百人. 牒, 奉處分, 邈矣兩邦, 阻茲漲海, 契和好於永代, 寄音書於使程. 一葉飄
風, 泛積水之遐際, 雙旌擁節, 達隣情之至誠. 往復雖遙, 音耗稀傳, 戀懷空積. 所以勿
待紀盈, 申憑舊准, 謹差永寧縣丞王文矩令覲貴國者. 准狀, 牒上日本國太政官者. 謹
錄牒上, 謹牒.

3월 무진【14일】에 능등국에 파견했던 존문발해객사(存問渤海客使) 소내기(少內記) 현견양대숙녜정수(縣犬養大宿禰貞守) 등이 역마(驛馬)로 급히 [발해] 객도(客徒) 등이 가지고 온 왕계와 첩문의 사본을 바쳤다.

저 나라 왕계에서 말하기를 "[대]이진(彝震)이 계(啓)합니다. 늦가을이라 점차 추워집니다. 엎드려 생각건대 천황의 일상은 다복하소서. 여기 [대]이진은 은혜를 입어 [잘 지내고] 있습니다. 빙례(聘禮)를 수행했던 사신이 돌아와서 햇수를 헤아리면 아직 1기(12년)이 되지 않았습니다. [그런데도] 지금 다시 사신을 보내니 [이는] 진실로 빙기(聘期)를 지킨 것이 아닙니다. 그렇지만 예로부터 이웃과 우호를 맺고 예법에 의지하여 서로 교류하는 데 1년이라도 시간을 끌면 오히려 정이 소원해질까 두렵습니다. 하물며 별자리가 운행하여 세월도 8년이나 지나서 동남쪽으로 [그쪽을 향하여] 바람이 불어 흠모할 마음이 생겼으니, 어떻게 편안히 지내면서 가끔 소식을 전하겠습니까? [그래서] 삼가 토산물을 갖추어 사신 편에 따라 받들어 부치니, 그 품목은 뒷장에 있으니 몸소 살펴보십시오. [이쪽 북녘] 바다의 물결이 멀리까지 가로막아 찾아뵐 수 없으나, 제 마음이 멀리서 그리워하는 것은 견디기 어렵습니다. 삼가 영녕현승(永寧縣丞) 왕문구(王文矩)를 보내 계를 올립니다. [뜻을] 다 펴지 못합니다. 삼가 계합니다"라고 하였다.

다시 중대성첩(中臺省牒)에서 일컫기를 "발해국 중대성이 일본국 태정관(太政官)에 첩을 보냅니다. [우리 국왕의] 명령을 받아 파견해서 귀국에 입근(入覲)시키는 사신인 영녕현승(永寧縣丞) 왕문구 및 수행원 100인[입니다]. 첩을 보냅니다. '[우리 임금의 다음과 같은] 처분을 받드니 [그것은] 「멀리 떨어진 두 나라는 남쪽 큰 바다에 가로막혀 있지만, 대대로 우호를 약속하고 사신 가는 길에 소식을 보냈다. [그래서] 잎새 만한 작은 배로 바람에 날리며 깊은 바다의 먼 끝까지 다니고, [사신의 징표인] 한 쌍의 깃발이 절부(節符)를 에워싸서 이웃 간의 정의(情誼)에서 [나오는] 지극한 정성을 전달하였다. 왕복하는 길이 비록 멀다고 해도 소식을 드물게 전하면 사모하는 마음이 헛되기만 하다. 그러니 1기(紀)가 차기를 기다리지 말고 예전에 비준한 대로 삼가 영녕현승 왕문구를 귀국에 입근하도록 하라.」는 것입니다. [중대친공의 지시는 이러한 처분] 내용에 준하여 [작성한] 첩을 일본국 태정관에 올려 보내라.'라는 것입니다. 삼가 [이러한 지시 사항들을] 옮겨 적어 첩을 올립니다. 삼가 첩을 보냅니다"라고 하였다.

乙亥【廿一】, 存問使等馳驛, 奏詰問客徒等違例入覲之由問答文等.

을해【21일】에 존문사(存問使) 등이 역마(驛馬)로 급히 보고하여, [발해] 객도들이 전례를 어기고 입근(入覲)한 연유를 힐문한 문답의 문건을 아뢰었다.

壬午【廿八】, 以存問使少內記正七位下縣犬養大宿禰貞守·直講從六位下山口忌寸西成, 爲兼領渤海客使.

임오【28일】에 존문사(存問使)인 소내기(少內記) 정7위하 현견양대숙녜정수(縣犬養大宿禰貞守)와 직강(直講) 종6위하 산구기촌서성(山口忌寸西成)을 겸령발해객사(兼領渤海客使)로 삼았다.

四月辛亥【廿八】, 領客使等, 引渤海國使王文矩等入京. 遣勅使左近衛少將從五位下良岑朝臣宗貞, 慰勞安置鴻臚館. 宣命曰, 天皇【我】詔旨【良萬止】宣【久】, 有司奏【久】, 彼國【乃】王, 一紀【乎】爲期【天】, 朝拜【乃】使進度【須倍志】, 然【乎】此度【乃】使等違期【天】參來【禮利】, 如常【介波】不遇【之天】, 自境還遣【天年止】'奏【利】, 然【禮止毛】, 遠涉荒波【天】惡處【介】漂着【天】, 人【毛】物【毛】損傷【禮】, 艱苦【女利止】聞食【天】, 矜賜

【比】免給【布止】宣. 又宣【久】, 熱時【尒】遠來【弖】平安【尒】侍【也】. 相見【無】日【尒】至【萬弖波】, 此【尒】侍【弖】休息【止】宣.

4월 신해【28일】에 영객사(領客使) 등이 발해국 사신 왕문구(王文矩) 등을 인솔하여 입경하였다. 칙사(勅使) 좌근위소장(左近衛少將) 종5위하 양잠조신종정(良岑朝臣宗貞, 요시미네노 아손 무네사다)을 보내어 [이들을] 위로하고 홍려관(鴻臚館)에 안치하였다. 조서를 펼쳐 읽기를 "천황이 조지(詔旨)로 말씀하시니, 담당 관리가 아뢰기를 '그쪽 나라의 왕이 1기(紀, 12년)를 기한으로 삼아 조배(朝拜)하는 사신을 올려보내야 하는데, 이번의 사신은 기한을 어겨 뵈러 왔으니, 평소와 같이 만나지 않고 변경에서 돌려보내자'라고 아뢰었습니다. 그러나 멀리서 거친 파도를 건너 떠돌다가 나쁜 곳에 도착하여, 사람도 물건도 손상을 입고 힘들게 고생했다고 들었습니다. 불쌍히 여겨 [돌려보내는 것을] 면해준다고 말씀하셨습니다. 또 [천황의 명령을] 전하여 말하니, 더울 때 멀리서 왔으니 평안히 쉬십시오. 서로 볼 날까지 여기에 있으면서 휴식하라고 말씀하셨습니다"라고 하였다.

癸丑【三十】, 賜渤海客徒時服.

계축(30일)에 발해 객도에게 시복(時服)을 하사하였다.

五月乙卯【二】, 渤海國入覲使大使王文矩等, 詣八省院, 獻國王啓函幷信物等.

오월 을묘【2일】에 발해국에서 [천황을] 입근(入覲)하러 온 사신의 대사(大使) 왕문구(王文矩) 등이 팔성원(八省院)에 도착하여, 국왕의 계(啓)를 넣은 상자와 신물(信物) 등을 바쳤다.

丙辰【三】, 天皇御豊樂殿, 宴客徒等. 宣詔曰, 天皇【我】詔旨【良萬止】宣【不】勅命【乎】使人等聞給【倍与止】宣【久】, 國【乃】王差王文矩等進度【志】, 天皇【我】朝廷【乎】拜奉【留】事【乎】矜賜【比】慈賜【比弖奈毛】, 冠位上賜【比】冶賜【波久止】宣【布】天皇【我】勅命【乎】, 聞食【倍与止】宣. 大使已下首領, 相共拜舞. 訖, 授大使王文矩從二位【文矩去弘仁十三年叙正三位 故今增位叙從二位】, 副使烏孝愼從四位上, 大判官馬福山·小

> 判官高應順, 並正五位下, 大錄事高文信·中錄事多安壽·小錄事李英貞,[84] 並從五位下. 自餘品官, 幷首領等, 授位有階.

병진【3일】에 천황(天皇)이 풍락전(豊樂殿)에 거둥하여 [발해] 객도들에게 연회를 베풀었다. 조서를 펼쳐 읽기를 "천황이 조지(詔旨)로 말씀하시는 칙명을 사신들은 들으라고 말씀하시기를 '나라의 왕이 왕문구 등을 파견하여 올려보내어 천황의 조정을 배알하는 일을 어여삐 여겨 자비를 베푸시기로 하여서, 관위(冠位)를 올려줍니다라고 말씀하시는 천황의 칙명을 들으십시오'라고 말씀하셨습니다"라고 하였다. 대사(大使) 이하로 수령(首領)까지 다 함께 배무(拜舞)하였다. 마치고 나서 대사 왕문구(王文矩)에게 종2위[왕문구는 지난 홍인 13년(822)에 정3위를 수여받았다. 그래서 이번에는 종2위로 올려 수여하였다] 부사(副使) 오효신(烏孝愼)에게 종4위상, 대판관(大判官) 마복산(馬福山)과 소판관(小判官) 고응순(高應順)에게 모두 정5위하, 대녹사(大錄事) 고문신(高文信)과 중녹사(中錄事) 다안수(多安壽)와 소녹사(小錄事) 이영정(李英貞)에게 모두 종5위하를 수여하였다. 나머지 품관(品官) 및 수령 등에게도 관위(官位)를 수여하는 데 차등을 두었다.

> 戊午【五】, 天皇御武德殿, 覽馬射. 六軍擁節, 百寮侍座. 有勅, 令文矩等陪宴. 宣詔曰, 天皇【我】詔旨【良萬止】宣【布】勅命【乎】使人等聞給【止】宣【久】, 五月五日【尒】藥玉【乎】佩【天】飮酒人【波】命長【久】福在【止奈毛】聞食【須】. 故是以藥玉賜【比】御酒賜【波久止】宣. 日暮, 乘輿還宮.

무오【5일】에 천황이 무덕전(武德殿)에 거둥하여 말 타고 활 쏘는 것을 관람하였다. 6군(軍)이 의장(儀仗)을 들고 백관(百寮)들이 각자 자리에서 대기하였다. 칙서를 내려 [왕]문구 등에게 연회에 배석하게 하였다. 조서를 펼쳐 읽기를 "천황이 조지(朝旨)로 말씀하시는 칙명을 사신들은 들으라고 말씀하시기를, '5월 5일에 약옥(藥玉)을 차고 음주하는 사람은 수명이 길어지고 복이 있다고 들었습니다. 그러므로 이 약옥을 하사하고 친히 술을 하사합니다'라고 말씀하셨습니다"라고 하였다. 날이 저물자 [천황이] 수레를 타고 환궁하였다.

---

84 '貞'은 『續日本後紀』에 '眞'으로 되어 있다.

癸亥【十】, 遣公卿於朝堂, 饗客徒. 宣詔曰, 天皇【我】詔旨【良萬止】宣【布】勅命【乎】使人等聞給【与止】宣【波久】, 皇朝【乎】拜仕奉【天】國【尒】還退【倍支】時近在【尒】依【天奈毛】, 國王【尒】祿賜【比】, 文矩等【尒毛】御手【都】物賜【比】饗賜【波久止】宣.

계해【10일】에 공경(公卿)을 조당(朝堂)에 보내 [발해] 객도에게 향회(饗會)를 베풀었다. 조서를 펼쳐 읽기를 "천황이 조지로 말씀하시는 칙명을 사신들은 들으라고 말씀하시기를, 황조(皇朝)를 배알하고 [너희] 나라로 돌아가야 할 때가 가까워졌으므로, 국왕에게 녹을 내리고 [왕]문구 등에게도 친히 물품을 내려주고 향회도 내려줍니다라고 말씀하셨습니다"라고 하였다.

乙丑【十二】, 遣參議從四位上小野朝臣篁·右馬頭從四位下藤原朝臣春津·少納言從五位下藤原朝臣春岡·右少辯從五位上橘朝臣海雄·左少史正六位上大窪□[85]益門·少内記從七位下安野宿禰豊道等於鴻臚館. 賜勅書幷太政官牒. 此日, 客徒歸却. 勅書曰, 天皇敬問渤海國王. 入貢使文矩等至, 省啓具之. 惟王敦志欽仁, 宅心懷憬. 飛颿不斷, 望日域而忘返, 貢篚相尋, 想遼陽而如近. 眷其勤苦, 良嘉乃誠. 但修聘之期, 一紀爲限, 先皇明制, 國憲已成. 故有司固請責文矩等, 以背彝規, 自邊還却. 朕閔其匪躬之故, 遠踏重溟, 船破物亡, 人命纔活, 使得入奉朝觀, 拜首軒墀, 祿賜榮班, 准憑恒典, 斯乃一切之恩, 難可再恃. 王宜守舊章而不失, 昭明德以有恒. 唯存信順之心, 誰嫌情禮之薄. 夏熱, 比清適也. 文矩今還, 略申往意. 幷寄王信物, 如別. 太政官牒曰, 日本國太政官牒渤海國中臺省. 入覲使永寧縣丞王文矩等壹佰人牒. 得中臺省牒稱, 邈矣兩邦, 阻茲漲海, 契和好於永代, 寄音書於使程. 頃者兩邦通使, 一紀爲期. 音耗稀傳, 戀懷空積. 所以勿待紀盈, 申憑舊准, 謹差永寧縣丞王文矩, 令覲貴國者. 少之事大, 理難自由, 盈縮期程, 那得在彼. 事須在所却還, 戒其怨違, 官具狀奏聞. 奉勅, 文矩等孤舟已破, 百口纔存. 眷其艱辛, 義深合宥. 宜特賜恩隱, 聽奉入觀, 爵賜匹段, 准據舊章. 但權時之制, 不可通行, 詳告所司, 莫令重違者. 准處分, 觀禮云畢, 仍造舟船, 及時發遣. 附勅璽書幷國信. 今以狀牒, 牒至准狀. 故牒.

---

85 '□'는 '史'로 추정된다.

을축【12일】에 참의(參議) 종4위상 소야조신황(小野朝臣篁, 오노노아손 타카무라), 우마두(右馬頭) 종4위하 등원조신춘진(藤原朝臣春津, 후지와라노아손 하루쓰), 소납언(少納言) 종5위하 등원조신춘강(藤原朝臣春岡, 후지와라노아손 하루오카), 우소변(右少辯) 종5위상 귤조신해웅(橘朝臣海雄, 다치바나노아손 아마오), 좌소사(左少史) 정6위상 대와□익문(大窪□益門, 오쿠보노□ 마스카도), 소내기(少內記) 종7위하 안야숙녜풍도(安野宿禰豊道, 야스노노스쿠네 토요미치) 등을 홍려관(鴻臚館)에 보내어 칙서(勅書)와 태정관첩(太政官牒)을 하사하였다. 이날 [발해] 객도가 떠났다.

칙서에서 말하기를 "천황은 발해국왕에게 삼가 안부를 묻습니다. 입공사(入貢使) [왕]문구 등이 이르러 [바친] 계(啓)를 보고 [그 내용을] 잘 알았습니다. 생각건대 왕은 인덕(仁德)을 흠모하는 데 뜻을 두고 은혜를 [잊지 않고] 품는 데 마음을 두고 있습니다. [그래서] 돛을 올려 쉬지 않고 일역(日域)을 바라보며 먼 곳임을 잊고 [달려오니] 공물 상자가 계속 이어져 요양(遼陽)을 생각하면 마치 가까운 것 같습니다. 그 온갖 고생을 돌아보면 참으로 그 정성이 가상합니다. 다만 빙례(聘禮)를 수행하는 기간은 1기(紀, 12년)를 한도로 삼은 것은 선대의 천황 때부터의 분명한 제도로 나라의 법도로 이미 되어 있습니다. 그러므로 담당 관리가 [왕]문구 등을 질책하고 [그가] 상규(常規)를 위배했으니 변경에서 되돌려 보내라고 강하게 요청하였습니다. [그러나] 짐은 그가 자기 일신의 [사적인] 목적 때문이 아닌데도 멀고도 먼 북명(北溟) 바다를 건너올 때 배가 파손되고 물건도 망실되어 인명만 겨우 살아남았음을 불쌍히 여겨, 입경하여 조근(朝覲)하고 궁전의 계단 앞에서 머리를 조아릴 수 있게 하였습니다. 녹을 내려 높은 반열에 올려준 것은 지위를 항상 지켜온 법전에 의거하였지만 이러한 일체의 은혜를 다시 기대하기는 어렵습니다. [그러니] 왕은 마땅히 오랜 법도를 지켜 [다시는] 어기지 말고, [자신의] 밝은 덕을 분명히 하여 항심(恒心)을 지키십시오. 오직 [법도를] 믿고 따르는 마음을 둔다면 누가 [이웃 간의] 정의(情誼)[에 부합하는] 예법이 천박하다고 싫어하겠습니까? 여름이라 더우니 이때 편안히 지내십시오. [왕]문구가 이제 돌아가니 대략 그동안의 생각을 알립니다. 아울러 왕에게 부치는 신물(信物)은 별지와 같습니다"라고 하였다.

태정관첩에서 말하기를 "일본국 태정관이 발해 중대성(中臺省)에 첩을 보냅니다. 입근사(入覲使) 영녕현승(永寧縣丞) 왕문구(王文矩) 등 100명이 [중대성]첩을 보냈습니다. 중대성첩을 수취한 바, [그것은] '멀리 떨어진 두 나라는 남쪽 큰 바다에 가로막혀 있지만, 대대로 우호를 약속하고 사신 가는 길에 소식을 보냈다. 근래 양국이 사신을 보내는 것은 1기(紀)를 기한으로 삼았다.[86] 소식을 드물게 전하면 사모하는 마음이 헛되기만 하다. 그러니 연기(年紀)가 차기를 기다리지 말고 예전에 비준한 대로 삼가 영녕현승 왕문구를 귀국에 입근(入覲)하도록 하라.'는 것입니다. 소국이 대국을 섬기는 데에는 이치상 자기 마음대로 하기 어려우니 [빙례의] 기한을 늘리고 줄이는 것이 어찌 그쪽에 있겠습니까? 반드시 [사신이 도착해] 있는 곳에서 돌려보내어 그 잘못을 경계해야 한다고 [태정]관은 그런 실정을 갖추어 [천황께] 아뢰었습니다. [그런데 천황으로부터] 칙서를 받은 바, [그것은] '[왕]문구 등의 고단한 배가 이미 파손되어 백 명만 간신히 살아남았다. 그 온갖 고난을 돌아보니 의리상 [잘못을] 용서해줌에 깊이 부합된다. 특별히 은혜를 내려 입근(入覲)하도록 허락해 주고, 관작(官爵)의 하사와 [그에 따라 하사하는] 비단은 오랜 [동안 지켜온] 법도에 근거하도록 하라. 다만 [이러한 조치는] 임시의 제도이니 계속할 수는 없으니, 담당 관리에 상세히 알려 다시는 위반하지 말라.'는 것입니다. 이러한 처분에 준하여 입근의 예를 마쳤으니 배를 건조하여 때가 되면 출발하십시오. 옥새를 찍은 칙서와 신물(信物)을 부칩니다. 지금 [이러한 문서의] 내용으로 첩을 보내니, 첩이 도착하거든 그 내용에 준하여 처리하십시오. 그러므로 첩을 보냅니다"라고 하였다.

○ 권194, 수속부(殊俗部)□, 발해(渤海) 하(下), 청화천황(清和天皇) 천안(天安) 3년(859)

正月廿二日己卯, 能登國馳驛言, 渤海國入覲使烏孝愼等一百四人, 來著珠洲郡.

정월 22일 기묘에 능등국(能登國)에서 역마(驛馬)로 급히 보고하기를, "발해국 입근사(入覲使) 오효신(烏孝愼) 등 104인이 와서 주주군(珠洲郡, 스즈군)에 도착하였다"라고 하였다.

廿八日乙酉, 正六位上行少外記廣宗宿禰安人·大內記正六位上安倍朝臣清行, 爲領渤海□[87]客使.

28일 을유에 정6위상 행소외기(行少外記) 광종숙녜안인(廣宗宿禰安人, 히로무네노스쿠네

---

86 앞의 중대성첩에는 이 구절이 없다.
87 '□'는 『日本三代實錄』에 '國'으로 되어 있다.

야스히토)과 대내기(大內記) 정6위상 안배조신청행(安倍朝臣淸行, 아베노아손 키요유키)을 영발해□객사(領渤海□客使)로 삼았다.

二月四日庚寅, 渤海□[88]客着能登國. 是日, 詔遷於加賀國安置便處.

2월 4일 경인에 발해□객이 능등국(能登國)에 도착하였다. 이날 조서를 내려 가하국(加賀國)으로 옮겨 편한 곳에 안치하도록 하였다.

七日癸巳, 從六位下行直講刈田首安雄爲領渤海客使, 以廣宗安人辭退也.

7일 계사에 종6위하 행직강(行直講) 예전수안웅(刈田首安雄, 가리타노오비토 야스오)을 영발해객사(領渤海客使)로 삼았다. 광종안인(廣宗安人, 히로무네노 야스히토)이 사퇴하였기 때문이다.

九日乙未, 大初位下春日朝臣宅成爲渤海通事.

9일 을미에 대초위하(大初位下) 춘일조신택성(春日朝臣宅成, 가스가노아손 야카나리)을 발해통사(渤海通事)로 삼았다.

三月十三日己巳, 領渤海客使大內記正六位上安倍朝臣淸行·直講從七位下刈田首安雄, 俶裝進發, 告宣云, 使等宜稱存問兼領渤海客使, 當般不任存問使故也. 渤海國副使周元伯頗閑文章, 詔越前權少掾從七位下嶋田朝臣忠臣, 假爲加賀權掾, 向彼與元伯唱和, 以忠臣能屬文也.

3월 13일 기사에 영발해객사(領渤海客使) 대내기 정6위상 안배조신청행(安倍朝臣淸行)과 직강(直講) 종7위하 예전수안웅(刈田首安雄)이 행장을 꾸리고 출발하는데, 천황의 말씀을 전

---

88 '□'는 『日本三代實錄』에 '國'으로 되어 있다.

하기를 "사신 등은 의당 존문(存問) 겸 영발해객사(領渤海客使)이라 칭할 것이니, 이번 파견에는 존문사(存問使)를 임명하지 않기 때문이다"라고 하였다. 발해국 부사(副使) 주원백(周元伯)이 자못 문장에 능숙하여, 조서를 내려 월전권소연(越前權少掾) 종7위하 도전조신충신(嶋田朝臣忠臣, 시마다노아손 타다오미)을 임시로 가하권연(加賀權掾)으로 삼아 그쪽으로 가게 해서 [주]원백과 시를 주고받도록 하였으니, 충신이 글을 잘 지었기 때문이다.

○ 권194, 수속부(殊俗部)□, 발해(渤海) 하(下), 청화천황(淸和天皇) 정관(貞觀) 원년(859)

五月十日乙丑, 存問兼領渤海客使大內記安倍朝臣淸行·加賀國司等, 奉進渤海國啓牒·信物.
王啓曰, 虔晃啓. 孟冬漸寒, 伏惟天皇, 起居萬福. 卽此虔晃蒙恩. 當國間年使命, 永展先親,[89] 禮將累代之情, 悅[90]續任風之影, 恒無隔紀, 以至于今. 虔晃幸承先緒, 撫守一邦, 古典攸憑, 合重禮意. 敢依舊貫, 着付使程, 紀近盈年, 允增結戀. 期海津於挂席, 表翰信於傳心. 仍發雲檣, 逈凌波浪, 凝萬里之遐想, 係寸心以難窮. 往復之間, 伏望矜恤. 限以巨溟, 未由拜觀, 下情無任馳戀, 謹差政堂省左允烏孝愼奉啓. 不宣, 謹啓.
中臺省牒曰, 牒. 奉處分, 扶桑崇浪, 日域遐邦. 欲占風挂席, 期阻歲而寄音. 泛泛輕舟, 罕過沃雲之水, 拳拳方寸, 彌增披霧之情. 所以隔年度日, 天轉律移, 想尋修之舊貫, 近周廻之星紀. 酌展親於古典, 遵繼好於前章. 憑事表情, 善隣實[91]禮, 戀懷轉切, 不待前期, 謹差政堂省左允烏孝愼, 令觀貴國者. 准狀牒上.

5월 10일 을축에 존문(存問) 겸 영발해객사(兼領渤海客使) 대내기(大內記) 안배조신청행(安倍朝臣淸行)과 가하국사(加賀國司) 등이 발해국의 계(啓)와 [중대성]첩 그리고 신물(信物)을 진상하였다.

왕계(王啓)에서 말하기를 "[대]건황(虔晃)이 계(啓)합니다. 첫겨울이라 점차 추워지는데, 엎드려 바라건대 천황의 일상은 다복하소서. 여기 [대]건황은 은혜를 입어 [잘 지내고] 있습니

---

89 '親' 다음에 『日本三代實錄』에는 '之'가 있지만 衍字이다.
90 '悅'은 『日本三代實錄』에 '沈'으로 되어 있다.
91 '實'은 『日本三代實錄』에는 '寔'로 되어 있다.

다. 나라를 다스리게 되어 해를 지나 사신을 보내 선대(先代)의 친선(親善)을 길이 펼치게 되니, 예법은 대대로 쌓아온 정의(情誼)를 받들고 기쁨은 바람이 부는 대로 [따르는] 그림자[처럼] 이어져서, 항상 1기(紀, 12년)를 거른 적이 없이 오늘에 이르렀습니다. [대]건황은 다행히 선대의 유업을 계승하여 일국을 지키게 되었으니, 오랜 법전에 의거하는 바대로 마땅히 예법의 의미를 소중히 하겠습니다. 감히 예전의 관행에 의지하여 사신을 부치니, 1기(紀)에 해가 거의 다 차서 그리워하는 마음이 늘어날 뿐입니다. 돛을 달아 [출발함에] [무사히] 항구[에 도착하기를] 기약하며 마음을 전함에 편지에 표현해 놓았습니다. [이제] 구름같이 높은 돛대를 단 배를 출발시켜 멀리 파도를 건너가니, [여기에] 만 리나 떨어진 먼 곳에서의 생각을 응축시켜, 작은 마음에 간직하기를 무궁토록 하겠습니다. [사신이] 오고 가는 사이에 엎드려 바라건대 가엾게 여겨 보살펴 주십시오. 큰 북쪽 바다에 가로막혀 직접 찾아뵐 수 없으나, 저로서는 사모하는 마음을 견디기 어려워 삼가 정당성좌윤(政堂省左允) 오효신(烏孝愼)을 보내 계(啓)를 올립니다. [뜻을] 다 펴지 못합니다. 삼가 계(啓)합니다"라고 하였다.

중대성첩(中臺省牒)에서 말하기를 "첩을 보냅니다. [우리 임금의] 처분을 받드니 [그것은] '[해가 떠오르는] 부상(扶桑) 나무 아래는 풍랑이 가득하니 해 뜨는 지역은 먼 나라이다. 풍향을 살펴서 돛을 달아 출발하고자 하며, 해가 가로막혀도 소식을 전하기를 기필해야 한다. [물에] 떠 있는 작은 배로는 구름까지 적시는 큰 바다를 건너기가 드물지만, 정성스러운 작은 마음 속에서는 안개를 헤지고 [나아가려는] 심정이 더욱 증가할 뿐이다. 그래서 해가 가고 날이 지나며 하늘이 움직이고 별자리가 옮겨서, [이웃 나라와] 수교하는 오랜 관례를 생각하게 되고 [또] 별자리의 운행도 거의 한 바퀴 돌았다. [이제] 오랜 법전에서 [이웃과의] 친교를 중시한 것을 참작하고 예전 장정(章程)에서 우호를 지속한 것을 준수하여, 일에 의거하여 정을 표현하고 이웃과의 친선에는 예법대로 행한다. 사모하는 마음이 점점 간절하게 바뀌니 예전의 기약을 기다리지 말고, 삼가 정당성좌윤 오효신을 파견하여 귀국을 찾아뵙도록 하라.'는 것입니다. [이제 우리 임금의 처분] 내용에 준하여 첩을 올립니다"라고 하였다.

六月廿三日丁未, 賜渤海國王勅書曰, 天皇敬問渤海國王. 書獻悉至, 披覽具之. 維王文武兼體, 忠孝由衷, 襲當國之徽猷, 敦親仁之舊好. 傾心久契, 無疏就日之誠, 利涉長期, 不廢飛雲之嶮. 乃顧深款, 何靡增懷. 先皇以去年八月昇遐, 遺詔不許奔赴, 朕以寡德, 荷託宸闈.[92] 奉先訓而聿脩, 撫舊旴以自恤. 雖則會同之禮, 大喪無廢, 延正之朝, 春秋所美. 然以闕庭過密, 事須隔於殷覬.[93] 邦國頻灾, 人有艱於郵傳. 緣此慰藉使者, 追期放還. 間紀如賒, 通情猶通. 今因孝愼, 付送信物, 仍舊辨裝, 色目如別. 熱劇, 王及所部平安好. 略此遣書, 指無一二.

太政官送中臺省牒曰, 得中臺省牒稱, 奉處分, 扶桑崇浪, 日或遐邦. 欲占風挂席, 期阻歲而寄音, 泛泛輕舟, 罕過沃雲之水, 拳拳方寸, 彌增披霧之情. 所以隔年度日, 天轉律移, 想尋修之舊貫, 近周廻之星紀. 酌展觀於古典, 遵繼好於前章, 憑事表情, 善隣實禮. 戀懷轉切, 不待前期, 謹差政堂省左允烏孝愼, 令謹貴國者. 准狀牒上日本國太政官者, 謹錄牒上. 謹牒者. 滄瀛不測, 義在含弘, 江漢可宗, 禮存朝會. 駿奔惟遽, 來不及期, 有司執平, 弗肯容待. 奉勑, 孝愼等, 遙慕聲教, 凌臋闕而頻來, 尋懷順歸, 辭龍鄕以荐至, 忠節之効, 矜恤可量. 況魯侯再朝, 春秋無貶. 唯國有兇喪, 年屬荒饉, 將全舊儀, 何苦黎庶. 宜殊加迎接, 權停入都, 在所安存, 支賜准例. 復吉凶相問, 往迹所憑, 若有意於弔來, 事須拘於遺制. 徒煩舟檝, 將背時規, 更待紀盈, 當表隣好者. 今因綸旨, 撿挍如常, 脩船畢功, 風潮可駕. 璽書信物, 同附使廻, 留彼篤誠, 放其歸去. 今以狀牒, 牒至准狀. 故牒. 東絁五十疋 · 綿四百屯, 賜大使烏孝愼. 孝愼別貢土宜, 仍有此錫賚焉

　　6월 23일 정미에 발해국왕에게 내리는 칙서에서 말하기를 "천황은 발해국왕에게 삼가 안부를 묻습니다. 문서와 헌상품이 모두 도착하니 열어 보고 [그 내용을] 잘 알았습니다. 생각건대 왕은 문무(文武)를 모두 체득하고 충효(忠孝)도 마음속에 간직하고 있어서, 나라를 다스리는 훌륭한 방도를 이어받고 어진 [이웃과] 친하게 지내는 오랜 우호 관계를 돈독히 하고 있습니다. [그래서] 오랜 약속에 마음을 쏟아 해를 향해 나아가는 정성을 소홀히 하지 않고, 장기간에도 바다를 잘 건너 구름에 떠가는 위험에도 굴하지 않았습니다. 이에 그 깊은 정성을 돌아보니 어찌 감회가 늘어나지 않겠습니까? 선황(先皇)이 작년 8월 승하하면서 유조(遺詔)로서 외국의 조문을 불허하였으며, 짐은 덕이 부족한데도 대궐을 맡게 되었습니다. 선황의 가르침을 받

92　'宸闈'는 『日本三代實錄』에 '鴻圖'로 되어 있다.
93　「신정증보」본에는 '類'로 되어 있지만, '覬'의 오기이다.

들어 닦으며 옛 백성을 위무함으로써 자신을 돌보았습니다. 비록 [외국 사신과] 회동하는 의례는 제왕의 상중에도 빠트리지 않는 것이며 [더구나] 정월에 맞이하는 조회는 『춘추(春秋)』에서도 찬미하는 바입니다. 그러나 [상중이라] 대궐에 음악이 그쳤으니 일이 모름지기 사신을 접견하는 데 적합하지 않습니다. [또] 나라에 재앙이 빈번해서 사람들이 우역(郵驛)을 통해 [사신을] 호송하는 데 고생스럽습니다. 이로 인해 사자(使者)를 위로하고 기한이 되어 되돌려 보냅니다. 1기(紀)와의 간격이 좀 더 남았지만 정을 통하기에는 오히려 가깝습니다. 지금 [오]효신을 통해 신물(信物)을 보내는데 예전대로 포장했으며 그 품목은 별지와 같습니다. 더위가 심해지니 왕 및 신하들도 평안하십시오. 대략 이런 뜻으로 편지를 보내지만 일일이 적지 못했습니다"라고 하였다.

태정관(太政官)이 중대성(中臺省)에 보내는 첩(牒)에서 말하기를 "중대성첩을 받았는데 [거기에서] 이르기를 '[우리 임금의] 처분을 받드니 [그것은] 「[해가 떠오르는] 부상(扶桑) 나무 아래는 풍랑이 가득하니 해 뜨는 지역은 먼 나라이다. 풍향을 살펴서 돛을 달아 출발하고자 하며, 해가 가로막혀도 소식을 전하기를 기필해야 한다. [물에] 떠 있는 작은 배로는 구름까지 적시는 큰 바다를 건너기가 어렵지만, 정성스러운 작은 마음속에서는 안개를 헤지고 [나아가려는] 심정이 더욱 증가할 뿐이다. 그래서 해가 가고 날이 지나며 하늘이 움직이고 별자리가 옮겨서, [이웃 나라와] 수교하는 오랜 관례를 생각하게 되고 [또] 별자리의 운행도 거의 한 바퀴 돌았다. [이제] 오랜 법전에서 [이웃과의] 친교를 중시한 것을 참작하고 예전 장정(章程)에서 우호를 지속한 것을 준수하여, 일에 의거하여 정을 표현하고 이웃과의 친선에는 예법대로 행한다. 사모하는 마음이 점점 간절하게 바뀌니 예전의 기약을 기다리지 말고, 삼가 정당성좌윤(政堂省左允) 오효신(烏孝愼)을 파견하여 귀국을 찾아뵙도록 하라.」는 것입니다. [이제 우리 임금의 처분] 내용에 준하여 일본국 태정관에 첩을 올립니다. 삼가 옮겨 적어 첩을 올립니다. 삼가 첩을 보냅니다.'라는 것입니다. 창해(滄海)[와 같은 큰 바다]는 [넓어] 헤아릴 수 없으니 그 의리는 널리 포용함에 있고, 장강(長江)과 한수(漢水)[와 같은 강들]은 [결국 바다로] 향해야 하니, 그 예의는 조회(朝會)함에 있습니다. [그런데 이번 사신은] 바쁘게 달려옴이 너무 급작스럽고 내방함이 적기(適期)에 미치지 않아서 담당 관리는 공평함에 의거하여 받아들여 대접하려고 하지 않았습니다. [그러나] 칙서를 받은 바 '[오]효신 등이 멀리서 덕스러운 교화를 사모하여 신기루(蜃氣樓)를 넘어 자주 와서 귀순[의 마음]을 품고 [북쪽의] 변방 고향을 떠나 거듭 찾아오니, 충성스러운 절개의 공적에 대해서는 긍휼히 여겨 헤아릴 만하다. 하물며 노(魯) 나라 제후가 두 번이나 조회한 것을 『춘추(春秋)』에서도 폄하하지 않았던가? 오직 나라가 상장(喪葬)을 치르고 있고 올해의 농사도 흉년이 들었으니 오랜 의례를 온전히 하려고 어찌 백성들을 고달프게 하겠는가? 마땅히 융숭하게 영접하되 [이번에는] 형편상 입경(入京)은 중지하고, [지금] 있는 곳에서 편안히 지내며 [물품의] 하사는 전례대로 하라. 길흉에 대해 서로 문안하는 것은 [선왕들의] 지난 자취에서도 증명이 되니, 만약 [저들이] 조문하러 오는 데 뜻이 있다면 [그런] 일은 모름지기 [선황이] 남긴 유조(遺詔)를 어기는 것이 된다. 다만 배를 번거롭게 [왕래만]하면 장차 시기에 대한 법규를 위배하게 되니, 다시 1기(紀)가 되기를 기다려 이웃과의 우호를 표명해야 할 것이다.'라는 것입니다. 지금 천황의 말씀에 따라 평소처럼 조사해보니, 배 수리는 끝났고 바람과 조류도 배를 부릴 만합니다. 새서(璽書)와 신물(信物)을 사신이 돌아가는 편에 부치니, 그쪽의 돈독한 정성은 [여기에] 남겨두고 돌아가게 보냅니다. 지금 [이러한 문서의] 내용으로 첩을 보내니, 첩이 도착하거든 그 내용에 준하여 처리하십시오. 그러므로 첩을 보냅니다"라고 하였다. 동시(東絁) 50필과 면(綿) 400둔을 대사(大使) 오효신(烏孝愼)에게 하사하였다. [오]효신이 별공(別貢)으로 특산품을 바쳤기 때문에 이렇게 하사한 것이다.

七月卄一日甲戌, 存問兼領渤海客使直講刈田首安雄復命奏言, 客徒, 今月六日, 解纜歸蕃, 大內記安倍清行, 去四月丁父憂去職, 故安雄獨歸奏事. 依諒闇不喚客徒, 自加賀國還蕃焉.

7월 21일 갑술에 존문겸영발해객사(存問兼領渤海客使)인 직강(直講) 예전수안웅(刈田首安雄)이 [사신의 임무를 마치고] 보고하며 아뢰기를 "[발해] 객도(客徒)가 이번 달 6일에 닻줄을 풀고 자기 나라로 돌아갔습니다"라고 하였다. 대내기(大內記) 안배청행(安倍清行, 아베노 키요유키)이 지난 4월에 부친상을 당해 휴직했으므로 안웅(安雄, 야스오)만 돌아와 일에 대해 아뢰었던 것이다. 천황이 상중이라 객도를 부르지 않고 가하국(加賀國)에서 귀국시켰던 것이다.

○ 권194, 수속부(殊俗部)□, 발해(渤海) 하(下), 청화천황(淸和天皇) 정관(貞觀) 3년(861)

正月卄日乙未, 出雲國上言, 渤海國使李居正等一百五人, 自隱岐國來, 著嶋根郡.

정월 20일 을미에 출운국(出雲國)에서 아뢰기를 "발해국 사신 이거정(李居正) 등 105인이 은기국(隱岐國)에서 와서 도근군(嶋根郡, 시마네군)에 도착하였습니다"라고 하였다.

廿一日丙申, 下知出雲國司云, 渤海客徒, 依例供給, 但舊用稻, 今度特以穀舂充.

21일 병신에 지출운국사(知出雲國司)에게 하명(下命)하기를 "발해 객도에게 전례에 따라 [물자를] 공급해 주되, 예전에는 도(稻)를 사용했지만 이번에는 특별히 도정(搗精)한 곡식으로 충당하라"라고 하였다.

廿八日癸卯, 散位正六位上藤原朝臣春景·兵部少錄正七位下葛井連善宗爲領渤海客使, 播磨少目大初位上春日朝臣宅成爲通事. 勅竟使事之間, 藤原春景宜稱但馬權介, 葛井連善宗稱因幡權掾.

28일 계묘에 산위(散位) 정6위상 등원조신춘경(藤原朝臣春景, 후지와라노아손 하루카게)과 병부소록(兵部少錄) 정7위하 갈정련선종(葛井連善宗, 후지이노무라지 요시무네)을 영발해객사(領渤海客使)로 삼고, 파마소목(播磨少目) 대초위상(大初位上) 춘일조신택성(春日朝臣宅成)을 통사(通事)로 삼았다. 칙명을 내려 "사명(使命)을 마칠 때까지 등원춘경(藤原春景, 후지와라노 하루카게)은 마땅히 단마권개(但馬權介)로 칭하고 갈정련선종은 인번권연(因幡權掾)에 칭하라"라고 하였다.

五月廿一日甲午, 宣告存問兼領渤海客使但馬權介正六位上藤原朝臣春景幷出雲國司等云, 渤海國使李居正, 違先皇制, 輒以弔來. 亦令看啓案, 違例多端, 事須責其輕慢, 自彼却還. 然而如聞, 居正位在公卿, 齡過懸車, 才綺交新, 猶有可愛. 因欲特加憂恤, 以聽入京, 而頃者, 炎旱連日 有妨農時, 慮夫路次, 更以停止. 又王啓幷信物等, 不可更收, 須進上中臺省牒. 以出雲國絹一百卌五疋·綿一千二百卄五屯, 便頒賜渤海客徒一百五人.

5월 21일 갑오에 존문겸영발해객사(存問兼領渤海客使) 단마권개(但馬權介) 정6위상 등원조신춘경(藤原朝臣春景) 및 출운국사(出雲國司) 등에게 [천황의] 말씀을 고하기를 "발해국 사신 이거정(李居正)이 선대 천황의 제도를 어기고 멋대로 조문하러 왔다. 또한 왕계(王啓)의 문안(文案)을 살펴보게 하였더니 전례를 어긴 것이 많으니, 반드시 그 경솔하고 오만함을 질책하여 [도착한] 그곳에서 돌려보내야 한다. 그러나 듣건대 [이]거정은 공경(公卿)의 [높은] 지위에 있고 연령도 70세인데도, 빛나는 재주가 다시 새로우니 오히려 아낄 만하다. 그래서 특별히 우대하여 입경을 허락하고 싶지만 근래 폭염이 연일 이어져 농사에 방해가 되고 [만약 사신이 올 때는] 오는 길이 염려가 되어 다시 정지한다. 또 왕계 및 신물(信物) 등은 다시 접수해서는 안되고 중대성첩(中臺省牒)은 진상하라. 출운국(出雲國)의 견(絹) 145필과 면(綿) 1,225둔(屯)을 적당한 기회에 발해 객도(渤海客徒) 105인에게 나누어 하사하라"고 하였다.

廿六日己亥, 太政官送渤海國中臺省牒, 下存問使幷出雲國司, 絁一十疋·綿卅屯, 別賜大使李居正.

26일 기해에 태정관(太政官)이 발해국 중대성(中臺省)에 첩(牒)을 보내고, 존문사(存問使) 및 출운국사(出雲國司)에게 지시하여 시(絁) 11필과 면(綿) 30둔을 내려, 별도로 [발해] 대사(大使) 이거정(李居正)에게 하사하도록 하였다.

○ 권194, 수속부(殊俗部)□, 발해(渤海) 하(下), 청화천황(淸和天皇) 정관(貞觀) 13년(871)

十二月十一日壬子, 渤海國入覲使楊成規等百五人著加賀國岸.

12월 11일 임자에 발해국 입근사(入覲使) 양성규(楊成規) 등 105인이 가하국(加賀國) 해안에 도착하였다.

○ 권194, 수속부(殊俗部)□, 발해(渤海) 하(下), 청화천황(淸和天皇) 정관(貞觀) 14년(872)

正月六日丁丑, 以正六位上行少內記菅原朝臣道□[94]·從六位下行直講美努連淸名

---

94 '□'는 『日本三代實錄』에 '眞'으로 되어 있다.

爲存問渤海客使, 園池正正六位上春日朝臣宅成爲通事.

정월 6일 정축에 정6위상 행소내기(行少內記) 관원조신도□(菅原朝臣道□, 스가와라노아손 미치□)와 종6위하 행직강(行直講) 미노련청명(美努連淸名, 미노노무라지 키요나)을 존문발해객사(存問渤海客使)로 삼고, 원지정(園池正) 정6위상 춘일조신택성(春日朝臣宅成)을 통사(通事)로 삼았다.

廿六日丁酉, 以正六位下行少外記大春日朝臣安守爲存問渤海客使. 以少內記菅原朝臣道□[95]丁母憂去職也.

26일 정유에 정6위하 행소외기(行少外記) 대춘일조신안수(大春日朝臣安守, 오카스가노아손 야스모리)를 존문발해객사로 삼았다. 소내기 관원조신도□가 모친상으로 휴직했기 때문이다.

三月十四日甲申, 詔存問渤海客使大春日朝臣安守·美努連淸名並兼領客使.

3월 14일 갑신에 조서를 내려 존문발해객사 대춘일조신안수와 미노련청명을 모두 겸 영객사(兼領客使)로 삼았다.

廿三日癸巳, 今春以後, 內外頻見怪異. 由是, 分遣使者, 諸神社奉幣, 便於近社道場, 每社轉讀金剛般若經. 以參議·民部卿·正四位下兼行春宮大夫南淵朝臣年名爲賀茂兩社使, 參議·正四位下·行右兵衛督兼近江守源朝臣勤爲松尾梅宮兩社使, 參議·正四位下·行左大弁兼勘解由長官·近江權守大江朝臣音人爲平野社使, 參議·右大弁·從四位上兼行讚岐權守藤原朝臣家宗爲大原野社使, 從五位上·行少納言兼侍從和氣朝臣彝範爲石淸水社使, 神祇伯·從四位下藤原朝臣廣基爲稻荷社使. 石淸水社告文曰, 云云. 又辭別【天】申, 去年, 陰陽寮占申【久】, 就蕃客來【天】不祥之事可在【止】占申【世利】. 今渤海客, 隨盈紀例【天】來朝【世利】. 事不獲已, 國憲【止之天】

---

95 '□'는『日本三代實錄』에 '眞'으로 되어 있다.

可召. 大菩薩, 此狀【乎毛】聞食【天】遠客參近【止毛】神護之故【尒】無事【久】矜賜【倍止】恐【美】恐【美毛】申賜【波久止】申. 自餘社文, 一准此例.

23일 계사, 올봄 이후로 [도성] 내외에서 괴이한 일들이 자주 발생하였다. 이로 인해 사자(使者)를 나누어 보내어 여러 신사(神社)에서 폐백(幣帛)을 봉납(奉納)케 하고, 신사에 가까운 도량(道場)에서는 적당한 때 신사마다 금강반야경(金剛般若經)을 독송(讀誦)하도록 하였다. 참의(參議) 민부경(民部卿) 정4위하 겸 행춘궁대부(行春宮大夫) 남연조신년명(南淵朝臣年名, 미나부치노아손 토시나)을 하무양사사(賀茂兩社使)로 삼고, 참의(參議) 정4위하 행우병위독(行右兵衛督) 겸 근강수(近江守) 원조신근(源朝臣勤, 미나모토노아손 쓰토무)을 송미매궁양사사(松尾梅宮兩社使), 참의 정4위하 행좌대변(行左大弁) 겸 감해유장관(勘解由長官) 근강권수(近江權守) 대강조신음인(大江朝臣音人, 오에노아손 오톤도)을 평야사사(平野社使)로 삼고, 참의 우대변(右大弁) 정4위상 겸 행찬기권수(行讚岐權守) 등원조신가종(藤原朝臣家宗, 후지와라노아손 이에무네)을 대원야사사(大原野社使)로 삼고, 종5위상 행소납언(行少納言) 겸 시종(侍從) 화기조신이범(和氣朝臣彜範, 와케노아손 쓰네노리)을 석청수사사(石淸水社使)로 삼고, 신기백(神紙伯) 종4위하 등원조신광기(藤原朝臣廣基, 후지와라노아손 히로모토)를 도하사사(稻荷社使)로 삼았다. 석청수사에서 [신에게] 고한 글은 "운운"하였다. 또 별도의 말씀으로 아뢰기를 "작년 음양료(陰陽寮)가 점을 쳐 말하기를 '번객(蕃客)이 옴에 따라 상서롭지 못한 일이 있을 것이다'라고 하였습니다. 지금 발해객(渤海客)이 1기(紀)가 되어서 [방문하는] 전례에 따라 내조하였습니다. 일이 부득이하여 국가의 헌장(憲章)으로서 불러야 합니다. 대보살(大菩薩)은 이러한 상황을 들으시고 원객(遠客)이 가까이 오더라도 신이 보호해 주는 연고로 [국내가] 무사하도록 살펴주시라고 조심하고 조심하여 말씀드립니다"라고 아뢰었다. 나머지 신사들에 바치는 글들도 모두 이 예에 준하였다.

四月十三日壬子, 存問渤海客少外記大春日朝臣安守等, 開大使楊成規所齎啓牒函, 詰問違例之由問答狀, 及記錄安守等向加賀國途中消息, 馳驛奏上.

4월 13일 임자에 존문발해객(存問渤海客) 소외기(少外記) 대춘일조신안수(大春日朝臣安守) 등이 [발해] 대사(大使) 양성규(楊成規)가 가져온 계(啓)와 첩(牒)을 담은 상자를 열어 보고, 전례를 위배한 이유를 힐문한 문답을 적은 보고서 및 [대춘일조신]안수 등이 가하국(加賀國)으로 향하는 도중의 소식에 대한 기록을 역마(驛馬)로 급히 아뢰었다.

> 十六日乙卯, 以正六位上行少內記都宿禰言道·正六位上行式部少丞平朝臣季長爲掌渤海客使, 常陸少掾從七位上多治眞人守善·文章生從八位下菅野朝臣惟肖爲領歸鄕渤海客使.

16일 을묘에 정6위상 행소내기(行少內記) 도숙녜언도(都宿禰言道, 미야코노스쿠네 코토미치)와 정6위상 행식부소승(行式部少丞) 평조신계장(平朝臣季長, 다이라노아손 스에나가)을 장발해객사(掌渤海客使)로 삼고, 상륙소연(常陸少掾) 종7위상 다치진인수선(多治眞人守善, 다지노마히토 모리요시)과 문장생(文章生) 종8위하 관야조신유초(菅野朝臣惟肖, 스가노노아손 코레유키)를 영귀향발해객사(領歸鄕渤海客使)[96]로 삼았다.

> 五月十五日甲申, 勅遣從五位上·守右近衛少將藤原朝臣山蔭[97], 到山城國宇治郡山科村, 郊迎勞渤海客. 領客使大春日朝臣安守等, 與郊勞使, 共引渤海國入觀大使政堂省左允正四品慰軍大將軍[98]上鎭將軍賜紫金魚袋楊成規·副使右猛賁衛少將正五品賜紫金魚袋李興晟等廿人, 入京, 安置鴻臚館.

5월 15일 갑신에 칙명으로 종5위상 수우근위소장(守右近衛少將) 등원조신산음(藤原朝臣山蔭, 후지와라노아손 야마카게)을 산성국(山城國, 야마시로노쿠니) 우치군(宇治郡, 우지군) 산과촌(山科村, 야마시나무라)에 보내어 교외에서 발해객(渤海客)을 맞이하고 위로하게 하였다. 영객사(領客使) 대춘일조신안수(大春日朝臣安守) 등이 교로사(郊勞使)와 함께 발해국 입근대사(入觀大使) 정당성좌윤(政堂省左允) 정4품 위군대장군(慰軍大將軍) 상진장군(上鎭將軍) 사자금어대(賜紫金魚袋) 양성규(楊成規)와 부사(副使) 우맹분위소장(右猛賁衛少將) 정

---

96 발해 사신이 일본 도성을 떠나 귀국길에 오를 때까지 담당하는 업무를 맡은 사지이다.
97 「신정증보」본에는 '陰'으로 되어 있지만, 『日本三代實錄』에 따라 '蔭'으로 교감하였다.
98 '大將軍'은 『日本三代實錄』에는 없다.

5품 사자금어대(賜紫金魚袋) 이흥성(李興晟) 등 20인을 인도하여 입경하고, 홍려관에 안치하였다.

十七日丙戌, 勅遣正五位下行右馬頭在原朝臣業平向鴻臚館, 勞問渤海客. 是日, 賜客徒時服.

17일 병술에 칙명으로 정5위하 행우마두(行右馬頭) 재원조신업평(在原朝臣業平, 아리와라노아손 나리히라)을 홍려관으로 보내어 발해객을 위문하였다. 이날 [발해]객에게 시복(時服)을 하사하였다.

十八日丁亥, 勅遣左近衛中將從四位下兼行備中權守源朝臣舒, 向鴻臚館, 檢領楊成規等所齎渤海國王啓及信物.
啓云, 玄錫啓. 季秋極冷. 伏惟天皇, 起居萬福. 卽此玄錫蒙恩. 肇自建邦, 常與貴國, 通使傳命, 阻年寄音, 久要之情, 至今彌厚. 玄錫繼先祖之遺烈, 修舊典之餘風. 盈紀感心, 善隣顧義, 爰授使節, 仍令聘覲. 伏冀天皇, 俯矜遠客, 准例入都, 幸甚幸甚. 限以滄波, 不獲拜伏, 下情無任惶懼. 覲差政堂省左允楊成規, 奉啓起居. 不宣, 謹啓. 中臺省牒曰. 牒. 奉處分, 天涯路阻, 日域程遙. 常限紀以修和, 亦期年而繼好. 隣交有節, 使命無愆, 音耗相通, 歲月長久. 今者, 星霜易變, 雲物屢移, 一紀已盈, 實當聘覲. 所以仰據前典, 迴斟舊規, 向日寄情, 發星軺之一使, 占風泛葉, 踰渤海之潤波. 萬里途程, 寸心所指. 往復雖邈, 欽慕良深, 謹差政堂省左允楊成規, 令赴貴國, 尋修前好. 宜准狀, 牒上日本國太政官者, 謹錄牒上, 謹牒 其信物大虫皮七張豹皮六張熊皮七張蜜五斛.

18일 정해(丁亥)에 칙명으로 좌근위중장(左近衛中將) 종4위하 겸행비중권수(兼行備中權守) 원조신서(源朝臣舒, 미나모토노아손 노부루)를 홍려관으로 보내 양성규(楊成規) 등이 가져온 발해국 왕계(王啓) 및 신물(信物)을 검수하였다.

계(啓)에서 말하기를 "[대]현석(玄錫)이 계(啓)합니다. 늦가을이라 몹시 차갑습니다. 엎드려 생각건대 천황의 일상은 다복하소서. 여기 [대]현석은 은혜를 입어 [잘 지내고] 있습니다.

건국한 이래로 항상 귀국과 사신을 보내고 왕명을 전하였지만, 해를 걸러 소식을 전하니 오랜 친교가 지금 더욱 두텁습니다. [대]현석은 선조가 남긴 업적을 계승하고 오랜 법전에 전해오는 가르침을 수행하고 있습니다. [그래서] 1기(紀, 12년)의 기한이 찬 데 마음이 움직이고 이웃과 친하게 지내는 데 주의하여, 이에 사신에게 부절(符節)을 주어 [천황을] 빙근(聘覲)토록 하였습니다. 엎드려 바라건대 천황께서는 원객(遠客)을 가엾게 굽어살피어 전례에 준하여 입경하도록 하신다면, 매우 다행이고 매우 다행이겠습니다. 창해(滄海)의 파도로 가로막혀 [직접 가서] 엎드려 절할 수 없으니, 제 마음이 황송하여 두려움을 견디기 어렵습니다. 삼가 정당성좌윤(政堂省左允) 양성규(楊成規)을 보내어 [천황이] 계신 곳에 삼가 계(啓)를 올립니다. [뜻을] 다 펴지 못합니다. 삼가 계(啓)합니다"라고 하였다.

중대성첩(中臺省牒)에서 말하기를 "첩을 보냅니다. [우리 임금의 다음과 같은] 처분을 받드니 [그것은] '하늘 끝[에 있는 이곳]은 길이 막혀 있고 해 뜨는 지역은 거리가 멀다. [그래서] 항상 1기로 한정하여 우호 관계를 닦았고, 또한 연한을 기약하여 우호 관계를 계속하였다. 이웃나라와의 교섭에는 절도가 있고, 사신의 파견에는 허물이 없이, 소식을 서로 전하였는데 세월이 오래 흘렀다. 이제 세월도 바뀌고 구름의 빛깔도 [계절에 따라] 자주 변하여, 1기가 이미 찼으니 실로 빙근(聘覲)할 때가 되었다. 그래서 우러러 전대의 법전에 의거하고 멀리 오랜 법규를 헤아려, 해를 향해 심정을 부치려고 수레에 탄 사신을 출발시켜 풍향을 살펴 잎새만한 [작은] 배를 띄어 발해(渤海)의 넓은 파도를 넘도록 하라. 만리나 되는 여정도 [내] 작은 마음이 가리키는 바이다. 왕복하는 길이 비록 멀다고 하더라도 흠모하는 마음은 참으로 깊으니, 삼가 정당성좌윤 양성규를 귀국으로 보내어 선대의 우호를 계속 닦도록 하라'는 것입니다. [중대성 우상의 지시는] 마땅히 [이러한 처분] 내용에 준하여 [작성한] 첩을 일본국 태정관(太政官)에 올려 보내라'는 것입니다. 삼가 [이러한 지시 사항들을] 옮겨 적어 첩을 올립니다. 삼가 첩을 보냅니다"라고 하였다. 그 신물(信物)은 대충피(大虫皮)[99] 7장, 표피(豹皮) 6장, 웅피(熊皮) 7장, 꿀 5곡(斛)이었다.

十九日戊子, 勅遣左參議正四位下行左大允兼勘解由長官近江權守大江朝臣音人, 向鴻臚館, 賜渤海國使, 授位階告身. 詔命曰, 天皇詔旨【良萬止】勅命【乎】客【倍】衆聞

---

[99] 호랑이 가죽의 별칭이다.

食【止】宣. 國【乃】王, 楊成規等【乎】差【天】進度【志天】天皇【我】朝廷【乎】拜奉【留】事【乎】矜賜【比】慈賜【比天】冠位上賜【比】治賜【布】. 然常【都】例【波】大宮【乃】內【介】召【天】治賜【介理】, 此廻思【女須】大心大坐【麻須介】依【天奈毛】, 使【乎】遣【天】治賜【波久止】勅天皇【我】大命【乎】聞食【止】宣【布】. 大使已下相共拜[100], 訖. 授大使楊成規從三位, 副使李興晟[101]從四位下, 判官李周慶・賀王眞並正五位下, 錄使高福成・高觀李・孝信並從五位上. 品官以下幷首領等授位, 各有等級. 及天文生以上, 隨位階各賜朝服. 去年, 陰陽寮占曰, 就蕃客來朝, 可有不祥之徵. 由是, 不引見, 自鴻臚館放還焉.

19일 무자에 칙명으로 좌참의(左參議) 정4위하 행좌대윤 겸 감해유장관(行左大允兼勘解由長官) 근강권수(近江權守) 대강조신음인(大江朝臣音人)을 홍려관으로 보내 발해국 사신에게 위계(位階)를 수여하는 고신(告身)을 하사하였다. [천황이] 조명(詔命)으로 말하길 "천황이 조지(詔旨)로 [말씀하시는] 칙명을 [발해]객에게 모두 들으라고 말씀하시셨다. [발해]국의 왕이 양성규(楊成規) 등을 보내 올려보내어 천황의 조정을 배알하는 일을 어여삐 여겨 자비를 베풀어 관위(冠位)를 올려준다. 그러나 상례(常例)는 궁궐 안으로 불러 관위를 수여하는 것이다. [그러나 내가] 이번은 대보리심(大菩提心)을 일으키고 있으므로 사자를 보내 관위를 수여한다는 칙을 내리는 천황의 대명(大命)을 들으라"라고 하였다. 대사(大使) 이하가 모두 함께 절하고 마쳤다. 대사 양성규에게 종3위, 부사(副使) 이흥성(李興晟)에게 종4위하, 판관(判官) 이주경(李周慶)과 하왕진(賀王眞)에게 모두 정5위하, 녹사(錄使) 고복성(高福成)과 고관(高觀)과 이효신(李孝信)에게 모두 종5위상을 수여하였다. 품관(品官) 이하 및 수령(首領) 등에게 관위를 수여하는 데 각각 등급대로 하였다. 천문생(天文生) 이상으로는 위계(位階)에 따라 각각 조정에서 입는 예복(禮服)을 하사하였다. 작년 음양료(陰陽寮)가 점치어 말하기를 "번객(蕃客)이 내조함에 따라 상서롭지 못한 징조가 있을 수 있다"고 하였다. 이로 인해 접견하지 않고 홍려관에서 돌려보냈다.

廿日己丑, 內藏寮與渤海客, 廻易貨物.

---

100 '拜'는 『日本三代實錄』에 '拜舞'로 되어 있다.
101 '晟'는 『日本三代實錄』에 '晨'으로 되어 있다.

20일 기축에 내장료(內藏寮)와 발해객(渤海客)이 물품을 교역하였다.

廿一日庚寅, 聽京師人與渤海客使交關.

21일 경인에 도성의 사람들이 발해객사(渤海客使)와 교역하는 것을 허락하였다.

廿二日辛卯, 聽諸市人與客徒私相市易. 是日, 官錢卅萬賜渤海國使等, 乃喚集市廛人, 賣與客徒此間土物. 以前筑後少目從七位上伊勢朝臣興房爲領歸鄕客使通事.

22일 신묘에 여러 시장 상인이 [발해] 객도(客徒)와 사사로이 장사하는 것을 허락하였다. 이날 관전(官錢) 40만을 발해국 사신들에게 하사하고 시장 상인들을 불러 모아 [발해] 객도들과 이곳의 토산품을 매매하도록 하였다. 전(前) 축후소목(筑後少目)[102] 종7위상 이세조신흥방(伊勢朝臣興房, 이세노아손 오키후사)을 영귀향객사통사(領歸鄕客使通事)로 삼았다.

廿三日壬辰, 勅遣大學頭從五位上兼行文章博士阿波介巨勢朝臣文雄・文章得業生越前大掾從七位下藤原朝臣佐世, 於鴻臚館, 饗譙渤海國使. 宣詔曰, 客人【倍波】常【都】例【波】大宮【乃】內【介】召【天】饗賜【比】音樂賜【比介利】. 而【乎】思【女須】大心大坐【介】依【天奈毛】使【乎】遣【天】大物賜【布】. 客人【倍】此狀【乎】悟【天】安【良可介】侍食【余止】勅大命【乎】聞食【止】宣. 鵠行數周, 客主淵醉. 賜客徒祿各有差.

23일 임진에 칙명으로 대학두(大學頭) 종5위상 겸 행문장박사(兼行文章博士) 아파개(阿波介) 거세조신문웅(巨勢朝臣文雄, 고세노아손 후미오)과 문장득업생(文章得業生) 월전대연(越前大掾) 종7위하 등원조신좌세(藤原朝臣左世, 후지와라노아손 스케요)를 홍려관에 보내 발해국 사신에게 향회(饗會)를 베풀었다. [이때] 천황의 조서를 펼쳐 읽기를 "객인(客人)에게

---

102 筑後國은 일본 고대 令制國의 하나로, 筑前國과 함께 7세기 말에 성립되었으며, 현재의 후쿠오카현 남부에 속한다. 해당국의 지방관인 고쿠시(國司)는 守,介,掾, 目의 4等官으로 구성되었으며, 최하위의 目은 주로 官事의 기록 및 公文의 초안 작성을 담당하였다. 국이 규모가 큰 경우에는 大目과 小目이 설치되었다.

는 상례(常例)가 궁궐 안으로 불러 향회와 음악을 내려주는 것이었습니다. 그러나 [내가] 대보리심(大菩提心)을 일으키려고 생각하고 있으므로 사자(使者)를 보내 크게 물품을 내립니다. 객인에게 이 상황을 알게 하고 편안히 대접받으시라 라고 칙을 내리는 대명(大命)을 받으라고 말씀하셨다"라고 하였다. 술잔이 몇 번 돌아 주객이 깊이 취하였다. [발해] 객도(客徒)에게 차등을 두어 녹을 하사하였다.

廿四日癸巳, 大使楊成規從掌客使, 請私以壞奠, 將奉獻天皇及皇太子. 掌客使奉狀, 有詔許之. 內裏·東宮[103]賚物有數. 是日勅, 遣民部少輔兼東宮學士從五位下橘朝臣廣相, 賜客徒曲宴. 遣兵部少輔從五位下兼行下野權介高階眞人令範賜御衣, 客主具醉, 興成賦詩.

24일 계사에 대사(大使) 양성규(楊成規)가 장객사(掌客使)를 따라와서 사적으로 [발해에서 가져온] 공물로 천황 및 황태자에게 봉헌(奉獻)하고자 요청하였다. 장객사가 문서로 보고하니 조서를 내려 허락하였다. 내리(內裏)와 동궁(東宮)에 바친 물품이 얼마 되지 않았다. 이날 칙명으로 민부소보(民部少輔) 겸 동궁학사(兼東宮學士) 종5위하 귤조신광상(橘朝臣廣相, 다치바나노아손 히로미)을 보내 [발해] 객도(客徒)에게 곡연(曲宴)을 내렸다. 병부소보(兵部少輔) 종5위하 겸 행하야권개(兼行下野權介) 고계진인영범(高階眞人令範, 다카시나노마히토 요시노리)을 보내 어의(御衣)를 하사하였다. 주객이 모두 취하고 흥이 나서 시를 읊었다.

廿五日甲午, 勅遣參議右大弁從四位上兼行讚岐守藤原朝臣家宗·從四位上行右近衛中將兼行阿波守源朝臣興·從六位下守大內記大江朝臣公幹於鴻臚館, 賜勅書. 從五位上行少納言兼侍從和氣朝臣彝範·正五位下守右中弁藤原朝臣良近·左大史正六位上大春日朝臣安守, 付太政官牒. 大使已下, 再拜舞蹈. 大使楊成規, 膝行而進, 北向, 跪受勅書太政官牒函.
勅書曰, 天皇敬問渤海國王. 成規等至, 省啓昭然. 惟王家之急, 繕粉澤施治, 坤性之貞, 凝丹青守信. 風猷不墜, 景式猶全, 相襲舊基於居城, 靡欺先紀於行梓. 言其篤義,

---

103 '宮'는 『日本三代實錄』에 '京'으로 되어 있는데, 오자이다.

來觀旣脩, 贈以翔仁, 放歸如速. 數千里之波浪, 雖有邊涯, 十二廻之寒暄, 豈促圭晷. 苟謂拘禮, 誰爲隔疏. 德也不孤, 夢想君子而已. 國信附廻, 到宜撿受. 梅熟, 王及境局, 小大無恙. 略懷遣此, 何必煩多.

太政官牒曰, 日本國太政官牒渤海國中臺省. 得中臺省牒稱, 奉處分, 天涯路阻, 日域程遙. 常限紀以修和, 亦期年而繼好. 隣交有節, 使命無愆, 音耗相通, 歲月長久. 今者, 星霜易變, 雲物屢移, 一紀已盈, 實當聘覲. 謹差政堂省左允楊成規, 令赴貴國者. 官具狀奏請, 奉勅曰, 成規等, 魁情紫闥, 織路滄溟, 守我朝章, 修其國禮. 善隣之款, 允屬寢興. 宜准前規, 使申舊好者. 准勅處分. 及其却廻, 附璽書幷國信, 至宜領之. 今以狀牒送, 牒到准狀, 故牒.

是日, 領歸鄕客使多治眞人守善等引客徒出館. 大使楊成規跪言, 成規等, 覲聘禮畢, 歸本土去. 今差天使, 令其領送. 成規等, 瞻望丹闕, 涕泗盈衿, 仰變之誠, 中心無限. 臨別, 掌客使都良香相, 遮館門, 擧觴而進.

25일 갑오에 칙명으로 참의(參議) 우대변(右大弁) 종4위상 겸 행찬기수(兼行讚岐守) 등원조신가종(藤原朝臣家宗)과 종4위상 행우근위중장(行右近衛中將) 겸 행아파수(兼行阿波守) 원조신홍(源朝臣興, 미나모토노아손 오코루)과 종6위하 수대내기(守大內記) 대강조신공간(大江朝臣公幹, 오에노아손 키미미키)을 홍려관(鴻臚館)에 보내 칙서를 하사하였다. 종5위상 행소납언(行少納言) 겸 시종(兼侍從) 화기조신이범(和氣朝臣彛範)과 정5위하 수우중변(守右中弁) 등원조신량근(藤原朝臣良近, 후지와라노아손 요시치카)과 좌대사(左大史) 정6위상 대춘일조신안수(大春日朝臣安守)를 보내 태정관첩(太政官牒)을 전달하였다. 대사(大使) 이하가 두 번 절하고 손을 흔들고 발을 구르며 기뻐하였다. 대사 양성규(楊成規)가 무릎으로 기어 나와 북쪽으로 무릎을 꿇고 칙서와 태정관첩을 담은 함을 받았다.

칙서에서 말하기를 "천황은 발해국왕에게 삼가 안부를 묻습니다. [양]성규 등이 이르러 [바친] 계(啓)를 보니 [그 내용을] 명백히 알았습니다. 생각건대 왕가(王家)의 급선무는 [문물제도를 잘] 정비하여 다스림을 베풀고 [천자에 대해 지상의 제후가 지켜야 할] 곤성(坤性)의 정조는 [변치 않는] 붉고 푸른 마음을 응집하여 신의를 지키는 것입니다. [그러면] 풍속을 교화하는 공로는 추락하지 않고 빛나는 법식도 온전히 할 것입니다. [발해국왕이] 거처하는 도성(都城)에서 오랜 기틀을 계승하고 노 저어 올 때 앞서 1기(紀, 12년)를 속이지 않았습니다. 언사

(言辭)에는 의리가 돈독하고 내조(來朝)도 이미 마쳤으니, 저 높은 [천황의] 인자한 [선물을] 주어서 속히 되돌아가게 합니다. 수천 리나 되는 파도에 비록 끝은 있더라도 12년 만의 안부 인사에 어찌 시간[의 단축]을 재촉하겠습니까? 진실로 예법에 구애된다고 한다면 누구라도 소원해질 것입니다. 유덕(有德)한 사람은 외롭지 않으니 꿈속에서라도 군자(君子)를 생각할 뿐입니다. 국신(國信)을 돌아가는 편에 부치니, 도착하거든 검수하십시오. 매실이 익는 초여름이라 왕 및 경내(境內)의 부서[의 관리]는 모두 편안하십시오. 대략 [이런] 소회를 이 편지에 담아 보내니, 어찌 꼭 번다할 필요가 있겠습니까?"라고 하였다.

태정관첩에서 말하기를 "일본국 태정관이 발해국 중대성(中臺省)에 첩을 보냅니다. 중대성 첩을 받았는데 [거기서] 이르기를 '[우리 임금의 다음과 같은] 처분을 받드니 [그것은]「하늘 끝[에 있는 이곳]은 길이 막혀 있고 해 뜨는 지역은 거리가 멀다. [그래서] 항상 1기(紀)로 한정하여 우호 관계를 닦았고, 또한 연한을 기약하여 우호 관계를 계속하였다. 이웃 나라와의 교섭에는 절도가 있고 사신의 파견에는 허물이 없이, 소식을 서로 전하였는데 세월이 오래 흘렀다. 이제 세월도 바뀌고 구름의 빛깔도 [계절에 따라] 자주 변하여, 1기가 이미 찼으니 실로 빙근(聘覲)할 때가 되었다. 삼가 정당성좌윤(政堂省左允) 양성규(楊成規)를 귀국으로 보내라」라는 것입니다.' [태정]관이 문서로 갖추어 아뢰었더니, 칙명을 받은 바 [그것은] '[양]성규 등이 천황의 궁궐을 우러러 사모하여 푸른 바다를 바삐 건너와서, 우리 조정의 법을 지키며 그 나라의 [빙문의] 예를 수행하였다. 선린(善隣)의 정성이 참으로 밤낮으로 이어졌다. 마땅히 예전의 규정에 준하여 오랜 우호를 펼치도록 하라.'는 것입니다. 칙명에 준하여 [다음과 같이] 처리합니다. 되돌아갈 때 새서(璽書) 및 국신(國信)을 부치니, 도착하면 수령하십시오. 지금 [이러한] 내용으로 첩을 보내니, 첩이 도착하거든 [이러한 서면의] 내용에 준하시기를 바랍니다. 그러므로 첩을 보냅니다"라고 하였다.

이날, 영귀향객사(領歸鄕客使) 다치진인수선(多治眞人守善) 등이 [발해] 객도(客徒)를 이끌고 [홍려]관을 나섰다. 대사 양성규가 무릎 꿇고 말하기를 "[양]성규 등이 근빙(覲聘)의 의례를 마치고 본토로 돌아갑니다. 지금 천황의 칙사를 보내 [저희를] 호송해 주십니다. 성규 등은 [천황이 계시는] 붉은 대궐을 우러러보며 흘리는 눈물이 옷깃을 적시니, 우러러 사모하는 정성이 마음속에 무한합니다"라고 하였다. 작별 인사를 마치니 장객사(掌客使) 도량향(都良香, 미야코노 요시카)이 서로 [홍려]관의 문을 닫고 술잔을 들어 올리고 나아갔다.

○ 권194, 수속부(殊俗部)□, 발해(渤海) 하(下), 청화천황(清和天皇) 정관(貞觀) 15년(873)

七月八日庚午, 先是, 大宰府馳驛言, 渤海國人崔宗佐·門孫宰等, 漂着肥後國天草郡. 遣大唐通事張建忠覆問事由, 審實情狀, 是渤海國入唐之使. 去三月著薩摩國, 逃去之一艦也. 仍奉進宗佐等日記, 幷所齎蠟封函子, 雜封書弓劒等.

是日, 勅, 討覈宗佐等申狀, 知是渤海人. 亦其表函牒書·印封官銜等, 雛校先來入覲在此間者, 符合如一. 崔宗佐等, 旣非伺隙之奸寇, 可謂善隣之使臣. 其飄泊艱澁, 誠當矜恤. 宜令在所, 支濟衣粮, 所上蠟封函子·雜封書等, 全其印封, 莫煩披閱. 亦其隨身雜物, 秋毫不犯, 皆悉還與. 其所乘二舶, 設有破損, 勤加繕修, 足以凌波, 早得好去. 但宗佐等, 彼國名宦之人, 盡知我朝之相善, 然則飄著之日, 須露情實, 以望恩濟, 而飛帆逃亡, 還似奸賊, 非我仁恕, 何免重誅. 宜責以過契, 俾悔其非.

7월 8일 경오에 앞서 대재부(大宰府)에서 역마(驛馬)로 급히 아뢰기를 "발해국 사람 최종좌(崔宗佐)와 문손재(門孫宰) 등이 비후국(肥後國, 히고노쿠니) 천초군(天草郡, 아마쿠사군)에 표류하여 도착하였습니다. 대당 통사(大唐通事) 장건충(張建忠)을 보내 사유를 조사하여 실정을 확인해 보니, 이는 발해국에서 당으로 가는 사신입니다. 지난 3월에 살마국(薩摩國, 사쓰마노쿠니)에 도착했다가 도망가 버린 배 한 척이었습니다. 이에 [최]종좌 등의 일기 및 소지한 밀랍으로 봉한 상자와 섞어서 봉한 서신과 활과 칼 등을 진상합니다"라고 하였다.

이날, 칙명을 내려 "[최]종좌 등에 대한 보고 문건을 엄밀히 살펴보니 [이들이] 발해인임을 알겠다. 또 그 표함(表函)과 첩서(牒書)에 인장을 찍어 밀봉한 관원의 직함 등을 앞서 [발해에서] 입근(入覲)할 때 여기에 바친 것과 대조하니 똑같이 부합한다. 최종좌 등은 틈을 노리는 간악한 도적이 아니니 선린(善隣)의 사신이라고 말할 수 있다. 표류하여 도착하는 동안의 고생에 대해서는 참으로 가엾게 여겨 도와주어야 한다. 마땅히 [이들이] 있는 곳에서는 의복과 식량을 지급해 주고, [보고차] 진상한 밀랍으로 봉한 상자와 섞어서 봉한 서신 등은 그 봉인을 온전히 복구하여 번잡하게 열어 보지 않도록 하라. 또 몸에 지닌 물건들도 추호도 범하지 말고 모두 돌려주어라. [이들이] 타고 온 배 2척에 만약 파손된 부분이 있으면 수선하도록 힘써 도와주어 파도를 건널 수 있도록 하여 조속히 떠나게 하라. 다만 [최]종좌 등은 저 나라의 고관이니 어찌 우리 조정이 [저희와] 서로 친선 관계임을 모르겠는가? 그렇다면 표류하여 도착한 날에 모름지기 실정을 알리고 은혜로운 구제를 바랬어야 하는데도 돛을 날려 도망가 버렸으니, 오히려 간사한 도적과 같다. 우리의 인자한 용서가 아니라면 어찌 중죄를 면할 수 있겠는가? 마땅히 [친선에 대한] 잘못된 이해에 대해 질책하여 그 잘못을 뉘우치게 하라"라고 하였다.

○ 권194, 수속부(殊俗部)□, 발해(渤海) 하(下), 청화천황(淸和天皇) 정관(貞觀) 16년(874)

六月四日庚申, 先是, 渤海人宗佐等五十六人漂著石見國, 充給資粮, 放還本鄉.

6월 4일 경신에 이에 앞서 발해인 [최]종좌 등 56인이 표류하다가 석견국(石見國, 이와미노쿠니)에 도착하니, 물품과 식량을 공급해 주고 고향으로 돌려보냈다.

○ 권194, 수속부(殊俗部)□, 발해(渤海) 하(下), 청화천황(淸和天皇) 정관(貞觀) 19년(877)

正月十六日戊子, 是日出雲國言, 渤海國大使政堂省孔目官楊中遠等一百五人, 去年十二月廿六日著岸, 中遠申云, 爲謝恩請使, 差遣中遠等, 兼獻方物, 於嶋根郡安置供給.

정월 16일 무자에 이날 출운국(出雲國)에서 말하기를 "발해국 대사(大使) 정당성(政堂省) 공목관(孔目官) 양중원(楊中遠) 등 105인이 작년 12월 26일에 해안에 도착하였습니다. [양]중원이 보고하기를 '사은청사(謝恩請使)로 삼아 [양]중원 등을 파견하여 아울러 특산물을 바칩니다'라고 하니, 도근군(嶋根郡)에 안치하여 [물품을] 공급하였습니다"라고 하였다.

二月三日乙巳, 以少外記正六位上大春日朝臣安名・前讚岐掾正八位下占部連月熊爲存問渤海客使, 園池正正六位上春日朝臣宅成爲通事.

2월 3일 을사에 소외기(少外記) 정6위상 대춘일조신안명(大春日朝臣安名, 오카스가노아손 야스나)과 전 찬기연(前讚岐掾) 정8위하 점부련월웅(占部連月熊, 우라베노무라지 쓰키구마)을 존문발해객사(存問渤海客使)로 삼고, 원지정(園池正) 정6위상 춘일조신택성(春日朝臣宅成)을 통사(通事)로 삼았다.

三月十一日壬子, 以存問渤海客使正六位上行少外記大春日朝臣安名·前讚岐掾正八位下占部連月熊爲兼領客使.

3월 11일 임자에 존문발해객사(存問渤海客使) 정6위상 행소외기(行少外記) 대춘일조신안명(大春日朝臣安名)과 전 찬기연(前讚岐掾) 정8위하 점부련월웅(占部連月熊)을 겸 영객사(兼領客使)로 삼았다.

○ 권194, 수속부(殊俗部)□, 발해(渤海) 하(下), 양성천황(陽成天皇) 원경(元慶) 원년(877)

四月十八日己丑, 存問兼領渤海客使少外記大春日朝臣安名等, 寫渤海國王啓幷中臺省牒, 馳驛上奏.
王啓曰, 玄錫啓. 季秋極凉. 伏惟天皇, 起居萬福. 卽此玄錫蒙恩. 過者, 使楊成規被差, 入觀貴國, 得達微誠, 禮畢却返. 璽書國信, 無微頓臻, 捧受喜歡, 感激之深. 後年, 本國往唐國相般擥校官門孫宰等, 所乘船一隻, 從風漂流, 着貴國岸. 天皇特垂恩念, 仍與生成, 別賜粮料, 優賞並蒙, □□生命, 全還本國. 實是善隣之救接, 敦於當時, 久要之情親, 逢於今日. 延領南望, 伏深抃躍, 何乃得不木石緘黙. 陳謝深恩, 亦察舊記, 久與貴國, 交使往來, 舟車織路, 今乃使乎惣絶, 已多歲年. 伏以禮尚往來, 聖人所貴, 聞義則從, 君子斯宗. 如何先祖規模, 常欲奉於是日, 後嗣堂搆, 必庶繼於前脩. 不勝懇誠, 不遑待紀, 謹差政堂省孔目官楊中遠, 令謝深恩, 幷請嘉客. 伏冀天皇, 宣弘前制, 仍依故實, 遠垂皇恩, 迴復舊路. 冀不閉大道, 恩憐遠客, 准例入都, 提撕此事, 幸甚幸甚. 限以滄浪, 未由拜覲, 謹奉啓起居. 不宣, 謹啓.
中臺省牒曰, 渤海國中臺省牒日本國太政官. 應差入貴國申謝幷請客使政堂省孔目官楊中遠等惣一百五人. 牒. 奉處分, 雲嶺萬里, 海波千重, 我有善隣, 誰謂路阻. 早結和好, 無怠使期. 崇先規而此朝頻修, 廢故親而彼國惣絶. 近者專使楊成規入貴國, 後年本國往唐國相擥校官門孫宰等着海岸, 天皇特賜矜念, 並蒙大恩. 況乎已受恤憐之敦, 何無申謝之喜. 亦奉尋前文, 仰得古記, 兩國交使, 本有來由. 今只路絶, 年歲彌久, 事修先例, 不思其復. 遠感往來之蹤, 常多懇望之懷, 堂搆之念, 不敢墜失. 不勝感激瞻仰之至, 謹差政堂省孔目官楊中遠, 令入貴國, 申謝恩造, 幷請嘉客. 宜准狀, 牒上日本國太政官者. 謹錄牒上, 謹牒.

 4월 18일 기축에 존문겸영발해객사(存問兼領渤海客使) 소외기(少外記) 대춘일조신안명(大春日朝臣安名) 등이 발해국 왕계(王啓) 및 중대성첩(中臺省牒)을 베껴서 [그 사본을] 역마(驛馬)로 급히 아뢰었다.

 왕계에서 말하기를 "[대]현석(玄錫)이 계(啓)합니다. 늦가을이라 매우 차갑습니다. 엎드려 생각건대 천황의 일상은 다복하소서. 여기 [대]현석은 은혜를 입어 [잘 지내고] 있습니다. 지난번 사신 양성규(楊成規)가 파견 임무를 받아 귀국에 입근(入覲)하여 미약한 정성이나마 전달하고 의례를 마치고 돌아왔습니다. 새서(璽書)와 국신(國信)은 요구하지도 않았는데 갑자기 도착하여, 삼가 받들 때 매우 기뻐서 깊이 감격하였습니다. 다음 해 본국에서 당(唐)나라로 가는 상반검교관(相般檢校官) 문손재(門孫宰) 등이 승선한 한 척이 바람을 따라 표류하여 귀국의 해안에 도착하였습니다. [그런데] 천황께서 특별히 은덕을 내려주시어 살아날 수 있었는데, 별도로 식량을 내려주시고 후한 상까지도 모두 받아서, 생명을 [보전하여] 온전히 본국으로 돌아왔습니다. 실로 좋은 이웃이 구제하고 접대한 것이 당시에 돈독했고, 오랜 친교(親交)로 깊어진 인정은 오늘에야 마주치게 되었던 것입니다. 고개를 빼어 남쪽으로 바라보면서 엎드려 몹시 기뻐서 박수를 치고 춤추며, 어찌 목석처럼 침묵하여 깊은 은혜에 감사하지 않을 수 있겠습니까? 또한 옛 기록을 살펴보니 오랫동안 귀국과 더불어 서로 간에 사신이 왕래하고 배와 수레도 [베틀의 북처럼] 바삐 오갔지만, 지금은 사신 길이 모두 단절된 지 여러 해가 되었습니다. 엎드려 생각건대 예(禮)로써 [서로 간에] 왕래하는 것은 성인(聖人)이 귀중하게 여기는 바이고 의(義)를 들으면 바로 따르는 것은 군자(君子)가 으뜸으로 삼는 바입니다. 선조(先祖)[가 제정한] 설계를 항상 이날에 받들고자 하여 후사(後嗣)가 집을 지을 때는 반드시 선대의 수행을 계승해야 한다는 [자명한] 사실을 어떻게 하겠습니까? [그래서] 간절한 정성을 이기지 못하여 1기(紀, 12년)를 기다릴 겨를이 없어 삼가 정당성(政堂省) 공목관(孔目官) 양중원(楊中遠)을 파견하여 깊은 은혜에 감사드리고 아울러 [귀국의] 훌륭한 사신을 요청하는 것입니다. 엎드려 바라건대 천황께서는 선대의 제도를 널리 펴고 참고되는 실례(實例)에 의거하여, 멀리 천황의 은혜를 내려주시어 예전[처럼 왕래하는] 도로를 회복시켜주십시오. 바라건대 대도(大道)를 닫지 말고, 멀리서 온 사신에게 은혜와 연민을 내려주어 전례에 준하여 입경하도록 하여 이 일을 [잘 수행하도록] 이끌어 주신다면 매우 다행입니다. 창해(滄海)의 파도로 가로막혀 [직접] 찾아뵙고 인사할 수 없습니다. 삼가 계(啓)를 올려 문안을 드립니다. [그렇지만 뜻을] 다 펴지 못합니다. 삼가 계(啓)합니다"라고 하였다.

중대성첩에서 말하기를 "발해국 중대성이 일본국 태정관(太政官)에 첩을 보냅니다. [우리 국왕의] 명령을 받아 파견해서 귀국에 들어가서 사례(謝禮)를 표하고 아울러 [귀국] 사신을 요청하는 사신은 정당성 공목관 양중원 등 105인[입니다]. 첩을 보냅니다. '[우리 임금의 다음과 같은] 처분을 받드니 [그것은]「하늘의 구름까지 닿는 산봉우리[처럼 먼 일본과의 거리]는 만 리나 되고 바다의 파도는 천 겹이나 되지만, 우리에게 좋은 이웃이 있으니 누가 길이 막혔다고 하겠는가? 조속히 우호를 맺고 사신의 파견 기간에 허물이 없도록 하라. 선대의 규범을 숭상하여 이쪽 조정에서 자주 [빙례(聘禮)를] 수행하였는데, 옛 친분을 폐지하고 저 나라가 모두 단절시켰다. 근래 전사(專使) 양성규(楊成規)가 귀국에 입국하였고, 다음 해에는 우리나라에서 당나라로 본국에서 당(唐)나라로 가는 상반검교관(相般檢校官) 문손재(門孫宰) 등이 해안에 표류하였는데, 천황이 특별히 가엾게 여겨 주어 모두 큰 은혜를 입었다. 하물며 이미 가엾게 여겨 보살펴 준 은혜를 두터이 받았는데 어찌 고마움을 표시하는 기쁨이 없을 수 있겠는가? 또한 전대의 기록을 찾아보고 옛 기록을 얻어보니 양국 간에 사신을 서로 파견하는 일이 본래 유래가 있었다. 지금 도로가 단절된 지 세월이 오래되었는데 선례(先例)대로 [빙례를] 수행하라고 할 뿐 [사신 단절을] 복구할 것을 생각하지 않고 있다. [사신이] 왕래한 자취에 대해 멀리서 감격하여, [사신 단절의 복구를] 간절히 바라는 소회를 항상 많이 품었다. [후손이 선대의 설계를 계승하여] 집을 지으려는 생각을 감히 실추시키지 않아야 한다. [일본 (천황)에 대해] 감격하고 사모하는 지극한 정성을 이기지 못하니 삼가 정당성 공목관 양중원을 보내어 귀국에 입조시켜 [천황의] 은혜에 대해 감사를 표하고 아울러 [귀국의] 훌륭한 사신을 요청하라.」는 것입니다. [중대성 우상의 지시는] 마땅히 [이러한 처분] 내용에 준하여 [작성한] 첩을 일본국 태정관(太政官)에 올려 보내라.'는 것입니다. 삼가 [이러한 지시 사항들을] 옮겨 적어 첩을 올립니다. 삼가 첩을 보냅니다"라고 하였다.

六月廿五日甲午, 渤海國使楊中遠等, 自出雲國還於本蕃. 王啓幷信物, 不受而還之. 大使中遠欲以珍翫玳瑁酒盃等, 奉獻天子, 皆不受之. 通事園池正春日朝臣宅成言, 昔往大唐, 多觀珍寶, 未有若此之奇恠. 太政官宣【久】, 先皇【乃】制【止之天】一紀【乎】以【天】來朝【乃】期【止】爲【利】. 而彼國王此制【介】違【天】使【乎】奉出【世利】. 凡厥謝

恩及請使等【乃】事【波】, 存問之日【介】屈伏旣訖【太利】. 仍【天】貴參來【留】所【乃】啓
幷信物等, 不更奏聞. 客人【部】此狀【乎】知【天】, 平【介久】治賜【布】所【止之天】, 本國
【介】退還【止】爲【天奈毛】御手【都】物道粮賜【比】饗給【波久止】宣.

6월 25일 갑오에 발해국 사신 양중원(楊中遠) 등이 출운국(出雲國)에서 본번(本蕃)으로 돌아갔다. 왕계(王啓)와 신물(信物)을 받지 않고 돌려보냈다. 대사 [양]중원이 진귀한 완상품과 대모(玳瑁)로 만든 술잔을 천자(天子)에게 바치고자 했으나, 모두 받지 않았다. 통사(通事) 원지정(園池正) 춘일조신택성(春日朝臣宅成)이 말하기를 "옛날 대당(大唐)에 가서 진귀한 보물을 많이 보았지만 이처럼 기괴한 것은 없었다"라고 하였다. 태정관에서 말하기를, "선황의 제도로서 1기를 내조의 기한으로 삼았다. 그런데 저 나라 왕이 이 제도를 어기고 사신을 받들어 보냈다. 무릇 은혜에 감사한다거나 사신을 요청하는 등의 일은 존문하는 날에 [안 하도록] 굴복시켰다. 이에 가지고 온 바의 왕계 및 신물 등은 다시 아뢰지 않는다. 객인에게 이 상황을 [문서로] 알려, 평온하게 내리신 바는 본국에 되돌아간다고 하므로 친히 물품과 양식을 내려주고 향회(饗會)도 베풀어주라"고 하였다.

○ 권194, 수속부(殊俗部)▯, 발해(渤海) 하(下), 양성천황(陽成天皇) 원경(元慶) 6년(882)

十一月廿七日乙未, 加賀國馳驛言, 今月十四日, 渤海國入覲使斐頲等一百五人着岸.

11월 27 을미에 가하국(加賀國)에서 역마(驛馬)로 급히 알리기를 "이달 14일에 발해국 입근사(入覲使) 배정(斐頲) 등 105인이 해안에 도착하였다"라고 하였다.

廿八日丙申, 下符加賀國, 安置渤海客於便處, 依例供給, 勤加優遇. 又禁制私廻易客徒所齎貨物.

28일 병신에 가하국(加賀國)에 부문(符文)을 내리기를 "발해객(渤海客)을 편안한 곳에 안치하고 전례에 의거하여 [음식 등을] 공급하되 우대하도록 힘쓰라. 또 [민간에서] 발해 객도(客徒)가 가져온 물품들을 사사로이 교역하는 것을 금지한다"라고 하였다.

○ 권194, 수속부(殊俗部)□, 발해(渤海) 하(下), 양성천황(陽成天皇) 원경(元慶) 7년(883)

正月戊辰朔, 以正六位上行少外記大藏伊美吉善行·式部少丞高階眞人茂範爲存問渤海客使, 前筑後少目從八位上伊勢朝臣興房爲通事.

정월 무진 초하루에 정6위상 행소외기(行少外記) 대장이미길선행(大藏伊美吉善行, 오쿠라노이미키 요시유키)과 식부소승(式部少丞) 고계진인무범(高階眞人茂範, 다카시나노마히토 시게노리)을 존문발해객사(存問渤海客使)로 삼고, 전(前) 축후소목(筑後少目) 종8위상 이세조신흥방(伊勢朝臣興房)을 통사(通事)로 삼았다.

廿六日癸巳, 令山城·近江·越前·加賀等國, 修理官舍道橋, 埋瘞路邊死骸, 以渤海客可入京也. 下知越前·能登·越中國, 送酒肉魚鳥蒜等物於加賀國, 爲饗渤海客也.

26일 계사에 산성(山城, 야마시로)·근강(近江, 오미)·월전(越前, 에치젠)·가하(加賀, 가가) 국(國)들에게 관사(官舍)와 다리를 수리하고 길가의 시체를 매장하도록 명령하니, [이는] 발해객(渤海客)이 입경할 수 있도록 한 것이다. [또] 월전·능등(能登, 노토)·월중(越中, 엣츄) 국들에게 술·고기·생선·새·마늘 등의 물품을 가하국에게 보내도록 분부하니, 발해객을 대접하기 위함이었다.

二月廿一日戊午, 林邑樂人百七人於大安寺令調習. 以大和國正稅充給其食欲令渤海客徒觀彼樂也. 是日, 存問渤海客使大藏善行·高階茂範, 並爲兼領客使.

2월 21일 무오에 임읍악(林邑樂) 연주단원 107인을 대안사(大安寺, 다이안지)에서 연습하도록 명령하였다. 대화국(大和國, 야마토노쿠니)의 정세(正稅)로 그 식비를 충당한 것은 발해객도(客徒)가 그 음악을 관람하도록 하였기 때문이다. 이날, 존문발해객사(存問渤海客使) 대장선행(大藏善行, 오쿠라노 요시유키)과 고계무범(高階茂範, 다카시나노 시게노리)을 모두 겸 영객사(兼領客使)로 삼았다.

廿五日壬戌, 賜渤海客徒冬時服, 遣辨[104]官史生一人, 押送加賀國, 令領客使等頒賜焉.

25일 임술에 발해 객도(客徒)에게 겨울철 의복을 하사하고, 변관(辨官)의 사생(史生) 1인을 보내어 가하국(加賀國)까지 호송하여, 영객사(領客使) 등에게 나누어 주도록 하였다.

三月八日甲戌, 存問兼領渤海客使少外記大藏善行·式部少丞高階茂範等進發, 奉參內裏辭見, 賜御衣袴各一襲.

3월 8일 갑술에 존문(存問) 겸 영발해객사(領渤海客使) 소외기(少外記) 대장선행(大藏善行)과 식부소승(式部少丞) 고계무범(高階茂範)이 출발하려고 내리(內裏)에 가서 [천황에게] 하직 인사를 하니, [천황이] 웃옷과 바지 각 한 벌을 하사하였다.

四月二日戊戌, 以右衛門大尉正六位上坂上大宿禰茂樹·文章得業生從八位上紀朝臣長谷雄爲掌渤海客使. 民部大丞正六位上淸原眞人常岑·文章生從八位下多治比眞人有友爲領歸鄕渤海客使.

4월 2일 무술에 우위문대위(右衛門大尉) 정6위상 판상대숙녜무수(坂上大宿禰茂樹, 사카노우에노스쿠네 시게키)와 문장 득업생(文章得業生) 종8위상 기조신장곡웅(紀朝臣長谷雄, 기노아손 하세오)을 장발해객사(掌渤海客使)로 삼고, 민부대승(民部大丞) 정6위상 청원진인상잠(淸原眞人常岑, 기요하라노마히토 쓰네미네)과 문장생(文章生) 종8위하 다치비진인유우(多治比眞人有友, 다지히노마히토 아리토모)을 영귀향발해객사(領歸鄕渤海客使)로 삼았다.

廿一日丁巳, 緣饗渤海客, 諸司官人雜色人等, 客徒在京之間, 聽帶禁物. 以從五位上行式部少輔兼文章博士加賀權守菅原朝臣道眞, 權行治部大輔事, 從五位上行美濃介嶋田朝臣忠臣, 權行玄蕃頭事, 爲對渤海大使斐頲, 故屬之矣.

---

104 '辨'은 『日本三代實錄』에 '弁'으로 되어 있다.

21일 정사에 발해객(渤海客)에게 향회(饗會)를 베푸는 것으로 인해 여러 관사의 관리나 하급 실무자들이 [발해] 객도(客徒)가 도성에 있을 때 금지 품목을 휴대하는 것을 허락하였다. 종5위상 행식부소보(行式部少輔) 겸 문장박사(文章博士) 가하권수(加賀權守) 관원조신도진(菅原朝臣道眞, 스가와라노아손 미치자네)을 임시로 행치부대보사(行治部大輔事)로, 종5위상 행미농개(行美濃介) 도전조신충신(嶋田朝臣忠臣)을 임시로 행현번두사(行玄蕃頭事)로 삼았으니, 발해 대사(渤海大使) 배정(斐頲)을 접대하기 위해서 일부러 그렇게 [임명]한 것이다.

廿八日甲子, 勅遣右近衛少將正五位下平朝臣正範, 到山城國宇治郡山階野邊, 郊勞渤海客, 領客使少外記大藏善行等, 引客徒, 入鴻臚館.

28일 갑자에 칙명으로 우근위소장(右近衛少將) 정5위하 평조신정범(平朝臣正範, 다이라노아손 마사노리)을 산성국(山城國) 우치군(宇治郡) 산계야(山階野, 야마시나노) 주변에 보내 발해객(渤海客)을 교외에서 맞이하여 위로하도록 하고, 영객사(領客使) 소외기(少外記) 대장선행(大藏善行) 등이 [발해] 객도(客徒)를 인솔하여 홍려관에 들어가게 하였다.

廿九日乙丑晦, 遣右大史正六位上家原朝臣高鄕, 向鴻臚館, 慰勞客徒.

29일 을축 그믐에 우대사(右大史) 정6위상 가원조신고향(家原朝臣高鄕, 이에하라노아손 타카사토)을 홍려관에 보내 [발해] 객도(客徒)를 위로하였다.

五月丙寅朔, 遣從五位上行右兵衛佐源朝臣元, 向鴻臚館, 勞問客徒.

5월 병인 초하루에 종5위상 행우병위좌(行右兵衛佐) 원조신원(源朝臣元, 미나모토노아손 모토)을 홍려관에 보내 [발해] 객도를 위문하였다.

二日丁卯, 大使斐頲等於朝堂, 奉進王啓及信物. 親王已下五位已上及百寮已上, 皆會. 四位已下未得解由者, 亦預焉. 所司受啓信物, 奉進內裏.

2일 정묘에 [발해] 대사 배정(裵頲) 등이 조당(朝堂)에서 왕계(王啓) 및 신물(信物)을 받들어 진상하였다. 친왕(親王) 이하 [관위] 5위 이상 및 백관 이상이 모두 모였다. 4위 이하로 아직 해유(解由)되지 않은 자도 참여하였다. 담당 관리가 왕계와 신물을 받아 내리(內裏)에 받들어 진상하였다.

三日戊辰, 天皇御豊樂殿, 賜宴渤海客徒. 親王已下參議已上侍殿上, 五位已上侍顯陽堂, 大使已下廿人侍承歡堂, 百官六位已下相分, 侍觀德·明義兩堂. 授大使文籍院少監正四品賜紫金魚袋裵頲從三位, 副使正五品賜緋銀魚袋高周封正四位下, 判官錄事授五位, 其次叙六位, 已下各有等級. 隨其位階, 賜朝衣, 客徒拜舞退出. 更衣而入, 拜舞昇堂就食. 雅樂寮陣鼓鍾, 內教坊奏女樂. 妓女百卌八人, 遞出舞. 酒及數杯, 別賜御餘枇杷子一銀鋺, 大使已下, 起座拜受. 日暮, 賜客徒祿各有差.

3일 무진에 천황이 풍락전(豊樂殿)에 거둥하여 발해 객도(客徒)에게 연회를 하사하였다. 친왕 이하 참의(參議) 이상이 [풍락]전에서 [천황을] 시립(侍立)하고, 5위 이상은 현양당(顯陽堂)에서 시립하고, [발해] 대사 이하 20인은 승환당(承歡堂)에서 시립하고, 백관으로 6위 이하는 서로 나누어 관덕당(觀德堂)과 명의당(明義堂)에 시립하였다. 대사 문적원소감(文籍院少監) 정4품 사자금어대(賜紫金魚袋) 배정(裵頲)에게 종3위를 수여하고, 부사 정5품 사비은어대(賜緋銀魚袋) 고주봉(高周封)에게 정4위하, 판관(判官)과 녹사(錄事)에게 5위를 수여하고, 그다음에는 6위에 서용(敍用)하고, 그 아래는 각각 등급에 [차이를] 두었다. [이들에게] 위계에 따라 조정의 의복을 하사하니, 객도들이 배무(拜舞)하며 물러났다. 옷을 갈아입고 다시 들어와 인사하고 춤추며 [승환]당에 올라 식사하였다. 아악료(雅樂寮)에서 북과 종을 진열하고 내교방(內敎坊)에서 여악(女樂)을 연주하였다. 기녀(妓女) 148인이 번갈아 나와 춤추었다. 술이 여러 잔 돌자 별도로 [천황이 먹던] 비파(枇杷)나무 열매가 담긴 은사발을 하사하니, 대사 이하가 모두 자리에서 일어나 절하고 받았다. 날이 저물자 객도에게 녹(祿)을 차등있게 하사하였다.

五日庚午, 天皇御武德殿, 覽四府騎射及五位已上貢馬, 喚渤海客徒觀之. 賜親王公卿續命縷. 伊勢守從五位上安倍朝臣興行, 引客就座供食. 別勅賜大使已下錄事已上續命縷, 品官已下菖蒲鬘. 是日大雨. 先是, 豫勅所司, 若遇雨殺, 須停節會, 勿喚客徒, 改日行事. 而掌客使等, 速引客徒, 入於宮城. 故雨中成禮焉.

5일 경오에 천황이 무덕전(武德殿)에 거둥하여 [좌근위부(左近衛府), 우근위부(右近衛府), 좌병위부(左兵衛府), 우병위부(右兵衛府)]의 4부(府)[의 시위부대]의 기마술과 활쏘기 및 [관위] 5위 이상이 바친 말을 보고, 발해 객도를 불러 보도록 하였다. 친왕(親王)과 공경(公卿)에게 속명루(續命縷)를 하사하였다. 이세수(伊勢守) 종5위상 안배조신흥행(安倍朝臣興行, 아베노아손 오키유키)이 객도를 좌석으로 인솔해 가서 식사를 제공하였다. 별도로 칙명을 내려 대사 이하 녹사 이상에게 속명루를, 품관(品官) 이하에게는 창포만(菖蒲鬘)을 하사하였다. 이날 큰비가 내렸다. 이에 앞서 미리 칙명을 내려 담당 관리에게 "만약 스산한 비를 만나면 명절의 연회를 중지하고 객도를 부르지 말고 다른 날 행사하라"라고 하였는데, 장객사(掌客使) 등이 속히 객도를 인도하여 궁성으로 들어갔다. 그러므로 우중에도 의례를 마칠 수 있었다.

七日壬申, 大使斐頲別貢方物. 是日, 內藏頭和氣朝臣彛範, 率僚下, 向鴻臚館, 交關.

7일 임신에 대사 배정(斐頲)이 별도로 특산물을 바쳤다. 이날 내장두(內藏頭) 화기조신이범(和氣朝臣彛範)이 휘하 속료를 데리고 홍려관으로 가서 [물품을] 교역하였다.

八日癸酉, 內藏寮交關如昨.

8일 계유에 내장료(內藏寮)에서 어제와 같이 [물품을] 교역하였다.

十日乙亥, 於朝集堂, 賜饗渤海客徒. 大臣已下就東堂座, 擇五位已上有容儀者卅人, 侍堂上座. 從五位下守左衛門權佐藤原朝臣良積, 引客, 就西堂座供食. 元所定供食者, 謝障不出, 良積依有儀貌, 俄當此選. 大使斐頲欲題送詩章, 忽索筆硯, 良積不閑屬文, 起座而出, 頲隨止矣. 勅, 遣中使從五位下行右馬助藤原朝臣恒興, 賜御衣一襲大使斐頲. 賞斐頲高才有風儀也.

10일 을해에 조집당(朝集堂)에서 발해 객도(客徒)에게 향연(饗宴)을 내렸다. 대신 이하는 동당(東堂) 자리에 갔는데 5위 이상으로 용모와 풍채가 좋은 30인을 선발하여 당상의 자리에서 시립(侍立)하였다. 종5위하 수좌위문권좌(守左衛門權佐) 등원조신양적(藤原朝臣良積, 후지와라노아손 요시즈미)이 객도를 서당(西堂) 자리로 인솔해 가서 식사를 제공하였다. 원래 식사 제공의 임무를 담당한 자는 업장(業障)으로 사양하고 나오지 않았는데, 양적이 의연히 풍채가 있어 마침 이 임무에 선발되었던 것이다. 대사 배정(裵頲)이 작별의 시문을 지으려고 갑자기 붓과 벼루를 찾았는데, 양적이 문장 짓기에 익숙하지 않아 자리에서 일어나 나가니, [배]정도 따라서 그만두었다. 칙명을 내려 중사(中使) 종5위하 행우마조(行右馬助) 등원조신항흥(藤原朝臣恒興, 후지와라노아손 쓰네오키)를 보내 어의(御衣) 한 벌을 대사 배정에게 하사하였으니, 배정이 뛰어난 재주와 [그에 걸맞는] 풍모를 갖춘 데 대해 상을 내린 것이었다.

十二日丁丑, 渤海使歸蕃. 是日, 遣參議正四位下行右衛門督兼近江權守藤原朝臣諸葛·從四位下行左近衛少將兼近江權介藤原朝臣遠經·正六位上行少內記多治比眞人彥輔, 向鴻臚館, 付勅書. 正五位下太皇大后宮權亮平朝臣惟範·從五位上行少納言兼侍從藤原朝臣諸房·從六位上守右少史秦宿禰安兄, 付太政官牒. 禮畢, 領客使民部大丞正六位上清原眞人常岑·文章生從八位下多治比眞人有友等, 引客徒, 出館, 就路焉.

12일 정축에 발해 사신이 귀국 길에 올랐다. 이날, 참의(參議) 정4위하 행우위문독(行右衛門督) 겸 근강권수(兼近江權守) 등원조신제갈(藤原朝臣諸葛, 후지와라노아손 모로쿠즈)과 종4위하 행좌근위소장(行左近衛少將) 겸 근강권개(兼近江權介) 등원조신원경(藤原朝臣遠經, 후지와라노아손 토쓰네)과 정6위상 행소내기(行少內記) 다치비진인언보(多治比眞人彥輔, 다지히노마히토 히코스케)를 홍려관으로 보내어 칙서를 부쳤다. 정5위하 태황대후궁권량(太皇大后宮權亮) 평조신유범(平朝臣惟範, 다이라노아손 코레노리)과 종5위상 행소납언(行少納言) 겸 시종(兼侍從) 등원조신제방(藤原朝臣諸房, 후지와라노아손 모로후사)과 종6위상 수우소사(守右少史) 진숙녜안형(秦宿禰安兄, 하타노스쿠네 야스)은 태정관첩(太政官牒)을 부쳤다. 의례를 마친 뒤, 영객사(領客使) 민부대승(民部大丞) 정6위상 청원진인상잠(清原眞人常岑)과 문장생(文章生) 종8위하 다치비진인유우(多治比眞人有友) 등이 [발해] 객도(客徒)를 인솔하여 [홍려]관을 나가 길에 올랐다.

> 十四日己卯, 今月三日豊樂院宴渤海客, 樂人舞妓等, 以大藏省商布一千一百五段, 賜之, 依承和九年例也.

14일 기묘에 이번달 3일 풍락원(豊樂院)에서 발해객(渤海客)에게 연회를 베풀 때 [동원된] 악인(樂人)과 무기(舞妓) 등에게 대장성(大藏省)의 상포(商布) 1,105단(段)을 하사해 주니, 승화 9년(842) 때의 전례에 의거한 것이었다.

> 十月廿九日壬戌, 勅, 令能登國, 禁伐損羽咋郡福良泊山木. 渤海客著北陸道岸之時, 必造還舶於此山, 任民伐採, 或煩無材. 故豫禁伐大木, 勿妨民業.

10월 29일 임술에 칙명을 내려 "능등국(能登國)에게 명을 내려 우색군(羽咋郡, 하쿠이군) 복량박산(福良泊山, 후쿠라토마리야마)의 나무를 베는 것을 금지하라. 발해객이 북륙도(北陸道, 구누가노미치) 해안에 도착할 때, 반드시 돌아갈 배를 이 산에서 건조하였으니, 백성들이 마음대로 벌채하다가 혹시 목재가 없을까 걱정된다. 그러므로 미리 큰 나무를 베는 것을 금지하여 백성의 생업을 방해하지 말도록 하라"라고 하였다.

발해사 자료총서 – 일본사료 편 권1

7. 『일본기략(日本紀略)』

『일본기략(日本紀略)』은 신대(神代) 상(上)으로부터 우다천황(宇多天皇) 관평(寬平) 9년(897) 7월까지의 전편(前篇) 20권과 다이고천황(醍醐天皇)부터 고이치조천황(後一條天皇) 장원(長元) 9년(1036) 4월까지의 후편(後篇) 14권 등 총 34권으로 이루어진 편년체 사서다.

『일본기략』은 『일본기류(日本紀類)』·『편년략기(編年略記)』 등으로 불리며, 따로 다이고천황부터 고이치조천황까지는 『구대략기(九代略記)』·『구대실록(九代實錄)』이라 부르기도 한다. 『일본기략』의 편찬자는 알려져 있지 않으며, 편찬 시기는 대체로 시라카와천황(白河天皇, 1072~1086) 혹은 호리카와천황(堀河天皇, 1086~1107) 무렵으로 추정하고 있다. 『일본기략』의 신대 상·하 2권은 가원(嘉元) 4년(1306) 서원(西院)의 밀자금강불자검아(末資金剛佛子劍阿)가 서사(書寫)하였다는 오서(奧書)가 있는 난학총서본(丹鶴叢書本)으로 보완되었다. 전편(前篇) 권3 진무천황(神武天皇)부터 권20 고코천황(光孝天皇, 884~887)까지는 『일본서기(日本書紀)』·『속일본기(續日本紀)』·『일본후기(日本後紀)』·『속일본후기(續日本後紀)』·『일본문덕천황실록(日本文德天皇實錄)』·『일본삼대실록(日本三代實錄)』 등 이른바 일본육국사(日本六國史)의 내용을 발췌하였다. 전편 권20 우다천황부터 후편(後篇) 14권은 『본조세기(本朝世紀)』와 같이 『신국사(新國史)』, 『외기일기(外記日記)』에서 가려 뽑았다.

『일본기략』에서 발해 관련 기록은 발해가 일본에 사신을 파견한 신귀(神龜) 4년(727) 9월의 첫 기사를 시작으로 연장(延長) 8년(930) 3월 2일 기사가 마지막이다. 『일본기략』에 보이는 발해 기사는 일본 육국사 기사를 그대로 옮겼거나 중요 내용이나 필요한 부문만 발췌한 것도 있다. 다만 그 과정에서 일부 누락되거나 오독한 경우가 있다. 예를 들어, 천평(天平) 2년(730) 8월 기축일 기사는 『속일본기』에 따르면 신해일 기사다. 『일본기략』 찬자가 발췌하는 과정에서 "신해"를 누락함으로써 기축일 기사로 바뀌어 버렸다. 그리고 보귀(寶龜) 10년(779) 10월 기사조는 『속일본기』에 따르면 기사일이 아니라 을사조에 나온다. 이달에는 기사일이 없다. '기(己)'와 '을(乙)' 자가 비슷하여 옮기는 과정에서 착오가 빚어진 듯하다.

이 밖에 『일본기략』은 일본 육국사에 전하는 발해 관련 기사를 전사(全寫)하거나 발췌한 것이 아닌 까닭에 빠진 기사도 상당수 존재한다. 예를 들어, 『속일본기』에는 771년 발해 사신 일만복(壹萬福)의 입경(入京) 기사나 776년 사도몽(史都蒙)의 도착 기사 등이 있다. 『속일본후기』에는 848년 발해 사신 왕문구(王文矩) 일행의 도착 기사가, 『일본삼대실록』에는 871년 발해 사신 양성규(楊成規) 등 105인의 도착 기사 등이 있다. 이들 기사는 『일본기략』에 모두 빠져 있다. 따라서 『일본기략』에 보이는 발해 관련 기사를 인용할 때는 일본 육국사를 반드시 대조하여 빠진 부분을 확인하는 등 주의가 필요하다.

그러나 일본 육국사 가운데 산일(散逸)되어 전하지 않는 사료들을 일부 발췌하여 전하고 있다는 점에서 『일본기략(日本紀略)』은 높은 사료적 가치를 지닌다. 그 가운데 발해와 관련된 사료도 확인된다. 예를 들어, 전편13 연력(延曆) 14년(795) 11월조부터 연력 15년(796) 5월까지 세 개 조목에는 발해 사신 여정림(呂定琳)의 일본 입국부터 귀국까지의 활동상을 보여준다. 이는 『일본후기』에는 전하지 않는 내용으로, 이 사실 하나만으로도 『일본기략』은 발해사 연구를 위한 중요한 자료로 평가될 수 있다.

원문 저본은 『신정증보국사대계본(新訂增補國史大系本, 이하 「신정본」)』(1929, 吉川弘文館)으로 하였고, 비교본은 『국사대계(國史大系, 이하 「국사본」)』 제5권(1897, 經濟雜誌社)을 활용하였다. 아울러 후편(後篇)에 대한 비교본은 『교정일본기략(校訂日本紀略, 이하 「교정본」)』, (1860, 東京大學總合圖書館 소장)을 추가로 활용하였다. 번역문은 『일본육국사 한국관계기사 역주』(최근영 등, 1994, 駕洛國史蹟開發研究院)를 참고하였다.

○ 전편10, 신귀(神龜) 4년(727) 9월

庚寅, 渤海郡王使首領高齊德¹等八人, 著²出羽國. 遣使存問, 兼賜時服.

경인(21일)에 발해군왕의 사신인 수령(首領) 고제덕(高齊德)³ 등 8인이 출우국(出羽國, 데와노쿠니)⁴에 도착하였다. 사람을 보내 안부를 묻고 겸하여 시복(時服)를 내려주었다.

○ 전편10, 신귀(神龜) 4년(727) 12월

丁亥, 渤海郡王使高齊德等八人, 入京.

정해(20일)에 발해군왕의 사신 고제덕 등 8인이 입경하였다.

丙申, 遣使賜高齊德⁵等衣服冠履. 渤海郡者, 舊高麗國也.

병신(29일)에 사람을 보내 고제덕 등에게 의복과 관(冠)·리(履)를 내렸다. 발해군(渤海郡)은 옛 고려국(高麗國)이다.

○ 전편10, 신귀(神龜) 5년(728) 정월

甲寅, 天皇御中宮, 高齊德⁶等上其王書幷方物. 於是高齊德等八人並授正六位上, 賜

---

1 「국사본」에는 '源'.
2 「국사본」에는 '着', 『續日本紀』에는 '來着'으로 나옴.
3 727년 일본에 파견되었던 사신이다. 寧遠將軍 高仁義 등 24인이 발해에서 출발하여, 蝦夷의 경계에 도착하였으나 고인의 이하 16인은 모두 살해되었다. 살아남은 8인 가운데 수령인 고제덕이 사신단의 대표 역할을 수행하였다.
4 일본 고대 東山道에 속한 國이다. 현재의 야마가타현과 아키타현에 해당한다. 712년 越後國 出羽郡을 독립시키고 陸奧國 置賜·最上 2郡을 합하여 국을 세웠다. 國府는 山形縣이다.
5 「국사본」에는 '源'.
6 「국사본」에는 '源'.

當色服. 仍宴五位已[7]上及齊德等, 賜大射及雅樂寮之樂. 賜祿有差.

갑인(17일)에 천황이 중궁에 나가니 고제덕 등이 그 나라 왕의 문서와 방물을 올렸다. 이에 고제덕 등 8인에게 나란히 정6위상을 제수하고 당색복(當色服)[8]을 내렸다. 인하여 5위 이상 및 [고]제덕 등에게 연회를 베풀고 대사(大射) 및 아악료(雅樂寮)[9]의 음악(樂)을 내렸다. 녹을 주는데 차등이 있었다.

○ 전편10, 신귀(神龜) 5년(728) 2월

壬午, 以從六位下引田朝臣虫麿[10], 爲送渤海客使.

임오(16일)에 종6위하 인전조신충마(引田朝臣虫麿, 히케타노아손 무시마로)를 송발해객사(送渤海客使)로 삼았다.

○ 전편10, 신귀(神龜) 5년(728) 4월

壬午, 高齊德等八人, 各賜綵帛綾綿 仍賜其王璽書.

임오(16일)에 고제덕 등 8인에게 각기 채(綵)·백(帛)·능(綾)·면(綿)을 내렸다. 이에 그 왕에게 새서(璽書)를 내렸다.

---

7 「국사본」에는 '以'.
8 당색복은 관위에 해당하는 빛깔의 옷이라는 의미이다. 718년에 제정된 衣服令과 710년 大寶令에서 언급한 官位制를 관련시켜 보면(전현실·강순제, 2003, 53쪽), 발해사신 8인은 正6位上을 받았으므로 당색복의 색깔은 深綠色이었을 것이다.
9 일본 고대 治部省 소속으로 8세기 초에 설치되었다. 諸樂舞의 연주와 교습을 담당했던 관청이다. 頭·助·允·屬·史生·使部로 이루어졌으며, 그밖에 歌師·舞師·笛師·唐樂師 등이 있었다. 처음 정원은 438명이었으나 이후 축소되었다(古代學協會·古代學研究所 編, 1994, 『平安時代史事典-本編 上』, 449쪽). 『延喜式』卷第21 雅樂寮에 따르면, 외국사절[蕃客]을 위한 연향일에는 官人들이 雜樂人을 데리고 임무를 수행하였다(凡賜蕃客宴饗日 官人率雜樂人 供事 所須樂色 臨時聽官處分)고 한다. 외국 음악으로는 高麗樂, 百濟樂, 新羅樂, 唐樂 등을 연주하였다.
10 '麻呂'를 합쳐 한 글자로 쓴 것이다.

○ 전편10, 신귀(神龜) 5년(728) 6월

庚午, 送渤海使等拜辭.

경오(5일)에 송발해사 등이 출발을 아뢰었다.

○ 전편10, 천평(天平) 2년(730) 8월

辛亥[11], 遣渤海使正六位上, 引田朝臣虫麻呂等來歸.

신해(29일)에 견발해사(遣渤海使)였던 정6위상 인전조신충마려 등이 돌아왔다.

○ 전편10, 천평(天平) 11년(739) 7월

癸卯, 渤海副使雲麾將軍己珍蒙等來朝.

계묘(13일)에 발해 부사(副使)인 운휘장군(雲麾將軍) 기진몽(己珍蒙) 등이 내조하였다.

○ 전편10, 천평(天平) 11년(739) 10월

丙戌, 入唐使判官外從五位下平郡朝臣廣成幷渤海客等, 入京.

병술(27일)에 입당사인 판관 외종5위하 평군조신광성(平郡朝臣廣成, 헤구리노아손 히로나리)이 발해객 등과 입경하였다.

---

11 『續日本紀』에는 "己丑 太白入大微中 辛亥 遣渤海使正六位上 引田朝臣虫麻呂等來歸"라 나온다. 『續日本紀』에 의거해 발해 관련 내용은 신해(29일) 기사로 수정하였다.

○ 전편10, 천평(天平) 11년(739) 11월

> 辛卯, 平郡朝臣廣成拜朝. 初廣成 天平五年 隨大使多治比眞人廣成入唐. 六年十月 事畢却歸, 惡風忽起. 廣成之船一百一十五人[12], 漂著崑崙國. 有賊兵來圍, 遂被拘執. 船人或被煞 或迸散[13]. 自餘九十餘人著[14]瘴死亡. 廣成等四人僅免死. 得見崑崙王, 仍給升粮, 安置惡處. 至十年, 廣成等率遺衆到著[15]出羽國.

신묘(3일)에 평군조신광성이 조정에 배알하였다. 처음 광성이 천평(天平) 5년(733) 대사(大使)인 다치비진인광성(多治比眞人廣成, 다지히노마히토 히로나리)을 따라 당에 들어갔다. 6년 10월 일을 마치고 돌아오는데 모진 바람이 갑자기 일었다. 광성의 배에는 115인이 타고 있었으며 곤륜국(崑崙國)[16]에 표착하였다. 적병이 와 에워싸는데 마침내 잡히고 말았다. 뱃사람들은 혹은 피살되고 혹은 흩어져 달아났다. 남은 90여 인은 도착하였는데 풍토병으로 죽었다. 광성 등 4명이 겨우 목숨을 구하였다. 곤륜왕을 만나 양식을 얻었는데 좋지 않은 곳[惡處]에 두었다. 10년이 지나 광성 등의 무리를 보내어 출우국에 도착하였다.

○ 전편10, 천평(天平) 11년(739) 12월

> 戊辰, 渤海使己珍蒙等拜朝.

무진(10일)에 발해 사신 기진몽 등이 조정에 배알하였다.

---

12 「국사본」에는 "廣成之船一百一十五人 惡風忽起".
13 「국사본」에는 '散' 결락.
14 「국사본」에는 '着'.
15 「국사본」에는 '着'.
16 崑崙은 『舊唐書』南蠻傳에 나오는 林邑 이남지역의 총칭으로, 현재 인도차이나반도 메콩강 유역의 캄보디아 영역이다(연민수, 2022, 『譯註 續日本紀』上, 485쪽 각주51). 『唐太和上東征傳』에 보면 당시 廣州에는 "香藥·珍寶를 산적한 婆羅門·波斯·崑崙 등의 배가 수없이 많았고 師子國·大石國 사람들이 왕래 거주하는 자가 매우 많았다"(김문경, 1998, 317쪽)고 하여 곤륜국의 해상활동을 확인할 수 있다.

○ 전편10, 천평(天平) 12년(740) 정월

戊子朔, 天皇御大極殿受朝賀. 渤海郡使新羅學語等同亦在列.

무자 초하루에 천황이 대극전(大極殿)[17]에 나아가 조하(朝賀)를 받았다. 발해군 사신과 신라학어(新羅學語)[18] 등이 같은 열에 있었다.

甲午, 渤海郡副使雲麾將軍己珍蒙等授位. 卽賜宴於朝堂, 賜渤海郡王絁綿等.

갑오(7일)에 발해군의 부사인 운휘장군 기진몽 등에게 관위를 주었다. 곧 조당에서 연회를 베풀었으며 발해군왕에게 시(絁)·면(綿) 등을 내렸다.

庚子, 天皇御中宮授位. 又以外從五位下大伴宿禰犬養爲遣渤海大使.

경자(13일)에 천황이 중궁(中宮)에 나아가 관위를 주었다. 또 외종5위하 대반숙녜견양(大伴宿禰犬養, 오토모노스쿠네 이누카이)을 견발해대사(遣渤海大使)로 삼았다.

癸卯, 天皇御南苑宴侍臣. 饗百官及渤海客於朝堂. 五位已上賜搢衣.

계묘(16일)에 천황이 남원(南苑)에 나아가 시신(侍臣)들에게 연회를 열었다. 조당에서 백관

---

17 일본 고대 궁궐 전각 가운데 하나인 朝堂院의 정전이다. 大極前殿, 前殿, 大殿이라고도 한다(古代學協會·古代學研究所 編, 1994, 『平安時代史事典-本編 下』, 1444쪽). 元日朝賀, 卽位, 蕃客朝拜 등 국가적인 의식이 행해졌다. 대극전은 藤原宮에서 처음 성립한 것으로 추정된다. 대극전은 처음 朝堂院과 별개로 둘레를 회랑 등으로 두른 大極殿院을 형성하고 있었지만 平安宮에서는 남면의 회랑과 閤門이 철거되고 龍尾壇上에 한 단 높이 위치한 朝堂院의 정전이 되었다(永原慶二 監修 外, 1999, 701쪽).

18 新羅學語는 일본어를 익히기 위해 신라에서 파견했던 학생을 말한다. 760년 9월 16일 신라에서 學語 2인을 보냈다는 기록과 780년 1월 5일조에 常例에 따라 學語生을 보낸다는 기록이 있다. 조이옥은 발해 사절단에 통역관이 파견된 것은 771년부터 확인됨으로, 이때의 신라학어는 일본조정이 발해사의 통역을 담당하게 한 것으로 추정한다(조이옥, 2003, 186~187쪽).

및 발해객에게 향연을 베풀었다. 5위 이상에게 개의(揩衣)[19]를 내렸다.

> 甲辰, 天皇御大極殿南門, 觀大射. 五位已上射畢, 乃命渤海使己珍蒙等射焉.

갑진(17일)에 천황이 대극전 남문에 나아가 대사(大射)를 보았다. 5위 이상의 활쏘기가 끝나자, 이에 발해 사신 기진몽 등에게 명하여 활을 쏘게 했다.

> 丙辰, 遣使就客館, 贈渤海大使調布庸布等.

병진(29일)에 사신을 보내 객관에 나아가 발해 대사에게 조포(調布)[20]와 용포(庸布)[21] 등을 주었다.

> 丁巳, 天皇御中宮. 己珍蒙等奏本國樂. 賜帛綿.

정사(30일)에 천황이 중궁(中宮)에 나아갔다. 기진몽 등이 본국의 음악을 연주하였다. 백(帛)·면(綿)을 내렸다.

---

19 揩衣는 나염한 옷을 말한다. 揩染은 捺染을 의미하며, 일본 나라 시대에 '捺'를 '揩'라고 하였다(關根眞陸, 1986, 42쪽).

20 調布는 조세의 의미로 거둬들인 布(麻布)이다. 正丁(21~60세 남자)의 正調(正規의 調)는 絹, 絁(絹布) 8척 5촌, 糸(絹絲) 8兩, 綿(絹綿) 1근, 布(마포) 2장 6척 중에서 1종을 납부했다. 老丁(61~65세)은 正丁의 1/2을, 少丁(17~20세)은 正丁의 1/4을 내도록 했다. 이외에 京·畿內는 납부 분량을 半減하여 正丁에게 調布 1장 3척을 납부하게 했다(東京書籍編集部, 2004, 48쪽; 坂本賞三, 福田豐彦 감수, 1993, 23쪽; 朝日新聞社, 2003). 『속일본기』에 따르면, 713년에 "相模·常陸·上野·武蔵·下野 5개국은 원래 布를 '調'로 했는데, 지금 이후부터 '絁'와 布를 竝進한다"라는 기록이 있다. 이는 이때까지 '布'만을 '調'로서 납부했던 関東의 5개국에서도 견직물이 '布'와 함께 납부하게 된 것(永原慶二, 2004, 29쪽)으로 일본에서 絹 생산량이 증가하게 되면서 나타난 변화라고 할 수 있다.

21 일본 고대 율령제 稅目 가운데 하나이다. 고대 일본의 調庸제도는 중앙 정부에서 필요로 하는 물품의 품목, 품질, 수량을 각 지역의 공민에게 할당하고, 공민들은 규정된 품목, 품질, 수량의 물품을 제출하였다. 이중 庸布는 稅目 가운데 부역 대신 납부된 布(麻布)이다(朝日新聞社, 2003). 正丁(21~60세 남자)은 부역 대신에 布(마포) 2장 6척(약8m)을 내고, 老丁(61~65세)은 正丁의 1/2를 냈다. 少丁(17~20세)은 부역 의무가 없었으며, 京·畿內는 면제되었다(東京書籍編集部, 2004, 48쪽; 坂本賞三, 福田豐彦 監修, 1993, 23쪽; 朝日新聞社, 2003).

○ 전편10, 천평(天平) 12년(740) 2월

己未, 珍蒙等還國.

기미(2일)에 진몽 등이 나라(발해)로 돌아갔다.

○ 전편10, 천평(天平) 12년(740) 4월

丙子, 遣渤海使等辭見.

병자(20일)에 견발해사 등이 출발을 아뢰었다.

○ 전편10, 천평(天平) 12년(740) 10월

戊午, 遣渤海郡使大伴犬養來歸.

무오(5일)에 견발해군사인 대반견양(大伴犬養, 오토모노 이누카이)이 돌아왔다.

○ 전편10, 천평(天平) 18년(746)

是年, 渤海人及鐵利惣一千一百餘人慕化來朝. 安置出羽國, 給衣粮放還.

이해, 발해인 및 철리에서 모두 1,100여 인이 덕을 사모하여 내조하였다. 출우국에 안치하고 의복과 양식을 주어 보냈다.

○ 전편10, 천평승보(天平勝寶) 4년(752) 9월

丁卯, 渤海使輔國大將軍慕施蒙等著于越後國佐渡嶋.[22]

---

22 「국사본」에는 '島'.

정묘(24일)에 발해 사신인 보국대장군 모시몽(慕施蒙) 등이 월후국(越後國, 에치고노쿠니) 좌도도(佐渡嶋, 사도가시마)에 도착하였다.

○ 전편10, 천평승보(天平勝寶) 4년(752) 10월

庚辰, 遣左大史正六位上坂上忌寸老人等於越後國, 問渤海客等消息.

경진(7일)에 좌대사(左大史) 정6위상 판상기촌노인(坂上忌寸老人, 사카노우에노이미키 오키나) 등을 월후국에 보내 발해객(渤海客) 등의 소식을 물었다.

○ 전편10, 천평승보(天平勝寶) 5년(753) 5월

乙丑, 渤海使輔國大將軍慕施蒙拜朝, 並貢信物. 云云.

을축(25일)에 발해 사신 보국대장군 모시몽 등이 조정에 인사하고 신물을 바쳤다. 운운.

丁卯, 饗渤海使[23]于朝堂.

정묘(27일)에 조당에서 발해 사신에게 향연을 베풀었다.

○ 전편10, 천평승보(天平勝寶) 5년(753) 6월

丁丑, 渤海使歸國. 賜璽書曰, 云云.

정축(8일)에 발해 사신이 귀국하였다. 새서(璽書)를 내리며 이르기를 "운운"하였다.

---

23 「국사본」에는 '渤海使饗'.

○ 전편10, 천평보자(天平寶字) 2년(758) 9월

丁亥, 小野朝臣田守等至自渤海. 渤海大使輔國大將軍兼將軍行木底州刺史兼兵署少正開國公揚承慶已下卄三人, 隨田守來朝. 便於越前國安置.

정해(18일)에 소야조신전수(小野朝臣田守, 오노노아손 타모리)[24] 등이 발해로부터 이르렀다. 발해 대사인 보국대장군(輔國大將軍) 겸 장군 행목저주자사(行木底州刺史) 겸 병서소정(兵署少正)[25] 개국공(開國公)[26] 양승경(揚承慶) 이하 23인이 전수를 따라 내조하였다. 월전국(越前國, 에치젠노쿠니)[27]에 안치하였다.

○ 전편11, 천평보자(天平寶字) 2년(758) 10월

丁卯, 授遣渤海大使從五位下小野朝臣田守從五位上, 副使正六位上高階朝臣老麿[28]從五位下, 其餘六十六人, 各有差.

---

24 小野朝臣田守는 일본 나라 시대의 관료이다. 747년 종5위하에 서위되고, 749년에 大宰少貳에 임명되었다. 753년 遣新羅大使로 파견되었는데, 신라에서 결례를 이유로 접견을 불허하자 귀국하였다. 754년에 大宰少貳에 임명되었고, 757년에 刑部少輔로 전임된 후, 이듬해 遣渤海大使에 임명되어 발해에 파견되었다. 그해 9월 발해 대사 양승경 등과 함께 귀국하였다. 귀국 후 당에서 일어난 안사의 난에 대해 보고하자 순인천황은 안녹산의 침공에 대한 대비책을 세울 것을 명하였다. 건발해사의 공로로 종5위상으로 승진하였다(연민수, 2022, 『譯註 續日本紀』中, 혜안, 132쪽 각주5).

25 『新唐書』渤海傳에 소개된 발해의 관제에는 확인되지 않는다. 다만, 발해 中正臺 소속 관원으로 大中正 1인과 少正 1인이 보인다. 이와 관련해 보면 兵署 소속 少正으로 해석된다.

26 발해 봉작의 하나로 開國郡公의 약칭이다. 『舊唐書』卷42 직관지에 따르면, 정2품에 해당한다. 758년 일본에 파견된 사신 揚承慶과 759년 파견된 高南申이 開國公의 작위를 갖고 있었음이 확인된다(『續日本紀』卷21 廢帝 淳仁天皇). 봉작제도는 周代 公·侯·伯·子·男의 오등작제에서 비롯되었다. 漢代 이후에는 公 위에 王을 두고 같은 성으로 봉하고, 다른 성은 공·후·백·자·남으로 봉하였다. 晉·宋 이후에는 작호에 開國 2자를 더하여 존중함을 표시하였다. 唐은 王·郡王·國公·郡公·縣公·縣侯·縣伯·縣子·男의 9등급으로 봉작제도를 갖추었다(王承禮, 1984; 최무장 편역, 2002, 204쪽). 발해에서 시행된 開國公의 구체적인 등급은 알려진 바 없다.

27 일본 고대 北陸道에 속한 國이다. 오늘날 福井縣의 北半에 해당한다. 692년에 國名이 처음 확인된다. 뒤에 加賀國과 能登國을 따로 분리하여 두었다. 國府의 소재지는 丹生郡으로 비정된다(古代學協會·古代學硏究所 編, 1994, 『平安時代史事典-本編 上』, 283~284쪽).

28 『續日本紀』에는 "副使正六位下高橋朝臣老麻呂"로 나온다.

정묘(28일)에 견발해대사 종5위하 소야조신전수에게 종5위상을, 부사 정6위상 고계조신로마(高階朝臣老麿, 다카시나노아손 오유마로)에게 종5위하를, 나머지 66인에게 각각 차등을 두어 주었다.

○ 전편11, 천평보자(天平寶字) 2년(758) 12월

戊申, 遣渤海使小野朝臣田守等奏唐國消息曰, 天寶十四載歲次乙未十一月九日, 御史大夫兼范陽節度使安祿山擧兵作亂. 自稱大燕聖武皇帝, 改范陽作靈武郡. 其宅爲潛龍宮, 年號聖武. 留其子安卿緒, 知范陽郡事, 自將精兵廿餘万騎, 啓行南往. 十二月, 直入洛陽, 署置百官. 天子遣安西節度使哥舒翰, 將卅万衆, 守潼津關. 大將軍封常清將十五万衆, 別圍洛陽. 天寶十五載, 祿山遣將軍孫孝[29]哲等, 帥二万騎, 攻潼津關. 哥舒翰壞潼津岸, 以墜黃河, 絶其通路而還. 孝哲鑿山開路, 引兵入至于新豊. 六月六日, 天子遜于劍南. 七月甲子, 皇太子璵卽皇帝位于靈武都督府, 改元爲至德元載. 己卯, 天子至于益州. 平盧留後事徐歸道, 遣果毅都尉行柳城縣兼四府經略判官張元澗[30], 來聘渤海. 且徵兵馬曰, 今載十月, 當擊祿山, 王須發騎四万, 來援平賊. 渤海疑其有異心, 且留未歸. 十二月丙午, 徐歸道果鴆劉正臣于北平, 潛通祿山. 幽州節度使[31]史思明謀擊天子, 安東都護王玄志仍知其謀, 帥精兵六千餘人, 打破柳城, 斬徐歸道. 自稱權知平盧節度, 進鎭北平. 至德三載四月, 王玄志遣將軍王進義, 來聘渤海. 且通國故曰, 天子歸于西京. 迎太上天皇于蜀, 居于別宮, 殄[32]滅賊徒, 故遣下臣來告命矣. 渤海王爲其事難信, 且留進義遣使詳問. 行人未至, 事未可知. 其唐王賜渤海國王勑書一卷, 又副狀進. 於是, 勅大宰府曰, 安祿山者, 是狂胡狡豎也. 違天起逆, 事必不利. 疑是不能計西, 還更掠於海東. 古人曰, 蜂蠆猶毒, 何况人乎. 其府帥船王及大貳吉備朝臣眞備, 俱是碩學, 名顯當代, 簡在朕心. 委以重任, 宜知此狀, 預設奇謀. 縱使不來, 儲備無悔. 其所謀上策, 及應備雜事, 一一具錄報來.

---

29 「국사본」에는 '考'.
30 「국사본」에는 '光洞'.
31 「국사본」에는 '使' 결락.
32 「국사본」에는 '彌'.

무신(10일)에 견발해사 소야조신전수 등이 당(唐)의 소식을 아뢰며 이르기를, "천보(天寶) 14년(755) 을미 11월 9일 어사대부(御史大夫) 겸 범양절도사(范陽節度使) 안녹산(安祿山)[33]이 거병하여 난을 일으켰습니다. 스스로 대연성무황제(大燕聖武皇帝)라 불렀으며, 범양(范陽)을 영무군(靈武郡)으로 고쳤습니다. 그 집은 잠룡궁(潛龍宮)이라 하고 연호는 성무(聖武)라 했습니다. 그 아들 안경서(安卿緖)를 남겨 지범양군사(知范陽郡事)로 삼고 자신은 정예병 20여만 기를 거느리고 남쪽으로 갔습니다. 12월 곧장 낙양으로 들어가 백관을 두었습니다.

　천자는 안서절도사(安西節度使) 가서한(哥舒翰)을 보내 30만 무리로 동진관(潼津關)을 지키게 했습니다. 대장군 봉상청(封常淸)은 15만 무리를 거느리고 따로 낙양을 포위하게 했습니다. 천보 15년(756) [안]녹산이 장군 손효철 등을 보내 2만 기병을 거느리고 동진관을 공격케 했습니다. 가서한은 동진 언덕이 무너져 황하로 떨어졌으며 그 통로를 끊고 돌아왔습니다. 효철(孝哲)은 산을 뚫어 길을 열어 병사를 끌어들여 신풍(新豐)에 이르렀습니다.

　6월 6일 천자가 검남(劍南)에서 양위했습니다. 7월 갑자에 황태자 여(璵)가 곧 영무도독부(靈武都督府)에서 황제의 자리에 올랐으며, 연호를 고쳐 지덕(至德) 원년으로 삼았습니다. 기묘에 천자가 익주(益州)에 이르렀습니다. 평로유후사(平盧留後事) 서귀도(徐歸道)가 과의도위행유성현(果毅都尉行柳城縣) 겸 사부경략판관(四府經略判官) 장원간을 보내 발해에 내빙했습니다 또 병마를 구하며 이르기를 '올 10월에 [안]녹산을 치려고 하니 왕은 마땅히 기병 4만을 발하여 적을 평정하는 데 와서 도와주기 바랍니다'라고 하였습니다. 발해는 딴마음을 갖고 있을 거라 의심하여 잠깐 머물게 하고 돌려보내지 않았습니다.

　12월 병오에 서귀도가 정말로 유정신(劉正臣)을 북평(北平)에서 죽이고 몰래 [안]녹산과 통하였습니다. 유주절도사(幽州節度使) 사사명(史思明)[34]이 천자를 치려고 모의하였는데 안

---

33 당나라 營州 柳城에 살던 소그드족 출신이다. 本姓은 康이다. 어머니 阿史德이 무당이었을 때 돌궐에 있으면서 軋犖山에 아들 낳기를 빌어 임신하여 낳았는데 神異한 기운이 있었다고 전한다. 어렸을 적 외톨이로 어머니가 安延偃에게 출가하자 따라갔다. 개원 초, 冒姓하여 安으로 하였고 이름은 祿山으로 고쳤다. 6개 국어에 능통할 만큼 언어 감각이 뛰어났다. 742년 平盧節度使가 되었으며 柳城太守押兩蕃渤海黑水四府經略使를 겸하였다. 743년 입조하여 驃騎大將軍을 받았으며, 744년에는 范陽節度河北採訪使를 맡았다. 당시 현종의 총애를 받던 楊貴妃의 양아들이 되었다. 750년 河北道採訪處置使가 되었다. 황태자 및 재상은 자주 안녹산이 반란을 일으킬 것이라며 말했으나 현종은 믿지 않았다. 755년 11월 楊國忠을 토벌한다는 명분으로 15만의 병력을 이끌고 반란을 일으켰다. 756년 정월 雄武皇帝라고 칭하고, 국호를 燕, 연호는 聖武라 하였다. 이에 郭子儀와 李光弼 등의 반격을 받았다. 757년 정월 아들 安慶緖에게 피살되었다(『新唐書』 卷225上, 安祿山).

34 당나라 寧夷州[오늘날 요령성 조양시] 사람으로 돌궐족이다. 初名은 窣于이며, 현종이 이름을 내렸다. 안녹산보

동도호(安東都護) 왕현지(王玄志)가 그 계략을 알고 정병 6천여 인을 거느리고 유성(柳城)을 쳐서 깨뜨리고 서귀도를 베어버렸습니다. 스스로 권지평로절도(權知平盧節度)라 칭하고 나아가 북평(北平)을 진압하였습니다. 지덕(至德) 3년(758) 4월, 왕현지가 장군 왕진의(王進義)를 보내 발해에 내빙하였습니다. 또 나라의 일을 이르기를, '천자가 서경(西京)으로 돌아갔습니다. 태상천황을 촉(蜀)에서 맞이하여 별궁에 거처를 마련하고 적의 무리를 멸하고자 하신(下臣)을 보내 명을 알리려 하였습니다.' 발해왕이 그 일이 믿기 어려워 또 진의를 머무르게 하고 사신을 보내 상세하게 물었습니다. 행인이 아직 이르지 않아 일은 알 수가 없습니다. 그 당왕(唐王)이 발해국왕에게 칙서 1권을 내렸고, 또 덧붙여 장(狀)을 올렸습니다"라고 하였다.

이에 대재부(大宰府)에 칙하여 이르기를 "안녹산이란 자는 미친 오랑캐요, 교활한 자이다. 하늘을 어기고 역을 일으켰으니 일이 반드시 불리할 것이다. 아마 서쪽을 도모할 수 없으니 돌아와 해동을 다시 노략질할 것이다. 옛사람이 이르기를 '벌이나 전갈도 오히려 독이 있는데 하물며 사람은 어떻겠는가!' 그 부(府) 장수 선왕(船王, 후네오) 및 대이(大貳) 길비조신진비(吉備朝臣眞備, 기비노아손 마키비)는 모두 석학으로 이름이 당대에 드러났으니 짐의 마음에 맞아 뽑았다. 중임을 맡기니 마땅히 이러한 상황을 알고 미리 기묘한 대책을 세우라. 오지 않더라도 대비하여 후회가 없도록 하라. 그 도모하는 바의 상책(上策) 및 대비하는 잡다한 일들도 하나하나 갖추어 보고하라"라고 하였다.

壬戌, 渤海使揚承慶等入京.

임술(24일)에 발해 사신 양승경 등이 입경하였다.

다 하루 먼저 태어났으며, 같은 향리에서 자랐다. 6개 국어에 능통할 만큼 언어감각이 뛰어나 互市郞이 되었다. 天寶 초에 將軍이 되었다. 현종과 만난 뒤 大將軍 北平太守가 되었다. 안녹산이 반란을 일으키자, 사사명은 河北을 공략하였다. 757년 安慶緖가 안녹산을 죽이고 황제가 된 뒤 사사명에게 安씨 성과 榮國이란 이름, 그리고 媯川郡王의 爵을 내렸다. 하지만 사사명은 13郡과 8만 명의 군사를 거느리고 당에 투항하였다. 숙종은 사사명에게 조서를 내려 歸義郡王 范陽長史 河北節度使로 삼았다. 사사명은 겉으로는 順命하였으나 안으로 반란군과 내통하며 군사를 모았다. 759년 정월 단을 쌓고 應天이라는 연호를 세우고 大聖周王이라 하였다. 안경서를 죽이고 그 무리를 아울렀다. 4월 국호를 大燕으로 고치고, 연호를 順天이라 했으며, 자칭 應天皇帝라 하였다. 761년 아들 史朝義에게 살해되었다(『新唐書』卷225上, 史思明).

○ 전편11, 천평보자(天平寶字) 3년(759) 정월

> 戊辰朔, 御大極殿受朝. 文武百官及高麗蕃客等, 各依儀拜賀.

무진 초하루에 대극전(大極殿)에 나아가 조회를 받았다. 문무백관 및 고려 번객 등이 각각 의례에 따라 하례하였다.

> 庚午, 帝臨軒. 高麗使揚承慶等貢方物. 奏曰, 云云. 詔曰, 云云.

경오(3일)에 제가 헌(軒)에 임하였다. 고려 사신 양승경 등이 방물을 바쳤다. 아뢰기를 "운운"하였다. 조서에 이르기를 "운운"하였다.

> 乙酉, 帝臨軒. 授高麗大使揚承慶正三位, 副使揚泰師從三位, 判官馮方禮從五位下, 錄事已下十九人, 各有差. 賜國王及大使已下祿有差. 饗五位已上及蕃客幷主典已上於朝堂. 作女樂於舞臺, 奏內敎坊踏歌於庭, 事畢賜綿, 各有差.

을유(18일)에 제가 헌에 임하였다. 고려대사 양승경에게 정3위를, 부사 양태사(揚泰師)에게 종3위를, 판관 풍방례(馮方禮)에게 종5위하를, 녹사 이하 19인에게 각기 차등을 두어 주었다. 국왕 및 대사 이하에게 녹을 내리되 차등이 있었다. 5위 이상 및 번객 아울러 주전 이상에게 조당에서 향연을 베풀었다. 무대에서 여악(女樂)을 연주하고 뜰에서 내교방(內敎坊) 답가(踏歌)를 연주하였다. 일을 마치자 면(綿)을 내리되, 각기 차등이 있었다.

> 丙戌, 內射. 喚客, 又令[35]同射.

병술(19일)에 내사(內射)를 하였다. 손님을 불러 함께 쏘게 하였다.

---

[35] 「국사본」에는 '命'.

> 甲午, 大保藤原惠美朝臣押勝宴蕃客於田村第. 勅賜內裏女樂, 幷綿一万屯. 當代文士賦詩送別, 副使揚泰師作詩和之.

갑오(27일)에 대보(大保) 등원혜미조신압승(藤原惠美朝臣押勝, 후지와라에미노아손 오시카쓰)[36]이 전촌(田村, 다무라)의 집에서 번객에게 주연을 베풀었다. 칙으로 내리(內裏)[37]의 여악(女樂)과 면(綿) 1만 둔을 내렸다. 당대 문사가시를 지어 송별하니, 부사 양태사가 시를 지어 화답하였다.

○ 전편11, 천평보자(天平寶字) 3년(759) 2월

> 戊戌朔, 賜高麗王書曰, 敬問云云, 卽因還使相酬土毛絹卅疋, 美濃絁卅疋, 絲二百絇, 綿三百屯. 加賜錦四疋, 兩面二疋, 纈羅四疋, 白羅十疋, 彩帛卅疋, 白綿一百帖. 云云. 仍差單使送還本蕃, 便從彼鄕, 達於大唐, 欲迎前年入唐大使河淸. 云云.

무술 초하루에 고려왕에게 서를 내리며 이르기를 "삼가 안부를 묻습니다. 운운. 곧 돌아가는 사신 편에 토모견(土毛絹) 30필, 미농시(美濃絁)[38] 30필, 사(絲) 200구, 면(綿) 300둔을 보냅니다. 더하여 금(錦) 4필, 양면(兩面)[39] 2필, 힐라(纈羅)[40] 4필, 백라(白羅) 10필 채백(彩帛)

---

36 藤原惠美朝臣押勝(706~764)은 나라 시대의 公卿으로 藤原武智麻呂의 2男이다. 원래 이름은 仲麻呂이다. 藤原廣嗣의 난 뒤에 光明皇后의 신임을 얻어 정계에 진출하였다. 749년 孝謙天皇 즉위 뒤, 大納言으로 中衛大將을 겸임하였다. 758년 淳仁天皇이 즉위하자 大保(右大臣)이 되어 전권을 잡았다. 같은 해 惠美押勝으로 개명하였다. 760년 大師(太政大臣)으로 승진하였지만, 순인과 효겸상황의 불화를 계기로 권력이 약화되었다. 764년 살해되었다.

37 천황이 사는 궁전을 가리킨다. 內, 大內, 大宮, 禁中, 禁裏라고도 한다. 또 삼중 구조를 가진 궁성의 가장 안쪽에 위치한 까닭에 內重(內隔)으로도 부른다(永原慶二 監修 外, 1999, 716쪽).

38 絁는 絹과 함께 고대에 생산된 견직물 중 가장 단순하게 직조된 평직 견직물이다. 미농시는 美濃 지역에서 직조된 특산물로, 조정에 조세[調]의 의미로 바쳤던 것인데 지역에 따라 시의 등급에 차이가 있었다. 美濃은 당시 畿內 부근에 위치하고 있어 상등품의 시를 생산하였을 것이다(布目順郞, 1988, 52쪽). 발해는 740·759·760·772년 일본으로부터 미농시를 받았다(전현실, 2008, 270쪽).

39 兩面의 '兩'은 '장식하다'는 뜻과 함께 '緉'의 의미를 포함한다. 『說文』에 "緉日絞也"라 하여 '실을 몇 가닥 합쳐 꼰다'는 내용이 있다(諸橋轍次, 1985, 1066쪽, 1112쪽). 이를 종합해보면, 양면은 꽤 두꺼운 色絲로 직조된 문양이 놓인 도톰한 느낌의 견직물로, 錦과 유사할 것으로 보이나 양면이 금보다 다소 두껍지 않을까 추정된다(전현실, 2008, 282~283쪽). 이밖에 겉과 안이 다른 문양으로 직조된 이중 직물로 보기도 한다(김민지, 2000, 202쪽). 양

30필, 백면(白綿) 100첩을 내립니다. 운운. 단사(單使)를 뽑아 본번으로 송환하려 합니다. 또한 그 고을에서 대당에 이르러 전년에 입당했던 대사 하청을 맞이하고자 합니다. 운운"하였다.

癸丑, 揚承慶等歸蕃. 高元度等相隨而去.

계축(16일)에 양승경 등이 번으로 돌아갔다. 고원도(高元度) 등이 따라갔다.

○ 전편11, 천평보자(天平寶字) 3년(759) 10월

辛亥, 迎藤原河淸使判官內藏忌寸全成, 自渤海却廻, 海中遭風, 漂著[41]對馬. 渤海使 輔國大將軍兼將軍玄菟州刺史兼押衙官開國公高南申相隨來朝. 其中臺牒曰, 迎藤原河淸使惣九十九人, 大唐祿山先爲逆命, 思明後[42]作亂. 云云. 仍放頭首高元度等十一人, 徃大唐迎河淸, 卽差此使, 同爲發遣. 其判官全成等並放歸鄉.

신해(18일)에 등원하청(藤原河淸, 후지와라노 카세이)[43]을 맞이하러 갔던 사신 판관(判官) 내장기촌전성(內藏忌寸全成, 구라노이미키 마타나리)이 발해로부터 돌아오다가 바다 가운데에서 풍랑을 만나 대마(對馬, 쓰시마)에 표착하였다. 발해사(渤海使) 보국대장군(輔國大將軍)

면에 대해서는 半臂의 겉감에 사용된 의료로, 일본『西大寺資財帳』의 白地兩面,『正倉院編年文書』의 黃地兩面, 白橡兩面, 吳桃地兩面, 綠地兩面 등과 같은 문헌에서만 그 명칭을 파악할 수 있다. 반비는 가장 겉에 입었던 옷이었고, 문헌에서는 錦과 함께 다양한 양면이 기록되고 있어(關根眞陸, 1986, 109쪽, 112쪽, 114~116쪽), 당시 錦에 못지않은 고급직물이었을 것이다. 당시 양면은 近江 이하 10개국에서 생산되었다(西村兵部 編, 1967, 44쪽).

40 고대 고급 견직물 중 하나인 羅에 '繡染'이 된 것을 말한다. 羅는『和名抄』에서는 '매미 날개'라고 표현할 정도로 반투명하고 얇은 직물이다. 정창원에 다수의 유물이 전해질 만큼 나라 시대를 중심으로 많이 이용되었다(關根眞陸, 1986, 21쪽; 전현실, 2008, 277쪽). 고대 한국, 중국에서도 상류층을 중심으로 하여 고급 의복 재료로 널리 사용되었다.

41 「국사본」에는 '着'.
42 「국사본」에는 '復'.
43 藤原朝臣河淸은 일본 나라 시대 귀족으로, 藤原房前의 4男이다. 749년에 參議가 되었다. 750년 遣唐大使가 되어 752년 唐에 들어갔으며, 이름을 淸河에서 河淸으로 고쳤다. 753년 阿倍仲麻呂를 데리고 돌아오던 중 沖繩부근에서 逆風을 만나 安南에 漂着하였다. 겨우 長安으로 돌아왔다. 759년 일본에서 등원하청을 맞이하기 위해 견당사를 파견하였지만 안사의 난을 이유로 귀국을 허락지 않았다. 당의 官人으로 일생을 마쳤다.

겸 장군 현토주자사(玄菟州刺史) 겸 압아관(押衙官) 개국공(開國公) 고남신(高南申)이 따라와 내조하였다. 그 중대첩(中臺牒)에 이르기를 "등원하청을 맞이하러 간 사신은 총 99인으로 대당(大唐) 녹산(祿山)이 앞서 명을 어기고 사명(思明)이 다시 난을 일으켰습니다. 운운. 이에 우두머리인 고원도 등 11인이 대당으로 가서 하청을 맞이하였으며 곧 이번 사신을 뽑아 함께 보냅니다. 그 판관 전성 등도 아울러 귀향합니다"라고 하였다.

○ 전편11, 천평보자(天平寶字) 3년(759) 12월

辛亥, 高麗使高南申, 我判官內藏全成等到著[44]難波江口.

신해(19일)에 고려 사신 고남신(高南申), 우리의 판관 내장전성 등이 난파강(難波江, 나니와에)[45] 입구에 도착하였다.

丙辰, 高南申入京.

병진(24일)에 고남신이 입경하였다.

○ 전편11, 천평보자(天平寶字) 4년(760) 정월

癸亥朔, 御大極殿受朝. 文武百官及渤海蕃客, 各依儀拜賀. 是日, 宴五位已上於內裏, 賜祿有差.

계해 초하루에 대극전(大極殿)에서 조회를 받았다. 문무백관 및 발해 번객이 각기 의례에 따라 절하고 축하하였다. 이날 내리(內裏)에서 5위 이상에게 연회를 베풀고 녹을 내렸는데 차등이 있었다.

---

44 「국사본」에는 '着'.
45 요도가와(淀川)강 입구 근처 潢을 부르던 옛날 지명으로 오늘날 일본 오사카시(大阪市) 부근 해역이다.

丁卯, 帝臨軒. 渤海國使高南申等貢方物, 奏曰, 云云.

정묘(5일)에 제(帝)가 헌(軒)에 임하였다. 발해국사 고남신 등이 방물을 바쳤다. 아뢰기를 "운운"하였다.

己巳, 高野天皇及帝御閤門. 五位已上及高麗使依儀陳列. 詔授高麗國大使高南申正三位, 副使高興⁴⁶福正四位下, 判官錄事已下各有差. 賜國王絁卅疋, 美濃絁卅疋, 糸二百絇, 綿三百屯, 大使已下各有差. 宴於五位已上及蕃客, 賜祿有差.

기사(7일)에 고야천황(高野天皇, 孝謙上皇)⁴⁷ 및 제(帝, 淳仁天皇)⁴⁸가 합문(閤門)에 나왔다. 5위 이상 및 고려사들은 의례에 따라 열을 섰다. 조(詔)에서 고려국 대사 고남신에게 정3위, 부사 고흥복(高興福)에게 정4위하, 판관(判官)과 녹사(錄事) 이하에게 [관위를] 주는데 각기 차등이 있었다. 국왕에게 시(絁) 30필, 미농시(美濃絁) 30필, 사(糸) 200구, 면(綿) 300둔을 내렸으며, 대사 이하에게도 각기 차등이 있었다. 5위 이상 및 번객에게 연회를 베풀었으며 녹을 내렸는데 차등이 있었다.

己卯, 饗文武百官主典已上於朝堂. 是日, 內射, 因召蕃客令觀射禮.

기묘(17일)에 문무백관(文武百官) 주전(主典) 이상에게 조당에서 향연을 베풀었다. 이날

---

46 「국사본」에는 '興'.
47 일본 제46대 천황(718~770)이다. 孝謙天皇이라고도 한다. 이름은 阿陪이다. 聖武天皇의 皇女이다. 어머니는 光明皇后이다. 738년 황태자가 되었으며 749년 양위를 받아 즉위하여 758년까지 1차로 재위하였다. 光明皇太后의 신뢰를 받던 藤原仲麻呂를 중용하였다. 758년 淳仁에게 양위하였지만 다다음해 光明이 죽자, 仲麻呂·淳仁과 대립하였다. 764년 중마려가 난을 일으키자, 이를 진압하고 순인을 폐위시킨 뒤 764년부터 770년까지 重祚하였다. 重祚때는 稱德天皇이라고 했다(永原慶二 監修 外, 1999, 401쪽).
48 일본 제47대 천황(재위 758~764)이다. 이름은 大炊王이고, 天武天皇의 손자이며, 아버지는 舍人親王이다. 藤原仲麻呂가 옹립하였으며, 758년 孝謙천황의 양위를 받아 즉위하였다. 762년 道鏡을 총애한 효겸태상천황과 사이가 좋지 않았다. 764년 藤原仲麻呂의 난이 일어난 뒤 폐위되어 淡路로 보내져 다음해 유배소에서 도망을 꾀하다 죽었다. 淡路廢帝라고도 부른다. 淳人이란 시호는 메이지 시대에 추증한 것이다.

내사(內射)를 하고 번객을 불러 사례(射禮)를 보도록 했다.

○ 전편11, 천평보자(天平寶字) 4년(760) 2월

辛亥, 是日, 渤海使高南申等歸蕃.

신해(20일)에 이날 발해 사신 고남신 등이 번으로 돌아갔다.

○ 전편11, 천평보자(天平寶字) 4년(760) 11월

丁酉, 送高南申使外從五位下陽侯史令璆至自渤海, 授從五位下.

정유(11일)에 고남신을 배웅했던 사신 외종5위하 양후사령구(陽侯史令璆, 야코노후히토 레이큐)가 발해에서 돌아오자 종5위하를 주었다.

○ 전편11, 천평보자(天平寶字) 5년(761) 8월

甲子, 迎藤原河淸使高元度等至自唐國. 初元度奉使之日, 取渤海道, 隨賀正使楊方慶等, 往於唐國. 事畢欲歸, 兵仗樣甲冑一具伐刀一口槍一竿矢一隻分付元度. 又有內使宣, 勅曰, 特進秘書監藤原河淸, 今依使奏, 欲遣歸朝. 唯恐殘賊未平, 道路多難. 元度宜取南路先歸復命. 卽令中謁者謝時和, 押領元度等, 向蘇州. 與刺史李岵平章, 造船一隻, 長八丈. 幷差押水手官越州浦陽府折衝賞紫金魚袋沈惟岳等九人等送元度等. 歸朝於大宰府, 安置.

갑자(12일)에 등원하청을 맞이하러 갔던 사신 고원도 등이 당에서 돌아왔다. 처음 원도가 사신의 임무를 받은 날 발해도(渤海道)를 취하여 하정사 양방경(楊方慶) 등을 따라 당나라에 갔다. 일을 마치고 돌아오려는데 병장(兵仗)으로 갑주(甲冑) 1구(具), 벌도(伐刀) 1구(口), 창(槍) 1간(竿), 화살 1척(隻)을 원도에게 나누어 주었다. 또 내사(內使)로 선포한 칙(勅)에 이르기를 "특진(特進) 비서감(秘書監) 등원하청(藤原河淸)이 이제 사신이 아뢴 바에 의거해 돌려

보내고자 한다. 다만 도적이 평정되지 않아 가는 길에 어려움이 많을까 두려울 뿐이다. 원도는 마땅히 남로(南路)를 취하여 먼저 돌아가 복명하라"라고 했다. 곧 중알자(中謁者) 사시화(謝時和)에게 원도 등을 데리고 소주(蘇州)로 향하게 했다. 자사 이호(李峼)와 의논하여 길이 8장(丈)의 배 한 척을 만들었다. 아울러 수수관(水手官) 월주(越州) 포양부(浦陽府) 절충(折衝) 상자금어대(賞紫金魚袋) 심유악(沈惟岳) 등 9인을 뽑아 원도 등을 보내게 했다. 대재부로 돌아와 안치했다.

○ 전편11, 천평보자(天平寶字) 5년(761) 10월

癸酉, 以右虎賁衛督從四位下仲眞人石伴爲遣唐大使, 上總守從五位上石上朝臣宅嗣爲副使. 以武藏介從五位下高麗朝臣大山爲遣高麗使.【是日, 任官】

계유(22일)에 우호분위독(右虎賁衛督) 종4위하 중진인석반(仲眞人石伴, 나카노마히토 이와토모)을 견당대사로, 상총수(上總守) 종5위상 석상조신택사(石上朝臣宅嗣, 이소노카미노아손 야카쓰구)를 부사로 삼았다. 무장개(武藏介) 종5위하 고려조신대산(高麗朝臣大山, 고마노아손 오야마)[49]을 견고려사로 삼았다.【이날 임관하였다】

○ 전편11, 천평보자(天平寶字) 6년(762) 10월

丙午朔, 正六位上伊吉連益麿, 至自渤海. 其國使紫綬大夫行政堂左允開國男王新福已下廿三人相隨來朝. 於越前國加賀郡安置供給. 我大使從五位下高麗朝臣大山, 去日船上臥病, 到佐利翼津卒.

---

49 고구려계 도래씨족의 후예이다.『新撰姓錄』에 따르면, 高麗朝臣은 고구려왕 好台(광개토왕)의 7세손 延典王으로부터 나왔다고 전한다(『新撰姓錄』第21卷 左京 諸蕃 高麗 "高麗朝臣 出自高句麗王好台七世孫延典王也"). 고려조신대산은 背奈福德의 손자이고, 大學助 背奈行文의 아들이다. 750년 일족과 함께 高麗朝臣으로 개성하고, 752년 遣唐使 判官으로 파견되었다가 754년 귀국하여 종5위하로 승진되었다(연민수, 2022,『譯註 續日本紀』中). 761년 10월 22일 遣高麗使로 임명되었다. 762년 발해에서 돌아오던 중 배위에서 병이 났으며 佐利翼津에 이르러 죽었다. 762년 11월 11일 遣高麗大使에게 正5位下를 추증하였다.

병오 초하루에 정6위상 이길련익마(伊吉連益麿, 이키노무라지 마스마로) 등이 발해로부터 이르렀다. 그 나라 사신인 자수대부(紫綬大夫)[50] 행정당좌윤(行政堂左允) 개국남(開國男)[51] 왕신복(王新福) 이하 23인이 따라와 내조하였다. 월전국 가하군(加賀郡, 가가군)에 안치하고 공급하였다. 우리 대사인 종5위하 고려조신대산이 가는 날 배 위에서 와병하였는데 좌리익진(佐利翼津, 사리하네노쓰)에 이르러 죽었다.

○ 전편11, 천평보자(天平寶字) 6년(762) 12월

乙卯, 遣高麗大使從五位下高麗朝臣大山, 贈正五位下. 副使授位, 判官已[52]下水手已上 各有差.

을묘(11일)에 견고려대사 종5위하 고려조신대산에게 정5위하를 추증하였다. 부사에게 관위를 주었으며 판관 이하 수수(水手) 이상에게도 각기 차등이 있었다.

○ 전편11, 천평보자(天平寶字) 6년(762) 윤12월

癸巳, 高麗使王新福等入京.

계사(19일)에 고려 사신 왕신복 등이 입경하였다.

○ 전편11, 천평보자(天平寶字) 7년(763) 정월

甲辰朔, 御大極殿受朝. 文武百寮及高麗蕃客, 各依儀拜賀. 事畢授位.

---

50 발해 문산계의 하나이다. 당나라의 문산계는 開府儀同三司에서 將仕郎에 이르는 29계, 무산계는 驃騎大將軍에서 陪戎付位까지의 45계였다. 발해의 紫綬大夫는 당의 金紫光祿大夫와 비교된다(王承禮, 1984; 최무장 편역, 2002, 202~203쪽).

51 봉작의 하나이다. 『舊唐書』 卷42 직관지에 따르면, 정5품상에 해당한다. 다만, 발해의 등급체계는 알려져 있지 않다. 925년 12월 開國男 朴漁 등이 고려에 귀부했다는 기사가 있다(『三國史節要』 卷14 경애왕 2년).

52 「국사본」에는 '以'.

갑진 초하루에 [천황이] 대극전(大極殿)에 나아가 조회를 받았다. 문무 관료 및 고려 번객 등이 각기 의례에 따라 절하고 축하하였다. 일이 끝나자 관위를 내렸다.

丙午, 高麗使王新福貢方物.

병오(3일)에 고려 사신 왕신복이 방물을 바쳤다.

庚戌, 帝御閤門, 授高麗大使王新福正三位, 副使判官以下授位. 賜國王及使傔人已上祿, 有差. 宴五位已上及蕃客, 奏唐樂於庭, 賜客主五位已上祿.

경술(7일)에 제가 합문(閤門)에 나아가 고려대사 왕신복에게 정3위를 주었으며, 부사 판관 이하에게도 위를 주었다. 국왕 및 사신의 종자 이상에게 녹을 내리는 데 차등이 있었다. 5위 이상 및 번객들에게 연회를 베풀고 뜰에서 당악(唐樂)을 연주하였으며, 객주 5위 이상에게 녹을 내렸다.

庚申, 帝御閤門. 饗五位已上及蕃客文武百官主典已上於朝堂. 作唐吐羅林邑東國隼人等樂, 奏內敎坊踏歌. 賜綿有差. 高麗大使王新福言, 李家太上皇, 少帝並崩, 廣平王攝政. 年穀不登, 人民相食, 云云. 朝聘之路, 固未易通. 於是, 勅大宰府曰, 唐國荒亂, 兩家爭雄, 平殄未期, 使命難通. 云云.

경신(17일)에 제가 합문에 나아갔다. 조당(朝堂)에서 5위 이상 및 번객 문무백관 주전 이상에게 연회를 베풀었다. 당(唐), 토라(吐羅), 임읍(林邑)[53], 동국(東國, 아즈마노쿠니)[54], 준인(隼

---

53 인도차이나 남동연안에 참족이 세운 참파국을 중국에서 부르던 이름이다. 임읍이란 명칭은 이 나라가 後漢 日南郡 象林縣에서 독립했기 때문으로 象林邑이라 불렸던 것을 象자를 빼고 부르게 되면서부터였다. 林邑이란 호칭은 2세기 말에서 8세기 중반(197~757)까지 중국에서 사용되었고, 8세기 중반에서 9세기 후반까지는 環王國, 9세기 후반에서 17세기까지는 占城國으로 세 번 바뀌게 되었으나 인도식 자칭 국명인 참파국이라는 호칭은 일관되게 사용되었다고 한다(동북아역사재단, 2009).

54 일본 고대의 지역구분으로, 넓게는 東海・東山・北陸道의 諸國을, 좁게는 關東을 가리킨다(永原慶二 監修 外, 1999, 816쪽). 畿內보다 東方의 國들을 막연히 총칭하는 경우도 있지만, 關東 혹은 坂東과 동의어로 사용되기도 한다. 關東은 三關의 동쪽, 즉 伊勢・美濃・越前 이동의 諸國을 가리키지만, 三關이 쇠퇴한 平安時代에는 오히려 坂東 혹

人, 하야토)⁵⁵ 등의 음악을 연주하고 내교방(內敎坊)의 답가(踏歌)를 연주하였다. 면(綿)을 차등을 두어 내렸다. 고려대사 왕신복이 말하기를 "이가(李家) 태상황과 소제가 모두 죽고 광평왕(廣平王)이 섭정하였습니다. 해마다 곡식이 익지 않아 인민들이 서로 잡아먹었습니다. 운운. 조빙의 길도 참으로 통하는 게 쉽지 않습니다"라고 하였다. 이에 대재부(大宰府)에 칙하여 이르기를, "당나라가 어지러우니 양가(兩家)가 다투어 평정을 기약하기 어려워 사명이 통하기 어렵다. 운운"하였다.

○ 전편11, 천평보자(天平寶字) 7년(763) 2월

丁丑, 大師藤原惠美朝臣押勝設宴於高麗客. 詔遣使賜以雜色袷衣卅襲.

정축(4일)에 대사(大師) 등원혜미조신압승이 고려 객에게 잔치를 베풀었다. 왕명으로 사자를 보내 잡색(雜色) 겹의(袷衣) 30궤(襲)를 주었다.

癸巳, 高麗使王新福等歸蕃.

계사(20일)에 고려 사신 왕신복 등이 번으로 돌아갔다.

○ 전편11, 천평보자(天平寶字) 7년(763) 8월

壬午, 初遣高麗國船, 歸朝之日, 風波暴急, 漂蕩海中. 祈曰, 幸賴船靈, 平安到國, 必請朝廷, 酬以錦冠. 至是, 授從五位下.

은 그것을 점점 확대한 지역으로서 쓰이는 일이 많았다. 坂東은 지금의 관동지방 지역을 가리키지만 都로써 東國이라고 말하는 것과 그보다 다소 넓게 駿河·甲斐·信濃 등도 포함한 것으로 생각된다. 東國은 옛날부터 변방의 땅으로 東人은 武勇에 뛰어난 사람이라는 관념이 있었다. 그러나 奈良 末·平安 初期의 東國은 蝦夷 征討의 기지로 황폐해졌다(古代學協會·古代學研究所 編, 1994, 『平安時代史事典-本編 下』, 1722쪽).

55 일본 고대 남부 九州의 주민으로 夷人·雜類 등과 함께 멸시를 받았다. 준인의 일부는 畿内와 그 주변부로 이주하여 隼人司에 속하여 朝儀 등에 참가하거나 竹製品을 만들었다. 현지의 준인들은 정기적으로 조공하는 의무가 있었지만, 800년에 大隅·薩摩 양국에 班田制가 채용되면서 다음해에 조공이 정지되고 公民이 되었다(古代學協會·古代學研究所 編, 1994, 『平安時代史事典-本編 下』, 1949쪽).

임오(12일)에 처음 고려국에 배를 보냈는데, 돌아오는 날 바람과 파도가 심하게 일어 바다 가운데에서 표류하였다. 기도하며 이르기를 "다행히 배를 지키는 신령에 힘입어 평안하게 나라에 도착하면 반드시 조정에 청하여 금관(錦冠)으로 갚도록 청하겠습니다"라고 하였다. 이에 이르러 종5위하를 주었다.

○ 전편11, 천평보자(天平寶字) 7년(763) 10월

乙亥, 左兵衛佐 正七位下坂振鎌束至自渤海, 以擲人於海, 勘當下獄.

을해(6일)에 좌병위좌 정7위하 판진겸속(坂振鎌束, 이타후리노 카마쓰카)이 발해로부터 돌아오는데 바다에 사람을 던졌으므로 조사하여 감옥에 가두었다.

○ 전편12, 보귀(寶龜) 2년(771) 6월

壬午, 渤海國使青綬大夫壹萬福等三百卄五人, 駕船十七隻, 著[56]出羽國賊地野代湊. 於常陸國安置供給.

임오(27일)에 발해국사 청수대부(青綬大夫)[57] 일만복(壹萬福) 등 325인이 배 17척을 타고 출우국의 적지(賊地)인 야대주(野代湊, 노시로노미나토)에 도착하였다. 상륙국(常陸國, 히타치노쿠니)[58]에 안치하고 공급하였다.

○ 전편12, 보귀(寶龜) 2년(771) 10월

丙寅, 徵渤海國使壹萬福已下卌人, 令會賀正.

---

56 「국사본」에는 '着'.
57 발해 문산계의 하나이다. 당나라의 銀青光祿大夫에 해당한다.
58 일본 고대 東海道에 속한 國이다. 오늘날 茨城縣의 대부분에 해당한다. 처음 常道國이라고 하였으나 뒤에 常陸國이 되었다. 國府는 茨城郡에 두었다(古代學協會·古代學研究所 編, 1994, 『平安時代史事典-本編 下』, 1984쪽).

병인(14일)에 발해국사인 일만복 이하 40인을 불러 하정례에 참석케 하였다.

○ 전편12, 보귀(寶龜) 3년(772) 정월

壬午朔, 天皇御大極殿受朝. 文武百官, 渤海蕃客, 陸奧出羽蝦夷, 各依儀拜賀.

임오 초하루에 천황이 대극전에서 조하를 받았다. 문무백관과 발해 번객, 육오(陸奧, 미치노쿠)[59]·출우의 하이(蝦夷, 에미시)가 각기 의례에 따라 절하고 하례하였다.

丁酉, 先是, 責問渤海王表無禮於壹萬福. 是日, 告壹萬福等曰, 萬福等, 實是渤海王使者. 所上之表, 豈違例無禮乎. 由茲不收其表. 萬福等言, 夫爲臣之道, 不違君命. 是以不誤封函, 輒用奉進. 今爲違例, 返却表函, 萬福等實深憂慄. 仍再拜據地而泣, 更申. 君者彼此一也. 臣等歸國必應有罪. 云云.

정유(16일)에 이에 앞서 일만복에게 발해왕의 표가 무례하다며 책문하였다. 이날 일만복 등에게 "만복 등은 실로 발해왕의 사자다. 올린 표는 어찌 무례하게 법식을 어기는가? 이로 인해 그 표는 거둘 수 없다"라고 하였다. 만복 등이 말하기를 "대저 신하된 도리는 임금의 명을 어기지 않는 것입니다. 이로써 봉함을 의심하지 않고 곧 받들어 올렸습니다. 지금 법식에 어긋난다고 하여 표함을 물리치시니 만복 등은 실로 매우 걱정스럽습니다. 이에 땅에 엎드려 다시 절하고 울면서 거듭 아룁니다. 임금은 피차 같습니다. 신 등은 귀국하면 반드시 죄를 받게 될 것입니다. 운운"하였다.

庚子, 却付渤海國信物於壹萬福.

경자(19일)에 발해국의 신물을 일만복에게 되돌려주었다.

---

59 일본 고대 東山道에 속한 大國의 하나이다. 오늘날 福島·宮城·岩手·青森 4현에 해당한다. 大化改新의 國郡制 시행시에는 道奧國으로 기록되었다. 大寶令 제정 때 陸奧國으로 고쳤다(古代學協會·古代學研究所 編, 1994, 『平安時代史事典-本編 下』, 2514쪽).

丙午, 渤海使壹萬福等改修表文, 代王申謝.

병오(25일)에 발해 사신 일만복 등이 표문을 고쳐 왕을 대신하여 사죄하였다.

○ 전편12 보귀(寶龜) 3년(772) 2월

癸丑, 饗五位已上及渤海蕃客於朝堂, 賜三種之樂. 萬福等入欲就座言曰, 所上表文緣乖常例, 返却表函幷信物訖. 而聖朝厚恩垂矜. 萬福等預於客例, 加賜爵祿有差.

계축(2일)에 5위 이상 및 발해 번객에게 조당에서 향연을 베풀고 세 종류의 음악을 내려주었다. 만복 등이 들어와 자리에 나아가고자 이르기를 "올린 표문이 법도에 어긋났기 때문에 표함과 신물을 물리치셨습니다. 그런데 성조께서는 두터운 은혜를 베푸셨습니다"라고 하였다. 만복 등을 객례에 참여케 하고 더하여 작록을 내렸는데 차등이 있었다.

己卯, 賜渤海王書. 天皇敬問高麗國王. 朕云云.

기묘(28일)에 발해왕에게 서를 내렸다. "천황은 고려국왕에게 삼가 안부를 묻습니다. 짐은 운운"하였다.

庚辰, 渤海蕃客歸.

경진(29일)에 발해 번객이 돌아갔다.

○ 전편12, 보귀(寶龜) 3년(772) 9월

戊戌, 送渤海客使武生鳥守等解纜入海, 忽遭暴風, 漂著[60]能登國. 客主僅得免死, 便於福良津安置.

---

60 「국사본」에는 '着'.

무술(21일)에 송발해객사인 무생조수(武生鳥守, 다케후노 토리모리) 등이 닻줄을 풀어 바다로 나아가는데 갑자기 폭풍을 만나 능등국(能登國, 노토노쿠니)에 표착하였다. 객주는 겨우 죽음을 면하였으며 복량진(福良津, 후쿠라노쓰)[61]에 안치하였다.

○ 전편12, 보귀(寶龜) 4년(773) 2월

乙丑, 渤海副使正四位下慕昌祿卒. 贈從三位, 賻物如令.

을축(20일)에 발해 부사인 정4위하 모창록(慕昌祿)이 죽었다. 종3위를 추증하고 부의를 법령대로 하였다.

○ 전편12, 보귀(寶龜) 4년(773) 6월

丙辰, 能登國言, 渤海國使烏須弗等, 乘船一艘來著. 差使勘問. 報書曰, 近年日本使內雄等住渤海國, 學問音聲却返本國, 今經十年, 未報安否. 由是差大使壹萬福等, 向日本國, 稍經四年, 未返本國. 更差大使烏須弗等卌人, 更無餘事. 所附進物及表書並在船內.

병진(12일)에 능등국(能登國)에서 발해국사 오수불(烏須弗) 등이 배 한 척을 타고 도착하였다고 했다. 사자를 보내 조사하였다. 보고하는 글에 이르기를 "근년에 일본 사신 내웅(內雄, 우치오) 등이 발해국에 머무르며 음형(音聲)을 배우고 본국으로 돌아갔는데 이제 10년이 지나도록 안부를 알리지 않았습니다. 이로 인해 대사인 일만복 등을 보내 일본국으로 향하였는데 4년이 지나도록 돌아오지 않았습니다. 다시 대사 오수불(烏須弗) 등 40인을 보내니, 그밖에 다른 일은 없습니다. 부치는 물품과 표서는 모두 배 안에 있습니다"라고 하였다.

---

61 일본 고대 能登國의 羽咋郡에 있었던 항구이다. 오늘날 石川県 羽咋郡 富来町 福浦에 있었다. 福良泊이라고도 한다. 동해를 건너 발해로 가는 배가 남풍을 기다렸던 항구이다(古代學協會·古代學硏究所 編, 1994, 『平安時代史事典-本編 下』, 2033쪽).

> 戊辰, 遣使宣告渤海使烏須弗曰 太政官處分, 前使壹萬福等所進表詞驕慢. 故告知其狀罷去. 已畢. 而今能登國司言, 渤海國所進表函, 違例無禮者. 由是不召朝庭, 返却本鄕. 但非使等之過, 涉海遠來, 仍賜祿幷路粮放還. 又渤海使取此道來朝者, 承前禁斷. 自今以後, 宜依舊例從筑紫道來朝.

무진(24일)에 사자를 보내 발해 사신 오수불에게 이르기를 "태정관이 처분하여 지난번 사신인 일만복 등이 올린 표문에 교만함이 있었습니다. 그런 상황을 알리고 물러가게 하였습니다. 이미 마쳤습니다. 그런데 지금 능등국사(能登國司)에서 말하기를 발해국이 올린 표함에도 법식에 어긋나고 무례한 바 있습니다. 이로 말미암아 조정으로 부르지 않고 본향으로 되돌려 보내려 합니다. 다만 사신 등의 잘못이 아니고 바다를 건너 먼 곳에서 왔으니 녹과 가는 길에 쓸 양식을 주어 돌아가게 하겠습니다. 또 발해 사신이 이 길로 내조하는 것은 이전부터 금한 것입니다. 이제부터는 마땅히 옛 예에 따라 축자도(筑紫道, 쓰쿠시미치)로부터 내조하십시오"라고 하였다.

○ 전편12, 보귀(寶龜) 4년(773) 10월

> 乙卯, 送壹萬福使正六位上武生連鳥守, 至自高麗.

을묘(13일)에 일만복(壹萬福)을 전송하던 사신 정6위상 무생연조수(武生連鳥守, 다케후노무라지 토리모리)가 고려에서 돌아왔다.

○ 전편12, 보귀(寶龜) 8년(777) 정월

> 癸酉, 遣使問渤海使史都蒙等曰, 去寶龜四年, 烏須弗歸本蕃日, 太政官處分, 渤海入朝使, 自今以後, 宜依古例向大宰府, 不得取此路來. 而今違此約束. 其事如何. 對曰, 烏須弗來歸之日, 實承此旨. 由是, 都蒙等發自弊邑南海府, 指對馬嶋竹[62]室之津, 而海中遭風, 失約之罪, 更無所避.

---

62 「국사본」에는 '鳴'.

계유(20일)에 사자를 보내 발해 사신 사도몽(史都蒙) 등에게 물으며 이르기를 "지난 보귀(寶龜) 4년(773) 오수불(烏須弗)이 본번으로 돌아간 날 태정관에서 처분하기를 발해 입조사는 이제부터 마땅히 옛 예에 따라 대재부로 향할 때는 이 길을 취해 오지 말라고 하였습니다. 그런데 지금 이 약속을 어겼으니 어째서입니까?" 하였다. 대답하기를 "오수불이 돌아온 날 이 뜻을 받았습니다. 이로 말미암아 도몽(都蒙) 등이 폐읍인 남해부(南海府)에서 출발하여 대마도(對馬嶋, 쓰시마노시마)의 죽실진(竹室津, 다케무로쓰)로 향했는데 바다 가운데서 풍랑을 만나 약속을 어기는 죄를 범하였으니 다시 피할 바가 없습니다"라고 하였다.

○ 전편12, 보귀(寶龜) 8년(777) 2월

壬寅, 召渤海使史都蒙等. 時都蒙[63]言曰, 都蒙等一百六十餘人, 航海來朝, 忽[64]被風漂, 致死一百廿人[65], 幸[66]得存活, 纔卌六人. 今十六人分留海岸, 譬猶割一身分背, 曲聽同入朝. 許之.

임인(20일)에 발해 사신 사도몽 등을 불렀다. 이 때 도몽이 이르기를 "도몽 등 160여 인이 내조하려 항해하였는데 풍랑을 만나 표류하여 120명이 죽고, 46명만이 겨우 살아남았습니다. 지금 16명은 해안에 머무르라고 나누었는데 비유컨대 한 몸을 갈라 등을 나눈 듯하니, 청컨대 같이 입조하게 하소서"라고 하였다. 허락하였다.

○ 전편12, 보귀(寶龜) 8년(777) 4월

庚寅, 渤海使史都蒙等入京.

경인(9일)에 발해 사신 사도몽 등이 입경하였다.

---

63 「국사본」에는 '等時都蒙' 결락.
64 「국사본」에는 '急'.
65 「국사본」에는 '人' 결락.
66 「국사본」에는 '年'.

辛卯, 太政官遣使慰問史都蒙等.

신묘(10일)에 태정관에서 사신을 보내 사도몽 등을 위문하였다.

癸卯, 渤海使史都蒙等貢方物, 奏曰, 渤海國王, 始自遠世供奉不絶, 云云.

계묘(22일)에 발해 사신 사도몽 등이 방물을 바치며 아뢰기를 "발해국왕은 앞 대부터 공봉을 끊이지 않았습니다. 운운"하였다.

戊申, 天皇臨軒, 授渤海大使獻可大夫司賓少令開國男史都蒙正三位.【副使已下賞見本紀】[67]

무신(27일)에 천황이 헌에 나와 발해대사(渤海大使) 헌가대부(獻可大夫)[68] 사빈소령(司賓少令) 개국남(開國男) 사도몽에게 정3위를 주었다.【부사 이하 상은 본기에 보인다】

○ 전편12, 보귀(寶龜) 8년(777) 5월

丁巳, 天皇御重閣門, 觀射騎射.[69] 召渤海使史都蒙等, 亦會射場. 令五位已上進裝馬及走馬, 作田儛於儛臺, 蕃客亦奏本國之樂. 事了, 賜大使都蒙已下綵帛各有差.

정사(7일)에 천황이 중각문(重閣門)[70]에 나와 활쏘기와 말타기를 보았다. 발해 사신 사도몽 등을 불러 또한 활터에 모였다. 5위 이상으로 하여 장식된 말(裝馬)과 주마(走馬)로 나아가 무

---

67 「국사본」에는 '記'.
68 발해 문산계의 하나이다. 발해의 문산계는 762년부터 보이는데, 모두 당나라 명칭과 달라서 독자성을 띤다. 무산계는 727년부터 759년까지 당과 동일하고 798년과 871년의 위군대장군만 다르다. 따라서 문무산계제도가 760년경을 경계로 발해 고유 명칭으로 변경되었던 것 같다(중앙문화재연구원 엮음, 2021, 53~54쪽).
69 「국사본」에는 '射' 결락.
70 일본 고대 平安宮 大內裏 남쪽에 있었던 중앙문이다. 宮城 12문 가운데 하나로 朱雀門, 大伴門이라고 한다. 이층구조로 지어 중각문이라고 불렸다.

대에서 춤추게 하고 번객은 또한 본국의 음악을 연주하게 하였다. 일이 끝나자 대사 사도몽 이하에게 채(綵)와 백(帛)을 내렸는데 각기 차등이 있었다.

> 癸酉, 渤海使史都蒙等歸蕃. 以大學少允高麗殿繼爲送使. 賜渤海王書曰, 天皇敬問渤海國王. 使史都蒙等, 云云.

계유(23일)에 발해 사신 사도몽 등이 본국으로 돌아갔다. 대학소윤(大學少允) 고려전계(高麗殿繼, 고마노 토노쓰구)를 송사로 삼았다. 발해왕에게 주는 서(書)에 이르기를 "천황은 발해 국왕에게 삼가 안부를 묻습니다. 사신 사도몽 등은 운운"하였다.

○ 전편12, 보귀(寶龜) 9년(778) 4월

> 丙午, 先是, 寶龜七年 高麗使輩卅人, 溺死漂著[71]越前國. 至是, 仰當國令加葬埋.

병오(30일)에 이에 앞서 보귀(寶龜) 7년(776) 고려 사신의 무리 30인이 익사하여 표류하다가 월전국(越前國)에 닿았다. 이에 이르러 해당국에 명하여 묻어주게 하였다.

○ 전편12, 보귀(寶龜) 9년(778) 9월

> 癸亥, 送高麗使正六位上高麗朝臣殿嗣等來著[72]越前國. 勅越前國, 遣高麗使幷彼國送使, 宜安置便處, 依例給之. 但殿嗣一人早令入京.

계해(21일)에 송고려사 정6위상 고려조신전사(高麗朝臣殿嗣, 고마노아손 토노쓰구) 등이 월전국(越前國)에 도착하였다. 월전국에 칙을 내려 견고려사와 그 나라 송사에게 마땅히 편한 곳에 안치하고 법식에 맞게 주라고 하였다. 단 전사(殿嗣, 도노쓰구) 한 사람은 입경하게 했다.

---

71 「국사본」에는 '着'.
72 「국사본」에는 '着'.

○ 전편12, 보귀(寶龜) 9년(778) 12월

己丑, 以布勢淸直爲送唐客使, 正六位上大網公廣道爲送高麗客使.

기축(17일)에 포세청직(布勢淸直, 후세노 키요나오)을 송당객사로, 정6위상 대망공광도(大網公廣道, 오요사미노키미 히로미치)를 송고려객사로 삼았다.

○ 전편12, 보귀(寶龜) 10년(779) 정월

壬寅朔, 天皇御大極殿受朝. 渤海國張仙壽等朝賀.

임인 초하루에 천황이 대극전에서 조회를 받았다. 발해국 장선수(張仙壽) 등이 조하하였다.

丙午, 渤海使張仙壽等獻方物, 奏曰, 渤海國王言, 云云.

병오(5일)에 발해 사신 장선수 등이 방물을 바치며 아뢰기를 "발해국왕은 말하길 운운"하였다.

戊申, 宴五位以上及渤海使等於朝堂, 賜祿有差. 詔渤海國使曰, 云云, 仙壽等來朝拜覲, 朕有嘉. 所以加授位階, 賜祿.

무신(7일)에 조당에서 5위 이상 및 발해 사신 등에게 연회를 베풀고 녹을 내리는데 차등이 있었다. 발해국 사신에게 조를 내리며 이르기를 "운운. 선수(仙壽) 등이 내조하여 절하고 알현하니 짐이 기쁘다. 위계를 더하여 주고 녹을 내린다"라고 하였다.

○ 전편12, 보귀(寶龜) 10년(779) 2월

癸酉, 渤海使還國. 賜其王璽書, 幷附信物.

계유(2일)에 발해 사신이 돌아갔다. 그 왕에게 새서를 내리고 신물을 보냈다.

○ 전편12, 보귀(寶龜) 10년(779) 9월

庚辰, 勅, 渤海及鐵利三百五十九人, 慕化入朝. 在出羽國, 宜依例供給之. 但來使輕微, 不足爲賓. 今欲遣使給饗, 自彼放還.

경진(14일)에 칙을 내려 "발해 및 철리 359인이 교화를 사모하여 입조하였다. 출우국에서는 마땅히 법식에 따라 지급하라. 다만, 사신으로 온 자들은 경미하여 손님으로 삼기에 부족하다. 지금 사신을 보내 잔치를 베풀고 그 길로 돌려보내려 한다"라고 하였다.

癸巳, 勅, 在出羽國蕃人三百五十九人, 今屬嚴寒, 海路艱險, 若情願今年留滯者, 宜恣聽之.

계사(27일)에 칙을 내리기를 "출우국에 있는 번인 359인은 지금 엄동설한이고 해로도 험난하니 만약 올해 머무르기를 원한다면 마땅히 들어주도록 하라"라고 하였다.

○ 전편12, 보귀(寶龜) 10년(779) 10월

乙巳[73], 勅大宰府, 新羅使金蘭蓀等, 遠涉滄波, 賀正貢調. 其諸蕃入朝, 國有恒例. 雖有通狀, 更宜反覆. 府准渤海蕃例, 寫案進上, 其本者却付使人.

을사(9일)에 대재부에 칙을 내리며 "신라 사신 김란손(金蘭蓀)[74] 등이 멀리 창파를 건너 하정하고 조를 바쳤다. 여러 번이 입조하는 데는 나라의 예가 있다. 비록 통상이 있더라도 다시 반복하는 것이 마땅하다. 부에는 발해번의 예에 준해서 안을 옮겨 적어 올리고 그 원본은 사신에게 돌려주어라"라고 하였다.

---

73 『日本紀略』에는 己巳일로 나온다. 『續日本紀』卷35에는 己巳일이 아니라 乙巳(9일)로 나온다. 이달에는 己巳일이 없으므로 乙巳일로 수정한다.
74 779년 일본에 파견되었던 신라 사신이다. 당시 沙湌 관등에 있었으며, 級湌 金巖과 함께 일본에 갔다.

○ 전편12, 보귀(寶龜) 10년(779) 11월

乙亥, 勅, 撿挍渤海人使, 押領高渾弻[75]等, 進表無禮, 宜勿令進.[76] 又不就筑紫, 巧言求便宜, 加勘當.

을해(9일)에 검교발해인사에게 칙을 내려 "압령 고혼필(高渾弻) 등이 올린 표가 무례하니 마땅히 올리지 말라. 또한 축자(筑紫, 쓰쿠시)에도 나아가지 않게 하라. 교묘한 말로 편의를 구하니 마땅히 대응하라"라고 하였다.

○ 전편12, 보귀(寶龜) 10년(779) 12월

戊午, 撿挍渤海人使言,[77] 押領高渾弻[78]等苦請云云, 乘船損壞, 歸計無由, 伏望, 賜船九隻, 令達本蕃者. 許之.

무오(22일)에 검교발해인사신이 말하기를 "압령 고혼필 등이 괴로이 청하며 운운하길, 타고 온 배가 손상을 입어 돌아갈 계책이 막연하니, 바라건대 배 아홉 척을 내리시어 본국에 갈 수 있도록 해주시기 바랍니다"라고 하였다. 허락하였다.

○ 전편13, 연력(延曆) 5년(786) 9월

甲辰, 出羽國言, 渤海國使大使李元泰已下六十五人, 乘船一隻漂著[79]部下, 被蝦夷略十二人, 見存卌一人.

갑진(18일)에 출우국에서 이르기를 "발해국사 대사 이원태(李元泰) 이하 65인이 배 1척에

---

75 「국사본」에는 '弼'.
76 「국사본」에는 '表無禮 宜勿令進'이 한 번 더 반복되어 나온다.
77 「국사본」에는 '渤海使言'이 한 번 더 반복되어 나온다.
78 「국사본」에는 '洋弼'.
79 「국사본」에는 '著'.

올라 표류하다가 부하(部下)에 도착하였는데 하이에게 12인이 목숨을 잃고 41인이 남았습니다"라고 하였다.

○ 전편13, 연력(延曆) 14년(795) 11월

丙申, 出羽國言, 渤海國使呂定琳等六十八人漂著[80]夷地. 勅遷越後國依例供給.

병신(3일)에 출우국에서 "발해국 사신인 여정림(呂定琳) 등 68인이 오랑캐 땅에 표착하였습니다"라고 말했다. 칙서로 "월후국으로 옮겨 예에 따라 공급하라"라고 하였다.

○ 전편13, 연력(延曆) 15년(796) 4월

戊子, 渤海國遣使獻方物. 其王啓曰, 云云. 渤海國者, 高麗之故地也. 天命開別天皇七年, 高麗王高氏爲唐所滅也. 後以天之眞宗豐祖父天皇二年, 始建渤海國, 和銅六年, 受唐冊立其國.

무자(27일)에 발해국에서 사신을 보내 방물을 바쳤다. 그 왕이 계(啓)로 말하길 "운운"하였다. 발해국은 고려의 옛 땅이다. 천명개별천황(天命開別天皇)[81] 7년(668) 고려왕 고씨가 당에 멸망하였다. 뒤에 천지진종풍조부천황(天之眞宗豐祖父天皇)[82] 2년(698) 비로소 발해국을 세웠으며, 화동(和銅) 6년(713) 당의 책봉을 받았다.

---

80 「국사본」에는 '着'.

81 일본 제38대 天智天皇(재위 668~671)이다. 舒明天皇의 아들로 어머니는 皇極天皇이다. 이름은 中大兄皇子, 葛城皇子, 開別皇子라고도 한다. 645년 中臣鎌足과 함께 蘇我씨를 무너뜨리고 천황 중심의 지배체제를 목표로 한 정치개혁인 이른바 '大化改新'을 단행하였다. 668년에 즉위하였다. 670년 전국의 거의 전계층을 대상으로 한 일본 最古의 호적인 庚午年籍을 작성하였다. 671년에 죽었다.

82 일본 제42대 文武天皇(재위 697~707)이다. 683년 天武天皇의 황태자였던 草壁皇子의 둘째아들로 태어났다. 어머니는 天智天皇의 넷째 딸 阿陪皇女(뒤에 元明天皇)이다. 이름은 輕이다. 697년 持統의 讓位로 즉위하였다. 재위 중에 大寶律令을 제정하였으며, 약 30년 만에 遣唐使 파견이 이루어졌다. 707년에 죽었다. 시호가 天之眞宗豐祖父天皇이다(『續日本紀』; 永原慶二 監修 外, 1999, 1137쪽).

○ 전편13, 연력(延曆) 15년(796) 5월

丁未, 渤海國使呂定琳等還蕃. 遣上野介御長廣岳, 式部大錄桑原秋成等押送. 仍賜其王璽書曰, 天皇敬問, 渤海國王. 云云. 特寄絹廿疋, 絁廿疋, 絲百絇, 綿二百屯, 以充. 云云. 今因定琳等還,[83] 沙金小[84]三百兩以充, 永忠等.

정미(17일)에 발해국 사신 여정림(呂定琳) 등이 귀국하였다. 상야개(上野介) 어장광악(御長廣岳, 미나가노 히로오카) 식부대록(式部大錄) 상원추성(桑原秋成, 구와하라노 아키나리) 등을 압송사로 보냈다. 그 왕에게 새서를 내리며 이르기를 "천황이 발해국왕에게 안부를 묻습니다. 운운. 견(絹) 20필, 시(絁) 20필, 사(絲) 100구, 면(綿) 200둔(屯)을 채워서 특별히 부칩니다. 운운. 이제 정림 등이 돌아감으로 사금(沙金) 소삼백(小三百) 냥으로 영충 등에게 충당하려고 합니다"라고 하였다.

○ 전편13, 연력(延曆) 15년(796) 10월

己未, 御長廣岳等歸自渤海國. 其王啓曰, 云云.

기미(2일)에 어장광악(御長廣岳) 등이 발해국에서 돌아왔다. 그 왕이 계(啓)로 말하길 "운운" 하였다.

壬申, 先是, 渤海國王所上書, 首尾不失禮. 群臣上表, 奉賀曰, 云云.

임신(15일)에 이에 앞서 발해국왕이 올린 글이 처음부터 끝까지 예를 잃지 않았다. 군신들이 표를 올려 축하하며 이르기를 "운운"하였다.

---

83 「국사본」에는 '還' 뒤에 '賜' 있음.
84 「국사본」에는 '卄'.

○ 전편13, 연력(延曆) 17년(798) 5월

戊戌, 遣渤海國使, 內藏宿禰賀萬等辭見. 因賜其王璽書曰, 云云.

무술(19일)에 견발해국사인 내장숙녜하만(內藏宿禰賀萬, 구라노스쿠네 카모마로) 등이 출발을 아뢰었다. 그 왕에게 새서를 내리며 이르기를 "운운"하였다.

○ 전편13, 연력(延曆) 17년(798) 12월

壬寅, 渤海國遣使獻方物. 其啓曰, 嵩璘啓. 使賀万等至. 云云.

임인(27일)에 발해국에서 사신을 보내 방물을 바쳤다. 그 계에 이르기를 "숭린이 계합니다. 사신 하만 등이 이르렀습니다. 운운"하였다.

○ 전편13, 연력(延曆) 18년(799) 정월

丙午朔, 皇帝御大極殿受朝. 文武官[85]九品以上蕃客等各陪位, 減四拜爲再拜. 不拍手, 以有渤海國使也.

병오 초하루에 황제가 대극전(大極殿)에 나와 조회를 받았다. 문무관 9품 이상과 번객 등에게 각각 위를 더하고 네 번 절하던 것을 두 번 절하는 것으로 줄였다. 박수를 치지 않았는데 발해국 사신이 있기 때문이다.

○ 전편13, 연력(延曆) 18년(799) 정월

壬子, 豊樂院未成功. 大極殿前龍尾道上搆作借殿, 葺以彩帛. 天皇臨御, 蕃客仰望, 以爲壯麗. 宴樂, 渤海國使大昌泰等預. 賚祿有差.

---

85 「국사본」에는 '官' 결락.

임자(7일)에 풍락원(豊樂院)이 아직 완공되지 않았다. 대극전 앞 용미도(龍尾道) 위에 임시 전각을 만들고 채백(彩帛)으로 지붕을 이었다. 천황이 임어하자 번객들이 우러러 바라보며 장려하다고 여겼다. 연회와 음악을 베풀었으며 발해국 사신 대창태(大昌泰) 등이 참여하였다. 녹을 주는데 차등이 있었다.

辛酉, 御大極殿, 宴群臣幷渤海客, 奏樂. 賜蕃客以上[86]蓁揩衣, 並列庭踏歌.

신유(16일)에 대극전에 나아가 군신과 발해객들에게 연회를 베풀고 음악을 연주하였다. 번객 이상에게 진개의(蓁揩衣)[87]를 내리고 뜰에 열을 지어 답가(踏歌)를 하였다.

癸亥, 朝堂院觀射. 五位已上射畢, 次蕃客射.

계해(18일)에 조당원에서 활쏘기를 참관하였다. 5위 이상의 활쏘기가 끝나자 다음으로 번객이 활쏘기를 하였다.

○ 전편13, 연력(延曆) 18년(799) 4월

己丑 … 是日, 渤海國使大昌泰等還蕃. 遣式部少錄滋野船白等押送. 賜其王璽書曰, 天皇敬問渤海國王. 使昌泰等[88]隨賀万至, 云云.

---

[86] 「국사본」에는 '上' 결락.
[87] 蓁揩衣의 '蓁'은 '榛'과 통용되며(增田美子, 1995, 266쪽) '榛'은 '개암나무'나 '오리나무'를 말한다(민중서림편집부, 1998, 2044쪽, 2110쪽). 이들 나무의 열매나 樹皮가 염료로 사용된다. 오리나무의 수꽃은 黑褐紫色, 암꽃은 紅紫色, 樹皮는 紫褐色을 띠고 있어(西田尙道, 2000, 105쪽), 茶 계통(增田美子, 1995, 277쪽)의 갈색, 흑색(渡辺素舟, 1973, 『日本服飾美術史(上)』, 53쪽), 자색의 다양한 색상을 띠었을 것으로 보인다. 701년 정월 大極殿 연회석에서 천황의 질문에 정답을 맞춘 高市天子에게 칭찬의 의미로 하사품을 내렸는데(『類聚國史』卷71 歲時2 元日朝賀條), 그 목록 필두에 '蓁揩衣'가 있는 것을 보면, 이는 함께 기록된 高價의 錦袴와 동등 또는 그 이상의 가치를 지녔던 것으로 생각된다. 따라서 蓁揩衣는 榛摺衣와 함께 榛에서 추출한 염료를 이용한 摺衣로, 천황 하사품의 필두에 있거나 祭服으로 사용되는 신성한 의미와 높은 가치를 지니는 의복으로 볼 수 있다(전현실·강순제, 2003, 55쪽 재인용).
[88] 「국사본」에는 '等' 결락.

기축(15일)에 … 이날 발해국사 대창태 등이 번으로 돌아갔다. 식부소록(式部少錄) 자야선백(滋野船白, 시게노노 후나시로) 등을 압송사로 보냈다. 그 왕에게 새서를 내려 이르기를 "천황이 발해국왕에게 삼가 안부를 묻습니다. 사신 창태 등이 하만을 따라 이르렀습니다. 운운"하였다.

○ 전편13, 연력(延曆) 18년(799) 5월

丙辰, 前遣渤海使外從五位下內藏宿禰賀茂麿等言, 歸鄉之日, 海中夜暗, 不識所著.[89] 于時遠有火光, 尋逐其光, 忽到嶋[90]濱. 訪之, 是隱岐國智夫郡. 其處無人居.[91] 或云, 比奈麻治比賣神常有靈驗, 商賈之輩, 漂宕海中, 必揚火光, 賴之得全者, 不可勝數. 神之祐助, 良可嘉報. 伏望奉預幣例, 許之.

병진(13일)에 앞서 발해에 사신으로 보냈던 외종5위하 내장숙녜하무마(內藏宿禰賀茂麿, 구라노스쿠네 카모마로) 등이 돌아가는 날 어두운 밤바다 가운데 어딘지 모른 채 도착하였다. 때에 멀리서 불빛이 있어 그 빛을 찾아 쫓아갔는데 홀연 섬의 해변에 이르렀다. 물어보니 은기국(隱岐國, 오키노쿠니)[92] 지부군(智夫郡, 치부군)이었다. 그곳에는 사는 사람이 없었다. 혹 이르대 "비나마치비매신(比奈麻治比賣神, 히나마치히메노카미)[93]은 늘 영험이 있어 장사하는 무리에게 바다를 떠돌 때 반드시 불빛을 올려 이에 의지해 온전함을 얻은 이를 헤아릴 수 없습니다. 신이 도와주셨으니 기쁘게 보답함이 좋습니다. 엎드려 바라건대 예식에 따라 참여하고 재물을 바치십시오" 하니 허락하였다.

---

89 「국사본」에는 '着'.

90 「국사본」에는 '島'.

91 「국사본」에는 '居' 결락.

92 일본 고대 山陰道에 속한 國이다. 오늘날 島根縣의 隱岐郡이다. 은기국의 설치 시점은 분명하지 않지만 대체로 7세기 말로 추정된다. 國內는 知夫·海部·周吉·穩地의 4郡으로 나뉘어 있다. 國府의 소재지는 분명치 않다(古代學協會·古代學硏究所 編, 1994,『平安時代史事典-本編 上』, 391쪽).

93 일본 島根県 隱岐郡에 있는 比奈麻治比賣命神社에 모셔진 神이다.

○ 전편13, 연력(延曆) 18년(799) 9월

辛酉, 式部少錄滋野船代等到自渤海國. 國王啓曰, 嵩璘啓. 使船白[94]等至, 云云.

신유(20일)에 식부소록(式部少錄) 자야선대(滋野船代, 시게노노 후나시로) 등이 발해국에서 도착하였다. 국왕의 계(啓)에 말하길 "숭린이 계합니다. 사신 선백(船白) 등이 이르러 운운"하였다.

○ 전편13, 연력(延曆) 23년(804) 6월

庚午, 勅, 比年渤海國使來著,[95] 多在能登國. 停宿之處不可疎陋, 宜早造客院.

경오(27일)에 칙을 내려 "근년에 발해국사가 능등국에 도착하는 경우가 많았다. 머물 곳이 외지고 누추해서는 아니 되니 마땅히 서둘러 객원을 짓도록 하라"라고 하였다.

○ 전편14, 대동(大同) 4년(809) 10월

癸酉朔, 渤海國遣使獻方物. 王啓曰, 云云.

계유 초하루에 발해국이 사신을 보내 방물을 바쳤다. 왕의 계(啓)에 말하길 "운운"하였다.

○ 전편14, 홍인(弘仁) 원년(810) 4월

庚午朔, 饗渤海使高南容等於鴻臚館.

경오 초하루에 발해 사신 고남용(高南容) 등에게 홍려관에서 향연을 베풀었다.

---

94 『日本後紀』에는 '船代'.
95 「국사본」에는 '着'.

丁丑, 高南容等歸國. 賜國王書曰, 云云.

정축(8일)에 고남용 등이 귀국했다. 국왕에게 서(書)를 내리며 이르기를 "운운"하였다.

○ 전편14, 홍인(弘仁) 원년(810) 5월

丙寅, 渤海使首領高多佛脫身留越前國. 安置越中國給食. 卽令史生羽栗馬長幷習語生等, 就習渤海語.

병인(27일)에 발해 사신 수령 고다불(高多佛)이 몸을 빼내어 월전국(越前國)에 머물렀다. 월중국(越中國, 엣츄노쿠니)[96]에 안치하여 음식을 주었다. 곧 사생(史生) 우율마장(羽栗馬長, 하구리노 우마오사)과 습어생(習語生) 등에게 발해어를 배우게 했다.

○ 전편14, 홍인(弘仁) 원년(810) 9월

丙寅, 渤海國遣使獻方物. 其王啓曰,[97] 云云.

병인(29일)에 발해국에서 사신을 보내 방물을 바쳤다. 그 왕의 계에 이르길 "운운"하였다.

○ 전편14, 홍인(弘仁) 원년(810) 12월

庚午, 從六位上林宿禰東人爲送渤海客使.

경오(4일)에 종6위상 임숙녜동인(林宿禰東人, 하야시노스쿠네 아즈마히토)을 송발해객사로 삼았다.

---

96 일본 고대 北陸道에 속한 國이다. 관내에 礪波·射水·婦負·新川의 4郡이 있다. 國府의 소재지는 射水郡이다. 발해 사신이 직접적으로 월중국으로 건너온 사실은 보이지 않는다. 다만 발해 사신을 월중국으로 옮기거나 접대를 위해 월중국의 물자를 보내기도 하였다(古代學協會·古代學硏究所 編, 1994, 『平安時代史事典-本編 上』, 285쪽).

97 「국사본」에는 '曰' 결락.

○ 전편14, 홍인(弘仁) 2년(811) 정월

丙申朔, 皇帝御大極殿, 臨軒. 皇太弟文武百官蕃客朝賀, 如常儀.

병신 초하루에 황제가 대극전에 나아가 헌(軒)에 임하였다. 황태제와 문무백관 번객들이 조하하였는데, 상례와 같았다.

壬寅, 宴五位已上幷蕃客, 賜祿.

임인(7일)에 5위 이상 및 번객들에게 연회를 베풀고 녹을 내렸다.

壬子, 御豊樂院, 觀射. 蕃客賜角弓射焉.

임자(17일)에 풍락원에 나아가 활쏘기를 관람하였다. 번객에게 각궁을 내려 쏘게 하였다.

乙卯, 遣大納言坂上大宿禰田村麿, 中納言藤原朝臣葛野麿, 參議菅野朝臣眞道等, 饗渤海使於朝集院, 賜祿.

을묘(20일)에 대납언(大納言) 판상대숙녜전촌마(坂上大宿禰田村麿, 사카노우에노스쿠네 타무라마로), 중납언(中納言) 등원조신갈야마(藤原朝臣葛野麿, 후지와라노아손 카도노마로), 참의(參議) 관야조신진도(菅野朝臣眞道, 스가노노아손 마미치) 등을 보내 조집원에서 발해 사신에게 연회를 베풀고 녹을 내렸다.

丁巳, 渤海國使高南容歸蕃. 賜其王書曰, 云云.

정사(22일)에 발해국사 고남용이 귀국하였다. 그 왕에게 서를 내려 이르기를 "운운"하였다.

○ 전편14, 홍인(弘仁) 2년(811) 4월

庚寅 … 是日, 遣渤海國使正六位上林宿禰東人等辭見, 賜衣被.

경인(27일)에 … 이날 견발해국사 정6위상 임숙녜동인 등이 출발을 아뢰자, 의피를 내렸다.

○ 전편14, 홍인(弘仁) 2년(811) 10월

癸亥, 正六位上林宿禰東人等, 至自渤海國. 奏曰, 國王之啓, 不據常例, 是以去而不取. 其錄事大初位下上毛野公嗣益等所乘第二船, 發去之日, 相失不見, 未知何在.

계해(2일)에 정6위상 임숙녜동인 등이 발해국에서 돌아왔다. 아뢰기를 "국왕의 계(啓)가 상례에 의거하지 않았기에 버리고 취하지 않았습니다. 녹사(錄事) 대초위하 상모야공사익(上毛野公嗣益, 가미쓰케누노키미 쓰구마스) 등이 탄 두 번째 배는 출발하는 날 서로 잃어버려 보이지 않는데 어디에 있는지 모르겠습니다"라고 하였다.

○ 전편14, 홍인(弘仁) 2년(811) 12월

乙亥, 故遣渤海錄事大初位下上毛野公嗣益, 追贈從六位下. 以身死王事也.

을해(14일)에 고(故) 견발해녹사 대초위하 상모야공사익에게 종6위하를 추증하였다. 왕사를 위해 죽었기 때문이다.

○ 전편14, 홍인(弘仁) 5년(814) 9월

癸卯, 渤海國遣使獻方物.

계묘(30일)에 발해국에서 사신을 보내 방물을 바쳤다.

○ 전편14, 홍인(弘仁) 5년(814) 11월

辛巳, 免出雲國田租. 緣有賊亂及供蕃客也.

신사(9일)에 출운국(出雲國, 이즈모노쿠니)[98]의 전조를 면제하였다. 도둑들로 어지럽고 번객에게 공급이 있었기 때문이다.

○ 전편14, 홍인(弘仁) 6년(815) 정월

癸酉朔, 皇帝御大極殿受朝. 蕃客陪位, 宴侍臣於前殿, 賜御被.

계유 초하루에 황제가 대극전에 나아가 조회를 받았다. 번객이 배위(陪位)하였으며, 전전에서 시신(侍臣)들에게 연회를 베풀고 어피(御被)[99]를 내렸다.

己卯, 宴五位以上幷渤海使, 奏女樂. 是日, 叙位, 云云. 渤海國大使王孝廉從三位, 副使高景秀正四位下, 判官高英善, 王昇基正五位下, 錄事以下給祿, 有差.

기묘(7일)에 5위 이상과 발해 사신에게 연회를 베풀고 여악(女樂)을 연주하였다. 이날 위를 주었다. 운운. 발해국 대사인 왕효렴(王孝廉)에게 종3위, 부사인 고경수(高景秀)에게 정4위하, 판관 고영선(高英善), 왕승기(王昇基)에게 정5위하, 녹사 이하에게 녹을 주는데 차등이 있었다.

---

98 일본 고대 島根縣 東部의 옛 국명이다. 山陰道의 上國이다. 고대 出雲神話의 무대이다. 율령제 아래에서도 國司와는 별개로 出雲臣氏가 出雲國造에 임명되었다. 國府는 島根郡으로 오늘날 松江市 大草町이다(永原慶二 監修 外, 1999, 64쪽).

99 被는 일반적으로 '이불'이라는 뜻으로, '衾'과 같은 의미로 사용되고 있다. 이외에 잠옷, 마차 등의 덮개, 쓰개의 뜻도 포함된다(關根眞陸, 1986, 179쪽; 諸橋轍次, 1985, 206쪽). 그리고 '被' 앞에 존경이나 공손한 의미를 갖는 '御'를 덧붙임으로써, '御被'는 上層의 개념이 내포되어 왕실 혹은 고위 관리들이 사용했을 것으로 짐작할 수 있다. 御皮는 기록에 자주 보인다. 『日本後紀』에는 14회 정도 '御被'에 관한 언급이 있다. 그 내용을 보면, 연회 개최 뒤에 천황이 사여하는 방식을 취하고 있다. 그 대상자는 승려, 관리/대신(參議 이상, 친왕 이하 4위 이상의 자, 侍臣, 侍從 이상, 次侍從 이상, 鹿取 등), 발해 사신이다. '被'는 『日本後紀』에 총 30회 정도 언급된다. 대체로 연회 개최 뒤 황제가 3位~5위 이상의 자, 侍臣, 侍從 이상에게 被를 하사하였다.

戊子, 御豐樂院, 宴五位已上[100]蕃客, 奏踏歌, 賜祿有差.

무자(16일)에 풍락원에 나아가 5위 이상 번객에게 연회를 베풀고 답가를 연주하며 녹을 주는데 차등이 있었다.

壬辰, 任於朝集堂饗王孝廉等, 賜樂及祿.

임진(20일)에 조집당에서 왕효렴 등에게 잔치를 열고 음악 및 녹을 베풀었다.

甲午, 渤海國使王孝廉等歸蕃. 賜書曰, 云云.

갑오(22일)에 발해국 사신 왕효렴 등이 귀국하였다. 서를 내리며 이르기를 "운운"하였다.

○ 전편14, 홍인(弘仁) 6년(815) 3월

癸酉, 制, 蕃國之使, 入朝有期, 客館之設, 常須牢固. 云云. 宜令彈正臺幷京職撿挍.[101]

계유(2일)에 제를 내리니 "번국의 사신이 입조하는데 기한이 있으니 객관의 시설은 늘 견고해야 한다. 운운. 마땅히 탄정대(彈正臺)와 경직(京職)은 살피도록 하라"라고 하였다.

○ 전편14, 홍인(弘仁) 6년(815) 5월

戊子, 渤海國使王[102]孝廉等, 於海中値逆風漂廻. 舟檝裂折.

무자(18일)에 발해국사 왕효렴 등이 바다에서 역풍을 만나 표류하다가 되돌아왔다. 노가 부

---

100 「국사본」에는 '上'자 뒤에 '及'이 있음.
101 「국사본」에는 '檢挍'.
102 「국사본」에는 '王' 결락.

러져 버렸다.

> 癸巳, 令越前國擇大船, 駕蕃客也.

계사(23일)에 월전국에 큰 배를 골라 번객을 태워 보내게 했다.

○ 전편14, 홍인(弘仁) 6년(815) 6월

> 癸丑, 渤海大使從三位王孝廉薨. 贈正三位. 更賜信物幷使等祿. 以先所賜, 濕損也.

계축(14일)에 발해대사 종3위 왕효렴이 죽었다. 정3위를 증직하였다. 다시 신물(信物)을 주고 사신들에게 녹을 내렸다. 앞서 내려준 것은 습기에 손상을 입었기 때문이다.

○ 전편14, 홍인(弘仁) 10년(819) 11월

> 乙亥朔甲午, 渤海國遣使獻方物. 上啓曰, 云云.

을해가 초하루인 갑오(20일)에 발해국에서 사신을 보내 방물을 바쳤다. 계(啓)를 올려 이르기를 "운운"하였다.

○ 전편14, 홍인(弘仁) 11년(820) 정월

> 甲戌朔, 皇帝御大極殿, 受朝賀. 文武王公及蕃客朝賀如儀. 宴侍臣於豐樂殿, 賜御被.

갑오 초하루에 황제가 대극전에 나아가 조하를 받았다. 문무왕공 및 번객의 조하가 의례와 같았다. 풍락전에서 시신(侍臣)들에게 연회를 베풀고 어피(御被)를 내렸다.

> 庚辰, 宴五位已上及蕃客於豐樂院, 授位. 又渤海國入覲大使李承英等敍位有差.

경진(7일)에 5위 이상 및 번객에게 풍락원에서 연회를 베풀고 위를 주었다. 또 발해국 입근 대사인 이승영(李承英) 등에게 위를 차등 있게 주었다.

> 己丑, 御豊樂殿, 奏踏歌. 宴群臣及蕃客, 賜祿.

기축(16일)에 풍락전에 나아가 답가를 연주하였다. 군신 및 번객에게 연회를 베풀었으며 녹을 내렸다.

> 甲午, 賜渤海王書曰, 天皇敬問. 云云.

갑오(21일)에 발해왕에게 서신을 내리며 이르기를 "천황이 삼가 안부를 여쭙습니다. 운운" 하였다.

> 乙未, 唐越州人周光翰, 言升則等告請歸鄕. 仍隨渤海使以放還.

을미(22일)에 당나라 월주 사람 주광한(周光翰)과 언승칙(言升則) 등이 고향으로 돌아가기를 청하였다. 발해 사신을 따라 돌아가게 했다.

○ 전편14, 홍인(弘仁) 12년(821) 11월

> 乙巳, 渤海國遣使獻方物. 國王上啓曰 仁秀啓, 云云.

을사(13일)에 발해국이 사신을 보내 방물을 바쳤다. 국왕이 상계하여 이르길 "인수[103]가 계합니다. 운운"하였다.

---

103 大仁秀 (재위 818~830)는 발해 제10대 왕으로, 고왕 대조영의 동생인 大野勃의 4세손이다. 연호는 建興이며, 시호는 宣王이다. 元和 연간(806~820) 당에 16차례나 조공할 만큼 대당외교에 힘썼다. 818년 당으로부터 銀靑光祿大夫 檢校秘書監 忽汗州都督 渤海國王으로 책봉을 받았다. 820년 金紫光祿大夫檢校司空을 더하였다. 재위 동안 북쪽과 남쪽으로 영역을 확장하였다. 『遼史』에는 원화 연간 신라와 국경을 정하였다는 기록이 나온다.

○ 전편14, 홍인(弘仁) 13년(822) 정월

癸巳朔, 皇帝御大極殿受朝賀. 京官文武王公以下, 及蕃客朝集使等陪位如儀. 是日, 御豊樂殿, 宴侍臣, 賜祿.

계사 초하루에 황제가 대극전에 나아가 조하를 받았다. 경관의 문무왕공 이하 및 번객 조집사 등은 의례대로 배위(陪位)하였다. 이날 풍락전에서 시신들에게 연회를 베풀고 녹을 내렸다.

己亥, 御豊樂殿, 宴群臣及蕃客. 授無品高丘親王四品, 又有授位.

기해(7일)에 풍락전에 나아가 군신 및 번객들에게 연회를 베풀었다. 무품(無品)인 고구친왕(高丘親王, 다카오카신노)에게 4품을 주고 또 위를 주었다.

戊申, 御豊樂殿, 五位已上及蕃客奏踏歌. 渤海國使王文矩等打毬. 賜綿二百屯爲賭. 所司奏樂, 蕃客率舞. 賜祿.

무신(16일)에 풍락전에 나아가 5위 이상 및 번객에게 답가를 연주하였다. 발해국사 왕문구(王文矩) 등이 타구[104]를 하였다. 면(綿) 200둔을 걸고 내기를 하였다. 해당 관사에서는 음악을 연주하고 번객들은 춤을 추었다. 녹을 내렸다.

壬子, 饗王文矩等於朝集殿.

임자(20일)에 조집전(朝集殿)에서 왕문구 등에게 향연을 베풀었다.

癸丑, 文矩等歸蕃. 賜國王書曰, 云云.

---

104 기구를 가지고 毬門으로 쳐서 넣는 놀이이다. 일본에서는 말을 타고 하는 騎馬打毬와 걸으면서 하는 徒打毬가 있었다. 일반적으로 타구는 기마타구를 가리킨다. 도타구는 어린아이를 중심으로 하였기에 童打毬로 부르기도 했다(古代學協會·古代學硏究所 編, 1994, 『平安時代史事典-本編 下』, 1551쪽).

계축(21일)에 문구 등이 귀국하였다. 국왕에게 내린 서신에 이르기를 "운운"하였다.

○ 전편14, 홍인(弘仁) 14년(823) 11월

壬申, 加賀國言上渤海國入覲使一百一人到著[105]狀.

임신(22일)에 가하국(加賀國, 가가노쿠니)에서 발해국 입근사(入覲使) 101인이 도착하였다고 알렸다.

○ 전편14, 홍인(弘仁) 14년(823) 12월

戊子, 停止存問渤海使, 今年雪深, 往還不通. 勅, 令守掾等准例存問.

무자(8일)에 존문발해사(存問渤海使)를 멈췄다. 올해 눈이 많이 내려 돌아가는 길이 통하지 않았다. 칙을 내려 수연 등에게 관례에 따라 안부를 묻게 하였다.

○ 전편14, 천장(天長) 원년(824) 정월

乙卯, 賜渤海客徒大使已下錄事已上六人冬衣服斬. 詔曰, 云云.

을묘(5일)에 발해객도 대사 이하 녹사 이상 6인에게 겨울용 의복료(衣服斬)를 내렸다. 조를 내려 이르기를 "운운"하였다.

○ 전편14, 천장(天長) 원년(824) 2월

壬午, 詔曰, 天皇【我】詔旨【良万止】宣大命【乎】, 渤海國【乃】使等云云, 此般【波】召賜【比】治不賜【奴】云云, 便風【乎】待【天】, 本國【尒】[106]退還【止】云云宣.

---

105 「국사본」에는 '着'.
106 「국사본」에는 '爾'.

임오(3일)에 조에 이르기를 "천황이 대명(大命)을 전하니 발해국 사신 등은 운운하였다. 이번에는 불러 내리지 않기로 했다. 운운. 편풍을 기다려 본국으로 돌아가도록 하라. 운운"하였다.

○ 전편14, 천장(天長) 원년(824) 4월

丙申, 覽越前國所進渤海國信物幷大使貞泰等別貢物. 又契丹大獨二口, 猥子二口, 在前進之.

병신(17일)에 월전국(越前國)이 진상한 발해국 신물과 대사 정태(貞泰) 등의 별공물을 살펴보았다. 또 거란 큰 개[大獨] 2마리, 작은 개[猥子] 2마리를 앞에 진상하였다.

庚子 … 返却渤海副使璋璿貢物.

경자(21일)에 … 발해 부사 장선(璋璿)의 공물을 돌려보냈다.

辛丑, 幸神泉苑. 令渤海獨逐苑中鹿, 中途而休焉.

신축(22일)에 신천원(神泉苑)¹⁰⁷에 행차하였다. 발해 개에게 뜰 안 사슴을 쫓게 했는데 중도에 그쳤다.

○ 전편14, 천장(天長) 원년(824) 5월

癸亥, 印遣渤海勅書, 日月上一踏.

계해(15일)에 발해에 보내는 칙서의 일월(日月) 위에 한 번 날인하였다.

---

107 일본 平安京 大內裏의 남동쪽에 있었던 園池이다. 『일본기략』 800년 7월 19일조 기사에 처음 보이며, 平安京 창설 당시에 부속한 園池로 건설된 것으로 보인다(古代學協會·古代學硏究所 編, 1994, 1292~1293쪽).

戊辰, 詔曰, 天皇【我】御命云云. 客人【倍乃】國【尓】[108]還退云云宣.

무진(20일)에 조서에 이르기를 "천황의 어명으로 운운한다. 객인(사절)이 나라로 돌아가려 물러나는 데, 운운"하였다.

○ 전편14, 천장(天長) 2년(825) 12월

辛丑, 隱岐國馳驛奏上, 渤海國使高承祖等[109]百三人到來.

신축(3일)에 은기국(隱岐國)에서 역마를 달려 아뢰기를 발해국사 고승조(高承祖) 등 103인이 도착하였다고 한다.

乙巳, 大內記布瑠宿禰高庭定領客使, 借出雲介, 不稱領客使.

을사(7일)에 대내기(大內記) 포류숙녜고정(布瑠宿禰高庭, 후루노스쿠네 타카니와)을 영객사[110]로 정하고 임시로 출운개(出雲介)에 임명하였다. 영객사라고 칭하지는 않았다.

○ 전편14, 천장(天長) 3년(826) 3월

戊辰朔, 右大臣藤原緖嗣上表, 云云. 比日[111]雜務行事, 贈皇后改葬【一】, 御齋會【二】, 掘加勢山溝幷飛鳥堰溝【三】, 七道畿內巡察使【四】, 可召渤海客徒【五】. 經營中疊騷動不遑. 云云. 不許.

---

108 「국사본」에는 '爾'.
109 「국사본」에는 '等' 결락.
110 외국사절이 내조하여 入京할 때, 도착지로부터 서울까지 인솔하는 임무를 맡았다. 대체로 발해사를 인솔하는 경우를 많이 볼 수 있다. 발해사가 일본에 오면 存問使가 파견되어 來朝한 이유 등을 묻고, 조정에 보고한다. 入京이 허가되면 존문사가 영객사를 겸임하여 서울까지 향한다. 이 사이 영객사는 사절의 접대를 맡는 한편 노정에 있는 國마다 필요한 물자와 인부를 手配하는 직무도 있었다. 詩文에 능한 인물이 많았던 발해사를 상대하기 위해 한문에 소양있는 外記・內記・直講 등이 선임되었다(古代學協會・古代學硏究所 編, 1994, 2699쪽).
111 「국사본」에는 '皆'.

무진 초하루에 우대신 등원서사(藤原緖嗣, 후지와라노 오쓰구)가 표를 올리며 "운운. 요즘 여러 행사로 증황후(贈皇后)의 개장(改葬)이 하나요, 어제회(御齋會)가 둘이요, 가세산(加勢山, 가세야마)의 구(溝)와 비조(飛鳥, 아스카)의 언구(堰溝) 굴삭이 셋이요. 칠도(七道)와 기내(畿內) 순찰사(巡察使)가 넷이요, 발해객도(사신)를 부르는 일이 다섯입니다. 일이 겹쳐 소란스러우니 급하게 서두르지 마십시오. 운운"하였다. 허락하지 않았다.

○ 전편14, 천장(天長) 3년(826) 5월

戊寅, 渤海國使高承祖授正三位. 副使判官錄事等亦有敍位.

무인(12일)에 발해국 사신 고승조에게 정3위를 주었다. 부사 판관 녹사 등에게 또한 서위하였다.

庚辰, 渤海國客徒歸加賀國.

경진(14일)에 발해국 객도가 가하국으로 돌아갔다.

辛巳, 天皇敬問渤海國王云云.

신사(15일)에 천황이 발해국왕에게 삼가 안부를 묻기를 "운운"하였다.

○ 전편14, 천장(天長) 5년(828) 정월

甲戌 … 但馬國馳驛言上, 渤海人百餘人來著.

갑술(17일)에 … 단마국(但馬國, 다지마노쿠니)[112]에서 역마를 달려와 이르기를, 발해인 백

---

112 일본 고대 山陰道의 一國이다. 현재 兵庫縣 북부에 위치한다. 동쪽으로는 丹波·丹後, 남쪽으로는 播磨, 서쪽으로는 因幡의 諸國과 접하고, 북쪽 일부는 동해에 닿는다. 國府는 氣多郡에 있었다(古代學協會·古代學硏究所 編,

여 인이 왔다고 했다.

○ 전편14, 천장(天長) 5년(828) 2월

己丑, 但馬國司寫渤海王啓中臺牒案進上.

기축(2일)에 단마국사가 발해왕의 계(啓)와 중대첩안을 필사하여 진상하였다.

○ 전편14, 천장(天長) 5년(828) 4월

癸未, 渤海客大使已下梢工已上, 賜絹綿有差.

계미(28일)에 발해객 대사 이하 초공(梢工)[113] 이상에게 견(絹)과 면(綿)을 내렸는데 차등이 있었다.

○ 전편15, 승화(承和) 8년(841) 12월

丁亥, 長門國言, 渤海客徒賀福延等一百五人來著.[114]

정해(22일)에 장문국(長門國, 나가토노쿠니)에서 발해객도 하복연(賀福延) 등 105인이 도착하였다고 했다.

庚寅, 定存問使.

경인(25일)에 존문사를 정하였다.

1994, 『平安時代史事典-本編 下』, 1564쪽).
113 뱃사공이다.
114 「국사본」에는 '着'.

○ 전편15, 승화(承和) 9년(842) 2월

乙酉, 令渤海客徒入京.

을유(20일)에 발해객도가 입경(入京)하도록 하였다.

○ 전편15, 승화(承和) 9년(842) 3월

辛丑, 存問渤海客徒[115]使等上奏, 勘問客徒等文, 幷渤海王所上啓案等, 其啓狀, 云云. 又別狀曰, 云云. 又中臺省牒曰, 云云.

신축(6일)에 존문발해객도사 등이 상주하기를 객도 등의 문서와 발해왕이 올린 계안 등을 살펴보니 그 계장에서 "운운"하였다. 또 별장에서 이르기를 "운운"하였다. 또 중대성첩에서 이르기를, "운운"하였다.

壬戌, 渤海客徒賀福延等發自河陽, 入于京師. 遣式部少輔從五位下藤原朝臣諸成爲郊勞使, 是夕於鴻臚館安置供給.

임술(27일)에 발해객도 하복연 등이 하양에서 출발하여 경사(京師)에 들어왔다. 식부소보(式部少輔) 종5위하 등원조신제성(藤原朝臣諸成, 후지와라노아손 모로나리)을 교로사(郊勞使)[116]로 삼아 보냈다. 이날 저녁 홍려관에 안치하고 물품을 주었다.

癸亥, 太政官遣右大史蕃良朝臣豐持, 於鴻臚館[117]爲慰勞焉. 是日, 渤海使賀福延等上中臺省牒.

---

115 「국사본」에는 '徒' 결락.
116 외국 사절이나 外臣의 迎送 의례를 담당하는 관직의 하나이다. 교로사 외에 存問使, 通事, 慰勞使, 送使 등이 있다. 교로사는 수도 근교에 나가 손님을 맞이하며, 오는 길의 수고를 위로하는 역할을 하였다.
117 「국사본」에는 '館' 결락.

계해(28일)에 태정관에서 우대사 번량조신풍지(蕃良朝臣豊持, 하라노아손 토요모치)를 홍려관에 보내어 위로하였다. 이날 발해 사신 하복연 등이 중대성첩을 올렸다.

甲子, 遣侍從正五位下藤原朝臣春津於鴻臚館. 宣勅曰, 云云.

갑자(29일)에 시종 정5위하 등원조신춘진(藤原朝臣春津, 후지와라노아손 하루쓰)을 홍려관에 보내었다. 칙에 이르기를 "운운"하였다.

○ 전편15, 승화(承和) 9년(842) 4월

乙丑朔, 賜客徒時服.

을축 초하루에 객도에게 시복(時服)을 내렸다.

丙寅, 賀福延等於八省院, 獻啓函信物等.

병인(2일)에 하복연 등이 팔성원(八省院)에서 계함과 신물 등을 바쳤다.

己巳, 天皇御豊樂院, 饗渤海使等. 詔授大使賀福延正三位, 副使王寶璋正四位下, 判官錄事等各授位. 使右少弁[118]藤原氏宗供食, 日暮賜祿.

기사(5일)에 천황이 풍락원에 나아가 발해 사신들에게 향연을 베풀었다. 조를 내려 대사인 하복연에게 정3위, 부사인 왕보장(王寶璋)에게 정4위하, 판관녹사 등에게 각각 위를 주었다. 우소변(右少辨) 등원씨종(藤原氏宗, 후지와라노 우지무네)에게 음식을 주게 하고, 날이 저물 무렵 녹을 내렸다.

---

118 「국사본」에는 '辨'.

> 辛未, 大使賀福延私獻方物.

신미(7일)에 대사 하복연이 사사로이 방물을 바쳤다.

> 癸酉, 饗客徒等於朝集堂. 遣使從五位下惟良宿禰春道供食. 宣勅曰, 云云.

계유(9일)에 조집당에서 객도들에게 향연을 베풀었다. 종5위하 유량숙녜춘도(惟良宿禰春道, 고레요시노스쿠네 하루미치)를 보내어 접대케 하였다. 칙하며 이르기를 "운운"하였다.

> 丙子, 遣勅使於鴻臚館宣詔. 賜渤海王書曰, 天皇敬問. 云云. 太政官賜中臺省牒曰, 云云. 勘解由判官藤原朝臣粟作, 文章生大中臣清世爲領客使. 是日, 使賀福延等歸.

병자(12일)에 홍려관에 칙사를 보내어 조를 내렸다. 발해왕에게 서를 내려 이르기를 "천황이 삼가 안부를 묻습니다. 운운"하였다. 태정관이 준 중대성첩에 이르기를 "운운"하였다. 감해유판관(勘解由判官) 등원조신속작(藤原朝臣粟作, 후지와라노아손 아와쓰쿠) 문장생(文章生) 대중신청세(大中臣清世, 오나카토미노 키요유)를 영객사(領客使)로 삼았다. 이날 사신 하복연 등이 돌아갔다.

○ 전편15, 가상(嘉祥) 2년(849) 2월

> 丙戌朔, 以少內記縣犬養大宿禰貞守, 直講山口忌寸西成等, 爲存問渤海使, 發遣於能登國.

병술 초하루에 소내기(少內記) 현견양대숙녜정수(縣犬養大宿禰貞守, 아가타이누카이노오스쿠네 사다모리)와 직강(直講) 산구기촌서성(山口忌寸西成, 야마구치노이미키 니시나리) 등을 존문발해사로 삼아 능등국으로 보냈다.

○ 전편15, 가상(嘉祥) 2년(849) 3월

戊辰 … 是日, 遣能登國存問渤海客使貞守等, 馳驛奏上, 客徒等將來啓牒案. 彼國王啓曰, 云云. 復中臺牒偁, 渤海國中臺省, 牒日本國太政官. 云云.

무진(14일)에 … 이날 능등국(能登國)에 보냈던 존문발해객사 정수 등이 역마를 달려 객도 등이 가져온 계와 첩안을 올렸다. 그 나라 왕이 계(啓)에 이르기를 "운운"하였다. 다시 중대첩에 이르기를 "발해국 중대성은 일본국 태정관에 알린다. 운운"하였다.

○ 전편15, 가상(嘉祥) 2년(849) 3월

乙亥 … 是日, 存問使等馳驛, 奏詰問客徒等違例入覲之由問答文等.

을해(21일)에 … 이날 존문사 등이 역마를 달려서 객도 등이 규정을 어겼음을 따지고 찾아온 이유에 대해 묻고 답한 문서 등을 아뢰었다.

壬午, 以存問使貞守西成等爲兼領渤海客使.

임오(28일)에 존문사 정수(貞守, 사다모리)와 서성(西成, 니시나리) 등을 영발해객사를 겸하게 했다.

○ 전편15, 가상(嘉祥) 2년(849) 4월

辛亥, 領客使等引渤海國使王文矩等入京. 遣勅使安置鴻臚. 宣命曰, 云云.

신해(28일)에 영객사 등이 발해국사 왕문구(王文矩) 등을 인도하여 입경(入京)하였다. 칙사를 보내 홍려에 안치하였다. 명하기를 "운운"하였다.

癸丑, 賜渤海客徒時服.

계축(30일)에 발해객도에게 시복을 내렸다.

○ 전편15, 가상(嘉祥) 2년(849) 5월

乙卯, 渤海國使[119]入覲王[120]文矩等詣八省院, 獻國王啓函幷信物等.

을묘(2일)에 발해국 입근사 왕문구(王文矩) 등이 팔성원(八省院)에 이르러 국왕의 계함과 신물 등을 바쳤다.

丙辰, 天皇御豊樂院, 宴客徒等. 宣詔曰, 天皇我, 云云. 大使已下首領相共拜舞. 詑授大使王文矩從二位, 副使烏孝愼等各授位.

병진(3일)에 천황이 풍락원에 나아가 객도 등에게 연회를 베풀었다. 조에 이르기를 "천황인 나는 운운"하였다. 대사 이하 수령이 서로 함께 절하고 춤추었다. 대사 왕문구에게 종2위, 부사 오효신(烏孝愼) 등에게 각기 위를 내렸다.

戊午, 天皇御武德殿覽馬射. 六軍擁節, 百寮侍座. 有勅, 令文矩等陪宴. 詔曰, 云云. 日暮乘輿還宮.

무오(5일)에 천황이 무덕전에 나아가 말 타고 활 쏘는 것을 관람하였다. 6군이 기치를 걸고 백관이 좌정하였다. 칙에 따라 문구 등을 연회에 배석케 했다. 조에 이르기를 "운운"하였다. 해질 무렵 수레를 타고 환궁하였다.

癸亥, 遣公卿於朝堂, 饗客徒. 詔曰, 云云.

---

119 「국사본」에는 '使' 결락.
120 「국사본」에는 '王' 앞에 '使' 있음.

계해(10일)에 조당에 공경을 보내어 객도에게 향연을 베풀었다. 조에 이르기를 "운운"하였다.

> 乙丑, 遣參議從四位上小野朝臣篁等, 於鴻臚館, 賜勅書幷太政官牒. 此日客徒歸却. 勅書曰, 天皇敬問. 云云. 太政官牒曰, 云云.

을축(12일)에 참의 종4위상 소야조신황(小野朝臣篁, 오노노아손 타카무라) 등을 홍려관에 보내어 칙서 및 태정관첩을 주었다. 이날 객도가 돌아갔다. 칙서에 이르기를 "천황이 삼가 안부를 묻습니다. 운운"하였다. 태정관첩에 이르기를 "운운"하였다.

○ 전편16, 인수(仁壽) 3년(853) 3월

> 戊午, 越中權守從五位上紀朝臣椿守卒. 時年[121]七十八. 椿守工於隸書, 尤得其筋. 答渤海書, 特簡好手. 椿守前後再書, 皆盡其妙, 朝廷美之.

무오(28일)에 월중권수(越中權守) 종5위상 기조신춘수(紀朝臣椿守, 기노아손 쓰바키모리)가 죽었다. 나이 78세였다. 춘수는 예서를 전공하여 더욱 그 성취가 있었다. 답발해서에 특히 뛰어난 인물로 뽑혔다. 춘수가 전후 두 번 국서를 썼는데 모두 그 묘함이 있어 조정에서 아름답게 여겼다.

○ 전편17, 정관(貞觀) 원년(859) 정월

> 廿二日己卯, 能登國馳驛言, 渤海國入覲使烏[122]孝愼等一百四人來著[123]珠洲郡.

22일 기묘에 능등국(能登國)에서 역마를 달려 전하기를 발해국 입근사(入覲使) 오효신 등 104인이 주주군(珠洲郡, 스즈군)에 도착하였다고 한다.

---

121 「국사본」에는 '年' 결락.
122 「국사본」에는 '焉'.
123 「국사본」에는 '着'.

廿八日乙酉, 正六位上行少外記廣宗宿禰安人, 大內記正六位上安倍朝臣淸行爲領渤海客使.

28일 을유에 정6위상 행소외기(行少外記) 광종숙녜안인(廣宗宿禰安人, 히로무네노스쿠네 야스히토) 대내기(大內記) 정6위상 안배조신청행(安倍朝臣淸行, 아베노아손 키요유키)을 영발해객사로 삼았다.

○ 전편17, 정관(貞觀) 원년(859) 2월

四日庚寅 … 渤海客著[124]能登國. 是日, 詔遷於加賀國安置便所.

4일 경인에 … 발해객이 능등국(能登國)에 도착하였다. 이날 가하국(加賀國)으로 옮겨 편한 곳에 두도록 조를 내렸다.

七日癸巳 … 從六位下行直講苅田首安雄爲領渤海客使. 以廣宗安人, 辭退也.

7일 계사에 … 종6위하 행직강(行直講) 예전수안웅(苅田首安雄, 가리타노오비토 야스오)을 영발해객사(領渤海客使)로 삼았다. 광종안인(廣宗安人, 히로무네노 야스히토)이 물러났기 때문이다.

九日乙未, 大初位下春日朝臣宅成爲渤海通事.

9일 을미에 대초위하 춘일조신택성(春日朝臣宅成, 가스가노아손 야카나리)을 발해통사(渤海通事)로 삼았다.

---

124 「국사본」에는 '着'.

○ 전편17, 정관(貞觀) 원년(859) 3월

十三日己巳, 渤海國副使周元伯頗閑文章. 詔越前權少掾從七位下嶋[125]田朝臣忠臣, 爲加賀權大掾, 向彼, 與元伯唱和. 以忠臣能屬文也.

13일 기사에 발해국 부사인 주원백(周元伯)은 자못 문장에 뛰어났다. 조를 내려 월전권소연(越前權少掾) 종7위하 도전조신충신(嶋田朝臣忠臣, 시마다노아손 타다오미)을 가하권대연(加賀權大掾)으로 삼아 그곳으로 향하여 원백과 더불어 주고받게 하였다. 충신이 속문에 능하기 때문이다.

○ 전편17, 정관(貞觀) 원년(859) 5월

十日乙丑 … 存問兼領渤海客使大內記安倍淸行, 加賀國司等奉進渤海國啓牒信物.

10일 을축에 … 존문(存問) 겸 영발해객사(領渤海客使)인 대내기(大內記) 안배청행(安倍淸行, 아베노 키요유키)과 가하국사(加賀國司) 등이 발해국의 계첩(啓牒)과 신물을 바쳤다.

○ 전편17, 정관(貞觀) 원년(859) 6월

廿三日丁未, 賜渤海國王. 勅書曰, 云云.

23일 정미에 발해국왕에게 내렸다. 칙서에 이르기를 "운운"하였다.

○ 전편17, 정관(貞觀) 원년(859) 7월

廿一日甲戌, 存問兼領渤海客使直講苅田安雄復命奏言, 客徒今月六日解纜歸蕃.

---

125 「국사본」에는 '島'.

21일 갑술에 존문(存問) 겸 영발해객사(領渤海客使) 직강(直講) 예전안웅(苅田安雄, 가리타노 야스오)이 복명하여 아뢰기를 객도가 이달 6일에 닻줄을 풀고 번국으로 돌아갔다고 했다.

○ 전편17, 정관(貞觀) 3년(861) 정월

廿日乙未, 出雲國言上, 渤海國使李居正等一百五人, 自隱岐國來着嶋根郡.

20일 을미에 출운국에서 발해국 사신 이거정(李居正) 등 105인이 은기국(隱岐國)에서 도근군(嶋根郡, 시마네군)[126]에 도착하였다고 아뢰었다.

廿一日丙申, 是日, 下知出雲國司云, 渤海客徒依例供給.

21일 병신에 이날 지출운국사(知出雲國司)에게 이르대 발해객도에게 예에 따라 공급하라고 했다.

廿八日癸卯, 散位正六位上藤原春景, 兵部少錄葛井善宗爲領渤海客使. 播磨[127]少目大初位上春日朝臣宅成爲通事, 使事之間, 春景稱但馬權介, 善宗稱因幡權掾.

28일 계묘에 산위(散位) 정6위상 등원춘경(藤原春景, 후지와라노 하루카게) 병부소록(兵部少錄) 갈정선종(葛井善宗, 후지이노 요시무네)을 영발해객사(領渤海客使)로 삼았다. 파마소목(播磨少目) 대초위상(大初位上) 춘일조신택성(春日朝臣宅成, 가스가노아손 야카나리)을 통사(通事)로 삼았다. 사신에 관한 일에서 춘경(春景, 하루카게)은 단마권개(但馬權介)로 칭하고 선종(善宗)은 인번권연(因幡權掾)으로 부른다.

---

126 일본 고대 出雲國에 속한 郡이다. 출운국의 북동부에 위치하며, 현재의 島根縣 松江市와 八束郡의 대부분이 이에 해당한다. 서쪽은 秋鹿郡, 북쪽과 동쪽은 동해, 남쪽은 中海와 宍道湖에 접한다(古代學協會·古代學研究所 編, 1994, 『平安時代史事典-本編 上』, 1136쪽).
127 「국사본」에는 '摩'.

○ 전편17, 정관(貞觀) 3년(861) 5월

廿一日甲午, 讀經了. 宣告存問兼領渤海客使但馬權介藤原朝臣春景, 並出雲國司等云云. 特加優恤以聽入京. 以出雲國絹一百冊五疋, 綿一千二百二十五屯, 便頒賜渤海客徒一百五人.

21일 갑오에 독경이 끝났다. 존문겸영발해객사 단마권개(但馬權介) 등원조신춘경과 출운국사(出雲國司) 등에게 명하여 이르기를 "운운"하였다. 특별히 우대하고 긍휼히 여겨 입경(入京)하는 청을 받아들인다. 출운국의 견(絹) 145필, 면(綿) 1225둔을 발해객도 105인에게 나누어 주도록 하였다.

廿六日己亥, 太政官送渤海國中臺省牒, 下存問使並出雲國司, 絁一十疋, 綿卅屯[128], 別賜大使李居正.

26일 기해에 태정관이 발해국 중대성에 보내는 첩을 존문사(存問使)와 출운국사에 내리고 시(絁) 10필, 면(綿) 30둔을 따로 대사 이거정(李居正)에게 주었다.

○ 전편18, 정관(貞觀) 14년(872) 정월

六日丁丑, 以少內記菅原道【眞】直講美努清名爲存問渤海客使. 園池正春日宅成爲通事.

6일 정축에 소내기(少內記) 관원도진(菅原道【眞】, 스가와라노 미치자네)과 직강(直講) 미노청명(美努清名, 미노노 키요나)을 존문발해객사로 삼았다. 원지정(園池正) 춘일택성(春日宅成, 가스가노 야카나리)을 통사로 삼았다.

廿日辛卯, 是月, 京邑, 咳逆死亡者衆. 人間言, 渤海客來, 異土毒氣之令然焉. 是日,

---

[128] 『日本三代實錄』에는 '綿四十屯'으로 나온다.

大祓於建禮門前厥之.

20일 신묘에 이달 경읍(수도)에 해역(咳逆)[129]이 돌아 죽은 자가 많았다. 사람들이 말하기를 발해객이 오면서 다른 지역의 독기가 그렇게 한 것이라고 했다. 이날 건례문(建禮門)[130] 앞에서 정화의식을 하여 병을 막았다.

廿六日丁酉, 以少外記大春日安守爲存問渤海客使. 以少內記道【眞】丁母憂去職也.

26일 정유에 소외기(少外記) 대춘일안수(大春日安守, 오카스가노 야스모리)를 존문발해객사(存問渤海客使)로 삼았다. 소내기 도진이 모친상을 당하여 관직을 떠났기 때문이다.

○ 전편18, 정관(貞觀) 14년(872) 3월

十四日甲申, 詔存問渤海客使大春日安守美努淸名並兼領客使.

14일 갑신에 조를 내려 존문발해객사(存問渤海客使)인 대춘일안수(大春日安守)와 미노청명(美努淸名)에게 영객사(領客使)를 겸하게 했다.

廿三日癸巳, 今春以後, 內外頻見恠異. 分遣使者於諸社奉幣. 便於近社道場[131], 每社轉讀金剛般若經. 告文辭別, 去年陰陽寮占申【久】就蕃客來【天】, 不祥之事可在【止】, 占申【世利】. 今渤海客隨盈紀例天來朝【世利】, 事不獲已, 國憲【止之天】可召. 云云.

23일 계사에 올봄 이후 안팎으로 자주 괴이한 일이 보였다. 여러 사(社)에 사람을 보내어 폐

---

129 기침을 하면서 기운이 치밀어 올라 숨이 차는 증상.
130 平安宮 內裏 외곽의 南門이다. 북쪽 承明門과 함께 紫宸殿의 정문 남쪽에 위치한다. 규모는 5칸이다. 건례문 앞에서 白馬節會가 행해졌기에 白馬陳이라고 한다. 그 밖에 射禮·荷前·相撲 등의 행사가 이 문 앞에서 이뤄졌다.
131 「국사본」에는 '場'.

백을 바치게 하였다. 또 가까운 사의 도량에서는 매 사마다 금강반야경을 읽게 하였다. 따로 문사(文辭)로 알렸다. 작년 음양료가 점을 쳐 보니 번객이 온 뒤로 상서롭지 않은 일이 있을 것이다. 점을 쳐보니 지금 발해객이 기한의 예에 따라 내조하였는데 어쩔 수 없이 나라의 법으로 불렀다. 운운.

○ 전편18, 정관(貞觀) 14년(872) 5월

七日丙子, 掌渤海客使少內記都言道請改名爲良香, 許之.

7일 병자에 장발해객사(掌渤海客使)인 소내기(少內記) 도언도(都言道, 미야코노 코토미치)가 양향(良香, 요시카)으로 개명을 요청하여 허락하였다.

十五日甲申, 遣右近衛少將藤原朝臣山陰, 到宇治郡山科村, 郊迎勞渤海客. 領客使大春日安守等與郊勞使, 共引渤海入覲大使楊成規等入京, 安置鴻臚館.

15일 갑신에 우근위소장(右近衛少將) 등원조신산음(藤原朝臣山陰, 후지와라노아손 야마카게)을 보내어 우치군(宇治郡, 우지군) 산과촌(山科村, 야마시나무라)에 이르러 교외에서 발해객을 맞이하여 위로케 하였다. 영객사(領客使) 대춘일안수(大春日安守) 등과 교로사(郊勞使)는 함께 발해 입근대사(入覲大使) 양성규(楊成規) 등을 이끌고 입경하여 홍려관에 안치하였다.

十七日丙戌, 遣右馬頭在原朝臣業平向鴻臚館, 勞問渤海客.

17일 병술에 우마두(右馬頭) 재원조신업평(在原朝臣業平, 아리하라노아손 나리히라)을 홍려관으로 보내 발해객을 위문하였다.

十八日丁亥, 勅遣左近衛中將兼備中守源朝臣舒向鴻臚館, 撿領揚成規等所費[132]渤

---

132 「국사본」에는 '齎'.

海國王啓及信物. 云云. 其¹³³物大虫皮七張豹皮六張熊皮七張蜜五斛.

18일 정해에 좌근위중장(左近衛中將) 겸 비중수(備中守) 원조신서(源朝臣舒, 미나모토노 아손 노부루)를 홍려관으로 보내 양성규(揚成規) 등이 가져온 발해국왕의 계(啓)와 신물 등을 살피도록 했다. 운운. 그 신물은 대충피(大虫皮)¹³⁴ 7장, 표피(豹皮) 6장, 웅피(熊皮) 7장, 꿀 5말[斛]이다.

十九日戊子, 遣參議左大弁¹³⁵大江朝臣音人向鴻臚館, 賜渤海國使授位階告身. 詔命云云. 授大使楊成規從三位, 副使李興晟¹³⁶從四位下, 判官李國慶賀王眞並正五位下, 錄事高福成高觀李孝信並從五位上. 云云. 天文生以上各賜朝服. 去年陰陽寮占, 就蕃客來朝, 可有不祥之徵. 由是不引見, 自鴻臚館放還.

19일 무자에 참의좌대변(參議左大辨) 대강조신음인(大江朝臣音人, 오에노아손 오톤도)을 보내어 홍려관에 가서 발해국사에게 위계와 고신을 내렸다. 조명에 "운운"하였다. 대사 양성규에게 종3위를, 부사 이흥성에게 종4위하, 판관 이국경(李國慶)·하왕진(賀王眞)에게 정5위하, 녹사 고복성(高福成)·고관(高觀)·이효신(李孝信)에게 종5위상을 주었다. 운운. 천문생(天文生)¹³⁷ 이상에게 각각 조복을 내렸다. 작년 음양료(陰陽寮)가 점을 쳐 "번객이 내조하면 상서롭지 않은 징조가 있다"라고 했다. 이로 인해 인견치 않고 홍려관에서 돌려보냈다.

---

133 「국사본」에는 '其' 뒤에 '信' 있음.

134 大蟲은 虎의 異稱이다(諸橋轍次, 1985,『大漢和辭典』권 3, 429쪽). '虎'는 권력이나 영향력 등과 같이 '힘'을 나타내는 언어로, '虎皮'는 神性을 나타냄과 동시에 힘을 상징하는 것으로 사용되었다(新村衣里子, 2015, 130쪽). 일본에서 虎皮는 4位 이상의 사람이 임명되는 참의나 3位 이상의 非참의가 사용할 수 있는 豹皮와 紹皮에 비해 가치가 다소 떨어지고, 5位 이상이 사용할 수 있는 羆皮와 비슷한 가치가 있었다. 富의 축적이 가능했던 사람들은 모피를 조공품이나 교역의 수단으로 하여 입수하였다. 발해인이 가져온 담비·호랑이·말곰 등의 모피는 일본 귀족들에게 선호 대상이었다(岡田涼子 外, 1992, 112쪽, 114쪽; 전현실, 2004, 53쪽).

135 「국사본」에는 '辨'.

136 「국사본」에는 '成'.

137 천체를 監視하고 異變이 있으면 그 길흉을 점쳐 密封하여 奏聞하는 일을 天文道라고 한다(古代學協會·古代學研究所 編, 1994,『平安時代史事典-本編 下』, 1710쪽). 이러한 천문도의 교관이 天文博士이며 천문박사의 지도를 받는 직원이 天文生이다.

廿日己丑, 內藏寮與渤海客, 交關.[138]

20일 기축에 내장료(內藏寮)[139]와 발해객이 교관(交關)하였다.

廿二日辛卯, 聽諸市人與客徒私相市易. 是日, 官錢卌萬賜渤海使等, 喚集市人, 賣與客徒.

22일 신묘에 여러 시전의 사람들과 [발해] 객도가 사사로이 서로 물건 거래하는 것을 허락했다. 이날 관전(官錢) 40만을 발해 사신 등에게 주고 시전 사람들을 불러 모아 객도와 사고팔게 했다.

廿三日壬辰, 遣大學頭兼文章博士巨勢朝臣文雄, 文章得業生藤原佐世於鴻臚館, 饗讌渤海使.

23일 임진에 대학두(大學頭) 겸 문장박사(文章博士) 거세조신문웅(巨勢朝臣文雄, 고세노 아손 후미오)과 문장득업생(文章得業生) 등원좌세(藤原佐世, 후지와라노 스케요)를 홍려관에 보내 발해 사신에게 잔치를 베풀었다.

廿四日癸巳, 大使楊成規請, 以壞莫將奉獻天皇及皇太子. 有詔許之. 內裏東宮賚物有數. 是日, 遣民部少輔橘朝臣廣相賜客徒曲宴. 遣兵部少輔高階眞人令範, 賜御衣, 客主具醉賦詩.

---

138 『日本紀略』에 의거해 '交關' 보입. 그런데 『日本三代實錄』에는 "廿日己丑 內藏寮與渤海客 廻易貨物 廿一日庚寅 聽京師人與渤海客交關"이라고 나온다. 즉 『日本紀略』에서는 "廻易貨物 廿一日庚寅 聽京師人與渤海客" 기사를 누락한 채 21일 경인 기사의 '交關'을 덧붙였다.

139 일본 고대 中務省에 속한 관청이다. 『職員令』에 따르면 金銀珠玉・寶器・錦綾・雜綵・氈褥・諸蕃貢獻奇瑋物・年料供進御服 및 別勅 用物의 出納・調進이 임무였다. 직원은 頭・助・允・大少屬・大少主鑰, 藏部 40인, 價長 2인 외 典履 2인 아래 百濟手部를 두었다(古代學協會・古代學研究所 編, 1994, 『平安時代史事典-本編 上』, 734쪽).

24일 계사에 대사 양성규(楊成規)가 토산물을 제사에 바치고 천황 및 황태자에게 봉헌하기를 청하였다. 조서를 내려 허락하였다. 내리 동궁의 새물(賽物)이 많았다. 이날 민부소보(民部少輔) 귤조신광상(橘朝臣廣相, 다치바나노아손 히로미)을 보내어 객도에게 곡연(曲宴)을 베풀었다. 병부소보(兵部少輔) 고계진인영범(高階眞人令範, 다카시나노마히토 요시노리)을 보내 어의를 내렸는데, 주객이 같이 취하여 시를 지었다.

廿五日甲午, 遣參議右大弁[140]藤原朝臣家宗, 右近衛中將源朝臣興, 大內記大江公幹於鴻臚館, 賜勅書. 少納言和氣朝臣彛範, 右中弁[141]藤原朝臣良近, 左大史大春日安守付太政官牒, 大使已下再拜舞踏. 跪受勅書.

25일 갑오에 참의(參議) 우대변(右大辨) 등원조신가종(藤原朝臣家宗, 후지와라노아손 이에무네), 우근위중장(右近衛中將) 원조신흥(源朝臣興, 미나모토노아손 오코루), 대내기(大內記) 대강공간(大江公幹, 오에노 키미미키)을 홍려관에 보내어 칙서를 내렸다. 소납언(少納言) 화기조신이범(和氣朝臣彛範, 와케노아손 쓰네노리)과 우중변(右中辨) 등원조신양근(藤原朝臣良近, 후지와라노아손 요시치카), 좌대사(左大史) 대춘일안수(大春日安守)에게 태정관첩(太政官牒)을 부치니, 대사 이하가 두 번 절하고 춤추었다. 꿇어앉아 칙서를 받았다.

○ 전편18, 정관(貞觀) 15년(873) 5월

廿七日庚寅, 先是, 大宰府言, 去三月十一日, 不知何許人, 舶二艘載六十人, 漂著[142]薩摩國甑嶋[143]. 其首崔宗佐大陳潤等自書曰, 渤海國人, 云云. 國司推驗事意, 不賫[144]公驗, 年紀亦相違, 疑新羅人, 偽稱渤海人, 來窺邊境歟. 向府之間, 一舶逃遁. 是日, 勅, 實是渤海人者, 須加慰勞, 充粮發歸, 若新羅凶黨者, 全禁其身言上. 兼令管內諸

---

140 「국사본」에는 '辨'.
141 「국사본」에는 '辨'.
142 「국사본」에는 '着'.
143 「국사본」에는 '島'.
144 「국사본」에는 '賫'.

國, 重愼警守.

27일 경인에 이에 앞서 대재부에서 말하기를 지난 3월 11일 모르는 사람 60인이 배 두 척을 타고 살마국(薩摩國, 사쓰마노쿠니)[145] 증도(甑島, 고시키시마)에 표착하였다. 그 우두머리인 최종좌(崔宗佐)와 대진윤(大陳潤) 등이 글로써 이르기를 "발해국 사람이다. 운운"하였다. 국사에서 사실과 뜻을 살펴보니 공험도 없고 기년 또한 서로 어긋나 신라인이 거짓으로 발해인이라 일컬으며 몰래 변경을 살피러 온 게 아닐까 의심스럽다. 부로 향하는 사이 한 척은 달아났다. 이날 칙을 내려 "실로 발해인이면 모름지기 위로하여 식량을 주어 돌아가게 하고 만약 신라의 흉악한 무리라면 그 몸을 가두어 아뢰도록 하라. 겸하여 관내의 여러 국에 거듭 삼가고 경계하여 지키라"라고 했다.

○ 전편18, 정관(貞觀) 15년(873) 7월

八日庚午 … 先是, 太宰府馳驛言, 渤海國人崔宗佐門孫宰等漂著[146]肥後國天草郡. 遣大唐通事覆問事由, 是渤海國入唐之使. 去三月著[147]薩摩國, 逃去之一艦也. 云云.

8일 경오에 … 이에 앞서 태재부에서 말을 달려와 말하기를 "발해국인 최종좌(崔宗佐)·문손재(門孫宰) 등이 비후국(肥後國, 히고노쿠니) 천초군(天草郡, 아마쿠사군)에 표착하였습니다. 대당통사(大唐通事)를 보내어 사유를 묻고 조사했더니 발해국의 입당사라고 합니다. 지난 3월 살마국(薩摩國)에 도착하였다가 도망간 한 척의 배였습니다. 운운"하였다.

○ 전편18, 정관(貞觀) 16년(874) 6월

四日庚申, 先是, 渤海人宗佐等五十六人漂著[148]石見國, 充給資粮, 放還本鄉.

---

145 鹿兒島縣 서부의 옛 國名이다. 702년 日向國에서 분리되었다. 國府는 高城郡이다.
146 「국사본」에는 '着'.
147 「국사본」에는 '着'.
148 「국사본」에는 '着'.

4일 경신에 이에 앞서 발해인 종좌(宗佐) 등 56인이 석견국(石見國, 이와미노쿠니)에 표착하였기에 물자와 식량을 보급해주고 본국으로 돌아가도록 했다.

○ 전편19, 원경(元慶) 원년(877) 정월

十六日戊子 … 是日, 出雲國言, 渤海大使等一百五人, 去年十二月卄六日着岸. 爲謝恩, 獻方物, 於島根郡安置供給.

16일 무자에 … 이날 출운국에서 "발해대사 등 105인이 작년 12월 26일 해안에 도착하였습니다. 사은을 위해 방물을 바치고 도근군(島根郡)에 안치하고 물자를 공급하였습니다"라고 하였다.

○ 전편19, 원경(元慶) 원년(877) 2월

三日乙巳, 以少外記大春日朝臣安名, 前讚岐掾占連部[149]月雄, 爲存問渤海客使, 園池正[150]春日朝臣宅成爲通事.

3일 을사에 소외기(少外記) 대춘일조신안명(大春日朝臣安名, 오가스기노아손 야스나)과 전찬기연(前讚岐掾) 점련부월웅(占連部月雄, 우라베노무라지 쓰키오)을 존문발해객사(存問渤海客使)로 삼고, 원지정(園池正) 춘일조신택성(春日朝臣宅成)을 통사로 삼았다.

○ 전편19, 원경(元慶) 원년(877) 3월

十一日壬子 … 以存問渤海客使安名, 月雄爲兼[151]領客使.

11일 임자에 … 존문발해객사(存問渤海客使)인 안명과 월웅으로 영객사(領客使)를 겸하게 했다.

---

149 「국사본」에는 '部連'.
150 「국사본」에는 '司'.
151 「국사본」에는 '兼' 결락.

○ 전편19, 원경(元慶) 원년(877) 4월

十八日己丑, 存問兼領渤海客使等寫渤海國王啓幷中臺省牒, 馳驛上奏.

18일 기축에 존문겸영발해객사 등이 발해국왕의 계(啓)와 중대성첩을 필사하여 역마를 달려와 아뢰었다.

○ 전편19, 원경(元慶) 원년(877) 6월

廿五日甲午, 渤海國使楊中遠等, 自出雲國還本蕃, 王啓幷信物不受而還之.

25일 갑오에 발해국사 양중원(楊中遠) 등이 출운국에서 본국으로 돌아갔다. 왕계와 신물은 받지 않고 돌려보냈다.

○ 전편19, 원경(元慶) 6년(882) 11월

廿七日乙未, 加賀國馳驛言, 今月十四日渤海國入覲使裵頲等一百五人著岸.

27일 을미에 가하국(加賀國)에서 역마를 달려와 말하기를 "이번 달 14일 발해국 입근사(入覲使) 배정(裵頲) 등 105인이 해안에 도착하였습니다"라고 하였다.

廿八日丙申 … 是日, 下符加賀國, 安置渤海客於便處, 依例供給. 又禁制私廻易客徒所齎貨物.

28일 병신에 … 이날 가하국(加賀國)에 명을 내려 발해객을 편한 곳에 안치하고 규정에 따라 공급하게 했다. 또 사사로이 객도가 가져온 물건과 교역하는 것을 금하였다.

○ 전편19, 원경(元慶) 7년(883) 정월

戊辰朔 … 是日, 以正六位上行少外記大藏伊美吉善行, 式部少丞高階眞人茂[152]範爲存問渤海客使, 前筑後少目伊勢朝臣興房爲通事.

무진 초하루에 … 이날 정6위상 행소외기(行少外記) 대장이미길선행(大藏伊美吉善行, 오쿠라노이미키 요시유키) 식부소승(式部少丞) 고계진인무범(高階眞人茂範, 다카시나노마히토 시게노리)을 존문발해객사(存問渤海客使)로, 전축후소목(前筑後少目) 이세조신흥방(伊勢朝臣興房, 이세노아손 오키후사)을 통사로 삼았다.

廿六日癸巳, 令山城近江越前加賀等國, 修理官舍道橋, 埋瘞[153]路邊死骸, 以渤海客可入京也.

26일 계사에 산성(山城, 야마시로)·근강(近江, 오미)·월전(越前, 에치젠)·가하(加賀, 가가) 등의 국(國)으로 하여금 관사와 도로, 다리를 수리하고 길가에 있는 주검을 묻어주게 하고 발해객이 서울로 들어올 수 있도록 하였다.

○ 전편19, 원경(元慶) 7년(883) 2월

廿一日戊午, 存問渤海客使大藏善行, 高[154]階茂[155]範, 並爲兼領客使.

21일 무오에 존문발해객사(存問渤海客使) 대장선행(大藏善行, 오쿠라노 요시유키)과 고계무범(高階茂範, 다카시나노 시게노리)을 모두 영객사(領客使)를 겸하게 했다.

廿五日壬戌, 賜渤海客徒冬時服. 遣弁[156]弁官史生一人, 押送於加賀國, 令領客使等領賜.

---

152 「국사본」에는 '義'.
153 「국사본」에는 '瘞'.
154 「국사본」에는 '山'.
155 「국사본」에는 '義'.
156 「국사본」에는 '辨'.

25일 임술에 발해객도에게 겨울옷을 주었다. 변관(弁官) 사생(史生) 1인을 보내어 가하국(加賀國)에 가지고 가도록 하고 영객사 등을 시켜 나눠주게 했다.

○ 전편19, 원경(元慶) 7년(883) 3월

八日甲戌, 存問兼領客使善行茂[157]範等進發, 參內辭見. 賜御衣袴各一襲.

8일 갑술에 존문 겸 영객사 선행과 무범 등이 출발하려고 내궁에 들러 인사를 하였다. 어의고(御衣袴) 1습씩을 내렸다.

○ 전편19, 원경(元慶) 7년(883) 4월

二日戊戌, 以右衛門大尉坂上大宿禰茂樹, 文章得業生紀朝臣長谷雄, 爲掌渤海客使, 民部大丞淸原常岑, 文章生多治有友, 爲領歸鄕渤海客使.

2일 무술에 우위문대위(右衛門大尉) 판상대숙네무수(坂上大宿禰茂樹, 사카노우에노오스쿠네 시게키)와 문장득업생(文章得業生) 기조신장곡웅(紀朝臣長谷雄, 기노아손 하세오)을 장발해객사(掌渤海客使)로, 민부대승(民部大丞) 청원상잠(淸原常岑, 기요하라노 쓰네미네), 문장생(文章生) 다치유우(多治有友, 다치노 아리토모)를 영귀향발해객사(領歸鄕渤海客使)로 삼았다.

廿一日丁巳, 緣饗渤海客, 諸司官人雜色等, 客徒在京之間, 聽帶禁物. 以從五位上行式部少輔兼文章博士加賀權守菅原朝臣【道眞】, 權行治部大輔事, 從五位上行美濃介嶋[158]田宿禰忠臣, 權行玄蕃頭事, 爲對渤海大使裴頲故爲之.

21일 정사에 발해객에게 연회를 베푸는 것으로 인해 여러 관인과 잡색 등이 객도가 서울에

---

157 「국사본」에는 '義'.
158 「국사본」에는 '島'.

있는 동안은 금물(禁物)을 지니도록 하였다. 종5위상 행식부소보(行式部少輔) 겸 문장박사(文章博士) 가하권수(加賀權守) 관원조신도진(菅原朝臣道眞, 스가와라노아손 미치자네)을 권행치부대보사(權行治部大輔事)로, 종5위상 행미농개(行美濃介) 도전숙녜충신(嶋田宿禰忠臣, 시마다노스쿠네 타다오미)이 권행현번두사(權行玄蕃頭事)가 되어 발해대사 배정(裴頲)을 대접하였기 때문에 그러하였다.

> 廿八日甲子, 勅右近衛少將平朝臣正範, 到山城國宇治郡山階鄉邊, 郊勞渤海客, 少外記大藏善行等引客徒入鴻臚館.

28일 갑자에 칙을 내려 우근위소장(右近衛少將) 평조신정범(平朝臣正範, 다이라노아손 마사노리)이 산성국(山城國) 우치군(宇治郡) 산계향(山階鄉, 야미시나사토) 주변 교외에 도착하여 발해객을 위로하고, 소외기 대장선행 등이 객도를 인도하여 홍려관으로 들어오게 했다.

> 廿九日乙丑, 遣右大史家原朝臣高鄉, 向鴻臚館, 慰勞客徒.

29일 을축에 우대사(右大史) 가원조신고향(家原朝臣高鄉, 이에하라노아손 타카사토)이 홍려관에 가서 객도를 위로했다.

○ 전편19, 원경(元慶) 7년(883) 5월

> 五月丙寅朔, 遣從五位上行右兵衛佐源朝臣元, 向鴻臚館, 勞問客徒.

5월 병인 초하루에 종5위상 행우병위좌(行右兵衛佐) 원조신원(源朝臣元, 미나모토노아손 모토)을 홍려관으로 보내어 객도를 위문하였다.

> 二日丁卯, 大使裴頲等於朝堂奉進王啓及信物. 親王已下五位已上, 及百寮初位已上皆會. 四位已下未得解由者亦預焉. 所司受啓信物, 奉進內裏.

2일 정묘에 대사 배정(裴頲) 등이 조당에서 왕계(王啓) 및 신물을 올렸다. 친왕(親王) 이하 5위 이상 및 백료 초위 이상 모두가 모였다. 4위 이하로 별다른 사유가 없는 자들도 참여하였다. 소사(所司)에서 받은 계(啓)와 신물을 내리(內裏)에 바쳤다.

> 三日戊辰, 天皇御豊樂殿, 賜宴渤海客. 親王已下, 參議已上侍殿上, 五位已上侍顯陽堂, 大使已下卄人侍承歡堂, 百官六位已下相分觀德明義兩堂. 授大使文籍院少監正四品賜紫金魚袋裴頲從三位, 副使正五品賜紫金魚袋高周封正四位下, 判官錄事授五位, 其次敍[159]六位, 以下各有等級. 隨其位階賜朝衣, 客徒拜舞退出, 更衣而入[160]拜舞, 昇堂就食. 雅樂寮陳鼓鐘, 內敎坊奏女樂, 妓女百卌八人遞[161]出舞. 酒及數杯, 別賜御餘枇杷子一銀鋺, 大使已下起座拜受. 日暮, 賜客徒祿各有差.

3일 무진에 천황이 풍락전에 나아가 발해객에게 연회를 베풀었다. 친왕 이하 참의 이상이 전위에서 천황을 모셨고 5위 이상은 현양당(顯陽堂), 대사 이하 20인은 승환당(承歡堂)에서, 백관 6위 이하는 서로 나누어 관덕(觀德)과 명의(明義) 양당에서 모셨다. 대사 문적원[162] 소감 정4품 사자금어대 배정에게 종3위, 부사 정5품 사자금어대 고주봉(高周封)에게 정4위하, 판관 녹사에게 5위를, 그다음에는 6위를 이하 각 등급이 있게 주었다. 그 위계에 따라 조의(朝衣)를 내리니 객도가 절을 하고 춤추며 물러났다가 다시 옷을 입고 들어와 절을 하고 춤을 추며 당으로 올라와 음식을 먹었다. 아악료가 종과 북을 두드리자 내교방에서 여악을 연주하고 기녀 148인이 번갈아 나와 춤을 추었다. 술이 몇 잔 돌자 따로 어여비파자(御餘枇杷子)와 은완(銀鋺) 하나를 내리니, 대사 이하가 자리에서 일어나 절하며 받았다. 해가 저물자 객도에게 녹을 차등 있게 내렸다.

---

159 「국사본」에는 '叙'.
160 「국사본」에는 '入' 결락.
161 「국사본」에는 '遙'.
162 발해의 중앙 관서로, 經籍과 도서, 찬술 등의 일을 담당하였다. 『新唐書』渤海傳에 따르면, 官員으로 監과 少監이 있었다. 사례로는 발해 선왕이 일본에 보낸 국서에 문적원 소속의 述作郎 李承英이 확인된다. 문적원 소속의 裴頲이나 裴璆, 李承英 모두 대일외교사절로 활약하는 것으로 보아 외교문서 작성 등에 관여하고 있음을 유추할 수 있다.

五日庚午, 天皇御武德殿, 覽四府騎射及五位已上貢馬. 喚渤海客徒觀之, 賜親王公卿續命縷. 伊勢守從五位上安倍朝臣興行引客, 就座供食. 別勅, 賜大使已下錄事以上續命縷, 品官已下菖蒲縵.

5일 경오에 천황이 무덕전에 나아가 4부의 말 타고 활 쏘는 것과 5위 이상의 공마(貢馬)를 관람하였다. 발해객도를 불러 보게 하고 친왕과 공경에게 속명루(續命縷)를 내렸다. 이세수(伊勢守) 종5위상 안배조신흥행(安倍朝臣興行, 아베노아손 오키유키)이 객을 안내하여 좌석에 나아가 음식을 대접하였다. 별칙(別勅)으로 대사 이하 녹사 이상에게 속명루를 내리고 품관 이하에게 창포만(菖蒲縵)을 내렸다.

七日壬申, 大使裵頲別貢方物. 是日, 內藏頭和氣朝臣彝範率僚下向鴻臚館交關.

7일 임신에 대사 배정이 따로 방물을 바쳤다. 이날 내장두(內藏頭) 화기조신이범(和氣朝臣彝範)이 부하를 데리고 홍려관에 가서 교관하였다.

八日癸酉, 內藏寮交關如昨.

8일 계유에 내장료(內藏寮)의 교관(交關)이 어제와 같았다.

十日乙亥, 於朝集堂, 賜饗渤海客徒. 大臣已下就東堂座, 擇五位已上有容儀者卅人, 侍堂上座. 從五位下守左衛門權佐藤原朝臣良積引客, 就西堂座供食. 大使裵頲欲題送詩章, 忽索筆硯, 良積不閑屬文, 起座而出, 隨止矣. 勅遣使賜御衣一襲.

10일 을해에 조집당(朝集堂)에서 발해객도에게 향연을 베풀었다. 대신 이하는 동당 자리에 나아가고 5위 이상으로 용의자(容儀者) 30인을 뽑아 당상 자리에서 시위하게 했다. 종5위하 수좌위문권좌(守左衛門權佐) 등원조신양적(藤原朝臣良積, 후지와라노아손 요시즈미)이 객을 안내하여 서당의 자리로 나아가 음식을 대접하게 했다. 대사 배정이 송별의 시를 지으려 갑자기 붓과 벼루를 찾았으나 양적(良積, 요시즈미)이 속문에 익숙치 않아 자리에서 일어나 나가니 그쳤다. 칙을 내려 사람을 보내 어의 1습을 주었다.

> 十二日丁丑, 渤海使歸蕃. 是日, 遣參議正四位下行右衛門督兼近江權守藤原朝臣諸葛等, 引客徒出館就路.

12일 정축에 발해 사신이 본국으로 돌아갔다. 이날 참의 정4위하 행우위문독(行右衛門督) 겸 근강권수(近江權守) 등원조신제갈(藤原朝臣諸葛, 후지와라노아손 모로쿠즈) 등을 보내어 객도를 안내하여 홍려관에서 나와 길을 떠났다.

> 廿六日辛卯, 大雨. 神泉苑[163]裏, 舊有放鹿, 是日, 生白鹿. 遠客來朝, 得此禎祥, 豈不韙歟.

26일 신묘에 큰비가 내렸다. 신천완(神泉苑) 안에 옛날에 방목한 사슴이 있는데 이날 흰 사슴을 낳았다. 멀리서 객이 내조하였는데 이러한 상서로움을 얻었으니 어찌 아름답지 않겠는가!

○ 전편19, 효광천황(光孝天皇) 즉위전기(卽位前紀)

> 嘉祥二年, 渤海國入覲. 大使王文矩望見天皇在諸親王中拜起之儀, 謂所親曰, 此公子者有至貴之相, 其登天位必矣.

가상(嘉祥) 2년(849) 발해국에서 입근하였다. 대사인 왕문구(王文矩)가 천황이 여러 친왕들 가운데 절을 하고 일어나는 거동을 바라보며 친한 이에게 이르기를 "이 공자에게 귀상이 있으니 반드시 천위에 오를 것입니다"라고 하였다.

○ 전편20, 인화(仁和) 2년(886) 5월

> 廿八日丙午, 前周防守從五位上紀朝臣安雄卒. 安雄者, 助教從五位下種繼之子也.

---

163 「국사본」에는 '苑'.

仁明天皇崇經術, 屢引儒士, 於御[164]前論難, 于時御船氏主爲大學博士, 種繼爲助敎. 天皇喚兩人令論經義. 氏主執禮種繼擧傳, 難擊徃復, 遂無折角. 當此之時, 膂力[165]士 阿刀根繼, 伴氏長, 相撲最手, 天下無雙. 帝號氏主爲氏長, 種繼爲根繼, 以戱之安雄. 貞觀初爲渤海存問兼領客使. 卒時年六十五.

28일 병오에 전주방수(前周防守) 종5위상 기조신안웅(紀朝臣安雄, 기노아손 야스오)이 죽었다. 안웅(安雄, 야스오)은 조교(助敎) 종5위하 종계(種繼, 다니쓰구)의 아들이다. 인명천황(仁明天皇)[166]이 경술(經術)을 높이고 유학자를 끌어들여, 어전에서 논쟁하였다. 당시에 어선씨주(御船氏主, 미후네노 우지누시)를 대학박사(大學博士)로, 종계(種繼)를 조교로 삼았다. 천황이 두 사람을 불러 경의(經義)를 논하게 하였다. 씨주가 집례(執禮)를, 종계가 거전(擧傳)으로서 오가며 논쟁을 벌이는데 끝내 진자가 없었다. 이때 여역사(膂力士) 아도근계(阿刀根繼, 아토노 네쓰구)와 반씨장(伴氏長, 도모노 우지나가)이 서로 최고상대로 천하에 둘이 없었다. 제(帝)는 씨주를 씨장(氏長, 우지나가)이라고 종계를 근계(根繼, 네쓰구)라고 부르며 안웅을 놀렸다. 정관 초 발해존문(渤海存問) 겸 영객사가 되었다. 죽을 때의 나이 65세였다.

○ 전편20, 관평(寬平) 4년(892) 정월

八日甲寅, 渤海客來著[167]出雲國.

8일 갑인에 발해객이 출운국(出雲國)에 도착하였다.

---

164 「국사본」에는 '御' 결락.

165 「국사본」에는 '力之'.

166 일본 제54대 천황(재위 833~850)이다. 嵯峨天皇의 두 번째 皇子이다. 어머니는 檀林皇后이다. 이름은 正良이다. 일본사에서는 淳和와 仁明천황 치세를 '崇文의 治'라고 부를 만큼 유교정신에 기반한 덕치가 행해진 것으로 평가한다. 문화방면에서도 唐風에서 國風文化로 전환이 이루어진 시기로 주목받는다. 朝覲行幸도 연중행사로 상례화되었다. 850년 3월 21일 淸涼殿에서 죽었다(古代學協會·古代學硏究所 編, 1994, 『平安時代史事典-本編 下』, 1881~1882쪽).

167 「국사본」에는 '着'.

十一日丁巳, 以少內記藤原菅根, 大學大允小野良弼爲渤海客存問使.

11일 정사에 소내기(少內記) 등원관근(藤原菅根, 후지와라노 스가네)과 대학대윤(大學大允) 소야양필(小野良弼, 오노노 요시스케)을 발해객존문사로 삼았다.

○ 전편20, 관평(寬平) 4년(892) 6월

廿四日丙申, 遣渤海勅書, 令左近少將藤原朝臣敏行書之.

24일 병신에 발해에 칙서를 보내는데 좌근소장(左近少將) 등원조신민행(藤原朝臣敏行, 후지와라노아손 토시유키)에게 쓰게 했다.

廿九日辛丑, 太政官賜渤海國牒二通, 一者, 令左近衛少將藤原朝臣敏行書之, 一者, 文章得業生小野美材書之.

29일 신축에 태정관에서 발해국에 첩 2통을 주니, 하나는 좌근위소장(左近衛少將) 등원조신민행(藤原朝臣敏行)에게 쓰게 하였고, 하나는 문장득업생(文章得業生) 소야미재(小野美材, 오노노요시키)에게 쓰게 했다.

○ 전편20, 관평(寬平) 4년(892) 8월

七日戊寅, 存問渤海客使奏聞歸來.

7일 무인에 존문발해객사가 아뢰고 돌아왔다.

○ 전편20, 관평(寬平) 6년(894) 5월

是月, 渤海使裴頲等入朝.

이달에 발해 사신 배정(裴頲) 등이 입조하였다.

○ 전편20, 관평(寬平) 6년(894) 12월

廿九日丙辰, 渤海國客徒百五人到著[168]於伯耆國.

29일 병진에 발해국 객도 105인이 백기국(伯耆國, 호키노쿠니)[169]에 도착하였다.

○ 전편20, 관평(寬平) 7년(895) 정월

廿二日庚辰, 以備中權掾三統[170]理平, 明法得業生中原連岳等爲渤海客存問使.

22일 경진에 비중권연(備中權掾) 삼통리평(三統理平, 미무네노 마사히라)과 명법득업생(明法得業生) 중원연악(中原連岳, 나카하라노무라지 가쿠) 등을 발해객존문사로 삼았다.

○ 전편20, 관평(寬平) 7년(895) 5월

七日癸亥, 渤海客來著[171]鴻臚館.

7일 계해에 발해객이 홍려관에 도착하였다.

十一日丁卯, 天皇幸豊樂院, 賜饗於客徒, 兼敍[172]位階.

---

168 「국사본」에는 '着'.
169 일본 고대 山陰道에 속한 國이다. 오늘날 島取縣 倉吉市·米子市·境港市 및 日野郡을 포함한 지역이다. 國府는 久米郡으로 오늘날 倉吉市街의 서쪽 교외에 두었다(古代學協會·古代學硏究所 編, 1994, 『平安時代史事典-本編 下』, 2280쪽).
170 「국사본」에는 '緣'.
171 「국사본」에는 '着'.
172 「국사본」에는 '叙'.

11일 정묘에 천황이 풍락원에 행차하여 객도에게 향연을 베풀고 겸하여 위계를 정했다.

十四日庚午, 於朝集堂, 賜饗於客徒.

14일 경오에 조집당에서 객도에게 향연을 베풀었다.

十五日辛未, 參儀左大弁[173]菅原朝臣【道眞】向鴻臚館, 賜酒饌於客徒.

15일 신미에 참의 좌대변(左大辨) 관원조신【도진】(菅原朝臣道眞)이 홍려관으로 가서 객도에게 주연을 내렸다.

十六日壬申, 渤海客徒歸去.

16일 임신에 발해객도가 돌아갔다.

○ 후편1, 연희(延喜) 8년(908) 정월

八日, 庚辰, 渤海客來.

8일 경진에 발해객이 왔다.

○ 후편1, 연희(延喜) 8년(908) 4월

八日, 存問渤海領客使大內記藤原博文等, 問[174]入覲使文籍院少監裴璆.

8일에 존문발해영객사 대내기(大內記) 등원박문(藤原博文, 후지와라노 히로부미) 등이 입

---

[173] 「국사본」에는 '辨'.
[174] 「교정본」에는 '同'.

근사(入覲使)인 문적원소감(文籍院少監) 배구(裴璆)에게 안부를 물었다.

> 廿一日, 領客使等設曲宴於今來河邊.

21일에 영객사 등이 금래(今來, 이마키) 강변에서 연회를 베풀었다.

> 某日, 天皇賜書於渤海王.

모일에 천황이 발해왕에게 서를 내렸다.

○ 후편1, 연희(延喜) 8년(908) 5월

> 十二日, 法皇【宇多】賜書渤海裴璆【頲】.[175]

12일에 법황【우다】이 발해 배구(裴璆)【정】에게 서를 내렸다.

○ 후편1, 연희(延喜) 8년(908) 6월

> 某日, 渤海使裴璆來朝. 某日, 掌客使諸文士於鴻臚館, 餞北客歸鄕.

모일에 발해 사신 배구(裴璆)가 내조하였다. 모일에 홍려관에서 장객사와 여러 문사가 북녘 손님에게 전별연을 열었다.

○ 후편1, 연희(延喜) 19년(919) 12월

> 一日甲午, 任渤海客存問使等.

---

[175] 「교정본」에는 '遡'.

1일 갑오에 발해객존문사 등을 임명하였다.

○ 후편1, 연희(延喜) 20년(920) 4월

廿日壬子, 存問渤海客使裴璆等.

20일 임자에 발해객사 배구 등에게 안부를 물었다.

○ 후편1, 연희(延喜) 20년(920) 5월

八日己巳, 渤海入覲大使裴璆等廿人著[176]於鴻臚館.

8일 기사에 발해 입근대사(入覲大使)인 배구 등 20인이 홍려관에 도착하였다.

十日辛未, 右大臣【忠平】覽渤海國牒狀, 以大使從三位裴璆授正三位.

10일 신미에 우대신(右大臣)【충평(忠平, 다다히라)】이 발해국의 첩장을 살펴보고 대사 종3위 배구에게 정3위를 주었다.

十一日壬申, 渤海大使裴璆於八省院, 進啓幷[177]信物等.

11일 임신에 발해대사인 배구가 팔성원에서 계 및 신물 등을 올렸다.

十二日癸酉, 天皇御豐樂院, 賜饗宴於渤海客.

12일 계유에 천황이 풍락원에 나아가 발해객에게 향연을 베풀었다.

---

176 「국사본」에는 '着'.
177 「교정본」에는 '並'.

十六日丁丑, 於朝集堂勞饗渤海客徒.

16일 정축에 조집당에서 발해객도에게 잔치를 열어 위로하였다.

十七日戊寅, 發遣領歸使等. 又法皇【宇多】賜書於大使.

17일 무인에 영귀사 등을 출발시켰다. 또 법황【우다】이 대사에게 서를 내렸다.

十八日己卯, 大使裴璆歸鄕. 太政官賜返牒.

18일 기묘에 대사 배구가 귀국하였다. 태정관에서 첩을 돌려보냈다.

○ 후편1, 연장(延長) 7년(929) 12월

廿四日, 渤海國入朝使文籍[178]大夫裴璆著[179]丹後國竹野郡大津濱.

24일에 발해국 입조사인 문적대부 배구가 단후국(丹後國, 단고노쿠니) 죽야군(竹野郡, 다케노군) 대진빈(大津濱, 오쓰하마)에 도착하였다.

○ 후편1, 연장(延長) 8년(930) 3월

二日, 渤海存問使裴璆進怠狀.

2일에 발해존문사인 배구가 태장(怠狀)을 올렸다.

---

178 「국사본」에는 '英諸'.
179 「국사본」에는 '着'.

발해사 자료총서-일본사료 편 권1

8. 『일본일사(日本逸史)』

　『일본일사(日本逸史)』는 헤이안 시대(平安時代) 초기의 역사서다. 『일본후기(日本後紀)』를 복원하기 위해 가모노 스케유키(鴨祐之, 1659~1723)가 편찬하였다. 총 40권으로 원록(元綠) 5년(1692)에 완성되어 향보(享保) 9년(1724)에 간행되었다. 원전인 『일본후기』는 연력(延曆) 11년(792)부터 천장(天長) 10년(833)까지 간무(桓武)·헤이제이(平城)·사가(嵯峨)·준나(淳和) 4대를 대상으로 한 칙찬(勅撰) 역사서였으나, 오닌(應仁)의 난 즈음에 산일되어 소재가 불명하였다. 가모노 스케유키는 『일본후기』 복원에 뜻을 품고 여러 책에 인용된 기사(記事)를 통합하여 정리하였는데, 『유취국사(類聚國史)』, 『일본기략(日本紀略)』, 『유취삼대격(類聚三代格)』, 『정사요략(政事要略)』 등의 기사를 원문 그대로 싣고 편년체로 기술하였다.

　『일본일사』의 발해 관련 기록은 주로 양국의 사신 파견 기사가 중심을 이루고 있다. 특히 발해에서 일본으로 파견하는 사신의 정기적 시간에 대한 논의와 발해에서 일본으로 사신을 파견할 때 사신이 도착한 지역에 대한 정보가 특징이다. 또한 간무천황 연력 17년 조에 발해국사 대창태(大昌泰)가 가져간 국서(國書)에 발해 스스로 고구려 계승 의식을 전하는 대목이 있는 것도 주목할 만하다.

　현존하는 판본은 『신정증보국사대계(新訂增補國史大系)』 권8에 전하며, 본서 역시 『신정증보국사대계』에 실린 『일본일사』를 저본으로 하였다.

○ 권5, 연력(延曆) 14년(795) 11월

十一月丙申. 出羽國言, 渤海國使呂定琳等六十八人, 漂著¹夷地志理波村, 因被刧略, 人物散亡. 勅宜還越後國, 依例供給.

11월 병신(3일)에 출우국(出羽國, 데와노쿠니)에서 말하기를, "발해국 사신 여정림(呂定琳)² 등 68인이 [하]이(蝦夷, 에미시) 지역 지리파촌(志理波村, 시리파무라)³에 표류하여 도착하였는데, 그로 인해 [하이들에게] 약탈당하여 사람과 물건이 흩어져 버렸습니다"라고 하였다. 칙명을 내려 "마땅히 월후국(越後國, 에치고노쿠니)⁴으로 돌려보내어, 전례에 따라 [음식과 복식을] 공급해 주어라"라고 하였다.

○ 권5, 연력(延曆) 15년(796) 4월

四月戊子, 渤海國遣使獻方物. 其王啓曰, 哀緒已具別啓. 伏惟天皇陛下, 動止萬福, 寢膳勝常. 嵩璘視息苟延, 奄及祥制. 官僚感義, 奪志抑情, 起續洪基, 祗統先烈, 朝維依舊, 封城如初. 顧自思惟, 實荷顧眷, 而滄溟括地, 波浪漫天, 奉膳無由, 徒增傾仰. 謹差庭諫大夫工部郎中呂定琳等, 濟海起居, 兼修舊好, 其少土物, 具在別狀, 荒迷不次. 又告喪啓曰, 上天降禍, 祖大行大王, 以大興五十七年三月四日薨背. 善隣之義, 必問吉凶, 限以滄溟, 所以緩告. 嵩璘無狀招禍, 不自滅亡, 不孝罪咎, 酷罰罹苦. 謹狀力奉啓, 荒迷不次. 孤孫大嵩璘頓首.

---

1 『國史大系』권6「日本逸史」원문에 의거해 '著'로 교감하였다.
2 발해 제6대 康王代에 일본에 사신으로 파견된 관리이다. 795년 발해를 출발하여, 11월에 蝦夷가 살고 있던 지역에 표착하였다. 796년 4월 일본의 수도에 들어가 강왕의 즉위를 알리는 국서와 함께 이보다 앞서 문왕이 사망한 사실을 알리는 국서 및 선물을 일본에 전달하였다. 이때 당나라에서 공부하고 있던 일본 승려 에이츄(永忠)의 편지를 대신 전달해 주기도 하였다. 796년 5월 御長眞人廣岳 등과 함께 일본에서 발해에 보내는 국서와 물품을 가지고 귀국하였다.
3 홋카이도 북서부 積丹半島에서 東海를 마주하고 있는 余市町에 있던 마을로 추정된다. 아이누어로 '시리파'는 곶[岬]을 의미하는 말이다.
4 지금의 일본 중부지방의 니가타(新潟) 지역이다.

4월 무자(27일)에 발해국(渤海國)이 사신을 보내 방물(方物)을 바쳤다. 그 왕이 계(啓)하여 이르기를 "애통한 소식에 대해서는 별도의 편지에 갖추었습니다. 엎드려 생각건대, 천황폐하는 하시는 모든 일에 다복하고 먹고 자는 일상생활도 항상 편안하신지요. [대]숭린(嵩璘, 康王, 재위 795~809)은 상중에 구차하게 연명하며 어느덧 대상(大祥)[5]에 이르렀습니다. 관료들이 새 임금이 즉위해야 한다는 의리에 감응하여, 제가 계속 상복을 입으려는 뜻을 빼앗고 마음을 억눌렀습니다. 그래서 상복을 벗고 일어나 국가의 대업을 잇고 삼가 조상의 위업을 따르게 되었으니, 조정의 기강은 예전대로 되고 강역은 처음과 같게 되었습니다. 스스로 생각하건대, 천황의 보살핌을 받았지만 푸른 바다가 땅을 가로막고 파도가 하늘까지 넘쳐서, 선물을 올리고자 해도 어찌할 방법이 없어 정성을 다해 우러러보는 마음만 더할 뿐입니다. 삼가 곧 정간대부(庭諫大夫)·공부낭중(工部郎中) 여정림 등을 파견하여 바다 건너 문안을 드리고 아울러 예전의 우호를 맺고자 합니다. 약소한 토산물은 별장(別狀)에 갖추었으니, 여기서는 복잡하게 다 적지 않고 이만 줄입니다"라고 하였다.

　또 부고를 알리며 아뢰기를 "하늘에서 재앙을 내려 할아버지 대행대왕(大行大王)[6]께서 대흥(大興) 57년(793) 3월 4일 돌아가셨습니다. 선린(善隣)관계에 있는 나라 사이에는 반드시 좋은 일과 나쁜 일에 대해 아뢰어야 하는데, 푸른 바다에 가로막혀 뒤늦게 알리게 되었습니다. [대]숭린은 못나서 재앙을 초래하고도 스스로 죽지도 못했으니, 불효한 죄에 대해서는 혹독한 벌로 고난을 당하게 될 것입니다. 삼가 편지를 보내 따로 받들어 아뢰니, 여기서는 복잡하게 다 적지 않고 이만 줄입니다. 고손(孤孫)[7] 대숭린은 머리를 조아려 인사드립니다."[8]라고 하였다.

又傳奉在唐學問僧永忠等所附書, 渤海國者, 高麗之故地也. 天命開別天皇七年, 高麗王高氏, 爲唐所滅也. 後以天之眞宗豊祖父天皇二年, 大祚榮始建渤海國, 和銅六年受唐冊, 立其國. 延袤二千里, 無州縣館驛. 處處有村里, 皆靺鞨部落. 其百姓者, 靺鞨多, 土人少. 皆以土人爲村長, 大村曰都督, 次曰刺史, 其下百姓, 皆曰首領. 土地極

---

5 '大祥'은 사람이 죽은 지 두 돌 만에 지내는 제사를 말한다.
6 '大行大王'은 선왕이 죽은 뒤 아직 諡號를 올리기 전에 높여 부르는 말. 여기서는 康王 大嵩璘의 할아버지인 文王 大欽茂를 가리킨다.
7 할아버지를 잃은 喪主가 자신의 외로운[孤] 처지를 이르는 표현이다.
8 편지의 첫머리나 끝에 敬意를 표하기 위하여 쓰는 말이다.

寒, 不宜水田. 俗頗知書. 自高氏以來, 朝貢不絶.

　또 당에 유학 간 승려 영충(永忠, 에이츄) 등이 부친 편지도 전하였다. 발해국은 옛 고구려 지역에 있는 나라이다. 천명개별(天命開別, 아메미코토히라카스와케)천황[9] 7년(668) 고구려왕 고씨(高氏)가 당에게 멸망되었다. 나중에 천지진종풍조부(天之眞宗豊祖父)천황[10] 2년(698)에 대조영[11]이 비로소 발해를 세웠고, 화동(和銅, 와도) 6년(713) 당으로부터 책봉 받았다. 그 나라는 사방 2천 리나 되지만 주현(州縣)과 관역(館驛)이 없다. 곳곳에 마을이 있는데다 말갈(靺鞨) 부락이다. 그곳의 백성들은 말갈이 많고 토인(土人)은 적다. 모두 토인으로 촌장을 삼았는데, 대(大村)[의 촌장]은 도독(都督)이라 하고, 그다음 [촌락의 촌장]은 자사(刺史)라고 한다. 그 밑(의 촌락의 촌장)은 백성들이 다 수령이라고 한다. 토지는 [날씨가] 매우 추워 논농사에는 적합하지 않다. 세간에는 자못 글을 알았다. 고씨(고구려) 이래로 [일본에 대해]

9　일본 제38대 덴지천황(天智天皇)이다. 舒明天皇의 아들로 어머니는 皇極天皇이다. 이름은 中大兄皇子, 葛城皇子, 開別皇子 라고도 한다. 645년 中臣鎌足과 함께 蘇我 씨를 무너뜨리고, 천황 중심의 지배체제를 구축하기 위한 개혁인 이른바 '大化改新'을 단행하였다. 668년에 즉위하였다. 670년 전국의 거의 전 계층을 대상으로 한 일본 最古의 호적인 庚午年籍을 작성하였다. 671년에 죽었다.

10　일본 제42대 몬무천황(文武天皇)(재위 697~707)이다. 덴무천황(天武天皇)의 손자이며, 덴무천황의 황태자였던 구치카베노미코(草壁皇子)의 둘째아들이다. 어머니는 덴지천황(天智天皇)의 넷째 딸 아베황녀(阿陪皇女, 뒤의 元明天皇)이다. 이름은 가루(輕)이다. 697년 持統의 양위로 즉위하였다. 재위 중에 大寶律令을 제정하였으며, 약 30년 만에 遣唐使의 파견이 이루어졌다. 시호는 天之眞宗豊祖父天皇이다(永原慶二 監修 外, 1999).

11　발해의 시조 高王(재위 699~719)이다. 대조영과 그의 집단의 행적은 크게 네 시기로 나누어 볼 수 있다. 첫째는 고구려 멸망 이전의 행적이며, 둘째는 고구려 멸망부터 영주를 탈출하기 전까지의 행적, 셋째는 영주를 탈출하여 발해를 건국하기까지의 행적, 넷째는 건국 이후의 행적이다. 대조영 집단은 원래 粟末靺鞨族으로써 원거주지였던 속말수 유역에 거주하다 6세기 말을 전후하여 고구려에 정착하였을 것으로 추정된다. 이후 말갈 추장의 지위를 가짐과 동시에 고구려 장수로서 군사 활동에도 참여하였던 것으로 보인다. 고구려가 멸망한 뒤 榮州에 강제 이주되었으며, 여기서 이진충의 난이 일어나기 전까지 거주하였던 것으로 보인다. 이진충의 난이 진압될 무렵 이 난에 동조하였던 乞乞仲象과 乞四比羽가 요동의 북부 지역에 정착하게 된다. 이때 당나라는 이들을 회유하기 위해 震國公과 許國公을 내려주고 죄를 사면하였으나 걸사비우가 이를 거절하자 당에서는 거란 잔당을 토벌하던 이해고에게 이들을 토벌할 것을 명령한다. 이해고에 의해 걸사비우가 격파되고, 이어서 걸걸중상이 병사하자 걸걸중상의 아들인 대조영이 이들 무리를 규합하여 천문령을 넘어 피신하였다. 이후 뒤따라 온 이해고와 輝發河 부근에서 전투를 벌여 승리하며 이해고의 추격을 물리치게 된다. 이후 동모산으로 근거지를 옮겨 성을 쌓고 698년 진국(振國또는 震國)을 표방하게 된다. 주변의 여러 집단을 흡수하여 세력을 키우는 한편, 돌궐 및 신라와도 연계를 맺어 당나라의 공격에 대비하였다. 당과의 관계는 則天武后가 사망하고 中宗이 즉위한 705년 이후 개선되었다. 이후 713년에 당나라에서 渤海郡王으로 책봉되고, 국명을 발해로 변경하였다. 719년 사망하였다(宋基豪, 1995, 一潮閣).

조공이 끊이지 않았다.

○ 권5, 연력(延曆) 15년(796) 5월

丁未, 渤海國使呂定琳等還蕃, 遣正六位上行上野介御長眞人廣岳, 正六位上行式部大錄桑原公秋成等押送. 仍賜其王璽書曰, 天皇敬問渤海國王. 朕運承下式, 業膺守天, 德澤攸章, 旣有洽於同軌, 風聲所暢, 庶無隔於殊方. 王親纘先基, 肇臨舊服, 慕徽猷於上國, 輸禮信於闕廷. 眷言疑誠, 載深慶慰. 而有司執奏, 勝寶以前, 數度之啓, 頗存體制, 詞義可觀. 今撿定琳所上之啓, 首尾不愜, 旣違舊儀者. 朕以脩聘之道, 禮敬爲先, 苟乖於斯, 何須來往. 但定琳等, 漂著邊夷, 悉被刧掠, 僅存性命, 言念難苦, 有憫于懷. 仍加優賞, 存撫發遣. 又先王不愁[12]無終遐壽, 聞之憫然, 情不能止. 今因定琳還次, 特寄絹卅二十匹, 絁二十匹, 絲一百絢, 綿二百屯. 以充遠信, 知宜領之, 夏熟, 王及首領百姓, 並安好. 略此遣書, 一二無悉. 又附定琳, 賜太政官書, 於在唐僧永忠等曰, 云云.【國史第百九十三殊俗部渤海】【一云今因定琳等賜沙金三百兩, 以充永忠等. ○○○[13]】

정미(17일)에 발해국사(渤海國使) 여정림(呂定琳) 등이 발해[蕃]로 돌아가는데 정6위상 행상야개(行上野介) 어장진인광악(御長眞人廣岳, 미나가노마히토 히로오카)[14]와 정6위상 행식부대록(行式部大錄) 상원공추성(桑原公秋成, 구와하라노키미 아키나리)[15] 등을 보내어 호송하였다. 아울러 그 왕에게 새서(璽書)를 보내 말하기를 "천황(天皇)은 발해국왕(渤海國王)에게 삼가 안부를 묻습니다. 짐의 운세는 뒷사람으로 [선왕의 업적을] 계승하고 [짐의] 왕업은 천명을 지키는 것을 맡았습니다. [짐의] 은택이 미치는 바는 이미 국내를 적셨고, [짐의] 명성이 통하는 바는 거의 외국에도 차이가 없습니다. [발해]왕은 새로 선왕(先王)의 기틀을 계승하여

---

12 해당 글자는 『國史大系』권6 「日本逸史」 원문에 '愁'으로 되어 있으나 찾을 수 없다.
13 뒷부분의 세 글자 불명확하다.
14 御長眞人廣岳은 일본 헤이안 시대 초기의 귀족이다. 763년에 御長眞人의 가바네를 하사받은 것으로 여겨진다. 796년 5월에 送渤海客使가 되어 발해에 파견되었다가, 같은 해 10월 발해왕의 啓를 가지고 귀국하였다.
15 헤이안 시대 초기의 관인이며, 가바네는 公이다. 관위는 外從五位下 主計助였다. 『新撰姓氏錄』에 의하면 桑原公은 上毛野氏의 多奇波世君의 후예라고 한다.

비로소 예로부터의 터전에 군림하게 되어서, 상국(上國)의 좋은 계책을 사모하여 [일본] 조정에 예물(禮物)을 바치니, [발해왕의] 정성을 돌아보고 깊이 축하하고 위로합니다. 유사(有司)가 집주(執奏)하기를 '승보(勝寶, 天平勝寶, 749.7.2~757.8.18) 연간 이전에 여러 차례 [발해왕이] 올린 글은 자못 형식을 갖추고 용어도 볼 만했는데, 지금 [여]정림이 바친 글을 살펴보니 처음과 끝이 [형식상] 불일치하여 예전 의식(儀式)과 어긋났습니다'라고 하였습니다. 짐은 [이웃 나라에] 사신을 보내는 도리는 예의(禮儀)에 맞는 공경스러움[이 드러나는 것]을 우선으로 삼는데, 여기에 어긋난다면 어찌 왕래할 필요가 있겠습니까? 다만 정림 등이 표류하여 변방 오랑캐 지역에 이르러서 모두 약탈당하고 겨우 목숨만을 부지하였습니다. 그 힘든 고생을 생각하면 불쌍한 마음이 드니, 이에 넉넉한 보상을 더해 주어 위문하고 떠나보냅니다. 또 [발해왕의] 선왕(先王)을 [하늘이 이승에] 남겨두지 않아 장수를 누리지 못하였으니 이를 듣고 애통하여 그 마음을 그칠 수 없습니다. 지금 정림 등이 돌아가니 특별히 견(絹) 20필(匹), 시(絁) 20필, 사(絲) 100구(絢), 면(綿) 200둔(屯)을 부쳐 먼 나라에 [보내는] 국신(國信)으로 삼으니, 도착하거든 잘 받으십시오. 여름이 더운데 [발해]왕 및 수령(首領)과 백성들은 평안하시길. 대략 이런 뜻으로 국서를 보내는데, 일일이 자세하지 못하다"라고 하였습니다. 또 정림 편에 태정관(太政官)이 당에 있는 승려 영충(氷忠)에게 내리는 편지를 보내어 말하기를 "운운"하였다. 【국사(國史)제193 수속부(殊俗部) 발해(渤海)】【한편 지금 정림 등에게 사금(沙金) 300냥을 하사하고 영충 등을 담당하도록 하였다고 한다. ○○○】

○ 권5, 연력(延曆) 15년(796) 겨울 10월

己未, 正六位上御長眞人廣岳等歸自渤海國. 其王啓曰, 嵩璘啓. 差使奔波, 貴申情禮, 佇承休眷, 瞻望徒勞. 天皇頓降敦私, 貺之使命, 佳問盈耳, 珍奇溢目. 俯仰自欣, 伏增慰悅. 其定琳等, 不料邊虞, 被陷賊場, 俯垂愍存, 生還本國, 奉惟天造, 去留同賴. 嵩璘猥以寡德, 幸屬時來, 官承先爵, 土統舊封. 制命策書, 冬中錫及, 金印紫綬, 遼外光輝. 思欲修禮勝方, 結交貴國, 歲時朝覲, 桅帆相望. 而巨木檢材, 土之難長, 小船汎海, 不沒卽危. 亦或引海不謹, 遭罹夷害, 雖慕盛化, 如艱阻何. 儻長尋舊好, 幸許來往, 則送使數不過二十, 以茲爲限, 式作永規. 其隔年多少, 任聽彼裁. 裁定之使, 望於來秋. 許以往期, 則德隣常在. 事與望則異, 足表不依. 其所寄絹二十匹, 絁二十匹,

> 絲一百絇, 綿二百屯, 依數領足. 今廣岳等, 使事略畢, 情求迨時. 便欲差人送使, 奉諭新命之恩. 使等辭以未奉本朝之旨, 故不敢淹滯, 隨意依心. 謹因廻次, 奉付土物, 具在別狀. 自知鄙薄, 不勝羞愧.

　　기미(2일)에 정6위상 어장진인광악(御長眞人廣岳) 등이 발해국(渤海國)에서 돌아왔다. 그 왕계(王啓)에서 말하기를 "[대]숭린이 계(啓)합니다. 세찬 파도에도 사신을 보내 인정과 예의를 펼쳐주시니, 가만히 따뜻한 보살핌을 받고 우러러보기만 할 뿐입니다. 천황께서 갑자기 도타운 애정을 내려 사신을 보내주시니, 아름다운 말씀이 귀에 가득 차고 진기한 선물이 눈에 흘러넘칩니다. 고개를 숙이거나 들 때마다 스스로 즐거워하니, 위안이 되어 기쁘기가 더할 뿐입니다. 저 여정림 등은 변방의 오랑캐를 헤아리지 못하여 도적 지역에 떨어지게 되었는데, 천황께서 굽어살펴 구제해 주시어 본국으로 살아 돌아왔습니다. 받들어 생각건대 천황께 일의 성패가 모두 의지하고 있었던 것입니다. 숭린은 외람되이 덕이 부족하지만 다행히 시운을 만나, 관직이 선왕의 작위를 잇고 영토도 옛 강역을 다스리게 되었습니다. 황제의 책봉 조서가 한겨울에 내려와서,[16] 황금 도장과 자줏빛 도장 끈이 요하 바깥까지 빛나고 있습니다. 생각 같아서는 훌륭한 나라와 예의를 닦고 고귀한 나라와 교분을 맺어, 철마다 찾아뵈러 가는 배들의 돛이 서로 이어지기를 바랍니다. 그러나 큰 배를 만들 녹나무가 저희 땅에서는 자라기 어렵고, 작은 배로 바다에 띄우면 침몰하지 않더라도 위험합니다. 또한 때로는 바닷길에 잘못 올라 오랑캐에게 박해를 당하기도 하니, 비록 성대한 교화를 사모하더라도 이러한 난관을 어찌하겠습니까? 혹시라도 옛 우호를 영원히 유지하도록 다행히 왕래를 허락해 주신다면, 보내는 사신의 숫자는 20명을 넘지 않도록 이를 한도로 삼아 영구 규정으로 삼겠습니다. 사신을 파견하는 햇수의 간격은 그쪽의 재가에 따르겠으니, 결정을 알리는 사신을 내년 가을까지 기다리겠습니다. 사신이 가는 기한을 허락하시면 유덕자의 이웃이 항상 있을 것입니다.[17] 일이 바라는 바와 다르면 따르지 않는다는 뜻을 표명해도 좋습니다. 보내주신 견(絹) 20필(匹), 시(絁) 20필, 사(絲) 100구(絇), 면(綿) 200둔(屯)은 수량대로 받았습니다. 이제 광악 등의 사신 업무가 대략 끝나 그 마

16　당나라 德宗이 795년(貞元 11) 2월에 內常侍 殷志贍을 파견하여 강왕 대숭린을 渤海郡王에 책봉한 사실을 가리킨다.
17　『論語』里仁의 "덕 있는 사람은 외롭지 않으니, 반드시 이웃이 있다[德不孤 必有隣]"를 인용하여, 일본은 덕 있는 나라이니 이웃인 발해의 제안을 받아들이라고 완곡하게 요청하는 표현이다.

음이 돌아갈 때를 구하고 있어서, 곧 사람을 뽑아 사신을 환송하고 새로 하명하실 은혜에 감사드리고자 하였으나, 사신들이 본국 조정의 뜻을 받들지 못하였다고 사양하였습니다. 그러므로 감히 지체시킬 수 없어서 그들의 뜻과 마음에 따르기로 하였습니다. 삼가 사신들이 돌아가는 편에 토산물을 받들어 부칩니다. 그 내역을 별장(別狀)에 갖추어 놓았지만, 스스로 비루하고 천박한 줄 알기에 부끄러움을 이길 수 없습니다"라고 하였다.

> 壬申, 先是渤海國王所上書疏, 體無定例, 詞多不遜, 今所上之啓, 首尾不失禮, 誠款見于詞. 群臣上表奉賀曰, 臣神等言. 臣聞大人馭時, 以德爲本, 明王應世, 懷遠是崇. 故有殷代則四海歸仁, 周世則九夷順軌. 伏惟天皇陛下, 仰天作憲, 握地成規. 窮日域而慕聲, 布風區而向化, 誠可以孕育千帝, 卷懷百王者矣. 近者送渤海客使御長廣岳等廻來, 伏見彼國所上啓, 辭義溫恭, 情禮可觀, 悔中間之迷圖, 復先祖之遺跡. 況復緣山浮海, 不顧往還之路難, 克己改過, 始請朝貢之年限. 與夫白環西貢, 楛矢東來, 豈可同日而道哉. 臣等幸忝周行, 得逢殊慶, 不任鳧藻之至, 謹詣闕奉表以聞.【第百九十三殊俗部渤海】

임신(15일)에 이에 앞서 발해국왕(渤海國王)이 올린 서신은 문체[體]가 일정한 규례가 없고 말이 불손(不遜)한 것이 많았는데, 지금 올린 계(啓)는 처음과 끝이 예(禮)를 잃지 않았고, 말에 성심이 보였다. [그래서] 신하들이 [천황에게] 표문을 올려 축하하며 말하기를 "신하인 신왕(神王, 미와오)[18] 등이 아룁니다. 신이 듣기에 '덕이 뛰어난 사람이 시대를 다스릴 때는 덕을 근본으로 삼고 어진 임금이 세상에 대응할 때는 먼 지방 [이민족]까지 품는 것을 숭상하기 때문에 은(殷)나라 때에는 사방 바닷가 안의 모든 사람이 [은나라의] 덕에 귀의하고, 주(周)나라 때에는 [열에] 아홉[이나 되는 많은] 오랑캐들이 [주나라의] 법도에 따랐다'라고 합니다. 엎드려 생각건대, 천황폐하는 하늘을 우러러 법도를 제정하고 땅에 의거하여 규칙을 완성하니, 해가 비치는 곳 끝까지 [천황의] 명성을 사모하고 바람 부는 곳이 계속 퍼져 [천황의] 교화를 따르니, 참으로 천대(千代)의 황제를 기르고 백대(百代)의 군왕(君王)을 품을 수 있을 정도

---

18 미와오(桓武)는 시키노미코(志貴皇子)의 손자이며 에노이오(榎井王)의 아들이다. 右大臣이 되어 간무천황(桓武天皇)의 근친으로, 간무조 후반의 치세를 지탱하였다.

입니다. 근래에 발해 객사를 호송한 어장광악 등이 돌아왔는데, 엎드려 저 나라가 바친 왕계(王啓)를 보니 문장과 내용이 온화하고 공손하여 인정과 예의가 볼 만하니, [발해가] 중간에 잘못된 생각을 뉘우치고 조상의 자취를 회복한 것이라 하겠습니다. 하물며 다시 산을 넘고 바다 건너 왕복하는 길의 어려움을 돌아보지 않고, 자신의 사욕을 억누르고 잘못을 고쳐 비로소 조공(朝貢)의 연한을 요청하였으니, [이것이 서왕모(西王母)가] 백옥환(白玉環)을 서쪽에서 바치고 [숙신의] 호시(楛矢)[19]가 동쪽에서 오는 것과 어찌 똑같다고 말할 수 있겠습니까? 신하들이 다행히도 조정에 벼슬할 수 있게 되어 [이런] 특별한 경사를 만나게 되었으니, 물오리가 수초에서 즐겁게 노니는 기쁨이 나오는 것을 견디지 못하여 삼가 대궐에 이르러 표문을 올려 아룁니다"라고 하였다. 【제193 수속부(殊俗部) 발해(渤海)】

○권6, 연력(延曆) 16년(797) 2월

己巳, 先是重勅從四位下行民部大輔兼左兵衛督皇太子學士菅野朝臣眞道, 從五位上守左少辨兼行右兵衛佐丹波守秋篠朝臣安人, 外從五位下行大外記兼常陸少掾中科宿禰巨都雄等, 撰續日本紀, 至是而成. 上表曰, 臣聞三墳五典, 上代之風存焉, 左言右事, 中葉之迹著焉. 自茲厥後, 世有史官, 善雖小而必書, 惡縱微而無隱, 咸能徵烈絢緗, 垂百王之龜鏡, 炳戒照簡 作千祀之指南. 伏惟天皇陛下, 德光四乳, 道契八眉. 握明鏡以惣萬機, 懷神珠以臨九域, 遂使仁被渤海之北, 貊種歸心, 威振日河之東, 毛狄屛息. 化前代之未化, 臣往帝之不臣, 自非魏魏盛德 孰能與於此也. 旣而負扆餘間, 留神國典. 爰勅眞道等, 銓次其事, 奉揚先業, 夫自寶字二年至延曆十年, 三十四年二十卷, 前年勒成奏上.

기사(13일)에 이에 앞서 거듭 칙(勅)하여 종4위하 행민부대보(行民部大輔) 겸 좌병위독(左兵衛督) 황태자학사(皇太子學士) 관야조신진도(菅野朝臣眞道, 스가노노아손 마미치)·종5위상 수좌소변(守左少辨) 겸 행우병위좌(行右兵衛佐) 단파수(丹波守) 추조조신안인(秋篠朝臣

---

19 周 武王 때에 동방에 사는 肅愼이 싸리나무[楛]로 만든 화살을 바친 고사가 있다. 먼 나라가 조공을 바칠 정도로 왕조가 번영한 상태를 표현할 때 상징으로 사용하였다. 숙신, 읍루, 말갈, 여진 등을 상징하기도 하였다.

安人, 아키시노노아손 야스히토)·외종5위하 행대외기(行大外記) 겸 상륙소연(常陸少掾) 중과숙녜거도웅(中科宿禰巨都雄, 나카시나노스쿠네 코쓰오) 등에게 『속일본기(續日本記)』를 찬(撰)하도록 하니, 이에 이르러 완성되었다. 표(表)를 올려 말하기를 "신이 듣건대 「삼분(三墳)」[20]과 「오전(五典)」[21]은 상대(上代)의 풍속을 지니고 있고 좌언우사(左言右事)[22]는 중대(中代)의 자취[迹著]를 기록해 놓았습니다. 그 이후로 세상에는 사관(史官)이 있어 착한 일은 비록 조그만 것이라도 반드시 기록하였고 나쁜 일은 비록 작더라도 숨기지 않아 모두 능히 서책에 아름답게 빛나고, 백대(百代)의 왕에게 귀감[龜鏡]을 전하여, 경계할 것을 드러내고 분별할 것을 밝혀 천년[千祀]의 가르침이 되었습니다. 엎드려 생각건대 천황폐하는 덕(德)이 주(周)의 문왕(文王)[23]처럼 빛나고 도(道)는 요(堯) 임금[24]에 합치하였습니다. 밝은 거울을 쥐고서 모든 정사(政事)를 총괄하고 신령스러운 구슬을 품고서 천하[九域]을 다스리시니, 마침내 어짐[仁]이 발해의 북쪽까지 미치어 맥(貊)은 귀복(歸服)할 마음이 널리 퍼지고, [천황의] 위엄은 일하(日河)의 동쪽에까지 떨쳐 짐승 같은 오랑캐가 두려워하여 숨을 죽입니다. 전대(前代)에 교화하지 못한 것을 교화하고 선대 천황께서 신하로 삼지 못한 이를 신하로 삼았으니, 진실로

---

20 중국 고대 三皇으로 伏羲(山墳), 神農(氣墳), 黃帝(形墳)의 事迹을 적은 책으로 전해지나 지금은 남아 있지 않다.
21 三墳五典으로 중국의 고대 문화와 관련한 전적을 가리킨다. 『左傳』昭公 12년조에 따르면, 춘추시대 楚 靈王과 그의 大臣 子革이 대화를 나누고 있는데, 초나라 사관 倚相이 지나갔다. 초왕이 그를 가리켜, 뛰어난 사관임을 강조하며 『三墳』과 『五典』, 등을 읽어 알고 있다고 하였다. 오전은 五帝의 글로 알려져 있다. 『釋名』에는 삼분은 天地人 3才의 구분을 논한 것이고, 오전은 5등의 법이라고 하였다. 여기서 오전은 『書經』의 「堯典」·「舜典」·「大禹謨」·「皋陶謨」·「益稷」의 5편인데, 「요전」만 전해진다.
22 上代에는 천자의 좌우에는 左史와 右史가 있어, 좌사는 천자의 행동을 기록하고 우사는 천자의 말을 기록하였다고 한다. 『周禮』春官의 太史는 좌사에 해당한다. 한편 『漢書』藝文志에는 좌사는 말을, 우사는 행동을 기록한다고 하였다. 따라서 좌언우사는 史官 또는 사관의 기록을 뜻한다.
23 周의 초대 왕이다. 姓은 姬 씨고, 이름은 昌이다. 古公亶父의 손자이자 季歷의 아들로, 武王의 아버지이다. 商紂 때 주변의 여러 부족을 멸하고 西伯이라 했다. 崇侯虎의 참언을 받아 紂王에 의해 羑里에 갇혔다. 그의 신하 太顚과 閎天, 散宜生 등이 주왕에게 미녀와 명마를 바쳐 석방될 수 있었다. 虞나라와 芮나라 사이의 분쟁을 해결하자 두 나라가 모두 歸附했다. 후에 또 黎나라와 邘나라, 崇나라 등을 공격해 멸망시켰다. 陝西省 岐山에서 長安 부근의 豊邑으로 도읍을 옮겼다. 賢人과 인재를 널리 받아들여 동해의 呂尙과 孤竹國의 伯夷叔齊, 殷臣 辛甲 등이 찾아왔다. 50년 동안 재위했다. 죽은 뒤 그의 아들 무왕이 상나라를 멸망시키고 주나라를 창건하였으며, 그에게 문왕이라는 시호를 추존하였다. 뒤에 儒家로부터 이상적인 聖天子로서 숭앙을 받았으며, 문왕과 무왕의 덕을 기리는 다수의 시가 『詩經』에 수록되어 있다.
24 『尙書大典』略說에 "堯八眉 舜四瞳子"라 하여 요 임금은 팔자 모양의 눈썹 또는 8가지 색으로 된 눈썹을 가진 것으로 전한다.

높고 높은 위엄과 덕(德)이 아니면 누가 이에 도달할 수 있겠습니까? 이미 천황[負扆][25]께서는 남는 시간에 국전(國典)을 소중히 하셨습니다. 이에 진도(眞道, 마미치) 등에게 칙(勅)하여 그 일의 순서를 가리어 뽑고, 선업(先業)을 받들고 드러내도록 하셨으니, 무릇 보자(寶字, 天平寶字) 2년(758)으로부터 연력(延曆) 10년(791)에 이르기까지 34년간 20권을 전년(前年)에 완성하여 바쳤습니다"라고 하였다.

○ 권7, 연력(延曆) 17년(798) 4월

甲戌, 以外從五位下內藏宿禰賀茂麻呂爲遣渤海使, 正六位上御使宿禰今嗣爲判官.

갑술(24일)에 외종5위하 내장숙녜하무마려(內藏宿禰賀茂麻呂, 구라노스쿠네 카모마로)[26]를 견발해사(遣渤海使)로 하고, 정6위상 어사숙녜금사(御使宿禰今嗣, 미츠카이노스쿠네 이마쓰구)[27]를 판관(判官)으로 하였다.

○ 권7, 연력(延曆) 17년(798) 5월

戊戌, 遣渤海國使內藏宿禰賀萬等辭見, 因賜其王璽書曰, 天皇敬問渤海國王. 前年廣岳等還, 省啓具之, 益用慰意. 彼渤海之國, 隔以滄溟, 世脩聘禮, 有自來矣. 往者高氏繼緖, 每慕化而相尋, 大家復基, 亦占風而靡絶. 中間書疏傲慢, 有乖舊儀. 爲此等待行人, 不爲常禮. 王追蹤曩烈, 脩聘于今. 因請隔年之裁, 庶作永歲之則. 丹款攸著, 深有嘉焉. 朕祇膺叡圖, 嗣奉神器, 聲敎滂洎, 旣無偏於朔南. 區宇雖殊, 豈有隔於懷

---

25 천자(혹은 왕)이 앉아 있는 자리 뒤에 치는 병풍이다. 天子가 정사를 보는 것을 비유적으로 이르는 말로, 여기서는 천황을 가리킨다.
26 內藏宿禰賀茂麻呂는 일본 나라 시대부터 헤이안 시대 초기에 걸쳐 활동한 관인이다. 가바네는 宿禰이다. 798년 4월에 견발해사에 임명되었다. 796년에 발해가 사신 파견의 간격을 정해달라고 요구하였는데, 이때 그 간격을 6년으로 하는 璽書를 가지고 발해로 갔다. 귀국한 기록은 따로 없지만, 798년 12월 발해의 사신이 일본에 파견될 때 함께 왔을 것으로 추정된다. 발해에서 귀국할 때 표류하게 되었는데, 比奈麻治比賣神의 영험으로 구원받았다고 하여, 그 신에게 제사지낼 것을 건의하였다.
27 御使宿禰今嗣은 일본 헤이안 시대 초기의 관리이다. 798년 발해에 사신으로 파견되었다. 798년 4월 당시 외종5위하 內藏宿禰賀茂麻呂를 遣渤海使로 삼고, 정6위상 御使宿禰今嗣를 판관으로 삼았다.

抱. 所以依彼所請, 許其往來. 使人之數, 勿限多少. 但顧巨海之無際, 非一葦之可航, 警風踊浪, 動罹患害. 若以每年爲期 艱虞巨測. 間以六載, 遠近合宜. 故差從五位下行河內國介內藏宿禰賀茂等, 充使發遣, 宣告朕懷, 竝附信物, 其數如別. 夏中已熱, 惟王淸好. 官使百姓並存問之. 略此遣書, 言無所悉. 又賜在唐留學僧永忠等書曰, 云云.

무술(19일)에 발해국사(渤海國使) 내장숙녜하만(內藏宿禰賀萬, 앞의 내장숙녜하무마려와 동일인)이 하직 인사를 하니, 그편에 [천황이] 그 나라 왕에게 [다음과 같은] 새서(璽書)를 하사하여 말하기를 "천황(天皇)은 발해국왕(渤海國王)에게 삼가 안부를 묻습니다. 지난해에 광악(廣岳) 등이 돌아와 [바친 발해의] 왕계(王啓)를 보고 [그 내용을] 잘 알았으니 더욱 위안이 된다. 그쪽 발해국은 푸른 바다에 가로막혀서도 대대로 [이웃 나라에 대해] 빙례(聘禮)를 수행한 것이 유래가 있었습니다. 옛날 고씨(高氏)가 [조상의] 왕업을 계승해서는 매양 [천황의] 교화를 사모하여 서로 방문하였는데, [지금 발해의] 대가(大家)가 그 기반을 회복해서는 또한 풍향을 살펴 [오는 것이] 끊이지 않았습니다. 그런데 중간에 국서가 오만하여 오랜 예법에 어긋남이 있었습니다. 이 때문에 그쪽의 사신을 접대하는 데 상례(常禮)대로 할 수 없었습니다. [발해]왕이 예전 [조상의] 공렬(功烈)을 좇아 지금 빙례를 수행하며, 인하여 [사신을 파견하는] 간격의 햇수를 요청하여 오랜 세월의 법도로 삼고자 하니 변치 않는 정성이 드러나는 바라 깊이 가상합니다. 짐은 [하늘이 내린] 제왕의 통치술을 삼가 가슴에 품고 [나라를 다스리는] 신이한 기물(器物)를 이어 받들었으니, 덕스러운 교화가 사방에 미쳐 남북으로 치우침이 없습니다. [각자 다스리는] 구역이 서로 다르지만 어찌 [서로 생각하는] 마음이야 막힘이 있겠습니까? 그래서 그쪽이 요청한 대로 [사신] 왕래[의 파견 간격의 횟수]를 허락하니 사신의 숫자는 많고 적음을 제한하지 말아 주십시오. 다만 끝없이 거대한 바다를 보면 한 줄기 갈대[와 같은 배]로 항해할 수 있는 것이 아닙니다. 거센 바람이 물결을 일으키니 걸핏하면 재난을 당하기 쉽습니다. 만약 매년을 기한으로 삼으면 우환을 헤아리기 어려우니, 6년으로 간격을 두면 그 기간이 적합합니다. 따라서 종5위하 행하내국개(行河內國介) 내장숙녜하무(內藏宿禰賀茂, 구라노스쿠네 카모) 등을 보내 사신에 임명하여 파견합니다. 짐의 뜻을 알리며 아울러 신물(信物)도 부치니 그 숫자는 별지(別紙)와 같습니다. 한여름이라 너무 더운데 바라건대 왕은 시원하게 잘 지내길 [바란다]. 관리와 백성 모두에게 안부를 묻습니다. 대략 이와 같이 편지를 보내는데, 자세하게 다 말하지 못합니다"라고 하였다. 또 재당유학승(在唐留學僧) 영충(永忠) 등에게 글을 내려 말하길 "운운"하였다.

권7, 연력(延曆) 17년(798) 12월

壬寅, 渤海國遣使獻方物. 其啓曰, 嵩璘啓, 使賀萬等至, 所貺之書, 及信物絹絁各三十疋, 絲二百絢, 綿三百屯, 依數領之. 慰悅實深. 雖復巨海漫天, 滄波浴日, 路無倪限, 望斷雲霞. 而巽氣送帆, 指期舊浦, 乾涯斥候, 無闕糇粮. 豈非彼此契齊, 暗符人道, 南北義感, 特叶天心者哉. 嵩璘蓰有舊封, 纘承先業, 遠蒙善獎, 聿脩如常. 天皇遙降德音, 重貺使命, 恩重懷抱, 慰喩慇懃. 況復俯記片書, 眷依前請, 不遺信物, 許以年期. 書疏之間, 喜免瘕類, 庇廕之顧, 識異他時. 而一葦難航, 奉知審喩, 六年爲限, 竊憚其遲. 請更貺嘉圖, 泣廻痛鑑, 促其期限, 傍合素懷. 然則向風之趣, 自不倦於寡情, 慕化之勤, 可尋蹤於高氏. 又書中所許, 雖不限少多, 聊依使者之情, 省約行人之數, 謹差慰軍大將軍左熊衛都將上柱將開國子大昌泰等, 充使送國, 兼奉附信物, 具如別狀. 土無奇異, 自知羞惡.

임인(27일)에 발해국이 사신을 보내어 방물을 바쳤다. 그 계(啓)에 말하길 "[대]숭린(嵩璘)이 계합니다. 사신 하만 등이 도착하여 내려주신 편지와 신물(信物)로 견(絹)과 시(絁) 각 30필, 사(絲) 200구, 면(綿) 300둔을 수량대로 받았으니, 위안이 되어 기쁘기가 실로 그지없습니다. 비록 다시 큰 바다가 하늘까지 닿을 정도로 넓고 푸른 파도만 햇볕에 비치더라도, 갈 길은 끝이 없어 구름과 노을이 보이지 않을 때까지 바라만 볼 뿐이었습니다. 그러다가 동남쪽에서 부는 바람 기운에 돛단배를 띄워 보내며 옛 포구에 도착할 것을 기약하고, 서북쪽 끝의 형편을 살펴 식량에 모자람이 없게 사신을 보내셨습니다. 어찌 그쪽과 이쪽이 서로 뜻이 통하여 가만히 사람의 도리에 합치되고, 남쪽과 북쪽이 서로 만날 의리를 느껴 특히 하늘의 뜻에 부합한 것이 아니겠습니까? [대]숭린은 옛 영토를 다스리고 선왕의 위업을 계승하였으며, 멀리서 좋은 격려를 받아 항상 조상의 덕업을 닦고 있습니다. 천황께서 멀리서 좋은 말씀을 내리고 거듭 사신을 보내시니, 그 은혜가 마음속에 무겁고 위로와 깨우침이 간절합니다. 하물며 다시 간단한 편지를 기억하여 지난 요청대로 하도록 보살펴 주시기까지 하였습니다. 신물(信物)도 빠뜨리지 않고 사신 파견 기간도 허락해 주시니, 편지 내용에 허물을 면할 수 있어 기쁘고 감싸 안아주시는 보살핌이 예전과 다름을 알겠습니다. 그런데 갈대처럼 작은 배로 항해하기 어려움에 대해서는 살펴 깨우쳐주심을 받들어 알겠지만, 6년을 기한으로 삼으신 것은 사신 파견이 너무 늦어 은근히 꺼려집니다.[28] 청컨대 다시 좋은 계책을 내리고 아울러 뛰어난 식견을 돌려보내 주시어, 그 기한을 단축하여 원래의 뜻에 두루 부합되게 해 주십시오. 그렇다면 천황의 풍모를 향하는 뜻을 저 자신에게 게을리하지 않고, 천황의 교화를 사모하는 근면함을 고려에서 그 자취를 찾을 수 있을 것입니다. 또 편지에서 허락하신바 비록 사신 숫자는 제한하지 않으셨지만, 사신 가는 일의 실정에 의거하여 사신 숫자를 줄이겠습니다. 삼가 위군대장군(慰軍大將軍) 좌웅위도장(左熊衛都將) 상주국(上柱國) 개국자(開國子) 대창태(大昌泰)[29] 등을 사신에 임명하여 귀국에 보내며, 아울러 신물(信物)을 받들어 부칩니다. 그 내역을 별장(別狀)에 갖추어 놓았지만, 토산물에 진귀한 것이 없어 스스로 부끄러운 줄 알고 있습니다"라고 하였다.

○권8, 연력(延曆) 18년(799) 정월

> 十八年春正月丙午朔. 皇帝御大極殿受朝賀. 文武官九品以上蕃客等各陪位, 減四拜爲再拜. 不拍手, 以有渤海國使也. 諸衛人等竝擧賀聲. 禮訖宴侍臣於前殿賜被.

병오 초하루에 황제가 대극전(大極殿)[30]에 나아가 조하(朝賀)를 받았다. 문무관(文武官) 9품 이상과 번국(蕃國)의 사신[客] 등에 각각 관위를 주고, 네 번 절하던 것을 줄여 두 번 절하게 하였다. 박수는 치지 않았으니 발해국사(渤海國使)가 있었기 때문이다. 여러 호위하는 사람들이 함께 축하의 소리를 내었다. 예를 마치고 전(殿, 대극전) 앞에서 시종신들에게 연회를 베풀고 의복을 하사하였다.

---

28 일본 간무천황(桓武天皇)이 內藏宿禰賀茂麻呂를 통해 보낸 국서에 "그쪽(=발해)이 요청한 대로 왕래를 허락하여 사신의 숫자는 제한하지 않는다. 다만 끝없이 큰 바다를 돌아보면 갈대처럼 작은 배로 항해할 수 있는 것이 아니니, 거친 풍랑에 오다가 재해를 당한다. 만약 매년 오기로 기약한다면, 어려움을 헤아리기 어렵다. 6년을 간격으로 두면 기간이 적당하다(所以依彼所請, 許其往來, 使人之數, 勿限多少. 但顧巨海之無際, 非一葦之可航, 驚風踊浪, 動罹患害. 若以每年爲期, 艱虞叵測. 間以六歲, 遠近合宜)"에 대한 발해의 반대 의견이다.

29 康王 大嵩璘 대(795~809)의 인물로 발해의 장군(?~?)이며, 대씨 성을 사용한 것으로 보아 왕족으로 추정된다. 798년 慰軍大將軍 左熊衛將 上柱國 開國子의 신분으로 일본에 사신으로 파견되었다. 일본에 도착한 뒤 交聘 기한을 단축할 것을 요구하기도 하였다. 799년 일본 사절과 함께 발해에 돌아갔다.

30 일본 고대 궁궐 전각 가운데 하나인 朝堂院의 정전이다. 大極前殿, 前殿, 大殿이라고도 한다. 元日朝賀, 卽位, 蕃客朝拜 등 국가적인 의식이 행해졌다. 대극전은 藤原宮에서 처음 성립한 것으로 추정된다. 대극전은 처음 朝堂院과 별개로 둘레를 회랑 등으로 두른 大極殿院을 형성하고 있었지만, 平安宮에서는 남면의 회랑과 閣門이 철거되고 龍尾壇上에 한 단 높이 위치한 朝堂院의 정전이 되었다.

> 壬子, 豊樂院未成功, 大極殿前龍尾道上搆作借殿, 葺以綵帛, 天皇臨御. 蕃客仰望,
> 以爲壯麗. 命五位已上宴樂, 渤海國使大昌泰等預焉. 賜祿有差.

임자(7일)에 풍락원(豊樂院)[31]이 아직 완성되지 않아 대극전(大極殿) 앞 용미도(龍尾道) 위에 임시로 전각을 만들고 채색 비단[綵絹]으로 지붕을 이어 천황이 나아갔다. 번객(蕃客)이 우러러보고 장엄하고 화려하다고 여겼다. 종5위 이상에게 명하여 연회를 즐기게 하니 발해국사(渤海國使) 대창태(大昌泰) 등이 참여하였다. 녹(祿)을 주는 데 차등이 있었다.

> 辛酉, 御大極殿, 宴群臣幷渤海客, 奏樂. 賜蕃客以上蓁揩衣, 竝列庭踏歌.

신유(16일)에 [천황이] 대극전에 나와 여러 신하와 발해의 사신에 연회를 베풀고 음악을 연주하였다. 번객(蕃客) 이상에게 진개의(蓁揩衣)[32]를 하사하였고, 더불어 뜰[庭]에 열 지어 답가를 하였다.

> 癸亥, 於朝堂院觀射. 五位已上射畢. 次蕃客射焉.

계해(18일)에 조당원(朝堂院)[33]에서 활쏘기를 참관하였다. 5위 이상이 활쏘기를 마치고 다

---

31 헤이안쿄(平安京) 大內裏의 朝堂院 서쪽에 있다. 大嘗会·節会·射禮·말타기 경주·스모(相撲) 등이 행해졌던 장소이다. 正殿은 豊樂殿이다.

32 진개의 '蓁'은 '榛'과 통용되므로 '榛'은 '개암나무(はしばみ)'나 '오리나무(はんの木)'를 말한다. 이들 나무의 열매나 樹皮가 염료로 사용된다. 오리나무의 雄花는 黑褐紫色, 雌花는 紅紫色, 樹皮는 紫褐色을 띠고 있어(西田尙道, 2000, 105쪽), 색상은 茶 계통(增田美子, 1995, 277쪽)의 갈색, 흑색(渡辺素舟, 『日本服飾美術史(上)』, 53쪽), 자색의 다양한 색상을 띠었을 것으로 보인다. '蓁揩衣'와 관련된 고문헌 기록을 보면, 701년 정월 大極殿 연회석에서 천황의 질문에 정답을 맞춘 高市天子에게 칭찬의 의미로 하사품(『類聚國史』卷71 歲時2 元日朝賀 條)을 내렸다. 그 목록 필두에 '蓁揩衣'가 있는 것을 보면, 이는 함께 기록된 高價의 錦袴와 동등 또는 그 이상의 가치를 지녔던 것으로 생각된다. 따라서 蓁揩衣는 榛摺衣와 함께 榛(개암나무 혹은 오리나무)에서 추출한 염료를 이용한 摺衣로서, 천황 하사품의 필두에 있거나 祭服으로 사용되는 신성한 의미와 높은 가치를 지니는 의복으로 볼 수 있다(전현실·강순제, 2003, 55쪽).

33 일본 고대 궁궐에서 大極殿, 朝集殿과 함께 朝堂院을 구성하는 전각이다. 조당은 천자가 아침에 보는 朝政을 시작으로 조정의 일반 서무, 천황의 즉위 의례, 정월 초하루의 朝賀, 任官, 관위의 수여, 改元의 선포, 초하루의 告祭, 節会, 외국 사신에게 베푸는 향연 등 의례가 집행되는 중요한 관사다. 이 관사는 천자의 조정을 상징하고 또 조정의

음으로 번객(蕃客)이 활을 쏘았다.

○ 권8, 연력(延曆) 18년(799) 4월

> 四月己丑, 渤海國使大昌泰等還蕃, 遣式部少錄正六位上滋野宿禰船白等押送. 賜其王璽書曰, 天皇敬問渤海國王. 使昌泰等, 隨賀萬至, 得啓具之. 王遙慕風化, 重請聘期, 占雲之譯交肩, 驟水之貢繼踵. 每念美誌, 嘉尙無已. 故遣專使, 告以年期, 而猶嫌其遲, 更事覆請. 夫制以六載, 本爲路難, 彼如此不辭. 豈論遲促. 宜其脩聘之使, 勿勞年限. 今因昌泰等還, 差式部省少錄正六位上滋野宿禰船白, 充使領送. 竝附信物, 色目如別. 夏首正熱, 惟王平安. 略此代懷, 指不繁及.

4월 기축(5일)에 발해국사(渤海國使) 대창태(大昌泰) 등이 번국으로 돌아감에 식부소록(式部少錄)[34] 정6위상 자야숙녜선백(滋野宿禰船白, 시게노노스쿠네 후나시로)[35] 등을 보내어 호송하게 하였다. 아울러 그 왕에게 새서를 내려 말하길 "천황(天皇)은 발해국왕(渤海國王)에게 삼가 안부를 묻습니다. 사신 [대]창태 등이 하만을 따라 와서 [바친] 왕계를 보고 [그 내용을] 잘 알았습니다. [발해]왕이 멀리서 [일본의] 풍속과 교화를 사모하여 거듭 빙기(聘期)를 요청하여, 구름을 점치며 나아가는 통역들이 서로 어깨를 맞대어 오고 바다를 건너는 공물들이 계속 이어지니, 매번 그 아름다운 뜻을 생각하면 가상하기 그지없습니다. 따라서 전사(專使, 특사)를 파견하여 연기(年期)를 알렸는데도 오히려 그 늦음을 싫어하여 다시 요청을 일삼고 있습니다. 무릇 6년으로 제정한 것은 본래 바닷길이 험난하기 때문인데, 그쪽이 이처럼 사양하지 않으니 어찌 [사신 파견 기간의] 늦고 빠름을 논하겠습니까? 마땅히 빙례(聘禮)를 수행하는

관료기구 그 자체를 가리키는 것이기도 하였다.

34 식부성은 일본 고대 율령제에 따라 세워진 8개의 기관 중 하나로, 문관의 인사, 왕실의 예식, 서훈, 행상 등을 담당하는 관청이었다. 최고 관리자인 式部卿에는 천황의 일족이 임명되었고, 그 아래의 式部大輔에는 주로 유학자들이 임명되었다.

35 시게노노스쿠네(滋野宿禰)는 紀國造의 일족으로 伊蘇志臣을 칭하였으나 延曆 연간에 시게노노스쿠네의 氏姓을 하사받았다. 발해와 관련해서는 연력 18년(799) 滋野宿禰船白이 일본에서 送使로 발해에 간 기록이 있으며, 弘仁 5년(814)에는 滋野宿禰貞主와 坂上今繼가 出雲에 도착한 발해사의 存問 겸 領渤海客使로서 파견되기도 하였다. 이후 홍인 14년 朝臣으로 가바네를 하사받았다(太田亮, 1934, 2739쪽).

사신은 [사신 파견] 기간에 근심하지 마십시오. 지금 [대]청태 등이 돌아감에 따라 식부성소록(式部省少錄) 정6위상 자야숙녜선백을 뽑아 사신으로 하여 영송(領送)하도록 하였다. 아울러 신물(信物)을 함께 보내니 그 품목은 별지와 같습니다. 초여름이라 한창 더우니, 바라건대 왕은 평안하라. 대략 이로써 마음을 대신하니 그 뜻을 자세히 전하지 못합니다"라고 하였다.

○ 권8, 연력(延曆) 18년(799) 5월

丙辰, 前遣渤海使外從五位下內藏宿禰賀茂麻呂等言, 歸鄉之日, 海中夜暗, 東西掣曳, 不識所著. 于時遠有火光, 尋逐其光, 忽到嶋濱. 訪之, 是隱岐國智夫郡. 其處無有人居. 或云, 比奈麻治比賣神常有靈驗, 商賈之輩漂宕海中, 必揚火光, 賴之得全者, 不可勝數. 神之祐助, 良可嘉報. 伏望奉預幣例. 許之.

병진(13일)에 앞서 견발해사(遣渤海使) 외종5위하 내장숙녜하무마려 등이 말하길 "귀국하는 날에 한밤중 바닷속에서 동서로 끌려다니다 도착한 곳도 몰랐습니다. 그때 멀리서 불빛이 있어 그 빛을 따라 쫓아가니 홀연 섬에 도착하여 찾아가니 바로 은기국(隱岐國, 오키노쿠니)[36] 지부군(智夫郡, 치부군)이었는데, 그곳에는 거주하는 사람이 없었습니다. 혹 말하기를 '비나마치비매신(比奈麻治比賣神, 히나마치히메노카미)[37]은 항상 영험이 있어 장사하는 무리가 바다에서 표류하면 [신이] 반드시 불빛을 드러내니 그에 의지하여 온전할 수 있는 자가 이루 헤아릴 수 없다'라고 합니다. 신의 도움을 참으로 가상히 여겨 보답할 만합니다. 엎드려 바라건대 폐백을 바치는 전례에 참여시켜 주십시오" 하였다. 그것을 허락하였다.

○ 권8, 연력(延曆) 18년(799) 9월

辛酉, 正六位上式部少錄滋野宿禰船代等到自渤海國. 國王啓曰, 嵩璘啓, 使船代等至, 枉辱休問. 兼信物絁絹各三十匹, 絲二百絇, 綿三百屯, 准數領足. 懷愧實深, 嘉貺

---

36 일본 고대의 山陰道에 속한 國이다. 오늘날 島根縣의 隱岐郡이다. 오키노쿠니의 설치 시점은 분명하지 않지만 대체로 7세기 말로 추정된다. 國內는 知夫·海部·周吉·穩地의 4郡으로 나뉘어 있다. 國府의 소재지는 분명치 않다.
37 일본 島根縣 隱岐郡에 있는 比奈麻治比賣命神社에 모셔진 神이다.

> 厚情. 伏知稠疊, 前年附啓, 請許量載往還, 去歲承書, 遂以半紀爲限. 嵩璘情勤馳係, 求縮程期, 天皇舍己從人, 便依所請. 筐篚攸行, 雖無珎奇, 特見允依, 荷欣何極. 比者天書降渙, 製使莅朝, 嘉命優加, 寵章惣萃, 班霑燮理, 列等端揆. 惟念寡菲, 殊蒙庇廕. 其使昌泰等, 才愨專對將命非能, 而承睍優容, 倍增喜慰. 而今秋暉欲暮, 序維凉風. 遠客思歸, 情勞望日. 崇迨時節, 無滯廻帆, 旣許隨心. 正宜相送, 未及期限, 不敢同行. 謹因廻使, 奉附輕尠, 具如別狀.

신유(20일)에 정6위상 식부소록(式部少錄) 자야숙녜선대(滋野宿禰船代, 시게노스쿠네 후나시로) 등이 발해국으로부터 도착하였다. 발해왕이 계(啓)하여 말하기를 "[대]숭린이 계합니다. 사신 선대 등이 도착하여 황공하게도 좋은 소식을 내려주시고 아울러 신물(信物)로 시(絁)와 견(絹) 각 30필·사(絲) 200구·면(綿) 300둔도 수량대로 받았습니다. 부끄러운 마음이 진실로 깊고 아름다운 선물이 정을 두텁게 하는 줄을 거듭 알게 되었습니다. 연전에 편지를 부치며 햇수를 헤아려 사신 왕래를 허락하도록 요청하였는데, 작년에 국서를 받아보니 드디어 6년[38]을 기한으로 하셨습니다. [대]숭린이 멀리서 그리워하는 마음을 정성껏 품으며 정해진 기한의 단축을 구하니, 천황께서 자신의 생각을 버리고 남의 의견을 따라서 곧 요청한 대로 하도록 하셨습니다. 광주리에 담아 가는 것이 비록 진기함은 없지만, 특별히 윤허를 받으니 은혜받은 기쁨이 어찌 다할 수 있겠습니까? 근래 천황의 국서가 환하게 내려오고 이를 전하는 칙사가 조정에 임하시니, 아름다운 명령이 더욱 넉넉하고 은총으로 내려주신 징표가 모두 빛나고 있습니다. 반열이 정승에 오르고 서열이 재상과 같도록 하셨으니, 재주와 덕행이 부족하지만 각별한 보살핌을 받고 있음에 유념하겠습니다. 사신 대창태 등은 일을 홀로 처리하기에 재주가 부끄러울 정도이고 말을 전하는 데도 능력이 없습니다만, 너그러이 받아주셨으니 기쁨과 위안이 배로 늘었습니다. 이제 가을 햇살이 잦아들며 계절에 찬바람이 섞이니, 멀리서 온 손님은 돌아갈 생각에 애타게 그날만 바라보고 있었습니다. 적당한 때가 되어 지체 없이 돛단배를 돌려보냅니다. 마음대로 하도록 허락한 이상 바로 배웅해야 마땅하지만, 기한이 되지 않아 우리 사신을 감히 동행하지 못하겠습니다. 삼가 돌아가는 사신 편에 사소한 물품을 받들어 부칩니다. 그 내역은 별장(別狀)에 갖추어 놓았습니다"라고 하였다.

---

38 원문의 '紀'는 歲星 즉 목성이 지구를 한 바퀴 도는 데 12년이 걸리는 시간을 가리키므로, '반기'는 6년이다.

○ 권8, 연력(延曆) 23년(804) 6월

庚午, 勅, 比年渤海國使來著, 多在能登國. 停宿之處, 不可踈陋, 宜早造客院.

경오(27일)에 칙(勅)하기를 "근년 발해국의 사신이 와서 도착하면 대개 능등국(能登國, 노토노쿠니)[39]에 머문다. 머물고 자는 곳이 누추해서는 안 되니, 마땅히 조속히 객원(客院)을 짓도록 하라"라고 하였다.

○ 권17, 대동(大同) 4년(809) 겨울 10월

冬十月癸酉朔, 渤海國遣使獻方物. 王啓曰, 云云.

겨울 10월 계유 초하루에 발해국이 사신을 보내어 방물(方物)을 바쳤다. 왕계(王啓)에서 말하길 "운운"하였다.

○ 권18, 대동(大同) 5년(810) 여름 4월

夏四月庚午朔, 饗渤海使高南容等於鴻臚館.

여름 4월 경오 초하루에 발해 사신 고남용(高南容) 등에게 홍려관(鴻臚館)[40]에서 향응하였다.

丁丑, 高南容等歸國, 賜國王書曰, 云云.

정축(8일)에 고남용 등이 귀국하니, [발해]국왕에게 서(書)를 내려 말하길 "운운"하였다.

---

39 일본 고대 北陸道에 속한 國이다. 현재의 石川縣 북부에 위치하였다. 『속일본기』 寶龜 3년(772) 9월 무술조에 "송발해객사 武生鳥守 등이 닻줄을 풀어 바다로 향하였다. 돌연 폭풍을 만나 노토노쿠니에 표착하였다. 발해국 대사가 겨우 목숨을 건졌는데, 이에 福良津에 안치하였다"라는 내용이 있다.

40 일본에 내조한 사신이 숙박하는 관립 숙박시설이다. 迎賓館이라고도 한다. 수도 이외에 사신이 출입하도록 지정된 지역인 大宰府·難波·敦賀에도 설립되어 있었다.

○ 권18, 대동(大同) 5년(810) 5월

丙寅, 渤海使首領高多佛脫身留越前國. 安置越中國給食. 卽令史生羽栗馬長幷習語生等, 就習渤海語.

병인(26일)에 발해 사신의 수령(首領) 고다불(高多佛)이 몸을 빼내어 월전국(越前國, 에치젠노쿠니)[41]에 머물렀다. 월중국(越中國, 엣츄노쿠니)[42]에 안치하고 식량을 주었다. 곧 사생(史生)[43] 우율마장(羽栗馬長, 하구리노 우마오사) 및 습어생(習語生) 등에 명하여 발해어를 배우게 하였다.

○ 권18, 홍인(弘仁) 원년(810) 9월

丙寅, 渤海國遣使獻方物. 其王啓云.

병인(丙寅, 29일)에 발해국이 사신을 보내어 방물(方物)을 바쳤다. 그 왕계(王啓)에서 말하였다.

○ 권18, 홍인(弘仁) 원년(810) 12월

十二月庚午, 從六位上林宿禰東人爲送渤海客使, 大初位下上毛野公繼益爲錄事.

---

41 일본 고대의 北陸道에 속한 國이다. 오늘날 福井縣의 北半에 해당한다. 692년에 國名이 처음 확인된다. 뒤에 加賀國과 能登國을 따로 분리하여 두었다. 國府의 소재지는 丹生郡으로 비정된다.

42 일본 고대의 北陸道에 속한 國이다. 관내에 礪波·射水·婦負·新川의 4郡이 있다. 國府의 소재지는 射水郡이다. 발해 사신이 직접적으로 월중국으로 건너온 사실은 보이지 않는다. 다만 발해 사신을 월중국으로 옮기거나 접대를 위해 월중국의 물자를 보내기도 하였다.

43 일본 고대 율령제에서 官司의 4等官 아래 두어진 직원이다. 관사의 書記官에 해당하며, 공문서를 작성하여 4등관의 서명을 받는 것을 담당 업무로 하였다. 고대의 史의 성격을 계승한 것으로 추정되며, 書算이나 法令에 통달한 자부터 雜任으로서 式部省에 보임되어 내외의 관사에 돌렸다. 교대근무를 하는 內分番과 같은 방법으로 승진해 8년(후에는 6년)마다 평가를 받고 그에 따라 敍位를 받았다. 사생은 관사마다 정원이 정해져 庸·調·雜徭가 면제되었다. 大宰府나 諸國의 사생은 公廨田(뒤에 職分田) 6段과 그것을 경작하는 事力 2명이 지급되었다. 처음에는 太政官·八省·大宰府·國府 이외의 관사에는 거의 설치되지 않았으나 8세기에 들어서면서 사무 처리량이 증가함에 따라 설치하지 않았던 관사에도 사생이 설치되었으며, 9세기 전기에는 거의 모든 관사에 사생이 두어졌다.

12월 경오(4일)에 종6위상 임숙녜동인(林宿禰東人, 하야시노스쿠네 아즈마히토)⁴⁴를 송발해객사(送渤海客使)로 삼고, 대초위하 상모야공계익(上毛野公繼益, 가미쓰케누노키미 쓰구마스)⁴⁵를 녹사(錄事)로 삼았다.

○ 권18, 홍인(弘仁) 2년(811) 정월

二年春正月丙申朔. 皇帝御大極殿臨軒. 皇太弟文武百官藩客朝賀, 如常儀.

2년 봄 정월 병신 초하루에 황제가 대극전(大極殿)에 나아가 헌(軒)에 임하였다. 황태제(皇太弟)·문무백관(文武百官)·번객(藩客)이 조하하였는데 예전의 의식과 같았다.

壬寅, 宴五位已上幷藩客, 賜祿有差.

임인(7일)에 5위 이상 [관료] 및 번객에게 연회를 베풀고 녹을 주었는데 차등이 있었다.

壬子, 御豊樂院觀射, 藩客賜角弓射焉.

임자(17일)에 풍락원(豊樂院)⁴⁶에 나아가 활쏘기를 보고 번객들에게 각궁(角弓)을 주어 활을 쏘게 하였다.

乙卯, 遣大納言坂上大宿禰田村麻呂, 中納言藤原朝臣葛野麻呂, 參議菅野朝臣眞道等, 饗渤海使於朝集院, 賜祿.

---

44 일본 헤이안 시대의 관리이다. 弘仁 2년(810) 발해사신을 돌려보내기 위한 送使로 임명되었고, 811년 발해로부터 돌아온 것이 확인된다. 811년 귀국 시 발해왕의 국서인 啓가 상례에 맞지 않았다는 이유로 가져오지 않았다.

45 上毛野氏는 崇神天皇의 아들인 豊城入彦命을 선조로 하는 皇別氏族이다. '上毛野君(公)'을 거쳐 '上毛野朝臣'을 姓으로 하였다.

46 平安京 大内裏의 院 가운데 하나이다. 조정에서 饗宴을 베풀던 시설이다. 豊樂 "토요노아카리"라 하여 연회를 의미하는 말이었다. 豊樂院은 그 말 뜻대로 향연시설로서 헤이안쿄 천도 직후 大内裏의 正廳인 朝堂院의 서쪽에 인접하여 조영되었다. 사방에 토담을 두르고 남쪽에 정문인 豊樂門을 내었다. 正殿은 豊樂殿이다.

을묘(20일)에 대납언(大納言)[47] 판상숙녜전촌마려(坂上大宿禰田村麻呂, 사카노우에노오스쿠네 타무라마로)·중납언(中納言) 등원조신갈야마려(藤原朝臣葛野麻呂, 후지와라노아손 카도노마로)·참의(參議) 관야조신진도(菅野朝臣眞道, 스가노노아손 마미치) 등을 보내어 조집원(朝集院)[48]에서 발해 사신들에게 연회를 베풀고 녹(祿)을 내렸다.

丁巳, 渤海國使高南容歸蕃. 賜其王書曰, 云云.

정사(22일)에 발해국 사신 고남용(高南容)이 번(藩)으로 돌아갔다. 그 왕에게 서신을 내려 말하길 "운운"하였다.

○ 권18, 홍인(弘仁) 2년(811) 4월

庚寅, 是日遣渤海國使正六位上林宿禰東人等辭見. 賜衣被.

경인(27일)에 이날 발해국에 보내는 사신 정6위상 임숙녜동인(林宿禰東人)이 하직 인사를 하였다. 의복을 하사하였다.

○ 권19, 홍인(弘仁) 2년(811) 10월

冬十月癸亥, 正六位上林宿禰東人等, 至自渤海. 奏曰, 國王之啓, 不據常例. 是以去而不取. 其錄事大初位下上毛野公嗣益等, 所乘第二船, 發去之日相失不見. 未知何在.

---

47 일본 고대 율령시대의 太政官에 설치된 관직으로 4等官 중 차관에 해당한다. 관위는 3품·4품 또는 정3위이다. 덴지천황(天智天皇) 시기에 설치된 '御史大夫'나 덴무천황(天武天皇) 대에 설치된 '納言'을 전신으로 보기도 하지만 분명하지 않다. '대납언' 명칭이 처음 보이는 것은 飛鳥淨御原令에서이지만, 大寶律令과 養老律令에 보이는 대납언과 동일한 것인가는 명확하지 않다. 양노율령의 職員令에서는 그 담당 직무를 '庶事를 參議하고, 敷奏·宣旨·侍從·獻替를 관장한다'고 정하고 있다.

48 일본 고대 궁궐의 大極殿·朝堂과 함께 朝集院을 구성하는 전각으로 朝集殿, 朝集堂, 朝集堂 등으로 불린다. 조정의 신하나 관인이 出仕할 때 대기하는 건물이다. 조당의 남쪽에 위치하고 조회에 참석할 때 모인 조정의 신하가 문이 열릴 때까지 대기하였다. 조집전의 유구로 확인되는 가장 오래된 것은 難波長柄豊碕宮의 조집전이다. 이후 조집전은 藤原宮, 平城宮, 長岡宮, 平安宮에도 설치되었다.

겨울 10월 계해(2일)에 정6위상 임숙녜동인 등이 발해국으로부터 돌아왔다. 주(奏)하기를 "[발해]국왕의 계(啓)는 상례(常例)에 의거하지 않았습니다. 이 때문에 버리고 가져오지 않았습니다. 그 녹사(錄事) 대초위하 상모야공사익(上毛野公嗣益) 등이 탄 제2선은 출발하여 떠나는 날 서로 놓쳐 보지 못하여서 어디 있는지 모르겠습니다"라고 하였다.

○ 권19, 홍인(弘仁) 2년(811) 12월

乙亥, 故遣渤海錄事大初位下上毛野公嗣益, 追贈從六位下. 以身死王事也.

을해(14일)에 고(故) 견발해녹사(遣渤海錄事) 대초위하 상모야공사익을 종6위하로 추증하였다. 그가 왕을 섬기다 죽었기 때문이다.

○ 권20, 홍인(弘仁) 5년(814) 9월

癸卯, 渤海國遣使獻方物.

계묘(30일)에 발해국이 사신을 보내어 방물(方物)을 바쳤다.

○ 권20, 홍인(弘仁) 5년(814) 11월

辛巳, 免出雲國田租. 緣有賊亂及供蕃客也.

신사(9일)에 출운국(出雲國, 이즈모노쿠니)[49]의 전조(田租)를 면해 주었다. 적이 난을 일으켜 적에게 주었기 때문이다.

---

49 일본 고대 島根縣 東部의 옛 국명이다. 山陰道의 上國이다. 고대 出雲神話의 무대이다. 율령제 아래에서도 國司와는 별개로 出雲臣氏가 出雲國造에 임명되었다. 國府는 島根郡으로 오늘날 松江市 大草町이다.

○ 권23, 홍인(弘仁) 6년(815) 정월

六年春正月癸酉朔, 皇帝御大極殿受朝. 蕃客陪位. 宴侍臣於前殿, 賜御被.

6년 봄 정월 계유 초하루에 황제가 대극전(大極殿)에 나아가 조회를 받았다. 번객(蕃客)의 관위를 더해 주었다. [대극]전 앞에서 시종신들에게 연회를 베풀고 의복을 하사하였다.

己卯, 宴五位已上幷渤海使, 奏女樂. … 渤海國大使王孝廉從三位, 副使高景秀正四位下, 判官高英善·王昇基正五位下, 錄事以下, 賜祿有差.

기묘(7일)에 5위 이상과 발해 사신에게 연회를 베풀고 여악(女樂)을 연주하였다. … 발해국의 대사(大使) 왕효렴(王孝廉)[50]에게 종3위, 부사(副使) 고경수(高景秀)에게 정4위하, 판관(判官) 고영선(高英善)·왕승기(王昇基)에게 정5위하를 주었으며, 녹사(錄事) 이하는 녹을 주는데 차등을 두었다.[51]

戊子, 御豊樂院, 宴五位已上及蕃客. 奏踏歌, 賜祿有差.

무자(16일)에 풍락원에 행차하여 5위 이상 및 번객(蕃客)에게 연회를 베풀었다. 답가(踏歌)를 연주하고 녹을 주는데 차등이 있었다.

壬辰, 於朝集堂饗王孝廉等, 賜樂及祿.

임진(20일)에 조집당(朝集堂)에서 왕효렴(王孝廉) 등에게 연회를 베풀고 음악과 녹(祿)을

---

50 王孝廉(?~815)은 814년 9월 30일에 일본에 도착한 발해 사절단의 大使이다. 815년 1월 7일에 연회에 참석하여 종3위를 제수받고, 20일에 송별연에 참석하였으며, 22일에 귀국길에 올랐다. 그러나 5월 18일에 역풍을 만나 에치젠노쿠니(越前國)에 표착하였다가 6월 14일에 병으로 죽었다(『日本後紀』·『類聚國史』).

51 『日本後紀』·『類聚國史』의 기록에 의하면 녹사인 승려 인진(또는 인정)·오현시, 통역관 이준웅 등에게 종5위하를 주고 녹을 차등있게 주었다고 하여 보다 자세한 상황을 전하고 있다.

내려주었다.

> 甲午, 渤海國使王孝廉等歸蕃. 賜書曰, 云云.

갑오(22일)에 발해국 사신 왕효렴 등이 본국[蕃]으로 돌아갔다. 서신을 내려 말하길 "운운" 하였다.[52]

○ 권23, 홍인(弘仁) 6년(815) 3월

> 癸酉, 制. 蕃國之使, 入朝有期, 客館之設, 常須牢固. 云云. 宜令彈正臺並京職檢校.

계유(2일)에 제서(制書)하였다. "번국의 사신은 입조(入朝)함에 기한이 있는데, 객관의 시설은 항상 모름지기 견고해야 한다. 운운. 마땅히 탄정대(彈正臺)[53]와 경직(京職)[54]으로 하여금 조사하여 살피도록 하라"라고 하였다.

○ 권23, 홍인(弘仁) 6년(815) 5월

> 戊子, 渤海國使王孝廉等, 於海中值逆風漂廻. 舟檝裂折.

무자(18일)에 발해국 사신 [왕]효렴 등이 바다 가운데서 역풍을 만나 표류하여 돌아왔다. 배의 노가 부러졌다.

---

52 書狀의 자세한 내용은 『日本後紀』와 『類聚國史』에 전한다.
53 관리의 비리를 규찰하고 풍속을 교정하는 일을 맡은 관서로, 장관은 彈正尹이다. 장관 아래에 彈正弼·彈正忠·彈正疏의 관원들이 있었다. 唐의 御史臺와 같다.
54 일본 고대 율령국가에서 행정을 담당했던 官司이다. 天武朝의 수도인 飛鳥京에 경직이 설치되었으나 기구로서 정비된 것은 藤原京 이후이다. 처음에는 단일 경직이었으나 大寶令 시행 이후 京域을 주작대로로 동서로 분리하면서 좌경직·우경직으로 하였다. 좌우경직에 각각 大夫 이하 4등관과 坊令을 두었다. 대부는 수도 내부의 호구, 호적, 田宅, 조세, 신분, 소송, 교역, 兵士, 길과 다리 등의 직무를 담당하였다. 平安時代 이후 율령국가의 쇠퇴에 따라 사법, 검찰의 권한은 彈正台나 檢非違使로 대체되었다.

癸巳, 令越前國擇大船, 駕蕃客也.

계사(23일)에 월전국에 명하여 큰 배를 뽑아 번객(蕃客)을 태우도록 하였다.

○ 권23, 홍인(弘仁) 6년(815) 6월

癸丑, 渤海大使從三位王孝廉薨. 贈正三位, 更賜信物幷使等祿. 以先所賜濕損也.

계축(14일)에 발해의 대사(大使) 종3위 왕효렴이 죽었다. 정3위로 추증하고, 더불어 신물(信物)을 하사하고 사신들에게 녹을 주었다. 앞서 습기에 손상되었기 때문이다.[55]

○ 권24, 홍인(弘仁) 7년(816) 5월

五月丁卯, 遣使賜渤海副使高景秀已下大通事已上夏衣. 是日賜渤海王書曰, 天皇敬問渤海王. 孝廉等至, 省啓具懷. 先王不終遐壽, 奄然殂背. 乍聞惻怛, 情不能已. 王祚流累葉, 慶溢連枝, 遠發使臣, 聿脩舊業, 占風北海, 指蟠木而問津, 望日南朝, 凌鯨波以修聘. 永念誠欵, 歎慰攸深. 間以雲海, 相見無由, 良用爲念也. 去年孝廉等却迴, 忽遭惡風, 漂蕩還着. 本船破壞, 不勝過海. 更造一船, 未得風便. 孝廉患瘡, 卒然殞逝. 王昇基·釋仁貞等續物. 故甚以愴然. 今寄高景秀. 且有信物. 仲夏炎熱, 王及首領百姓幷平安好. 略此呈報, 指不一二.

5월 정묘(2일)에 사신을 보내어 발해부사(渤海副使) 고경수(高景秀) 이하 대통사(大通事)[56] 이상에게 여름옷[夏衣]을 내렸다. 이날 발해왕에게 조서를 내려 말하기를 "천황은 발해

---

55 왕효렴의 죽음과 관련한 조서의 내용이 『日本後紀』와 『類聚國史』에도 전한다.
56 通事는 고대 일본에서 통역을 맡은 이를 지칭하며, 譯語로도 표기하였다. 古墳시대 후기부터 중국 및 한반도 국가와의 교류가 증가함에 따라 귀화인 가운데 통역의 일을 하는 一族(氏)이 등장하게 된다. 이후 세대를 거듭하면서 언어가 변화함에 따라 세습되던 氏에 의한 통역의 가치가 감소하고, 그들을 대신하여 유학생 또는 유학승 등이 통사의 역할을 수행하게 된다. 大學寮에 音道가 설치되었으나 9세기 전반에는 세습이나 대학료에 의한 육성은 유명무실해졌다. 『延喜式』에는 遣唐使, 遣新羅使, 遣渤海使 등에 譯語·通事가 두어졌으며 新羅譯語·奄美譯語 등의

국왕에게 삼가 안부를 묻습니다. [왕]효렴 등이 도착하여 [바친] 왕계(王啓)를 보고 생각을 잘 알았습니다. 선왕이 천수를 마치지 못하고 갑자기 세상을 떠났다니, 듣자마자 슬퍼하여 그 마음을 그칠 수 없었습니다. 왕의 천복(天福)은 대를 이어 흐르고 경사로움은 같은 형제에게 넘치게 되어, 멀리 사신을 보내 선왕의 사업을 [이어서] 닦습니다. 북쪽 바다에서 풍향을 살펴 반목(蟠木)을 향하여 나루터를 물으며, 남쪽 조정에 떠 있는 해를 바라보고 큰 파도를 넘으며 빙례(聘禮)를 수행하였으니 그 지극한 정성을 오래 생각할수록 칭찬하고 위로하는 [짐의] 마음이 깊어집니다. 구름과 바다가 사이에 있어 서로 볼 길이 없지만 진실로 유념하십시오.[57] 지난해 [왕]효렴 등이 되돌아갈 때 갑자기 악풍(惡風)을 만나 표류하다가 되돌아왔습니다. 본래 선박이 파괴되어 바다를 건너는 임무를 감당할 수 없어 다시 배 한 척을 건조하였습니다. 아직 풍향의 좋은 형편을 얻지 못했는데 [왕]효렴이 피부병을 앓다가 갑자기 세상을 떠났고, 왕승기(王昇基)·석인정(釋仁貞) 등도 계속 사망하여 매우 애달픕니다. 이제야 고경수에 [이 국서를] 부치고 또 신물(信物)도 보냅니다. 한여름이라 매우 더운데 왕과 수령, 백성은 모두 평안히 잘 지내십시오. 대략 이와 같이 회답하는데 그 뜻이 일일이 다 하지 못합니다"라고 하였다.

○ 권27, 홍인(弘仁) 10년(819) 11월

甲午 … 是日渤海國遣使獻方物. 上啓曰, 仁秀啓. 仲秋已凉. 伏惟天皇起居萬福, 卽此仁秀. 蒙无慕感德等廻到, 伏奉書問. 慰沃寸誠, 欣幸之情, 言無以喩. 此使去日, 海路遭風, 船舶摧殘, 幾漂波浪. 天皇時垂惠, 領風義攸敦. 嘉貺頻繁, 供億珍重. 寶賴船舶歸國. 不情每蒙, 感荷厚幸幸幸. 伏以兩邦繼好, 今古是常. 萬里尋修, 始終不替. 謹遣文籍院述作郞李承英齎啓入, 謹兼令申謝. 有少土物, 謹綠別狀. 伏垂昭亮幸甚. 雲海路遙, 未期拜展. 謹奉啓. 問承英等曰, 慕感德等, 還去之日, 無賜勅書. 令撿所上之啓云, 伏奉書問, 言非其實. 理宜返却. 但啓調不失恭敬, 仍宥其過, 特加優遇. 承英等頓首言, 臣小國賤臣, 唯罪是待, 而日月廻光, 雲雨施澤, 寒木逢春, 涸鱗得水, 戴荷之

관직이 존재했던 것이 알려져 있다. 한편, 『唐六典』에 의하면 당의 鴻臚寺에는 정원 20명의 역어가 설치되었던 것으로 기록되어 있다. 그 대다수는 신라 등 가깝고 사신의 내방이 잦은 나라의 역어였다. 대통사는 이들 통사의 우두머리로 보인다.

57 앞선 국서의 내용 중에서 왕효렴을 질책한 내용은 생략되어 있다.

至, 不知舞踏.

　갑오(20일)에 … 이날 발해국이 사신을 보내 방물(方物)을 바쳤다. 계를 올려 말하길 "[대]인수가 계(啓) 합니다. 가을 중턱이라 벌써 쌀쌀한데, 엎드려 바라건대 천황의 일상은 다복하소서. 여기 [대]인수는 [나쁜 일로부터] 면함을 입어 [잘 지내고] 있습니다. 모감덕(慕感德) 등이 돌아오니 [보내주신] 국서를 엎드려 받들게 되었는데, 제 마음을 위로해 주시니 기뻐해 주시는 정에 보답할 길이 없습니다. 이쪽 사신이 떠나는 날 바닷길에서 악풍을 만나 선박이 파손되어 파도에 표류할 뻔했습니다. 천황께서 은혜롭게 거두어 주시니 그 따뜻한 마음이 돈독한 바입니다.[58] 좋은 선물은 자주 주시고 공급해 준 품목은 진귀하였으니, 실로 [내려주신] 선박에 의지하여 귀국할 수 있었습니다. 저로서는 고마운 은혜를 받을 때마다 다행이고 다행입니다. 엎드려 생각건대 양국이 우호를 계속한 것은 예나 지금이나 같아서, [서로] 만리나 떨어져 있어도 찾아서 수교(修交)를 하는 것이 시종일관하여 바뀌지 않았습니다. 삼가 문적원(文籍院)[59] 술작랑(述作郎)[60] 이승영(李承英)을 보내 계를 지니고 들어가 천황을 뵙고 아울러 감사의 뜻을 아뢰도록 합니다. 약소한 특산물도 있는데 삼가 별도의 편지에 적었으니, 살펴주시면 매우 다행입니다. 구름과 바다로 [가로막혀] 길이 멀어 직접 뵙고 알리기를 기약할 수 없어 삼가 계를 올립니다"라고 하였다.

　[천황이] [이]승영 등에게 묻기를 "모감덕 등이 돌아가는 날 칙서를 내린 적이 없었는데, 지금 올린 계를 살펴보니 '[보내주신] 국서를 엎드려 받들게 되었는데'라고 하니, 그 말이 실제가 아니니 이치상 되돌려 보내야 할 것이다. 다만 계의 어조가 공경을 잃지 않으니 그 허물을 용서하고 특별히 우대를 더해준다"라고 하였다.

　[이]승영 등이 머리를 조아리며 말하기를 "신은 소국(小國)의 미천한 신하라서 오직 죄만 기다릴 뿐입니다. 그러나 해와 달이 다시 비추고 구름과 비가 연못에 내리니, 추위를 견딘 나무가

---

58 천황의 대접 또는 향응을 일컫는다.
59 발해의 중앙 관서의 하나로, 經籍과 도서, 찬술 등의 일을 담당하였다. 『新唐書』 渤海傳에 따르면, 官員으로 監과 少監이 있었다. 사례로는 발해 선왕이 일본에 보낸 국서에 문적원 소속의 述作郞 李承英이 확인된다. 문적원 소속의 裵頲이나 裵璆, 李承英 모두 대일 외교사절로 활약하는 것으로 보아, 외교문서의 작성 등에 관여하고 있음을 유추할 수 있다.
60 발해 문적원 소속의 관직이다. 819년 문적원 술작랑 李承英이 일본에 파견된 사절단의 대표로 나온다. 문서를 작성하는 임무를 맡은 것으로 보인다.

봄을 만나고 말라버린 연못에 있는 물고기가 물을 얻은 것과 같습니다. 감사한 마음이 지극하여 손발이 절로 춤추는 것도 모를 정도입니다"라고 하였다.

○ 권28, 홍인(弘仁) 11년 봄 정월

甲戌朔, 皇帝御大極殿, 受朝賀. 文武王公及蕃客朝賀加常儀, 宴侍臣於豊樂殿, 賜御被.

갑술 초하루에 황제가 대극전에 나아가 조하(朝賀)를 받았다. 문무관과 왕공(王公) 및 번객(蕃客)이 조하(朝賀)함에 상의(常儀)를 더하였고, 풍락전에서 시종신에게 연회를 베풀고 어피(御被)를 하사하였다.

己丑, 於豊樂殿奏踏歌. 宴群臣及蕃客, 賜祿有差.

기축(16일)에 풍락전에서 답가(踏歌)를 연주하였다. 신하들과 번객(蕃客)에게 연회를 베풀고 녹(祿)을 내리는 데 차등이 있었다.

甲午, 賜渤海王書曰, 天皇敬問渤海國王. 承英等至, 省啓具之. 王信義成性, 禮儀立身. 嗣守蕃, 緖踐修舊好. 候雲呂而聳望, 儀風律以馳誠. 行李無曠於歲時, 琛贄不盡於天府. 況前使感德等, 駕船漂破, 利涉無由. 朕特遣賜一舟. 還其依風之恩. 王受施勿忘, 追迪前良, 虔發使臣, 遠令報謝. 言念丹欵, 深有嘉焉. 悠悠絶域, 煙水間之. 迺睠北領, 遐不謂矣. 因還寄物, 色目如別. 春首餘寒, 比無恙也. 擾局之內, 當並平安, 略遣此不多及.

갑오(21일)에 발해왕에게 서(書)를 내려 말하기를 "천황은 발해국왕에게 삼가 안부를 묻습니다. [이]승영 등이 이르러 [바친] 계(啓)를 보고 잘 알았습니다. 왕은 신의로써 천성을 완성하고 예의로써 처신해서, [선왕을] 이어서 번국의 왕통을 지키고 [일본과의]오랜 우호를 수행하고 있습니다. 구름 속에서 음려(陰呂)를 살펴서 높이 솟아 바라보고, 바람 속에서 양률(陽

律)을 향해 가며 멀리 정성을 보내니, 사신이 어느 해고 빠진 적이 없고 선물도 천황의 창고에 비어있은 적이 없었습니다. 하물며 이전의 사신 [모]감덕 등은 탄 배가 표류하여 파손되어 바다를 건너 돌아갈 방법이 없어지니 특별히 배 한 척을 내려주었습니다. 그가 고향 바람에 의지하도록 [돌아가게] 한 은혜에 대해 왕은 그 시혜를 받고 잊지 않고, 훌륭한 선대를 좇아서 경건히 사신을 파견하여 멀리 감사하다고 보답하게 하였으니, 그 변치 않는 정성을 생각하면 매우 가상합니다. 아득히 먼 지역에 흐릿한 바다가 사이에 끼어 있으니, [발해왕이] 북쪽에서 다스리는 곳을 돌아보니 먼 곳임은 말할 것도 없습니다. 그래서 돌아가는 편에 신물(信物)을 부치니, 그 품목은 별지와 같습니다. 초봄이라 아직 추우니 이 무렵에 무탈하십시오. 경역과 관서 안의 모두 평안하라. 대략 이런 뜻으로 보내는데 많이 언급하지 못합니다"라고 하였다.

乙未, 唐越州人周光翰言升則等告請歸鄉. 仍隨渤海使以放還.

을미(22일)에 당(唐)의 월주(越州) 사람 주광한(周光翰)과 언승칙(言升則) 등이 고하여 고향으로 돌아가기를 청하였다. 이에 발해 사신에 부쳐서 돌려보냈다.

○ 권28, 홍인(弘仁) 11년(820) 2월

甲戌朔, 詔曰, 云云. 其朕[61]大小諸神事, 及季冬奉, 幣諸陵, 則用帛衣. 正受朝則, 用袞冕十二章. 朔日受朝, 日聽政, 受蕃國使, 奉幣及大小諸會, 則用黃櫨染衣. 皇后以白衣爲助祭之服, 以搗衣爲元正受朝之服, 以鈿釵禮衣爲大小, 諸會之服. 皇太子從祀, 及元正朝賀, 可服袞冕九章. 朔望入朝, 元正受群官, 若宮臣賀, 及大小諸會, 可服黃丹衣. 並常所服者, 不拘此例.

갑술 초하루에 조(詔)하여 말하기를 "운운. 짐의 크고 작은 여러 신사(神事) 및 계동(季冬)의 여러 능에 봉폐(奉幣)할 때에는 곧 백의(帛衣)를 사용하라. 원정(元正)의 조하(朝賀)를 받

---

61 원문은 '服'으로 되어 있으나 『日本後紀』의 기록에 따라 '朕'으로 고친다.

을 때는 곧 곤면(袞冕)⁶² 12장을 사용하라. 삭일(朔日)에 조하를 받을 때, 같은 정(政)을 들을 때, 번국의 사신을 받을 때, 봉폐 및 대소의 조회에는 곧 황로염의(黃櫨染衣)⁶³를 사용하라. 황후는 백의(帛衣)로서 조제(助祭)⁶⁴의 복(服)으로 하고, 도의(禱衣)로서 원정에 조하를 받는 복식으로 하며, 전채(鈿釵)의 예의(禮衣)⁶⁵로써 크고 작은 제회(諸會)의 복으로 한다. 황태자는 종사(從祀)⁶⁶ 및 원정의 조하에 곤면 9장을 입을 수 있다. 삭망(朔望)의 입조, 원정에 여러 관료 또는 궁신(宮臣)의 하례를 받을 때 및 크고 작은 여러 모임에는 황단의(黃丹衣)⁶⁷를 입는 것이 옳다. 더불어 언제나 복식을 입는 바는 이 예에 관계한다"라고 하였다.

○ 권29, 홍인(弘仁) 12년(821) 11월

乙巳, 渤海國遣使獻方物. 國王上啓曰, 仁秀啓. 孟秋尙熱. 伏惟天皇起居萬福, 卽此仁秀蒙免. 承英等至, 伏奉書問, 用院勤佇. 俯存嘉貺, 悚戰伏增. 但以貴國弊邦, 天海雖阻, 飛封轉弊, 風義是敦. 音符每嗣於歲時, 惠貺幸承於珍異. 眷念之分, 一何厚焉. 仁秀不才, 幸修先業. 交好庶保於終始, 延誠貴踵於尋修. 伏惟照鑒幸甚. 謹遣政堂省左允王文矩等, 賚啓入覲. 遠修國禮, 以固勤情. 奉少土毛, 謹錄別紙. 惟乘撿到. 靑山極地, 碧海連天. 拜謁未由, 伏增鴻涯, 謹奉啓.【國史第百九十四殊俗部渤海下】

을사(12일)에 발해국이 사신을 보내어 특산물을 바쳤다. 국왕이 계(啓)를 올려 말하기를 "[대]인수가 계(啓)합니다. 초가을이라 아직 덥습니다. 엎드려 바라건대 천황의 일상은 다복하소서. 여기 [대]인수는 [나쁜 일로부터] 면함을 입어 [잘 지내고] 있습니다. [이]승영 등이 이르

---

62 袞龍袍와 冕旒冠을 말한다.『宋史』輿服志에서는 大裘[천자가 제천의식을 행할 때 입는 가죽 예복]를 갖추면 구면이라 하였고, 대구없이 면을 쓰는 것을 곤면이라고 하였다(夫大裘而冕, 謂之裘冕, 非大裘而冕, 謂之袞冕).
63 黃櫨染은 어두운 적색을 띠는 황갈색으로 천황이 주요 의식에서 착용하는 袍의 색이다.
64 家臣·諸侯가 군주가 주재하는 제사에 제물 등을 바치는 것을 말한다.
65 禮服과 髮髻에 장식한 금과 비취로 된 장신구로 당나라 때 命婦의 예복의 하나이다.『武德令』에는 황후복으로 褘衣, 鞠衣, 鈿釵禮衣의 3등이 있었다. 전채예의는 鈿釵의 수로 신분을 구분하였다.『通典』·『舊唐書』輿服制 등에는 전채예의를 內命婦 常參과 外命婦 朝參으로 禮會의 복식이라고 하였고, 모두 翟衣를 만들고, 雙珮를 더하는데 품계에 따라 鈿의 수를 달리하였다.
66 천황의 제사에 따라가 행하는 것을 말한다. 倍祭라고도 한다.
67 적황색의 옷을 이른다.

러 [보내주신] 국서를 엎드려 받들게 되니 [뵙고 싶은] 마음이 간절한데, 굽어살펴 좋은 선물을 내려주시니 황송한 마음이 더할 뿐입니다. 다만 귀국(貴國)과 폐방(弊邦)[68]은 하늘과 같은 큰 바다로 가로막혀 있지만 봉투에 담은 편지를 날리고 폐백을 실어 나르니 그 따뜻한 마음이 돈독한 바입니다. 소식을 보내는 문서는 일정한 시기에 항상 이어받으며, 은혜로운 선물은 진기함에 대해 다행으로 여겨 받들겠습니다. 그리워하는 교분이 한결같이 얼마나 두터운지요. [대]인수는 재주가 없지만 다행히 선대의 왕업을 수행하게 되어 이웃 나라와의 수교는 시종 지키려고 하며 정성을 다 하는 것은 빙례를 수행하는 데에서도 계속하려고 합니다. 엎드려 바라건대 밝게 살펴주시면 매우 다행입니다. 삼가 정당성좌윤(政堂省左允)[69] 왕문구(王文矩)[70] 등을 보내어 계(啓)를 지참하고 들어가 뵙도록 합니다. 멀리서 국가로서의 예의를 수행하니 [천황을 위해] 애쓰는 심정이 견고할 뿐입니다. 약소한 토산품을 받들어 삼가 별지에 기록했으니, 도착하면 검수하십시오. 푸른 산은 땅끝까지 있고 짙푸른 바다는 하늘까지 이어져 있어 직접 인사하고 뵐 수가 없으니, [천황의] 천수(天壽)가 늘어나길 바랍니다. 삼가 계를 올립니다"라고 하였다.【국사(國史) 제194, 수속부(殊俗部) 발해하(渤海下)】

○ 권30, 홍인(弘仁) 13년(822) 봄 정월

> 癸巳朔, 皇帝御大極殿受朝賀. 京官文武王公以下, 及蕃客朝集使等陪位如儀. 是日, 御豊樂殿宴侍臣, 賜祿有差.

계사 초하루에 황제가 대극전에 나아가 조하(朝賀)를 받았다. 경관(京官) 문무관과 왕공 이하 및 번객 조집사(朝集使) 등에게 관위를 더해준 것이 의(儀)와 같았다. 이날 풍락전(豊樂殿)

---

68 피폐한 나라라는 뜻으로 자국에 대한 겸사이다.
69 中臺省·宣詔省과 더불어 발해 시대 3성의 하나이다. 행정 집행 관청으로 당나라의 尙書省과 대응한다. 장관은 大內相이며 그 아래에 左司政과 右司政이 각 1인씩 있다. 좌사정 아래에 忠部·仁部·義部가 있고, 우사정 아래에 智部·禮部·信部가 있다. 左允은 정당성의 판관에 해당하는 관직으로, 차관인 左司政을 보좌하여 6부 중 忠部(이부에 해당)·仁部(호부에 해당)·義部(예부에 해당)를 관장한다.
70 발해 제10대 선왕에서 제11대 大彝震 시대에 활동한 인물이다. 821·827·848년 세 차례에 걸쳐 일본에 사신으로 파견되었다. 사람의 관상을 잘 보아서 일본에 가 있을 때 본 여러 親王 가운데 장차 천황에 즉위할 사람을 예견하였다는 일화가 전해진다.

에 거둥하여 시종신에게 연회를 베풀고 녹을 내려줌이 차등이 있었다.

己亥, 於豊樂殿宴群臣及蕃客.

기해(7일)에 풍락전에서 군신(群臣) 및 번객(蕃客)들에게 연회를 베풀었다.

戊申, 御豊樂殿, 宴五位已上及蕃客, 奏踏歌. 渤海國使王文矩等打毬, 賜綿二百屯爲賭. 所司奏樂, 蕃客率舞, 賜祿有差.

무신(16일)에 풍락전에 나아가 5위 이상 및 번객(蕃客)에게 연회를 베풀고 답가(踏歌)를 연주하였다. 발해국사 왕문구 등이 격구를 하는데 면(綿) 200둔을 하사하여 내기로 삼았다. 담당관서[所司]가 음악을 연주하고 번객이 춤을 이끄니 녹을 하사한 것이 차등이 있었다.

壬子, 饗王文矩等於朝集殿.

임자(20일)에 왕문구 등에게 조집전에서 연회를 베풀었다.

癸丑, 文矩等歸蕃. 賜國王書曰, 天皇敬問渤海國王. 使至省啓, 深具雅懷. 朕以菲昧, 虔守先基, 情存善隣, 慮切來遠. 王俗傳禮樂, 門襲衣冠. 器範淹通, 襟靈勁擧. 其儀不忒, 執德有恒. 靡憚艱究, 頻令朝聘. 絶鯤溟而掛帆駿奔滄波, 隨雁序而輸琛磬制終闕. 不有君子, 其能國乎. 言念血誠, 無忘興寢. 風馬異壤, 斗牛同天. 道之云遙, 愛而不見. 附少國信. 至宜領受. 春初尙寒, 比平安好. 今日還次, 略此不悉.

계축(21일)에 [왕]문구 등이 번국(蕃國)으로 돌아갔다. [그편에] [발해] 국왕에게 국서를 내려 말하기를 "천황은 발해국왕에게 삼가 안부를 묻습니다. 사신이 이르러서 [바친] 왕계를 살펴보니, 깊이 우아한 소회를 갖추었다. 짐은 얕고 어둡지만 경건히 선왕의 기틀을 지키며, 심정은 이웃과 잘 지내는 데 두고 있고 생각은 [이웃이] 멀리서 오기를 간절히 바라고 있습니다. [발해] 왕은 세속에 예악을 전수하고 집마다 의관을 세습하도록 하니, 그 기량과 법도는 널리 통하고 그 품은 재주와 지혜는 잘 드러납니다. 그 거동은 변하지 않고 도덕을 항상 준수하고 있어, 온갖 어려움을 꺼리지 않고 자주 조빙(朝聘)하도록 합니다. 곤어(鯤漁)가 사는 큰 바다를 끊고 돛을 달고 푸른 파도를 준마처럼 내달리며, 질서정연한 기러기 떼를 따라 선물을 수송하여 와서 진홍색 대궐 문에 허리 굽혀 절하니, 군자를 두지 않았다면 어찌 나라를 다스리겠습니까? 그 참된 정성을 생각하면 자나 깨나 잊지 못합니다. 바람난 말들은 [서로 떨어져] 다른 땅에 있지만 두수(斗宿, 북두칠성)와 우수(牛宿, 견우성)은 같은 하늘에 있으니, [서로 간에] 길이 멀기도 하니 사랑해도 볼 수가 없습니다. 약소한 신물(信物)을 부치니 도착하거든 잘 수령하라. 초봄이라 아직 추우니 이 무렵에 평안히 잘 지내십시오. 오늘 [사신이] 돌아가는 편에 대략 이런 뜻으로 [편지를 보내지만] 자세하지는 않습니다"라고 하였다.

○ 권31, 홍인(弘仁) 14년(823) 11월

壬申 ⋯ 加賀國言上. 渤海國入覲使一百一人到着狀.

임신(22일)에 ⋯ 가하국(加賀國, 가가노쿠니)[71]이 말을 올렸다. 발해국 입근사(入覲使) 101명이 장(狀)을 가지고 도착하였다고 하였다.

○ 권31, 홍인(弘仁) 14년(823) 12월

十二月戊子, 停止存問渤海客使. 今年雪深, 往還不通. 勅令守·掾等 准例存問.【日本記略】

12월 무자(8일)에 발해객사(渤海客使)가 안부를 묻는 것을 정지시켰다. 올해 눈이 심하여 오고 가며 통할 수 없었다. 칙령(勅令)으로 수(守)[72]·연(掾)[73] 등이 예(例)에 준거하여 안부를

---

71 슈제국(令制國)의 하나로 北陸道에 속한다. 嵯峨天皇 대인 弘仁 14년(823) 3월 1일에 越前國로부터 江沼郡과 加賀郡을 분할하여 加賀國을 설치하였다.
72 일본의 관직명으로, 종5위상~종6위하의 지방관이다.
73 일본 고대 율령제에서 지방에 파견하던 지방관인 國司의 제3등관에 해당한다.

묻도록 하였다.【일본기략(日本記略)】

○ 권32, 홍인(弘仁) 15년(824) 정월

乙卯, 賜渤海客徒大使已下錄事以上六人冬衣服料. 詔曰, 云云.

을묘(5일)에 발해 객도(客徒) 중 대사(大使) 이하 녹사(錄事) 이상 6인에게 겨울옷을 주었다. 조(詔)하여 말하길 "운운"하였다.

○ 권32, 천장(天長) 원년(824) 2월

壬午, 詔曰, 天皇我詔【良萬止】宣大命【乎】, 渤海國【乃】使等, 衆聞食【止】宣【不】. 其國王禮【止之曰】, 差使【天】奉渡【世利】. 使等凌波【岐】, 忘寒風【天】參來【氣利】, 隨例【爾】召治賜【无止】爲【禮止毛】, 國國此年不稔【之天】, 百姓【良毛】弊【多利】, 又疫病毛發【禮利】. 時【之】豊時【爾】臨三, 送迎【流爾毛】百姓【乃】苦【美】有【爾】依【豆奈毛】, 此般【波】召賜【比】治下賜【奴】. 平【久】靜【爾】治腸【布】所【爾】傳【豆】, 便風【乎】待【天】, 本國【爾】退還【止】爲【豆奈毛】, 大物賜【久止】宣天皇【我】大命【乎】, 衆聞食【止】宣.

임오(2일)에 조서를 내려 말하기를 천황인 내가 조서로 대명(大命)을 선포하니 발해국의 사신들은 들으라고 [다음과 같이] 말씀하셨다. "그 나라가 국례(國禮)로써 사신을 파견하여 [바다를] 건너왔다. 사신들은 거친 파도를 타고 찬 바람을 잊고 뵈러 왔다. 전례에 따라 불러서 [위계(位階)를 주려고] 들이려고 해도, 나라들마다 매년 흉년이 들어 백성들도 피폐하고 또 역병(疫病)도 발생하였다. 시절이 농사철을 만나 [사신을] 맞이하고 보내는 데 백성의 고통이 있으므로, 이번에는 불러들이지 않는다. 평온하고 안정되면 위계를 줄 것임을 전하니, [항해하기에] 편한 바람을 기다려 본국으로 되돌아가도록 하고 큰 선물을 내린다"라고 말씀하신 천황의 대명을 모두 들으라고 말씀하셨다.

○ 권32, 천장(天長) 원년(824) 4월

四月丙申, 覽越前國所進渤海國信物, 幷大使貞泰等別貢物. 又契丹大狗二口, 倭子二口, 在前進之.

4월 병신(17일)에 월전국이 바친 발해국의 신물(信物)과 대사(大使) 정태(貞泰) 등이 따라 바친 물품을 살펴보았다. 또 거란의 큰 개 2마리와 왜자(倭子, 작은 개) 두 마리도 앞으로 나와 바쳤다.

庚子, 返却渤海副使璋璿別貢物.

경자(21일)에 발해부사(渤海副使) 장선(璋璿)이 별도로 바친 물품을 되돌려 주었다.

辛丑, 幸神泉苑. 試令渤海狗逐苑中鹿, 中途而休焉.

신축(22일)에 [천황이] 신천원(神泉苑)74에 행차하였다. 시험 삼아 발해의 개를 원(苑) 안의 사슴을 쫓도록 하였는데 중도에 그쳤다.

○ 권32, 천장(天長) 원년(824) 5월

五月癸亥, 印遣渤海勅書. 日月上一踏.

5월 계해(15일)에 발해에 보내는 칙서에 날인하였다. 일월(日月)의 위에 한 번 날인하였다.

戊辰, 詔曰, 天皇【我】御命【良萬止】詔命【乎】, 客人【倍】聞食【止】詔【布】, 客人【倍乃】國【爾】還退【倍支】時近在【爾】依【弖】, 國王爾賜祿【比】, 幷貞泰【爾】御手【都】物賜

---

74 일본 헤이안쿄(平安京) 大內裏의 남동쪽에 있었던 園池이다. 헤이안 초기에 禁苑으로서 자주 천황이 遊幸하였다. 『일본기략』 800년 7월 19일조 기사에 처음 보이며, 헤이안쿄 창설 당시에 부속한 園池로 건설된 것으로 보인다.

【比】, 饗賜【波久止】宣.

무진(20일)에 조(詔)하여 말하길 "천황이 어명(御命)으로서 말하는 명(命)을 객인(客人, 사신)에게 들으라. 객인의 나라로 되돌아갈 때 가까워짐에 따라 [발해] 국왕에게 녹을 내리고 아울러 [고]정태에게 하사품을 내리고 향회(饗會)를 내려준다"라고 하였다.

○ 권33, 천장(天長) 2년(825) 12월

十二月辛丑, 隱岐國馳驛奏上. 渤海國使高承祖等百三人到來.

12월 신축(3일)에 은기국(隱岐國, 오키노쿠니)[75]에서 역마를 달려 상주(上奏)하기를 "발해국사(渤海國使) 고승조(高承祖) 등 103인이 도착하였습니다"라고 하였다.

乙巳, 大內記正六位上布瑠宿禰高庭定領客使, 借出雲介. 不稱領客使.

을사(7일)에 대내기(大內記)[76] 정6위상 포류숙녜고정(布瑠宿禰高庭, 후루노스쿠네 타카니와)를 영객사(領客使)로 하였는데, 출운개(出雲介)[77]라고 하였다. 영객사를 칭하지 않았다.

○ 권34, 천장(天長) 3년(826) 3월

戊辰朔, 右大臣從二位兼行皇太子傅臣藤原朝臣緒嗣言, 依臣去天長元年正月廿四日上表, 渤海入朝定以一紀. 而今奇言靈仙, 巧敗契期. 仍可還却狀, 以去年十二月七日言上. 而域人論曰, 今有兩君絕世之讓, 已越堯舜. 私而不告, 大仁芳聲, 綠何通於

---

75 일본 고대의 山陰道에 속한 國이다. 오늘날 島根縣의 隱岐郡이다. 오키노쿠니의 설치 시점은 분명하지 않지만 대체로 7세기 말로 추정된다. 國內는 知夫·海部·周吉·穩地의 4郡으로 나뉘어 있다. 國府의 소재지는 분명치 않다.

76 일본 고대 中務省의 관직이다. 대·중·소내기의 6인 가운데 상위로 2명을 두었다. 내기는 詔勅·宣命·位記의 기초 및 천황의 행동을 기록하는 일을 담당하였다. 그래서 학문에 뛰어난 관인이나 학자를 우선적으로 임명하였고, 대내기는 紀傳道(文章道) 시험 합격자에 한정되었다. 헤이안 시대 이후 그 역할이 점차 쇠퇴하였다.

77 出雲 지역에 두어진 지방관으로 추정되며, 官位는 從5位下이다.

海外. 臣案, 日本書紀云, 譽田天皇崩時, 太子菟道稚郎子, 讓位于大鷦鷯尊. 固辭曰, 豈違先帝之命, 輒從弟王之言. 兄弟相讓, 不敢當之. 太子興宮室於菟道而居, 皇位空之, 旣經三歲. 太子曰, 我久生煩天下哉. 遂於菟道宮自薨. 大鷦鷯尊悲慟越禮. 卽天皇位, 都難波高津宮. 季曲在書紀. 不能以具盡. 于時讓國之美, 無赴海外. 此則先哲智慮, 深慮國家. 然則先王之舊典, 萬代之不朽者也. 又傳聞, 禮記云, 夫禮者, 所以定親疎, 決嫌疑, 別同異, 明是非也. 禮不辭費, 禮不踰節. 而渤海客徒, 旣違詔旨, 濫以入朝. 偏客拙信, 恐損舊典. 實是商旅, 不足隣客. 以彼商旅, 爲客損國, 未見治體. 加以比日雜務行事, 贈皇后改葬【一】, 御齋會【二】, 屈加勢山溝幷飛鳥堰溝【三】, 七道畿內巡察使【四】, 可召渤海客徒【五】, 經營重疊, 騷動不遑.

무진 초하루에 우대신(右大臣) 종2위 겸 행황태자부신(行皇太子傅臣) 등원조신서사(藤原朝臣緖嗣, 후지와라노아손 오쓰구)가 아뢰었다. "신이 지난 천장 원년(824) 정월 24일에 올린 상표문에 의하면 발해가 입조하는 기간은 1기(12년)으로 정해져 있습니다. [그런데 발해 사신이] 지금 영선(靈仙, 료젠)의 소식을 전한다고 핑계를 대면서 교묘하게 약속한 기간을 어겼으니 돌려보내야 한다는 보고서를 작년 12월 7일에 아뢰었습니다. 그런데 어떤 사람들이 논하여 말하기를 '지금 두 임금[嵯峨天皇과 淳和天皇]께서 세상에 드물게 양보를 하신 일이 있는데, 그것은 이미 요순(堯舜) 간의 그것을 뛰어넘었으니, 비밀로 하고 알리지 않는다면 그 큰 인덕과 아름다운 명성이 어떻게 해외에 알려지겠는가'라고 합니다. 신이 살펴보건대, 『일본서기(日本書紀)』에 이르기를 예전천황(譽田天皇)[78]이 돌아가셨을 때 태자 토도치랑자(菟道稚郎子, 우지노와키이라쓰코)는 대초료존(大鷦鷯尊, 오사자키노미코토)에게 양보하니 [대초료존이] 고사하며 말하기를 '어찌 선제(先帝)의 명을 어기고 손쉽게 제왕(弟王)의 말에 따르겠는

---

78 일본 제15대 오진천황(應神天皇)이다. 츄아이천황(仲哀天皇)의 넷째 황자이다. 어머니는 氣長足姬尊(즉 神功皇后)이다. 진구황후가 삼한 정벌에서 돌아오는 길에 築紫의 宇瀰 또는 蚊田에서 태어났다고 전한다. 츄아이천황의 아들이 아니라는 설도 있다. 섭정이었던 진구황후 섭정 3년에 태자가 되었고, 진구황후가 죽은 이듬해에 즉위하였다. 즉위 2년 中姬命을 황후로 삼고 大鷦鷯尊(즉 仁德天皇)을 얻었다. 즉위 6년 近江으로 行幸하였다. 『古事記』에 의하면 이때 宮主 矢河枝比賣를 취하여 菟道稚郎子와 八田皇女를 낳았다고 한다. 재위 중에 많은 도래인이 왔던 것으로 기록되었는데, 대표적으로는 弓月君, 阿直岐, 王仁(和邇吉師), 阿知使主 등이 있다. 『고사기』에 의하면 왕인에 의해 논어와 천자문이 전해졌다고 한다. 즉위 41년 111세로 사망하였다고도 하고 130세에 사망하였다고도 한다.

가'라고 하였습니다. 형제가 서로 양보하여 감당하지 않았습니다. 태자는 궁실을 토도(菟道, 우지)에 짓고 머물렀는데, 황위가 비어 있는 것이 이미 3년이 지났습니다. 태자가 이르기를 '내가 오래 살아 천하를 번거롭게 하였구나'라고 하고 마침내 토도궁(菟道宮, 우지노미야)에서 자결하였습니다. 대초료존이 매우 슬퍼함이 예를 넘었습니다. 천황의 위에 올라 난파고진궁(難波高津宮, 나니와노타카쓰노미야)에 도읍하였다고 하였습니다. 자세한 것은 『[일본]서기』에 있습니다. 전부 말할 수는 없습니다. 이때 나라를 양보한 아름다움이 해외에 알려지는 일은 없었습니다. 이것은 곧 선철(先哲)들이 지혜롭게 배려하고 국가를 깊이 생각하신 것입니다. 그러한 즉 선황의 구전(舊典)은 곧 만 대에도 쇠하지 않는 것입니다. 또 전하여 듣건대 『예기(禮記)』에 이르기를 '무릇 예라는 것은 가까운 것과 먼 것을 정하고, 혐의(嫌疑)를 판결하며, 같고 다름을 구별하고 옳고 그름을 분명히 하는 것입니다. 예는 비용을 아끼지 않으며, 예는 제도를 넘지 않는다'고 하였습니다. 그런데 발해의 객도(客徒)들은 이미 조칙의 뜻을 어겨 제멋대로 입조하였습니다. 편협하게 졸신(拙信)을 받아들인다면[79] 오랫동안 지켜온 법전을 손상케 될까 두렵습니다. [저들은] 실로 상인 무리이니 이웃 손님[隣客]일 수 없습니다. 저 상인 무리를 손님으로 여겨 나라에 손해를 끼치면 치국(治國)의 본체(本體)를 보지 못할 것입니다. 더구나 최근 여러 가지 일들과 행사들이 있으니, 추증한 황후의 무덤을 옮겨 다시 장례를 치르는 일【첫째】, 궁중에서 재회(齋會)를 여는 일【둘째】, 가세산(加勢山, 가세야마)의 도랑과 비조(飛鳥, 아스카)의 제방을 파내는 일【셋째】, 7도(七道)와 기내(畿內)의 순찰사(巡察使)에 대한 일【넷째】, 발해 객도를 [궁중으로] 부르는 일【다섯째】 등 해야 할 일들이 중첩되어 너무 소란스러워 여유가 없습니다"라고 하였다.

○ 권34, 천장(天長) 3년(826) 5월

甲戌, 渤海客徒大使高承祖等入京, 安置鴻臚.

갑술(12일)에 발해객도(渤海客徒) 대사(大使) 고승조(高承祖) 등이 경사(京師)에 들어오

---

79 拙信은 발해의 信書를 가리키는 것이다. 여기서는 12년에 한번 오는 것을 어긴 발해사를 받아들여 신서를 수리하는 것을 말한다.

니 홍려(鴻臚)에 안치하였다.

> 戊寅, 渤海國使高承祖授正三位, 副使判官錄事等亦有叙位.

무인(12일)에 발해국사(渤海國使) 고승조에게 정3위를 수여하고, 부사(副使)·판관(判官)·녹사(錄事) 등에게 또한 위를 주었다.

> 庚辰, 渤海客徒歸加賀國.

경진(13일)에 발해객도가 가하국(加賀國, 가가노쿠니)으로 돌아갔다.

> 辛巳, 天皇敬問渤海國王. 使承祖等轉送在唐學問僧靈仙, □表物來.[80] 省啓悉之, 載深嘉慰. 王信確金石, 操貞松筠. 寒國名於西秦, 五臺之嶺非邈, 敦隣好於南夏, 萬里之航自通. 煙波雖遼, 義誠密邇. 有斐君子, 秉必塞淵, 感激之懷, 不可遵設. 土宜見贈, 深領遠情. 答信輕毛, 別附撿到. 其釋貞素, 操行所缺者, 承祖周悉. 風景正熱, 無恙也. 略此寄懷, 不復煩云.

신사(15일)에 "천황은 발해국왕에게 삼가 안부를 묻습니다. 사신 [고]승조 등이 당에 공부하러 간 중 영선(靈仙)의 표문과 진상물(進上物)을 전송(轉送)하러 왔으니, [바친] 왕계(王啓)를 보고 잘 알았습니다. 이에 더욱 깊이 기쁘고 위안이 됩니다. 왕의 신의는 황금과 돌처럼 확고하고 지조는 소나무와 대나무처럼 곧아서, 나라의 명령을 서진(西秦, 당 장안)에서 펼치니 오대산의 준령만큼 아득하지 않으며, 이웃과의 우호가 남하(南夏, 일본)에 돈독하니 만 리길 항행도 저절로 통합니다. 안개 낀 물길이 비록 멀다고 해도 의리와 정성은 매우 가깝습니다. 빛나는 군자의 마음가짐이 성실하고 깊어 [짐의] 감격스러운 소회는 말할 수 없습니다. 토산품을 선물로 받으니 멀리서 생각하는 정까지도 잘 거두었다. 답신의 가벼운 선물을 별도로 부치니 검수

---

80 원문에는 '表' 앞의 글자가 '□'로 표기되어 있으나, 『일본후기』의 기록에 따르면 '轉送在唐學問僧靈仙 表物來'로 되어 있다.

하십시오. 석(釋) 정소(貞素)가 행실에 부족한 바는 [고]승조도 두루 알고 있습니다. 날씨가 한창 더우니 왕은 무탈하십시오. 대략 이런 뜻으로 소회를 부치니 더 이상 번거롭게 말하지 않습니다"라고 하였다.

○ 권36, 천장(天長) 5년(828) 정월

甲戌 … 是日但馬國馳驛言上, 渤海人百餘人來着.

갑술(17일)에 … 이날 단마국(但馬國, 다지마노쿠니)[81]에서 역마를 달려 말을 올리기를 발해인 100여 명이 도착하였다고 하였다.

---

81 일본 고대 山陰道의 一國이다. 현재 兵庫縣 북부에 위치한다. 동쪽으로는 丹波·丹後, 남쪽으로는 播磨, 서쪽으로는 因幡의 諸國과 접하고, 북쪽 일부는 동해에 닿는다. 國府는 氣多郡에 있었다.

발해사 자료총서-일본사료 편 권1

9. 『부상략기(扶桑略記)』

진무천황(神武天皇)으로부터 호리가와천황(堀河天皇)까지의 편년체 역사서다. 헤이안(平安) 말기에 성립하였으며, 저자는 아쟈리코엔(阿闍梨皇圓, ?~1169)이다. 불교 관계 기사에 중점을 두었다. 가보(嘉保) 1년(1094)에 끝나기 때문에 그 후에 성립한 것이 확실하다. 13세기 후반에 성립하였다고 여겨지고 있는 『본조서적목록(本朝書籍目錄)』에 의하면 30권이었다고 하나 현재는 산일(散逸)되어 진무천황부터 헤이조천황(平城天皇)까지 권2~6, 권20~30의 16권과 권1 및 권7~14의 초기(抄記)만이 전하고 있다.

『육국사(六國史)』를 비롯하여 사원 관계의 고전 등을 참고하여 편찬한 것으로 출전을 명기(明記)하고 있는 것도 있다. 『순우추봉기(純友追討記)』를 인용하는 등 불교 관계 이외의 기사도 있으나 대략 불교 관계 기사로 채워져 있다. 신뢰할 수 없는 부분도 있지만 출처를 명시한 인용서 가운데 오늘날에는 손실된 귀중한 사료도 있다.

저자인 고엔은 엔랴쿠지(延曆寺)의 공덕원(功德院)에 거주한 천태종(天台宗)의 학승으로 제자로는 유명한 호넨(法然)이 있다.

진무천황 대부터 헤이조천황 대까지 발해와 다양하게 교류한 사실을 전하고 있다. 발해 사신이 도착한 후 안치한 곳, 발해 사신의 도착을 단고노쿠니(丹後國)에서 알린 사실 등을 통해 발해와 일본의 교류에 이용된 교통로를 파악하는 데도 중요한 정보를 제공해 주고 있다.

현존하는 판본으로는 1881년~1885년에 간행된 『사적집람(史籍集覽)』에 수록되었으며, 이는 임천서점(臨川書店)에서 1984년에 전(全) 33책으로 간행되었다. 또한 『국사대계(國史大系)』에도 수록되었다. 본 역주에서는 『국사대계』본을 원전의 저본으로 사용하였다.

○ 제6, 신귀(神龜) 4년(727) 12월

十二月, 大唐使首領齊德入京.

12월에 대당(大唐) 사신 수령(首領) 제덕(齊德)이 경사(京師)에 들어왔다.

○ 제20, 정관(貞觀) 19년(877) 정월

十六日戊子, 出雲國言. 渤海國大使政堂省孔目官揚中遠等一百五人, 去年十二月廿六日着岸. 中遠申云, 爲謝恩請使, 差遣中遠等, 兼獻方物. 於嶋根郡安置供給.

16일 무자일에 출운국(出雲國, 이즈모노쿠니)¹에서 아뢰길 "발해국 대사(大使) 정당성(政堂省)² 공목관(孔目官)³ 양중원(揚中遠) 등 105인이 지난해 12월 26일 해안에 도착하였습니다. [양]중원이 아뢰기를 '사은청사(謝恩請使)로 삼아 중원 등을 보내고 겸하여 방물을 바치게 하였습니다'라고 하였다. 이에 도근군(嶋根郡, 시마네군)⁴에 안치하고 [식량을] 공급하였습니다"라고 하였다.

○ 제20, 양성천황(陽成天皇) 원경(元慶) 7년(833) 4월

二日丁酉, 以文章得業生從八位上紀朝臣長谷雄等, 爲掌渤海客使.

---

1 일본 고대 島根縣 東部의 옛 국명이다. 山陰道의 上國이다. 고대 出雲神話의 무대이다. 율령제 아래에서도 國司와는 별개로 出雲臣氏가 出雲國造에 임명되었다. 國府는 島根郡으로 오늘날 松江市 大草町이다.
2 中臺省·宣詔省과 더불어 발해 시대 3성의 하나이다. 행정 집행 관청으로 당나라의 尙書省과 대응한다. 장관은 大內相이며 그 아래에 左司政과 右司政이 각 1인씩 있다. 좌사정 아래에 忠部·仁部·義部가 있고, 우사정 아래에 智部·禮部·信部가 있다.
3 문서를 검토하여 오류를 바로잡는 일을 맡은 관직이다.
4 일본 고대의 이즈모노쿠니(出雲國)에 소속된 郡이다. 출운국의 북동부에 위치하며, 현재의 島根縣 松江市와 八束郡의 대부분이 이에 해당한다. 서쪽은 秋鹿郡, 북쪽과 동쪽은 동해, 남쪽은 中海와 宍道湖에 접한다.

2일 정유에 문장득업생(文章得業生)[5] 종8위상 기조신장곡웅(紀朝臣長谷雄, 기노아손 하세오) 등을 장발해객사(掌渤海客使)로 하였다.

> 廿一日丁巳, 緣饗渤海客, 諸司官人雜色人等, 客徒在京之間, 聽帶禁物. 以從五位上行式部少輔兼文章博士加賀權守菅原朝臣道眞權行治部大輔事, 從五位上行美濃介嶋田朝臣忠臣權行玄蕃頭事爲對渤海大使裴頲故爲之矣.

21일 정사에 발해객(渤海客)을 연향하는데, 여러 관청[諸司]의 관인과 잡색인 등 및 경(京)의 사이에 있는 객도(客徒)가 금물(禁物)을 착용하는 것을 들어주었다. 종5위상 행식부소보(行式部少輔) 겸 문장박사(文章博士) 가하권수(加賀權守) 관원조신도진(菅原朝臣道眞, 스가와라노아손 미치자네)이 권행치부대보사(權行治部大輔事)로, 종5위상 행미농개(行美濃介) 도전조신충신(嶋田朝臣忠臣, 시마다노아손 타다오미)이 권행현번두사(權行玄蕃頭事)로서 발해 대사(渤海大使) 배정(裴頲)[6]을 접대하게 되었기 때문에 그러한 조치가 있었다.

○ 제20, 양성천황(陽成天皇) 원경(元慶) 7년(833) 5월

> 五月丙寅朔日, 從五位上行右兵衛佐源朝臣光, 向鴻臚館, 勞問客徒.

---

5 일본 고대의 學制에서 文章生 가운데 선발된 特待生 신분을 말한다. 성적 우수자 2명이 선발되어 관인 등용 시험의 최고 단계인 秀才試·進士試 시험 응시후보자가 되었다. 天平 2년(730) 3월 太政官의 奏上에 의해 대학에 재적한 학생 가운데 설치된 것이다. 정원은 2명으로 문장생 또는 給料學生 가운데서 선발되며 省試 급제자 1명을 충당하는 경우도 있었다. 헤이안 시대 중기까지는 對策을 받지 않은 채 관료가 되는 경우도 있었다. 弘仁 11년(820)에는 문장생은 良家의 자제를 채용하는 것으로 되었고, 문장득업생 2명 대신 俊士 5명, 秀才生 2명을 두는 것으로 하였으나, 天長 4년(827)에는 원래의 제도가 부활하였다. 이에 따라 문장생의 시험을 시행하는 주체가 大學寮에서 式部省으로 변경되어 문장생의 지위가 향상되었다.

6 元慶 6년(882) 12월 14일 文籍院 少監이었던 裴頲이 大使로서 105인의 발해사신단을 이끌고 加賀國에 도착하였다. 기록에 따르면 배정은 처음 일본에 방문한 것으로 알려져 있다. 그러나 이때 그의 文名이 일본 조정에 잘 알려져 있었기 때문에 더욱 환대를 받았다. 실제로 배정의 체재 기간이 짧았음에도 불구하고 嶋田忠臣, 管原道眞, 紀長谷雄 등 당시 일본의 문인 관료들과 詩筵, 酒席 등을 통해 깊은 관계를 맺었던 것으로 보인다. 이와 같은 일본에서의 활동이 발해에서도 높이 평가되어, 寬平 6년(895)에 다시 대사로 일본에 파견되었다. 그 후 그의 재능을 이어받은 아들 裴璆도 세 차례 일본에 대사로 파견되어 아버지와 같이 일본 문인들과 우정을 나누는 등 발해와 일본과의 文運 교류에 큰 족적을 남겼다(上田雄, 2001, 540~541쪽).

5월 병인 초하루에 종5위상 행우병위좌(行右兵衛佐) 원조신광(源朝臣光, 미나토모노아손 히카루)[7]을 홍려관에 보내어 사신들을 위문하게 하였다.

> 二日丁卯, 唐客大使等一百五人, 於朝堂奉進王啓及信物. 親王已下五位已上, 及百寮初位已上皆會. 所司受啓信物, 奉進內裏.

2일 정묘에 당객(唐客) 대사(大使) 등 105인이 조당(朝堂)에서 왕의 계(啓)와 신물(信物)을 바쳤다. 친왕(親王) 이하 5위 이상 및 백료 초위(初位)[8] 이상이 모두 모였다. 담당 관청[所司]에서 받은 계와 신물을 내리(內裏)에 바쳤다.

> 三日戊辰, 天皇御豊樂殿, 宴渤海客. 雅樂寮陳鼓鐘, 內敎坊奏女樂, 妓女百四十八人, 遞出舞. 酒及數杯, 別賜御余枇把子一銀鋺.

3일 무진에 천황이 풍락전(豊樂殿)에 나아가 발해 사신에게 연회를 베풀었다. 아악료(雅樂寮)[9]가 종과 북을 두드리니 내교방(內敎坊)[10]이 여악(女樂)을 연주하였고, 기녀(妓女) 148인이 번갈아 나와 춤을 추었다. 술이 여러 잔에 미치니 별도로 어여비파자(御余枇把子)와 은완(銀椀) 하나를 하사하였다.

> 五日庚午, 天皇御武德殿, 覽四府騎射, 渤海客徙觀之. 賜親王公卿續命縷. 勅賜唐客

7　律令制에 있었던 官司이다. 左兵衛府와 右兵衛府가 있었다. 장관은 兵衛督(左兵衛督·右兵衛督)이다. 唐의 武衛·衛尉·鷹揚과 같다.
8　令制에서 8位의 아래에 있는 최하위 位階이다. 大小·上下의 4등으로 나눈다.
9　일본 고대 治部省 소속으로 8세기 초에 설치되었다. 諸樂舞의 연주와 교습을 담당했던 관청이다. 頭·助·允·屬·史生·使部로 이루어졌으며, 그밖에 歌師·舞師·笛師·唐樂師 등이 있었다. 처음 정원은 438명이었으나 이후 축소되었다.『延喜式』권제21, 雅樂寮에 따르면, 외국사절[蕃客]을 위한 연향일에는 官人들이 雜樂人을 데리고 임무를 수행하였다(凡賜蕃客宴饗日 官人率雜樂人供事 所須樂色 臨時聽官處分)고 한다. 외국 음악으로는 高麗樂, 百濟樂, 新羅樂, 唐樂 등을 연주하였다.
10　당나라의 '敎坊'을 본뜬 것으로, 일본의 宮中에 설치하여 女樂과 踏歌 등 주로 俗樂을 교육하고 관리하던 기관이다.

大使已下錄事已上續命縷, 品官已下菖蒲蔓.

5일 경오에 천황이 무덕전(武德殿)[11]에 나아가 4부(府)의 기마와 활쏘기를 보고, 발해 사신들에게 그것을 보도록 하였다. 친왕(親王) 및 공경(公卿)에게 속명루(續命縷)[12]를 내렸다. 칙(勅)하여 당의 사신들 중 대사(大使) 이하 녹사(錄事) 이상에게 속명루를, 품관(品官) 이하에게는 창포만(菖蒲蔓)[13]을 하사하였다.

十日乙亥, 於朝集堂賜饗渤海客徒. 勅遣中使, 賜御衣一襲.

10일 을해에 조집당(朝集堂)에서 발해 사신들에게 연회를 베풀었다. 칙(勅)하여 중사(中使)[14]를 보내어 어의(御衣) 1습을 하사하였다.

十二日丁丑, 渤海使歸蕃.

12일 정축에 발해 사신이 번(蕃, 발해)로 돌아갔다.

○ 제23, 제호천황(醍醐天皇) 연희(延喜) 8년(908) 정월

戊辰正月八日, 左大臣奏. 伯耆國言上, 渤海入覲大使裴璆等, 著岸狀解文.

---

11 일본 헤이안 시대의 궁궐 大内裏에 있던 전각이다. 궁중에서 말타기를 하거나 활쏘기 등을 하는 것을 관람할 때에 사용되었다.
12 음력 5월 5일 端午에 어깨나 팔뚝에 묶는 색실로, 재앙을 물리치고 장수를 기원하는 의미를 가진다. 『太平御覽』 布綿部 絲條에는 "風俗通云 色續命絲 俗說益人命"라는 기록이, 『東國歲時記』 端午조에는 "內醫院, 造醍醐湯進供, 又製玉樞丹, 塗金箔以進, 穿五色絲佩之禳災, 頒賜近侍. 按風俗通, 五月五日 以五綵絲繫臂者, 辟鬼及兵, 名長命縷, 一名續命縷, 一名辟兵繒, 今俗之佩丹, 盖此類也."라는 기록이 있다.
13 菖蒲는 물가에서 자라는 풀이름으로, 향기가 있으며 뿌리는 약으로 쓴다. 菖蒲縵은 창포잎을 고리로 만들어 머리 위에 장식하도록 한 것이다. 5월 5일 창포잎을 고리로 만들어 縵으로 사용한 것은 예부터의 풍습으로 보이며, 『續日本紀』 天平 19년(747) 5월 5일조에 보이는 詔에 옛날 5월 5일절에는 항상 창포를 이용하여 만으로 하였다고 하였다. 창포의 강한 향기를 통해 邪氣를 물리치기 위한 것으로 간주된다.
14 천황의 명을 전하는 관리를 지칭하는 것으로 볼 수 있다.

무진(戊辰) 정월 8일에 좌대신(左大臣)[15]이 상주하기를 "백기국(伯耆國, 호키노쿠니)[16]이 말을 올리기를 '발해가 대사(大使) 배구(裴璆) 등을 들여보내 알현하려 합니다. 해안에 다다르니 장(狀)을 해문하였습니다'라고 하였습니다"라고 하였다.

○ 제23, 연희(延喜) 8년(908) 3월

三月二十日, 奏存問渤海客使大內記藤原博文·直講假大學權允秦維興等, 令向伯耆國狀.

3월 20일에 존문발해객사(存問渤海客使) 대내기(大內記)[17] 등원박문(藤原博文, 후지와라노 히로부미)·직강(直講) 가대학권윤(假大學權允) 진유흥(秦維興, 하타노 유오키) 등이 아뢰니, 백기국의 서장을 향하도록 하였다.

○ 제23, 제호천황(醍醐天皇) 연희(延喜) 8년(908) 4월

四月二日, 定以式部大丞紀淑光·散位菅原淳茂爲掌客使, 以兵部小丞小野葛根·文章生藤原守眞爲領客使.

4월 2일에 정(定)으로서 식부대승(式部大丞)[18] 기숙광(紀淑光, 기노 요시미쓰)[19]·산위(散位)[20]

---

15 令制의 太政官의 관직으로 실질적인 長官이다. 右大臣과 함께 衆務를 통괄한다. 三公의 하나이다.
16 일본 고대의 山陰道에 속한 國이다. 오늘날 島取縣 倉吉市·米子市·境港市 및 日野郡을 포함한 지역이다. 國府는 久米郡으로 오늘날 倉吉市街의 서쪽 교외에 두었다.
17 일본 고대 中務省의 관직이다. 대·중·소내기의 6인 가운데 상위로 2명을 두었다. 내기는 詔勅·宣命·位記의 기초 및 천황의 행동을 기록하는 일을 담당하였다. 그래서 학문에 뛰어난 관인이나 학자를 우선적으로 임명하였고, 대내기는 紀傳道(文章道) 시험 합격자에 한정되었다. 헤이안 시대 이후 그 역할이 점차 쇠퇴하였다.
18 일본 고대 관서인 式部省의 관직으로, 대승은 정6위하에 해당하며, 2인을 두었다. 丞은 당나라의 吏部郎中, 司勳郎中, 吏部少卿, 大常丞 등과 같다. 식부성의 判官인 式部大丞 및 式部少丞은 顯官으로 여겨지며, 매년 정월 敍位에서는 4명이 있는 식부승 중 上﨟者(재직연수가 긴 자) 1명이 종5위하에 서위하는 것이 관례였다.
19 일본 헤이안 시대 전기부터 중기까지 살았던 公卿이다. 관위는 종3위 參議였다.
20 일본 고대 율령제에서 內外의 관사에서 執掌을 두지 않고 位階만을 가진 자이다. 散官이라고 불리기도 한다. 당에도 산관 제도가 있으며, 문관에는 光祿大夫 등의 문산계, 무관에는 鎭軍大將軍 등의 무산관이 주어졌다. 品階를 가

관원순무(菅原淳茂, 스가와라노 아쓰시게)[21]를 장객사(掌客使)로 삼고, 병부소승(兵部少丞)[22] 소야갈근(小野葛根, 오노노 쿠즈네)·문장생(文章生)[23] 등원수진(藤原守眞, 후지와라노 모리자네)을 영객사(領客使)로 하였다.

> 二十六日, 渤海客入京時, 可騎馬. 准寬平例, 仰公卿等, 令進私馬.

26일에 발해객(渤海客)이 입경(入京)할 때 말을 타는 것을 허락하였다. 평례(平例)를 너그러이 하여 준하게 하고 공경(公卿) 등에게 명하여 사마(私馬)를 바치도록 하였다.

○ 제23, 제호천황(醍醐天皇) 연희(延喜) 8년(908) 5월

> 五月五日, 御南殿, 覽左右馬寮, 渤海客可騎馬各卄疋.

5월 5일에 남전(南殿)[24]에 나아가 좌우마료(左右馬寮)[25]를 보고 발해객(渤海客)이 말을 타는데 각각 20필을 할 수 있게 하였다.

진 모든 관인에게 주어지는 성격의 것으로, 일본의 위계에 가까운 것이다. 다른 별칭으로는 女孀·采女 등의 하급 女官이나 지방의 國衙에 임명된 雜任 등을 가리키는 散事나 같은 지방의 雜任을 지칭하는 散仕가 있다.

21 平安時代 전기의 귀족이자 漢詩人 겸 학자이다. 관위는 正五位下·右中弁이었다. 延長4년(926) 正月 11일에 59세로 사망하였다.

22 일본 고대 律令制에서 설치된 8성 가운데 하나인 兵部省이다. 內外의 武官의 인사고과, 選敍(서위 및 임관), 諸國의 衛士 관리, 무기 관리 등 군사 방위 관련 사항 일체를 담당하였다. 令制에서는 5司, 뒤에는 1司(隼人司)를 관장하였다. 장관인 兵部卿은 종4위하에 해당하였으나, 대체로 公卿이 겸관하였다. 親王 등의 황족이 이 관직에 취임하는 경우가 많았으며, 그 경우 그 황족은 兵部卿宮으로 불렸다.

23 일본 고대·중세의 大學寮에서 紀傳道를 전공한 학생을 가리킨다. 文人 또는 進士라고도 한다. 정원은 20명으로 天平 2년 3월 文章得業生과 함께 설치되었다. 입학자격을 白丁·雜任으로 하고, 庶人에까지 문호를 개방하였으나, 기전도의 지위가 상승함에 따라 귀족화되어 폐쇄적 지위가 되었다. 문장득업생이 되어 對策에 급제하여 임관하는 것이 본래의 형식이었으나, 문장생이 되어 즉시 대책을 받는 경우나 혹은 문장생이 된 후 年數에 따라 임관하는 경우가 대부분이었다.

24 남쪽을 향한 殿舍로 正殿을 이른다.

25 일본 고대의 令制의 官司 가운데 하나이다. 당나라의 典廐와 같다. 좌우 2寮가 있으며, 마굿간에 있는 官馬의 사육, 조련, 御料의 馬具, 穀草의 배급이나 飼部의 戶口의 名籍을 담당한다.

九日 … 法皇賜唐客書. 其詞曰, 余是野人. 未曾交語, 徒想風姿, 北望增戀, 方今名父之子, 禮了歸鄉, 不忍方寸. 聊付私信, 通客之志, 不輕相充. 嗟呼, 余樓南山之南, 浮雲不定, 君家北海之北, 險浪幾重, 一天之下. 宜知有相思, 四海之內, 莫怪不得名. 日本國栖鶴洞居士无名, 謹狀.【已上太上法皇, 賜渤海客徒書也】

9일에 … 법황(法皇)[26]이 당객(唐客)에게 서(書)를 내렸다. 그 글[詞]에서 말하길 "나는 야인(野人)입니다. 일찍이 교류한 말이 없으니 한갓 풍자(風姿, 風采, 사람의 겉모양)만을 생각하며 북쪽을 바라보며 연모가 증가하였는데, 바야흐로 지금 훌륭한 아버지의 아들이 아들이 예를 마치고 귀향하니 차마 어찌하지 못하는 마음입니다. 부족하나마 사신(私信, 사적 편지)를 부치니 은자(隱者)의 마음을 가벼이 버리지 말아주십시요. 아, 나는 남산의 남쪽에 깃들어 떠다니는 구름처럼 정해지지 않았습니다. 그대의 집은 북해의 북쪽으로 험한 파도가 몇 번이나 거듭해 있습니다. 한 하늘 아래에 있으며 서로 생각이 통하고 있음을 알아주길 바랍니다. 사해(四海)의 안에서 이름을 얻지 못함을 괴이하게 여기지 말아주십시요. 일본국 서학동거사(栖鶴洞居士) 무명(无名)이 삼가 장(狀)합니다"라고 하였다.【이상은 태상법황(太上法皇)이 발해사신들에게 내린 서(書)이다】

十四日, 於朝集堂可饗蕃客.

14일에 조집당에서 번객(蕃客)에게 향(饗)을 베풀었다.

十五日, 饗蕃客朝集堂. 幷賜彼國王等物. 使右近少將平元方, 殊給大使裴璆御衣一襲. 遣參議菅根朝臣·內藏頭高階臣鴻臚, 給勅書. 使右中辨清貫·少納言玄上, 給官牒. 又賜唐客大使答物.【已上御記】

---

26 法皇은 우다천황(宇多天皇)(재위 887~897)을 가리킨다. 897년 다이고천황(醍醐天皇)에게 양위한 뒤에도 太上天皇으로서 정치에 관여하다가 931년에 사망하였다. 법황이라는 호칭은 퇴위 후에 출가한 천황을 가리키는데, 우다천황은 901년에 출가하였다. 세속에 있는 上皇과 佛門에 있는 법황의 사이에 지위의 차이는 없다. 법황의 칭호는 平安時代의 우다천황이 처음으로 사용하였으며, 江戶時代 靈元天皇이 마지막 상황으로써 법황이 되었다.

15일에 조집당에서 번객(蕃客)에게 연회를 베풀었다. 더불어 그 국왕 등에게 물건을 하사하였다. 우근소장(右近少將)[27] 평원방(平元方, 히라노 모토카타)으로 하여금 특별히 대사(大使) 배구에게 어의(御衣) 1습을 주도록 하였다. 참의(參議) 관근조신(菅根朝臣, 스가네노아손)[28]·내장두(內藏頭)[29] 고계신(高階臣, 다카시나노오미)을 홍려(鴻臚)에 보내어 칙서(勅書)를 주도록 하였다. 우중변(右中辨)[30] 청관(淸貫, 기요쓰라)·소납언(少納言)[31] 현상(玄上, 하루우라)으로 하여금 관첩(官牒)을 주도록 하였다. 또 당객(唐客) 대사(大使)에게 답물(答物)을 내렸다. 【이상은 어기(御記)다】

○ 제24, 제호천황(醍醐天皇) 연희(延喜) 19년(919) 11월

十一月十八日, 大納言藤原朝臣【道明】令尹文奏自若狹守尹衡許告來, 渤海客徒來着之由.

11월 18일에 대납언(大納言)[32] 등원조신(藤原朝臣, 후지와라노아손)【도명(道明, 미치아

---

27 일본 고대의 右近衛府의 少將이다. 근위부는 令外官의 하나로 당나라의 羽林과 같다. 근위부는 左右가 있으며, 장관은 大將, 차관은 中少將, 판관은 將監, 主典은 將曹라고 한다. 그 아래에는 府生·番將·近衛舍人이 있다. 헤이안쿄(平安京) 內裏의 內郭, 宣陽門·承明門·陰明門·玄輝門의 안을 警衛하였다. 또 朝儀에 사열하여 위용을 갖추었으며, 왕이 행차할 때 앞뒤를 경비하였고 왕족이나 고관의 경호도 업무였다. 少將은 4等官의 차관에 해당하며, 좌우에 각 2~4명이 있다. 각각 좌소장·우소장이라고도 불렸다.
28 일본 헤이안 시대 전기의 귀족이자 학자이다. 藤原南家로, 右兵衛督 후지와라 요시히사(藤原良尙)의 넷째 아들이다. 관위는 종4위상 參議였으며, 종3위로 추증되었다.
29 일본 고대 율령시대의 관서인 內藏寮의 장관이다.
30 일본 고대 令制에 있었던 관직으로 太政官, 右弁官局에 속하였으며, 右大弁의 아래에 있었다. 정5위상에 해당하며, 정원은 1명이다.
31 일본 고대 최고기관인 太政官의 관직이다. 당나라의 관직으로는 給事中에 해당한다. 44等官 중 3등급인 判官에 해당하며, 위계는 종5위하이다. 정원은 3인이나, 정원 외의 權少納言 등이 설치되었다. 주요 직무는 칙령의 하달과 그에 필요한 御璽·태정관 인장·驛鈴의 관리 등이 있다. 大寶律令에서는 侍從을 겸임하며 일본 천황을 근처에서 모시는 비서관급으로 정하고 있으나, 시종의 업무가 번잡하였기 때문에 점차 하급관리인 外記에게 직무가 넘어가게 되었다. 더욱이 영외관으로 천황의 비서관에 해당하는 蔵人이 설치되자 천황의 근시라는 지위가 크게 약화되어, 단지 인장을 관리하는 직이 되었다.
32 일본 고대 율령시대의 太政官에 설치된 관직으로 4等官 중 차관에 해당한다. 관위는 3품·4품 또는 정3위이다. 덴지천황(天智天皇) 시기에 설치된 '御史大夫'나 덴무천황(天武天皇) 대에 설치된 '納言'을 전신으로 보기도 하지만

키)】이 윤문(尹文, 마사후미)에게 명하여 약협수(若狹守) 윤형(尹衡, 고레히라)이 허락한 것을 고하게 하고, 발해 사신의 무리가 도착한 이유를 고하게 하였다.

> 二十一日, 客徒牒狀云, 當丹生浦海中浮居云云. 而無着岸之由. 又牒中雖載人數, 及有來着由, 未有仔細狀. 令藏人仲連, 以若狹國解文, 奉覽於六條院【宇多】.

21일에 객도(客徒)가 첩장(牒狀)에 이르기를 "단생포(丹生浦, 니유우라)의 바다 가운데서 떠다니게 됨을 당하였습니다. 운운. 해안에 도착하지 못한 이유입니다. 또 첩(牒)에 비록 사람의 수가 기재되어 있고, 내착한 이유가 있으나 자세하게 서술되지 않았습니다. 장인(藏人) 중련(仲連, 나카무라지)에게 명하여 약협국(若狹國, 와카사노쿠니)33의 해문(解文)을 육조원(六條院, 宇多院)에서 받들어 열람하도록 하였습니다"라고 하였다.

> 廿五日, 右大臣【忠平】奏. 渤海客事所定行事, 可遷若狹安置越前. 及可令入京事, 以左中辨邦基朝臣爲行事辨.

25일에 우대신(右大臣)【충평(忠平, 다다히라)】이 상주하였다. "발해 사신의 일은 정해진 바의 일을 행하는 것을 약협(若狹, 와카사)에서 옮겨 월전(越前, 에치젠)에 안치하고, 입경하도록 하는 일은 좌중변(左中辨) 방기조신(邦基朝臣, 구니모토노아손)34으로서 행사변(行事辨)으로 하는 것이 가합니다"라고 하였다.

분명하지 않다. '대납언' 명칭이 처음 보이는 것은 飛鳥淨御原令에서이지만, 大寶律令과 養老律令에 보이는 대납언과 동일한 것인가는 명확하지 않다. 양노율령의 職員令에서는 그 담당 직무를 '庶事를 參議하고, 敷奏·宣旨·侍從·獻替를 관장한다'고 정하고 있다.

33 일본 福井縣의 남서부에 있었던 옛 國名이다. 小浜市와 三方·三方上中·大飯郡의 3군으로 된 지역이다. 北陸道의 하나인 中國이다. 國府는 小浜市로 비정된다. 국명이 처음 보이는 것은 『日本書紀』 스이닌천황(垂仁天皇) 3년 3월조이다. 고대 이래 염업과 어업이 성하였으며, 調로 소금이나 여러 종류의 해산물을 바쳤다.

34 후지와라노 쿠니모토(藤原邦基)로, 일본 헤이안 시대 전기부터 중기까지 公卿이다. 최종 관위는 종3위 中納言이다. 承平 2년(932) 3월 8일, 58세의 나이로 사망하였다.

○ 제24, 제호천황(醍醐天皇) 연희(延喜) 19년(919) 12월

十二月五日, 以式部少丞橘惟親·直講依知秦廣助, 爲存問渤海客使, 阿波權掾大和友卿爲通事, 定渤海客宴饗.

12월 5일에 식부소승(式部少丞) 귤유친(橘惟親, 다치바나노 노부)·직강(直講) 의지진광조(依知秦廣助, 에치하타노 히로스케)를 존문발해객사(存問渤海客使)로 삼고, 아파권연(阿波權掾) 대화우경(大和友卿, 야마토노 토모)을 통사(通事)로 삼아 발해 사신의 향연을 정하게 하였다.

十六日, 仰遣內敎坊別當右近少將伊衡於內敎坊, 選定渤海客宴日舞人等, 仰定坊家可調舞人廿人, 舞童十人, 音聲廿人. 去八年音聲人卅六人, 此度定減. 此外威儀廿人, 依例內侍所可差女嬬等.

16일에 내교방별당(內敎坊別當) 우근소장(右近少將) 이형(伊衡)을 내교방에 보내어 발해사신 연회일의 무인 등을 선정하도록 하였는데, 방가가조무인(坊家可調舞人) 20인, 무동(舞童) 10인, 음성(音聲) 20인을 정하였다. 지난 8년(908)의 음성인(音聲人) 36인은 이때 정감(定減)하였다. 이 외에 위의(威儀) 20인은 예(例)에 의거하여 내시소(內侍所)에서 여유(女嬬)[35] 등을 차출토록 하였다.

○제24, 제호천황(醍醐天皇) 연희(延喜) 20년(920) 3월

三月二十二日, 遣官使於越前國, 賜渤海客時服.

3월 22일에 월전국(越前國, 에치젠노쿠니)에 관리를 보내어 발해객(渤海客)에게 시복(時服, 철에 맞는 옷)을 내렸다.

---

[35] 율령제에서 궁중에서 일하는 하급 女官을 가리킨다. 청소, 灯油 등의 일을 담당했다.

○ 제24. 제호천황(醍醐天皇) 연희(延喜) 20년(920) 5월

五月五日, 定客徒可入京日, 幷蕃客入京之間, 可聽着禁物. 召仰瀧口右馬允藤原邦良等, 見客左京之間, 每日可進鮮鹿二頭事.

5월 5일에 객도(客徒)가 입경(入京)할 수 있는 날을 정하고 아울러 번객(蕃客)이 입경하는 사이에 착금물(着禁物)을 들게 하였다. 농구우마윤(瀧口右馬允) 등원방량(藤原邦良, 후지와라노 쿠니요시) 등을 불러 객이 서울에 머무는 사이에 매일 선·록(鮮·鹿) 2두를 진상하도록 하였다.

八日, 唐客可入京, 辰三剋·申四剋·掌客使季方朝綱等參入, 御衣各一襲給兩使.

8일에 당객(唐客)이 입경(入京)하려 하자 진삼극(辰三剋)·신사극(申四剋)에 장객사(掌客使) 계방(季方, 스에카타)·조강(朝綱, 아사쓰나) 등이 참가하여 어의(御衣) 각 1습을 양사(兩使)에게 주었다.

十一日, 此日渤海使人裴璆等, 於八省院進王啓幷信物. 已四刻親王以下參儀以上, 向八省院.

11일에 이날 발해 사신 배구 등이 팔성원(八省院)[36]에서 왕의 계(啓)와 신물(信物)을 바쳤다. 이미 4각(刻)이 되어 친왕(親王) 이하 참의(參議) 이상이 팔성원으로 향하였다.

十二日, 於豊樂院, 可賜客徒宴, 自夜中陰雨, 辰四刻雨止. 已一刻出御南殿, 乘輿出宮, 入御豊樂院.

---

36 藤原京, 平城京, 平安京 등의 大內裏의 정전을 말한다. 朝堂院이라고도 한다. 平安時代에는 朱雀門의 정면에 있었으며, 內裏의 남서쪽에 위치하였다. 남쪽 중앙의 應天門을 정문으로 하며, 太極殿이 正殿이다. 八省百官이 朝參을 하거나 卽位·大嘗祭 등 大禮가 행해졌으나 이후에 국가적 의식은 내리의 紫宸殿에서 행해지게 되었다.

12일에 풍락원에서 사신에게 연회를 베풀고자 하였는데 밤부터 비가 내려 진시(辰時, 7~9시)의 4각(刻)에 비가 그쳤다. 이미 1각에 남전(南殿)에서 나와 가마[輿]를 타고 궁을 나와 풍락원에 들어갔다.

十五日, 掌客使民部大丞季方, 領大使裴璆別貢物, 進藏人所.

15일에 장객사(掌客使) 민부대승(民部大丞) 계방이 대사 배구를 거느리고 별도로 바친 공물을 장인소(藏人所)[37]에 진상하였다.

十六日, 於朝集堂, 饗渤海客徒, 并賜國王答信物等.

16일에 조집당에서 발해 사신들에게 연회를 베풀고 아울러 [발해]국왕에게 답신물(答信物) 등을 하사하였다.

○ 제24, 제호천황(醍醐天皇) 연희(延喜) 20년(920) 6월

六月十四日, 文章得業生朝綱就藏人所, 令奏渤海大使裴璆書狀幷送物, 仰遣書可返送物事.

6월 14일에 문장득업생(文章得業生) 조강(朝綱)[38]이 장인소(藏人所)에서 나와 발해 대사 배구의 서장과 송물(送物)을 아뢰고, 서(書)를 보내어 반송시킬 물건임을 아뢰었다.

---

37 일본 헤이안 시대인 大同 5년(810) 3월 사가천황(嵯峨天皇)에 의해 설치된 슈外官이다. 천황과 천황가에 관한 사적인 요건에 대하여 진주進奏, 詔勅의 傳宣을 행하고, 천황의 신변 雜事나 궁중에서의 물자 조달, 의식의 봉행이나 궁중의 정비 단속을 하는 등 昇殿者의 통솔과 궁중의 여러 잡무를 처리하였다. 헤이안 중기 이후 정비되며 직원으로 別堂 이하 藏人頭, 5位·6위 藏人, 出納, 小舍人, 非藏人, 雜色, 所衆, 滝口, 鷹飼 등이 있었다. 헤이안 후기에는 院, 女院, 攝關家 등에도 장인이 두어졌다.

38 오에노 아사쓰나(大江朝綱)이다. 최종 관위는 정4위하 參議였다. 같은 참의에 이르렀던 祖父 大江音人이 江相公으로 칭해졌기 때문에 後江相公으로도 불렸다. 天曆 8년(954) 撰國史所別堂으로 『新國史』 편찬에 참여하였다. 天德 원년(957)에 72세로 사망하였다.

二十二日, 朝綱令奏遣渤海大使裴璆書狀. 客已歸鄕, 卽仰所賜帶裘.

22일에 조강(朝綱)이 발해 대사 배구에게 서장을 보낸 것을 아뢰었다. 사신[客]이 이미 귀향하였으니 곧 준 도록 한 것은 대구(帶裘)였다.

二十六日, 右大臣【忠平】令元方, 奏領歸鄕渤海客使, 大學少允坂上恒蔭等申, 遞留不歸客徒四人事.

26일에 우대신(右大臣)【충평(忠平)】이 원방(元方)에게 명하여 귀향하는 발해 객사(客使)를 대학소윤(大學少允) 판상항음(坂上恒蔭, 사카노우에노 쓰네카게) 등이 도와주도록 하고, 체류하여 돌아가지 않는 사신 4인의 일을 아뢰도록 하였다.

二十八日, 仰遞留渤海人等, 准大同五年例, 仰越前國安置. 云云.【已上出御記】

28일에 체류하는 발해인들에게 명하여 대동(大同) 5년의 예에 준하도록 하고, 월전국에 안치하도록 하였다. 운운.【이상은 어기(御記)에 나온다】

○ 제24, 제호천황(醍醐天皇) 연장(延長) 8년(930) 4월

庚寅四月朔日, 唐客稱東丹國使, 着丹後國. 令問子細, 件使, 答狀前後相違. 重令復問, 東丹使人等, 本雖爲渤海人, 今降爲東丹之臣. 而對答中, 多稱契丹王之罪惡. 云云. 一日爲人臣者, 豈其如此乎. 須擧此旨, 先令責擧問, 今須令進過狀. 仰下丹後國已了. 東丹國失禮義.

경인 4월 초하루에 당객(唐客)이 동단국(東丹國)[39] 사신을 칭하며 단후국(丹後國, 단고노쿠

---

39 東丹國은 요나라가 926년 1월 발해를 멸망시키고, 2월에 세운 나라이다. 아울러 발해의 수도인 忽汗城을 天福城으로 고치고 요의 황태자 倍(일명 突欲)를 人皇王으로 책봉하여 동단국의 왕으로 삼았다. 황제의 동생인 迭剌을 左大相, 渤海老相을 右大相, 渤海司徒 大素賢을 左次相, 耶律羽之를 右次相으로 삼았다(『遼史』 권2, 本紀 제2, 太祖

니)⁴²에 도착하였다. 자세한 것을 물어 사신을 구분하니 답장이 전후가 서로 달랐다. 거듭 다시 물으니 동단의 사신 등은 본래 비록 발해인이었으나 지금은 항복하여 동단의 사신이 되었다고 하였다. 대답하는 중에 거란왕의 죄악을 많이 말하였다. 운운. 하루라도 다른 사람의 신하인 자가 어찌 이와 같겠는가. 모름지기 이 지(旨)를 들어 먼저 문책하였고, 지금 과실에 대한 서장을 올리도록 하였다. 단후국에 이미 내린 것이 끝났다. 동단국은 예의를 상실하였다.

○ 제24, 이서(裡書)⁴¹ 제호천황(醍醐天皇) 연장(延長) 8년(930) 정월

> 正月三日戊辰, 丹後國言上渤海客到來由. 左大臣【忠平】參, 被定召否之由. 件客九十三人. 去年十二月廿日着丹後國竹野郡.

정월 3일 무진(戊辰)에 단후국이 발해의 사신이 도착한 이유를 올렸다. 좌대신(左大臣)【충평】이 살피고 부르지 않는 이유를 정하였다. 사신은 93인이었다. 지난해 12월 20일 단후국 죽야군(竹野郡, 다케노군)에 표착하였다.

> 廿日乙酉, 渤海客舶修造訖, 幷若狹·但馬結番, 以正稅可饗同客也.

20일 을유에 발해객(渤海客)의 선박을 수조(修造)한 것을 헤아리고, 더불어 약협(若狹)·단마(但馬, 다지마)를 결번(結番)하여 정세(正稅)로서 같은 사신에게 연회를 베풀도록 하였다.

下, 天顯元年 2월 丙午). 발해인과 거란인을 함께 상층 관리로 임명하였으나 실권은 후자에게 있었다. 928년 동단국의 효율적인 지배를 위해 야율우지의 주도로 수도를 요양(南京)으로 옮겼다. 930년 동단왕 야율배가 後唐으로 망명하자, 그의 장자 耶律阮이 뒤를 이었다. 요나라는 931년 발해국의 舊例에 따라 南京에 중대성을 설치하게 하였다. 938년 남경을 동경으로 고치며, 사실상 요에 완전히 시켰다. 947년 耶律阮이 거란 황제가 되며, 동단국을 복건시키고, 耶律安端을 明王으로 삼았다. 752년 야율안단이 사망한 뒤에 이름은 존치하였으나, 그 땅은 조정에 환원되었고, 982년(거란 성종 즉위년) 12월 정식으로 폐지되었다.

40 일본 고대의 지방행정 구분이었던 令制國의 하나이다. 단고(丹後) 지방은 단바(丹波)지방의 중심으로 古墳時代에는 타케노가와(竹野川) 유역을 중심으로 번성하였다. 겐메이천황(元明天皇) 和銅 6년(713) 4월 3일 단바국의 북부인 加佐郡, 與謝郡, 丹波郡, 竹野郡, 熊野郡 등 5군을 분할하여 단후국을 설치하였다.

41 裡書는 종이의 裡面에 쓰여진 문자나 문장을 일컫는다. 『扶桑略記』의 경우 제24에 醍醐天皇 延喜 18년(918)~23년(923), 延長 2년(924)~8년(930)에 해당하는 시기의 기록을 별도로 이서 편목을 두어 싣고 있다.

발해사 자료총서-일본사료 편 권1

10. 『정사요략(政事要略)』

　　헤이안 시대(平安時代, 794~1185) 정무 운영에 관한 사례를 실은 책이다. 편자(編者)는 명법박사(明法博士) 요시무네노 타다스케(令宗允亮 혹은 惟宗允亮, 고레무네노 마사스케라고도 함)이다. 유종 씨(惟宗氏)는 대대로 명법가(明法家)의 명문으로 그의 증조부는 『율집해(律集解)』와 『영집해(令集解)』를 편찬한 고레무네노 나오모토(惟宗直本)이며, 조부는 『본조월령(本朝月令)』을 편찬한 고레무네노 킨카타(惟宗公方)이다. 이 책은 유종씨의 명법가 활동을 집대성한 책으로 헤이안 시대 정치를 이해하기 위한 중요한 사료다.

　　이 책의 성립 연대는 상세하지 않으나 내용 중 이치조천황(一条天皇)을 '금상(今上)'으로 기록한 것을 통해 이치조천황 대에 성립되었을 가능성을 보여주며, 장보(長保) 4년(1002) 11월에 편찬이 완료된 것으로 추정된다. 타다스케가 관홍(寬弘) 5년(1008)경 사망한 것으로 볼 때 그 이전에는 성립된 것으로 보인다. 이 책의 편찬은 소야궁(小野宮) 우대신(右大臣) 후지와라노 사네스케(藤原實資)의 위촉으로 이루어진 것으로 여겨진다. 이는 『소기목록(小記目錄)』[『소우기(小右記)』의 목록]에 '장보 4년 11월 5일, 세상의 일을 요약한 부류를 끝마친 일(四年十一月五日 世事要略部類畢事)'이라고 기록된 것이나 본서가 대대로 소야궁가(小野宮家)에서 전하고 있는 것 등을 통해 알 수 있다.

　　책의 권수(卷數)는 『중우기(中右記)』・『본조서적목록(本朝書籍目錄)』 등에서 전 130권이었다는 것을 알 수 있으나 현존하는 것은 26권뿐이다. 그 구성은 연중행사(年中行事) 전 30권, 공무요사(公務要事) 5권(?), 교체잡사(交替雜事) 20권, 규탄잡사(糾彈雜事) 30권(?), 지요잡사(至要雜事) 5~10권, 국군잡사(國郡雜事)・임시잡사(臨時雜事) (이상 권수 불명) 등이었던 것으로 추정된다.

　　한반도와 관련된 내용은 주로 연중행사조에 실려 있으며, 그 대부분은 백제와의 관계에 관한 것이다. 발해와 관련해서는 쥰나천황(淳和天皇) 원경(元慶) 7년(833)에 발해 대사 배정을 맞이하는 내용이 유일하게 전한다.

이 책은 소야궁가에서 전하던 책이었기 때문에 광범위하게 유포되지 않았다. 오닌(應仁)의 난으로 과반이 소실되었다. 근세에 들어 나카하라 쇼쥰(中原章純)이 천명(天明, 텐메이) 6년(1786)에 본서의 남은 궐본(闕本)을 수집하여 현재의 형태로 편집하였다. 그 이후 약 200년이 지나 지금까지도 그 이상의 자료가 발견되지 않고 있다. 현재 주요 저본으로는『신정증보국사대계본(新訂增補國史大系本)』과 중원장순본 계통을 이은 복전문고본(福田文庫本)이 있다. 본 역주에서는 『국사대계본』을 저본으로 삼았다.

○ 권22, 연중행사(年中行事) 8월 상(上)

元慶七年 … 四月卄一日, 權行治部大輔事, 勒渤海大使斐頲.

원경(元慶) 7년(833) … 4월 21일에 권행치부대보사(權行治部大輔事)[1]가 발해 대사(大使) 배정(裴頲)[2]을 접대하였다.

---

1 『日本三代實錄』 권43, 陽成紀와 『類聚國史』 권194 殊俗部 渤海 下에는, 이때 스가와라아사토미치마코(菅原朝臣道眞)를 權行治部大輔事로 삼아 발해 대사 배정을 접대한 기록이 있다.

2 元慶 6년(882) 12월 14일 文籍院 少監이었던 裴頲이 大使로서 105인의 발해사신단을 이끌고 加賀國에 도착하였다. 기록에 따르면 배정은 처음 일본에 방문한 것으로 알려져 있다. 그러나 그의 文名이 일본 조정에 잘 알려져 있었기 때문에 더욱 환대를 받았다. 실제로 배정의 체재 기간이 짧았음에도 불구하고 嶋田忠臣, 菅原道眞, 紀長谷雄 등 당시 일본의 문인 관료들과 詩筵, 酒席 등을 통해 깊은 관계를 맺었던 것으로 보인다. 이와 같은 일본에서의 활동이 발해에서도 높이 평가되어, 寬平 6년(895)에 다시 대사로 일본에 파견되었다. 그 후 그의 재능을 이어받은 아들 裴璆도 세 차례 일본에 대사로 파견되어 아버지와 같이 일본 문인들과 우정을 나누는 등 발해와 일본과의 文運 교류에 큰 족적을 남겼다(上田雄, 2001, 540~541쪽).

발해사 자료총서-일본사료 편 권1

11. 『유취삼대격(類聚三代格)』

『유취삼대격(類聚三代格)』은 홍인격(弘仁格)·정관격(貞觀格)·연희격(延喜格), 이른바 3대 격(格)을 사례별로 분류하여 정리한 것이다. 헤이안 시대(平安時代, 794~1185)에 영외관(令外官)이 증가하면서 율령으로 정해진 직제(職制)가 유명무실해져 기존의 관청마다 배열되어있는 격으로는 실제의 정무에 필요한 정보를 얻기가 어려웠다. 그래서 「신사사(神社事)」·「국분사사(國分寺事)」·「용조사(庸調事)」·「금제사(禁制事)」·「단죄속동사(斷罪贖銅事)」 등과 같은 사례로 분류하여 90편(현존 82편)으로 정리하였다.

성립 시기는 『일본대백과전서(日本大百科全書)』에 따르면 장보(長保) 4년(1002)과 관치(寬治) 3년(1089)의 사이에 이루어진 것으로 보인다. 3대 격에서는 관사별로 정리하고 있어 법전으로 이용할 때 불편한 데다 헤이안 시대 중기에 유직고실(有職故実)화[1] 경향이 있었기 때문에 전례(典例) 정비 사업의 일환으로 성립된 것이다. 『본조서적목록(本朝書籍目録)』에서는 전(全) 30권이라고 하였으나 완본(完本)의 권수는 20권 또는 30권 등 여러 설이 있다. 현존하는 것은 전 20권 본과 전 12권 본 2종류이며, 양쪽을 합하고 중복되는 부분을 제외해도 내용 일부가 누락되어 원본(原本)이 어떤 상태였는지는 알 수 없다.

『유취삼대격』에는 태정관(太政官)의 부(符)에서 발해의 조빙(朝聘) 연한에 대한 기준, 일본에 방문한 사신들에게 주어야 할 식량의 양, 선박의 수리와 관련한 내용 등을 전하고 있다. 또한 사신에게 하사한 물건의 사사로운 거래와 관련한 처벌 규정도 기록되어 있다.

3대 격은 홍인격의 목록을 제외하고는 현존하지 않는다는 점에서 격(格)의 원문을 거의 그대로 인용하여 베낀 것으로 여겨지는 본서는 당시 고대 법제의 실태를 알 수 있는 귀중한 사료

---

[1] 옛 조정이나 무가(武家)의 예식·전고·관직 등을 연구하는 학문을 말한다.

다. 현존하는 판본은 『국사대계(國史大系)』본(1900년 간행)과 『신정증보국사대계(新訂增補國史大系)』본(1936 간행)이 있으며, 본서에서는 『신정증보국사대계』본을 저본으로 삼았다.

○ 권18, 이부병외번인사(夷俘幷外番人事)

太政官符.
改正渤海國使朝聘期事.
右撿案內, 太政官去延曆十八年五月卄日符稱. 右大臣宣奉勅, 渤海聘期制以六載. 而令彼國遣使太昌泰等, 猶嫌其遲, 更事覆請. 乃縱彼所欲, 不立年限, 宣隨其來, 令禮待者. 諸國承知, 厚加供備, 馳驛言上者. 今被右大臣宣稱, 奉勅, 小之事大, 上之待下, 年期禮數, 不可無限. 仍附彼使高貞泰等還, 更改前例, 告以一紀. 宜仰緣海郡, 永以爲例, 其資給等事, 一依前符.
天長元年 六月卄日.

태정관(太政官) 부(符)
발해국사(渤海國使)의 조빙(朝聘) 주기를 개정할 것.
앞서 안내를 살피건대, 태정관이 지난 연력(延曆) 18년(799) 5월 20일에 부(符)하여 말하였다. 우대신(右大臣)이 칙을 받들어 공포하기를 '발해의 조빙 기간은 6년으로 제한한다. 그런데 지금 저 나라가 사신 태창태(太昌泰, 大昌泰) 등을 보내 그 더딤을 싫어하며 일을 바꾸기를 거듭 청하였다. 이에 저들이 바라는 바에 따라 연한을 세우지 말도록 하며 모쪼록 그 오는 대로 예(禮)로 대접해야 한다. 제국(諸國)은 잘 알고 후하게 제공할 준비를 하여 빠른 말로 보고하라'고 하였다. 지금 우대신의 공포[宣]를 받으매, 칙을 받들어 소(小)가 대(大)를 섬기며, 상(上)이 하(下)를 기다리는 것에는 연기(年期)와 예수(禮數)가 한정이 없을 수가 없다. 이에 저들의 사신 고정태(高貞泰) 등이 돌아감에 부쳐서 다시 전례(前例)를 고치고 1기(1紀, 12년)로 하도록 고한다. 모쪼록 바다에 인접해 있는 군(郡)은 영구히 예로 삼을 것이며, 그 자급(資給) 등의 일은 오로지 전부(前符)에 따른다.
천장 원년(823) 6월 20일.

太政官符.

膺充客徒供給事.

大使副使, 日各二束五把, 判官錄事, 日各二束, 史生譯語醫師天文生, 日各一束五把, 首領已下, 日各一束三把.

右得但馬國解稱. 渤海使政堂左允王文矩等一百人, 去年十二月二十九日到着. 仍遣國博士正八位下林朝臣遠雄, 勘事由, 幷問違期之過. 文矩等申云, 爲言大唐淄青節度康志瞱, 交通之事, 入覲天庭. 違期之程, 逃罪無由. 又擬却歸, 船破糧絶. 望請陳貴府, 舟檝相濟者, 且安置郡家, 且給糧米者. 違期之過, 不可不責, 宣彼食法, 減半恒數, 以白米充生料者. 所定如伴.

태정관(太政官) 부(符)

응당 객도(客徒)들에게 공급해 주어야 할 것.

대사(大使)·부사(副使)는 하루에 각 2속(束) 5파(把), 판관(判官)·녹사(錄事)는 하루에 각 2속, 사생(史生)[2]·역어(譯語)·의사(醫師)·천문생(天文生)[3]은 하루에 각 1속 5파, 수령(首領) 이하는 하루에 각 1속 3파.

앞서 단마국(但馬國, 다지마노쿠니)이 보고하여 말하였다. "발해사(渤海使) 정당좌윤(政堂左允) 왕문구(王文矩)[4] 등 100인이 작년 12월 29일 도착하였습니다. 이에 국박사(國博士)[5] 정

---

2 일본 고대 율령제에서 官司의 4等官 아래 두어진 직원이다. 관사의 書記官에 해당하며, 공문서를 작성하여 4등관의 서명을 받는 것을 담당 업무로 하였다. 고대의 史의 성격을 계승한 것으로 추정되며, 書算이나 法令에 통달한 자부터 雜任으로서 式部省에 보임되어 내외의 관사에 돌렸다. 교대근무를 하는 內分番과 같은 방법으로 승진해 8년(후에는 6년)마다 평가를 받고 그에 따라 敍位를 받았다. 사생은 관사마다 정원이 정해져 庸·調·雜徭가 면제되었다. 大宰府나 諸國의 사생은 公廨田(뒤에 職分田) 6段과 그것을 경작하는 事力 2명이 지급되었다. 처음에는 太政官·八省·大宰府·國府 이외의 관사에는 거의 설치되지 않았으나 8세기에 들어서면서 사무 처리량이 증가함에 따라 설치하지 않았던 관사에도 사생이 설치되었으며, 9세기 전기에는 거의 모든 관사에 사생이 두어졌다.
3 천체를 監視하고 異變이 있으면 그 길흉을 점쳐 密封하여 奏聞하는 일을 天文道라고 한다(古代學協會·古代學硏究所 編, 1994). 이러한 천문도의 교관이 天文博士이며 천문박사의 지도를 받는 직원이 天文生이다.
4 발해 제10대 선왕에서 제11대 大彝震 시대에 활동한 인물이다. 821·827·848년 세 차례에 걸쳐 일본에 사신으로 파견되었다. 사람의 관상을 잘 보아서 일본에 가 있을 때 본 여러 親王 가운데 장차 천황에 즉위할 사람을 예견하였다는 일화가 전해진다.
5 律令制에서 설치된 國學의 敎官이다. 國마다 1명씩 임명되었으며, 敎授課試·외국사절 응대 등을 담당하였다.

8위하 임조신원웅(林朝臣遠雄, 하야시노아손 토오)을 보내어 사유를 살피고 아울러 왕래 주기를 어긴 잘못을 묻게 하였습니다. 문구 등이 아뢰기를 '대당(大唐) 치청절도(淄青節度)[6] 강지에(康志㬚)의 교통하는 일을 아뢰기 위해 천조[天庭]에 입조하였습니다. 기간을 어긴 것은 죄를 벗어날 방법이 없습니다. 또 물러나 돌아가는 데 배가 파손되고 양식이 떨어졌습니다. 바라건대 귀부(貴府, 太宰府)에 말하여 배와 노를 구제해달라고 해 주시고, 또 군가(郡家)에 안치하여 양식을 제공해 주시기 바랍니다'라고 하였습니다. 기간을 어긴 잘못은 책망하지 않을 수 없으니 저들에게 식법(食法)은 절반을 감하여 백미로 식량을 충당하게 하고자 합니다." 정한 바는 안건과 같다.

膺修理船事.
右撿案內, 承前使等故壞己舶, 寄言風波, 還却之日, 常要完舶, 修造之費, 非無前轍. 宜修理損舶, 宛如舊樣, 莫致公費. 早速修理, 不得延怠.

응당 선박을 수리할 것.
앞서 안내를 살펴보니, 승전사(承前使) 등이 고의로 자기의 배를 파괴하고, 풍파 때문이었다고 말하며, 돌아가는 날에는 항상 온전한 배를 요구하며 수조(修造)한 비용은 전례가 없지 않다고 한다. 마땅히 파손된 선박을 수리하되 옛 모양과 같게 할 것이며, 공비(公費)를 이게 하지 마라. 조속히 수리할 것이며, 태만해서는 안 된다.

膺禁交關事.
右蕃客貨物, 私交關者, 法有恒科. 而此間之人, 必愛遠物, 爭以貿易. 宜嚴加禁制, 莫令更然. 若違之者, 百姓決杖一百. 王臣家遣人買, 禁使者言上. 國司阿容, 及自買, 殊處重科, 不得違犯.

응당 서로 왕래하는 일을 금할 것.

---

[6] 淄青平盧節度使는 당나라가 지금의 산동(山東)지역에 설치한 절도사로 762년~819년과 882년~903년 산동에 할거하였다.

앞서 번객(蕃客)의 하사한 물건[贄物]을 사사로이 교역하는 것은 법에 항상 처벌이 있다. 요즘 사람들이 반드시 멀리서 온 물건을 사랑하여 다투어 교역하고 있다. 모름지기 엄중하게 금지하고 다시 그러한 일이 없도록 하라. 만약 어기는 자는 백성은 장(杖) 100대로 부과하라. 왕신가(王臣家)에서 사람을 보내 매매하면 금사자(禁使者)는 보고토록 하라. 국사(國司)가 아첨하여 잘 봐주고, 또 스스로 매매한다면 특별히 중죄에 처해 위반할 수 없게 하라.

> 膺寫取進上啓牒事.
> 右蕃客來朝之日, 所着宰吏先開封函, 細勘其由. 若違故實, 隨卽還却, 不勞言上. 而承前之例, 待朝使到, 乃開啓函. 理不可然, 宜國司開見, 寫取進之. 以前中納言兼左近衛大將從三位行民部卿淸原眞人夏野宣, 如右.
> 天長五年 正月二日

응당 베껴서 계첩(啓牒)을 올리도록 할 것.

앞서 번객이 내조하는 날 도착하는 곳의 재리(宰吏)는 먼저 봉함을 열어 그 사유를 자세하게 살피도록 하라. 만약 고실(故實, 법령이나 옛 전례)를 어겼다면 모름지기 즉각 돌아가도록 하고, 수고로이 보고하지 말라. 승전(承前)의 예라면 조사(朝使)가 도착하기를 기다려 계함(啓函)을 열도록 하라. 이치가 그러할 만한 것이 아니라면 마땅히 국사가 열어 보고 베껴서 그것을 바치도록 하라. 이전에 중납언(中納言) 겸 좌근위대장(左近衛大將) 종3위 행민부경(行民部卿) 청원진인하야(淸原眞人夏野, 기요하라노마히토 나쓰노)[7]가 반포하였는데, 앞과 같다.

천장(天長) 5년(828) 정월 2일

---

[7] 平安時代 초기의 귀족이자 公卿 도네리신노(舍人親王)의 손자인 內膳正 오구라오(小倉王)의 다섯째 아들이다. 관위는 종2위·右大臣이었으며, 정2위에 추증되었다. 헤이안쿄(平安京) 右京의 나라비가오카(雙岡)에 산장을 지었기 때문에 雙岡大臣·比大臣으로도 칭해진다. 이 산장에 天長 7년(830) 준나천황(淳和天皇)이 행행하였으며, 承和 원년(834)에는 사가상황(嵯峨上皇)이 행행하기도 하였다. 산장은 夏野(나쓰노)가 죽고 20년 후인 天安 2년(858)에 몬토쿠천황(文德天皇)의 발원으로 가람이 건립되었으며, 天安寺라고 칭하였다. 弘仁 6년(815)에 사가천황의 梵釋寺 행행에 동행했을 때의 漢詩 작품이 『經國集』에 채록되어 있다.

발해사 자료총서 - 일본사료 편 권1

12. 『입당구법순례행기(入唐求法巡禮行記)』

『입당구법순례행기(入唐求法巡禮行記)』는 일본 천태종(天台宗) 히에이잔(比叡山) 엔랴쿠지(延曆寺)의 제3세 좌주(座主)인 자각대사(慈覺大師) 엔닌(圓仁, 794~864)이 838년(당(唐) 문종(文宗) 개성(開成) 3년, 닌묘천황(仁明天皇) 승화(承和) 5년) 6월 13일부터 847년(당 선종(宣宗) 대중(大中) 원년, 닌묘천황 승화 14년) 12월 14일까지 구법(求法)을 위해 당으로 출발한 후 귀국하기까지의 일을 일기체로 기록한 것이다.

저자인 엔닌은 794년에 시모쓰케노쿠니(下野國) 쓰가군(都賀郡)(지금의 도치기현(栃木縣) 시모쓰가군(下都賀郡))에서 태어났다. 속성은 미부 씨(壬生氏)다. 9세 때 다이지지(大慈寺)의 고치(廣智)에게 맡겨졌으며, 15세에 일본 천태종(天台宗)의 개조(開祖)이며 엔랴쿠지를 창건한 사이쵸(最澄)의 제자가 되었다. 813년 20세 때 관시에 급제한 이후 다음 해에 득도하였으며, 816년에 도다이지(東大寺)에서 구족계(具足戒)를 받고 비구가 되었다. 822년 사이쵸가 입적(入寂)한 후에는 수년 동안 히에이잔에 머무르며 불법(佛法)을 설파하며 수행을 계속하였다. 이후 속세로 나아가 불법을 전파하였다 이후 구법을 위해 838년 6월 17일 일본의 하카타(博多)를 출발하여 7월 2일 당의 양주(揚州) 해릉현(海陵縣) 백조진(白潮鎭) 상전향(桑田鄉) 동양풍촌(東梁豊村)에 도착하였다. 엔닌은 당에서 구법순례를 하며 천태교관(天台敎觀)을 배우고, 양주 개원사(開元寺)의 전아(全雅), 장안(長安) 대흥선사(大興善寺)의 원정(元政), 청룡사(靑龍寺)의 의진(義眞) 등으로부터 밀교(密敎)를 배웠다. 또 오대산(五臺山)을 순례하였고, 상행삼매(常行三昧)의 기초가 되는 법조류염불(法照流念佛)을 배웠다. 그러나 당 무종의 불교 탄압인 회창폐불(會昌廢佛)을 피해 847년 9월 2일에 산둥반도의 적산포(赤山浦)를 출발하여 청해진(淸海鎭)을 거쳐서 9월 17일에 일본으로 귀국하였다. 엔닌이 864년 1월에 71세로 입적하자 일본 조정에서는 그해 2월에 법인대화상(法印大和尙)의 위를 수여하였고,

866년 7월에는 자각대사(慈覺大師)라는 시호를 내렸는데, 이것은 일본에서 처음으로 '대사'라는 시호를 내린 것이다. 저서로는 『입당구법순례행기』 이외에도 『금강정경소(金剛頂經疏)』와 『현양대계론(顯揚大戒論)』 등 10여 편이 있다.

『입당구법순례행기』는 전 4권으로 이루어졌으며, 그 가운데 권2의 4월 28일부터 5월 16일까지의 내용이 권3과 중복되어 기록된 부분이 있다. 중복된 부분의 내용은 거의 동일하지만, 권2에는 누락된 부분이 권3에 기록된 경우도 있다. 권1은 838년 6월 13일부터 839년 4월 18일까지 엔닌이 견당사선(遣唐使船)을 타고 일본의 하카타에서 출발하여 당나라에 도착한 뒤 양주(揚州)와 초주(楚州)를 거쳐서 다시 귀국선을 타고 해주(海州)까지 이르는 과정을 기록하고 있다. 권2는 839년 4월 19일부터 840년 5월 16일까지의 기록으로 엔닌이 탄 귀국선이 풍랑에 떠밀려 6월 7일에 문등현(文登縣) 청녕향(淸寧鄕) 적산촌(赤山村)에 이른 뒤 적산법화원(赤山法華院)에서 기거하면서 당나라에 머물 방법을 구한 일을 기록하고 있다. 권2의 내용 중 840년 4월 28일부터 5월 16일까지의 일기는 권3의 초반부에 중복 기재되어 있다. 권3은 840년 5월 17일부터 843년 5월 26일까지의 일기이다. 여기서는 오대산 대화엄사에서 승려 지원(志遠)을 만나 스승 최징과 관련한 대화를 나눈 것을 포함해 오대산 성적 순례를 포함한 천태종과 관련한 구도의 행적, 장안에서의 구도의 행적 등을 전한다. 권4는 843년 6월 3일부터 847년 12월 14일까지의 기록이다. 회창폐불 이후 844년부터 불교 탄압이 심화하면서 원인은 845년 5월 13일 강제 환속하였고, 이후 5월 15일 장안을 떠나 귀국하는 경로에 대한 기록이다.

발해와 관련하여서는 권2~권3에 전하며, 엔닌이 입당(入唐)한 뒤 전해 들은 발해와 신라의 관계, 등주(登州) 발해관에 관한 내용이 전한다. 특히 발해 승려 정소(貞素)가 료젠대사(靈仙大師)를 추모하며 남긴 시를 자세히 전하고 있는 것이 특징적이다.

『입당구법순례행기』의 저본은 1291년 카네타네(兼胤)이 필사한 교토(京都)의 동사관지원본(東寺觀知院本)으로 1907년 처음으로 『속속군서유종(續續群書類從)』에 활자본으로 수록되었다. 1914년에는 진금사본(津金寺本)이 『사명여하(四明餘霞)』에 수록되었으며, 1915년에는 동사관지원본을 저본으로 하고 진금사본을 참고로 수정·보완된 『대일본불교전서(大日本佛敎全書)』의 유방전총서(遊方傳叢書)에 수록되었다. 1926년에는 동사관지원본이 『동양문고논총(東洋文庫論叢)』에 수록되었다. 본 역주에서는 동사관지원본을 저본으로 하였다.

○ 권2, 개성(開成) 4년(839) 8월 13일

十三日, 聞相公已下九隻船在青山浦, 更有渤海交關船同泊彼浦. 從彼有人來報縣家去. 未詳虛實. 所以然者九隻船從此赤山浦發後, 西北風連日常吹于今猶有. 更有何所障不發去. 但應是人虛傳.

13일에 들건대, 상공(相公) 이하가 탄 9척의 배가 청산포(青山浦)에 있으며. 또한 발해 교관선(交關船)[1]도 함께 그 포구에 정박해있다. 그곳으로부터 사람이 와서 현(縣)의 관가(官家)에 보고하러 갔다고 한다. 거짓인지 사실인지 자세하지 않다. 그 까닭은 9척의 배가 이곳 적산포(赤山浦)[2]에서 출발한 후 서북풍(西北風)이 연일 일정하게 불어서 지금까지 같다. 어찌 어떠한 장애가 있어 출발하지 못했는가? 단지 응당 이것은 사람이 잘못 전한 것이다.

○ 권2, 개성(開成) 4년(839) 8월 15일

十五日, 寺家設餺飥餅食等作八月十五日之節. 斯節諸國未有, 唯新羅國屬有此節. 老僧等語云, 新羅國與渤海相戰之時, 以是日得勝矣, 仍作節樂而喜舞. 永代相續不息. 設百種飲食 歌舞管絃以畫續夜二個日便休. 今此山院追慕鄉國今日作節. 紀渤海爲新羅罰纔有一千人向北逃去, 向後卻來依舊爲國. 今喚渤海國之者是也.

15일에 절[寺家]에서 박탁(餺飥)[3]과 병식(餅食)[4] 등을 갖추어 8월 보름[15일]의 명절을 지냈다. 이 명절은 여러 나라에 있지 않았는데, 오직 신라국(新羅國)에만 이 명절이 있다. 노승(老僧) 등이 말하기를, "신라국과 발해(渤海)가 서로 싸울 때 이날에 승리를 거두었으니, 인하

---

1 통일신라와 발해가 唐 또는 일본과 교섭하기 위해 보낸 선박이다. 발해의 경우 中臺省이 일본 太政官에 보낸 문서에 따르면 841년 교관선을 통해 일본으로 파견한 인원이 105명이었음을 보여준다.
2 山東 지역에 있던 항구로 장보고가 건립한 사찰인 법화원과 연결되는 곳이기도 하다. 『入唐求法巡禮行記』에 따르면 圓仁은 839년 6월 28일 장보고가 보낸 遣唐買物使인 崔兵馬使를 만났던 것으로 기록되어 있다(『入唐求法巡禮行記』卷2, 開成4年 6月).
3 밀가루로 만든 떡의 일종으로, 餺飥·不托·餢飥 등으로도 쓴다(小野勝年, 1964, 95쪽).
4 쌀가루나 보리가루를 이겨서 찌거나 굽은 과자류를 餅이라 한다.

여 명절로 삼고, 음악을 연주하고 춤을 추며 즐겼다. [이 명절은] 오랜 세월 이어져 그치지 않았다"라고 하였다. 여러 가지 음식을 마련하고 노래하고 춤추고, 음악을 연주하는 것이 밤낮으로 이어져 3일이면 쉰다. 지금 이 산원(山院)에서도 고향[鄕國]을 그리워하며, 오늘 명절을 지냈다. 발해는 신라가 토벌함에 겨우 1천여 명이 북쪽을 향하여 도망갔다가 뒤에 다시 와서 옛날에 의거하여 나라를 세웠다. 지금 발해국이라고 부르는 것이 이것이다.

○ 권2, 개성(開成) 5년(840) 3월 2일

二日, 平明發行廿里到安香村遲彦宅, 齋行. 廿里到登州入開元寺宿. 登州去赤山浦四百里. 乍行山阪踏, 破脚策杖膝步而行矣. 城南地界所由喬汶來請行由, 仍書行歷與之如左.
日本國求法僧圓仁, 弟子惟正·惟曉, 行者丁雄滿. 右圓仁等, 日本國承和五年四月十三日, 隨朝貢使乘船, 離本國界, 大唐開成三年七月二日到揚州海陵縣白潮鎭. 八月廿八日到揚州, 寄住開元寺, 開成四年二月廿一日從揚州上船發, 六月七日到文登縣青寧鄉, 寄住赤山新羅院過一冬. 今年二月十九日從赤山院發, 今月二日黃昏到此開元寺宿. 謹具事由如前.
開成五年三月二日.
日本求法僧圓仁狀.

2일에 아침 해가 뜰 무렵 출발하여 20리(里)를 가서 안향촌(安香村)[5] 지언(遲彦)의 집에 도착하여 재(齋)를 행하였다. 20리(를 가서) 등주(登州)에 도착하여 개원사(開元寺)에 들어가 기숙하였다. 등주는 적산포(赤山浦)에서 400리 떨어져 있다. 산비탈을 걸으니 다리가 아파 지팡이를 짚고, 무릎으로 걸으며 갔다. 성 남쪽 지역의 경계에서 교문(喬汶)[6]이 와서 여행의 이유를 청하니, 인하여 아래와 같이 여행의 이력을 적어서 그에게 주었다.

일본국(日本國) 구법승(求法僧) 원인(圓仁, 엔닌), 제자 유정(惟正, 유이쇼)[7]·유효(惟曉, 유

---

5 봉래현 동남쪽 20리에 安香店이라는 지명이 있다. 安香村은 이곳으로 비정된다(小野勝年, 1964, 251쪽).
6 원문은 城南地界所由喬汶이다. 봉래현 남쪽 교외의 巡邏라는 이름으로 보인다(小野勝年, 1964, 251쪽).
7 弘仁 4년(813)에 태어났다. 圓仁과 함께 承和 5년(838)에 당에 갔으며, 惟曉와 함께 五臺山에서 具足戒를 받고 長

이교)⁸, 행자(行者) 정웅만(丁雄滿). 앞의 원인 등은 일본국 승화(承和, 죠우와) 5년(838) 4월 13일 조공사를 따라 배를 타고 본국을 떠나 대당(大唐) 개성(開成) 3년 7월 2일 양주(揚州) 해릉현(海陵縣) 백조진(白潮鎭)에 도착하였습니다. 8월 28일 양주에 도착해 개원사(開元寺)⁹에서 기거하였고, 개성 4년(839) 2월 21일 양주로부터 배를 타고 출발하여 6월 7일 문등현(文登縣) 청녕향(靑寧鄕)에 도착하여 적산(赤山) 신라원(新羅院)¹⁰에서 기거하며 한겨울을 지냈습니다. 올해 2월 29일 적산원으로부터 출발하여 이달 2일 황혼 무렵 이곳 개원사에 도착하여 묵고 있습니다. 삼가 앞과 같은 사유를 갖추어 올립니다.

개성 5년(840) 3월 2일

일본 구법승 원인 서장을 씀.

> 登州都督府城, 東西一里南北一里. 城西南界有開元寺, 城東北有法照時, 東南有龍興寺. 更無別寺. 城外側近有人家. 城下有蓬萊縣. 開元寺僧房稍多, 盡安置官客, 無閑房, 有僧人來, 無處安置. 城北是大海, 去城一里半. 海岸有明王廟, 臨海孤標. 城正東是市. 粟米一斗三十文, 粳米一斗七十文. 城南街東有新羅館渤海館. 從¹¹登界赤山到登州行路, 人家希, 惣是山野. 牟平縣至登州, 傍北海行. 比年虫災, 百姓飢窮, 喫橡爲飯.

安으로 들어갔다. 承和 14년(847)에 귀국하여 延曆寺에 머물렀다. 伝法師前入唐求法大和尙으로도 칭해진다. 貞觀 14년(872) 2월까지 생존이 확인된다.

8 弘仁 3년(812)에 태어났다. 圓仁·惟正과 함께 承和 5년(838)에 당에 갔으며, 惟正과 함께 五臺山에서 具足戒를 받은 뒤 長安에서 法華經을 배우고 그곳에서 承和 10년(843) 7월 24일 사망하였다.

9 唐 垂拱 2년(686) 지주 출신의 黃守恭에 의해 창건되었다. 당시에는 蓮花寺라고 하였다. 長壽 元年(692)에 興敎寺로 개칭하였다가 神龍 元年(705)에 龍興寺로 개칭하였다. 開元 26년(738) 玄宗에 의해 開元寺라는 이름을 하사받았다. 開元 26년(738) 6월 1일 현종은 칙령을 내려 주 마다 기존의 觀(도교 사원)과 사찰을 선택하여 額을 내리고 開元觀과 開元寺로 하였다. 당시 이미 中宗이 정한 龍興觀·용흥사가 각지에 있었으나 현종은 그것들을 조상 제사를 위한 道觀·佛寺라고 하는 한편, 개원관·개원사는 황제의 等身大像을 봉안하여 祝壽를 행하였다.

10 당나라에서 신라인이 건립해 운영하던 사찰에 대한 총칭이다. 신라원은 등주를 비롯해 당나라 곳곳에 설치되었다. 여기서 말하는 청주 용흥사의 신라원을 비롯하여 적산법화원, 적산 남쪽 天門山에 있던 天門院, 長山縣 예천사 소속의 신라원, 천태산 國淸寺 앞에 있던 신라원, 長安 龍興寺의 淨土院, 金州의 신라사 등이 그것이다.

11 '從' 뒤에 이어지는 내용으로 보아 文登縣 赤山을 가리키는 것으로 볼 수 있으며, 여기서는 '文'이 탈락되어 있다.

등주도독부성(登州都督府城)은 동서가 1리이고 남북이 1리이다. 성의 서남쪽 경계에는 개원사가 있고 성의 동북쪽에 법조사(法照寺)가 있으며 동남쪽에 용흥사(龍興寺)가 있다. 다시 별도의 절은 없다. 성 바깥쪽 가까이에는 인가(人家)가 있다. 성 아래에 봉래현(蓬萊縣)[12]이 있다. 개원사에는 승방이 매우 많은데, 모두 관객(官客)이 안치되어 빈방이 없어, 승려가 오는 일이 있어도 안치할 곳이 없다. 성의 북쪽은 곧 큰 바다인데, 성에서 1리 반 떨어졌다. 해안에는 명왕묘(明王廟)[13]가 있는데, 바다에 잇닿아 홀로 우뚝하였다. 성의 정동쪽은 곧 시장이다. 속미(粟米, 좁쌀) 1말[斗]에 30문이고 갱미(粳米, 멥쌀) 1말에는 70문이다.[14] 성 남쪽 거리 동쪽에 신라관(新羅館)[15]과 발해관(渤海館)[16]이 있다. 문등현 적산에서 등주에 이르는 행로에는 인가가 드물

12　秦과 漢 때 帝王이 求仙 활동을 위해 仙山을 순행했는데, 봉래는 이 선산의 이름에서 유래하였다. 唐 貞觀 8년(634)에 처음으로 蓬萊鎭이 설치되었고, 神龍 3년(707)에 蓬萊縣으로 승격하였다. 지금의 煙台市 蓬萊區이다.

13　明王은 불교에서 범어로 Vidya-raja이다. 明은 眞言이나 陀羅尼에서 발생한 尊格으로, 일체의 惡趣와 業障을 제거하는 위력이 있다. 명왕은 그 중에서 최고 위력을 가졌다. 명왕은 구체적으로 그림과 조각에 표현되며, 不動·愛染 외에 5대 명왕 내지 8대 명왕이 되었다. 명왕은 如來·菩薩·天王이라는 우상으로써 받들어져 본존으로 봉안되었다. 한편 명왕묘는 중국 고유의 신을 제사한 것이라고 생각하기도 하는데(小野勝年, 1964, 253쪽), 여기서의 명왕묘는 海神을 모시는 사당으로 추정된다.

14　당에서는 당나라의 창업을 기념하는 '開國建元'의 의미로 621년(武德 4) 처음으로 開元通寶를 만들었다. 개원통보는 형태와 동의 비중이 일정하지 않은 五銖錢을 대신하여 지름 2.4cm, 무게 3.7g로 동전의 규격을 정하였으며, 이후 이 동전은 역대 왕조의 표준이 되었다. 이후 肅宗 乾元 연간(756~762)에 乾元重寶가 代宗 연간(769~779)에 大曆元寶가 만들어지는 등 지속적으로 개량된 화폐를 만들었다. 武宗 會昌 5년(845년)에 會昌開元이 만들어졌는데, 이때 만들어진 화폐는 會昌 廢佛 당시 징발된 불상이나 불구를 녹여 제작하였다.

15　賈耽의 『道里記』에 보면 중국에서 신라와 발해로 가는 항로가 상세히 기술되어 있다. 신라인이 당나라로 오는 경우도 이 길을 따라 등주에 상륙한다. 따라서 등주는 신라로 보면 중국 대륙으로 진출하는 요충이었다. 사절단은 물론 순례승·유학승·학자·상인 등 많은 신라 사람이 등주에 머물고 있었음은 당연하다. 신라관은 아마도 이런 사람들을 위한 재외공관과 같은 사무소인 동시에 공적인 숙소이기도 했을 것이다. 뒤에 신라는 이곳에 '知後官'까지 파견하였다(김문경, 2001, 243~244쪽).

16　당나라에 있던 발해 사신들이 머무르던 장소이다. 당나라 登州府(지금의 산동성 봉래현)의 성 남쪽에 있는 길의 동편에 新羅館과 함께 있었다. 발해에서 외국으로 통하던 주요교통로가 5개 있었는데, 이 중 두 개가 당과의 교통로였다. 이 중 하나는 육로이었고, 다른 하나는 압록강을 거쳐 당의 등주로 통하던 鴨淥朝貢道이다. 발해관은 압록조공도의 중간기착지에 두었던 것으로 발해와 당의 연결에 중요한 역할을 하였다. 賈耽의 『道理記』는 등주에서 북쪽 바다로 연결하는 長山列島를 지나서 요동반도에 도달하고, 都里鎭(여순구)에 잠시 들러 해로(또는 육로)로 신라·발해에 도달한 여정을 기록하고 있다. 신라관과 발해관은 처음에는 다른 나라 내항자를 위해 당나라가 설치한 공적 숙박소였으나, 점차 在外使館 혹은 사신들의 숙박소로서 성격을 가지게 되었다(小野勝年, 1964, 255쪽).

고 모두 산과 들판이다. 모평현(牟平縣)[17]에서 등주에 이르는 길은 북해를 따라 나 있다. 근년에 충해(虫災)로 백성들은 굶주리고 곤궁해 상수리나무 열매를 먹는 것을 끼니로 하였다.

○ 권2, 개성(開成) 5년(840) 3월 20일

卄日, 早發西行卄里. 野中逢渤海使, 從上都歸國.

20일에 일찍 출발하여 서쪽으로 20리를 갔다. 들에서 발해 사신을 만났는데,[18] 상도(上都, 長安)로부터 귀국하는 길이었다.

○ 권2, 개성(開成) 5년(840) 3월 28일

卄八日, 立夏. 天氣陰沈. 登州留後官王李武來院相看. 便聞渤海王子先日來到, 擬歸本鄕, 待勅使來發去. 於當寺夏供. 院有齋普請, 赴彼斷中. 衆僧五十來.

28일, 입하(立夏)이다. 날씨가 음침하였다. 등주 유후관(留後官)[19] 왕이무(王李武)가 신라원에 왔으므로 만나보았다. 문득 듣건대 며칠 전에 발해 왕자기 이곳에 이르리 고향으로 돌아가려 하였는데, 칙사가 오기를 기다렸다가 떠났다라고 하였다. 이 절에서 입하 공양이 있었다. [신라]원에서 재(齋)가 있어 두루 초청하였으므로 그곳에 가서 단중(斷中)[20]했다. 승려 무리 50명이 왔다.

---

17 현재 중국 山東省 연태시 牟平區이다. 당나라 시기에는 河南道 登州 東牟郡 牟平縣으로 五代까지 지속되었다. 麟德 2년(665) 東牟故城(지금의 牟平城)에서 文登縣을 나누어 모평현을 두었다.
18 『冊府元龜』권972에 의하면 開成 4년(839) 12월에 발해 왕자 大延廣 등이 당에 조공했다고 하였고, 『입당구법순례행기』의 3월 28일조에 발해 왕자가 귀국길에 靑州에서 칙사를 기다렸다고 기록하고 있다. 이로 보아 이때 圓仁이 만난 발해 사신은 발해 왕자 대연광 일행이었을 것이다.
19 留後官은 知後官이라고도 하며, 부재 중에 대행해서 사무를 담당하는 것을 뜻한다. 여기의 등주유후관은 등주도독부의 청주출장소와 같다.
20 中은 낮 12시를 말한다. 불교의 계율에서는 낮 12시를 넘겨서 식사를 하는 것을 非時 또는 非時食이라고 하여 금지하고 있다. 따라서 斷中은 낮 12시 이후에는 식사를 단절한 데서 나온 말이다.

○ 권3, 개성(開成) 5년 7월 3일

> 三日, 齋後共頭陀等同爲一行. 頭陀云, 相送直到汾州. 在路與作主人. 從臺頂向南下, 行十七里許, 於谷里有一院. 屋舍破落無人. 名爲七佛敎誡院, 院額題云, 八地超蘭若. 日本僧靈仙曾居此處, 身亡. 渤海僧貞素哭靈仙上人詩, 於板上書, 釘在壁上. 寫之如後.

3일에 재를 마친 후 두타승(頭陀僧)²¹ 등과 함께 일행이 되었다. 두타승이 말하기를 "분주(汾州)²²에 도착할 때까지 줄곧 바래다주겠다. 길을 가는 동안에 더불어 접대인이 되겠다"라고 하였다. 대(臺)의 정상에서 남쪽을 향해 내려가 17리 정도 가니 계곡에 원(院)이 하나 있었다. 건물은 부서져 허물어졌고 사람도 없었다. 이름을 칠불교계원(七佛敎誡院)이라 하는데, 원의 제액(題額)에 이르기를 팔지초난야(八地超蘭若)라고 하였다. 일본 승려 영선(靈仙, 료젠)이 일찍이 이곳에 거주하다 죽었다. 발해 승려 정소(貞素)가 영선상인(靈仙上人)을 곡(哭)하는 시를 판자 위에 써서 벽 위에 못으로 박아 두었다. 그것을 필사하면 다음과 같다.

> 哭日本國內供奉大德靈仙和尙詩幷序
> 渤海國僧貞素
> 起予者謂之應公矣. 公仆而習之, 隨師至浮桑. 小而大之, 介立見乎緇林. 余亦身期降物, 負籍來宗霸業. 元和八年窮秋之景, 逆旅相逢, 一言道合, 論之以心. 素至於周恤, 小子非其可乎. 居諸未幾, 早向鴒原. 鶺鴒之至足痛乃心.

일본국(日本國) 내공봉대덕(內供奉大德) 영선화상(靈仙和尙)을 곡(哭)하는 시와 서(序)
발해국 승려 정소

나를 깨우쳐준 분은 응공(應公)이라 말할 수 있다. 공은 몸을 낮추어 불법을 익혀 스승을 따라 부상(扶桑)²³에 이르렀다. 어렸으나 뛰어나 승려들 사이에서 홀로 우뚝 빼어났다. 나 또한

---

21 汾州頭陀僧의 오대 12寺 및 여러 普通蘭若의 10년 공양주 義圓을 말한다.
22 『新唐書』渤海傳에 열거되어 있는 62州 중의 하나이다. 이 州는 鐵利府에 속하나, 그 위치와 屬縣은 미상이다.
23 浮桑 또는 榑桑이라고도 하며, 본래는 神木의 이름이라고 한다. 『山海經』海外東經에 '黑齒國의 아래에 湯谷이 있고, 탕곡의 위에 扶桑이 있는데 十日이 목욕하는 곳이다'라고 하였고, 『十洲記』(한나라의 東方朔이 저술한 책이라

승려가 되기를 기약하고 책 보따리를 매고 와서 패업(霸業)을 우러렀다. 원화(元和) 8년(813) 늦가을 즈음에 여사(旅舍)에서 만나 한마디 말로 도(道)가 서로 합치되어 마음으로 그것을 논하였다. 내가 대성하게 된 것[24]은 소자(小子)에게 그 어떤 장점이 있어서가 아니다. 세월[25]이 아직 얼마 되지도 않았는데 일찍이 할미새가 사는 들로 가게 되었다. 할미새가 살 장소를 잃어버리는 심상치 않은 상태에서 도움을 주지 못하고 그대 마음을 아프게 한 것이 참으로 한스러울 뿐이다.[26]

> 此仙大師是我應公之師父也. 妙理先契, 示於元元. 長慶二年入室五臺, 每以身猒青瘀之器, 不將心聽白猿之啼. 長慶五年日本大王遠賜百金, 達至長安. 小子轉領金書, 送到鐵懃. 仙大師領金訖, 將一萬粒舍利, 新經兩部, 造勅五通等囑附小子, 請到日本, 答謝國恩. 小子便許. 一諾之言, 豈憚萬里重波得. 遂鍾無外緣, 期乎遠大. 臨回之日, 又附百金. 以太和二年四月七日, 卻到靈境寺, 求訪仙大師, 亡來日久. 泣我之血, 崩我之痛. 便泛四重溟渤, 視死若歸, 連五同行李, 如食之頃者.

이 [영]선대사는 곧 나의 [스승] 응공의 사부다. [불법의] 묘한 이치를 먼저 깨달아 중생[27]에게 나타내 보였다. 장경(長慶) 2년(822)에 오대산(五臺山)에 입실하여 매번 육신을 부정(不淨)한 것이라 꺼리고 마음으로는 흰 원숭이의 울음소리를 듣지 않았다.[28] 장경 5년(825)에 일본 대왕이 멀리서 백금을 하사하여 멀리 장안에 이르렀다. 소자는 금과 서신을 전해 받아 철륵

고 전한다)에도 '부상은 바다에 있다. 나무의 높이가 수천 丈이고 천여 아름인데 두 줄기의 뿌리가 같고 서로 의지해 기대있다. 해가 뜨는 곳이다'라고 보인다. 『南史』권79 東夷조에는 '扶桑國者 齊永元元年 其國有沙門慧深 來至荊州 說云 扶桑在大漢國東二萬餘里'라고 하였다. 본래 도교적인 사유의 소산으로, 이를 구체화한 사상과 결부되어 한나라 때부터 동방 2만여 리의 땅에 해가 뜨는 곳에 있는 나라라고 하였고, 전하여 일본의 별칭이 되었다.

24 周恤은 널리 생각한다는 뜻이다. 同學同志로 합일되어 의기가 완전히 일치된다는 말이다.
25 『詩經』北風, 日月에 '日居月諸'라고 하였는데, 그 뒤 光陰(세월)이라는 의미로 사용되었다.
26 『詩經』小雅, 鹿鳴, 常棣편에 '脊令在原 兄弟急難 每有良朋 況也永歎'이라고 한 것에서 유래하였다. 즉, 물가에서 살 수 있는 할미새가 고원(高原)에 올라가 거처를 잃어버리니, 편안한 때에는 있을 만하지만 어려운 일을 당했을때에는 서로 도와주지 못하고 다만 길게 탄식했다는 일을 읊은 것이다.
27 인민, 백성을 말한다. 元元之民, 元元萬民이라고도 한다.
28 원숭이의 울음소리는 意馬心猿과 같은 말로, 마음이 동요하여 세속에 곧바로 반응하는 것을 가리킨다. 그 울음소리를 듣지 않았다는 것은 영선이 속세의 일에 초월했다는 것을 의미한다.

난야(鐵懃蘭若)[29]까지 가지고 가서 전달했다. [영]선대사는 금을 받고서 장차 1만 개의 사리, 새로 번역한 경전 2부, 조칙(造勅) 5통 등을 가지고 와 소자에게 맡기며 "청하건대 일본에 가서 나라의 은혜에 감사함을 답하라"라고 하였다. 소자는 곧 승낙하였다. 한번 승낙한 말이니 어찌 만 리의 거친 파도인들 두려워하겠는가? 마침내 모든 인연의 도움을 모아 원대한 목적을 기약할 수 있었다. 돌아오는 날에 임박하여 또 금 100냥을 부쳤다. 태화(太和) 2년(828) 4월 7일에 영경사(靈境寺)에 돌아와 [영]선대사를 찾았으나 세상을 떠난 지 오래되었다. 나는 피눈물을 흘리고 비통함이 산이 무너지는 듯했다. 문득 네 번이나 큰 바다를 건넌 것은 마치 죽음으로 돌아가는 것으로 보았고, 연이어 다섯 번이나 여행을 함께 한 것은 밥 먹는 잠깐의 시간 같았다.

> 則應公之原交所致焉. 吾信始而復終. 願靈几兮, 表悉空留澗水鳴咽千秋之聲, 仍以雲松, 惆愴萬里之行, 四月蓂落加一, 首途望京之耳, 不那塵心. 泪自涓, 情因法眼奄幽泉, 明日儻問滄波客, 的說. 遺鞋白足還.
> 太和二年 四月十四日書.

곧 응공과의 교분의 소치에서 기인한다. 나는 처음을 믿어 끝내 응답하였다. 바라옵건대 영혼이시여! 계곡물에 천추(千秋)를 오열하는 소리를 머물게 하고 구름 위로 솟은 소나무처럼 긴 세월 동안 탄식한다면, 4월 명(蓂)[30]이 하나씩 떨어질 때 길을 떠나 경성을 바라보는 날에 만물이 모름지기 다 공(空)이라는 것을 나타내십시오.

속세의 헛된 마음 어떻게 할 것인가. 눈물만이 스스로 흘러내린다. 인정은 법안(法眼)으로 황천을 감싸고 후일 만일 창파를 건너온 객이 누구냐고 묻는다면 명백히 말하라. 짚신을 남겨 두고 맨발로 돌아갔다고.

태화 2년(828) 4월 14일 쓰다.

> 於水窟中安置七佛像, 當窟戶有一堂, 堂南邊有一小庵室. 於堂下有二屋, 並破落, 庭

---

[29] 『廣淸凉傳』卷上에 따르면 서대 소속 사원의 하나였으며, 12古寺 중에 들어간다. 『淸凉山志』에는 서대의 서남 62리에 있으며, 당의 慧淇大師가 창건했다고 하였다.

[30] 蓂落의 명은 蓂莢을 가리킨다. 상서로운 풀로 음력 초하룻날부터 매일 한 잎씩 나서 15잎이 자란다. 그리고 16일 때부터 매일 한 잎씩 져서 그믐이 되어 끝난다고 전한다. 그래서 명협을 보고 日曆을 안다고 한다.

地芒蕪而無人. 昔於此窟前七佛現矣. 南行三里許, 到大曆靈境寺. 向老宿問靈仙三藏亡處, 乃云, 靈仙三藏先曾多在鐵懃蘭若及七佛教誡院. 後來此寺, 住浴室院. 被人藥殿, 中毒而亡過. 弟子等埋殯, 未知何處. 云云. 於寺三門西邊, 有聖金剛菩薩像.

작은 굴 안에 7개의 불상이 안치되었고, 굴의 문에 해당하는 곳에 당이 하나 있으며 당의 남쪽 가에는 작은 암실(菴室) 하나가 있다. 당 아래에는 집 두 채가 있는데, 모두 부서져 허물어졌고 뜰은 황폐하였고 사람은 없었다. 옛날 이 굴 앞에 칠불(七佛)이 나타났다고 한다. 남쪽으로 3리 정도 가서 대력영경사(大曆靈境寺)[31]에 도착했다. 노승에게 영선삼장이 돌아가신 곳을 물으니 이내 이르기를 "영선삼장은 일찍이 철륵난야와 칠불교계원에 많이 계셨다. 뒤에 이 절로 와서 욕실원(浴室院)에 거주하였다. 어떤 사람이 독약을 먹여 중독되어 돌아가셨다. 제자 등이 매장하였으나 어느 곳인지 알지 못한다. 운운"하였다. 절의 삼문 서쪽 가에 성금강보살상(聖金剛菩薩像)이 있다.

昔者於太原幽鄭等三節度府, 皆現金剛身自云, 我是樓至佛. 身作神, 護佛法, 埋在地中, 積年成塵. 再出現今在臺山靈境寺三門內. 三州節度使驚怪, 具錄相貌, 各遣使令訪. 有二金剛在寺門左右, 其形貌體氣, 一似本州所現體色同. 其使卻到本道報之. 遂三州發使來, 特修舊像, 多有靈驗. 具如碑文, 寫之在別. 近三門側乾角, 有山楡樹. 根底空谺成窟, 名曰聖鐘窟. 窟中時時發鐘響. 響發之時, 山峰振動. 相傳云斯是大聖文殊所化也. 相傳呼爲聖鐘谷. 寺之正東去寺十來里有高峰, 號爲寶石山. 窟中多有小石, 每石現圓光攝身光五色雲. 此亦聖人化現所致也.

옛날 태원(太原)·유주(幽州)·정주(鄭州) 세 절도부(節度府)[32]에 모두 금강신(金剛身)이

---

31 『廣淸涼傳』卷上에는 남대의 今益三寺 중 하나로 영경사가 있다. 『淸涼山志』권2에 따르면 이 절은 남대를 지나 20리에 있는데, 명나라 성화 연간에 釋淸善이 건립했다고 기록되어 있으나 이것은 물론 중건을 말하는 것이다. 大曆이라는 이름을 관칭하고 있는 점에서 볼 때, 그 창건은 적어도 代宗 대에 있었거나 아니면 그 때 대규모 조영이 있었던 것이다. 『五臺山聖境讚』에는 '南臺南級靈應寺 靈應寺裏聖金剛 一萬菩薩聲讚欸 聖鍾不擊自然鳴'이라고 보이는데, 여기의 영응사는 영경사를 가리키는 것이다. 아니면 속칭 영응사라고 불렸을 수도 있다(小野勝年, 1967, 141쪽).
32 太原府는 幷州의 치소였다. 그 성을 晉陽城이라고 하는데 오늘날의 태원현성 밖에 그 옛 터가 있다. 山西 지방의

나타나 스스로 이르기를 "나는 누지불(樓至佛)³³이다. 몸은 신(神)이 되어 불법을 지키는데, 땅속에 묻혀 오랜 세월을 지내는 동안 티끌이 되었다. 다시 나타나 지금은 오대산 영경사 삼문 안에 있다"라고 했다. 세 주의 절도사는 놀라 이상히 여겨 그 용모를 상세히 적어 각기 사자를 보내 찾아보게 했다. 그런데 두 금강상이 절 문의 좌우에 있었는데, 그 형상과 모양 그리고 체기(體氣)는 본주(本州)에 나타났던 체색(體色)과 꼭 같이 닮았다. 그 사자는 본 도(道)에 돌아가 이를 보고하였다. 마침내 3주는 사자를 보내와서 특별히 옛날 상을 수리하였더니 많은 영험이 있었다. 상세한 것은 비문³⁴과 같은데, 그것을 별지에 베껴 두었다. 가까이 삼문 옆 서북쪽 모퉁

정치적, 군사적 중요 근거지였으며, 당대에는 북방 민족 돌궐의 침입을 방비하는 곳이었다. 『신당서』권65, 方鎭表에 따르면 慶雲 2년(711)에 持節和戎大武等諸軍州節度使가 두어졌고, 그 관할 지역도 넓게는 雁門 이북에 미쳤다. 開元 8년(720)에 天平軍節度使, 동(同) 11년에 太原府以北諸軍州節度使, 동 18년에 河東節度使로 개칭되었다. 『資治通鑑』에 따르면 天寶 초년(742)에는 천하의 10절도사 중 하나로서 55,000명의 군사가 상비되었으며, 興元 元年(784) 일시 하동을 보령군으로 고쳤던 적이 있었는데, 이는 대략 3~4년간으로 이후 옛 이름으로 복구되었다. 幽州府는 현재 북경에 있었다. 그 성은 오늘날 외성의 서부 및 그 교외를 둘러싸서 건축되었는데, 약간의 유구가 남아 있다. 이곳의 절도사는 奚와 契丹 등을 방어할 목적에서, 하동절도사와 같이 중요성을 띠고 있었다. 개원 2년(714)에 幽州節度諸州軍管內經略鎭守大使가 두어진 것을 시작으로, 동 20년에는 幽州節度使兼河北採訪處置使라 하였고, 天寶 원년(742)에는 范陽節度使로 개칭되었다. 이 무렵 군사수는 91,400인이라고 하는데, 그 병력은 10절도사 중 가장 많은 것이었다. 안사의 난 때 반란군의 근거지가 되어, 한때 모두 당의 통제 밖에 있었으나 보응 원년(762) 유주절도사라는 옛 이름으로 복구되었고, 군명을 盧龍軍이라고 하여 노용군절도사라고 부르는 경우도 있었다. 鄭州는 하남성 鄭縣(지금의 省治)에 치소를 두었으며, 오늘날의 성은 당 武德 4년(622) 조영된 것으로 전해진다(『大淸一統志』권149 開封府). 절도사도 같은 곳에 있었다. 그러나 절도사가 두어졌던 것은 단기간으로, 건원 원년(758) 8월에 安慶緖를 토벌하기 위해 9절도사의 하나로 李廣琛이 鄭蔡節度使로 임명되었고, 그 다음해 4월에 登州刺史 魯炅이 鄭州刺史가 되어 陳鄭潁亳節度使를 겸하였다. 그의 재임은 2개월간으로, 동년 6월에는 彭元曜가 정주자사에 임명되었고 또한 陳鄭申光壽等州節度使라고 하였다. 동년 9월에는 李抱眞이 鄭州刺史兼陳鄭潁亳四州節度使가 되었다. 그러나 그 달 말에 반란군 사사명에게 함락되자, 조정에서는 상원 2년(761) 8월에 李若幽(國貞)가 진정등절도사를 요령하도록 하였다. 대종 보응 원년(762) 10월에 겨우 회복할 수 있게 되자 이에 동반하여 李抱玉이 陳鄭澤潞節度使가 되었다. 그러나 이 무렵은 절도부의 소재가 정주에 있지 않았다. 永泰 원년(765)에 토번의 침입을 방어하기 위해 이포옥이 鳳翔隴右節度使를 겸하게 되자 진정절도사라는 이름은 역사상 소멸되었다(『신당서』방진표 및 『舊唐書』肅宗·대종본기). 그러므로 대력 연간에 창건되었다고 여겨지는 영경사의 산문에 안치되었던 인왕상의 전설에서 정주부(절도사)가 언급되는 것은 시대적으로 모순이 된다. 이러한 절도사 전설이 금각사의 조영 당시 諸州 절도사로부터 寄進을 받았던 사실과 관련있다고 한다면, 오히려 새롭게 발생했던 것이라고 하겠다. 안사의 난을 겪으면서 당의 국가적 권력구조가 변하여 中唐 시대에는 지방 군벌로서 절도사가 크게 부상하였는데, 이들 또한 사원 및 교단과 밀접하게 결합했던 사실을 보여주는 기사가 『입당구법순례행기』에 자주 보인다. 이것도 그러한 사실을 반영하는 하나의 전설로서 주의된다(小野勝年, 1967, 142쪽).

33 盧至佛, 樓由佛, 盧遮佛이라고도 한다. 賢劫千佛 중 마지막 부처이다. 풀이하여 愛樂佛 혹은 啼哭佛이라고 한다.
34 『入唐新求聖教目錄』에 五臺山大靈境寺碑文 1권이 있다고 하나 내용은 미상이다(小野勝年, 1967, 144쪽).

이 근처에 느릅나무[楡樹]가 있다. 뿌리 부분은 텅 비어 굴 모양이 되었는데, 이름하여 성종굴(聖鐘窟)이라 한다. 굴 안에서 때때로 종소리가 난다. 종소리가 울릴 때면 산봉우리가 진동한다. 대대로 전하여 이르기를 이곳은 대성문수보살[大聖文殊]이 화현(化現)한 곳이라 한다. 대대로 전하여 부르기를 성종곡(聖鐘谷)이라 하였다. 절의 정동쪽으로 절에서 10리를 가면 높은 봉우리가 있는데, 부르기를 보석산(寶石山)이라 한다. 굴 안에 작은 돌이 많이 있는데, 돌마다 원광(圓光), 섭신광(攝身光), 오색구름을 나타낸다고 한다. 이것 역시 성인의 화현에 의한 것이다.

발해사 자료총서-일본사료 편 권1

13. 『도씨문집(都氏文集)』

　헤이안 시대(平安時代, 794~1185)의 문인이자 문장박사(文章博士)인 미야코노 요시카(都良香, 834~879)의 개인 문집이다. 사망 직후 문인이 편찬하였다. 본래 6권이지만 현재는 3권(권3~5)만 전하는데, 『군서유종(群書類從)』에 수록되어 있다. 전하지 않는 부분에 한시(漢詩)도 포함되어 있었다고 한다. 현존하는 부분은 그가 지은 각종 산문을 내용과 형식에 따라 분류하여 편찬하였고, 조칙(詔勅)이나 문장박사였던 당시 대책(對策)의 책문(策問) 등 명문장이 수록되어 있다. 특히 권5에는 스가와라노 미치자네(菅原道眞, 845~903)가 방략시(方略試)에 응시하였을 때의 문제와 그 답안의 평가문이 있다. 그에 따르면 "문장 전체를 보면 하자가 있고 작문상 지켜야 할 규칙에서 벗어나 있지만, 문장은 문채(文彩)를 이루고 문체에는 볼 만한 점이 있어 평가할 수 없지는 않다. 조리는 거의 정돈되어 있어서 이 답안을 중의 상(합격 최저점)으로 한다"라고 되어 있다.

　이 책에 수록된 발해(渤海) 관련 사료는 권3의 872년 대사(大使) 양성규(楊成規) 등 발해 사신에게 주는 부채의 명(銘), 권4의 877년 일본국 태정관(太政官)이 발해국 중대성(中臺省)에 보내는 첩(牒), 872년 발해 대사 양성규가 초구(貂裘)·사향(麝香)·암모화(暗摸靴)를 보낸 것을 감사하는 장(狀), 발해 대사 양성규에게 보내는 장, 877년 발해 대사 양중원(楊中遠)에게 답하는 장 등이다. 다시 말해서 871년 연말에 일본에 도착하여 872년에 발해로 돌아간 대사 양성규, 876년 연말에 일본에 도착하여 877년에 발해로 돌아간 대사 양중원 등의 사절단과 교류하는 과정에서 작성한 글들을 수록한 것이다.

　원문은 『군서류종(群書類從)9, 문필부(文筆部)2 소식부(消息部)』(塙保己一 編, 1960, 續群書類從完成會)를 저본으로 하였고, 『도씨문집전석(都氏文集全釋, 이하 「釋」)』(中村璋八·大塚雅司, 1988, 汲古書院)을 비교본으로 하였다. 권4의 태정관첩은 추가로 『역주 일본 고대의 외교문서(譯註 日本古代の外交文書, 이하 「外」)』(鈴木靖民·金子修一·石見淸裕·浜田久美子 編, 2014, 八木書店, 269~275쪽)를 활용하였다.

○ 권3, 명(銘), 발해 객에게 주는 부채의 명【부채 20매를 그려서 20인에게 나누어 주다】[1]
[贈渤海客扇銘【畫扇廿枚分與廿枚】]

隨時致用, 在夏爲功. 君子所重, 扇揚仁風.
文彩間發, 圖雲寫霞. 好之又好, 嘲躪九華.
圓體可愛, 近人之裁. 惠風及我, 仁遠乎哉.
團團者扇, 在彼一掌. 逐暑來凉, 所以是仰.
沙煎石泐, 體熱心倦. 何以贈賓, 延風之扇.
松烟鉛澤, 圖畫成文. 彩色之妙, 比光慶雲.
炎氣中人, 若火之熾. 引扇而動, 淸風立至.
取凉素手, 掩曲朱唇. 握翫無廢, 旣愛且親.
輕便有體, 裁製之功. 異類同應, 風生手中.
行藏有節, 出處無違. 比德君子, 皎然不疑.
取凉之器, 自有風流. 雖乃在夏, 凄其似秋.
良工極妙, 圓體中規. 所象非遠, 學天孕奇.
動靜非己, 去留依人. 有淸風在, 駈除客塵.
雖有手膩, 能蕩心塵. 是以其好, 不以其新.
勢作風氣, 體裁月輪. 手親相贈, 于彼嘉賓.
此器之美, 能蔭旱雲. 時當暑熱, 所以相分.
往還月轉, 動搖風隨. 取彼凉氣, 此其所宜.
扇之爲用, 以禦炎氣. 手指功畢, 今朝贈君.
巧思不已, 團扇遂分. 高人所執, 簸彼風群.

---

[1] 이 명은 대사 양성규 등 105인의 발해 사절단 중 20명에게 준 부채에 쓰여있는 것이다. 이들은 871년 12월 11일 가가노쿠니(加賀國)에 도착하여 872년 5월 15일에 헤이안쿄(平安京)에 들어가서 鴻臚館에 안치되었고, 5월 25일에 귀국길에 올랐다(『日本三代實錄』). 따라서 872년 5월15일부터 25일 사이에 작성된 명일 것이다.

自然之氣, 手下驚頻. 時暑蒸矣, 贈彼遠人.

계절에 따라 쓸모가 있으니, 여름에 성과를 이루었다.
군자가 중시하는 것이니, 인덕(仁德)의 풍화(風化)를 널리 퍼져 나가게 한다.
아름다운 색채가 서로 드러나니, 구름을 그리고 노을을 베꼈다.
좋아하고 더 좋아하니, 구화선(九華扇)² 을 비웃고 뛰어넘었다.
둥근 모양이 사랑할 만하니, 요즘 사람이 만든 것이다.
온화한 바람이 나에게 미치니, 인(仁)이 멀겠는가?
아주 둥근 것이 부채이니, 저 손바닥 하나에 있다.
더위를 쫓아내고 서늘함을 오게 하니, 그래서 이것이 추앙된다.
모래는 달여지고 돌은 부스러지니, 몸이 더워지고 마음이 피로해진다.
어떻게 손님에게 주겠는가, 바람을 이끄는 부채로다.
먹[松烟]과 납 찌꺼기로 그림을 그리고 문장을 완성하였다.
채색이 절묘하니, 빛에 비유하자면 오색구름 같았다.
더위 속의 사람은 불길이 매우 거센 것 같다.
부채를 이끌고 움직이니, 맑고 시원한 바람이 곧바로 이른다.
서늘함을 새하얀 손에 취하니, 굽은 것을 붉은 입술에 덮는다.
쥐고 가지고 놀며 그만두지 않으니, 이미 아끼고 친밀하였다.
가볍고 편하며 모양이 있으니, 제작함의 공덕이로다.
다른 종류가 함께 응하니, 바람이 손안에서 생긴다.
나가서 벼슬하고 물러나 은거함에 절조가 있으니, 나간 곳에 어김이 없었다.
덕에 비유하자면 군자이니, 고결하여[皎然] 의심되지 않는다.
서늘함을 취하는 기물이 저절로 풍류가 있다.
비록 여름이더라도 그 처량함은 가을을 닮았다.
솜씨가 뛰어난 장인이 지극히 묘하게 만든 것이니, 둥근 모양은 규칙에 맞는다.
본뜬 바가 멀지 않으니, 하늘에서 배워서 기발함을 품었다.

---

2 부채의 이름. 『藝文類聚』卷69, 服飾部上, 扇에 보인다.

행동은 이기심이 없으니, 떠남과 머무름은 남에게 따랐다.

맑고 시원한 바람이 있으니, 속세의 갖가지 번뇌[客塵]를 물리쳐 제거하였다.

비록 손에 기름기가 있더라도, 마음의 먼지를 씻어버릴 수 있다.

이런 까닭으로 그것이 좋아지니, 그것이 새로워서가 아니다.

기세는 바람의 기운을 만들고, 모양은 달의 둥근 것을 본떴다.

직접 서로 주니, 저쪽에도 귀한 손님이다.

이 기물의 좋은 점은 가뭄의 구름을 덮을 수 있다.

때마침 더워지니, 그래서 서로 나눈다.

오가는 것은 달처럼 변화하고, 흔들림은 바람처럼 따라간다.

저 서늘한 기운을 취하니, 이것은 그 마땅한 바이다.

부채의 쓰임은 더위를 막는 것이다.

손가락은 공로가 끝나니, 오늘 아침에 그대에게 준다.

교묘한 생각이 그치지 않으니, 둥근 부채는 마침내 나눈다.

뜻과 품행이 고상한 사람이 잡으니, 저 바람 무리를 흔든다.

자연의 기운에 부하가 놀라고 찡그린다.

때마침 덥고 찌니, 저 먼 곳에서 온 사람에게 준다.

○ 권4, 첩(牒), 일본국 태정관[3]이 발해국 중대성[4]에 첩하다[5] [日本國太政官牒渤海國中臺省]

放還謝恩幷請客使事, 政堂省孔目官楊中遠等凡壹佰伍人.

牒. 得彼省去年九月十三日牒稱: 近日 專使楊成規入貴國, 後年, 本國往唐國於[6]般檢[7]校[8]官門孫宰等着海岸. 天皇特賜憐念, 並蒙大恩. 亦奉尋前文[9], 仰得古記, 兩謹差政堂省孔目官楊中遠, 申謝恩造, 幷請嘉客者, 國家大體, 仁尙含弘. 其異倭殊方, 遭颺失泊, 漂着此岸者, 歲有二三. 或象胥難通, 或烏鄒易惑. 在所不問東西, 加[10]意濟活, 稟米稟粟, 于橐于囊. 如此普施, 不復求執. 況乎渤海, 世爲善隣, 相厚之深, 未足爲怪. 不恃我德, 還恐人知, 煩更謝恩, 實非元意. 加之, 以紀爲限, 惣紀度予. 前後文書, 斟喩重疊, 而僭[11]忘之甚, 不知噬臍. 過渉之凶, 至于滅頂. 亦囊時有制, 停遣報使, 數十餘年, 以爲流例. 今讀來牒, 見有此請, 頓戾舊章, 豈無新賁. 但中遠等, 割依風之北思, 甘蹈[12]海以南脫. 聽灰鷄而或行, 逐沙鷗而在路. 波浪浸嚙, 舟船渡穿. 眷彼赤心, 收其素款, 仍命在所, 務令友存. 大賚之科, 率由恒典, 斯乃事緣一切, 誰謂通規. 恩出非常, 不可串習. 令遣中遠等, 放還本邦. 事須守前期於盈紀, 修舊好而更來. 牒到准狀. 故牒.

---

3 일본 율령제상의 최고 행정기관으로 전체 행정을 총괄한다. 장관은 1위 太政大臣이지만 공석인 경우가 많았다. 그에 따라 대체로 2위 左大臣·右大臣이 장관 역할을 하였다. 唐名은 尙書省·都省 등이다.

4 발해 3省의 하나이며, 唐의 中書省에 해당하는 관서이다. 詔令의 초안을 작성하고, 정책을 결정하는 업무를 담당하였다. 관원으로는 右相·右平章事·內史·詔誥舍人 등이 있다(『新唐書』 渤海傳).

5 첩은 공식령에서는 主典 이상의 관인이 관사에 상신할 때 사용하는 문서형식이다. 태정관에서 발해 중대성으로 첩을 보낸 것은 양자가 행정기구상 격이 동등하다는 인식 때문이다. 참고로 태정관이 하부 행정기구에 보내는 명령서는 符라고 한다. 문서형식의 측면에서는 모두에 '첩'이라는 한 글자를 쓰고 말미에 '故牒'이라는 글자를 쓴 후, 날짜 다음에 문서를 작성한 辨官(이 문서에서는 左大辨)과 史(이 문서에서는 左大史)의 서명을 기록하였다.
이 태정관첩은 『日本三代實錄』 卷31, 陽成天皇2, 元慶元年夏四月十八日己丑에 일부 전하고 있다. 876년 12월 26일에 이즈모노쿠니(出雲國)에 도착한 대사 양중원 등에게 준 태정관첩이다.

6 「外」에는 '相'.

7 저본·「釋」에는 '撿'이라고 되어 있으나 문맥과 「外」에 의거하여 '檢'이라고 수정하였다.

8 「釋」에는 '挍'.

9 저본에는 '父'라고 되어 있으나 문맥과 「釋」·「外」에 의거하여 '文'이라고 수정하였다.

10 「外」에는 '如'.

11 「釋」에는 '慾'.

12 「外」에는 '踏'.

> 左大辨源朝臣舒.
> 元慶元年六月十八日.
> 左大史山宿禰德美牒.

 은혜에 감사하고 손님을 초대하는 사신을 돌려보내는 일. 정당성(政堂省)¹³ 공목관(孔目官)¹⁴ 양중원(楊中遠)¹⁵ 등 총 105인.

 첩(牒)한다. 저 성(省, 中臺省)에서 작년(876) 9월 13일에 첩한 것을 얻었는데 다음과 같다. "최근에 전사(專使)¹⁶ 양성규(楊成規)¹⁷가 귀국(일본)에 들어갔으니, 나중에 본국(발해)에 왔다가 당국(唐國)에 가는 큰 배[般]에서 검교관(檢校官) 문손재(門孫宰)¹⁸ 등이 바닷가에 도착하였는데, 천황이 특별히 가엽게 여기는 마음을 내려서 모두 큰 은혜를 입었습니다. 또한 앞선 글을 받들어 살펴보니 옛 기록을 얻었는데, 두 번 삼가 차출된 정당성 공목관 양중원이 천황의 보살핌에 감사하고 아울러 잔치를 열어 고귀한 손님을 초대한다는 것이었습니다. 국가의 요체는 인자하여 포용과 너그러움을 숭상하는 것입니다." 특별히 수고로워 방향을 잘못 잡으니, 폭풍을 만나 정박할 곳을 잃고 이 바닷가에 표착하는 경우가 해마다 두세 번이다. 혹은 통역관[象胥]이 통하기 어렵고 혹은 병아리처럼 미숙한 자[烏鄒]가 쉽게 미혹되더라도, 자리 잡고 있는 곳은 장소를 가리지 않고 구제하고 살리는 데에 주의하였다. 전대와 주머니에 쌀과 좁쌀을 주었다. 이처럼 널리 베풀고, 다시 갚음을 구하지 않는다. 하물며 발해는 대대로 좋은 이웃이어서, 서로 두텁게 대함이 깊으니 괴이하다고 여길 수 없다. 우리의 덕을 믿지 않으면, 도리어 남이 알게 될까 두려워한다. 번거롭게 다시 은혜에 감사하니, 진실로 본래의 뜻이 아니다. 덧붙여

---

13 中臺省·宣詔省과 더불어 발해 시대 3성의 하나이다. 행정 집행 관청으로 唐의 尚書省과 대응한다. 장관은 大內相이며 그 아래에 左司政과 右司政이 각 1인씩 있다. 좌사정 아래에 忠部·仁部·義部가 있고, 우사정 아래에 智部·禮部·信部가 있다.

14 문서를 검토하여 오류를 바로잡는 일을 맡은 관직이다.

15 876년 12월 26일에 일본에 도착한 발해 사절단의 대사. 헤이안쿄에 들어가지 못하고 877년 6월 25일에 귀국하였다(『日本三代實錄』).

16 專使는 특별히 보내는 사신을 일컫는 말이다. 特使와 같다.

17 871년 12월 11일에 일본 가가노쿠니(加賀國)에 도착한 발해 사절단의 대사. 872년 5월 15일에 헤이안쿄에 들어가서 홍려관에 안치되었고, 5월 25일에 귀국길에 올랐다(『日本三代實錄』).

18 발해의 견당사 중 1인. 876년 7월 8일에 일본 히고노쿠니(肥後國) 아마쿠사군(天草郡)에 표착하였고, 877년 4월 18일에 양중원 등이 그의 표류 사실을 언급하고 있다(『日本三代實錄』).

12년[紀]을 기한으로 삼고 12년마다 헤아려서 주니, 전후의 문서가 겹겹이 쌓였음을 짐작하여 깨닫는다. 그러나 분수에 넘치고 망령됨이 심하면 뉘우쳐도 어찌할 수 없음[噬臍]을 알지 못하고, 어렵고 위험한 일을 너무 많이 겪음이 흥하면 심한 재앙으로 사람이 죽는[滅頂] 지경에 이른다. 또한 예전에는 제도가 있어 답례하는 사신의 파견을 중지하였으니, 수십여 년 동안 관례로 삼았다. 지금 온 첩을 읽어보고 이러한 부탁이 있음을 보니, 옛 제도에서 벗어나고 어그러지더라도 어찌 새로 하사함이 없겠는가? 다만 양중원 등은 근본을 잊지 않고[依風] 북쪽을 생각하는 마음을 없애고, 바다를 건너 남쪽으로 벗어남을 즐기니, 회색 닭의 [소리를] 듣고 혹은 가고 모래톱에 사는 갈매기를 쫓아서 길 위에 있는 것 같다. 파도가 스며들어 깨물었고 배가 건너서 뚫었다. 저 한결같은 마음을 돌아보고 그 소박한 성의를 거두어들인다. 인하여 자리 잡고 있는 곳에 명하여 친근하고 화목하도록 힘쓰게 하라. 크게 하사하는 품목은 상례의 법도에 따르라. 이는 곧 일의 사정과 까닭 전체를 누구라도 통상적인 규정이라고 여기게 하라. 은혜는 통상적이지 않은 것에서 나오니, 관행에 따를 수 없다. 양중원 등을 보내 본국으로 돌아가게 하고, 일은 모름지기 12년을 채워서 이전의 기한을 지키며, 옛 우호를 다져서 다시 오게 하라. 첩이 도착하면 상황에 따르니, 그러므로 첩한다.

좌대변(左大辨)[19] 원조신서(源朝臣舒, 미나모토노아손 노부루, 828~881)[20]

원경(元慶) 원년(877) 6월 18일

좌대사(左大史)[21] 산숙녜덕미(山宿禰德美, 야마노스쿠네 토쿠미)가 첩합니다.

---

19 태정관의 하부조직인 辨官局의 종4위상 관인. 직무는 8省 중 中務省·式部省·治部省·民部省을 감독하는 것이었다. 唐名은 大丞이다.

20 嵯峨天皇의 손자이다. 871년에 파견된 발해 사신의 접대와 진상품 점검을 맡은 총책임자였고, 877년에 좌대변으로 승진하였다.

21 태정관의 하부조직인 변관국의 정6위상 관인. 직무는 변관국 내의 문서를 작성하고, 접수된 문서를 검토하는 것이었다. 당명은 尙書都事·尙書主事·大都事 등이다.

○ 권4, 장(狀), 발해 양태사[22]가 초구[23]·사향·암모화[24]를 보낸 것을 감사하는 장[25][謝渤海楊太[26]使贈貂裘麝香暗摸靴狀]

> 殊貺難當豈敢, 輒更謹勒奉返. 望不怪責. 不宣, 謹狀.
> 卽日 起居郎都良香狀.
> 謹奉太使公節下, 謹空.

특별히 접하기 어려운 것을 주셔서 감히 생각하지도 못하였으니, 더욱 몸가짐을 삼가고 일부러 돌려드립니다. 꾸짖지 않으시기를 바랍니다. 하고 싶은 말을 충분히 하지 못하였으나[不宣].[27] 삼가 장(狀)합니다.[28]

당일에 기거랑(起居郞, 少內記)[29] 도량향(都良香, 미야코노 요시카)[30]이 장(狀)합니다.

태사공(太使公) 절하(節下)를 삼가 받들고, 빈 곳을 남기어 회답을 기다립니다[謹空].[31]

---

22 양태사는 楊成規이다. 이하 동일하다.
23 담비가죽으로 만든 옷.
24 깊은 목제 신발.
25 872년 5월 15일에 양성규 등이 헤이안쿄에 들어온 이후, 25일에 떠나기 전에 작성되었을 것이다.
26 「釋」에는 '大'.
27 대등한 관계의 편지 끝에 쓰는 상투구.
28 편지의 끝에 쓰는 상투구.
29 기거랑은 內記의 당명. 내기는 中務省 소속의 判官으로 조서·位記 등의 초안을 작성하고, 천황의 공적인 행동을 기록한다. 본래 大內記(정6위상)·中內記(정7위상)·少內記(정8위상)가 각각 2인씩 있었으나, 미야코노 요시카(都良香)가 살고 있던 9세기 중반에는 중내기가 폐지되고 소내기가 정7위상으로 승격되었다. 미야코노 요시카는 870년에 소내기에 임명되어 872년 발해 사신의 접대를 맡았으므로, 이 기거랑은 소내기를 가리킨다.
30 834~879년. 본래의 이름은 고토미치(言道)였으나, 872년 4월 16일 掌渤海客使에 임명되어 5월 7일에 이름을 요시카(良香)라고 고쳤다. 따라서 미야코노 요시카라는 이름으로 작성된 글은 872년 5월 7일 이후의 것이다.
31 唐宋代에 편지의 끝에 쓰던 상투구.

○ 권4, 장(狀), 발해 양태사에게 보내는 장[32][贈渤海楊太[33]使狀]

中夜相思, 發於琴聲, 遂以成詠, 勤□[34]噱令. 副使公及意[35]事首領同和幸也. 少間就房言, 展不一二, 謹狀.
五月廿四日 典客都良香
謹言大使公[36]【節下】副使已下, 並附珍重, 謹言.

밤중에 서로 그리워하다가 금(琴) 소리에 깨어나니, 마침내 시(詩)를 읊게 되어 정중하고 솜씨 있는 큰 웃음소리처럼 울렸습니다. 부사공(副使公, 李興晟) 및 가사수령(嘉事首領, 大使)은 함께 화목해서서 다행입니다. 잠깐 동안 방에 가서 말하니, 펼친 것이 한둘이 아닙니다. 삼가 장(狀)합니다.

5월 24일 전객(典客)[37] 도량향(都良香, 미야코노 요시카)

대사공(大使公)[절하]·부사(副使) 이하께 삼가 진언하니, 진중(珍重)하라는 작별 인사[38]를 아울러 덧붙입니다. 삼가 말합니다.

---

32 872년 5월 24일에 작성된 글이다. 양성규 등은 872년 5월 15일에 헤이안쿄에 들어왔다.
33 「釋」에는 '大'.
34 「釋」에는 '匠'.
35 「釋」에는 '嘉'.
36 저본에는 '太大使公'이라고 되어 있으나, 문맥과 「釋」에 의거하여 '大使公'으로 수정하였다.
37 본래는 玄蕃寮와 그곳에 소속된 玄蕃頭(종5위하)·玄蕃允(종7위하)·玄蕃大屬(종8위하)·玄蕃少屬(대초위상)의 당명이 전 典客署(현번료)·典客郎中(현번두)·典客丞(현번윤)·典客主事(현번대속·현번소속) 등이어서 이와 관련될 가능성이 높다. 그러나 미야코노 요시카는 현번료에 소속된 기록이 없다. 아마도 그가 872년 장발해객사에 임명된 것과 관련되어 붙여진 당명인 듯하다.
38 진중은 몸을 소중히 여기어 잘 보호하라는 뜻의 상투적 작별인사이다.

○ 권4, 장(狀), 발해 양태사[39]에게 답하는 장[40][答渤海楊太使狀]

> 得所來示, 領愁良深. 公綴屬之美, 絶於傍人. 自稱短韻, 何言之謙. 應時而和, 所望令諸留面謝. 不宣, 謹狀.
> 卽日 起居郎都良香.
> 謹奉大[41]使公節下, 謹空.

와서 보여준 바를 얻으니, 근심을 이끄는 것이 진실로 깊습니다. 공은 문장을 짓는 것이 아름다워 다른 사람보다 빼어나니, 짧게 지은 시문이라고 스스로 칭하지만 그 무슨 겸손한 말입니까? 때에 맞추어 화답하니, 바라는 바는 모든 머무르는 사람들이 직접 만나 작별을 고하게 하는 것입니다[面謝].

하고 싶은 말을 충분히 하지 못하였으나, 삼가 진술합니다.

당일 기거랑 도량향(都良香)

대사공 절하를 삼가 받들고, 빈 곳을 남기어 회답을 기다립니다.

---

39 양태사는 楊中遠이다.

40 양중원 등은 877년 1월 16일에 조정에 도착 소식이 전해졌고, 같은 해 4월 18일에 가져온 중대성첩이 보고되었으며, 6월 25일에 귀국하였다. 따라서 877년 4월 18일부터 6월 25일 사이에 작성된 글이다.

41 「釋」에는 '太'.

발해사 자료총서-일본사료 편 권1

14. 『경국집(經國集)』

　헤이안 시대(平安時代, 794~1185) 초기인 827년에 쥰나천황(淳和天皇, 재위 823~833)의 명령으로 편찬된 칙찬(勅撰) 한시집(漢詩集)이다. 앞서 편찬된 칙찬 한시집인 『능운집(凌雲集)』· 『문화수려집(文華秀麗集)』과 함께 칙찬삼집(勅撰三集)이라고 불린다. 요시미네노 야스요(良岑安世, 785~830), 스가와라노 기요키미(菅原淸公, 770~842) 등이 편찬하였다. 수록된 작품의 작자는 쥰나천황, 이소노카미노 야카츠구(石上宅嗣, 729~781), 오미노 미후네(淡海三船, 722~785), 승려 구카이(空海, 774~835) 등 176인이다. 본래 전체 20권이지만 현재는 6권(권1·10·11·13·14·20)만 전하는데, 『군서유종(群書類從)』에 수록되어 있다. 『능운집』· 『문화수려집』에서 누락된 것을 보완하여, 8세기 초 이후의 한시 이외에 부(賦)·서(序)·대책(對策) 등의 한문도 포함되어 있다.

　826년에 발해 사신과 교류한 아베노 요시히토(安倍吉人, 781~838)와 시마다노 키요타(嶋田淸田. 779~855), 815·822년에 발해 사신과 교류한 시게노노 사다누시(滋野貞主, 785~852), 822년에 발해 사절단을 초청한 사가천황(嵯峨天皇, 재위 809~823) 등과 759년에 일본의 문사들과 시를 주고받았던 발해 사신 양태사(楊泰師)의 한시가 수록되어 있다.

　원문은 『군서류종(群書類從)8, 장속부·문필부(裝束部·文筆部)1』(塙保己一 編, 1960, 續群書類從完成會)를 저본으로 하였고, 『일본문학대계(日本文學大系) 24, 회풍조·능운집·문화수려집·경국집·본조속문수(懷風藻·凌雲集·文華秀麗集·經國集·本朝續文粹, 이하 「日」)』(國民圖書 編, 1927)와 『국풍암흑기의 문학(國風暗黑時代の文學) 中下2, 下 1·2, 이하 「暗」)』(小島憲之, 1986·1991·1995, 塙書房), 「칙찬한시집에 보이는 발해사절시(이하 「김」)」(김임숙, 『일본어문학』83, 2018)를 비교본으로 하였다. 사가천황의 한시와 양승경(楊承慶)의 다듬이질을 듣고 지은 한시는 『일본한시 고대편(日本漢詩 古代篇, 이하 「漢」)』(本間洋一 編, 1996,

和泉書院)을 추가로 활용하였다.

○ 권10, 시(詩) 9, 범문(梵門), 7언(言), 발해 사신이 예불한 것을 문득 듣고 감동하여 지은 한 수[1] [忽聞渤海客禮佛感而賦之一首] 안길인(安吉人)[2]

> 聞君今日化城遊, 眞趣寥寥禪跡幽.
> 方丈竹庭維摩室, 圓明松蓋寶積毬.
> 玄門非無又非有, 頂禮消罪更消憂.
> 六念鳥鳴蕭然處, 三歸人思幾淹留.

그대 오늘 사원[化城]에 방문했다 들으니, 본래 정취 쓸쓸하고 절터[禪跡]는 그윽하였네.

사방 1장(丈) 대나무 뜰은 유마(維摩)의 방 같으니,

둥글고 밝으며 울창한 소나무에는 보배 쌓은 듯 솔방울이 열렸네.

불법(佛法)[玄門]은 무도 유도 아니니, 정례(頂禮)[3] 드려 죄 씻고 다시 근심 씻었네.

육념(六念)하며[4] 새 지저귀는 조용한 곳에,

삼귀(三歸)[5]하는 자 생각해 몇 번이나 머물렀네.

---

1 작성된 시기를 정확히 알기는 어렵지만, 『경국집』이 편찬된 827년에 가까운 시기일 가능성이 높다. 그런 점에서 825년 12월에 도착하여, 826년 5월 8일에 헤이안쿄(平安京)에 들어왔다가, 5월 14일에 귀국한 고승조 등의 발해 사절단과 교류하는 과정에서 5월 8일부터 14일 사이에 작성되었을 가능성이 있다. 시마다노 키요타(嶋田淸田)가 지은 다음 시의 제목을 보면, 이 시의 작성자인 아베노 요시히토(安倍吉人)가 당시 영객사(領客使)였음을 알 수 있지만, 그 정확한 시기는 알 수 없다.

2 아베노 요시히토(安倍吉人, 781~838). 권10의 목록에는 당시 정5위하 中務大輔였다고 한다.

3 머리를 낮게 조아리고 부처님의 발 아래에 절하는 것.

4 육념은 안락을 얻기 위한 6가지 생각인데, 佛念, 法念, 僧念, 戒念, 施念(捨念이라고도 한다), 天念을 가리킨다.

5 삼귀는 삼보 즉 불보, 법보, 승보에 귀의하는 것. 이 시에서 삼귀하는 자는 예불하러 온 발해 사신을 가리킨다.

○ 권10, 시(詩) 9, 범문(梵門), 7언(言), 안영객[6]이 사신 등의 예불에 감동하여 지은 작품과 같은 제목과 압운(押韻)의 한 수[7] [同安領客感客等禮佛之作一首] 도저전(嶋渚[8]田)[9]

禪堂寂寂架海濱, 遠客時來訪道心.[10]
合掌焚香忘有漏, 廻心頌偈覺迷津.
法風冷冷疑迎曉, 天蕚輝輝似入春.
隨喜君之微妙意, 猶是同見崛山人.

선당(禪堂)이 쓸쓸하게 바닷가에 걸렸으니,
멀리서 손님이 때마침 와서 성인(聖人)의 도[道眞][11]를 찾았네.
합장(合掌)·분향(焚香)하며 번뇌[有漏] 잊으니,
[불도(佛道)로] 마음 돌려 게송(偈頌) 외우며 미진(迷津)[12]을 깨달았네.
불법(佛法)의 바람은 서늘하여 새벽을 맞이한 듯하고,
천상(天上)의 꽃받침[天蕚]은 빛나서 봄이 된 듯하네.
그대의 깊고 현묘(玄妙)한 뜻에 기쁜 마음을 일으키니[隨喜],
역시나 부처님[崛山人]을 함께 보았네.

---

6 安은 아베노 요시히토(安倍吉人)이다. 영객은 그가 당시 사신을 접대하는 영객사였음을 가리킨다.
7 아베노 요시히토의 시에 화답한 시이기 때문에, 같은 시기 즉 826년 5월 8일부터 14일 사이에 작성되었을 가능성이 있다. 제목 맨 앞의 '同'은 같은 제목과 같은 압운으로 시를 짓는다는 뜻이다.
8 「暗」에는 '清'.
9 시마다노 키요타(嶋田清田, 779~855). 권10의 목록에는 당시 정6위상 大外記였다고 한다. 목록에 '嶋田清田'이라고 되어 있어, '渚'는 '清'의 오자이다.
10 「暗」·「김」에는 '眞'.
11 저본에는 '道心'이라고 되어 있으나, 이 경우 압운이 맞지 않는다. '道眞'일 경우 압운이 맞는다.
12 사리에 어두운 경지에서 벗어나는 곳.

○ 권11, 시(詩) 10, 잡영(雜詠) 1, 7언(言), 이른 봄에 타구[13]를 본 한 수【발해 사신으로 하여금 이 음악을 연주하게 하다】[14] [早春觀打毬一首【使渤海客奏此樂】] 태상천황(太上天皇)[15]

> 芳春煙景早朝晴, 使客乘時出前庭.
> 廻杖飛空疑初月, 奔毬轉地似流星.
> 左擬右承當門競, 分行群踏虯雷聲.
> 大呼伐鼓催籌急, 觀者猶嫌都易成.

봄날 안개 낀 경치[煙景]가 이른 아침에 개니,

사신은 제때 틈타 [궁중의] 앞뜰에 나왔네.

돌리는 장대는 허공을 날아 초승달 같고,

달려 나가는 공은 땅을 굴러 유성(流星) 같았네.

왼쪽에서 전하자 오른쪽에서 받아서 구문(毬門)을 노리려 다투고,

줄 나눈 무리가 발 구르며 노래하니 규룡과 벼락 같은 소리였네.

[진행자가] 크게 외치고 북을 쳐서 점수 계산을 재촉하니,

구경꾼들 오히려 모두 쉽게 끝남을 싫어하였네.

---

13 기구를 가지고 毬門으로 쳐서 넣는 놀이이다. 일본에서는 말을 타고 하는 騎馬打毬와 걸으면서 하는 徒打毬가 있었다. 일반적으로 타구는 기마타구를 가리킨다. 도타구는 어린아이를 중심으로 하였기에 童打毬로 부르기도 하였다.

14 822년 1월 16일에 발해 사신 왕문구 등을 불러서 음악을 연주하게 하며 타구를 보았다고 하므로(『類聚國史』), 이때 작성된 시이다.

15 일본 제52대 사가(嵯峨)천황(786~842)으로, 간무천황(桓武天皇)의 차남이자 헤이제이(平城天皇)의 친동생이다. 이름은 가미노(神野)이다. 809년 병을 이유로 퇴위한 헤이제이천황의 뒤를 이어 즉위하였다. 810년에 헤이제이의 복위를 시도한 藥子의 變이 일어났으나 제압에 성공하였다. 이후 사형을 폐지하였다. 823년 양위하여 상황이 되었지만, 퇴위 후에도 권력을 행사하여 궁성을 축조하는 등 국가 재정에 부담을 주어 정치적 갈등을 초래하였다. 한시 및 서예에 조예가 깊어 헤이안 시대 3대 명필 중 한 사람으로 알려져 있다.

○ 권11, 시(詩) 10, 잡영(雜詠) 1, 7언(言), 타구를 본 것에 화답한 한 수[16][奉和觀打毬一首] 자정주(滋貞主)[17]

藩[18]臣入覲逢初暖, 初暖芳時戲打毬.
綉戶爭開鳽鵲館, 紗窗不閉鳳[19]皇樓.
如鉤月度蓂階側, 似點星晴綵騎頭.
武事從斯弱見輸, 輸家妬死數千籌.

번신(藩臣)이 알현하여 초봄에 만나니, 초봄 꽃피는 계절에 타구를 즐기네.
수놓은 문은 지작관(鳽鵲館)에서 다투어 열리고, 비단 창은 봉황루(鳳皇樓)에서 닫히지 않네.
초승달이 궁중의 계단[蓂階] 옆을 건너듯이,
점처럼 뜬 별은 아름답게 장식한 말 머리에 갠 듯하네.
무사(武事, 打毬)는 이로부터 약자가 패배하고, 진 쪽은 수천의 산가지를 죽도록 질투하네.

○ 권11, 시(詩) 10, 잡영(雜詠) 1, 7언(言), 봄날에 사신으로 발해 객관에 들어간 한 수[20][春日奉使入渤海客館一首] 자정주(滋貞主)

蒼茫渤海[21]幾千里, 五兩舟中送一年.
鯤壑難辛孤帆度, 鯨濤殺怕遠情傳.
春鴻愛暖南江水, 旅客看雲北海天.
曉來[22]莫驚單宿夢, 他鄕覺後不勝憐.

---

16 嵯峨天皇의 시에 화답한 작품이기 때문에, 같은 시기 즉 822년 1월 16일에 작성된 시이다.
17 시게노노 사다누시(滋野貞主, 785~852). 권11의 목록에는 당시 종5위하 東宮學士였다고 한다.
18 「日」・「暗」・「김」에는 '蕃'.
19 「暗」・「김」에는 '凰'.
20 815년 1월에 발해 사신 왕효렴 등이 귀국할 때 지은 시. 당시 시게노노 사다누시가 領客使였다(『文華秀麗集』참조).
21 「暗」・「김」에는 '澥'.
22 「暗」・「김」에는 '籟'.

끝없이 먼 발해는 몇천 리인지, 풍향계[五兩] 달린 배 안에서 한 해를 보냈네.

제학(鯷壑, 渤海)은 돛단배 한 척으로 건너기에 어렵고 고생스러웠고,

큰 파도[鯨濤]에도 두려움을 없애고 먼 정을 전하였네.

봄 기러기는 남쪽 강물에서 따뜻함을 좋아하고,

나그네는 북해(北海) 하늘에서 구름을 보았네.

새벽의 메아리[籟]는 홀로 자던 꿈에서 깨게 하지 마라.

타향임을 깨달은 후 가여워 견딜 수 없으니.

○ 권13, 시(詩) 12, 잡영(雜詠) 3, 7언(言), 밤에 다듬이질을 듣고 지은 시 한 수[23][夜聽擣衣[24] 一首] 양태사(楊泰師)[25]

霜天月照夜河明, 客子思歸別有情.
厭坐長宵愁欲死, 忽聞隣女擣衣聲.
聲來斷續因風至, 夜久星低無暫止.
自從別國不相聞, 今在他鄉聽相似.
不知綵杵重將輕, 不悉靑碪平不平.
遙怜體弱多香汗, 預□[26]更深勞玉腕.
爲當欲救客衣單, 爲復先愁閨閣[27]寒.
雖忘容儀難可問, 不知遙意怨無端.
寄異土兮無新識, 想同心兮長歎息.
此時獨自閨中聞, 此夜誰知明眸縮.
【憶憶兮心已懸, 重聞兮不可穿.

---

23 내용상 헤이안쿄에 들어가기 전에 변방에서 지은 것으로 보이므로, 758년 9월 18일부터 12월 24일까지의 어느 시점에 에치젠노쿠니(越前國)에서 작성되었을 것이다. 에치젠노쿠니의 쓰루가(敦賀)에는 鴻臚館이 있었다.

24 「暗」·「김」에는 '衣詩'.

25 758년 9월 18일에 일본 사신을 따라 에치젠노쿠니에 도착한 발해 사절단의 부사. 같은 해 12월 24일에 헤이안쿄에 들어가서 759년 1월 3일과 18일에 천황을 알현하고, 2월 16일에 귀국길에 올랐다(『續日本紀』).

26 「日」·「暗」·「漢」·「김」에는 '識'.

27 「暗」·「漢」에는 '闇'.

即將因夢尋聲去, 只爲愁多不得眠.]²⁸

늦가을 하늘에 달 비치니 밤 은하수 밝고,
나그네 돌아갈 것 생각하니 특별히 향수 생기네.
앉아 있기 싫은 긴 밤에 죽도록 걱정되는데,
갑자기 이웃 여인의 다듬이질 소리 들리네.
[다듬이질] 소리가 바람 탓에 들렸다 안 들렸다 하니,
밤은 길고 별은 낮은데 잠시도 멈추지 않네.
고국을 떠난 후부터 듣지 못했는데,
오늘 타향에서 꼭 닮은 소리를 듣네.
무늬 있는 공이는 무거운지 가벼운지 모르겠고,
푸른 다듬잇돌은 평평한지 아닌지 다 알 수 없네.
[아내가] 몸이 약해 땀이 많음을 멀리서 가엾어하니,
옥처럼 고운 손이 매우 지쳐있으리라 미리 알았네[識].
혹은 홑옷 입은 나그네를 구제하려는 것인가,
그렇지 않으면 아내의 추위를 미리 걱정해서인 것인가?
비록 모습을 잊었어도 찾아가기 어려우니,
멀리 있는 마음을 몰라서 원망이 끝없네.
다른 지역에 살아서 새로 사귄 벗도 없고,
같은 마음이라 생각하니 긴 한숨뿐이네.
이때 홀로 안방에서 들리니,
이 밤에 밝은 눈동자 움츠러듦을 누가 알겠는가?
【그리워하여 마음은 이미 신경 쓰이고, 거듭 눈감지만 뜰 수 없네.
곧바로 장차 꿈 따라 소리 찾아 떠나려 해도, 그저 시름 많아 잠들 수 없네.】

---

28 저본에는 없으나, 「日」의 頭註·「김」·「暗」·「漢」에 보이는 부분이다.

○ 권13, 시(詩) 12, 잡영(雜詠) 3, 5언(言), 기조신[29]의 '눈을 읊은 시'에 화답한 한 수[30] [奉和紀朝臣公詠雪詩一首] 양태사(楊泰師)

> 昨夜龍雲上, 今朝鶴雪新.
> 怪看花發樹, 不聽鳥驚春.
> 廻影疑神女, 高歌似郢人.
> 幽蘭難可繼, 更欲效而嚬.

어젯밤 용 같은 구름이 올라오니, 오늘 아침 학 같은 눈이 새롭네.
꽃이 나무에서 핀 것처럼 [눈을] 괴이하게 보았으니,
새가 봄에 놀라는 소리를 듣지 못했네.
바람에 돌아다니는 [눈의] 그림자는 신녀(神女)인 듯하고,
큰 소리로 노래하니 영인(郢人)[31] [이 노래하는 양춘백설가(陽春白雪歌)]인 듯하네.
유란(幽蘭)[32]은 잇기 어려우니, 다시 모방이라도[效而嚬][33] 하고 싶네.

---

29 미상. 당시 관인 중 左大辨 紀朝臣飯麻呂(?~762)가 있으나, 동일인물인지 확실하지 않다. 기노아손이 지었다는 '눈을 읊은 시'도 남아 있지 않다. 다만 기노아손의 시는 초당의 시인인 駱賓王의 「詠雪」을 참고로 하였을 것이다.
30 759년 1월 27일에 太保(右大臣) 藤原惠美朝臣押勝(706~764)의 저택에서 개최된 연회에서 당대의 문사들이 발해 사신에게 송별하는 시를 지어주었고 양태사가 화답하였다고 하므로(『續日本紀』), 이때 작성된 시일 것이다.
31 영인은 노래를 잘하는 사람을 가리키지만, 楚의 시인 屈原을 가리키기도 한다.
32 유란은 고대의 琴曲 이름이다.
33 效而嚬은 미녀 西施가 찡그리자 다른 추녀들이 따라하였다는 고사에서 유래하며(『莊子』), 겉모습만 모방한다는 의미이다. 여기서는 기노아손의 시를 모방이라도 하고 싶다는 의미이다.

발해사 자료총서-일본사료 편 권1

15. 『편조발휘성령집 (遍照發揮性靈集)』

　　승려 구카이(空海, 774~835)의 한시집으로 줄여서 『성령집(性靈集)』이라고도 한다. 편찬자는 제자인 신제이(眞濟)다. 편찬 연대는 미상이지만 구카이 사망 후 오래지 않은 시점이라고 추정되는데, 일본의 개인 문집으로는 가장 오래된 것이다. 본래 10권이지만, 현존하는 것은 원본의 7권(권1~7)에 산일된 3권(권8~10) 대신 후대에 편찬된 『속편조발휘성령집보궐초(續遍照発揮性靈集補闕鈔)』(1079) 3권을 덧붙인 것이다.

　　권5의 글은 구카이가 대필한 편지다. 후지와라노 가도노마로(藤原葛野麻呂, 755~818)가 당(唐)에서 발해의 왕자와 만났었는데, 재회를 기대하면서도 마침내 실현할 수 없었던 아쉬움을 서술한 것이다.

　　원문은 『일본고전문학대계(日本古典文學大系)71, 삼교지귀 · 성령집(三敎指歸 · 性靈集)』(渡辺照宏 · 宮坂宥勝 校注, 1965, 岩波書店)을 저본으로 하였다.

○ 권5, 등대사가 발해 왕자에게 주기 위한 글【한 수】[爲藤大使與渤海王子書【一首】]

渤海·日本, 地分南北, 人阻天池. 然而善隣結義, 相貴通聘. 往古今來, 斯道豈息. 賀能忝就朝貢, 偶然奉謁. 不期而會, 非常喜悅. 仲春漸喧, 伏惟, 動止萬福卽此. 賀能推旣被監使留礙, 不得再展. 惆悵周旋, 誰堪斷腸. 今日取別, 後會難期. 今不任顧戀之情. 謹奉狀. 不宣, 謹狀.

발해와 일본은 땅이 남북으로 나뉘고, 사람이 바다에 막혀 있습니다. 그러나 이웃을 좋아하여 의리상 좋은 관계를 맺어서, 서로 귀하게 여기고 사절을 교환하여 우호를 맺었습니다. 예로부터 지금까지 이 길은 멈추지 않았습니다. 하능(賀能)[1]은 외람되게 조공하러 가서 우연히 [왕자를] 뵈었습니다. 기약 없이 만나서, 일상적인 기쁨이 아닙니다. 2월에 점차 따뜻해집니다. 엎드려 생각건대 몸가짐이 모든 복이라는 것이 곧 이것입니다. 하능은 이미 감사(監使)에게 막혀서 다시 펼칠 수 없습니다. 비통하여 배회하니, 누가 장이 끊기는 아픔을 감당하겠습니까? 오늘 이별을 취하면, 나중의 만남은 기약하기 어렵습니다. 지금 연모하는 마음을 견딜 수 없습니다. 삼가 장(狀)을 올립니다. 하고 싶은 말을 충분히 하지 못하였으나[不宣],[2] 삼가 장합니다[謹狀].[3]

---

1 후지와라노 카도노마로(藤原葛野麻呂, 755~818). 801년 遣唐大使에 임명되었다. 賀能은 후지와라노 카도노마로를 중국식으로 부르는 명칭이다.
2 대등한 관계의 편지 끝에 쓰는 상투구.
3 편지의 끝에 쓰는 상투구.

발해사 자료총서-일본사료 편 권1

16.『문화수려집(文華秀麗集)』

　헤이안 시대(平安時代, 794~1185) 초기인 818년에 사가천황(嵯峨天皇, 재위 809~823)의 칙명으로 편찬된 칙찬(勅撰) 한시집(漢詩集)이다. 앞서 편찬된『능운집(凌雲集)』을 잇는 것으로 칙찬삼집(勅撰三集)의 하나이다. 후지와라노 후유쓰구(藤原冬嗣, 775~826), 스가와라노 기요키미(菅原清公, 770~842) 등이 편찬하였다. 작자는 사가천황, 쥰나천황(淳和天皇)을 비롯하여 28인에 이르고, 발해 사신이나 여류 시인의 작품도 수록하였다. 본래는 148수가 수록되어 있었지만, 그중 5수는 전하지 않는다. 전체 3권이고『군서유종(群書類從)』에 수록되어 있다.

　815년 연회에서 지은 발해 대사(大使) 왕효렴(王孝廉, ?~815)과 승려 인정(仁貞)의 한시, 송별연에서 지은 고세노 시키히토(巨勢識人, 795~?)의 한시, 814년 당시 영객사(領客使)였던 사카노우에노 이마오(坂上今雄)·사카노우에노 이마쓰구(坂上今繼)·시게노노 사다누시(滋野貞主, 785~852)의 한시, 발해 부사(副使) 고경수(高景秀)에게 화답한 구와하라노 하라카(桑原腹赤, 789~825)의 한시, 귀국길에 영객사 등에게 보낸 왕효렴의 한시 등이 수록되어 있다. 모든 작품이 814년에 일본에 도착한 발해 사신과의 교류 과정에서 작성된 것이다.

　원문은『일본고전문학대계(日本古典文學大系) 69, 회풍조·문화수려집·본조문수(懷風藻·文華秀麗集·本朝文粹)』(小島憲之 校注, 1964, 岩波書店)를 저본으로 하였고,『일본문학대계(日本文學大系)24 회풍조·능운집·문화수려집·경국집·본조속문수(懷風藻·凌雲集·文華秀麗集·經國集·本朝續文粹, 이하「日」)』(國民圖書 編, 1927)와『군서류종(群書類從)8, 장속부·문필부(裝束部·文筆部)1(이하「群」)』(塙保己一 編, 1960, 續群書類從完成會)을 비교본으로 하였다. 왕효렴의 내연(內宴)에 참석한 한시와 판영객(坂領客)과 화답한 한시, 거식인(巨識人)·자정주(滋貞主)의 한시는『일본한시 고대편(日本漢詩 古代篇, 이하「漢」)』(本間洋一 編, 1996, 和泉書院)을 비교본으로 하였다.

○ 상, 연집(宴集), 칙령을 받들어 윗사람을 모시고 내연에 참석한 시 한 수[1][奉勅陪內宴詩一首] 왕효렴(王孝廉)[2]

海國來朝自遠方, 百年一醉謁天裳.
日宮座外何攸見, 五色雲飛萬歲光.

해국(海國, 발해)이 먼 곳에서 내조(來朝)하여, 드물게 취하며[3] 천자[天裳]를 알현했네.
천자의 궁궐 옥좌 밖 어느 곳을 보는가, 오색구름 날아다니며 영원히 빛나네.

○ 상, 연집(宴集), 7일에 금중에서 윗사람을 모시고 연회에 참석한 시 한 수[4][七日禁中陪宴詩一首] 승려 인정(仁貞)[5]

入朝貴國懃下客, 七日承恩作上賓.
更見鳳[6]聲無妓態, 風流變動一國春.

귀국(貴國, 일본)에 입조(入朝)하여 하객(下客)임을 부끄러워하다가,
7일에 은혜를 입어 상빈(上賓)이 되었네.[7]
다시 보니 [연회에 들려오는] 봉황 소리는 무희(舞姬)처럼 요염하지는 않아도,
풍속이 변동하는 일국(一國)의 봄이여.

---

1 왕효렴은 815년 1월 7월과 20일에 연회에 참석하였다(『日本後紀』·『類聚國史』). 이어지는 인정의 시가 1월 7일에 지은 것이므로 같은 때에 지은 한시일 가능성이 높지만, 20일일 가능성도 있다.
2 ?~815. 814년 9월 30일에 일본에 도착한 발해 사절단의 대사. 815년 1월 7일에 연회에 참석하여 종3위를 제수받고, 20일에 송별연에 참석하였으며, 22일에 귀국길에 올랐다. 그러나 5월 18일에 역풍을 만나 에치젠노쿠니(越前國)에 표착하였다가 6월 14일에 병으로 죽었다(『日本後紀』·『類聚國史』).
3 '百年一醉'는 100년에 한번 있을 정도로 드물게 취하였다는 뜻이다.
4 7일이라고 하였으므로, 연회가 열린 815년 1월 7일에 지었을 것이다.
5 814년 9월 30일에 일본에 도착한 발해 사절단의 녹사. 815년 1월 7일에 종5위하를 제수받았고, 22일에 귀국길에 올랐다. 그러나 5월 18일에 역풍을 만나 에치젠노쿠니에 표착하였다가 6월 14일에 대사 왕효렴이 병으로 죽고 나서(『日本後紀』·『類聚國史』) 그 해에 죽었다고 한다(『類聚國史』).
6 '日'・'群'에는 '凰'.
7 815년 1월 7일의 연회에 손님으로 초청되고 관위를 제수받은 것을 가리킨다.

○ 상, 연집(宴集), 봄날 비에 대면하여 정(情)자를 찾아낸 한 수[8][春日對雨探得情字一首] 왕효렴(王孝廉)

主人開宴在邊廳, 客醉如泥等上京.
疑是雨師知聖意, 甘滋芳潤灑羈情.

주인(영객사)은 연회를 열고 변방[9]에 있으나,
손님(왕효렴 등의 사절단)은 만취하여 상경(上京)과 같네.[10]
우사(雨師)가 천자의 마음을 아는 듯하여,
달콤하고 윤이 나는 물을 나그네의 심정에 뿌리네.

○ 상, 전별(餞別), 봄날 야주사[11]가 사자가 되어 발해 사신을 위문[하러 출발]함을 전별하는 한 수[12][春日餞野柱史奉使存問渤海客一首] 거식인(巨識人)[13]

使乎遠欲事皇皇, 芳情[14]睠離但有觴.
遲日未銷邊路雪, 暖煙遍着[15]主人楊.
天涯馬踏浮雲影, 山裏猿啼朗月光.
策騎翩翩何處至, 春風千里海西鄕.

---

8   815년 1월 22일에 헤이안쿄(平安京)를 떠나서 쓰루가(敦賀)의 鴻臚館에 머물던 시기(3월 이내)에 지은 시일 것이다.
9   변방은 쓰루가의 홍려관을 가리키는 듯하다.
10 상경은 발해의 수도 상경용천부를 가리킨다. 즉 고국에서처럼 편하게 만취하였다는 뜻이다. 일본에서는 '等=待'로 보아 '上京'을 헤이안쿄에 들어간다고 해석하기도 한다.
11 '야'는 시게노노 사다누시(滋野貞主)를 축약한 것이다. '주사'는 中務省 소속 內記의 唐名인 柱下史의 축약이다. 즉 당시의 大內記였던 시게노노 사다누시를 가리킨다.
12 815년 1월 22일에 헤이안쿄를 떠나서 쓰루가의 홍려관으로 향한 후(3월 이내)에 지은 시일 것이다.
13 고세노 시키히토(巨勢識人, 795~?). 『능운집』에 따르면 814년 당시 蔭孫으로 無位였다고 한다.
14 「日」에는 '惜'.
15 「日」에는 '著'.

멀리 사신 가서 바쁨을 일삼고자 하니, 봄의 기운은 등지고 떨어져 술잔만 있을 뿐.
늦은 봄날에도 녹지 않은 변방의 눈, 따뜻한 연기가 두루 붙은 주인댁의 버들.
하늘 끝의 맑은 뜬구름의 그림자를 밟고, 산속의 원숭이는 밝은 달빛에 울부짖네.
달리는 말 채찍 때려 날 듯이 어디로 가나, 봄바람 부는 천 리 밖의 해서(海西) 지역이라네.[16]

○ 상, 증답(贈答), 가을 아침에 기러기를 듣고, 발해에서 입조한 고판관·석녹사에게 보내는 한 수[17][秋朝聽鴈, 寄渤海入朝高判官釋錄事一首] 판금웅(坂今雄)[18]

大海途難涉, 孤舟未得廻.
不如關隴鴈, 春去復秋來.

큰 바다의 길은 건너기 어려우니, 외로운 배는 돌아가지 못하였네.
관롱(關隴) 지역 기러기가 봄에 떠나 또 가을에 오는 것과 같지 않네.[19]

○ 상, 증답(贈答), 발해 대사[20]가 보낸 작품에 화답한 한 수[21][和渤海大使見寄之作一首] 판금계(坂今繼)[22]

賓亭寂寞對靑溪,[23] 處處登臨旅念悽.

---

16 해서 지역은 발해 사신이 귀환을 위해 출발하는 이즈모(出雲) 지역을 가리키거나, 막연하게 쓰루가 지역이나 발해국을 가리킬 수도 있다.
17 814년 9월 30일에 일본에 도착한 발해 사절단 중 판관 고영선과 녹사인 승려 인정에게 보내는 시이다. 배가 돌아가지 못하였다는 것은 815년 5월 18일에 에치젠노쿠니에 표착한 사건을 가리키는 듯하므로, 그 해 7~9월에 지은 것으로 보인다.
18 사카노우에노 이마오(坂上今雄). 행적 미상. 814년 9월 30일에 일본에 도착한 발해 사절단에 대한 영객사였는데, 사카노우에노 이마쓰구와 동일인이라는 설도 있다.
19 큰 바다를 건너 배가 돌아가는 것은 기러기가 봄가을에 오가는 것보다 어렵다는 뜻이다.
20 왕효렴이다.
21 815년 1월 22일에 헤이안쿄를 떠나서 쓰루가의 홍려관에 머물던 시기(3월 이내)에 지은 시일 것이다.
22 사카노우에노 이마쓰구(坂上今繼). 생몰년 미상. 814년 9월 30일에 일본에 도착한 발해 사절단에 대한 영객사였다.
23 「群」에는 '□'.

萬里雲邊辭國遠, 三春煙裏望鄉迷.
長天去鴈催歸思, 幽谷來鶯助客啼.
一面相逢如舊識, 交情自與古人齊.

빈관(賓館, 敦賀의 홍려관)은 고요하게 푸른 시내와 마주하니,
곳곳마다 오르면 여행 생각이 구슬프네.
만 리의 구름 가는 고국을 떠나서 멀고,
봄의 연기 속에 고향을 바라보고 갈피 잡지 못하네.
긴 하늘에 떠나는 기러기는 돌아갈 생각을 재촉하고,
깊은 골짜기에 오는 꾀꼬리는 손님의 울부짖음을 돕네.
한번 대면하였지만 오랜 지인 같으니,
나누는 정은 저절로 오랜 벗과 같네.

○ 상, 증답(贈答), 봄밤에 홍려관[24]에 머물러, 발해에서 입조한 왕대사에게 보내는 한 수[25][春夜宿鴻臚, 簡渤海入朝王大使一首] 자정주(滋貞主)[26]

枕上宮鐘傳曉漏, 雲間賓鴈送春聲.
辭家里許不勝感, 況復他鄉客子情.

베개 위 궁종(宮鐘)[27]은 새벽 시각 알리고, 구름 사이 떠도는 기러기는 봄 소리 보내었네.
집 떠나 몇 리인지 감정을 이기지 못하니, 하물며 또한 타향 손님의 정이겠는가?

---

24 일본에 내조한 사신이 숙박하는 관립 숙박시설. 迎賓館이라고도 한다. 수도 이외에 사신이 출입하도록 지정된 지역인 다자이후(大宰府)·나니와(難波)·쓰루가에도 설립되어 있었다.
25 815년 1월 22일에 헤이안쿄를 떠나서 쓰루가의 홍려관에 머물던 시기(3월 이내)에 지은 시일 것이다.
26 시게노노 사다누시(滋野貞主, 785~852). 814년 9월 30일에 일본에 도착한 발해 사절단에 대한 영객사였고, 당시 종6위하 守大內記였다고 한다.
27 중국의 5음계(궁상각치우) 중 궁 소리가 나는 종.

○ 상, 증답(贈答), 발해에서 입근한 부사(高景秀)의 '공적(公的)으로 천자를 알현할 수 있게 한다.'는 작품에 화답하는 한 수[28][和渤海入覲副使公賜對龍顏之作一首] 상복적(桑腹赤)[29]

渤海望無極, 蒼波路幾千.
占雲遙驟水, 就日遠朝天.
慶自紫霄降, 恩將丹化宣.
以君吳札耳, 應悅聽薰絃.

발해는 바라보니 끝없는데, 푸른 파도는 그 길이 몇천 리인가?
구름을 점쳐서 멀리 물 위를 달리고, 해로 나아가서 멀리 하늘에 조공하였네.
경사는 자색(紫色) 하늘에서 내려오고, 은혜는 진심 어린 감화(感化)를 선언하였네.
그대는 오(吳)의 계찰(季札) 같은 귀로, 조정의 음악[薰絃]을 들음을 기뻐해야 하네.

○ 상, 증답(贈答), 변방에서 산화라는 부(賦)를 짓고, 장난으로 두 영객사(坂上今雄·坂上今繼) 및 자삼[30]에게 보내는 한 수[31][在邊亭賦得山花, 獻寄兩箇領客使幷滋三一首] 왕효렴(王孝廉)

芳樹春色色甚明, 初開似笑聽無聲.
主人每日專攀盡, 殘片何時贈客情.

향기로운 나무의 봄 색깔은 색이 매우 밝으니,
처음 피면 웃는 것 같아도 들으면 소리가 없네.

---

28 815년 1월에 발해 사신이 헤이안쿄에 머무를 때(22일 이전)에 지은 시일 것이다.
29 구와하라노 하라카(桑原腹赤, 789~825). 822년 가바네(姓)를 구와하라노키미(桑原公)에서 미야코노스쿠네(都宿禰)로 바꿈에 따라서 성명이 미야코노 하라카(都腹赤)로 바뀌었다.
30 滋野貞主이다.
31 815년 1월 22일에 헤이안쿄를 떠나서 쓰루가의 홍려관으로 향하던 도중이나 쓰루가의 홍려관에 머물던 시기(3월 이내)에 지은 시일 것이다.

주인은 날마다 오로지 꽃 꺾기에만 매진하니,
남은 조각은 언제 나그네의 쓸쓸함에 주겠는가?

○ 상, 증답(贈答), 판영객[32]이 달을 마주하며 고향을 생각한 작품을 보낸 것에 화답한 한 수 [33][和坂領客對月思鄕見贈之作一首][34] 왕효렴(王孝廉)

寂寂朱明夜, 團團白月輪.
幾山明影徹, 萬象水天新.
棄妾看生悵, 羈情對動神.
誰言千里隔, 能照[35]兩鄕人.

고요한 여름밤, 둥글고 흰 달.
몇 산인지 밝은 그림자 비치고, 온갖 것이 물에도 하늘에도 새롭네.
헤어진 여자는 점점 미움이 생기니, 나그네의 심정은 마주하여 정신을 움직이네.
천 리 떨어졌다고 누가 말하였는가, 두 마을의 사람을 잘도 비추는데.

○ 상, 증답(贈答), 출운주[36]에서 정을 써서, 두 칙사에게 보내는 한 수[37] [從出雲州書情, 寄兩箇勅使一首] 왕효렴(王孝廉)

南風海路速[38]歸思, 北鴈長天引旅情.

---

32 坂上今繼이다.
33 815년 4~5월에 쓰루가의 홍려관을 떠나서 귀국하기 위해 이즈모노쿠니(出雲國)에 들렀을 때 또는 이즈모노쿠니로 가는 도중에 지은 시일 것이다.
34 「日」에는 '一首'가 없음.
35 「群」에는 '□'.
36 일본 고대 島根縣 東部의 옛 국명이다. 山陰道의 上國이다. 고대 出雲神話의 무대이다. 율령제 아래에서도 國司와는 별개로 出雲臣氏가 出雲國造에 임명되었다. 國府는 島根郡으로 오늘날 松江市 大草町이다.
37 815년 4~5월에 쓰루가의 홍려관을 떠나서 귀국하기 위해 이즈모노쿠니(出雲國)에 들렀을 때에 지은 시일 것이다.
38 「日」・「群」에는 '連'.

賴有鏘鏘雙鳳[39]伴, 莫愁多日[40]住邊亭.

남풍(南風)은 바닷길에서 돌아갈 생각을 재촉하고,
북쪽 기러기는 긴 하늘에서 나그네의 쓸쓸함을 끄집어내네.
다행히 소리 내 우는 봉황(鳳凰)이 있어, 걱정 없이 많은 날 변방에 머무르네.

---

39 「日」·「群」에는 '風'.
40 「群」에는 '月'.

17. 『능운집(凌雲集)』

　헤이안 시대(平安時代, 794~1185) 초기인 814년에 사가천황(嵯峨天皇, 재위 809~823)의 칙명으로 편찬된 일본 최초의 칙찬(勅撰) 한시집(漢詩集)이다. 정식 명칭은 『능운신집(凌雲新集)』이다. 나중에 편찬된 『문화수려집(文華秀麗集)』·『경국집(經國集)』과 함께 칙찬삼집(勅撰三集)』이라고 불린다. 오노노 미네모리(小野岑守, 778~830), 스가와라노 기요키미(菅原淸公, 770~842) 등이 편찬하였다. 작자는 헤이제이천황(平城天皇), 사가천황, 쥰나천황(淳和天皇) 등 23인이다. 전체 1권 90수였는데 나중에 1수가 추가되어 91수로 현재 전하고 있다.

　810년 일본에 도착한 발해 사신이 811년 연회에 참석하였을 때 작성되었다고 추정되는 오토모노스쿠네 우지카미(大伴宿禰氏上)의 한시가 수록되어 있다.

　원문은 『군서류종(群書類從)8, 장속부·문필부(裝束部·文筆部)1』(塙保己一 編, 1960, 續群書類從完成會)를 저본으로 하였고, 『일본문학대계(日本文學大系) 24, 회풍조·능운집·문화수려집·경국집·본조속문수(懷風藻·凌雲集·文華秀麗集·經國集·本朝續文粹, 이하 「日」)』(國民圖書 編, 1927)와 『국풍암흑기의 문학(國風暗黑時代の文學, 中中, 이하 「暗」)』(小島憲之, 1979, 塙書房), 『일본한시 고대편(日本漢詩 古代篇, 이하 「漢」)』(本間洋一 編, 1996, 和泉書院), 「칙찬한시집에 보이는 발해사절시(이하 「김」)」(김임숙, 『일본어문학』83, 2018)를 비교본으로 하였다.

○ 종6위하 수대내기[1] 대반숙녜씨상의[2] 한 수[3][從六位下守大內記大伴宿禰氏上一首] 발해의 입조[渤海入朝]

> 自從明皇御寶曆, 悠悠渤海再三朝.
> 乃知玄德已深遠, 歸化純情是最昭.
> 片席聊懸南北吹, 一船長冷[4]去來潮.
> 占星水上非無感, 就日遙思眷我堯.

훌륭한 천황이 즉위하고 나서, 아득히 먼 발해가 두세 번 내조하였네.

하늘의 덕[玄德]이 이미 깊고 원대함을 알았으니,

귀화하는 순수한 마음이 가장 밝구나.

외로운 돛단배는 간신히 걸려서 남북으로 나부끼니,

배 한 척이 오가는 조수(潮水)에 오래도록 떴구나.

물 위에서 별점 치며 감정이 없지 않지만,

해를 향해 멀리 생각하며 우리 천황을 그리워하네.

---

1 일본 고대 中務省의 관직이다. 대·중·소내기의 6인 가운데 상위로 2명을 두었다. 내기는 詔勅·宣命·位記의 기초 및 천황의 행동을 기록하는 일을 담당하였다. 그래서 학문에 뛰어난 관인이나 학자를 우선적으로 임명하였고, 대내기는 紀傳道(文章道) 시험 합격자에 한정되었다. 헤이안 시대 이후 그 역할이 점차 쇠퇴하였다.

2 오토모노스쿠네 우지카미(大伴宿禰氏上. ?~?)는 823년에 大伴宿禰에서 도모노스쿠네(伴宿禰)로 가바네(姓)를 고쳤다. 이에 따라 성명은 도모노 우지카미(伴氏上)로 바뀌었다. 이 시는 가바네를 바꾸기 이전의 것이다.

3 발해 사절단은 810년 9월에 일본에 도착하여 811년 1월 7일과 20일에 연회에 참석하였다(『日本後紀』). 811년 1월에 있었던 7일 또는 20일의 연회에서 작성된 한시라고 추정된다.

4 「暗」·「漢」·「김」에는 '泛'.

발해사 자료총서 - 일본사료 편 권1

18. 『고야잡필집(高野雜筆集)』

　승려 구카이(空海, 774~835)의 유문(遺文)을 모은 문집으로 『편조발휘성령집(遍照發揮性靈集)』의 보유 편에 해당하는 것이다. 성립 시기, 편찬자 등은 미상이다. 편지류를 중심으로 72편을 상하 2권에 수록하였는데, 그중 10편은 『편조발휘성령집』과 중복되고, 또 제자 등의 편지가 섞여 들어갔다고 의심되는 몇 편도 포함되어 있다. 당(唐)에서 청해 온 경전 등의 서사 및 보급에 관한 것이 많고, 비호자에 대한 물품의 시주 의뢰장, 예장(禮狀), 병문안 등 다양하다. 『편조발휘성령집』과 함께 구카이의 사적, 사상 등을 알 수 있는 중요한 사료다. 중요문화재(한국의 보물에 해당)인 오타니(大谷)대학본은 1171년의 필사본이다. 『속군서유종(續群書類從)』에 수록되어 있다.

　815년에 왕효렴에게 보낸 편지 1통이 수록되어 있다.

　원문은 『속군서류종(續群書類從) 12上』(塙保己一 原編·太田藤四郎補編. 1957, 續群書類從完成會)을 저본으로 하였고, 『일본의 불교 사상(日本の佛敎思想) 최징·공해(最澄·空海, 이하 「空」)』(渡辺照宏 編·宮坂宥勝 등 訳注, 1986, 筑摩書房)를 비교본으로 하였다.

○ 권하, 발해 왕대사[1][渤海王大使[2]]

信滿至, 辱枉封[3]書狀及一章新詩, 翫之誦之, 口手不倦. 面卽胡越, 心也傾蓋, 一喜一懼, 不知爲喩矣. 孟春餘寒, 伏惟大使動止萬福, 伏承國家寵過[4]百位[5]恒品, 慶賀殊深, 比欲取消息. 緣信滿遲來, 不能交參, 悚悵何言. 未審早晚合發歸, 亦先所諮申王好等官品, 具錄示, 幸幸甚甚. 謹遣上信滿奉狀, 不宣, 謹狀.
正月十九日, 西岳沙門空海狀上.

신만(信滿)[6]이 이르러 서장(書狀) 한 봉(封)과 새로운 시(詩) 한 장(章)을 받게 되니, 익히고 암송하여 입과 손이 게으르지 않았습니다. 얼굴은 이민족이고 마음은 처음 만났으니, 한편으로 기쁘고 한편으로 두려워 깨우치게 될 줄 몰랐습니다. 초봄 꽃샘추위에 대사(大使)의 몸가짐이 온갖 복임을 엎드려 생각하니, 국가의 총애가 온갖 보통의 무리를 지나칠 정도로 삼가 받드니, 경하함이 매우 깊고 패거리를 지어 소식을 취하고자 하였습니다. 신만이 늦게 와서 서로 엇갈릴 수 없었기 때문에, 어떻게 말할지 두려워하고 슬퍼하였습니다. 이르고 늦음을 찾지 않고 출발과 귀환에 맞추니, 또한 앞서 보고한 왕호(王好) 등의 관품을 갖추어 기록하고 보여주니, 매우 다행입니다. 삼가 신만에게 군주의 문건을 소지하게 하여 올려보내니, 하고 싶은 말을 충분히 하지 못하였으나[不宣][7] 삼가 장합니다[謹狀].
정월 19일 서악(西岳) 사문 공해(구카이)가 편지로 올립니다.

---

1 815년 1월 19일에 발해의 대사 왕효렴에게 편지와 시를 받은 것에 대한 사례로 보낸 편지이다.
2 「空」에는 '大使【閣下】'.
3 「空」에는 '一封'.
4 「空」에는 '遇'.
5 「空」에는 '倍'.
6 구카이의 제자.
7 대등한 관계의 편지 끝에 쓰는 상투구.

발해사 자료총서 – 일본사료 편 권1

19. 『고야대사광전 (高野大師廣傳)』

1118년 승려 쇼켄(聖賢, 1083~1147)이 편찬한 구카이(空海, 774~835)의 전기이다. 『속군서유종(續群書類從)』에 수록되어 있다.

815년 발해 사절단의 대사 왕효렴의 죽음을 조문하는 한시가 수록되어 있다.

원문은 『속군서류종(續群書類從) 8下』(塙保己一 原編·太田藤四郞補編. 1958, 續群書類從完成會)를 저본으로 하였고, 『홍법대사전전집(弘法大師傳全集) 1(이하「弘」)』(長谷寶秀 編, 1977, ピタカ)을 비교본으로 하였다.

○ 권하, 발해국 대사 효렴[1]이 도중에 사망함을 위문하다[傷渤海國[2]大使孝廉中途物故]

一面新交不忍聽, 況乎鄕園故國情.

한번 대면해 새롭게 사귀었다고 차마 듣지 못하였는데,
하물며 고향·고국에 대한 정이야 오죽하겠는가?

1　王孝廉(?~815)은 814년 9월 30일에 일본에 도착한 발해 사절단의 대사. 815년 1월 7일에 연회에 참석하여 종3위를 제수받고, 20일에 송별연에 참석하였으며, 22일에 귀국길에 올랐다. 그러나 5월 18일에 역풍을 만나 에치젠노쿠니(越前國)에 표착하였다가 6월 14일에 병으로 죽었다(『日本後紀』·『類聚國史』).
2　「弘」에는 '王'.

발해사 자료총서-일본사료 편 권1

20. 『관가문초(菅家文草)』

　스가와라노 미치자네(菅原道眞, 845~903)가 편찬한 12권의 한시문집(漢詩文集)이다. 900년 다이고천황(醍醐天皇, 재위 897~930)의 의뢰로 자기의 작품을 모아서 시대순으로 배열하여, 조부 스가와라노 기요키미(菅原淸公, 770~842)의 『관가집(菅家集)』 6권, 부친 스가와라노 고레요시(菅原是善, 812~880)의 『관상공집(菅相公集)』과 함께 바쳤다. 현존본은 성립 당시의 원형이 거의 그대로 전하며, 『도진집(道眞集)』이라고도 한다. 이 한시집을 바친 후 그는 다자이후(大宰府)로 좌천되었는데, 좌천 이후의 한시문은 『관가후집(菅家後集)』에 수록되었다. 전반부 6권은 시 468수를 연대순으로, 후반부 6권은 부(賦)·서(序)·조칙(詔勅)·주장(奏狀)·원문(願文) 등 다양한 문체의 산문 159수를 상르별로 수록하였다. 시풍(詩風)은 원진(元稹, 779~831)·백거이(白居易, 772~846)의 영향이 강하여 유려하고 아름다운데, 특히 백거이의 경우에는 『백씨문집(白氏文集)』의 어구·표현이 인용되어 있다. 산문은 사륙변려체(四六駢儷體)가 중심인데 예술적인 아름다운 문장과 사무적인 논문으로 나뉜다. 헤이안 시대(平安時代, 794~1185) 한시인(漢詩人)의 시문집(詩文集)으로 가장 분량이 많다.

　882년 일본에 도착한 발해 사신이 883년에 헤이안쿄(平安京)에서 체재하는 동안과 떠난 후에 작성된 것으로 보이는 한시 11수와 시서(詩序) 1편, 894년 일본에 도착한 발해 사신이 895년에 헤이안쿄에서 체재하는 동안 작성된 것으로 보이는 한시 7수, 871년 일본에 도착한 발해 사신에게 872년에 하사한 칙서 2편이 수록되어 있다.

　원문은 『일본고전문학대계(日本古典文學大系)72, 관가문초·관가후집(菅家文草·菅家後集)』(川口久雄 校注, 1966, 岩波書店)을 저본으로 하였다. 권2 대사의 방을 지나며 지은 한시와 홍려관에서 전별하는 한시, 권5 발해 대사를 전별하는 한시는 『일본한시 고대편(日本漢詩 古代篇, 이하 「漢」)』(本間洋一 編, 1996, 和泉書院, 104·129~130쪽), 권7 홍려증답시서(鴻臚贈答

詩序)는 『관가문초주석 문장편(菅家文草注釋 文章篇) 1(이하 「文」)』(文草の會, 2014, 勉誠出版)을 비교본으로 하였다.

○ 권2, 시(詩) 2, 지난봄 발해의 대사[1]가 하주선사마[2]와 주고받은 몇 편을 읊었다. 오늘 아침 다시 읊고, 전객국자[3] 기십이승[4]이 보낸 장구(長句)에 화답하여 감상하다 간신히 본래의 압운(押韻)[本韻]에 의거하였다.[5] [去春詠渤海大使, 與賀州善司馬, 贈答之數篇. 今朝重吟, 和典客國子紀十二丞見寄之長句, 感而翫之. 聊依本韻]

掌上明珠舌下霜, 風情潤色使星光.
春遊惣轡州司馬, 夏熱交襟典客郎.
恨我分庭勞引導, 饒君遇境富文章.
若教毫末逢閑日, 莫惜縱容損數行.

손바닥 위의 명주(明珠)와 혀 아래의 서리,
풍정(風情)[6]은 사신의 빛을 더 빛나게 하였네.
봄 놀이에 고삐를 잡았던 주사마(州司馬, 三善氏),

---

1 裴頲이다. 이하 동일하다. 元慶 6년(882) 12월 14일 文籍院少監이었던 裴頲이 大使로서 105인의 발해 사신단을 이끌고 加賀國에 도착하였다. 기록에 따르면 배정은 처음 일본에 방문한 것으로 알려져 있다. 그러나 그의 文名이 일본 조정에 잘 알려져 있었기 때문에 더욱 환대를 받았다. 실제로 배정의 체재 기간이 짧았음에도 불구하고 嶋田忠臣, 管原道眞, 紀長谷雄 등 당시 일본의 문인 관료들과 詩筵, 酒席 등을 통해 깊은 관계를 맺었던 것으로 보인다. 이와 같은 일본에서의 활동이 발해에서도 높이 평가되어, 寬平 6년(895)에 다시 대사로 일본에 파견되었다. 그 후 그의 재능을 이어받은 아들 裴璆도 세 차례 일본에 대사로 파견되어 아버지와 같이 일본 문인들과 우정을 나누는 등 발해와 일본과의 文運 교류에 큰 족적을 남겼다(上田雄, 2001, 540~541쪽).
2 加賀國掾 三善氏이다. 하주는 가가노쿠니(加賀國), 사마는 國司의 차관인 掾을 모두 唐名으로 표현한 것이다. 선은 삼선(三善: 미요시)씨의 일원으로 추정되지만, 누구인지 알 수 없다.
3 掌渤海客使를 당명으로 표현한 것이다.
4 기씨 가문의 열두째인 기노 하세오(紀長谷雄, 845~912)를 가리킨다. 그는 883년 당시 종8위상 文章得業生으로 장발해객사에 임명되었다(『日本三代實錄』· 『類聚國史』). 참고로 丞은 8省의 판관으로 大丞·少丞이 있고, ~寮의 판관인 允의 唐名으로 사용되었다.
5 뒤에 나오는 홍려증답시서에 따르면 883년 4월 29일부터 5월 11일 사이에 주고받은 시라고 한다.
6 풍정은 여러 뜻이 있지만 여기서는 고상하고 멋있는 정취를 가리킨다.

여름 더위에 흉금(胸襟)을 나눈 전객랑(典客郎, 紀長谷雄).
나는 뜰을 나누어 인도하는 일에 수고하였음을 한스러워 하고,
그대는 경계를 만나 문장을 풍성하게 하는 것을 허락받았네.
만약 털끝이라도 한가로운 날을 만나게 하였다면,
느긋하게 여러 줄을 덜어내는 것을 아쉬워하지 않았을 텐데.

○ 권2, 시(詩) 2, 거듭 행(行)자에 의거하여, 배대사에게 받은 시가에 화답하다.[7] [重依行字, 和裴大使被訓之什]

寒松不變冒繁霜, 面禮何須假粉光.
灌漑梁園爲墨客, 婆娑孔肆是査郞.
千年豈有孤心負, 萬里當憑一手章.
聞得傍人相語笑, 因君別淚定添行.

겨울 소나무는 변함없이 무성하게 내리는 서리를 무릅쓰니,
대면하는 예식은 분장과 광채를 빌려 어찌해야 하는가?
양원(梁園)[8]에 물 대어 문인(文人)이 되니, 유학[孔肆]을 섭렵하는 것은 관리[査郞]였네.
천 년이라도 어찌 내 마음이 저버리는 일 있을까,
만 리라도 손편지 하나에 마땅히 의지해야 하네.
옆 사람이 서로 말하고 웃는 것을 들었으니,
그대 때문에 이별의 눈물은 떠나는 길에 틀림없이 붙여지네.

---

7 뒤에 나오는 홍려증답시서에 따르면 883년 4월 29일부터 5월 11일 사이에 주고받은 시이다.
8 양원은 漢代 梁의 孝王이 경영한 유명한 정원.

○ 권2, 시(詩) 2, 대사의 방을 지나며, '비온 뒤 더위'라는 시를 짓다.[9][過大使房, 賦雨後熱]

風凉便遇斂纖氛, 未覩靑天日已曛.
揮汗春官應問我, 飮冰海路詎愁君.
寒沙莫趂家千里, 淡水當添酒十分.
言笑不須移夜漏, 將妨夢到故山雲.

바람이 서늘하여 곧 찌뿌둥한 기운을 거두게 되니,
푸른 하늘을 보지 않아도 해가 이미 저물었네.
땀을 닦고 춘관(春官, 菅原道眞)[10]이 나에게 물어야 하지만,
얼음을 마시고 바닷길이 어찌 그대를 그리워하겠는가?
추운 사막을 뒤따르지 못해서 집은 천 리이지만,
시냇물이 더해지지 않아도 술은 충분하네.
웃으며 이야기하여 밤 시계의 움직임을 따르지 않으니,
꿈에 옛 산의 구름에 도달하는 것을 막으려 하는구나.

○ 권2, 시(詩) 2, 여름밤에 발해 사신과 대면하여, '달빛이 고요한 밤에 임한다'는 시[11]를 똑같이 짓다【제목에서 운(韻)을 취하고, 60자로 완성하였다】[12][夏夜對渤海客, 同賦月華臨靜夜詩【題中取韻, 六十字成】]

擧眼無雲靄, 窓頭翫月華.
仙娥弦未滿, 禁漏箭頻加.
客座心呈露, 坏行手酌霞.
人皆迷傅粉, 地不弁晴沙.

---

9 뒤에 나오는 홍려증답시서에 따르면 883년 4월 29일부터 5월 11일 사이에 주고받은 시이다.
10 治部省의 관인. 춘관은 치부성의 唐名이다. 여기서는 관청명이 아니라 소속관인의 의미여서, 883년 당시 차관인 治部大輔였던 스가와라노 미치자네(菅原道眞, 845~903)를 가리킨다.
11 梁 沈約의 시(『玉臺新詠』권5)에서 따온 제목이다.
12 883년 4월 29일부터 5월 11일 사이에 주고받은 시이다.

縱望西山落, 何瞻北海家.
閑談知照膽, 莫勸折燈花.

눈을 뜨면 구름이나 아지랑이도 없으니, 창 머리에서 달빛을 감상하네.
천녀(天女)는 활줄을 채우지 않았으나,[13] 물시계는 화살이 자주 더해지네.[14]
동석한 손님은 마음을 드러내고, 잔을 돌리니 손에 노을을 따르네.
사람들은 모두 흰 가루를 발랐는지 헷갈리고, 땅은 맑은 모래를 분별하지 못하네.
가령 서산에 지는 것을 바라보더라도, 어떻게 북해의 집을 바라볼 것인가?
한담(閑談)은 쓸개를 비추는 것을 알고, 촛불의 재를 꺾으라고 권하지 않네.

○ 권2, 시(詩) 2, 취중에 옷을 벗어 배대사에게 주고, 절구(絶句) 하나를 서술하여 보내서 사례하다.[15] [醉中脫衣, 贈裴大使, 敍一絶, 寄以謝之]

吳花越鳥織初成, 本自同衣豈淺情.
座客皆爲君後進, 任將領袖屬裴生.

오(吳)의 꽃과 월(越)의 새는 직조하여 처음 완성하고,
본래 옷을 같이 하였으니 어찌 얕은 정이겠는가?
동석한 손님은 모두 그대의 후진(後進)이니,
영수(領袖)에 임명하여 배생(裴生, 裴頲)에게 속하게 하였네.

---

13 달이 활줄을 당긴 모양인 초승달이 되지 않았다는 뜻이다.
14 물시계는 시간이 흐르면 화살 위에 새겨진 눈금이 순서대로 나타나게 된다. 밤의 시간이 깊어져 감에 따라 반달이 맑게 빛난다는 뜻이다.
15 883년 4월 29일부터 5월 11일 사이에 주고받은 시이다.

○ 권2, 시(詩) 2, 28자로 사례하여 취중에 옷을 주다. 배소감[16]이 주고 받는 와중에 사례할 말이 있는 듯하다. 다시 네 운(韻)을 서술하여 거듭 장난하다.[17][二十八字, 謝醉中贈衣. 裴少監, 訓答之中, 似有謝言. 更述四韻, 重以戲之]

不堪造膝接芳言, 何事來章似謝恩.
腰帶兩三杯後解, 口談四七字中存.
我寧離袂忘新友, 君定曳裾到舊門.
若有相思常服用, 每逢秋鴈附寒溫.

무릎을 나란히 해 말씀을 주고받음을 감당하지 못해,
무슨 일인지 보내온 시문(詩文)이 은혜를 사례하는 듯하네.
허리띠는 두세 잔 후에 풀고, 입으로 말한 것은 네 줄 일곱 자의 시 속에 있네.
내가 어찌 소매를 떼어서 새로운 벗을 잊겠는가,
그대가 반드시 옷자락을 끌고 옛 문에 이를 것이네.
만약 서로 그리워함이 있으면 항상 이 옷을 입고,
가을 기러기를 만날 때마다 춥고 더운 인사를 덧붙였네.

○ 권2, 시(詩) 2, 언(言)자에 의거하여, 배대사에게 거듭 답하다.[18][依言字, 重訓裴大使]

多少交情見一言, 何關薄贈有微恩.
手勞機杼營求斷, 心任裁縫委曲存.
短製應資行客路, 餘香欲襲國王門.
後來縱得相親褻, 故事因君暗可溫.

---

16 문적소감을 가리킨다. 발해의 관청인 문적원 소속의 차관. 문적원은 唐의 秘書省에 상당하여, 도서 관리와 문장 작성 등을 담당하였다.
17 883년 4월 29일부터 5월 11일 사이에 주고받은 시이다.
18 883년 4월 29일부터 5월 11일 사이에 주고받은 시이다.

다소 나눈 정을 한마디로 보니,

어찌 조금 준 것은 작은 은혜가 있음에 관련되겠는가?

베틀에 직접 수고하여 도모하고 끊으니,

마음 가는 대로 재봉하여 세심한 마음 씀씀이가 있네.

짧게 만든 것은 나그네의 길을 도울 만하고,

남은 향기는 국왕의 문을 습격하려고 하네.

나중에 가령 서로 때가 타게 되더라도,

이 일은 그대 때문에 어둠에도 따뜻할 만하네.

○ 권2, 시(詩) 2, 여름밤 홍려관[19]에서 발해 사신의 귀향을 전별(餞別)하다.[20] [夏夜於鴻臚館, 餞北客歸鄉]

歸歟浪白也山青, 恨不追尋界上亭.
腸斷前程相送日, 眼穿後紀轉來星.
征帆欲繫孤雲影, 客館爭容數日局.
惜別何爲遙入夜, 緣嫌落淚被人聽.

파도는 희고 산은 푸른데 돌아가는가,

경계 위 정자를 쫓아 찾지 않은 것이 싫었네.

앞길로 서로 보내는 날 장이 끊어지고,

후년에 굴러오는 별에 눈이 뚫리네.

떠나가는 돛은 외로운 구름의 그림자를 이으려 하고,

객관(客館, 鴻臚館)은 며칠의 머무름을 다투어 허용하네.

석별(惜別)은 무엇 때문에 멀리 밤에 들어가는가,

떨어지는 눈물이 남에게 들릴까 싫어하게 되었네.

---

19 일본에 내조한 사신이 숙박하는 관립 숙박시설. 迎賓館이라고도 한다. 수도 이외에 사신이 출입하도록 지정된 지역인 다자이후(大宰府)·나니와(難波)·쓰루가(敦賀)에도 설립되어 있었다.

20 883년 4월 29일부터 5월 11일 사이에 주고받은 시이다.

○ 권2, 시(詩) 2, 배대사의 유별(留別)[21]하는 시가에 답하다. 【차운[22]】[23][詶裴大使留別之什【次韻】]

> 交情不謝北溟深, 別恨還如在陸沈.
> 夜半誰欺顔上玉, 旬餘自斷契中金.
> 高看鶴出新雲路, 遠妬花開舊翰林.
> 珍重歸鄕相憶處, 一篇長句惣丹心.

나눈 정은 북쪽 바다의 깊이에도 사라지지 않았지만,
이별의 한은 도리어 육침(陸沈)해 있는 듯하네.[24]
한밤에 얼굴 위의 옥을 누가 속이는가,
10여 일 동안 우정에 쇠붙이도 저절로 끊어지겠네.
학이 새로운 하늘길로 나옴을 높이 보고,
꽃이 옛 문원(文苑)에 열림을 멀리 질투하였네.
진중(珍重)하라는 작별 인사를 하고[25] 서로 추억하는 곳으로 귀향하니,
한 편의 장구(長句)는 모두 진심이네.

---

21 유별은 나그네가 남아 있는 사람에게 이별을 고하는 것.
22 차운은 남이 지은 시의 운자를 따서 시를 짓는 일 또는 그렇게 지은 시.
23 883년 4월 29일부터 5월 11일 사이에 주고받은 시이다.
24 육침은 육지에 가라앉아 세속에서 은거하는 생활을 보내는 것.
25 진중은 몸을 소중히 여기어 잘 보호하라는 뜻의 상투적 작별인사이다.

○ 권2, 시(詩) 2, 내가 요즘 시정원 한 편을 서술하여, 관십일저작랑[26]에게 드리다. 장구 2수는 우연히 답하게 된다. 다시 본래의 압운에 의거하여 거듭 답하여 사례하다.[27] [余近敍詩情怨一篇, 呈菅十一著作郎. 長句二首, 偶然見訓. 更依本韻, 重答以謝]

請君好詠一篇詩, 唯恨無人德務滋【尚書曰, 樹德務滋】.
讒舌音聲竽尚濫, 厚顏脂粉鏡知媸.
雲生不放寒蟾素, 桂死何勝毒蠹緇.
銷骨元來由積毀, 履氷未免老狐疑.

즐겁게 시 한 편 읊도록 그대에게 청하니,
사람의 덕이 풍성함에 힘쓰는 일 없음이 한스러울 뿐이네.
【『상서(尙書)』에 전한다. "덕을 세우는 것은 풍성함에 힘쓴다."】
폄하하는 말의 음성은 피리보다 넘쳤고, 두꺼운 얼굴의 기름기는 거울도 추함을 알았네.
구름이 생기면 겨울 달이 희도록 놔두지 않으니,
계수나무가 죽어도 어찌 검은 독두(毒蠹)[28]를 이기겠는가?
뼈를 녹이는 것은 본래 거듭된 비방에서 비롯되고,
얼음을 밟아서 늙은 여우의 의심을 면하지 못하였네.

生涯我是一塵埃, 宿業頻遭世俗猜.
東閤含將眞咳唾, 北溟賣與僞珍瓌.
三條印綬依恩佩, 九首詩篇奉勅裁【來章曰, 蒼蠅舊讚元臺弁. 白體新詩大使裁. 注云, 近來有聞. 裴頲云, 禮部侍郎, 得白氏之體. 余讀此二句, 感上句之不欺, 兼下文之多詐. 訓和之次, 聊述本情. 余心無一德, 身有三官. 惣而言之, 事緣恩獎. 更被勅旨, 假號禮部侍郎, 與渤海入覲大使裴頲相唱和. 詩惣九首, 追以慙愧. 故有此四句】.

---

26 스가노(菅野) 집안의 열한째인 著作郎이라는 뜻이다. 저작랑은 內記의 唐名이므로, 882년 당시 大內記였던 스가노노 코레유키(菅野惟肖, 842?~888)를 가리킨다.
27 883년 4월 29일부터 5월 11일 사이에 주고받은 시이다.
28 독두는 독이 있는 나무좀벌레.

凡眼昏迷誰料理, 丹鶂鏡掛碧宵臺.

평생 나는 이 티끌 하나였으니, 숙업(宿業)[29]은 세속의 시기를 자주 만났네.

동쪽 작은 문은 주옥(珠玉)을 머금어 가져왔고, 북쪽 바다는 진귀한 가짜 옥을 팔아주었네.

삼조(三條)[30]의 인수(印綬)는 은택에 의거하여 차고, 9수(首)의 시편(詩篇)은 칙령을 받들어 만들었네.【보내온 시문(詩文)[31]에 전한다. "소인(小人)[蒼蠅][32]의 오래된 칭찬은 원대(元臺, 太政大臣)[33]도 판별한다. 백씨 문체의 새로운 시는 대사이기에 지은 것이다." 주석에 전한다.[34] "근래 들은 바가 있다. 배정(裴頲)이 말하였다. '예부시랑(禮部侍郎, 菅原道眞)[35]은 백씨의 문체를 얻었다.'" 나는 이 두 구절을 읽고 윗 구절이 속이지 않았고, 아래 문장이 많이 속였음을 느꼈다. 화답한 다음에 본래의 마음을 간신히 서술하였다. 내가 마음에 하나의 덕도 없는데, 몸에 세 관직을 가졌다. 전부 말하면, 일은 은혜로운 포상에 따랐다. 다시 칙명을 받아서 예부시랑이라고 임시로 부르고, 발해 입근대사(入覲大使) 배정과 서로 화답하여 읊었다. 시는 전부 9수이고 그에 따라서 부끄러웠다. 그래서 이 네 구절이 있는 것이다.】

평범한 눈은 누가 헤아리고 다스렸는지 어두워서 헤매기만 하고, 태양은 푸른 하늘을 거울처럼 걸었네.

---

29 숙업은 불교에서 전세에 이룬 선악의 업에 대한 응보를 가리키는 용어.
30 삼조는 式部少輔·文章博士·加賀權守의 3개 관직. 이 관직들을 한꺼번에 겸직하였음을 의미한다.
31 여기서는 스가노노 코레유키(菅野惟肖, 842?~888)에게서 온 편지.
32 蒼蠅은 푸른 파리라는 뜻이지만, 소인을 비유할 때 사용된다.
33 원대는 본래 재상의 별칭이지만, 여기서는 삼대 즉 太政大臣의 唐名이라고 생각된다. 태정대신은 일본 율령관제의 최고위직이자 太政官의 장관. 상설직이 아니어서 적임자가 없을 경우 공석으로 비워두었다. 882년 당시 태정대신인 후지와라노 모토쓰네(藤原基經)가 이 시의 저자인 스가와라노 미치자네(菅原道眞, 845~903)를 자신의 저택 즉 東閣으로 초대한 일이 있었다.
34 스가노노 코레유키(菅野惟肖)가 보내온 시문에 달린 주석의 내용이다.
35 이 시의 저자인 스가와라노 미치자네(菅原道眞)를 가리킨다. 본래의 관직은 아니고 칙명에 따라 임시로 治部權大輔에 임명된 것이다. 예부시랑은 治部大輔·治部少輔의 당명이다.

○ 권2, 시(詩) 2, 발해 배대사의 초상화를 보고, 감상이 있다.[36] [見渤海裴大使眞圖, 有感]

> 自送裴公萬里行, 相思每夜夢難成.
> 眞圖對我無詩興, 恨寫衣冠不寫情.

배공(裴公, 裴頲)이 만 리나 떠나는 것을 보내고 나서,
서로 그리워하여 밤마다 꿈도 꾸기 어렵네.
초상화는 나와 마주하더라도 시의 흥취가 없으니,
의관을 베끼더라도 마음을 베끼지 못함을 한스러워 하였네.

○ 권5, 시(詩) 5, 객관에서 마음을 기록하여 함께 교(交)자를 짓고, 발해 배령대사에게 드리다【이것부터 이후의 7수는 내가 따로 칙명을 받들고, 이부시랑[37] 기씨[38]와 홍려관에 나아가 시주(詩酒)를 간신히 명하였다. 대사는 옛날에 주객이었음을 생각하여, 교자를 지으려고 하였다. 한 자리에서 메아리처럼 호응하여, 노래부르고 화답하며 오갔다. 오는 자는 알아야만 한다】[39] [客館書懷, 同賦交字, 呈渤海裴令大使【自此以後七首, 予別奉勅旨, 與吏部紀侍郎詣鴻臚館, 聊命詩酒. 大使思舊日主客, 將賦交字. 一席響應, 唱和往復. 來者宜知之】]

> 尋思執手昔投膠, 拜覿慇懃不慭抛.
> 雪鬢同年分岸老, 風情一道望雲交.
> 皎駒再食場中藿, 儀鳳重歸閣上巢.
> 借問高才非宰相, 揚雄幾解俗人嘲.

손을 잡고 옛날에 친밀한 사이였음을 생각하니,

---

36 883년 5월 12일에 발해 사절단이 헤이안쿄를 떠난(『日本三代實錄』·『類聚國史』) 이후에 작성된 시라고 추정된다.
37 式部大輔·式部少輔의 당명이다.
38 기노 하세오(紀長谷雄, 845~912)는 895년 당시 식부소보였고, 883년에 장발해객사였다.
39 배정 등의 발해 사절단은 894년 5월에 일본에 도착하여, 895년 5월 7일에 헤이안쿄의 홍려관에 들어갔다가, 5월 16일에 귀국하였다(『日本紀略』). 따라서 895년 5월 7일부터 16일 사이에 지은 시라고 추정된다.

만나 뵙는 것이 간곡하여 부끄러워 내버리지 못하였네.
흰 구레나룻은 나이를 같이 하고 바닷가를 나누며 늙었고,
포부는 길을 같이 하고 구름을 바라보며 얽혔네.
흰 망아지는 뜰 안의 콩잎을 다시 먹고,
봉황은 각(閣) 위의 둥지에 거듭 돌아가네.
재주 높은 재상이 아닌가 잠깐 물어보니,
양웅(揚雄)은 속인의 조롱을 몇 번이나 풀었네.

○ 권5, 시(詩) 5, 배대사가 화답한 작품에 답하다【본래의 압운】.[40] [答裴大使見訓之作【本韻】]

別來二六折寒膠, 今夕溫顔感豈抛.
持節猶新霜後性, 忘筌仍舊水中交.
恩光莫恨初無褐, 聖化如逢古有巢.
相勸故人何外事, 只看月詠望風嘲.

헤어지고 12년 동안 가을을 지냈으니,
오늘 저녁 온화한 얼굴로 감개(感慨)에 어찌 잠길까?
부절(符節)을 가지고 서리 후의 마음이 오히려 새로우니,
통발을 잊어서 물 속의 얽힘이 오히려 오래되었네.
천황의 은택은 처음에 갈옷도 없었음을 원망하지 않게 하고,
성대(聖代)의 덕화(德化)는 옛날 유소씨(有巢氏)[41]를 만난 듯하네.
옛 사람에게 무슨 바깥 일을 서로 권하겠는가,
오직 달을 보고 읊고 바람을 바라보며 조롱할 뿐.

---

40 895년 5월 7일부터 16일 사이에 지은 시라고 추정된다.
41 유소씨는 전설상의 고대 제왕.

○ 권5, 시(詩) 5, 대사가 답한 시에 거듭 화답하다【본래의 압운】.⁴²[重和大使見訓之詩【本韻】]

知命也曾讀易爻, 衰顏何與少年交.
成功宿昔應攀桂, 求類今宵幾拔茅.
聲價重輕因道擧, 文章多少被人抄.
自慙往復頻訓贈, 定使魚蟲草木嘲.

50세가 되어 또한 일찍이 『역경(易經)』을 읽었으니,
노인의 얼굴이 어찌 소년과 얽히겠는가?
공덕을 이루는 것은 옛날에 계수나무를 번성하게 해야 하고,
동류를 찾아서 오늘 밤에 몇 번인가 풀을 뽑았네.
좋은 평판의 무게는 길에 따라 올라갔고,
문장의 많고 적음은 남에게 뽑혔네.
오가며 자주 답해줌을 스스로 부끄러워하니,
반드시 어충(魚蟲)·초목(草木)이 조롱하게 하였을 것이네.

○ 권5, 시(詩) 5, 대사의 교자 작품에 화답하다【차운】.⁴³[和大使交字之作【次韻】]

占明何更索瓊茅, 傾蓋當初得素交.
淼淼任他踰北海, 皤皤定是養東膠.
鶏鶋自愧群霜鶴, 瑚璉當嫌對竹筲.
欲以浮生期後會, 先悲石火向風敲.

밝은 앞날을 점쳤는데 어찌 다시 점을 치겠는가,
처음 만나서 당초부터 마음으로 사귀게 되었네.
아득한 물은 그대로 두고 북해를 뛰어넘고,

---

42 895년 5월 7일부터 16일 사이에 지은 시라고 추정된다.
43 895년 5월 7일부터 16일 사이에 지은 시라고 추정된다.

노인은 틀림없이 태학(太學)에서 봉양받았네.
병아리는 무리 이룬 흰 두루미에 저절로 부끄러워지고,
호련(瑚璉)은 죽소(竹筲)를⁴⁴ 마주함을 싫어할 만하였네.
덧없는 인생으로 다시 만남을 기약하려고 하면,
먼저 석화(石火)⁴⁵가 바람을 향해 두드림을 슬퍼하였네.

○ 권5, 시(詩) 5, 객관에서 마음을 기록하여 함께 교자를 짓고, 발해 부사대부(미상)에게 보내다.⁴⁶ [客館書懷, 同賦交字, 寄渤海副使大夫]

珍重孤帆適樂郊, 雲龍庭上幾苞茅.
度春欲見心如結, 專夜相思睫不交.
賓禮來時懷土鴈, 旅人歸處泣珠蛟.
暗知器量容衡霍, 愧我區區小斗筲.

외로운 돛단배가 낙토(樂土)에 가는데 진중(珍重)하라는 작별 인사⁴⁷를 하고,
조정(朝廷)의 뜰 위에 몇 번이나 조공하였는가?
봄을 건너서 보려고 하면 마음이 맺어지듯이,
밤 내내 서로 그리워하면 속눈썹도 얽히지 않네.
빈례(賓禮)가 올 때는 본토를 생각하는 기러기, 나그네가 돌아갈 곳은 구슬에 우는 교룡.
기량(器量)은 형산(衡山)·곽산(霍山)을 포용함을 어렴풋이 알았으니,
내 작은 용량의 대그릇을 부끄러워할 뿐이네.

---

44 호련은 종묘 제사에 사용하는 옥기이고, 죽소는 대나무로 만든 용기이다. 호련은 귀중한 인재를, 죽소는 재능이 부족한 인물을 비유한 것이다.
45 석화는 돌을 쳐서 튀는 불똥을 가리키는데, 지극히 빠르고 짧은 시간을 비유한다.
46 895년 5월 7일부터 16일 사이에 지은 시라고 추정된다.
47 진중은 몸을 소중히 여기어 잘 보호하라는 뜻의 상투적 작별인사이다.

○ 권5, 시(詩) 5, 부사(미상)가 답한 작품에 화답하다【본래의 압운】.[48][和副使見訓之作.【本韻】]

遠客光榮自近郊, 羞君翰苑遇菅茅.
世間風月雖同道, 別後蕭朱定絶交.
材器好承多雨霧, 寵章祇怕幾魚蛟.
不須眉面相霑接, 推料應嫌我瑣筲.

멀리서 온 손님은 근교에서부터 환영받았으니,
그대의 문원(文苑)이 띠풀을 만남을 부끄러워하였네.
세간의 풍월(風月)은 비록 길을 같이 하더라도,
헤어진 후의 소육(蕭育)과 주박(朱博)처럼 반드시 절교하였을 것이네.
진짜 인재는 많은 비와 안개를 맞음을 즐기니,
고관(高官)의 장복(章服)은 몇 마리의 물고기와 교룡인지 두려워할 뿐이었네.
천황을 알현하고도 서로 접대하지 않아서,
내 작은 대바구니를 싫어해야 함을 추측하였네.

○ 권5, 시(詩) 5, 여름날 발해 대사가 돌아가는 것을 전별하며, 각각 한 자씩 나누다【찾아서 길을 얻다】.[49][夏日餞渤海大使歸, 各分一字【探得途】]

初喜明王德不孤, 奈何再別望前途.
送迎每度長靑眼, 離會中間共白鬚.
後紀難期同硯席, 故鄕無復忘江湖.
去留相贈皆名貨, 君是詞珠我淚珠.

---

48 895년 5월 7일부터 16일 사이에 지은 시라고 추정된다.
49 895년 5월 14일에는 조집당에서 발해 사절단의 송별연이 개최되었고, 5월 15일에는 스가와라노 미치자네가 홍려관에 파견되어 사절단에게 술과 음식을 하사하였다(『日本紀略』). 따라서 이 2일 중 하루에 작성된 시라고 추정된다.

처음으로 훌륭한 군주의 덕은 외롭지 않음을 기뻐하였지만,

다시 헤어져 앞길을 바라보는 것을 어찌하겠는가?

보내고 맞이할 때마다 항상 푸른 눈이었건만,

만나고 헤어지는 사이에 함께 턱수염이 희게 되었도다.

12년 후에 시회(詩會)를 같이 할지 기약하기 어렵지만,

고향에서도 다시 [일본의] 강과 호수를 잊지 않았네.

떠난 사람도 남은 사람도 서로 보내는 것은 모두 이름 있는 물건이고,

그대는 이 말이 구슬 같더라도 나는 눈물의 구슬이었네.

○ 권7, 서서(書序), 홍려증답시서【원경 7년(883) 5월, 내가 조의(朝議)에 따라 예부시랑(치부대보)이라고 임시로 부르고 번객을 접대하였다. 그래서 이 시서를 지었다】.[50][鴻臚贈答詩序【元慶七年五月, 余依朝議, 假稱禮部侍郎, 接對蕃客. 故製此詩序】]

余以禮部侍郎, 與主客郞中田達音, 共到客館. 尋安[51]舊記, 二司大夫, 自非公事, 不入中門. 余與郞中相議, 裴大使七步之才也. 他席贈遺, 疑在宿構. 事須別預宴席, 各竭鄙懷, 面對之外, 不更作詩也. 事[52]議成事定, 每列詩筵, 解帶開襟, 頻交杯爵. 凡厥所作, 不起稿草. 五言七言, 六韻四韻, 黙記畢篇, 文不加點. 始自四月二十[53]九日 用行字韻, 至于五月十一日 賀賜御衣, 二大夫, 兩典客, 與客徒相贈答. 同和之作, 首尾五十八首. 更加江郞中一篇, 都慮[54]五十九首. 吾黨五人, 皆是館中有司. 故編一軸, 以取諸不忘. 主人賓客, 吳越同舟, 巧思蕪詞, 薰蕕共敵. 殊恐他人不預此勒者, 見之笑之, 聞之嘲之. 嗟乎, 文人相輕, 待證來哲而已.

---

50 내용 중에 보이듯이 883년 4월 29일부터 5월 11일 사이에 작성된 시의 서문이다.
51 「文」에는 '案'.
52 「文」에는 없음.
53 「文」에는 '卄'.
54 「文」에는 '盧'.

나는 예부시랑(치부대보)으로 주객낭중(主客郎中, 玄蕃頭)[55] 전달음(田達音)[56]과 함께 객관에 도착하였다. 옛 기록을 살펴보니, 두 관사(치부성과 현번료)의 관인[大夫]는 공무로 인한 것이 아니면 중문(中門)에 들어가지 못한다. 내가 낭중(현번두)과 서로 논의하니, 배대사(裴頲)는 칠보시(七步詩)를 지을 수 있는 인재였다. 다른 자리에서 주어 보내니, 의심은 미리 구상해 놓음에 있었다. 일은 연회 자리에서 따로 참여해야 하여 각각 제 뜻을 다하였으니, 대면하는 이외에는 다시 시를 짓지 않았다. 일은 논의가 성립되고 일이 정해진다. 시연(詩筵)을 줄세울 때마다 허리띠를 풀고 옷깃을 열었으니, 술잔을 자주 교환하였다. 대체로 그 지은 바는 초고를 기초하지 않았다. 5언과 7언, 6운과 4운은 묵묵히 기록하여 한 편을 끝내니, 글에 점을 더하지 않았다. 4월 29일부터 시작하여 행(行)자의 운을 사용하고, 5월 11일에 이르러 제왕의 의복을 축하하며 하사하니, 두 관인(치부대보·현번두)과 두 전객(장발해객사[57])이 손님들과 서로 주고받으며 함께 화답한 작품은 처음부터 끝까지 58수였다. 강낭중(江郞中)[58]의 한 편을 다시 더하여 모두 59수였다. 우리 5명은 모두 관(館)의 담당자이다. 그래서 두루마리 한 축(軸)을 엮어서 잊지 못함을 취하였다. 주인과 빈객이 오월동주(吳越同舟)이니, 정교한 생각도 말이 잡스럽고, 향기로운 풀과 구린내가 나는 풀도 농토를 함께 하였다. 특히 두려운 것은 다른 사람 중 이 굴레에 참여하지 못하는 자이니, 보고 웃으며 듣고 조롱하였다. 아, 문인들은 서로 업신여기니 후세의 철인(哲人)에게 증거를 기다릴 뿐이다.

○ 권8, 조칙(詔勅), 발해왕에게 답하는 칙서[59][答渤海王勅書]

天皇敬問渤海王. 成規等至, 省啓昭然. 惟王家之急, 繕粉澤施治. 性之貞, 凝丹靑守信. 風猷不墜, 景式猶全. 相襲舊基於居城, 靡欺先紀於行棹. 言其篤信, 來覲旣修. 贈

---

55 玄蕃寮의 장관인 玄蕃頭의 당명이다.
56 시마다노 타다오미(島田忠臣, 828~892). 당시 假兼玄蕃頭였다. 덴타쓰온(田達音)은 중국풍으로 부르는 그의 호였다.
57 당시 장발해객사로는 右衛門大尉 사카노우에노 시게키(坂上茂樹)와 문장득업생 기노 하세오가 임명되었다.
58 오에(大江)씨의 누구인지는 미상. 郎中은 8省에서는 大輔·少輔 및 大丞·少丞의, ~寮에서는 頭의 唐名이다. 당시 兵部少丞이었던 오에노 다마후치(大江玉淵)라는 견해도 있다.
59 양성규 등은 872년 5월 25일에 발해왕(대현석)에게 보내는 淸和天皇의 칙서를 받았다(『日本三代實錄』). 이때 그들에게 주어진 칙서이다.

以翔仁, 放歸如速. 數千里之沙浪, 雖有邊涯, 十二廻之寒暄, 豈促圭晷. 苟謂拘禮, 誰爲隔疎. 德也不孤, 夢想君子而已. 國信附廻, 到宜撿受. 梅熟. 王及境局, 小大無恙. 略懷遣此, 何如煩多.

천황은 발해왕에게 삼가 위문한다. 양성규(楊成規)[60] 등이 이르러, 보고를 살핌이 분명하였다. 왕실의 급함을 생각하여, 문장을 공들여 수식함을 준비하여 다스림을 베풀었다. 성품의 곧음은 단청(丹靑)에 엉겨 붙어 신의를 지켰다. 풍교(風敎)와 덕화(德化)는 떨어지지 않아서, 우러러 사모하여 법으로 삼는 것은 여전히 온전하다. 거처하는 성에서 옛터를 서로 계승하고, 노를 젓는 데에 앞선 12년을 속이지 않았다. 그 도타운 믿음을 말하건대, 내근(來覲)[61]은 이미 행하였다. 주는 것은 인(仁)에 깃들었건만, 돌려보내는 것은 빠른 것 같다. 수천 리의 모래 물결이 비록 끝에 있더라도, 열두 번 돌아오는 추위와 더위가 어찌 해시계를 재촉하겠는가? 진실로 예에 구속된다면 누가 멀어지겠는가? 덕이 외롭지 않다면, 군자를 꿈에 생각하였을 뿐이다. 나라 간에 주고받는 예물은 돌아가는 길에 덧붙이니, 도착하면 마땅히 살피고 받아야 한다. 매실이 익고 있다. 왕의 경국(境局, 통치 지역)에는 크고 작은 근심이 없는가? 대략 그리워하며 이것을 남기니, 어떻게 번거롭고 잡다하겠는가?

○ 권8, 조칙(詔勅), 발해 입근사에게 고신[62]을 하사하는 칙서[63][賜渤海入覲使告身勅書]

中務. 渤海國入覲大使·政堂省左允·慰軍大將軍·賜紫金魚袋楊成規等, 歸王有紀, 納貢無虧. 望鳳闕之星懸, 據犀舟以水隔. 懇誠外徹, 風化攸章. 霑接內修, 禮容可愛. 克念賞勞之義, 自存縻爵之恩. 宜依前件. 主者施行.
貞觀十四年五月【內記作】

---

60 871년 12월 11일에 일본 가가노쿠니(加賀國)에 도착한 발해 사절단의 대사. 872년 5월 15일에 헤이안쿄에 들어가서 홍려관에 안치되었고, 5월 25일에 귀국길에 올랐다(『日本三代實錄』).
61 내근은 제후가 가을이 되기 전에 천자를 정기적으로 알현하는 것 또는 신하가 군주를 알현하는 것을 가리킨다.
62 중국왕조에서 관작을 받는 관리에게 주어진 임명장·신분증. 일본에서는 관위를 수여하는 형태의 위기로 변모되었다.
63 양성규 등은 872년 5월 19일에 관위와 고신을 받았다(『日本三代實錄』). 이때 청화천황이 그들에게 관위와 고신을 하사하라는 칙서이다.

중무성(中務省).⁶⁴ 발해국 입근대사·정당성좌윤(政堂省左允)⁶⁵·위군대장군(慰軍大將軍)⁶⁶·사자금어대(賜紫金魚袋) 양성규 등은 왕에게 귀의하는 데에 [정해진] 해가 있고, 조공을 바침에 빠뜨림이 없었다. 궁궐의 별처럼 수없이 많은 인재를 바라보고, 견고한 배에 의지하여 물이 멀어졌다. 간절하고 성실한 마음은 밖에도 통하고, 풍속과 교화(敎化)는 멀리 미쳤다. 접대하며 마음을 닦아서, 예의 바른 몸가짐은 아낄 만하다. 상주고 위로하는 뜻을 잘 생각하여, 작위(爵位)에 얽매인 은택(恩澤)을 스스로 살펴라. 마땅히 전건(前件)에 의거하여, 담당자는 시행(施行)하라.

정관(貞觀) 14년(872) 5월【내기(內記)가 작성하였다.】

---

64 太政官 아래에 설치된 일본의 8省 중 하나로 천황의 보좌와 조칙의 선포 등 조정 관련 직무의 전반을 담당하여, 8성 중 가장 중요한 행정기관이다. 장관 中務卿은 제도상 4품의 親王이나 정4위상의 관인이 취임하게 되어 있었으나, 헤이안 시대(平安時代) 이후로는 친왕만이 취임하게 되었다. 당명은 中書省·殿中省 등이다.
65 정당성은 발해의 국정을 총괄하는 행정기관으로 당의 尚書省에 해당한다. 좌윤은 정당성의 판관에 해당하는 관직으로, 차관인 좌사정을 보좌하여 6부 중 충부(이부에 해당)·인부(호부에 해당)·의부(예부에 해당)를 관장한다.
66 발해의 무산계. 정확한 품계는 알 수 없지만, 당의 종2품 鎭軍大將軍 또는 정3품 冠軍大將軍에 대응하는 것으로 추정된다. 양성규가 일본에서 종3위에 제수된 것을 참고하면, 관군대장군일 가능성이 더 높지 않을까 한다.

21.『부상집(扶桑集)』

　헤이안 시대(平安時代, 794~1185) 중기의 한시집(漢詩集)이다. 장덕(長德) 연간 (995~999)에 기노 타다나(紀齊名)가 편찬하였다. 본래는 16권으로 몬토쿠천황(文德天皇, 재위 850~858)부터 레이제이천황(冷泉天皇, 재위 967~969)까지 9대에 걸친 한시인(漢詩人) 76인의 작품을 분류한 것이지만, 현재는 권7과 권9[모두 권수(卷首)가 빠져 있다]의 2권에 24인의 시 102수만 전하고 있다.

　872년 발해 사신과의 교류 과정에서 작성된 미야코노 요시카(都良香, 834~879)의 한시, 930년 동란국 사신과의 교류 과정에서 작성된 후지와라노 마사카즈(藤原雅量, ?~951)의 한시 2수, 908년 발해 사신과의 교류 과정에서 작성된 스가와라노 아쓰시게(菅原淳茂, 878~926)의 한시와 오에노 아사쓰나(大江朝綱, 886~958)의 한시 9수 등이 수록되어 있다.

　원문은『군서류종(群書類從)8, 장속부·문필부(裝束部·文筆部)1』(塙保己一 編, 1960, 續群書類從完成會)을 저본으로 하였다. 권7 관정무(菅淳茂)의 한시와 배대사의 월주(越州, 越前國) 도착 후 보낸 강상공(江相公)의 한시는『일본한시 고대편(日本漢詩 古代篇, 이하「漢」)』(本間洋一 編, 1996, 和泉書院, 156~157쪽)을 비교본으로 하였다.

○ 권7, 증답부(贈答部), 증답(贈答), 발해 사신을 대신하여 우친위 원중랑장[1]에게 올리다.[2] [代渤海客上右親衛源中郞將] 도량향(都良香)[3]

紫微親衛寵榮身, 奉詔南行對此賓.
出自華樓光照地, 來從雲路迹無塵.
蛇驚劍影便逃死, 馬惡【去聲】衣香擬嚙人.
渤海朝宗歸聖澤, 願君先道入天津.

궁궐의 친위(親衛)는 존귀하고 영화로운 몸인데,

조서를 받들고 남쪽으로 가서 이 손님을 마주하였네.

아름다운 누각에서 나와서 땅을 널리 비추고,

하늘에서 와서 자취가 먼지조차 없네.

뱀은 칼 그림자에 놀라 곧 죽음을 면하고,

말은 옷 향기를 싫어하여【거성(去聲)】사람을 무는 것 같네.

발해는 천황을 알현하여 그 은택(恩澤)에 귀의하니,

그대가 앞길에서 은하수로 들어가길 바랐네.

---

1 미나모토씨(源氏)인 右親衛中郞將을 가리킨다. 우친위중랑장은 右近衛府中將의 唐名으로, 종4위하인 右近衛府의 차관이다. 당시 우근위부중장은 미나모토노 오코루(源興, 828~872)였는데, 872년 5월 25일에 鴻臚館에 가서 칙서를 하사하였다고 한다(『日本三代實錄』). 『江談抄』에서는 左近衛府中將이라고도 하는데, 당시 해당 관직에 취임해 있었던 미나모토노 노부루(源舒, 828~881)가 872년 5월 18일에 홍려관에 가서 발해 사절단이 가져온 물품들을 점검하였다고 한다(『日本三代實錄』). 위 2인 중 1인을 가리킬 것이다.
2 미야코노 요시카가 掌渤海客使에 임명되었을 때에 온 발해 사절단은 872년 5월 15일에 헤이안쿄(平安京)에 들어가서 홍려관에 안치되었고, 5월 25일에 귀국길에 올랐다(『日本三代實錄』). 따라서 872년 5월 15일부터 25일 사이에 작성된 한시일 것이다.
3 834~879. 본래의 이름은 고토미치(言道)였으나, 872년 장발해객사에 임명되어 요시카(良香)라고 고쳤다. 따라서 미야코노 요시카라는 이름으로 작성된 글은 872년 이후의 것이다.

○ 권7, 증답부(贈答部), 번객증답(蕃客贈答), 먼 동란의 배대사공[4]이 지난봄에 마음을 서술하여 나에게 보냈는데, 심문하는 동안 마침내 화답함이 없었다. 이 여름에 시가(詩)를 지어서 만족한[得意] 사람에게 피력하여 주니, 가지고 노는 것을 참지 못하고 본래의 운을 취하여 압운(押韻)하였다.[5][遼東丹裴大使公, 去春述懷見寄於余, 勘問之間遂無和之. 此夏綴言志之詩, 披與得意之人, 不耐握玩, 偸押本韻] 등아량(藤雅量)[6]

煙浪淼茫雲樹微, 廻□使節見依依.
隨風草靡殊方狎, 就日葵傾遠俗歸.
遼水鵬聲重北去, 滄溟鵬翼三【去聲】南飛.
若長有與心期在, 萬里分襟更共衣.【前紀鴻臚館, 夜舍預彼席. 遙以指別, 今任此州. 更拜清塵, 不堪懷舊, 脫衣贈之, 故云.】

연랑(煙浪)[7]은 아득한데 구름과 나무는 작으니, 회□(廻□)하는 사신은 그리움을 보았네.
바람을 따라 풀이 쓰러지고 이역(異域)이 가까우니,
해를 향해 해바라기가 기울고 속세를 멀리하며 돌아갔네.
요수(遼水)의 붕새 소리는 거듭 북쪽으로 사라지니,
높고 먼 하늘의 붕새 날개는 여러 번【거성】남쪽으로 날아가네.
만약 오래도록 짝이 있어 서로 그리워함이 있다면,
만리에 옷깃을 나누고 다시 옷을 함께 하겠네.
【앞서 홍려관[8]을 기록하며 야사(夜舍, 숙소)에서 그 자리에 참여하였다. 아득히 이별을 가리켰는데[指別], 지금 이 주(州)에 부임하였다. 다시 존귀한 자리에 임명되고 옛 친구를 그리워함을 감당하지 못하여, 옷을 벗어 그에게 주었기에 그래서 말한 것이다.】

---

4 裴璆이다. 이하 동일하다
5 동란국의 사절단은 929년 12월 24일에 일본 단고노쿠니(丹後國)에 도착하였고, 930년 3월 2일에 啓狀을 올렸다고 하는데(『日本紀略』; 『扶桑略記』에는 4월 1일), 헤이안쿄에 들어왔는지 언제 귀국했는지는 알 수 없다. 따라서 930년 3~4월 경에 작성된 한시라고 추정된다.
6 후지와라노 마사카즈(藤原雅量, ?~951). 930년 存問渤海客使에 임명되어 동란국의 사절단을 접대하였다.
7 연랑은 안개가 아스라이 낀 수면을 뜻한다.
8 일본에 내조한 사신이 숙박하는 관립 숙박시설. 迎賓館이라고도 한다. 수도 이외에 사신이 출입하도록 지정된 지역인 다자이후(大宰府)·나니와(難波)·쓰루가(敦賀)에도 설립되어 있었다.

○ 권7, 증답부(贈答部), 번객증답(蕃客贈答), 동란국 배대사공의 공관이라는 시가를 거듭 짓다[9]【본래의 압운】[重賦東丹裴大使公公館言志之詩.【本韻】] 등아량(藤雅量)

凌雲逸韻義精微, 一詠難任萬感依.
不奈東丹新使到, 唯怜渤海舊臣歸.
江亭日落孤煙薄, 山館人稀暮雨飛.
見說妻兒皆散去, 何鄉猶曳買臣衣.

『능운집(凌雲集)』의 잘 지은 시가(詩歌)는 뜻이 깊고 묘하여,
한번 읊고 어려워 만감(萬感)이 예전과 같도록 맡기기 어려웠네.
동란의 새 사신이 도착함을 어찌할 수 없으니,
가엾은 발해의 옛 신하가 돌아갈 뿐이네.
강가 정자의 해는 지고 외로운 연기가 옅어지니,
산속 여관(旅館)에 사람이 드물고 해 질 녘의 비가 날리네.
아내와 아이를 말하자 모두 흩어져 사라졌으니,
어찌 고향이 여전히 신하의 옷을 입고 살겠는가?

○ 권7, 증답부(贈答部), 번객증답(蕃客贈答), 발해 배대사를 처음 만나서 느낀 바가 있어서 읊다.[10] [初逢渤海裴大使有感吟] 관정무(菅渟[11]茂)[12]

思古感今友道親, 鴻臚館裏□餘塵.
裴文籍後聞君久, 菅禮部孤見我新.

---

9 930년 3~4월 경에 작성된 한시라고 추정된다.
10 발해 사절단은 908년 1월 8일에 호키노쿠니(伯耆國)에 도착하였다고 보고되었고, 늦어도 5월에 헤이안쿄에 들어와서 여러 번 천황을 알현하거나 연회에 참석하였으며, 6월에 귀국하는 것을 장객사가 전별하였다고 한다(『日本紀略』・『扶桑略記』). 따라서 908년 5~6월에 발해 사절단이 헤이안쿄에 들어왔을 때 작성된 한시라고 추정된다.
11 「漢」에는 '淳'.
12 스가와라노 아쓰시게(菅原淳茂, 878~926). 스가와라노 미치자네(菅原道眞, 845~903)의 아들. 908년 4월 2일에 장발해객사에 임명되었다(『扶桑略記』).

> 年齒再推同甲子, 風情三賞舊佳辰.【往年賢父裴公以文籍少監奉使入朝. 予先君時爲禮部侍郎, 迎接慇懃, 非唯先父之會友, 兼有同年之好. 紀裴公重朝, 自說我家有千里駒, 蓋謂大焉. 今予與使公春秋偶合, 賓館相逢. 又三般禮同在仲夏, 故云.】
> 兩家交態人皆賀, 自愧才名甚不倫.

옛날을 생각하고 지금을 느끼니 벗을 사귀는 도리는 친하였고[友道親],

홍려관 안에서 옛사람이 남긴 자취[餘塵]를 □하였네.

배문적(裴文籍, 裴頲)[13]의 후예라고 그대를 들은 지 오래되었고,

관예부(菅禮部, 菅原道眞)[14]의 독자라고 나를 본 것이 새로웠네.

나이는 다시 세어도[再推] 동갑이고, 포부는 세 번 찬양하여 길일(吉日)이 오래되었네

【예전에 그대의 아버지 배공(裴公, 裴頲)이 문적소감(文籍少監)[15]으로 사신이 되어 입조하였다. 내 돌아가신 아버지(菅原道眞)는 당시에 예부시랑(禮部侍郎, 治部大輔)이 되어 미리 나가서 맞이함이 간곡하였는데, 돌아가신 아버지의 글재주가 있는 벗일 뿐만 아니라, 겸하여 동갑의 우호가 있었다. 12년 후에 배공이 다시 입조하니, 우리 집안에 뛰어난 자손[千里駒]이 있는데 대체로 훌륭하다고 한다고 스스로 말하였다. 지금 내가 대사와 나이가 우연히 맞는데, 빈관(賓館)에서 서로 만났다. 또 세 번이나 배를 타고 와서 예를 보이는 것이[三般禮] 똑같이 한 여름이었으니, 그래서 말한 것이다】.

두 집안의 교제하는 태도는 남들이 모두 축하하지만,

스스로 부끄러워도 재주와 명망은 특별히 뛰어났네.

---

13 883년 당시 문적소감이었던 발해 사절단의 대사 배정을 가리킨다. 그는 895년에도 대사로 파견되었고, 908년 발해 사절단의 대사로 파견된 배구의 아버지였다.

14 883년 당시 治部權大輔였던 스가와라노 미치자네를 가리킨다. 그는 883년과 895년에 발해 사절단의 대사였던 배정을 만났다.

15 발해의 관청인 문적원 소속의 차관. 문적원은 唐의 秘書省에 상당하여, 도서 관리와 문장 작성 등을 담당하였다.

○ 권7, 증답부(贈答部), 번객증답(蕃客贈答), 발해 배대사가 월주에 도착한 후 장구(長句)를 보내자, 기쁜 감정이 이르다. 본래의 운으로 압운하다.[16][渤海裵大使到越州後, 見寄長句, 欣感之至, 押以本韻] 강상공(江相公)[17]

王道如今喜一平, 教君再入鳳皇城.
朝天歸路秋雲遠, 望闕高詞夜月明.
江郡浪晴沈藻思, 會稽山好稱風情.
恩波化作滄溟水, 莫怕孤帆萬里程.

왕도(王道)는 평정됨을 지금처럼 기뻐하고,
그대가 다시 봉황성(鳳凰城)에 들어갔다고 가르쳐주었네.
천황을 알현하고 돌아가는 길에 가을 구름이 멀고,
궁궐을 바라보고 아주 절묘한 시를 지으니 밤 달이 밝았네.
강군(江郡)에 물결이 개어서 글을 짓는 재주에 빠지고,
회계(會稽)에 산이 좋아서 풍정이라 칭하였네.
천황의 은택은 넓고 큰 바닷물을 신통력으로 변화시켜 만드니,
외로운 배가 만 리 가는 여정을 두려워하지 않네.

○ 권7, 증답부(贈答部), 번객증답(蕃客贈答), 배대사가 정(程)자를 다시 짓고 먼 곳까지 미치도록 마주하며 바라보는[遠被相視] 시가에 답하다.[18][酬裵大使再賦程字遠被相視之什] 강상공(江相公)

別後含毫意不平, 滿篇總是憶皇城.
廻頭遠拜堯雲影, 戴眼遙瞻聖□明.

---

16 908년 6월 이후 배구가 에치젠노쿠니(越前國)에 도착한 후 작성한 시에 오에노 아사쓰나가 次韻한 시라고 추정된다.
17 본래 강상공은 오에노 오톤도(大江音人, 811~877)를 가리키지만, 여기서는 그의 후손으로 後江相公이라고 불리는 오에노 아사쓰나(大江朝綱, 886~958)를 가리킨다.
18 908년 5~6월에 작성된 시라고 추정된다.

> 詞苑花鮮抽旅思, 詩流浪潔□深情.
> 戀君欲趁夢中路, 請問悠悠海驛程.

헤어진 후 붓을 입에 물고 뜻은 불만을 품으니,
가득한 시문(詩文)은 모두 황성(皇城)을 그리워하는 것이었네.
머리를 돌려 고고(孤高)한 구름의 그림자[堯雲影]에 멀리 절하고,
대안(戴眼)[19]으로 현 천황의 밝음을 멀리 바라보았네.
문단(文壇)은 꽃이 아름다워 객지 생활의 시름을 표출하고,
시인(詩人)은 물결이 깨끗하여 깊은 정을 □하였네.
그대를 그리워하여 꿈속 길에서 좇으려 하니,
아득하게 먼바다의 이정(里程)을 청하여 물었네.

○ 권7, 증답부(贈答部), 번객증답(蕃客贈答), 배사주가 송원[20]에 도착한 후, 내가 홍려관 남문에서 이별에 임하여 외친 것을 읽고, 뒤쫓아 답한 10수를 받들어 화답하다.[21]【차운[22]】[奉和裴使主到松原後, 讀予鴻臚南門臨別口號, 追見答和之什.【次韻】강상공(江相公)

> 一從分手指遼陽, 妬使來賓斷雁行.
> 得志何愁雲水隔, 江湖深契在相忘.

한 번 헤어지고 나서 요양(遼陽)을 가리키니, 질투하여 손님이 기러기 행렬을 끊게 하였네.
소원을 이루었으니 어찌 구름과 물이 떨어짐을 걱정하겠는가,
민간의 깊은 약속은 서로 잊음에 있었네.

---

19 대안은 병 이름으로 눈알이 움직이지 않아 위로 치떠보는 질병을 가리킨다.
20 당시 에치젠노쿠니의 마쓰바라(松原)에는 발해 사절단을 맞이하기 위해 설치한 客館이 있었다.
21 908년 6월 이후 배구가 에치젠노쿠니에 도착한 후 작성한 시에 오에노 아사쓰나가 차운한 시라고 추정된다.
22 차운은 남이 지은 시의 운자를 따서 시를 짓는 일 또는 그렇게 지은 시.

○ 권7, 증답부(贈答部), 번객증답(蕃客贈答), 배대사에게 답하며 거듭 본래의 압운에 의거하여 이별에 임하여 외치는 작품에 화답하다.[23] [奉酬裴大使重依本韻和臨別口號之作] 강상공(江相公)

曉鼓聲中出洛陽, 還悲鵬鷃遠分行.
思傾別酒俱和淚, 未死應無一日忘.

새벽의 북소리는 낙양(洛陽)에서 나왔고,
돌아가며 슬퍼하는 붕새와 메추라기는 멀리 나누어 갔네.
이별주를 기울이며 함께 눈물로 화답함을 생각하니,
죽지 않고서는 하루도 잊어서는 안 되네.

○ 권7, 증답부(贈答部), 번객증답(蕃客贈答), 마음을 기록하여 발해 배대사에게 드리다.[24] [書懷呈渤海裴大使] 강상공(江相公)

煙浪雲山路幾重, 十三年裡再相逢.
虛聲我類羊公鶴, 遠操君同馬岌龍.
雖喜交情堅似石, 更怜使節古於松.
兩廻入覲裴家事, 饒趁芳塵步舊蹤.

연랑과 운산(雲山)[25]은 길이 몇 겹인가, 13년 만에 다시 서로 만났네.
빈말로 내가 양공(羊公)의 학 같은 부류라 하니,[26]
고상하고 심원한 지조로 그대가 마급(馬岌)의 용과 같다고 하네.[27]

---

23 908년 6월에 작성된 시라고 추정된다.
24 908년 5~6월에 작성된 시라고 추정된다.
25 운산은 구름 위로 솟은 산을 뜻한다.
26 양공의 학은 유명무실한 사람을 비유하는 말. 羊叔子가 춤을 잘 추는 학이 있다고 빈객에게 자랑하였는데, 빈객이 시험해 보니 춤을 추지 않았다는 고사에서 유래하였다.
27 5호16국 前涼의 마급은 당시 은거하던 宋纖이 매우 뛰어나다고 평가하여 사람 속의 용과 같다고 말하였다. 따라

비록 정을 나눔이 돌처럼 견고함을 기뻐하였지만,

다시 대사의 절개[使節]가 소나무보다 오래되었음을 가엾게 여겼네.

두 번 입근(入觀)한 배씨(裵氏) 가문의 일,

아름다운 명성을 넉넉히 좇아서[饒趁] 옛 자취를 걸었네.

○ 권7, 증답부(贈答部), 번객증답(蕃客贈答), 배대사가 답한 시가에 화답하다.[28]【차운】[和裴大使見酬之什.【次韻】] 강상공(江相公)

> 想彼煙霞閉數重, 停杯還喜與君逢.
> 夢中艶藻雖呑鳥, 筆下彫雲不讓龍.
> 底徹交斟秋岸水, 蓋傾心指暮山松.
> 江家昔有忘年契, 莫怪鴻臚暫比蹤.

저 구름과 안개가 여러 겹으로 닫았음을 생각하니,

잔을 멈추고 그대와 만남을 도리어 기뻐하였네.

꿈속의 화려한 시문(詩文)은 비록 새를 삼켰어도,

붓 아래 채색 구름은 용에게 양보하지 않았네.

바닥이 환하게 비치니 가을 강가의 물로 술잔을 주고받고,

수레의 덮개는 기울여[蓋傾][29] 마음이 해 질 녘 산의 소나무를 가리켰네.

강씨(江氏) 가문[30]은 나이를 잊은 약속이 옛날에 있었으니,

홍려관이 잠시 어깨를 나란히 함을 괴이하게 여기지 않았네.

서 마급의 용이라는 것은 한눈에 띌 정도로 매우 뛰어난 인물을 가리킨다.

28 908년 5~6월에 작성된 시라고 추정된다.
29 길에서 수레의 덮개를 가까이 대고 이야기를 나눈다는 뜻으로, 처음 만나거나 사귄다는 뜻이다.
30 작자인 오에노 아사쓰나(886~958)가 속한 오에(大江)씨 가문을 가리킨다.

○ 권7, 증답부(贈答部), 번객증답(蕃客贈答), 종(蹤)자에 거듭 의거하여 배대사가 답한 시가에 화답하다.[31] [重依蹤字和裴大使見酬之什] 강상공(江相公)

冥溟淼淼樹重重, 鰲抃應誇促膝逢.
華表聲高先聽鶴, 葛陂鱗化再看龍.
遠排波母青山霧, 近對東王紫鬱松.
使範頻傳詩獨步, 飛觴還祝後來蹤.

깊숙하고 어두우며 물이 아득한 나무는 겹겹이니,
몹시 기뻐하고 자랑해야 하여 무릎을 대고 마주 앉아[促膝] 만났네.
거대한 기둥의 소리 높아 앞서 학을 들으니,[32]
갈피(葛陂)의 비늘이 변하여 다시 용을 보았네.[33]
파모(波母)[34]의 푸른 산안개를 멀리 밀치니,
동쪽 왕의 자색(紫色) 울창한 소나무를 가까이서 마주하였네.
대사의 모범은 자주 전하여 시가 독보적이니,
술잔을 들며 늦게 온 자취를 도리어 축하하였네.

---

31 908년 5~6월에 작성된 시라고 추정된다.
32 신선술을 배운 丁令威가 학이 되어 돌아와 고향 성문의 華表(궁전·성벽 등의 앞에 장식을 겸하여 세운 거대한 기둥)에 앉아서 성곽은 변한 것이 없는데 사람은 변했다고 탄식한 고사를 표현한 것이다.
33 갈피는 河南省 新蔡縣 북쪽에 있는 호수인데, 옛날 費長房이 이 호수에 지팡이를 던졌더니 용으로 변하였다는 고사가 있다.
34 파모는 산의 이름이고, 八紘의 밖, 八極의 남동쪽에 있다고 한다.

○ 권7, 증답부(贈答部), 번객증답(蕃客贈答), 배대사가 거듭 종(蹤)자로 압운하고 아름다운 시를 하사하다. 읊조림을 견디지 못하고[不任] 구태여 화답하다.[35][裴大使重押蹤字見賜瓊章. 不任諷詠, 敢以酬答] 강상공(江相公)

忽望仙樓十二重, 馬頭連袂又遭逢.【今日使主並馬詣闕, 故云.】
占雲難伴苟鳴鶴, 摛藻多慙茫彦龍.
詞雲瑩珠先點草, 筆鋒淬劍本藏松.
憐君累代遙輸信, 竹帛應垂不朽蹤.

갑자기 열두 겹 궁전을 보니, 말 머리는 소매에 이어져 또 만났네.
【오늘 절도사(節度使)가 말을 나란히 하고 궁궐에 나아갔으니, 그래서 말하였다.】
점운(占雲)[36]은 풀에서 우는 학을 따르기 어려웠고,
글솜씨를 발휘함에 아득하고 훌륭한 용을 많이 부끄러워하였네.
구름을 읊었는데[詞雲] 구슬에 반짝여서 먼저 풀에 맺히고[先點草],
필봉(筆鋒)은 칼을 담금질하여 소나무 같은 절개를 본래 감추었네.
그리워하는 그대는 누대로 멀리 소식을 알리니[輸信],
서적은 불후의 자취를 드리워야 하네.

---

35 908년 5~6월에 작성된 시라고 추정된다.
36 점운은 운기를 보고서 길흉을 점친다는 뜻이다.

○ 권9, 필(筆), 붓을 주어 배대사에게 드리다.[37] [贈筆呈裴大使] 강상공(江相公)

我家舊物任英風, 分贈兼歡意欲通.
縱不研精多置牗, 猶勝伸指漫書空.
毫含婁誕松煙綠, 管染湘妃竹露紅.
若訝本從何處得, 江淹枕上曉夢中.

우리 집안 옛 물건을 훌륭한 명망에 맡기니,
나누어주고 겸하여 기뻐서 뜻이 통하려 하네.
만약 정력을 다하지 않고 창에 많이 두려면,
손가락을 펴서 하늘에 마음대로 기록함을 오히려 이겼네.
붓은 입에 물고 먹이 녹색이라고 자주 허풍을 치니[婁誕],
붓은 상비(湘妃)의 댓잎 위 이슬을 물들여 붉게 하였네.[38]
만약 본래 어디에서 얻었는지 놀라워하면,
강엄(江淹)의 베개 위 새벽 꿈속이라고 할 것이네.[39]

---

37 908년 5~6월에 작성된 시라고 추정된다.
38 湘妃는 舜의 두 비인 娥皇과 女英을 가리킨다. 순이 죽은 뒤 이들이 뿌린 눈물이 대나무에 어려 무늬가 되었다고 하여, 그 대나무를 湘妃竹이라고 한다.
39 강엄은 梁의 유명한 시인. 젊어서 문장으로 이름을 날렸고 擬古詩를 잘 지었는데, 늙고 나서 꿈에서 五色筆을 郭璞에게 빼앗기는 꿈을 꾸고 나서 재주가 감퇴하였다는 고사가 있다.

발해사 자료총서-일본사료 편 권1

22. 『강담초(江談抄)』

헤이안 시대(平安時代, 794~1185) 원정기(院政期)의 설화집이다. "강담(江談)" 두 글자의 왼쪽을 취하여 "수언초(水言抄)"라고도 한다. 한시문(漢詩文)·공사(公事)·음악 등 다방면에 걸친 설화의 기록이다. 중납언(中納言) 오에노 마사후사(大江匡房, 1041~1111)의 설화를 장인(藏人) 후지와라노 사네카네(藤原實兼, 1085~1112)가 필기한 것이다. 장치(長治) 연간부터 가승(嘉承) 연간에 걸쳐서(1104~1108) 편찬되었다고 생각된다. 오에노 마사후사의 박학을 반영한 탓인지 『강담초』는 내용이 너무나 잡다하다. 그중 조의공사(朝儀公事)에 관한 고사(故事)나 시문(詩文)에 관계된 일화가 태반을 차지하는데, 귀족사회의 세태를 전하는 설화도 많고 후자는 후세의 설화문학에 영향을 미쳤다. 한편 오에노 마사후사가 직접 쓴 것이 아니라 그의 이야기를 후지와라노 사네카네가 필기한 것이기 때문에, 전문에서 착오 등의 가능성에 주의해야 한다는 지적도 있다. 현존본은 잡찬(雜纂) 형태의 고본계(古本系)와 유취(類聚) 형태의 유취본계(類聚本系)로 대별된다. 이야기 형식을 취해 연관성이 부족한 고본계와 달리 중세에 개편·가필되었다고 생각되는 유취본계는 내용을 기준으로 6개의 부로 나뉘어 있다.

872년 발해 사신과의 교류 과정에서 작성된 미야코노 요시카(都良香, 834~879)의 한시 2수, 920년 발해 사신과의 교류 과정에서 작성된 미야코노 아리나카(都在中)의 한시, 908년 발해 사신과의 교류 과정에서 작성된 스가와라노 모로치카(菅原庶幾)·스가와라노 아쓰시게(菅原淳茂, 878~926)·오에노 아사쓰나(大江朝綱, 886~958)의 한시, 883년 발해 사신과의 교류 과정에서 작성된 스가와라노 미치자네(菅原道眞, 845~903)의 한시, 908년 발해 사신이 왔을 때의 상황을 기록한 문장 1편이 수록되어 있다.

원문은 『신일본고전문학대계(新日本古典文學大系)32 강담초·중외초·부가어(江談抄·中外抄·富家語)』(後藤昭雄, 1997, 岩波書店)를 저본으로 하였고, 『군서류종(群書類從)27, 잡부

○ 제4, 홍려관[1] 남문[2][鴻臚館南門] 도량향(都良香)[3]

> 自有都良香不盡, 後來賓館又相尋.【故老傳云, 裴感此句尤甚. 但作者定改姓名問,[4] 凡時人大感, 云云】

도읍에 좋은 향기가[5] 다하지 않음이 저절로 있었으니, 늦게 와서 빈관(賓館)에서 또 서로 찾았네【고로(故老)가 전하기를[6], "배씨(裴氏)[7]는 이 구절을 느낌이 더욱 심하였다. 다만 '작자가 틀림없이 성명을 고쳤는가?'[8]라고 물으니, 대체로 당시 사람들이 크게 느꼈다"라고 하였다】.

○ 제4, 배대사[9]가 돌아가는 것을 송별하다.[10] [送裴大使歸] 도재중(都在中)[11]

> 與君後會應無定, 從此懸望北海風.【故老曰, 在中任越前掾, 於彼州與裴結交, 臨別呈詩. 裴大感. 但不蒙勅命任意寄詩之由, 朝家可被召問. 然[12]而裴有感聞[13]被寬宥, 云云】

---

1 일본에 내조한 사신이 숙박하는 관립 숙박시설. 迎賓館이라고도 한다. 수도 이외에 사신이 출입하도록 지정된 지역인 다자이후(大宰府)·나니와(難波)·쓰루가(敦賀)에도 설립되어 있었다.
2 당시 발해의 사절단은 871년 12월 11일 가가노쿠니(加賀國)에 도착하고, 872년 5월 15일에 헤이안쿄(平安京)에 들어가서 홍려관에 안치되었고, 5월 25일에 귀국길에 올랐다(『日本三代實錄』). 따라서 872년 5월 15일부터 25일 사이에 작성된 한시일 것이다.
3 834~879. 본래의 이름은 고토미치(言道)였으나, 872년 掌渤海客使에 임명되어 요시카(良香)라고 고쳤다. 따라서 미야코노 요시카라는 이름으로 작성된 글은 872년 이후의 것이다.
4 「群」에는 '間'.
5 작자가 일부러 자신의 이름(都良香)을 넣은 것이다.
6 '故老相傳'과 같은 표현이며, 늙은이들의 말로 전해져 오는 이야기를 의미한다.
7 발해 사신 중 1인임은 분명하지만, 『日本三代實錄』에서는 그 이름을 확인할 수 없다. 당시 대사는 양성규였다.
8 이 시는 872년 5월에 수도에 들어온 발해 사신을 배웅하면서 지었다고 알려져 있으므로, 장발해객사에 임명되어 이름을 고친 직후에 지은 것이라고 할 수 있다.
9 裴璆이다. 이하 동일하다.

그대와 나중에 만날 것은 정하지 않아야 하니, 이로부터 북해(北海)의 바람을 걱정하였네 【고로가 말하기를, "재중(在中, 아리나카)이 월전연(越前掾)[14]에 임명되어, 그 주(州, 越前國)에서 배씨(배구)와 교분을 맺고, 이별에 임하여 시를 드렸다. 배씨가 크게 느꼈다. 다만 칙명을 받지 않고 마음대로 시를 보낸 까닭에, 조정(朝廷)이 소환하여 심문할 만하였다. 그렇지만 배씨가 느낀 바가 있음을 듣고 용서하였다"라고 하였다.】

○ 제4, 홍려관에서 발해 사신을 전별(餞別)하다.[15] [於鴻臚館餞北[16]客] 관서기(菅庶幾)[17]

九枝燈盡唯期曉, 一葉舟飛不待秋.【此句[18]下句作之, 不能作上句. 語合於朝綱, 朝綱被諫曰, 可作燈之由. 仍所作】

아홉 가지의 등잔이 다하여 오직 새벽을 기약하니, 한 척의 배는 날아서 가을을 기다리지 않네【이 구절은 아래 구절을 짓더라도 윗 구절을 지을 수 없다. 조강(朝綱)[19]에게 이야기하여 맞

---

10 920년 일본에 도착한 발해 사절단의 대사 배구와 헤어지며 지은 한시이다. 발해 사절단은 920년 5월 8일에 헤이안쿄의 홍려관에 들어왔다가, 18일에 귀국길에 올랐다고 하고(『日本紀略』), 6월 22일에 이미 에치젠노쿠니(越前國)에서 귀국하였음을 파악하였다고 한다(『扶桑略記』). 따라서 920년 5월 18일 이후 6월 22일 이전에 작성되었다고 추정된다.
11 생몰년 미상. 미야코노 아리나카는 미야코노 요시카의 아들이다.
12 「群」에는 '處'.
13 「群」에는 '聞裴有感'.
14 에치젠노쿠니의 國司 중 판관인 관직이다. 『延喜式』에 따르면 에치젠노쿠니는 대국이어서, 정7위하의 大掾과 종7위상의 少掾을 두었다.
15 발해 사절단은 908년 1월 8일에 호키노쿠니(伯耆國)에 도착하였다고 보고되었고, 늦어도 5월에 헤이안쿄에 들어와서 여러 번 천황을 알현하거나 연회에 참석하였으며, 6월에 귀국하는 것을 장객사 및 여러 문사가 홍려관에서 전별하였다고 한다(『日本紀略』·『扶桑略記』). 따라서 908년 6월에 작성된 시라고 추정된다.
16 「群」에는 '紀'.
17 스가와라노 모로치카(菅原庶幾). 「群」에는 菅篤茂라고 되어 있어, 그에 따르면 스가와라노 아쓰시게(菅原篤茂)인데, 둘 다 미상이다.
18 「群」에는 '詩'.
19 오에노 아사쓰나(大江朝綱, 886~958). 최종 관위는 정4위하 參議였다. 같은 참의에 이르렀던 祖父 大江音人이 江相公으로 칭해졌기 때문에 後江相公으로도 불렸다. 天曆 8년(954) 撰國史所別堂으로 『新國史』 편찬에 참여하였다. 天德 원년(957)에 72세로 사망하였다.

추니, 조강이 간언받고 말하였다. "등잔의 사정을 지을 만하다." 따라서 지은 바이다.】.

○ 제4, 발해 배대사와 만나서 느낀 바가 있다.[20] [逢渤海裴大使有感] 순무(淳茂)[21]

裴文籍後聞君久, 菅禮部孤見我新.【故老曰, 裴公吟此句泣血, 云云. 裴璆者裴遡子也. 遡以文籍少監入朝. 菅相公以禮部侍郎贈答, 有此句】

배문적(裴文籍, 裴頲)[22]의 후예라고 그대를 들은 지 오래되었고, 관예부(菅禮部, 菅原道眞)[23]의 독자라고 나를 본 것이 새로웠네【고로가 말하기를, "배공(裴公, 裴璆)이 이 구절을 읊고 피눈물을 흘렸다"라고 하였다. 배구(裴璆)[24]라는 자는 배소(裴遡, 裴頲[25])의 아들이다. 소(遡, 頲)는 문적소감(文籍少監)[26]으로 입조하였다. 관상공(菅相公, 菅原道眞)이 예부시랑(禮部侍郎, 治部大輔)으로 주고받아서 이 구절이 있다】.

○ 제4, 진짜를 본뜨다.[27] [像眞] 관증대상국(菅贈大相國, 菅原道眞)

眞圖對我無詩興, 恨寫衣冠不寫情.【見渤海裴大使眞圖有感, 云云】

초상화는 나와 마주하더라도 시의 흥취가 없으니, 의관을 베끼더라도 마음을 베끼지 못함을

---

20 908년 5~6월에 발해 사절단이 헤이안쿄에 들어왔을 때 작성된 한시라고 추정된다. 원전인 『부상집』 권7에서는 제목이 "발해 배대사를 처음 만나서 느낀 바가 있어서 읊다"여서 차이가 있다.
21 스가와라노 아쓰시게(菅原淳茂, 878~926). 스가와라노 미치자네(菅原道眞, 845~903)의 아들. 908년 4월 2일에 장발해객사에 임명되었다(『扶桑略記』).
22 883년 당시 문적소감이었던 발해 사절단의 대사 배정을 가리킨다. 그는 895년에도 대사로 파견되었고, 908년 발해 사절단의 대사로 파견된 배구의 아버지였다.
23 883년 당시 治部權大輔였던 스가와라노 미치자네를 가리킨다. 그는 883년과 895년에 발해 사절단의 대사였던 배정을 만났다.
24 908년에 일본에 파견된 발해 사절단의 대사. 이전에 대사로 일본에 파견되었던 배정의 아들이다.
25 배소는 배정의 오류이다.
26 발해의 관청인 문적원 소속의 차관. 문적원은 唐의 秘書省에 상당하여, 도서 관리와 문장 작성 등을 담당하였다.
27 883년 5월 12일에 발해 사절단이 헤이안쿄를 떠난(『日本三代實錄』·『類聚國史』) 이후에 작성된 시라고 추정된다. 원전인 『관가문초』 권2에서의 제목은 주석과 같이 "발해 배대사의 초상화를 보고 감상이 있다"이다.

한스러워 하였네【발해 배대사(배정)의 초상화를 보고 감상이 있다, 운운.】.

○ 제4, 발해 사신을 대신하여 좌친위 원중장[28]에게 올리다.[29] [代渤海客[30]寄上左親衛[31]源中將] 도량향(都良香)

蛇驚劍影便逃死, 馬惡衣香欲嚙人.【魏文帝時, 朱建平相馬事也】

뱀은 칼 그림자에 놀라 곧 죽음을 면하고, 말은 옷 향기를 싫어하여 사람을 물려고 하네【위(魏) 문제(文帝) 때 주건평(朱建平)이 상마(相馬)한 일이다.[32]】.

○ 제5, 시사(詩事), □담(珥硏) 글자의 일본식 이름[和名]에 대한 일[33] [珥硏字和名事]

被命云, 延喜御時, 渤海國使二人來朝. 其牒狀【爾】珥硏,[34] 此兩字各爲使二人姓名. 紀家見之, 雖未知文字, 呼云, 井[35]木ノツフリ丸, 井[36]石ノサ[37]フリ丸参【レト】喚, 各

---

28 미나모토씨(源氏)인 左親衛中將을 가리킨다. 좌친위중장은 左近衛府中將의 唐名으로, 종4위하인 左近衛府의 차관이다. 당시 해당 관직에 취임해 있었던 미나모토노 노부루(源舒, 828~881)가 872년 5월 18일에 홍려관에 가서 발해 사절단이 가져온 물품들을 점검하였다고 한다(『日本三代實錄』). 『扶桑集』에서는 右近衛府中將이라고도 하는데, 당시 우근위부중장이었던 미나모토노 오코루(源興, 828~872)가 872년 5월 25일에 鴻臚館에 가서 칙서를 하사하였다고 한다(『日本三代實錄』). 위의 2인 중 1인을 가리킬 것이다.

29 미야코노 요시카가 장발해객사에 임명되었을 때에 온 발해 사절단은 872년 5월 15일에 헤이안쿄에 들어가서 홍려관에 안치되었고, 5월 25일에 귀국길에 올랐다(『日本三代實錄』). 따라서 872년 5월 15일부터 25일 사이에 작성된 한시일 것이다. 원전인 『부상집』 권7에서의 제목은 "발해 사신을 대신하여 右親衛 源中卿將에게 올리다"여서 다르다.

30 「群」에는 없음.

31 「群」에는 없음.

32 相馬는 말의 생김새를 살펴보고 그 말의 좋고 나쁨을 가리는 것을 뜻한다. 인용된 한시의 뒷부분인 '말은 옷 향기를 싫어하여 사람을 물려고 하네'는 『三國志』 권29, 魏書 朱建平傳에 나오는 이야기이다. 문제가 외부에서 들인 말을 타고 나가려고 할 때 주건평이 그 말을 보고 오늘 죽을 것이라고 하였고, 실제로 문제가 말을 타려고 할 때 말이 옷의 향기를 싫어하여 문제의 무릎을 물자 문제가 격노하여 그 말을 죽였다고 한다.

33 908년 5~6월의 상황을 전하는 내용이라고 추정된다.

34 「群」에는 '珥', '硏' 없음.

35 「群」에는 '珥'.

36 「群」에는 '硏'.

37 「群」에는 'マ'.

應令³⁸參【云云】. 異國作字也. 以當時會釋讀之, 可謂神妙者也. 異國者³⁹聞而感之【云云】.

명을 받기를, "연희(延喜) 연간(901~923)의 치세에 발해국의 사신 2인이 내조하였다. 그 첩장(牒狀)에 '□담(其䂨)' 이 두 자는 각각 사신 2인의 성명이었다. 기씨(紀氏, 紀長谷雄)가 보고 비록 아직 글자를 모르겠다고 하더라도 부르기를, '정목(井木, 井 가운데 木이 있는 글자)이 쓰부리(ツフリ), 정석(井石, 井 가운데 石이 있는 글자)이 자부리(サフリ)라고 불러, 각각 응하게 하였다'라고 하였다【운운.】. 다른 나라에서 만든 글자이다. 당시의 해석으로 읽어서, 신묘하다고 할 만한 것이다. 다른 나라 사람이 듣고 느꼈다."고 하였다【운운.】.

○ 제6, 여름밤에 홍려관에서 북쪽 사신이 고향으로 돌아가는 것을 전별(餞別)하다.⁴⁰[夏夜於鴻臚館餞北客] 후강상공(後江相公)⁴¹

前途程遠, 馳思于鴈山之暮雲. 後會期遙, 霑纓于鴻臚之曉淚【此句渤海之人流淚叩胸, 後經數年, 問此朝人曰, 江朝綱至三公位乎. 答云, 未也. 渤海人云, 知日本國非用賢才之國云云】.

앞길은 여정이 멀어서, 안산(鴈山, 雁門山)의 저녁 구름으로 생각을 달리게 하였다. 다시 만날 때는 멀어서, 홍려관의 새벽 눈물에 갓끈을 적셨다【이 구절의 발해 사람들은 눈물을 흘리고 가슴을 두드렸는데, 나중에 여러 해가 지나서 이 조정 사람들에게 물었다. "강조강(江朝綱, 에노 아사쓰나)은 삼공(三公)⁴²의 지위에 이르렀습니까?" 답하였다. "아직입니다." 발해 사람들이 말하기를, "일본국이 현명한 인재를 채용하는 나라가 아님을 알겠습니다"라고 하였다.】

---

38 「群」에는 '會'.
39 「群」에는 '人'.
40 908년 6월에 작성된 시라고 추정된다. 이 글은 『본조문수』권9에 수록된 글의 일부인데, 현행본 『강담초』에는 제6이 없어서 원문을 확인할 수 없다. 따라서 『본조문수』의 내용을 그대로 전재하였다
41 오에노 아사쓰나(大江朝綱, 886~958). 그는 920년 당시 장발해객사였다(『扶桑略記』).
42 최고위 재상을 가리키는 명칭인데, 일본에서는 太政官의 三大臣인 太政大臣·左大臣·右大臣을 가리킨다. 참고로 중국의 三公은 시대마다 가리키는 관직이 달랐다.

발해사 자료총서 - 일본사료 편 권1

23. 『전씨가집(田氏家集)』

　헤이안 시대(平安時代, 794~1185) 전기의 한시집(漢詩集)이다. 891년경 시마다노 타다오미 (島田忠臣, 828~892)가 편찬하였다. 상권 69수, 중권 60수, 하권 86수로 전부 3권이다. 미야코노 요시카(都良香, 834~879)의 『도씨문집(都氏文集)』과 함께 일본에서 가장 오래된 개인 한시집 중 하나이다. 시에는 백거이(白居易, 772~846), 황보염(皇甫冉, 714~767), 이가우(李嘉祐), 유장경 (劉長卿) 등을 비롯한 당시(唐詩)의 영향이 강하다. 한시 작법의 초보를 가르친 스가와라노 미치자네(菅原道眞, 845~903)의 작품 등에도 이미 그 영향이 보인다.

　882년 일본에 도착한 발해 사신이 883년에 헤이안쿄(平安京)에서 체재하는 동안 작성된 것으로 보이는 한시 7수가 수록되어 있다.

　원문은 『전씨가집주(田氏家集注) 中』(小島憲之 監修, 1992, 和泉書院)을 저본으로 하였고, 『군서류종(群書類從)9, 문필부(文筆部) 2 소식부(消息部)(이하 「群」)』(塙保己一 編, 1960, 續群書類從完成會)와 『전씨가집전석(田氏家集全釋, 이하 「釋」)』(中村璋八·島田伸一郎, 1993, 汲古書院)을 비교본으로 하였다. 권중 배사두(裴使頭)에게 화답한 한시는 『일본한시 고대편 (日本漢詩 古代篇, 이하 「漢」)』(本間洋一 編, 1996, 和泉書院, 89쪽)도 비교본으로 하였다.

○ 권중, 발해 배사두¹가 관시랑²·기전객³에게 답을 받고 지은 행(行)자의 시에 이어서 화답하다.⁴[繼和渤海裴使頭見酬菅侍郎紀典客行字詩]

非獨利刀刃似霜, 毫端衝敵及斜光.
多才實是丹心使, 少壯猶爲白面郞.【大⁵使年未及强仕, 故云】
聲價隨風吹扇俗, 詩媒逐電激成章.
文場閱得何珍貨, 明月爲使秋雁行.

단지 날카로운 칼날이 서리를 닮았을 뿐만 아니라,
붓끝이 적을 찔러 해 질 녘 비스듬한 빛에 이르렀네.
재주가 많아 정말로 진심인 사신은, 혈기왕성하고 여전히 귀공자였네.【대사(大使)는 나이가 40세에 미치지 못하여 벼슬하였기에, 그래서 말한 것이다.】
좋은 평판은 바람이 부는 것을 따라 저속함을 날려 보내고,
시상(詩想)은 번개를 따라 급격하게 문장을 완성하였네.
시장(詩場)에서 볼 수 있었던 것은 이 무슨 진귀한 보물인가,
밝은 달을 사신으로 삼아 가을 기러기가 떠나갔네.

---

1 사신의 우두머리인 裴頲. 발해 사절단의 대사로 일본에 파견되어 882년 11월 14일에 일본 가가노쿠니(加賀國)에 도착하여, 883년 4월 28일에 헤이안쿄(平安京)의 鴻臚館에 들어갔다가, 5월 12일에 귀국길에 올랐다(『日本三代實錄』).
2 스가와라노 미치자네(菅原道眞, 845~903). 시랑은 8省의 차관인 大輔의 唐名인데, 그는 883년 당시 治部大輔였다.
3 기노 하세오(紀長谷雄, 845~912). 전객은 본래 治部省 예하 玄蕃寮의 관인에 대한 당명이다. 그러나 그는 883년 당시 종8위상文章得業生으로 掌渤海客使에 임명되었기에(『日本三代實錄』·『類聚國史』), 여기서는 장발해객사의 당명일 가능성이 높다.
4 당시의 발해 사절단이 883년 4월 28일에 헤이안쿄의 홍려관에 들어갔다가, 5월 12일에 귀국길에 올랐으므로(『日本三代實錄』), 883년 4월 28일부터 5월 12일 사이에 작성된 시라고 추정된다.
5 「群」에는 '太'.

○ 권중, 배대사가 거듭하여 행운(行韻)을 제(題)하는 시에 삼가 화답하다.[6] [敬和裵大使重題行韻詩]

待得星廻十二霜, 偏思引見賜恩光.
安存客館馮朝使, 出入公門付夕郎.
覺悟當時希驥乘【來章有一騁希麻驥騄.】商量後日對龍章.
明王若問君聰敏, 奏報應生謝五行.

별이 도는 12년의 세월을 기다려 왔는데,
불러서 대면하고 은택(恩澤)을 하사하는 것만 생각하였도다.
객관(客館)을 위문하는 것은 조정의 사자에게 의지하고,
공문(公門)을 출입하는 것은 석랑(夕郞, 藏人)[7]에게 부탁하였네.
당시에 준마(駿馬)에 타기를 바라는 것을 각오하고【보내온 시문(詩文)에 '희마(希麻) □□[8] 기록(驥騄, 駿馬)을 한번 달리게 한다[一騁希麻驥騄]'라고 한다.】
나중에 천황과 마주할 것을 상상하였네.
훌륭한 천황이 만약 그대의 총명함을 묻는다면,
응생(應生, 應奉)이 [한번에] 다섯 줄을 [암기한 것을][9] 부끄러워할 것이라고 천황에게 아뢰었네.

---

6 883년 4월 28일부터 5월 12일 사이에 작성된 시라고 추정된다.
7 석랑은 중국에서 漢代 이래 천자의 자문에 답하는 給事中을 가리킨다. 일본에서는 5위 藏人의 唐名인 '夕拜郞'을 가리키는 듯하다.
8 희마는 미상. 희마와 기록 사이에 두 글자 정도의 탈자(脫字)가 있다고 추정된다.
9 後漢의 應奉이 어릴 때부터 총명하여 책을 읽고 한번에 다섯 줄을 암기하였다는 고사를 표현한 부분이다. 뒷부분은 배정이 응봉보다도 총명하여 응봉이 부끄러워할 것이라는 내용이다.

○ 권중, 배대사의 방을 지나서 '비 온 뒤 더위[雨後熱]'라는 시를 똑같이 짓다.[10] [過裴大使房同賦雨後熱]

冒熱尋來逼戶帷, 客房安穩雨休時.
三更會面應重得, 四海交心難再期.
不是少郞無露膽, 偏因大使有風姿.
他鄕若記長相憶, 莫忘今宵醉解眉.

더위를 무릅쓰고 찾아와서 방 입구에 다가가니, 손님의 방은 평안하고 비가 멈춘 때였네.
3경(更)까지 대면하는 것은 마땅히 거듭할 수 있어야 하지만,
사해(四海)에 마음을 주고받는 것은 다시 기약하기 어렵네.
이 젊은이의 진심을 보여주지 않았기 때문이 아니라,
오직 대사의 풍채(風采)가 있기 때문이었네.
만약 타향을 기록하여 항상 서로 기억한다면,
오늘 밤 취하여 마음 터놓고 미소를 띤 것을 잊지 말기를.

---

10 883년 4월 28일부터 5월 12일 사이에 작성된 시라고 추정된다.

○ 권중, 5언(言), 여름밤에 발해 사신과 대면하여, '달빛이 고요한 밤에 임한다[月華臨靜夜]'는 시를[11] 똑같이 짓다【제목 속에서 운(韻)을 취하고, 60자로 한정하였다】.[12] [夏夜對渤海客同賦月華臨靜夜詩【題中取韻, 限六十字】]

半破銀鍋子, 排空踵日車.
當天猶熱苦, 仲夏却霜華.
澆石多零玉, 通林碎著[13]花.
窓疑懸瀑布, 庭訝踏晴沙.
昭察分絲髮, 吟看置齒牙.
兩鄉[14]何異照, 四海是同家.

반쯤 깨진 은냄비 [같은 달], 하늘을 열고 태양을 좇네.
하늘에서는 여전히 더위가 몹시 심한데, 한여름에 도리어 꽃 같은 서리가 내리네.
[달빛은] 돌에 물을 붓듯이 옥을 많이 떨어지게 하니, 숲을 통과하며 부서져 꽃이 피었네.
창은 폭포를 걸었는지 의심스럽고, 뜰은 갠 흰 모래를 밟았는지 놀랍네.
분명히 알아서 실도 모발도 분별할 수 있지만, 읊조려 보면서 입 속에 두었네.
두 곳에서 어떻게 다르게 비추더라도, 사해는 같은 집안이었네.

---

11 梁 沈約의 시(『玉臺新詠』권5)에서 따온 제목이다.
12 883년 4월 28일부터 5월 12일 사이에 작성된 시라고 추정된다.
13 「釋」에는 '着'.
14 「群」에는 '卿'.

○ 권중, 관시랑과 똑같이 '취중에 옷을 벗어 배대사에게 주다[醉中脫衣贈裴大使]'를 짓다【차운(次韻)】.[15],[16] [同菅侍郎醉中脫衣贈裴大使【次韻】]

淺深紅翠自裁成, 擬別交親贈遠情.
此物呈君緣底事, 他時引領暗愁生.

얕고 깊으며 주홍색과 비취색[인 옷]을 저절로 재단하여 완성하니, 벗을 사귐에 이별한다고 하여 멀리 그리워하는 마음을 주었네.
이 물건을 그대에게 드리는 것은 무슨 일 때문인가, 언제가 때에 데리고 가서 몰래 걱정이 생기게 할 것이네.

○ 권중, 배대사의 답시에 답하다【본래의 운】.[17] [酬裴大使答詩【本韻】]

驚見裴詩逐電成, 客情歡慰主人情.
與君共是風雲會, 唯契深交送一生.

배씨(裴氏, 裴䋲)의 시가 번개를 따라 완성하였음을 보고 놀라니,
나그네의 정은 주인의 마음을 기쁘고 편안하게 하였네.
그대와 함께하는 것은 바람과 구름의 만남 같으니,
오직 깊은 교분을 맺어서 일생을 보내었네.

---

15 차운은 남이 지은 시의 운자를 따서 시를 짓는 일 또는 그렇게 지은 시.
16 883년 4월 28일부터 5월 12일 사이에 작성된 시라고 추정된다.
17 883년 4월 28일부터 5월 12일 사이에 작성된 시라고 추정된다.

○ 권중, 7언(言), 여름밤에 홍려관[18]에서 발해 사신[北客]이 고향으로 돌아가는 것을 전별(餞別)하다.[19] 한 수[夏夜於鴻臚館餞北客歸鄉. 一首]

遠來賓館接歡娛, 旬景交[20]心白首俱.
行李禮成廻節信, 扶桑恩極出蓬壺.
此宵促膝東廊底, 明日違顔北海隅.
鄭重贈君[21]無異物, 唯餘泣別滿巾[22]珠.

멀리서 빈관(賓館)에 와서 접대하고 기뻐하며 즐기니,

10일 동안 마음을 주고받아 백발과 함께하였네.

사신은 예를 갖추어 부절과 신표를 돌리니,

부상(扶桑, 日本)의 은택이 지극하게 봉래산(蓬萊山)에서[蓬壺] 내보냈네.

이 밤은 동쪽 회랑 아래에서 무릎을 가까이 대었지만,

내일은 북해(北海)의 끝에서 만날 수 없네.

정중하게 특별한 물건 없이 그대에게 주니,

오직 남는 것은 울고 헤어져 수건에 가득한 구슬뿐이네.

---

18 일본에 내조한 사신이 숙박하는 관립 숙박시설. 迎賓館이라고도 한다. 수도 이외에 사신이 출입하도록 지정된 지역인 다자이후(大宰府)·나니와(難波)·쓰루가(敦賀)에도 설립되어 있었다.
19 883년 4월 28일부터 5월 12일 사이에 작성된 시라고 추정된다.
20 「群」·「釋」에는 '炎'.
21 「群」에는 '□'.
22 「群」에는 '中'.

발해사 자료총서-일본사료 편 권1

24. 『본조문수(本朝文粹)』

　헤이안 시대(平安時代, 794~1185) 중기(11세기)의 한시문집(漢詩文集)이다. 14권이고, 후지와라노 아키히라(藤原明衡, 989~1066)가 편찬하였다. 사가천황(嵯峨天皇, 재위 809~823)부터 고이치조천황(後一條天皇, 재위 1016~1036)의 재위 기간까지 69인의 한시문(漢詩文) 427편을 분류하여 수록하였다. 분류는 『문선(文選)』을 모방한 것인데, 일본 독자의 불교 관련 원문(願文)이나 문장(文章)·화가(和歌) 등도 있어서, 일본의 사회정세에 맞게 고치려고 한 의도가 느껴진다. 편찬 연대는 강평(康平) 연간(1058~1065)이라고 추정되고 있다. 책 이름은 송(宋) 요현(姚鉉, 967~1020)의 『당문수(唐文粹)』를 모방한 것이라고 보인다. 대다수는 사륙병려체(四六騈儷體)의 미문조(美文調)이고, 공문서를 포함하여 다양한 문장의 사례가 포함된 점에서 문장의 모범사례이자 전거로서 참고가 되고, 후대에 준 영향이 크다. 에도 시대(江戶時代)에 이르러 병려문(騈儷文)이 부정되자 보지 않게 되었다.

　908년 발해 사신과의 교류 과정에서 작성된 편지 1건과 시서(詩序) 1편, 930년 동란국 사신과의 교류 과정에서 작성된 시서 1편과 태장(怠狀) 1건, 892년에 발해 중대성(中臺省)에 보낸 태정관첩(太政官牒) 1건, 872년 발해 사신과의 교류 과정에서 작성된 편지 1건과 칙서 1건 등이 수록되어 있다.

　원문은 『신일본고전문학대계(新日本古典文學大系) 본조문수(本朝文粹)』(大曽根章介·後藤昭雄·金原理, 1992, 岩波書店)를 저본으로 하였고, 『신정증보국사대계(新訂增補國史大系) 29下, 본조문수(이하 「國」)』(丸山二郎·黒板昌夫·土井弘, 1965, 吉川弘文館)를 비교본으로 하였다. 권7의 서신 및 권12의 태정관첩과 태장은 『역주 일본 고대의 외교문서(譯註 日本古代の外交文書, 이하 「外」)』(鈴木靖民·金子修一·石見清裕·浜田久美子 編, 2014, 八木書店, 282~285쪽 및 276~281쪽)도, 권9 후강상공(後江相公)의 시서(詩序)는 『일본고전문학대계

(日本古典文學大系) 69 회풍조·문화수려집·본조문수(懷風藻·文華秀麗集·本朝文粹)(이하 『日』)』(小島憲之 校注, 1964, 岩波書店, 388~390쪽)도 비교본으로 하였다.

○ 권7, 서장(書狀), 법황[1]이 발해 배정[2]에게 하사한 글.[3] [法皇賜渤海裴頲[4]書] 기납언(紀納言)[5]

裴公足下, 昔再入覲, 光儀可愛, 遺在人心. 余是野人, 未曾交語, 徒想風姿, 北望增戀. 方今名父之子, 禮畢歸鄕. 不忍方寸, 聊付私信. 逋客之志, 不輕相棄. 嗟呼, 余棲南山之南, 浮雲不定, 君家北海之北, 嶮浪幾重. 一天之下, 宜知有相思, 四海之內, 莫怪不得名. 日本國棲鶴洞居士無名, 謹狀.

延喜八年 五月十二日

배공(裴公, 裴頲) 족하(足下)는 예전에 다시 [천황을] 알현하였으니, 빛나는 용모가 사랑할 만하여 인심(人心, 욕정에서 생기는 마음)에 남아 있었다. 나는 야인(野人, 관직을 떠난 재야 사람)[6]으로 일찍이 [그와] 아직 말을 섞지 않아서, 헛되이 [그의] 풍채를 생각하여 북쪽으로 바라

---

1 법황은 우다천황(宇多天皇, 재위 887~897)을 가리킨다. 897년 양위 후에도 태상천황으로서 정치에 관여하다가 931년에 사망하였다. 법황이라는 호칭은 퇴위 후에 출가한 천황을 가리키는데, 우다천황은 901년에 출가하였다.
2 元慶 6년(882) 12월 14일 文籍院少監이었던 裴頲이 大使로서 105인의 발해사신단을 이끌고 加賀國에 도착하였다. 기록에 따르면 배정은 처음 일본에 방문한 것으로 알려져 있다. 그러나 그의 文名이 일본 조정에 잘 알려져 있었기 때문에 더욱 환대를 받았다. 실제로 배정의 체재 기간이 짧았음에도 불구하고 嶋田忠臣, 管原道眞, 紀長谷雄 등 당시 일본의 문인 관료들과 詩筵, 酒席 등을 통해 깊은 관계를 맺었던 것으로 보인다. 이와 같은 일본에서의 활동이 발해에서도 높이 평가되어, 寬平 6년(895)에 다시 대사로 일본에 파견되었다. 그 후 그의 재능을 이어받은 아들 裴璆도 세 차례 일본에 대사로 파견되어 아버지와 같이 일본 문인들과 우정을 나누는 등 발해와 일본과의 文運 교류에 큰 족적을 남겼다(上田雄, 2001, 540~541쪽).
3 말미에 적힌 대로 908년 5월 12일에 작성되어 아들인 발해 사절단의 대사 배구를 통해 그의 아버지 배정에게 하사된 편지이다.
4 「國」에는 '遡'.
5 기노 하세오(紀長谷雄, 845~912). 納言은 太政官의 차관인 정3위 大納言, 中納言, 판관인 종5위하 少納言의 총칭이다. 11세기에 『本朝文粹』를 편찬하면서 기노 하세오의 사망 당시 최종 관직이 중납언이었기 때문에 기납언이라고 한 것이고, 908년 당시에는 납언이 아니었다.
6 우다천황이 천황에서 물러난 상태임을 가리킨 겸손한 표현.

보며 그리움을 키웠다. 지금 유명한 아버지(배정)의 아들(배구)[7]이 예를 마치고 고향으로 돌아 갔다. 그리운 생각을 참지 못하고 간신히 개인적인 편지[私信]를 부쳤다. 은거하는 자[逋客]의 뜻은 가벼이 서로 버려지지 않았다. 아아, 나는 남산(南山)의 남쪽에 살아서 뜬구름처럼 정처가 없고, 그대는 북해(北海)의 북쪽에 집을 지어 험한 파도가 몇 겹이구나! 같은 하늘 아래에서 마땅히 서로 그리움이 있음을 알아야 하니, 천하[四海之內]에서 이름을 얻지 못함을 괴이하게 여기지 말라. 일본국 서학동(棲鶴洞, 신선이 사는 곳)의 거사(居士) 무명씨가 삼가 장한다.

연희(延喜) 8년(908) 5월 12일

○ 권9, 시서(詩序) 2, 여름밤에 홍려관[8]에서 북쪽 사신을 전별(餞別)하다.[9] [夏夜於鴻臚館餞北客] 후강상공(後江相公)[10]

延喜八年, 天下太平, 海外慕化. 北客算彼星躔, 朝此日域. 望扶木而鳥[11]集, 涉滄溟而子來. 我后憐其志褒其勞, 或降恩或增爵. 於是飫[12]宴之禮已畢, 儆裝之期忽催. 夫別易會難, 來遲去速. 李都尉于焉心折, 宋大夫以之骨驚. 想彼梯山航海, 凌風穴之煙嵐, 廻棹揚鞭, 披龜林之蒙霧, 依依然莫不感忘返之誠焉. 若非課詩媒而寬愁緒, 攜歡伯而緩悲端, 何以續寸斷之腸, 休半鎖之魂者乎. 于時日會鶡尾, 船艤龍頭. 參秋動搖落之情, 桂月倍分隔之恨. 嗟呼, 前途程遠, 馳思于鴈山之暮雲. 後會期遙, 霑纓於鴻臚之曉淚. 予翰苑[13]凡叢, 楊庭散木. 塊對遼水之客, 敢陳孟浪之詞云爾.

---

7 유명한 아버지는 편지의 수신자인 배정, 아들은 이번에 사신으로 온 배구를 가리킨다. 배정은 10여 년 전, 즉 895년에 사신으로 다녀갔다.
8 일본에 내조한 사신이 숙박하는 관립 숙박시설. 迎賓館이라고도 한다. 수도 이외에 사신이 출입하도록 지정된 지역인 다자이후(大宰府)·나니와(難波)·쓰루가(敦賀)에도 설립되어 있었다.
9 발해 사절단은 908년 1월 8일에 호키노쿠니(伯耆國)에 도착하였다고 보고되었고, 늦어도 5월에 헤이안쿄(平安京)에 들어와서 여러 번 천황을 알현하거나 연회에 참석하였으며, 6월에 귀국하는 것을 장객사가 전별하였다고 한다(『日本紀略』·『扶桑略記』). 따라서 908년 6월에 발해 사절단을 전별하면서 작성된 시서라고 추정된다.
10 오에노 아사쓰나(大江朝綱, 886~958). 최종 관위는 정4위하 參議였다. 같은 참의에 이르렀던 祖父 大江音人이 江相公으로 칭해졌기 때문에 後江相公으로도 불렸다. 天曆 8년(954) 撰國史所別堂으로 『新國史』 편찬에 참여하였다. 天德 원년(957)에 72세로 사망하였다.
11 「國」에는 '烏'.
12 「日」·「國」에는 '餞'.
13 「國」에는 '菀'.

연희 8년(908)에 천하가 태평하여 해외는 덕화(德化)를 흠모하였다. 발해 사신은 저 별의 궤도를 계산하여 이 일본에 내조(來朝)하였다. 해 뜨는 곳(일본)을 바라보고 새처럼 모이고, 푸른 바다를 건너서 [아버지에 이어] 자식이 왔다. 내가 그대의 그 뜻을 가엾게 여기고 그 수고를 칭찬하니, 혹은 은혜를 내리고 혹은 관작(官爵)을 더할 것이다. 이에 송별연(送別宴)의 예가 이미 끝나니, 출발할 때가 갑자기 촉박해졌다. 대체로 헤어짐은 쉽고 만남은 어려우니, 오는 것은 늦고 가는 것은 빠르다. 이도위(李都尉, 李陵)가 이에 마음이 꺾이고,[14] 송대부(宋大夫, 宋玉)가 이 때문에 마음이 크게 놀랐다.[15] 저 산을 넘고 바다를 건너며 찬 바람 부는 곳의 폭풍을 밀어내고 노를 돌리고 채찍을 들어서 북쪽 사막의 짙은 안개를 열었다고 생각하니, 그리워하여 멀다는 것을 잊을 정도의 정성을 느끼지 않을 수 없었다. 만약 시(詩)를 매개로 하여 그리운 마음을 누그러뜨리고, 술을 마셔서 슬픔을 줄이지 않았다면, 무엇으로 갈갈이 찢어지려는 마음을 이어 붙이고 반쯤 사라지려는 혼(魂)을 위로하겠는가? 이때가 초가을이니 배는 출항을 준비하였다. 초여름에 익은 보리는 가을의 낙엽 같은 마음을 움직이고, 달빛은 이별의 한을 늘게 한다. 아아, [사신의] 앞길은 여정이 멀어서, 안산(雁山, 雁門山)의 저녁 구름으로 그리움을 달리게 하였다. 다시 만날 때는 멀어서, 홍려관의 새벽 눈물에 갓끈을 적셨다. 나는 문원(文苑)의 평범한 사람이자, 쓸모없는 나무 같은 존재이다. 발해의 사신을 마주하는 것이 부끄러워, 구태여 두서없는 말을 진술한다고 할 따름이다.

○ 권9, 시서(詩序) 2, 여름밤에 홍려관에서 북쪽 사신이 고향으로 돌아가는 것을 전별하다.[16] [夏夜於鴻臚館餞北客歸鄕] 기재창(紀在昌)[17]

執徐之歲, 北客來朝, 候龍星之一周, 涉鼇波之千里. 朝家憐彼遠節, 賜以優寵, 其禮峻焉, 其恩深矣. 旣而覲天儀畢, 歸蕃期至. 逼王程之有限, 歎友道之不終. 夫以人之

---

14 漢代 李陵이 蘇武와 헤어지고 나서 마음이 꺾였다는 고사.
15 楚의 大夫 宋玉이 귀향하는 사람과 헤어지고 나서 몸이 망가졌다는 고사.
16 정확한 작성시기를 알 수 없다. 다만 작성자가 최초로 사료에 등장하는 것이 928년이고, 최후의 발해 관련 사절단이 930년의 동란국 사절단이라는 점을 고려하면, 모두에 등장하는 辰年 중 928년에 가장 가깝게 발해 사절단이 파견된 해는 庚辰年인 920년이다. 따라서 920년에 파견된 발해 사절단에 대한 글이라고 추정된다. 이때 발해 사절단은 920년 5월 8일에 헤이안쿄의 鴻臚館에 들어왔다가, 18일에 귀국길에 올랐다고 한다(『日本紀略』).
17 생몰년 미상. 기노 하세오(紀長谷雄, 845~912)의 손자. 928년 경에 文章得業生이었다고 한다.

> 送別, 別之傷人. 自然之感, 不覺而生. 昔尼父之去周, 老聃所以贈言, 子高之還魯, 季節由其攬淚. 況乎天涯眇絶, 雲帆長歸. 馳思於煙驛, 則梯山之程難計, 通夢于波郵, 則航溟之路易迷. 於是燭燒紅蠟, 歌奏驪駒. 可以鎖攀慕之魂, 可以穿悵望之眼. 今之相惜, 不其然乎. 于時桂月漸傾, 梅雨斜落. 勸紅螺而緩愁, 染紫毫以寫思. 君子之別, 良有以哉. 若予者, 久積丹螢之光, 未入白鳳之夢. 不顧拙目, 敢課庸音云爾.

진년(辰年, 920)에 [執徐之歲] 발해 사신이 내조하니, 용성(龍星)[18]의 한 바퀴를 기다리고 거대한 파도가 치는 천 리를 건넜다. 조정(朝廷)은 그 고상하고 심원한 절의를 가엾게 여겨서 우대하고 총애하게 하니, 그 예는 준엄하고 그 은혜는 깊었다. 이미 천황을 뵙는 의례가 끝나고, 본국으로 돌아갈 때가 이르렀다. 왕명을 받는 여정의 유한(有限)함에 쫓겼지만, 벗 사귀는 도리의 끝나지 않음을 감탄하였다. 대체로 사람이 이별을 보내고 이별이 사람을 상처입히니, 자연스러운 느낌이어서 깨닫지 못하고도 생겨난다. 옛날에 공자(孔子)가 주(周)를 떠난 것은 노자(老子)가 좋은 말로 서로 격려한 까닭이고, 자고(子高)가 노(魯)로 돌아온 것은 계절(季節)이 그 눈물을 흘렸기 때문이다.[19] 하물며 하늘의 끝은 딱 끊기니, 흰 돛단배는 오래도록 돌아간다. 연기 나는 역(驛)에서 그리움을 달리면 산을 넘는 여정은 헤아리기 어렵고, 물결치는 우(郵)에서 꿈을 통하면 바다를 항해하는 길은 헤매기 쉽다. 이에 붉은 초를 촛불로 붙태우고, '검은 말'이라는 이별 노래를 부르고 연주하였다. 애도하는 혼(魂)을 속박할 만하고, 슬픔에 잠겨 바라보는 눈을 뚫을 만하다. 지금의 서로 애석함은 당연히 그렇지 않은가? 이때 달빛이 점차 기울고, 장마[梅雨]는 비스듬히 내렸다. 술잔을 권하여 근심을 줄이고, 자주색 토끼털로 만든 붓을 물들여 생각을 베꼈다. 군자의 이별은 진실로 까닭이 있도다. 나와 같다면 반딧불의 빛을 오래 쌓더라도, 출중한 재주를 가진 인재가 나타나는 꿈에 들어가지 않을 것이다. 안목이나 식견이 모자라는 사람을 돌아보지 않고, 구태여 평범한 글을 다듬는다고 할 뿐이다.

---

18 용성은 28宿 중 동쪽 蒼龍七宿의 통칭이다.
19 戰國時代 노의 자고가 趙를 떠돌다가 平原君의 식객인 皺文·季節 등과 친하게 되었는데, 본국으로 돌아갈 때 추문·계절은 눈물을 흘렸지만 자고는 두손을 모으고 정중하게 인사만 하였다는 고사. 자고는 두 사람이 이별에 의연하지 못함을 비판하였다(『春秋左氏傳』僖公 23년).

○ 권12, 첩(牒), 발해국 중대성[20]에 보내는 첩[21]【입근사·문적원소감[22] 왕귀모[23] 등 105인】
【贈渤海國[24]中臺省牒【入覲使文籍院少監王龜謀等一百五人】】 기납언(紀納言)[25]

> 牒: 得彼省牒稱, 奉處分, 來若不往則乖禮. 謂[26]德方不孤, 亦難闕隣約. 豈乃不以守其盛制申此敦誠. 肆月盡推年, 星行遍漢. 已近舊制[27]之限, 將投滿紀之期. 遠書一封, 常企踵於下國, 思緒萬戀, 久馳心於中朝. 慕仰舊規, 瞻擧尊德, 溟海而不患遙闊, 梯航而早勤經過. 空望雲霄, 無因展謁. 謹差文籍院少監王龜謀等, 入覲貴國, 令尋前蹤者. 國之典故, 理宜率由. 來非其期, 待以何事. 旣無地于逃責, 豈有時而備儀. 所司議成, 從境放却. 但龜謀等, 業依風渚, 身苦浪花. 雖秋鴈愁知候之賓, 而寒松全守貞之節. 仍命州吏造舶給糧. 相善之敦, 以此可量. 事須起推算於當年, 申尋好於後紀. 不是新制, 亦有舊章. 專顧異時之縱, 勿違前程之限. 過而重過, 奈禮云何. 今以狀牒. 牒到準狀, 故牒.
> 年 月 日

첩한다. 저 성(省, 中臺省)에서 첩한 것을 얻었는데 다음과 같다. "처분을 받드니, 와서 만약 가지 않으면 예에 어긋나는 것입니다. 덕은 바야흐로 외롭지 않으니 또한 이웃과의 약속을 빠

---

20 발해 3省의 하나이며, 唐의 中書省에 해당하는 관서이다. 詔令의 초안을 작성하고, 정책을 결정하는 업무를 담당하였다. 관원으로는 右相·右平章事·內史·詔誥舍人 등이 있다(『新唐書』渤海傳).
21 첩은 공식령에서는 主典 이상의 관인이 관사에 상신할 때 사용하는 문서형식이다. 태정관에서 발해 중대성으로 첩을 보낸 것은 양자가 행정기구상 격이 동등하다는 인식 때문이다. 참고로 태정관이 하부 행정기구에 보내는 명령서는 符라고 한다. 문서형식의 측면에서는 모두에 '첩'이라는 한 글자를 쓰고 말미에 '故牒'이라는 글자를 쓴 후, 날짜 다음에 문서를 작성한 辨官(이 문서에서는 左大辨)과 史(이 문서에서는 左大史)의 서명을 기록하였다.
이 태정관첩은 892년 6월 29일에 하사하였다고 한다(『日本紀略』). 892년 1월 8일에 이즈모노쿠니(出雲國)에 도착한 대사 왕귀모 등에게 준 태정관첩이다.
22 발해의 관청인 문적원 소속의 차관. 문적원은 唐의 秘書省에 상당하여, 도서 관리와 문장 작성 등을 담당하였다.
23 발해 사절단의 대사로 892년 1월 8일에 일본 이즈모노쿠니에 도착한 후, 6월 24일에는 칙서를, 29일에는 태정관첩을 받은 후 8월 7일에 귀국하였다고 한다(『日本紀略』).
24 「國」에는 없음.
25 紀長谷雄이다.
26 「外」에는 '譚'.
27 「國」에는 '終朝'.

뜨리기 어렵다고 합니다. 어찌 곧 그 훌륭한 제도를 지킴으로써 이 도타운 정성을 펼치지 않겠습니까? 이에 달은 다하여 해를 차례대로 바꾸고, 별은 가서 은하수를 돌아다닙니다. 이미 잠깐 동안[終朝]의 기한에 가까워졌으니, 장차 기일을 채우는 때에 이르려고 합니다. 먼 곳으로 보내는 편지 1통은 항상 하국(下國, 渤海)에서 간절히 이루어지기를 바랐던 것이고, 생각의 갈피에서 나오는 온갖 그리움은 오래도록 마음을 조정(일본)[中朝]으로 달리게 하였습니다. 옛 법을 우러러 흠모하고 존귀한 덕을 높이 받들었으니, 큰 바다이더라도 멀고 넓음을 걱정하지 않고 산 넘고 바다 건너서 오가는 것에 일찍부터 수고하였습니다. [지금은] 헛되이 높은 하늘을 바라보아도 배알할 기회가 없습니다. 삼가 문적원소감 왕귀모 등을 파견하여, 귀국에 들어가 [천황을] 알현하고 옛 발자취를 찾게 하려는 것입니다." 나라의 전례와 고사는 이치가 마땅히 그대로 따라야 한다. 그 기일이 아닌데 오면 무슨 일로 대접하겠는가? 이미 책임을 회피함에 여지가 없으니, 어찌 때가 있어서 의례를 갖추겠는가? 담당자의 논의가 이루어졌으니, 경계에서 돌려보낸다. 다만 [왕]귀모 등은 직무가 바람 부는 섬에 의지하고 몸이 물보라에 고통받았다. 비록 가을의 기러기가 때를 아는 손님에게 거스른다고 하더라도,[28] 겨울의 소나무는 정조를 지키는 절개를 완전하게 한다. 이에 주리(州吏, 國司)에게 배를 만들고 식량을 주라고 명한다. 서로 사이가 좋은 도타움은 이것으로 헤아릴 만하다. 일은 모름지기 그 해부터 계산을 시작하고, 우호를 찾는 것을 나중의 기한으로 늦추어야 한다. 새로운 제도를 옳다고 하지 않으니, 또한 옛 법을 지키는 것이다. 다른 때의 자취를 돌아보기만 하고, 앞선 일정의 기한을 착각하지 말라. 잘못하고 거듭 잘못하면 어떻게 예라고 하겠는가? 지금 상황을 첩한다. 첩이 도착하면 상황에 따르니, 그러므로 첩한다.

  년 월 일

---

28 발해 사신이 기한을 어기고 온 것을 비유한 표현.

○ 권12, 태장(怠狀), 동란국 입조사 배구[29] 등이 해(解)[30]를 상신하여, 과장(過狀)[31]을 바친 일 【구가 신하의 사신을 받들고 상국에 입조한 태장】.[32] [東丹國入朝使裴璆等解申, 進過狀事【謬奉臣下使入朝上國怠狀】]

> 右. 裴璆等背眞向僞, 爭善從惡, 不救先主於塗炭之間, 猥諂新王於兵戈之際. 況乎奉陪臣之小使, 紊上國之恒規. 望振鷺而面慙, 詠相鼠而股戰. 不忠不義, 向招罪過. 勘責之旨, 曾無避陳, 仍進過狀. 裴璆等誠惶誠恐謹言.[33]

이상. 배구 등은 진짜를 등지고 가짜를 향하며 선(善)과 다투고 악을 따랐으며, 재난에 빠져 허덕일 동안에 선왕을 구하지 않고 전쟁일 때 새 왕에게 함부로 아첨하였습니다. 하물며 배신(陪臣)[34]의 심부름꾼[小使]을 받들어 상국의 일정한 규정을 어지럽힐 정도면 어찌하겠습니까? 떼 지어 나는 백로를 바라보고 얼굴에 부끄러움이 드러나며, 「상서(相鼠)」[35]를 읊고 다리가 떨렸습니다. 불충(不忠)하고 불의(不義)하였으니 부끄럽고 죄송스럽게 되었습니다. 조사하여 질책하는 뜻은 일찍이 진술을 피하지 않았으니, 인하여 과장을 바칩니다. 배구 등은 진실로 황공하게도 삼가 진언합니다.

---

29 裴璆이다. 930년에 일본에 파견된 동란국 사절단의 대사이다. 908년과 920년에도 발해 사절단의 대사로 일본에 파견되었고, 883년과 895년에 발해 사절단의 대사로 일본에 파견되었던 배정의 아들이다.
30 하급 관청이 상급 관청에 보고하는 공문서 양식.
31 범죄나 업무 태만을 범한 자가 상급자에게 사죄하기 위해 제출하는 공문서. 怠狀·怠文이라고도 한다.
32 동란국 사절단의 대사 배구는 930년 3월 2일에 태장을 바쳤다고 한다(『日本紀略』).
33 「國」은 이 뒤에 "延長八年六月二日 大使"가 추가되어 있다.
34 외국에 나간 사신이 상대국의 군주에게 자신을 이르는 말. 본래는 신하의 신하라는 뜻.
35 『詩經』鄘風의 편명으로, 높은 지위에 있는 사람의 무례함을 풍자한 시이다.

○ 권24, 발해 양대사[36]에게 감사하여 초구·사향·암모화를 보내는 장.[37] [謝渤海楊太使贈貂裘麝香暗摸靴狀] 도량향(都良香, 미야코노 요시카)[38]

> 殊貺難當豈敢, 輒更謹勒奉返. 望不怪責. 不宣, 謹狀.
> 卽日. 起居郎都良香狀.
> 謹奉太使公節下, 謹空.

특별히 접하기 어려운 것을 주셔서 감히 생각하지도 못하였으니, 더욱 몸가짐을 삼가고 일부러 돌려드립니다. 꾸짖지 않으시기를 바랍니다. 하고 싶은 말을 충분히 하지 못하였으나[不宣],[39] 삼가 장합니다[謹狀].[40]

당일에 기거랑(起居郎, 少內記)[41] 도량향(미야코노 요시카)이 장(狀)합니다.

태사공(太使公) 절하(節下)를 삼가 받들고, 빈 곳을 남기어 회답을 기다립니다[謹空].[42]

---

36 871년 12월 11일에 일본 가가노쿠니(加賀國)에 도착한 발해 사절단의 대사 楊成規이다. 872년 5월 15일에 헤이안쿄에 들어가서 홍려관에 안치되었고, 5월 25일에 귀국길에 올랐다(『日本三代實錄』).

37 872년 5월 15일에 양성규 등이 헤이안쿄에 들어온 이후, 25일에 떠나기 전에 작성되었을 것이다. 이 글은 『都氏文集』 권4에 수록된 것이다. 현행본에는 권24가 없어서 원문을 확인할 수 없으므로, 『도씨문집』의 원문과 번역을 전재하였다.

38 834~879. 본래의 이름은 고토미치(言道)였으나, 872년 掌渤海客使에 임명되어 요시카(良香)라고 고쳤다. 따라서 미야코노 요시카라는 이름으로 작성된 글은 872년 이후의 것이다.

39 대등한 관계의 편지 끝에 쓰는 상투구.

40 편지의 끝에 쓰는 상투구.

41 기거랑은 內記의 唐名. 내기는 中務省 소속의 判官으로 조서·위기 등의 초안을 작성하고, 천황의 공적인 행동을 기록한다. 본래 大內記(정6위상)·中內記(정7위상)·少內記(정8위상)가 각각 2인씩 있었으나, 미야코노 요시카(都良香)가 살고 있던 9세기 중반에는 중내기가 폐지되고 소내기가 정7위상으로 승격되었다. 미야코노 요시카는 870년에 소내기에 임명되어 872년 발해 사신의 접대를 맡았으므로, 이 기거랑은 소내기를 가리킨다.

42 唐宋代에 편지의 끝에 쓰던 상투구.

○ 권27, 발해 입근사에게 고신[43]을 하사하는 칙서.[44] [賜渤海入覲使告身勅書] 관증대상국(菅贈大相國, 菅原道眞)

> 中務. 渤海國入覲大使·政堂省左允·慰軍大將軍·賜紫金魚袋楊成規等, 歸王有紀, 納貢無虧. 望鳳闕之星懸, 據犀舟以水隔. 懇誠外徹, 風化攸覃. 霑接內修, 禮容可愛. 克念賞勞之義, 自存縻爵之恩. 宜依前件. 主者施行.
> 貞觀十四年五月【內記作】

중무성(中務省),[45] 발해국 입근대사·정당성좌윤(政堂省左允)[46]·위군대장군(慰軍大將軍)[47]·사자금어대(賜紫金魚袋) 양성규 등은 왕에게 귀의하는 데에 [정해진] 해가 있고, 조공을 바침에 빠뜨림이 없었다. 궁궐의 별처럼 수없이 많은 인재를 바라보고, 견고한 배에 의지하여 물이 멀어졌다. 간절하고 성실한 마음은 밖에도 통하고, 풍속과 교화(敎化)는 멀리 미쳤다. 접대하며 마음을 닦아서, 예의 바른 몸가짐은 아낄 만하다. 상주고 위로하는 뜻을 잘 생각하여, 작위(爵位)에 얽매인 은택(恩澤)을 스스로 살펴라. 마땅히 전건(前件)에 의거하여, 담당자는 시행(施行)하라.

정관(貞觀) 14년(872) 5월【내기(內記)가 작성하였다.】

---

43 중국왕조에서 관작을 받는 관리에게 주어진 임명장·신분증. 일본에서는 관위를 수여하는 형태의 위기로 변모되었다.

44 양성규 등은 872년 5월 19일에 관위와 고신을 받았다(『日本三代實錄』). 이때 청화천황(淸和天皇)이 그들에게 관위와 고신을 하사하라는 칙서이다. 이 글은 『菅家文草』권8에 수록된 글이다. 현행본에는 권27이 없어서 원문을 확인할 수 없으므로, 『관가문초』의 원문과 번역을 전재하였다.

45 太政官 아래에 설치된 일본의 8省 중 하나로 천황의 보좌와 조칙의 선포 등 조정 관련 직무의 전반을 담당하여, 8성 중 가장 중요한 행정기관이다. 장관 中務卿은 제도상 4품의 親王이나 정4위상의 관인이 취임하게 되어 있었으나, 헤이안 시대(平安時代) 이후로는 친왕만이 취임하게 되었다. 당명은 中書省·殿中省 등이다.

46 정당성은 발해의 국정을 총괄하는 행정기관으로 唐의 尙書省에 해당한다. 좌윤은 정당성의 판관에 해당하는 관직으로, 차관인 좌사정을 보좌하여 6부 중 충부(이부에 해당)·인부(호부에 해당)·의부(예부에 해당)를 관장한다.

47 발해의 무산계. 정확한 품계는 알 수 없지만, 唐의 종2품 鎭軍大將軍 또는 정3품 冠軍大將軍에 대응하는 것으로 추정된다. 양성규가 일본에서 종3위에 제수된 것을 참고하면, 관군대장군일 가능성이 더 높지 않을까 한다.

발해사 자료총서-일본사료 편 권1

25. 『조야군재(朝野群載)』

헤이안 시대(平安時代, 794~1185)의 시문(詩文)·조칙·관문서·편지 등 각종 문서를 분류하여 산박사(算博士) 미요시노 타메야스(三善爲康, 1049~1139)가 1116년에 편찬한 서적. 그러나 그 후 증보가 있어 최종적으로는 보연(保延) 연간(1135~1141)에 편찬되었다고 추정된다. 본래는 30권이었지만, 10·14·18·19·23·24·25·29·30의 9권은 현존하지 않는다. 현존하는 부분의 분류는 문필(文筆)·조의(朝儀)·신기관(神祇官)·태정관(太政官)·섭록가(攝籙家)·공경가(公卿家)·별주(別奏)·공로(功勞)·정위(廷尉)·내기(內記)·기전(紀傳)·음양도(陰陽道)·역도(曆道)·천문도(天文道)·의도(醫道)·불사(佛事)·대재부(大宰府)·이국(異國)·잡문(雜文)·흉사(凶事)·제국잡사(諸國雜事)·제국공문(諸國公文)·제국공과(諸國功過)의 각 항목이 있다. 사라진 9권에 어떠한 분류가 포함되어 있었던가는 불분명하다. 위의 내용에서도 알 수 있듯이, 이 책은 시문집이라기보다 여러 관청의 사무에 관한 것이 많이 포함되어 문서집 성격이 강하다. 또 편찬자가 살았던 헤이안 시대 말기의 사료가 특히 많이 수록되어 있다는 점에서 헤이안 시대 중기부터 말기에 걸친 율령정치의 실태를 전하는 귀중한 문서집이라고 평가되고 있다.

920년 발해 사절단의 대사에게 하사한 위기(位記)가 수록되어 있다.

『신정증보국사대계(新訂增補國史大系) 29上, 조야군재(朝野群載)』(相田二郎·吉村茂樹, 1964, 吉川弘文館)를 저본으로 하였고, 『역주 일본 고대의 외교문서(譯註 日本古代の外交文書, 이하 「外」)』(鈴木靖民·金子修一·石見淸裕·浜田久美子 編, 2014, 八木書店, 286~289쪽)를 비교본으로 하였다.

○ 권20, 이국(異國), 본조가 이국인에게 하사하는 위기.[1] [本朝賜異國人位記]

> 渤海國大使信部少卿從三位裴璆
> 【右】可正三位
> 勅: 渤海國大使信部少卿從三位裴璆, 忠節傳家, 英華累世. 頃[2]銜君命, 再趨闕庭. 涉大瀛而如過坳堂, 誓寸心而長捧尺牘. 美其貞信, 可以褒酬. 仍抽縻爵之班, 用强勤王之功[3]. 可依前件. 主者施行.
> 延喜廿年 三月十日

발해국 대사(大使)·신부소경(信部少卿)[4]·종3위 배구(裴璆)[5]

【위 사람은】정3위가 될 만하다.

칙(勅)한다. 발해국 대사·신부소경·종3위 배구는 충성스러운 절의가 집안에 전해지고, 훌륭한 명예[英華]는 세대를 거듭하였다. 근래에 군주의 명령을 받고 다시 [일본의] 수도에 다다랐다. 큰 바다를 건넘에 육지의 웅덩이[坳堂]를 지나는 듯하였고, 마음[寸心]에 맹세하여 항상 편지[尺牘]를 받쳐 들었다. 그 정직하고 성실함을 찬미하여 포상하고 보답할만하다. 인하여 걸맞은 작위의 반열에 선발하여, 왕의 일에 충성을 다하는 공로에 힘쓰게 하라. 앞의 건에 따를 만하다. 맡은 자는 시행하라.

연희 20년(920) 3월[6] 10일

---

1 일본에서 관위를 수여할 때 주는 공문서. 중국왕조에서 관작을 받는 관리에게 임명장·신분증으로서 告身이 수여되었으나, 일본에서는 관위를 수여하는 형태의 위기로 변모되었다고 한다. 말미 부분에 따르면 920년 3월 10일에 발해 사절단의 대사 배구에게 하사된 위기이다. 그러나 배구에게 관위가 하사된 것은 920년 5월 10일이었고(『日本紀略』), 3월에는 22일까지도 에치젠노쿠니(越前國)에 머무르고 있었다(『扶桑略記』). 따라서 920년 5월 10일에 하사된 위기라고 추정된다.
2 「外」에는 '預'.
3 「外」에는 '効'.
4 신부는 발해 정당성 예하의 6부 중 하나로, 唐의 工部에 해당하는 산택·토목 담당의 관청이다. 소경은 신부의 차관이다.
5 920년에 일본에 파견된 발해 사절단의 대사. 908년에도 발해 사절단의 대사로 일본에 파견되었고, 883년과 895년 발해 사절단의 대사로 일본에 파견되었던 배정의 아들이다.
6 주1을 참조하면, 5월의 오기라고 생각된다.

> 발해사 자료총서-일본사료 편 권1

26. 『장문기(將門記)』

    10세기 중엽에 간토(關東) 지방에서 일어난 다이라노 마사카도(平將門, 903~940) 반란(939~940)의 전말을 묘사한 초기의 군담소설이다. 다이라노 마사카도가 일족의 사적 투쟁(935)부터 국가에 대한 반역에 이르러(939) 토벌되기까지(940), 반란의 경위와 사후에 지옥에서 전하였다는 '명계소식(冥界消息)'이 기록되어 있다. 한문 양식으로 표기된 일본어로 기재되어 있지만, 곳곳에 병려체(駢儷體)에 의거한 수사(修辭)나 중국의 고사(故事)를 집어넣었다. 독특한 문체 때문에 현재에도 해석이 정해지지 않은 부분도 적지 않다. 『육오화기(陸奧話記)』, 『오주후삼년기(奧州後三年記)』와 함께 초기 군담소설이라고 이야기되고 있다. 원본이라고 할 수 있는 것은 남아 있지 않고, 「진복사본(眞福寺本)」과 「양수경구장본(楊守敬舊藏本)」의 두 필사본과 11종류의 발췌본이 전한다.

    다이라노 마사카도가 태정대신(太政大臣)의 자제인 후지와라노 모로오지(藤原師氏, 913~970)에게 보낸 편지가 수록되어 있는데, 발해의 멸망에 대한 내용이 포함되어 있다.

    원문은 『군서류종(群書類從) 20, 합전부(合戰部) 1』(塙保己一 編, 1959, 續群書類從完成會)을 저본으로 하였고, 『신찬일본고전문고(新撰日本古典文庫) 2, 장문기(將門記)(이하 「古」)』(林陸朗 校註, 現代思潮社, 1975)를 비교본으로 하였다.

○ 장문(將門)[1]이 천경(天慶) 2년(939) 12월 15일에 태정대전[2]의 소장[3] 각하【은하】께 삼가 올리다.[4] [謹謹上太政大殿少將閣賀【恩下】]

> 今世之人, 必以擊勝爲君, 縱非我朝, 僉在人國. 如去延長年中大赦契王, 以正月一日討取渤海國, 改東丹國領掌也. 盡以力虜領哉. 加以衆力之上, 戰討經功也.

지금의 세상 사람들은 반드시 공격하여 이기는 것으로 임금으로 삼으니, 가령 우리 조정이 아니더라도 모두 남의 나라에 있다. 지난 연장(延長) 연간(923~931)에 대계사왕(大契赦王)[5] 같은 자는 정월 1일에 발해국을 토벌하여 취하고 동란국(東丹國)이라고[6] 고쳐서 맡아 다스렸다. 어찌 힘으로 약탈하여 거느리지 않겠는가? 그뿐만 아니라 많은 사람의 힘을 합한 후에 싸워 토벌하여 이긴 공적을 거듭하였다.

---

1 다이라노 마사카도(平將門, 903~940). 헤이안 시대(平安時代)의 호족으로 939년 반란을 일으켰다가 940년에 반란이 평정되는 과정에서 전사하였다.
2 太政大殿은 太政大臣의 별칭이다. 태정대신은 일본 율령관제의 최고위직이자 太政官의 장관. 상설직이 아니어서 적임자가 없을 경우 공석으로 비워두었다. 939년 당시 태정대신은 후지와라노 타다히라(藤原忠平, 880~949)였다.
3 左近衛府·右近衛府의 정5위하인 차관이다. 여기서는 태정대신의 4남이자 좌근위부의 소장이었던 후지와라노 모로오지(藤原師氏, 913~970)를 가리킨다고 추정된다.
4 서술된 내용을 보면, 939년 12월15일에 다이라노 마사카도가 후지와라노 모로오지라고 추정되는 인물에게 보낸 편지이다. 다만 실제로 이 편지를 작성한 사람에 대해서는 다이라노 마사카도라는 설과 『將門記』의 작가라는 설이 대립 중이다. 인용된 부분은 편지의 전문이 아니고, 발해와 관련된 일부이다.
5 大赦契王은 大契赦王의 오류이고, 거란의 太祖 耶律阿保機(재위 907~926)를 가리킨다.
6 926년에 거란이 발해를 멸망시키고, 그 영역에 세운 괴뢰국가. 건국 당시에는 야율아보기의 장자이자 당시 태자였던 耶律倍(재위 926~930)가 국왕이 되었고, 929년에는 발해의 옛 신하인 배구를 일본에 사신으로 파견하기도 하였다.

참고문헌

• 사료

『三國史記』,『三國史節要』,『東國歲時記』,「渤海考」(정약용)
『舊唐書』,『新唐書』,『冊府元龜』,『大宋僧史略』,『遼史』,『元和郡縣志』,『太平御覽』
『續日本記』,『懷風藻』,『日本書紀』,『經國集』,『文華秀麗集』,『入唐求法巡禮行記』,『日本後紀』,『續日本後紀』,『類聚國史』,『日本文德天皇實錄』,『日本紀略』,『日本逸史』,『扶桑略記』,『政事要略』,『類聚三代格』,『都氏文集』,『遍照發揮性靈集』,『凌雲集』,『高野雜筆集』,『高野大師廣傳』,『菅家文草』,『扶桑集』,『江談抄』,『田氏家集』,『本朝文粹』,『朝野群載』,『將門記』

• 단행본

김문경, 2001,『엔닌의 入唐求法巡禮行記』, 중심
金渭顯, 1985,『遼金史硏究』, 裕豊出版社
金毓黻, 1934,『渤海國志長編』, 발해사연구회 역, 2008,『발해국지장편(상중하)』, 신서원
김종복, 2009,『발해정치외교사』, 일지사
김진광, 2012,『발해 문왕대의 지배체제 연구』, 박문사
노태돈, 2020,『고구려 발해사 연구』, 지식산업사
동북아역사재단 한국고중세사연구소 편, 2020,『譯註 中國正史 東夷傳2 晉書~新五代史 高句麗·渤海』, 동북아역사재단
동북아역사재단, 2009,『三國志·晉書 外國傳 譯註』, 동북아역사재단
리지린·강인숙, 1976,『고구려사연구』, 사회과학출판사
민길자, 2000,『한국전통직물사연구』, 한림원
민중서림편집부, 1998,『韓漢大字典』, 민중서림
박시형, 1979『발해사』(김일성종합대학출판사), 1989, 이론과 실천
朴玉杰, 1996,『高麗時代의 歸化人 硏究』, 국학자료원
방학봉, 2000,『발해의 주요교통로 연구』, 연변인민출판사
宋基豪, 1995,『渤海政治史硏究』, 一潮閣
스가노노 마미치(菅野眞道) 외, 이근우 역, 2012,『속일본기』1~4, 지식을만드는지식
심연옥, 1998,『중국의 역대직물』, 한림원
에.붸.샤브꾸노프 엮음, 송기호·정석배 옮김, 1996,『러시아 연해주와 발해역사』, 민음사
여호규, 1999,『高句麗城Ⅱ』, 국방군사연구소
여호규·강현숙·백종오·김종은·이경미·정동민, 2020,『중국 소재 고구려 유적과 유물』Ⅷ(혼하-요하 중상류), 동북아

역사재단

연민수 외 역주, 2020,『신찬성씨록』, 동북아역사재단

연민수, 2022,『역주 속일본기』, 혜안

연민수, 2023,『역주 일본후기』, 학연문화사

王承禮 저·宋基豪 역, 1987,『발해의 역사』, 翰林大學아시아文化研究所

유득공(김종복 옮김), 2018,『정본 발해고』, 책과함께

이병건, 2003,『발해 건축의 이해』, 백산자료원

임상선 편, 2019,『한국고대사 계승 인식 I 전근대 편』, 동북아역사재단

임상선, 1999,『발해의 지배 세력 연구』, 신서원

정구복 외, 2012,『개정 증보 역주 삼국사기』, 한국학중앙연구원출판부

趙二玉, 2001,『統一新羅의 北方進出 研究』, 서경문화사

중앙문화재연구원 엮음, 2021,『발해 고고학』, 진인진

채태형, 1998,『발해사 7-역사지리 3』, 사회과학출판사

최근영 등, 1994,『日本六國史 韓國關係記事』, 駕洛國史蹟開發研究院

최무장 편역, 2002,『渤海의 起源과 文化』, 한국학술정보

한규철, 1994,『발해의 대외관계사』, 신서원

한규철·김종복·박진숙·이병건·양정석, 2007,『발해 5경과 영역 변천』, 동북아역사재단

塙保己一 原編/ 太田藤四郎 補編, 1957,『續群書類從 12上』, 續群書類從完成會

塙保己一 原編/ 太田藤四郎 補編, 1958,『續群書類從 8下』, 續群書類從完成會

塙保己一 編, 1959,『群書類從 20: 合戰部 1』, 續群書類從完成會

塙保己一 編, 1960,『群書類從 8, 裝束部·文筆部1』, 續群書類從完成會

塙保己一 編, 1960,『群書類從 9, 文筆部2·消息部』, 續群書類從完成會

塙保己一 原編/ 太田藤四郎 補編, 1960,『群書類從 27, 雜部 3』, 續群書類從完成會

關根眞陸, 1986,『奈良朝服飾の研究』, 吉川弘文館

國民圖書 編, 1927,『(日本文學大系24) 懷風藻·凌雲集·文華秀麗集·經國集·本朝續文粹』, 國民圖書

國史大系刊行會, 1938, 新增國史大系『續日本紀』, 吉川弘文館

大曾根章介·後藤昭雄·金原理, 1992,『(新日本古典文學大系) 本朝文粹』, 岩波書店

渡辺素舟, 1973,『日本服飾美術史(上)』, 雄山閣

渡辺照宏·宮坂宥勝 校注, 1965,『(日本古典文學大系71) 三敎指歸·性靈集』, 岩波書店

渡辺照宏 編/ 宮坂宥勝 등 譯注, 1986,『(日本の佛敎思想) 最澄·空海』, 筑摩書房

東京書籍編集部, 2004,『圖說日本史』, 東京書籍

文草の會, 2014,『菅家文草注釋 文章篇 1』, 勉誠出版

岡田凉子 外, 1992,『北の人類學』, アカデミア出版社

本間洋一 編, 1996,『日本漢詩 古代篇』, 和泉書院

森田悌, 2010, 『續日本後紀』, 講談社

上田雄, 2001, 『渤海使の研究』, 明石書店

相田二郎·吉村茂樹, 1964, 『(新訂增補國史大系 29上) 朝野群載』, 吉川弘文館

西田尙道, 2000, 『日本の樹木』, 學習硏究社

西村兵部 編, 1967, 『日本の美術 4 : 織物』, 至文堂

小島憲之 校注, 1964, 『(日本古典文學大系69) 懷風藻·文華秀麗集·本朝文粹』, 岩波書店

小島憲之, 1979, 『國風暗黑時代の文學 中中』, 塙書房

小島憲之, 1986, 『國風暗黑時代の文學 中下2』, 塙書房

小島憲之, 1991, 『國風暗黑時代の文學 下1』, 塙書房

小島憲之 監修, 1992, 『田氏家集注 中』, 和泉書院

小島憲之, 1995, 『國風暗黑時代の文學 下2』, 塙書房

小野勝年, 1964, 『入唐求法巡禮行記の研究』第2卷, 鈴木學術財團

小野勝年, 1967, 『入唐求法巡禮行記の研究』第3卷, 鈴木學術財團

小池三枝·谷田閱次, 1989, 『日本服飾史』, 光生館

松本包夫, 1993, 『正倉院裂: 日本の染織1』, 京都書院

新妻利久, 1969, 『渤海國史及び日本との國交史の研究』, 学術出版会

鈴木靖民·金子修一·石見淸裕·浜田久美子 編, 2014, 『譯註 日本古代の外交文書』, 八木書店

永原慶二, 2004, 『苧麻·絹·木綿の社会史』, 吉川弘文館

宇治谷孟, 1995, 『続日本紀(上)』, 講談社

日野開三郞, 1984, 『東洋史學論集』 제8권, 三一書房

林陸朗 校註, 1975, 『(新撰日本古典文庫 2) 將門記』, 現代思潮社

長谷寶秀 編, 1977, 『弘法大師傳全集 1』, ピタカ

鳥山喜一, 1915, 『渤海史考』, 奉公會

朝日新聞社, 2003, 『日本の歷史: 古代-税·交易·貨幣』

中村璋八·大塚雅司, 1988, 『都氏文集全釋』, 汲古書院

中村璋八·島田伸一郞, 1993, 『田氏家集全釋』, 汲古書院

增田美子, 1995, 『古代服飾の研究-繩文から奈良時代-』, 源流社

川口久雄 校注, 1966, 『(日本古典文學大系72) 菅家文草·菅家後集』, 岩波書店

靑木和夫 등, 1989·1990·1992·1995·1998, 『(新日本古典文學大系) 續日本紀』권1~5, 岩波書店

太田亮, 1934, 「國立國会図書館デジタルコレクション 滋野シゲノ」, 『姓氏家系大辞典』 2, 姓氏家系大辞典刊行会

坂本賞三, 福田豊彦 監修, 1993, 『新選 日本史圖表』, 第一學習社

布目順郞, 1988, 『絹と布の考古學』, 雄山閣

丸山二郞·黒板昌夫·土井弘, 1965, 『(新訂增補國史大系 29下) 本朝文粹』, 吉川弘文館

後藤昭雄, 1997, 『(新日本古典文學大系32) 江談抄·中外抄·富家語』, 岩波書店

黑板伸夫·森田悌 編, 2003, 『日本後紀』, 集英社

孫進己, 1987,『東北民族源流』, 黑龍江人民出版社
孫進己·孫海 主編, 1997,『高句麗渤海研究集成』4
楊保隆, 1988,『渤海史入門』, 中國社會科學院 民族研究所
王綿厚·李健才, 1990,『東北古代交通』, 瀋陽出版社
王承禮, 1984,『渤海簡史』, 黑龍江人民出版社
王承禮, 2000,『中國東北的渤海國與東北亞』, 吉林文史出版社
王承禮·劉振華 主編, 1991,『渤海的歷史與文化』, 延邊人民出版社
魏存成, 2008,『渤海考古』, 文物出版社
朱國忱·魏國忠 共著, 濱田耕策 譯, 1996,『渤海史』, 東方書店

• 논문
강성봉, 2011, 「발해 8위제에 관한 검토」, 『군사』 79
강성봉, 2015, 「발해 금군과 도성 방어체계」, 『역사와현실』 97
강성산, 2018, 「8세기 60년대 초반 당·발해·신라를 잇는 교통로에 대한 고찰-당나라 사신 韓朝彩의 출사노정을 중심으로-」, 『高句麗渤海研究』 60
구난희, 2017, 「渤海 東京 地域의 歷史的 淵源과 地域性」, 『高句麗渤海研究』 58
구난희, 2009, 「발해·일본의 교류 개시기에 대한 검토=『續日本紀』養老4年記事를 중심으로」, 『고구려발해연구』 35
구난희, 2021, 「발해의 일본 行路와 出羽·北陸·山陰의 고대 교통」, 『고구려발해연구』 69
權五重, 1980, 「靺鞨의 種族系統에 관한 試論」, 『震檀學報』 49
권은주, 2009, 「靺鞨 7部의 實體와 渤海와의 關係」, 『고구려발해연구』 35
권은주, 2010, 「7세기 후반 북방민족의 反唐활동과 발해건국」, 『백산학보』 86
권은주, 2013, 「발해의 등주 공격을 통해 본 국제 동맹과 외교」, 『역사와 세계』 44
권은주, 2018a, 「고구려 멸망과 요동 지역 말갈인의 향배」, 『대구사학』 133
권은주, 2018b, 「발·일 '國書' 분쟁과 '中臺省牒'」, 『대구사학』 130
권은주, 2024, 「문자 자료를 활용한 발해사 연구의 새로운 가능성 검토-위준, 효의황후, 순목황후, 진만 묘지명을 중심으로-」, 『영남학』 88
金東宇, 1996, 「발해의 지방통치체제와 首領」, 『韓國史學報』 창간호
김동우, 2004, 「발해 수령 연구의 현황과 과제」, 『선사와 고대』 21
김동우, 2005, 「渤海 首領의 概念과 實相」, 『동원학술논문집』 7, 국립중앙박물관
김문경, 1998, 「해상활동」, 『한국사』 9, 국사편찬위원회
김민지, 2000, 「渤海 服飾 研究」, 서울대학교 박사학위논문
김수민, 2012, 「웅진도독부의 요동 이치(移置)와 폐치(廢置)」, 『역사학연구』 45권, 호남사학회
김은국, 2006, 「8~10세기 동아시아 속의 발해 교통로」, 『韓國史學報』 24
김은국, 2018, 「동해를 넘나들며 복원한 발해와 일본 관계사 연구」, 『고구려발해연구』 61
김은국, 2017, 「渤海 鹽州城의 최근 발굴 성과와 분석」, 『고구려발해연구』 58

김은국, 2006, 「발해의 왕위계승과 簡王」, 『중앙사론』 23
김임숙, 2018, 「칙찬한시집에 보이는 발해 사절 시」, 『일본어문학』 83
김장겸, 1986, 「고려의 고구려 옛땅 남부지역 통합」, 『력사과학』 1986-1
김종복, 1997, 「新羅 聖德王代의 浿江 지역 진출 배경」, 『成大史林』 12·13
김종복, 2005, 「渤海 國號의 성립 배경과 의미」, 『韓國史硏究』 128
김종복, 2006, 「남북국(南北國)의 책봉호(冊封號)에 대한 기초적 검토」, 『역사와 현실』 61
김종복, 2014, 「당 장안성에서의 외국 의례와 외국 사신 간의 외교적 갈등-신라·일본, 신라·발해 사신 간의 쟁장(爭長) 사건에 대한 재검토-」, 『역사와 현실』 94
김종복, 2011, 「8세기 발해·일본 간의 사신 왕래와 외교 현안」, 『고구려발해연구』 41
김종복, 2008, 「8~9세기 渤海와 日本의 외교적 갈등과 해소」, 『한국사학보』 33
김종복, 2024, 「발해〈함화 11년 중대성첩〉의 재검토」, 『고구려발해연구』 79
김진한, 2007, 「6세기 전반 고구려의 정국 동향과 대외관계」, 『軍史』 64
김진한, 2020, 「고왕 후기 발해의 대당관계와 국호의 변경-713년 '渤海郡王' 책봉을 중심으로-」, 『진단학보』 134
김진한, 2021, 「武王代 渤海의 對日本外交 開始에 對한 再檢討-大門藝의 對唐亡命 時期와 渤海·新羅 國境問題를 중심으로-」, 『韓國古代史硏究』 103
김현숙, 2000, 「延邊地域의 長城을 통해 본 高句麗의 東扶餘支配」, 『국사관논총』 88
노태돈, 1989, 「고대사 산책 대조영, 고구려인인가 말갈인인가」, 『역사비평』, 역사비평사
노태돈, 1989, 「對渤海 日本國書에 云爲한 高麗 舊記에 對하여」, 『渤海史硏究論選集』, 백산자료원
노태돈, 2003, 「발해국의 주민 구성에 대한 연구 현황과 과제-'高麗別種'과 '渤海族'을 둘러싼 논의를 중심으로-」, 『韓國史硏究』 122
李康來, 1985, 「『三國史記』에 보이는 靺鞨의 軍事 活動」, 『領土問題硏究』 2
李基東, 1984, 「新羅 下代의 浿江鎭」, 『新羅 骨品制 社會와 花郞徒』, 一潮閣
리대희, 1991, 「발해의 력참로」, 『력사과학』 1991-3
李龍範, 1981, 「高麗와 渤海」, 『韓國史』 4, 국사편찬위원회
박유정, 2022, 「8세기~9세기 초 渤海-新羅의 경계와 충돌-新羅道 및 『遼史』'南定新羅' 기사 재검토를 중심으로-」, 『한국고대사연구』 108
박진숙, 2006, 「8~9세기 발해와 일본의 경제외교와 大宰府」, 『고구려발해연구』 22
박진숙, 1997, 「渤海 文王代의 對日本外交」, 『역사학보』 153
박진숙, 1999, 「渤海 大彛震代의 對日本外交」, 『한국고대사연구』 15
박진숙, 1998, 「渤海 宣王代의 對日本外交」, 『한국고대사연구』 14
박현규, 2007, 「渤海高僧 貞素의 중국 行蹟」, 『한중인문학연구』 21
徐炳國, 1981a, 「渤海와 新羅의 國境線 問題 硏究」, 『關東大論文集』 9
徐炳國, 1981b, 「新唐書 渤海傳 所載 泥河의 再檢討」, 『東國史學』 15·16
송기호, 1987, 「발해 멸망기의 대외관계」, 『한국사론』 17
宋基豪, 1989, 「동아시아 국제관계 속의 발해와 신라」, 『韓國史市民講座』 5, 일조각

宋基豪, 1991, 「渤海의 歷史와 思想」, 『韓國思想史大系』 2, 한국정신문화연구원
송기호, 1996, 「渤海의 盛衰와 疆域」, 『白山學報』 47
송기호, 2019, 「남북국의 전쟁, 경쟁과 교류」, 『신라사학보』 45
송완범, 2006, 「8세기 중엽 '新羅征討' 계획으로 본 古代 日本의 對外 方針」, 『한일관계사연구』 25
안재성, 2022, 「渤海 康王代 對外 交涉의 전개와 그 의미」, 『한국고대사연구』 106
연민수, 2012, 「渤海·日本의 교류와 相互 認識-國書의 형식과 年期 問題를 중심으로-」, 『한일관계사연구』 41
이동휘, 2000, 「북한 경내의 발해 유적 발굴 조사 성과와 그 의의-부거리와 북청 일대」, 『역사와 세계』 57
이병건, 2020, 「발해 교통로 신라도 노선상의 유적 분포와 그 여정」, 『고구려발해연구』 69
이병건, 2021, 「함경남도 북청 발해시기 청해 토성의 조영기술적 특징과 의미」, 『고구려발해연구』 68
이장웅, 2020, 「신년 의례를 통해 본 8세기 전반 동아시아 국제 질서-신라·발해·당·일본의 상호 관계를 중심으로-」, 『신라사학보』 49
이장웅, 2020, 「8세기 전반 신라, 발해, 일본의 외교 경쟁과 재난」, 『동아시아고대학』 59
이재석, 2016, 「8세기 중엽 일본의 '新羅征討' 소동과 多賀城碑·말갈국」, 『한일관계사연구』 26
이재석, 2024, 「安史의 난 시기 발해-일본의 소위 〈신라 협공〉론의 검토」, 『한일관계사연구』 83
임기환, 2006, 「5~6세기 고구려 정복지의 범위와 성격」, 『경기도의 고구려 문화유산』, 경기도박물관
임상선, 2022, 「발해·신라와 일본의 상호 인식 간극」, 『신라사학보』 54
임상선, 2019, 「8세기 신라의 渤海·唐 전쟁 참전과 浿江 보루 설치」, 『신라사학보』 45
장국종, 1991, 「발해 본토안 말갈인의 분포 상태」, 『력사과학』 4
장국종, 1991, 「발해 본토의 주민 구성」, 『력사과학』 2
장국종, 1997, 「발해의 정치제도」, 『발해사연구론문집』 2, 과학백과사전종합출판사
장상렬, 1987, 「동선관문의 건축년대와 형식」, 『력사과학』 1987-4
장지연, 2006, 「고려 후기 개경 궁궐 건설 및 운용방식」, 『역사와 현실』 60
張彰恩, 2004, 「新羅 慈悲~炤知王代 築城·交戰 地域의 검토와 의미」, 『新羅史學報』 2
전덕재, 2013, 「新羅 下代 浿江鎭의 설치와 그 성격」, 『大丘史學』 113
전현실, 2004, 「對外交流에서 나타난 渤海의 衣料 고찰-對唐·對日 관계를 중심으로-」, 『先史와 古代』 21
전현실, 2008, 「발해 수입 의료 연구」, 『동북아역사논총』 22
전현실·강순제, 2003, 「遣日本 渤海使의 交流 品目에 나타난 服飾 연구-일본사료를 중심으로-」, 『복식』 53-6
정석배, 2021, 「발해의 육로 구간 일본도 연구」, 『고구려발해연구』 69
鄭雲龍, 1989, 「5世紀 高句麗 勢力圈의 南限」, 『史叢』 35
趙二玉, 1999, 「新羅와 渤海의 國境 問題」, 『白山學報』 52
조이옥, 2002, 「8세기 중엽 渤海와 日本의 關係」, 『韓國古代史研究』 25
조이옥, 2003, 「8세기 중엽(中葉) 일본의 견당사(遣唐使)와 발해」, 『韓國思想과 文化』 20
조이옥, 2005, 「8世紀 後半 渤海와 日本의 外交의 摩擦」, 『백산학보』 71
조이옥, 2002, 「安史의 亂과 渤海의 對日本 外交」, 『고구려발해연구』 13
조이옥, 2006, 「8世紀 後半 渤海의 對日本 外交와 交易」, 『사학연구』 81

趙炳舜, 2004,「渤海 南京南海府의 位置 推定에 對한 考察」,『서지학보』28
채태형, 1991,「발해 남경남해부의 위치에 대하여」,『력사과학』1991-3
韓圭哲, 1993,「渤海와 日本의 新羅 挾攻 計劃과 霧散」,『중국문제연구』5, 경성대학교 인문과학연구소
한규철, 1996,「渤海國의 住民構成」,『韓國史學報』1
한규철, 2007,「발해인이 된 고구려 말갈」,『高句麗渤海硏究』26
홍영호, 2010,「『三國史記』所載 泥河의 位置 비정」,『韓國史硏究』150

高橋學而, 1989,「渤海山城理解のために-その基礎的檢討」,『百濟硏究』20
內藤虎次郎, 1907,「日本滿洲交通略說」,『叡山講演集』所收,
大隅晃弘, 1984,「渤海の首領制-渤海國家と東アジア世界」,『新潟史學』17
白鳥庫吉, 1933,「渤海國に就いて」,『史學雜誌』44-12
白鳥庫吉, 1935,「滿洲の地理を論じて渤海の五京に及ぶ」,『史學雜誌』46-12,
三上次男, 1939,「新羅東北境外に於ける黑水鐵勒・達姑等の諸族に就いて」,『史學雜誌』50-7
小口雅史, 1992,「阿倍比羅夫北征地名考: 渡嶋を中心として」,『文經論叢』27-3(弘前大學 人文學部)
松井等, 1913,「渤海國の疆域」,『滿洲歷史地理』1卷,
新村衣里子, 2015,「トラ・寅・虎」の多様性-『曽我物語』の虎御前に関する一考察-」,『成蹊國文』第48号
日野開三郎, 1948,「鞨鞠七部の前身とその屬種」,『史淵』38・39合
日野開三郎, 1951,「定安國考(2)」,『東洋史學』2
鳥山喜一, 1915,『渤海史考』, 1935,「北滿の二大古都址-東京城と白城-』, 京城帝國大學 滿蒙文化硏究會報告 2
酒寄雅志, 1976,「渤海の國號に關する 一考察」,『朝鮮史研究會會報』44
酒井改藏, 1970,「三國史記의 地名考」,『朝鮮學報』54, 朝鮮學會
池內宏, 1916,「鐵利考」,『滿鮮地理歷史研究報告』3(『滿鮮史研究』中世篇 第1冊, 1933, 吉川弘文館)
池內宏, 1929,「眞興王の戊子巡境碑と新羅の東北境」,『朝鮮古蹟調査特別報告』제6책
池內宏, 1937,「蒲盧毛朶部について」,『滿鮮史研究』(中世篇) 第2冊
津田左右吉, 1915,「渤海考」,『滿鮮地理歷史研究報告』1
津田左右吉, 1964,「新羅北境考」,『朝鮮歷史地理』卷1
樋口知志, 1997,「古代北方辺境における人的交流」,『人間・社会・文化』, 岩手大学人文社会科学部地域文化基礎研究講座
河上洋, 1983,「渤海の地方統治體制-一つの試論として」,『東洋史研究』42-1
和田淸, 1916,「定安國に就いて」,『東洋學報』6
和田淸, 1955,「渤海國地理考」,『東亞史研究』(滿洲篇)

金香, 1990,「渤海國曾經稱過'震國'嗎」,『渤海史學術討論會論文集』, 黑龍江省渤海上京遺址博物館
劉振華, 1981,「渤海大氏王室族屬新證」,『社會科學戰線』1981-3
劉曉東, 1987,「"海東盛國"始稱年代考辨」,『北方文物』1987-3

李健才, 2000,「唐代渤海王國的創建者大祚榮是白山靺鞨人」,『民族研究』2000-6
孫玉良, 1983,「渤海遷都淺議」『北方論叢』3
孫進己·艾生武·莊嚴, 1982,「渤海的族源」,『學習與探索』5
王綿厚·李建才, 1990,「唐代渤海的水陸交通」,『東北古代交通』, 潘陽出版社
王禹浪, 1997,「靺鞨黑水部地理分布初探」,『北方文物』1997-1
姚玉成, 2008,「渤海俗所貴者"太白山之菟"考辨」,『史學集刊』2008-2
袁輝, 1993,「泊汋口位置考」,『北方文物』2
魏國忠·郝慶雲·楊雨舒, 2014,「渤海"靺鞨說"又添新證」,『社會科學戰線』2014-3
曹汛, 1980,「靉河尖古城和汉安平瓦当」,『考古』6
崔紹熹, 1979,「渤海族的興起與消亡」,『遼寧師院學報』4, 遼寧師範學院哲社

- 기타

古代學協會·古代學研究所 編, 1994,『平安時代史事典-本編 上·下』, 角川書店
永原慶二 監修 外, 1999,『岩波 日本史辭典』, 岩波書店
諸橋轍次, 1985,『大漢和辭典』, 大修館書店
佐伯有清編, 1994,『日本古代氏族事典』, 雄山閣出版

동북아역사재단 동북아역사넷 사료라이브러리 http://contents.nahf.or.kr/
바이두백과 https://www.baidu.com/
위키백과 일본판 https://ja.wikipedia.org/wiki/
위키백과 중국어판 https://zh.wikipedia.org/wiki/
위키백과 한국어판 https://ko.wikipedia.org/wiki/
한국학중앙연구원 한국민족문화대백과사전 https://encykorea.aks.ac.kr/

❖ 찾아보기 ❖

[고(高)]원유(元瑜) 85
[고]설창([高]說昌) 72
[김]태렴([金]泰廉) 70
[대]건황(虔晃) 119, 223
[대]숭린 75, 83, 84, 174, 177, 182, 186, 340, 344, 350, 355
[대]이진(彝震) 105, 215
[대]현석(玄錫) 131, 142, 233, 243
[영]선대사 409, 410
[왕]문구 97, 98, 109~111, 198, 207, 208, 218~221, 370

【ㄱ】

가모노 스게유기(鴨祐之) 338
가서한(哥舒翰) 35, 265
가세산(加勢山, 가세야마) 203, 305, 376
가원조신고향(家原朝臣高鄕, 이에하라노아손 타카사토) 149, 248, 327
가하국(加賀國, 가가노쿠니) 117, 123, 126, 145, 146, 199, 204, 222, 227, 229, 232, 245~247, 302, 305, 313, 324, 326, 371, 377
가하국사(加賀國司) 119, 223, 314
간무천황(桓武天皇) 15, 16, 74, 338
갈정련선종(葛井連善宗, 후지이노무라지 요시무네) 124, 228
갈정선종(葛井善宗, 후지이노 요시무네) 315
강담초(江談抄) 478
개국공(開國公) 33, 41, 263, 270
개국남(開國男) 47, 62, 64, 65, 274, 283

개원사(開元寺) 401, 404~406
객주(客主) 49, 60, 275, 280
거란왕 393
거세조신문웅(巨勢朝臣文雄, 고세노아손 후미오) 134, 236, 320
건례문(建禮門) 127, 167, 317
검교발해인사(檢校渤海人使) 72, 287
겐쇼천황(元正天皇) 15
견고려사(遣高麗使) 76, 67, 273, 284
견발해군사 29, 261
견발해사(遣渤海使) 22, 29, 35, 46, 82, 180, 185, 257, 261, 265, 348, 354
겸령발해객사(兼領渤海客使) 106, 216
경국집(經國集) 424, 434, 442
계(啓) 19, 21, 26, 32, 75, 83, 88, 91, 92, 96, 97, 100, 102, 105~107, 110, 119, 120, 131, 136, 142, 143, 173, 174, 177, 181, 182, 184, 186, 188, 191, 193~198, 205, 207, 208, 210, 213, 215, 217, 220, 223, 224, 231, 233, 234, 238, 243, 244, 288, 289, 293, 296, 299, 306, 310, 319, 324, 328, 340, 344, 345, 350, 355, 360, 365, 366, 368, 369, 382, 390
계방(季方, 스에카타) 390, 391
계융(戒融, 가이유) 52~54
고[구]려국 18
고경수(高景秀) 90, 190, 193, 297, 361, 363, 434
고계무범(高階茂範, 다카시나노 시게노리) 147, 148, 246, 247, 325
고계신(高階臣, 다카시나노오미) 387

찾아보기 | 513

고계조신로마(高階朝臣老麿, 다카시나노아손 오유마로) 264
고계진인무범(高階眞人茂範, 다카시나노마히토 시게노리) 146, 246, 325
고계진인영범(高階眞人令範, 다카시나노마히토 요시노리) 135, 237, 321
고관(高觀) 133, 235, 319
고교조신노마려(高橋朝臣老麻呂, 다카하시노아손 오이마로) 34
고구친왕(高丘親王, 다카오카신노) 301
고규선(高珪宣) 65
고남신(高南申) 41~44, 270~272
고남용(高南容)/[고(高)]남용(南容) 85, 87, 188, 293~295, 356, 359
고다불(高多佛) 89, 294, 357
고려 38, 42, 43, 48, 50, 51, 62, 67, 267, 270, 274~276, 284
고려객사(送高麗客使) 68, 285
고려구기(高麗舊記) 32
고려국(高麗國) 15, 44, 51, 54, 130, 255, 271
고려국왕 38, 40, 58, 66, 279
고려대사 39, 47~49, 267, 274~276
고려번객(高麗蕃客) 38, 48, 49, 157, 158
고려왕 7, 40, 43, 268, 288
고려전계(高麗殿繼, 고마노 토노쓰구) 284
고려조신대산(高麗朝臣大山, 고마노아손 오야마) 46, 47, 273, 274
고려조신전사(高麗朝臣殿嗣, 고마노아손 토노쓰구) 67, 68, 284
고록사(高祿思) 65
고무(高武) 59
고문선(高文宣) 101, 211
고문신(高文信) 108, 218
고성중(高成仲) 204
고세노 시키히토(巨勢識人) 434

고숙원(高淑源) 65
고승조(高承祖) 97, 201, 204, 208, 304, 305, 374, 377
고씨(高氏) 7, 52, 59, 174, 181, 288, 341, 349
고야대사광전(高野大師廣傳) 446
고야잡필집(高野雜筆集) 444
고야천황(高野天皇, 孝謙上皇) 43, 271
고양죽(高洋粥) 72
고여악(高如岳) 204
고영선(高英善) 90, 190, 297, 361
고울림(高鬱琳) 65
고원도(高元度) 41, 45, 269, 270, 272
고응순(高應順) 108, 218
고인의(高仁義) 80
고정고웅(高庭高雄, 다카니와노 타카오) 89
고정태(高貞泰) 200, 397
고제덕(高齊德) 7, 17~21, 163, 255, 256
고주봉(高周封) 150, 249, 328
고치(廣智) 401
고코천황(光孝天皇) 116, 253
고평신(高平信) 101, 211
고혼필(高渾弼) 287
고효영(高孝英) 204
고흥복(高興福) 44, 271
곤륜국(崑崙國) 24, 258
공목관(孔目官) 140, 143, 144, 2241, 243, 244, 380, 419
공해(구카이) 445
과숙녜거도웅(中科宿禰巨都雄, 나카시나노스쿠네 코쓰오) 78, 347
과의도위(果毅都尉) 20, 36, 265
관가문초(菅家文草) 447
관근조신(菅根朝臣, 스가네노아손) 387
관야조신유초(菅野朝臣惟肖, 스가노노아손 코레유키) 129, 232
관야조신진도(菅野朝臣眞道, 스가노노아손 마미치) 78, 87, 187, 295, 346, 359

관원도진(菅原道【眞】, 스가와라노 미치자네)/菅原道眞 316
관원순무(菅原淳茂, 스가와라노 아쓰시게) 385
관원조신도진(菅原朝臣道眞, 스가와라노아손 미치자네) 126, 127, 148, 248, 327, 381
광종숙녜안인(廣宗宿禰安人, 히로무네노스쿠네 야스히토) 117, 221, 313
광종안인(廣宗安人, 히로무네노 야스히토) 118, 222, 313
교관선(交關船) 403
교로사(郊勞使) 99, 130, 209, 232, 307, 318
구미무(久米儛) 30, 166
구와하라노 하라카(桑原腹赤) 434
구카이(空海) 424, 432, 444~446
국사체(國史體) 15
군서유종(群書類從) 402, 414, 424, 434, 444, 446
권지평로절도(權知平盧節度) 36, 266
귀덕장군(歸德將軍) 38
귤유친(橘惟親, 다치바나노 노부) 389
귤조신해웅(橘朝臣海雄, 다치바나노아손 아마오) 110, 220
근강(近江, 오미) 52, 146, 246, 325
기노 타다나(紀齊名) 466
기노 하세오(紀長谷雄) 145, 381, 395, 448, 449, 457, 463, 483, 485, 492, 494, 496
기숙광(紀淑光, 기노 요시미쓰) 384
기알기몽(己闕棄蒙) 28
기재창(紀在昌) 494
기조신안웅(紀朝臣安雄, 기노아손 야스오) 155, 331
기조신장곡웅(紀朝臣長谷雄, 기노아손 하세오) 148, 247, 326, 381
기조신춘수(紀朝臣椿守, 기노아손 쓰바키모리) 114, 312
기진몽(己珍蒙) 23, 26~29, 163, 257~260,
길비조신진비(吉備朝臣眞備, 기비노아손 마키비) 37, 266
김란손(金蘭孫) 71, 286
김재백(金才伯) 53

【ㄴ】

난파강(難波江, 나니와에) 42, 270
난파고진궁(難波高津宮, 나니와노타카쓰노미야) 376
남로(南路) 45, 273
남전(南殿) 385, 391
남해부(南海府) 63, 282
낭장(郎將) 20
내교방(內敎坊) 39, 49, 150, 249, 267, 276, 328, 382, 389
내장기촌전성(內藏忌寸全成, 구라노이미키 마타나리) 41, 42, 269
내장료(內藏寮) 133, 152, 236, 250, 320, 329
내장숙녜하무마려(內藏宿禰賀茂麻呂, 구라노스쿠네 카모마로) 82, 180, 185, 348, 349, 354
녹사(錄事) 39, 44, 58, 86, 89, 90, 101, 108, 133, 150, 151, 165, 187, 189, 190, 199, 204, 211, 218, 235, 249, 250, 267, 271, 296, 297, 302, 305, 319, 328,, 329, 360, 361, 372, 377, 383, 398
능(綾) 21, 256
능등(能登, 노토) 51, 146, 246
능등국(能登國, 노토노쿠니) 60, 61, 84, 104, 105, 117, 145, 154, 187, 214, 215, 221, 222, 252, 280, 281, 293, 309, 310, 312, 313, 356
능운집(凌雲集) 424, 434, 442, 469
닌묘천황(仁明天皇) 94, 401

【ㄷ】

다안수(多安壽) 108, 218
다이고천황(醍醐天皇) 116, 253, 447
다이라노 마사카도(平將門) 503
다치비진인광성(多治比眞人廣成, 다지히노마히토 히로나리) 24, 258
다치비진인언보(多治比眞人彦輔, 다지히노마히토 히코스

케) 153, 251
다치비진인유우(多治比眞人有友, 다지히노마히토 아리토모) 148, 153, 247, 251
다치유우(多治有友, 다치노 아리토모) 148, 153, 247, 251
다치진인수선(多治眞人守善, 다지노마히토 슈젠) 326
단고노쿠니(丹後國) 337, 379
단마국(但馬國, 다지마노쿠니) 205, 305, 306, 378, 398
단생포(丹生浦, 니유우라) 337, 379
단후국(丹後國, 단고노쿠니) 205, 305, 306, 378, 398
달능신(達能信) 48
답가(踏歌) 39, 49, 80, 91, 161, 162, 184, 197, 267, 276, 291, 298, 300, 301, 352, 361, 366, 370
당색복(當色服) 20, 256
대가(大家) 181, 349
대강공간(大江公幹, 오에노 키미미키) 321
대강조신공간(大江朝臣公幹, 오에노아손 키미미키) 136, 238
대강조신음인(大江朝臣音人, 오에노아손 오톤도) 132, 231, 235, 319
대극전(大極殿) 19, 27, 28, 38, 42, 48, 56, 68, 79, 80, 86, 90, 157~163, 183, 184, 259, 260, 2667, 270, 275, 278, 285, 290, 295, 297, 299, 301, 351, 352, 358, 361, 366, 369
대당 통사(大唐通事) 138, 240
대력영경사(大曆靈境寺) 411
대마(對馬, 쓰시마) 41, 269
대마도(對馬嶋, 쓰시마노시마) 63, 282
대망공광도(大網公廣道, 오요사미노키미 히로미치) 68, 285
대반숙녜견양(大伴宿禰犬養, 오토모노스쿠네 이누카이) 28, 29, 259
대씨(大氏) 59
대안사(大安寺, 다이안지) 147, 246
대왕(大王) 19, 409
대이진(大彝震) 97, 207

대장선행(大藏善行, 오쿠라노 요시유키) 147~149, 246~248, 325, 327
대장이미길선행(大藏伊美吉善行, 오쿠라노이미키 요시유키) 146, 246, 325
대재[부] 42, 53
대재부(大宰府) 37, 46, 50, 54, 63, 71, 138, 139, 240, 246, 273, 276, 282, 286, 322, 501
대조영 17, 174, 341
대중신조신청세(大中臣朝臣淸世, 오나카토미노아손 키요요) 104
대중신청세(大中臣淸世, 오나카토미노 키요요) 309
대진윤(大陳潤) 138, 322
대창태(大昌泰) 80~82, 84, 160, 183~186, 291, 292, 338, 351~353, 355
대초료존(大鷦鷯尊, 오사자키노미코토) 202, 203, 375, 376
대춘일안수(大春日安守, 오카스가노 야스모리) 317, 318, 321
대춘일조신아명(大春日朝臣安名, 오카스가노아손 야스나) 141
대춘일조신안수(大春日朝臣安守, 오카스가노아손 야스모리) 127, 128, 130, 136, 230~232, 238
대판관(大判官) 58, 65, 108, 218
대화국(大和國, 야마토노쿠니) 147, 246
대흠무(大欽茂) 25, 38, 43
대흥선사(大興善寺) 401
도근군(嶋根郡, 시마네군) 123, 140, 228, 241, 323, 380
도다이지(東大寺) 30, 166, 401
도도진경진사(渡嶋津輕津司, 와타리노시마쓰가루 쓰노쓰카사) 16
도량향(都良香, 미야코노 요시카) 137, 239, 421~423, 467, 479, 482, 499
도숙녜언도(都宿禰言道, 미야코노스쿠네 코토미치) 129, 232
도씨문집(都氏文集) 414, 484

도언도(都言道, 미야코노 코토미치) 318
도전조신충신(嶋田朝臣忠臣, 시마다노아손 타다오미) 149, 223, 248, 314, 381
동국(東國, 아즈마노쿠니) 49, 275
동단국(東丹國) 392, 393
두타승(頭陀僧) 408
등원관근(藤原菅根, 후지와라노 스가네) 332
등원박문(藤原博文, 후지와라노 히로부미) 334, 384
등원수진(藤原守眞, 후지와라노 모리자네) 385
등원씨종(藤原氏宗, 후지와라노 우지무네) 308
등원조신(藤原朝臣, 후지와라노아손) 22, 43, 55, 387
등원조신가종(藤原朝臣家宗, 후지와라노아손 이에무네) 136, 231, 238, 321
등원조신갈야마려(藤原朝臣葛野麻呂, 후지와라노아손 카도노마로) 87, 187, 359
등원조신량근(藤原朝臣良近, 후지와라노아손 요시치카) 136, 238
등원조신산음(藤原朝臣山陰, 후지와라노아손 야마카게) 130, 232, 318
등원조신속직(藤原朝臣粟作, 후지와라노아손 아와사쿠) 104, 214, 309
등원조신씨종(藤原朝臣氏宗, 후지와라노아손 우지무네) 101, 211
등원조신양적(藤原朝臣良積, 후지와라노아손 요시즈미) 152, 251, 329
등원조신원경(藤原朝臣遠經, 후지와라노아손 토쓰네) 153, 251
등원조신제갈(藤原朝臣諸葛, 후지와라노아손 모로쿠즈) 153, 251, 330
등원조신제방(藤原朝臣諸房, 후지와라노아손 모로후사) 153, 251
등원조신제성(藤原朝臣諸成, 후지와라노아손 모로나리) 99, 209, 307
등원조신좌세(藤原朝臣佐世, 후지와라노아손 스케요) 134, 236

등원조신진순(藤原朝臣眞楯, 후지와라노아손 마타테) 54
등원조신춘강(藤原朝臣春岡, 후지와라노아손 하루오카) 110, 220
등원조신춘경(藤原朝臣春景, 후지와라노아손 하루카게) 124, 125, 228, 229, 316
등원조신춘진(藤原朝臣春津, 후지와라노아손 하루쓰) 100, 110, 210, 220, 308
등원조신하청(藤原朝臣河淸, 후지와라노아손 가세이) 40, 43
등원조신항흥(藤原朝臣恒興, 후지와라노아손 쓰네오키) 152, 251
등원좌세(藤原佐世, 후지와라노 스케요) 320
등원춘경(藤原春景, 후지와라노 하루카게) 124, 228, 315
등원하청(藤原河淸, 후지와라노 카세이) 41, 43, 45, 269, 270, 272
등원혜미조신압승(藤原惠美朝臣押勝, 후지와라에미노아손 오시카쓰) 39, 50, 268, 276
등주(登州) 25, 402, 404
등주도독부성(登州都督府城) 406

【ㄹ】

락빈왕(駱賓王) 431
료젠대사(靈仙大師) 402

【ㅁ】

마복산(馬福山) 108, 218
말갈국(靺鞨國) 15, 16
모감덕(慕感德) 194, 195, 365
모시몽(慕施蒙) 30, 31, 262
모창록(慕昌祿) 60, 280
모평현(牟平縣) 407
몬무천황(文武天皇) 15
몬토쿠천황(文德天皇) 94, 112, 466

무덕전(武德殿) 108, 115, 151, 165, 218, 250, 311, 329, 383
무생연조수(武生連鳥守, 다케후노무라지 토리모리) 281
무생조수(武生鳥守, 다케후노 토리모리) 60, 280
무예(武藝) 19
문등현(文登縣) 402, 405, 406
문손재(門孫宰) 139, 142, 143, 240, 243, 244, 322, 419
문적원(文籍院) 194, 328, 365
문화수려집(文華秀麗集) 424, 434, 442, 492
미나모토노 노부루(源舒) 467, 482
미나모토노 오코루(源興) 467, 482
미나모토노 요시아리(源能有) 116
미나부치노 토시나(南淵年名) 112
미노련청명(美努連清名, 미노노무라지 키요나) 126, 127, 230
미노청명(美努清名, 미노노 키요나) 316, 317
미농시(美濃絁) 27, 40, 44, 58, 268, 271
미부 씨(壬生氏) 401
미야코노 아리나카(都在中) 478
미야코노 요시카(都良香) 137, 239, 414, 421, 422, 466, 478, 484, 499
미요시노 타메야스(三善爲康) 501

【ㅂ】

박인씨수(狛人氏守, 고마노히토 우지모리) 130
반씨장(伴氏長, 도모노 우지나가) 331
발해 객도(客徒)/[발해] 객도(客徒) 95, 96, 99~102, 105~110, 123~125, 133~135, 137, 146~153, 165, 203, 204, 206, 207, 209~212, 215, 220, 227, 229, 236, 237, 239, 245~251, 320, 372, 376
발해 대사(大使) 28, 33, 61, 65, 93, 125, 128, 149, 150, 192, 229, 231, 248, 249, 260, 263, 381, 391, 392, 395, 414, 434, 437, 447, 461
발해 번객(渤海蕃客) 43, 157, 270, 278, 279

발해객(渤海客) 23, 31, 128, 130, 133, 146, 148, 149, 161, 205, 232, 232, 236, 245, 246, 248, 252, 257, 262, 306, 381, 385, 389, 393
발해객사(渤海客使) 77, 133, 179, 236, 336, 371
발해관(渤海館) 402, 406
발해국 부사(副使) 118, 223, 314
발해국 사신 69, 79~81, 84, 107, 125, 133, 134, 144, 158, 160, 162, 173, 175, 183, 184, 187, 188, 191, 192, 197, 201, 204, 210, 217, 228, 229, 235, 236, 245, 285, 288~291, 298, 303, 305, 315, 339, 359
발해국 입근대사(入覲大使) 130, 232, 300, 465, 500
발해국 입근사(入覲使) 104, 117, 126, 145, 199, 214, 221, 229, 245, 302, 311, 312, 324, 371
발해국사(渤海國使) 43, 55, 56, 61, 73, 87, 91~93, 100, 123, 132, 271, 277, 278, 280, 287, 292, 293, 295, 296, 298, 301, 304, 310, 319, 342, 338, 342, 349, 351~353, 370, 374, 377, 397
발해국왕(渤海國王) 32, 37, 64, 66, 68, 77, 81, 87, 91, 97, 102, 110, 121, 126, 136, 155, 176, 179, 181, 184, 188, 191, 193, 195, 198, 205, 207, 212, 220, 225, 238, 266, 238~285, 289, 292, 305, 314, 319, 324, 342, 345, 349, 353, 366, 370, 377
발해군(渤海郡) 18, 22, 157, 255, 259
발해군왕(渤海郡王) 7, 17, 18, 21, 22, 27, 59, 255, 259
발해도(渤海道) 10, 45, 272
발해로(渤海路) 25, 33, 41, 44, 47, 52, 53, 88, 89, 180, 188, 189, 263, 269, 174, 177, 414
발해왕 31, 37, 40, 57, 58, 69, 96, 102, 176, 195, 196, 212, 266, 278, 279, 284, 300, 306~308, 335, 343, 355, 363, 366, 367, 463, 464
발해의 객(客) 127
발해의 사신 61, 72, 145, 352, 393, 494
발해의 사자 115
발해통사(渤海通事) 118, 222, 213
방기조신(邦基朝臣, 구니모토노아손) 388

배구(裵璆) 335~337, 384, 387, 390~392, 480, 481, 493, 498, 502
배정(裵頲) 145, 149~152, 245, 248~251, 324, 327~329, 333, 381, 395, 456, 482, 493
백기국(伯耆國, 호키노쿠니) 333, 384
백조진(白潮鎭) 401, 405
번량조신풍지(蕃良朝臣豊持, 하라노아손 토요모치) 99, 209, 308
법조사(法照寺) 406
법황(法皇) 335, 337, 386, 492
별장(別將) 20, 46, 76, 84, 97, 100, 103, 174, 178, 183, 186, 208, 210, 213, 307, 340, 345, 351, 355
병서소정(兵署少正) 33, 263
보국대장군(輔國大將軍) 30, 31, 33, 41, 43, 262, 263, 269
복량진(福良津, 후쿠라노쓰) 280
본국(本國)의 음악 65
본국악(本國樂) 29
본조문수(本朝文粹) 434, 491, 492
봉래현(逢來縣) 406
봉함(封函) 57, 278, 400
부상(扶桑) 38, 103, 120, 122, 208, 213, 224, 226, 408, 490
부상집(扶桑集) 466
부여 7, 15, 19
분주(汾州) 408
비나마치비매신(比奈麻治比賣神, 히나마치히메노카미) 83, 185, 292, 354
비조(飛鳥, 아스카) 203, 305, 322
비후국(肥後國, 히고노쿠니) 139, 240, 322

【ㅅ】

사가천황(嵯峨天皇) 74, 424, 434, 442, 491
사도몽(史都蒙) 62~66, 113, 164, 254, 282~284
사빈소령(司賓少令) 62, 64, 65, 68, 283
사사명(史思明) 36, 265
사생(史生) 52, 147, 247, 294, 326, 357, 398
사시화(謝時和) 45, 273
사은청사(謝恩請使) 140, 241, 380
사이쵸(最澄) 401
사자금어대(賜紫金魚袋) 130, 150, 232, 233, 249, 328, 465, 500
사조의(史朝義) 50
사주선(史遒仙) 65
사카노우에노 시게키(坂上茂樹) 463
사카노우에노 이마쓰구(坂上今繼) 434
사카노우에노 이마오(坂上今雄) 434
사항(舍航) 20
산구기촌서성(山口忌寸西成, 야마구치노이미키 니시나리) 104, 106, 214, 216, 309
산구이미길서성(山口伊美吉西成, 야마구치노이미키 니시나리) 126
산대숙녜씨익(山代宿禰氏益, 야마시로노스쿠네 우지마스) 95, 206
산싱(山城, 야마시로) 146, 246, 325
산성국(山城國, 야마시로노쿠니) 130, 149, 232, 248, 327
산숙녜덕미(山宿禰德美, 야마노스쿠네 토쿠미) 420
산전숙녜문웅(山田宿禰文雄, 야마다노스쿠네 후미오) 100, 210
살마국(薩摩國, 사쓰마노쿠니) 138, 139, 240, 322
삼통리평(三統理平, 미무네노 마사히라) 333
상도(上都, 長安) 407
상륙국(常陸國, 히타치노쿠니) 55, 277
상모야공계익(上毛野公繼益, 가미쓰케누노키미 쓰구마스) 86, 187, 358
상모야공사익(上毛野公嗣益, 가미쓰케누노키미 쓰구마스) 89, 198, 296, 360
상반검교관(相般檢校官) 142, 143, 243, 244
상원공추성(桑原公秋成, 구와하라노키미 아키나리) 176, 342

상원추성(桑原秋成, 구와하라노 아키나리) 289
상진장군(上鎭將軍) 130, 232
서귀도(徐歸道) 36, 265, 266
서요덕(胥要德) 25, 26, 28
석견국(石見國, 이와미노쿠니) 140, 241, 323
석상조신택사(石上朝臣宅嗣, 이소노카미노아손 야카쓰구) 46, 273
선왕(船王, 후네오) 37, 266
선종(宣宗) 315, 401
세이와천황(淸和天皇) 112, 116
소야갈근(小野葛根, 오노노 쿠즈네) 385
소야궁가(小野宮家) 394, 395
소야미재(小野美材, 오노노요시키) 332
소야양필(小野良弼, 오노노 요시스케) 332
소야조신전수(小野朝臣田守, 오노노아손 타모리) 33, 35, 263~265
소야조신항가(小野朝臣恒柯, 오노노아손 쓰네에다) 95, 96, 206, 207
소야조신황(小野朝臣篁, 오노노아손 타카무라) 110, 220, 312
소판관(少判官) 58, 65, 108, 218
속군서유종(續群書類從) 402, 444, 446
속일본기(續日本紀) 7, 15, 16, 74, 78, 94, 112, 116, 253, 254, 347
속일본후기(續日本後紀) 15, 94, 112, 116, 156, 253, 254
송고려인사(送高麗人使) 47
송발해객사(送渤海客使) 21, 60, 86, 187, 256, 280, 294, 358
쇼켄(聖賢) 446
수령(首領) 17, 28, 101, 108, 133, 175, 176, 211, 218, 235, 255, 343, 357, 380, 398
수수(水手) 22, 46, 50, 274
숙곤륜(熟崑崙) 24
술작랑(述作郞) 194, 365
스가노노 마미치(菅野眞道) 15

스가노노 코레유키(菅野惟肯) 455, 456
스가와라노 기요키미(菅原淸公) 424, 434, 442, 447
스가와라노 모로치카(菅原庶幾) 478
스가와라노 미치자네(菅原道眞) 116, 156, 316, 414, 447, 478, 484
스가와라노 아쓰시게(菅原淳茂) 385, 466, 478
스가와라노 코레요시(菅原是善) 112, 447
습어생(習語生) 294, 357
시게노노 사다누시(滋野貞主) 424, 434
시마다노 키요타(嶋田淸田) 424
시마다노 타다오미(島田忠臣) 484
시모쓰케노쿠니(下野國) 401
신라 사신 53, 71, 286
신라관(新羅館) 406
신라원 405, 407
신라학어(新羅學語) 27, 259
신만(信滿) 445
신물(信物) 21, 22, 57, 82, 83, 88, 92, 93, 100, 103, 107, 111, 119, 123, 125, 131, 132, 144, 149, 181~183, 186, 188, 192, 193, 196, 198, 200, 211, 213, 214, 220, 221, 223, 226, 227, 229, 233, 234, 245, 249, 299, 349~351, 354, 355, 363, 364, 367, 371, 373, 382, 390
신부소경(信部少卿) 204, 502
신사극(申四剋) 390
신왕(神王, 미와오) 77, 179, 345
신제이(眞濟) 432
신천원(神泉苑) 154, 200, 303, 373
심유악(沈惟岳) 46, 50, 273

【ㅇ】

아도근계(阿刀根繼, 아토노 네쓰구) 331
아배중만(阿倍仲滿, 아베노 츄만) 24
아베노 요시히토(安倍吉人) 424

아악료(雅樂寮) 20, 150, 163, 249, 256, 328, 382
아자리코엔(阿闍梨皇圓) 379
안경서(安卿緒) 35, 265
안귀보 44
안녹산(安祿山) 35, 37, 265, 266
안동도호(安東都護) 36
안배조신청행(安倍朝臣淸行, 아베노아손 키요유키) 117~119, 222, 223, 313
안배조신흥행(安倍朝臣興行, 아베노아손 오키유키) 151, 165, 250, 329
안야숙녜풍도(安野宿禰豊道, 야스노노스쿠네 토요미치) 110, 220
안향촌(安香村) 404
안환희(安歡喜) 101, 211
압령(押領) 72, 287
압아관(押衙官) 41, 270
야대주(野代湊, 노시로노미나토) 55, 277
야율아보기(耶律阿保機) 504
약협국(若狹國, 와카사노쿠니) 388
약홀수노독(若忽州都督) 26
양면(兩面) 40, 268
양방경(楊方慶) 45, 272
양성규(楊成規) 126, 128, 130~133, 135~137, 142, 143, 229, 231~235, 237~239, 243, 244, 254, 318, 319, 321, 414, 419, 464, 465, 500
양승경(楊承慶) 33, 38~41, 55, 263, 266, 267, 269, 424
양잠조신종정(良岑朝臣宗貞, 요시미네노아손 무네사다) 107, 217
양주(揚州) 401, 402, 405
양중원(揚中遠) 140, 143, 144, 241, 243~245, 324, 350, 414, 419, 420
양태사(揚泰師)) 38~40, 267, 268, 421~424, 429, 431
양회진(楊懷珍) 48
양후사령구(陽侯史玲璆, 야코노후비토 레이큐) 44, 272
어사숙녜금사(御使宿禰今嗣, 미츠카이노스쿠네 이마쓰구) 180, 348
어선씨주(御船氏主, 미후네노 우지누시) 331
어장광악(御長廣岳, 미나가노 히로오카) 77, 179, 289, 346
어장진인광악(御長眞人廣岳, 미나가노마히토 히로오카) 75, 175, 177, 178, 342, 344
언승칙(言升則) 300, 367
엔닌(圓仁) 401, 402, 404
엔랴쿠지(延曆寺) 379, 401
여정림(呂定琳) 75, 173~175, 254, 288, 289, 339, 340, 342, 344
역어(譯語) 58, 90, 101, 190, 204, 211, 398
연희격(延喜格) 396
영객사(領客使) 107, 127, 130, 141, 147, 149, 153, 201, 214, 217, 230, 232, 242, 246~248, 251, 304, 309, 310, 317, 318, 323, 325, 326, 335, 374, 385, 434, 436, 439
영경사(靈境寺) 410, 412
영귀향객사(領歸鄕客使) 137, 236, 239
영귀향발해객사(領歸鄕渤海客使) 129, 148, 232, 247, 326
영녕현승(永寧縣丞) 106, 111, 215, 216, 220, 221
영발해객사(領渤海客使) 96, 118, 119, 124, 148, 207, 223, 228, 247, 310, 313, 314, 315
영발해국객사(領渤海國客使) 117
영선(靈仙, 료젠) 97, 98, 102, 202, 205, 208, 213, 377, 408
영선상인(靈仙上人) 408
영선화상(靈仙和尙) 408
영원장군(寧遠將軍) 18, 20
영충(永忠) 7, 174, 177, 182, 289, 341, 343, 349
예전수안웅(刈田首安雄, 가리타노오비토 야스오) 118, 222, 227, 313
예전천황(譽田天皇) 202, 375
오노노 미네모리(小野岑守) 442

오닌(應仁) 338, 395
오대산(五臺山) 97, 98, 205, 208, 377, 401, 402, 409, 412
오수불(烏須弗) 61, 63, 280~282
오에노 마사후사(大江匡房) 478
오에노 아사쓰나(大江朝綱) 466, 478
오절전무(五節田儛) 30, 166
오토모노스쿠네 우지카미(大伴宿禰氏上) 442
오현시(烏賢偲) 90, 190
오효신(烏孝愼) 101, 108, 117, 120, 122, 123, 211, 218, 221, 224, 226, 227, 311, 312
왕귀모 496, 497
왕문구(王文矩) 97, 104, 106~108, 111, 154, 162, 197, 207, 214~218, 220, 221, 254, 301, 310, 311, 330, 369, 370, 398
왕문신(王文信) 204
왕보장(王寶璋) 101, 211, 308
왕승기(王昇基) 90, 190, 193, 297, 361, 364
왕신복(王新福) 47~49, 51, 52, 274~276
왕이무(王李武) 407
왕진의(王進義)) 36, 266
왕현지(王玄志) 36, 266
왕효렴(王孝廉) 90~93, 190~192, 297~299, 361~363, 434~436, 439, 440, 444, 446
요시무네노 타다스케(令宗允亮 혹은 惟宗允亮, 고레무네노 마사스케) 394
요시미네노 야스요(良岑安世) 74, 424
요제이천황(陽成天皇) 112, 116
욕실원(浴室院) 411
용포(庸布) 28, 260
용흥사(龍興寺) 406
우다천황(宇多天皇) 116, 253
우맹분위소장(右猛賁衛少將) 130, 232
우바새(優婆塞) 52, 53
우율마장(羽栗馬長, 하구리노 우마오사) 294, 357

운휘장군(雲麾將軍) 23, 27, 257, 259
원방량(藤原邦良, 후지와라노 쿠니요시) 390
원병(援兵) 32
원인(圓仁, 엔닌) 402, 404, 405
원정(元政) 401
원조신서(源朝臣舒, 미나모토노아손 노부루) 131, 202, 233, 319, 375, 420
원조신원(源朝臣元, 미나모토노아손 겐) 149, 153, 248, 251, 327
원조신흥(原(源)朝臣興, 미나모토노아손 오코루) 136, 238, 321
월전(越前, 에치젠) 146, 246, 325, 388
월전국(越前國, 에치젠노쿠니) 33, 47, 62, 67, 93, 192, 200, 263, 274, 284, 299, 303, 357, 363, 373, 389, 392
월주(越州) 46, 273, 300, 367, 466, 471
월중(越中, 엣츄) 146, 246
월중국(越中國, 엣츄노쿠니) 294, 357
월후국(越後國, 에치고노쿠니) 30, 31, 73, 173, 262, 288, 339
위군대장군(慰軍大將軍) 183, 232, 351, 465, 500
유량숙네춘도(惟良宿禰春道, 고레요시노스쿠네 하루미치) 309
유장군(游將軍) 20
유정(惟正, 유이쇼) 404
유정신(劉正臣) 36, 265
유종 씨(惟宗氏) 394
유주(幽州) 411
유주절도사(幽州節度使) 36, 265
유효(惟曉, 유이교) 404
유후관(留後官) 407
육오(陸奧, 미치노쿠) 56, 71, 158, 278
육조원(六條院, 宇多院) 388
윤문(尹文, 마사후미) 388
윤형(伊衡, 고레히라) 388

은기국(隱岐國, 오키노쿠니) 53, 83, 123, 185, 201, 228, 292, 304, 315, 354, 374
응공(應公) 408~410
의지진광조(依知秦廣助, 에치하타노 히로스케) 389
의진(義眞) 401
이거정(李居正) 123, 125, 229, 315, 316
이국경(李國慶) 319
이길련익마(伊吉連益麿, 이키노무라지 마스마로) 46, 47, 274
이길련익마려(伊吉連益麻呂, 이키노무라지 마스마로) 46, 47
이능본(李能本) 48
이세조신흥방(伊勢朝臣興房, 이세노아손 오키후사) 134, 146, 236, 246, 325
이승영(李承英) 194, 195, 300, 365
이승종(李承宗) 204
이영정(李英貞) 218
이영진(李英眞) 108
이원태(李元泰) 16, 73, 287
이융랑(李隆郎) 204
이적(李勣) 18
이주경(李周慶) 133, 235
이준웅(李俊雄) 90, 190
이치조천황(一条天皇) 253, 394, 491
이형(伊衡) 389
이효신(李孝信) 133, 235, 319
이홍성(李興晟) 130, 233, 235, 319
이홍신(李興晨) 133
인명천황(仁明天皇) 206, 214, 331
인전조신충마려(引田朝臣虫麻呂, 히케타노아손 무시마로) 20, 22, 257
인정(仁貞) 90, 190, 193, 434, 435
일만복(壹萬福) 55~58, 61, 62, 64, 254, 277~281
일본문덕천황실록(日本文德天皇實錄) 112, 116, 156, 253

일본삼대실록(日本三代實錄) 116, 156, 253, 254
일본후기(日本後紀) 74, 94, 112, 116, 156, 253, 254, 338, 15
임동인(林東仁, 하야시노 아즈마히토) 92, 191
임숙녜동인(林宿禰東人, 하야시노스쿠네 아즈마히토) 86, 88, 89, 187, 189, 294, 296, 358~360
임읍(林邑) 49, 147, 275
임읍악(林邑樂) 246
임조신원웅(林朝臣遠雄, 하야시노아손 토오) 399
입공사(入貢使) 110, 220
입근사(入覲使) 103, 104, 111, 117, 126, 145, 199, 213, 214, 220, 221, 229, 245, 302, 311, 312, 324, 371, 464, 496, 500

【ㅈ】

자각대사(慈覺大師) 401, 402
자수대부(紫綬大夫) 47, 274
자야선백(滋野船白, 시게노노 후나시로) 292
자야숙녜신백(滋野宿禰船白, 시게노노스쿠네 후나시로) 81~83, 184, 186, 353, 54
장(狀) 20, 37, 92, 191, 266, 371, 384, 386, 421
장객사(掌客使) 135, 137, 151, 165, 237, 239, 250, 335, 385, 390, 391
장건충(張建忠) 139, 240
장경선명력경(長慶宣明曆經) 125
장문(長門, 나가토) 100, 210, 504
장문국(長門國, 나가토노쿠니) 95, 206, 306
장문기(將門記) 503
장발해객사(掌渤海客使) 129, 248, 232, 247, 318, 326, 381, 463
장선(璋璿) 200, 303, 373
장선수(張仙壽) 68, 285
장안(長安) 401
장원간(張元澗) 36, 265

재원조신업평(在原朝臣業平, 아리하라노아손 나리히라) 130, 233, 318
적산법화원(赤山法華院) 402
적산포(赤山浦) 401, 403, 404
전무(田儛) 65, 164
전씨가집(田氏家集) 484
전촌(田村, 다무라) 39, 268
절도부(節度府) 411
점련부월웅(占連部月雄, 우라베노무라지 쓰키오) 323
점부련월웅(占部連月熊, 우라베노무라지 쓰키쿠마) 141, 241, 242
정관격(貞觀格) 396
정당성(政堂省) 97, 140, 143, 144, 204, 241, 243, 244, 380, 419
정소(貞素, 데이소) 205, 378, 402, 408
정웅만(丁雄滿) 405
정주(鄭州) 411
정태(貞泰) 303, 373
제군안남(諸君鞍男, 모로노키미 쿠라오) 16
조강(朝綱, 아사쓰나) 390~392, 480, 481, 483
조당원(朝堂院) 81, 164, 291, 352
조면(調綿) 27, 44, 58
조야군재(朝野群載) 501
조집원(朝集院) 87, 187, 295, 359
조포(調布) 28, 260
존문(存問) 겸 영발해객사(領渤海客使) 119, 148, 223, 247, 314, 315
존문겸영객사(存問兼領客使) 126, 155
존문겸영발해객사(存問兼領渤海客使) 123, 125, 142, 207, 227, 228, 243, 316, 324, 96, 118
존문발해객사(存問渤海客使) 95, 104, 105, 127, 141, 146, 147, 199, 206, 214, 215, 230, 241, 242, 246, 310, 316, 317, 323, 325, 332, 384, 389
존문사(存問使) 100, 106, 118
좌금오위대장군(左金吾衛大將軍) 59

좌도도(佐渡嶋, 사도가시마) 30, 262
좌리익진(佐利翼津, 사리하네노쓰) 47, 274
좌웅위도장(左熊衛都將) 183, 351
주광한(周光翰) 300, 367
주덕(德周) 20
주원백(周元伯) 118, 223, 314
주주군(珠洲郡, 스즈군) 117, 221, 312
죽실진(竹室津, 다케무로쓰) 63, 282
준인(隼人, 하야토) 49, 275
중과숙녜거도웅(中科宿禰巨都雄, 나카시나노스쿠네 코쓰오) 78, 347
중대[성]첩(中臺[省]牒) 41
중대성첩(中臺省牒) 8, 96, 98, 99, 106, 111, 120, 122, 125, 131, 137, 142, 143, 205, 207~209, 215, 220, 224, 226, 229, 234, 239, 243, 244, 307, 308, 309
중련(仲連, 나카무라지) 388
중원연악(中原連岳, 나카하라노무라지 가쿠) 333
중진인석반(仲眞人石伴, 나카노마히토 이와토모) 46, 273
쥰나천황(淳和天皇) 74, 395, 424, 434, 442
지리파촌(志理波村, 시리하무라) 173, 339
지언(遲彦) 404
직도숙녜(直道宿禰, 나오미치노스쿠네) 130
진개의(蓁揩衣) 50, 161, 291, 352
진도(眞道, 마미치) 348
진삼극(辰三剋) 390
진숙녜안형(秦宿禰安兄, 하타노스쿠네 야스에) 153, 251
진숭언(陳崇彦) 204
진유흥(秦維興, 하타노 유오키) 384
집사[부]첩(牒) (집사[부]의 첩) 53

【ㅊ】

차아(嵯峨) 50, 338
차아천황(嵯峨天皇) 74, 160, 162, 164, 187, 189, 190, 193~197, 375

차아태상천황(嵯峨太上天皇) 114
채백(綵帛) 21, 65, 268, 291
천명개별(天命開別, 아메미코토히라카스와케) 천황 7, 174, 341
천명개별천황(天命開別天皇) 288
천문생(天文生) 133, 235, 319, 398
천지진종풍조부천황(天之眞宗豐祖父天皇) 288
천태종(天台宗) 379, 401, 402
철륵난야(鐵勒蘭若) 411
철리(鐵利) 30, 70~72, 261, 286
철리의 관인(官人) 72
첩(牒) 98, 103, 122, 208, 213, 226, 229, 231, 332, 388, 414, 418, 419, 496
청룡사(靑龍寺) 401
청수대부(靑綬大夫) 55, 56, 277
청원상잠(淸原常岑, 기요하라노 쓰네미네) 326
청원진인상잠(淸原眞人常岑, 기요하라노마히토 쓰네미네) 148, 153, 247, 251
청원진인하야(淸原眞人夏野, 기요하라노마히토 나쓰노) 400
청해진(淸海鎭) 401
청화천황(淸和天皇) 463, 500, 117~120, 123~129, 138, 140, 221, 223, 227, 229, 240, 241
초주(楚州) 70, 402
초피(貂皮) 20
최종좌(崔宗佐) 138, 139, 240, 322
추조조신안인(秋篠朝臣安人, 아키시노노아손 야스히토) 346
축자도(筑紫道, 쓰쿠시미치) 61, 281
춘일조신택성(春日朝臣宅成, 가스가노아손 야카나리) 118, 124, 127, 141, 144,, 222, 228, 230, 241, 245, 313, 315, 323
출우국(出羽國, 데와노쿠니) 17, 25, 30, 55, 71, 73, 173, 255, 258, 261, 277, 286~288, 339
충무장군(忠武將軍) 28
충평(忠平, 다다히라) 336, 388, 3392, 393
칠불교계원(七佛敎誡院) 408, 411

【ㅌ】

타사(柁師) 73
탄정대(彈正臺) 298, 362
태원(太原) 411
태장(怠狀) 337, 491, 498
태정관(太政官) 7, 61, 63, 64, 72, 98, 99, 103, 106, 110, 111, 122, 125, 132, 136, 137, 143, 144, 153, 177, 208, 209, 213~216, 220, 226, 229, 234, 238, 239, 244, 245, 251, 281~283, 308~310, 312, 316, 321, 332, 337, 343, 396~398, 414, 418, 491, 501
태정관첩(太政官牒) 110, 111, 136, 137, 153, 220, 238, 239, 251, 312, 321, 414, 491
토도(菟道, 우지) 202, 376
토도궁(菟道宮, 우지노미야) 203, 376
토도치랑자(菟道稚郎子, 우지노와키이라쓰코) 375
토리(吐羅) 275
토모(土毛) 40
토호포(吐號浦) 63
통사(通事) 72, 124, 127, 139, 141, 144, 146, 228, 230, 240, 241, 245, 246, 315, 389

【ㅍ】

판상기촌노인(坂上忌寸老人, 사카노우에노이미키 오키나) 31, 262
판상대숙녜무수(坂上大宿禰茂樹, 사카노우에노오스쿠네 시게키) 148, 247, 326
판상대숙녜전촌마려(坂上大宿禰田村麻呂, 사카노우에노 오스쿠네 타무라마로) 87, 187
판상항음(坂上恒蔭, 사카노우에노 쓰네카게) 392
판진겸속(坂振鎌束, 이타후리노 카마쓰카) 52, 277

팔성원(八省院) 100, 107, 210, 217, 308, 311, 336, 390
편조발휘성령집(遍照發揮性靈集) 432, 444
평군조신광성(平郡朝臣廣成, 헤구리노아손 히로나리), 23, 24, 27, 257, 258
평로유후사(平盧留後事) 36, 265
평원방(平元方, 히라노 모토카타) 387
평조신계장(平朝臣季長, 다이라노아손 스에나가), 129, 232
평조신유범(平朝臣惟範, 다이라노아손 코레노리) 153, 251
평조신정범(平朝臣正範, 다이라노아손 마사노리) 149, 248, 327
포류숙녜고정(布瑠宿禰高庭, 후루노스쿠네 타카니와) 201, 304, 374
포세청직(布勢淸直, 후세노 키요나오) 285
표함(表函) 58, 61, 71, 139, 240, 278, 279, 281
풍계공안인(豊階公安人, 도요시나노키미 야스히토) 96, 207
풍락원(豊樂院) 80, 86, 91, 153, 160, 162, 164, 252, 291, 295, 198, 300, 308, 311, 334, 336, 352, 358, 361, 391
풍방례(馮方禮) 39, 267

【ㅎ】

하루스미노 요시타다(春澄善繩) 94
하만(賀萬, 카모마로) 81, 182, 184, 290, 292, 350, 353
하복연(賀福延) 95, 97~101, 103, 104, 206, 208~211, 213, 214, 306~309
하양(河陽, 가야) 99, 209, 307
하이(蝦夷, 에미시) 18, 56, 73, 158, 278
하정사(賀正使) 45, 272
한조채(韓朝彩) 53
해릉현(海陵縣) 401, 405
해비응(解臂鷹) 44

해주(海州) 402
행목저주자사(行木底州刺史) 33, 263
행정당좌윤(行政堂左允) 47, 274
헌가대부(獻可大夫) 62, 64, 65, 68, 113, 283
헤이안 시대(平安時代) 15, 74, 94, 112, 116, 338, 394, 396, 414, 424, 434, 442, 447, 466, 478, 484, 491, 501
헤이제이 74, 338, 442
헤이조천황(平城天皇) 379
현견양대숙녜정수(縣犬養大宿禰貞守, 아가타이누카이노 오스쿠네 사다모리) 104~106, 214~216, 309
현토주자사(玄菟州刺史) 41, 270
협초(挾杪) 73
호리가와천황(堀河天皇) 379
홍려관(鴻臚館) 99, 100, 102, 107, 110, 130~134, 136, 149, 152, 153, 204, 209, 210, 212, 217, 220, 233, 235, 236, 238, 248, 250, 251, 293, 307, 308, 312, 318~321, 327, 329, 330, 334~336, 356, 382, 438, 447, 453, 457, 468, 470, 472, 474, 479, 480, 483, 490, 493, 494
홍인격(弘仁格) 396
화기조신이범(和氣朝臣彛範, 와케노아손 츠네노리) 136, 151, 231, 238, 250, 321, 329
회창폐불(會昌廢佛) 401, 402
후지와라노 마사카즈(藤原雅量) 466
후지와라노 모로오지(藤原師氏) 503
후지와라노 모토쓰네(藤原基經) 112
후지와라노 사네카네(藤原實兼) 478
후지와라노 쓰구타다(藤原継繩) 15
후지와라노 아키히라(藤原明衡) 491
후지와라노 오쓰구(藤原緒嗣) 74, 305
후지와라노 요시후사(藤原良房) 94
후지와라노 카도노마로(藤原葛野麻呂) 433
후지와라노 타다히라(藤原忠平) 504
후지와라노 토키히라(藤原時平) 116

후지와라노 후유쓰구(藤原冬嗣) 74, 434
히에이잔(比叡山) 401
힐라(纈羅) 40, 268

동북아역사재단 자료총서 62

발해사 자료총서
— 일본사료 편 권1

초판 1쇄 발행 2024년 12월 26일

엮은이	동북아역사재단
지은이	권은주, 김종복, 김진한, 위가야, 장미애, 정동준
펴낸이	박지향
펴낸곳	동북아역사재단

등 록	제312-2004-050호(2004년 10월 18일)
주 소	서울시 서대문구 통일로 81 NH농협생명빌딩
전 화	02-2012-6065
팩 스	02-2012-6186
홈페이지	www.nahf.or.kr
제작·인쇄	니케북스

ISBN	979-11-7161-153-9 94910
	978-89-6187-639-1 (세트)

- 이 책은 저작권법으로 보호를 받는 저작물이므로 어떤 형태나 어떤 방법으로도 무단전재와 무단복제를 금합니다.
- 책값은 뒤표지에 있습니다. 잘못된 책은 바꾸어 드립니다.